厚德博學
經濟匡時

上海市重点课程配套教材

匡时 法学系列

|第2版|

国际法学

周杰普 编著

上海财经大学出版社

图书在版编目(CIP)数据

国际法学 / 周杰普编著. —2版. —上海：上海财经大学出版社,2021.8
(匡时·法学系列)
ISBN 978-7-5642-3807-0/F·3807

Ⅰ. ①国⋯ Ⅱ. ①周⋯ Ⅲ. ①国际法-法的理论 Ⅳ. ①D990

中国版本图书馆CIP数据核字(2021)第111078号

责任编辑：江　玉
封面设计：张克瑶
版式设计：朱静怡
联系邮箱：jiangyu@msg.sufe.edu.cn

国际法学(第2版)

著　作　者：周杰普　编著
出版发行：上海财经大学出版社有限公司
地　　址：上海市中山北一路369号(邮编200083)
网　　址：http://www.sufep.com
经　　销：全国新华书店
印刷装订：上海叶大印务发展有限公司
开　　本：787mm×1092mm　1/16
印　　张：25.75
字　　数：503千字
版　　次：2021年8月第2版
印　　次：2021年8月第1次印刷
定　　价：69.00元

前　言

国际法是法学专业的核心专业课程。其任务是使受众掌握国际法的基本知识和结构，增强对国际关系、国际法律原则和规则、国际法作用的认识和理解，提高以国际法分析国际问题的能力。

本书内容分为 15 个部分。第一章为"导论"，第二章为"国际法的基本原则"，第三章为"国际法的主体"，第四章为"国际法律责任"，第五章为"国际法上的居民"，第六章为"国际人权法"，第七章为"国家领土"，第八章为"海洋法"，第九章为"空间法"，第十章为"国际环境法"，第十一章为"外交与领事关系法"，第十二章为"条约法"，第十三章为"国际组织"，第十四章为"国际争端的和平解决"，第十五章为"武装冲突法"。

理论指导实践，如何将理论与实践紧密有机结合，一直是值得深度思考的问题。本教材在编写体例上，以案说法，以案论理，每章开头一般都特设案例，其主要涉及本章之基本原理，每章思考题中也特设案例，以便于受众运用所学知识进行归纳、整理和分析。

本教材为上海市重点课程配套教材，可供高等院校法学专业师生使用，也可供有关部门参考，亦适合感兴趣的受众阅读使用。

本书由周杰普编著，各章初稿分别由以下作者撰写：周杰普（第一、三、七、九、十五章）；陶南颖（第二章）；张军旗（第四章）；付卓婧（第五章）；冯静茹（第六章）；邢望望（第八章）；程克元（第十章）；陈芳（第十一章）；张鸣朝（第十二章）；张圣翠（第十三章）；郑晖（第十四章）。感谢张云伟、祝文龙、种治华、秦嘉泽、李然、王蕴、许旭荣、劳嘉馨、方清远等对本书的贡献。

限于作者水平，本书的错误和不当之处在所难免，希望各位读者提出批评和建议。

作者
2021 年 6 月

目 录

前言 / 1

第一章　导论 / 1
第一节　国际法的概念和特征 / 1
第二节　国际法的渊源 / 4
第三节　国际法的历史发展 / 9
第四节　国际法与国内法的关系 / 12
思考题 / 19

第二章　国际法的基本原则 / 20
第一节　国际法基本原则的概念 / 20
第二节　国际法基本原则与类似概念辨析 / 25
第三节　国际法基本原则的主要内容 / 28
第四节　和平共处五项原则 / 33
思考题 / 40

第三章　国际法的主体 / 42
第一节　概述 / 43
第二节　国家是国际法的基本主体 / 46
第三节　国家的基本权利与义务 / 48
第四节　国家及政府的承认 / 50
第五节　国家及政府的继承 / 54
第六节　国家主权豁免 / 57
思考题 / 59

第四章　国际法律责任 / 60
第一节　概述 / 60

第二节　国家对国际不法行为的责任　/ 63
第三节　国际刑事责任　/ 74
第四节　国际损害赔偿责任　/ 77
思考题　/ 82

第五章　国际法上的居民　/ 83

第一节　国籍　/ 83
第二节　外国人的法律地位　/ 90
第三节　引渡和庇护　/ 94
思考题　/ 99

第六章　国际人权法　/ 101

第一节　概述　/ 101
第二节　人权的历史发展　/ 106
第三节　人权保护的主要国际公约　/ 110
思考题　/ 118

第七章　国家领土　/ 120

第一节　概述　/ 121
第二节　领陆和内水　/ 128
第三节　领土取得与变更　/ 133
第四节　国家边界和边境制度　/ 139
第五节　两极地区　/ 146
思考题　/ 152

第八章　海洋法　/ 154

第一节　概述　/ 154
第二节　《联合国海洋法公约》的主要内容　/ 162
第三节　中国的国际海洋法实践　/ 179
思考题　/ 187

第九章　空间法　/ 188

第一节　国际航空法　/ 189
第二节　外层空间法　/ 209

思考题 / 219

第十章　国际环境法 / 221
第一节　国际环境法基础理论 / 222
第二节　国际环境法律制度概述 / 236
第三节　国际环境法的实施 / 245
思考题 / 252

第十一章　外交与领事关系法 / 253
第一节　外交关系法 / 254
第二节　领事关系法 / 270
思考题 / 277

第十二章　条约法 / 278
第一节　概述 / 280
第二节　条约的缔结 / 286
第三节　条约的生效和效力 / 294
第四节　条约的解释 / 298
第五节　条约的修正与修改 / 301
第六节　条约的无效、终止和停止施行 / 303
思考题 / 308

第十三章　国际组织 / 311
第一节　概述 / 312
第二节　国际组织的成员 / 316
第三节　国际组织的法律地位与豁免 / 322
第四节　国际组织的机构与职能 / 324
第五节　国际组织的议事规则 / 326
第六节　联合国及其专门机构 / 329
思考题 / 335

第十四章　国际争端的和平解决 / 336
第一节　概述 / 337
第二节　国际争端的政治解决方法 / 339

第三节　解决国际争端的法律方法 / 343
第四节　联合国与国际争端的和平解决 / 354
第五节　其他国际组织与国际争端的解决 / 357
第六节　中国国际争端解决实践 / 360
思考题 / 371

第十五章　武装冲突法 / 375

第一节　概述 / 375
第二节　武装冲突法的渊源 / 378
第三节　战争的开始、结束与中立 / 384
第四节　作战手段和方法 / 390
第五节　国际人道法 / 396
第六节　战争犯罪及其法律责任 / 400
思考题 / 406

第一章 导 论

第一节 国际法的概念和特征

一、国际法的定义

国际法,英文名称 international law,顾名思义即"国家之间的法律"。而对于国际法的具体定义,学者们有大致相似又各有侧重的界定。例如,周鲠生将国际法定义为"是在国际交往中形成出来的,各国公认的,表现这些国家统治阶级的意志,在国际关系上对各国具有法律约束力的行为规范,包括原则、规则和制度的总体"[①]。李浩培则定义为:"国际法是支配各国际法主体相互间的关系并决定其权利义务的法律规则的总体。"[②]王铁崖的定义则是:"国际法……主要是调整国家之间的关系的有拘束力的原则、规则和规章、制度的总体。"同时,他还作出解释:"这里说'主要',是因为在国家之外,还有类似国家的政治实体以及国家组成的国际组织,它们在一定条件下和在一定范围内,是国际法的主体,它们之间的关系也受国际法原则、规则和规章制度的拘束。"[③]凯尔森对国际法的认识是这样的:"国际法或万国法是一系列规则的总称,这些规则——按照通常的定义——调整各国在彼此交往中的行为。"[④]在《奥本海国际法》中,对国际法的定义是:"国际法是对国家在它们彼此往来中有法律拘束力的规则的总体。"[⑤]

结合以上定义,可以将国际法界定为在国际关系中形成的,主要适用于调整国家之间关系的,有法律约束力的原则、规则和机制的总称。从这一定义中,可概括出国际法概念的基本要素:国际法是在国际关系中形成的行为规范;这些规范主要用于调整

[①] 周鲠生:《国际法》上册,商务印书馆1976年版,第3页。
[②] 李浩培:《国际法的概念和渊源》,贵州人民出版社1994年版,第2页。
[③] 王铁崖:《国际法》,法律出版社1981年版,第1页。
[④] [美]汉斯·凯尔森:《国际法原理》,王铁崖译,华夏出版社1989年版,第1页。
[⑤] [英]詹宁斯、瓦茨修订:《奥本海国际法》第1卷第1分册,王铁崖等译,中国大百科全书出版社1995年版,第3页。

国家间的关系。这些规范对国家有法律意义上的约束力。

二、国际关系和国际法

国际关系与国际法是互相影响和作用的关系。任何国家不能孤立存在,都处在与其他国家的交往之中,所有国家构成了人类命运共同体。国家之间的关系就是国际关系的主要内涵,相应地,在国际关系中形成的有拘束力的原则、规则和规章制度就是国际法的内容。

国际关系包括政治关系、经济关系、军事关系、文化关系和法律关系等。国际经济关系是整个国际关系中最基本的关系,国际政治关系是国家之间最活跃的关系,国际军事关系是最敏感的国际关系,国际文化关系是最具有符号性的国际关系,而国际法律关系则是以法律形式表现出来的国际关系。所谓"以法律形式表现出来",是指这种国际关系受一些原则、规则和规章制度的约束。显而易见,国际法律关系不能概括整个国际关系,而只是整个国际关系的一部分。在这个意义上,可以说国际法是国际关系的一个方面,国际法学是国际关系学的一个部门。

国际关系很复杂,但总体而言,国家之间的关系可分为双边关系和多边关系。在多边关系的基础上发展起来的国际组织有全球性国际组织和区域性国际组织。同样,作为国际关系一部分的国际法律关系,也有普遍性的和区域性的,其所形成的规范同样有一般国际法和区域国际法。国际法这一名称指的是一般国际法,而区域国际法是世界某个区域所特有的国际法。

所谓区域国际法,是指处于世界某个区域的国家在其彼此关系中发展起来的一些原则、规则和规章制度。最具代表性的是"美洲国际法"。美洲大多数国家经过斗争而获得独立,特别是拉丁美洲区域的国家有着共同的历史等因素,因此,它们有要求创立"美洲国际法"的倾向。但是,美洲国家并不否定一般国际法的存在及其普遍的适用性,事实上任何区域国际法也都不否定国际法的存在及其普遍的适用性。任何区域国际法在内容上也与一般国际法基本一致,不过,由于一定的特殊性,区域国际法一般会强调一些一般国际法的原则、规则,而这些强调的内容为数并不多。应当指出,任何区域国际法均不构成对一般国际法原则、规则的限制或者排除,而且每一区域若形成自己的国际法,也只能适用于本区域国家之间的关系,而与本区域外国家的关系则必须适用一般国际法的原则、规则。

从国际关系的角度看,既然国际法的对象主要是国家之间的关系,而国家之间的关系是"公"的关系,因此,国际法也即国际公法。国际法广义上分为国际公法、国际私法和国际经济法,本书采用狭义的国际法即国际公法。而所谓国际私法,主要是涉及同时属于两个或两个以上国家管辖的个人之间的事项。由于各国国内法在该类事项上常呈冲突状态,于是就逐渐创设出一些避免或限制这种冲突的原则。但国际私法可能有一部分内容,因各国对解决该类冲突的规则以条约表示同意,而同时成为国际法。国际经济法的调整对象是国际经济关系。国际经济关系有广义与狭义之分。狭义的国际经济关系仅指国家、国际组织间的经济关系,狭义国际经济关系的主体一般限于国家和国际组织。

三、国际法的效力基础

国际法的效力基础是国际法的一个基本理论问题,即国际法依据什么而对国家有拘束力。关于这个问题,国际法学上有不同理论,主要分为自然法学派和实在法学派,以及试图调和上述两派的学派。自然法学派认为,国际法就是自然法或者自然法的一部分。自然法遍布于所有法律部门。但自然法在国际法中作用更凸显,特别是在成文法渐趋完备的情况下,这些制定法具有固定性和强制性,一旦违反,会有直接性的惩处,而国际法是各个国家在交往之间形成的,从这一点看,国际法很柔软,威慑性并不高,可这不能影响国际法的权威和强制性的法律性质,国际法能保持其强制性的根本保障就是自然法。国际法之所以有效力,是因为国际法以自然法为依据,以人类的自然理性、人类良知、人类法律意识等为效力依据。上述概念都有一个共同特点即过于抽象,其结果使国际法本身抽象化,最后不免使国际法趋于神化。19世纪实在法学派产生,其反对自然法学派的人类理性、人类良知和人类法律意识等概念,认为国际法的效力依据不是抽象的"人类理性",而是现实的"国家意志"。在他们看来,在现实世界中,国家是国际法的制定者和执行者,起作用的是国家的意志,国家所同意的原则、规则和规章、制度对国家有约束的效力,从而成为国际法原则、规则和规章、制度。实在法学派把国际法的效力依据放在国家的共同意志上,或者强调每个国家的意志是决定的因素。但是,不同国家之间很难形成"共同意志",而单方面强调每个国家的意志,则使每个国家都支配国际法,也从根本上否定了国际法的效力。

关于国际法的效力基础众说纷纭,但最重要的是:国际法主要是国家之间的法律。国家受国际法约束,同时,国家又是国际法的制定者。因此,国际法的效力基础就只能是国家本身,也就是国家意志。但是,这里的国家意志并非某个国家的意志,而是各国的意志;同时各国意志并不是指各国的"共同意志",而是基于各国的意志而达成的彼此之间的协议。不同国家之间是可以通过达成协议而受拘束的。因此,各国之间的协议,或者说各国的意志之间的协议,构成了国际法的效力基础。

四、国际法的特征

国际法是法律的一个体系,如同其他法律一样,是对其调整对象有拘束力的原则、

规则和规章、制度的总体。但是它又是一个特殊的法律体系,有它自己的特征,与国内法不同。其主要特征是:

(一)国际法律关系的主体主要是国家

国际法主要调整国家及类似国家的政治实体和国家组成的国际组织之间的关系,即其主体主要是国家。而国内法律关系的主体主要是个人和个人组成的法人及作为法人的国家机构。一般来说,个人不能成为国际法律关系的主体。这一点决定了国际法与国内法相比具有任意性。因为国际法的效力以国家同意为基础,虽然现在国际法中已经包含越来越多的"强行法"规则,但是国际法依然以"任意法"占绝大部分。这些"任意法",就是可以依据国家意志自由订立、变更或废止的规则。这一点与国内法具有很大不同。

(二)国际法的制定主体是国家

国家通过协议来制定国际法原则、规则,建立规章、制度,体现大多数国家的意志。国内有立法机关,它是国内法律的制定者。在国际上没有任何超越国家之上的国际立法机关来制定国际法。因此,国际法具有分散性,国内法是集中的;前者是法律主体自己制定的,后者是法律主体之上的机关制定的。

(三)国际法与国内法在强制实施方面也不同

国内有一些有组织的强制机关,如法院、警察、军队等来强制实施法律,而在国际上则不存在这样的有组织的超越国家之上的强制机关。固然,在国际上也有国际法院和其他国际裁判或仲裁机构,但它们都没有强制管辖权。在国际上,国际法的强制实施主要依靠国际法主体——国家本身。也正因为如此,国际法的保障机制,如反报、报复等,体现了国际关系的相互性。

虽然有上述区别于其他法律体系的特征,但是国际法仍然是法律体系的一个重要部分。如果否定国际法的法律性质,则使国际法的原则、规则和规章、制度失去法律拘束力,正常的国际往来就无法维持。事实上,世界各国都承认国际法作为法律的存在,在彼此关系中都需遵从国际法原则、规则和规章、制度。

第二节 国际法的渊源

一、概说

国际法的渊源是指国际法原则、规则和规章、制度第一次出现之处。国内法的渊源是立法、习惯以及"法理"等。国际法的渊源有各种不同的说法。一般来说,国际法的渊源主要是两个方面,即条约和习惯。但是,除了条约和习惯之外,国际法是否还有其他的渊源,是有争论的。

《国际法院规约》第三十八条规定:

"(一)法院对于陈述各项争端,应依国际法裁判之,裁判时应适用:

(子)不论普遍或特别国际协约,确立诉讼当事国明白承认之规条者。

(丑)国际习惯,作为通例之证明而经接受为法律者。

(寅)一般法律原则为文明各国所承认者。

(卯)在第五十九条规定之下,司法判例及各国权威最高之公法学家学说,作为确定法律原则之补助资料者。

(二)前项规定不妨碍法院经当事国同本'公允及善良'原则裁判案件之权。"

这条规定没有提及国际法的"渊源",也未指明所列即为国际法的渊源,规定的只是国际法院在裁判案件时所应适用的法律。许多国际法学者据此认为,该规定是对国际法的渊源的权威说明,而少数国际法学者则持不同意见。一般认为,这一条款指出了国际法的主要渊源是条约、习惯和一般法律原则,其中前两者的地位最为主要,而司法判例和公法学家学说等是确定国际法的辅助材料,也有学者提出国际礼让也是国际法的渊源之一。①

二、国际法渊源的种类

(一)国际条约

《国际法院规约》第三十八条把国际条约列为各项渊源的第一项,如此做法特别表明了国际法院在裁判案件时适用国际条约的重要性。因为国际条约对缔约国具有拘束力,而按照"条约必须遵守"的国际法基本原则,国家必须遵守国际条约。条约是国家之间的明示协议,而国际法的效力来源于国家之间的意志协议,那么条约理当是国际法最主要的渊源。

条约的主要特点是对缔约国有拘束力,而对非缔约国无拘束力,这是公认的国际法原则。根据缔约国的数量条约可分为双边条约和多边条约,而多边条约又可分为几个国家参加的条约和多数国家参加的条约。双边条约和几个国家参加的多边条约只对这几个参加的国家有拘束力,构成特定国家的权利义务关系,从而表现为特定国家之间的特殊国际法。多数国家参加的多边条约则不同,这类条约可能由于大多数国家参与而对其有拘束力,从而构成大多数国家之间的一般国际法。即便如此,但就拘束力而言,无论是特殊国际法还是一般国际法,只要它们确定了当事国所承认的权利义务关系,法院就均可适用。

---

① [英]劳特派特修订:《奥本海国际法》上卷第一分册,王铁崖、陈体强译,商务印书馆1981年版,第23页。

国际条约在使用中有各种各样的作用,其内容也十分复杂,相互之间的差别也相去甚远。理论上,能够直接表示为一般国际法的,应该是以创设新的国际原则、规则和规章、制度或者变更原有的国际原则、规则和规章、制度为目的的多边国际条约。有人依此将这一类条约称为造法性条约;而对于以规定缔约国之间的权利义务关系为主,基本不涉及国际法规则的条约,称为契约性条约。应当指出,造法性条约和契约性条约的界定在理论上是如此,但现实中两者的区分并不明显。一般的条约大多以规定缔约国的权利义务为主体,或多或少会对国际法规则有所涉及,在原有的规则之上进行特殊规定更是常见。除了以编纂国际法为目的专门设定的国际条约外,很难确定哪些条约是造法性条约抑或是契约性条约。还比如,在有些情况下,双边条约和几个国家参加的多边条约有可能反映了国际法,或者是通过多个条约综合地规定了国际法。如数个国家通过签署数个双边条约规定了两两国家之间的权利义务关系,进而通过这一束双边条约达到规定所有国家之间权利义务关系的作用。此时,数个双边条约就起到了大多数国家参与的多边条约的作用。因而,造法性条约和契约性条约的区分并不是绝对的。

(二)国际习惯

国际习惯与国际条约并列为国际法的主要渊源。追根溯源,国际习惯是法律最古老、最原始的渊源,也是国际法最古老、最原始的渊源。在历史上,国际条约未出现之前,国家之间的交往依靠国际习惯来调整。在现代国际关系的调整中,尽管有了为数众多的条约,但国际习惯的作用不容小觑。而且,在国际实践中,包括国际条约在内的众多渊源,往往通过国际习惯来发挥作用。

国际习惯是各国在实践中不断重复类似的行为而逐渐生成法律拘束力的结果。国际习惯由两个因素构成:一是各国的重复类似行为,二是被各国认为有法律拘束力。这里应注意区别"习惯"与"惯例"。广义的惯例包括习惯在内,外交文件上的"惯例"一词,既包括尚未具有法律拘束力的"惯例",也包括有法律拘束力的习惯;而狭义的惯例仅指尚未具有法律拘束力的惯例,即《国际法院规则》第三十八条第一项(丑)款所指的"通例"。这里所区分的即是狭义的习惯与惯例。国际习惯与国际惯例都包含着各国反复的行为,其根本区别在于是否有法律拘束力。国际习惯不仅有各国重复的类似行为,而且各国在进行类似行为时认为有进行这类行为的法律义务。如果惯例经过一段时间被各国认可具有法律拘束力,即可转变为习惯。

国际习惯与国际条约不同,国际习惯是不成文的,它没有一个法律文本来表现国际习惯法原则、规则和规章、制度。而作为国际法的渊源,国际习惯必须有文本形式,以供查明国际习惯法,确定证据。总体上说,国际习惯是在国家之间的往来关系中形成的,因而,在现代,根据国际习惯形成的不同方式,国际习惯也有不同的文本表现方式:一是国家之间的外交关系,表现于条约、宣言和声明、各种外交文书等;二是国际机构的实践,表现于决议、裁决等;三是国家内部的行为,表现于国内法规、判决、行政命令等。这三种情况中的资料构成国际习惯的文本表现,是国际习惯的根据。

国际条约和国际习惯作为国际法的两大渊源,彼此之间存在着相互影响的情形,这种相互影响主要表现为依赖、补充、说明、渗透和转化,共同构成了创制国际法的重要方式。首先,条约会重复许多既存习惯;同时,条约中的规定可能通过缔约国的实践进而转化成对所有国家而非仅仅是条约所涉及之缔约国有拘束力的习惯国际法规则。其次,条约可以通过对既有习惯的固化,将习惯转变为条约;同时,很多习惯本身就来源于各种条约,由于多次的国际实践,由文本中的条约转变为国际习惯。再次,国家可以通过对条约的修改、补充来发展甚至改变已经存在的习惯;而条约的适用、解释从终极上来讲也基本是以国际习惯为依据的。

(三)一般法律原则

《国际法院规约》第三十八条第一项(寅)款所规定的"一般法律原则为文明各国所承认者",也被国际社会认为是国际法的一个渊源。但是,虽然一般法律原则作为国际法的渊源得到了大部分国际法学者的认可,但第三十八条(寅)款还是引起了很多争论。主要的争点在于"一般法律原则"的定义问题。

关于一般法律原则的含义,一般有三种见解。第一种认为,一般法律原则即是一般国际法原则,或者是国际法基本原则。以一般国际法原则或国际法基本原则作为国际法的渊源自然没有疑问。但是,一般国际法原则或者国际法基本原则,早已通过各项国际法规定、制度,表现于国际法当中。在此单列出国际法一般原则或基本原则在逻辑上是没有意义的。第二种观点认为,一般法律原则是国际社会的共同法律意识所产生的一种共同的一般原则。然而,这种见解的前提是把国际社会看成像国内社会一样,有一个共同的法律意识,但这一点很难成立,而且,在这一抽象的"共同意识"上无法引申出具体的一般法律原则以供国际法院适用。第三种观点认为,一般法律原则是各国国内法律体系所共有的原则。由于各国经济、政治、文化差异很大,因此,各国的法律体系也是千差万别。但是,它们之间还是有一些相同的原则,尽管这些原则的内容不尽相同。例如,各国法律体系都有关于时效的概念和制度,虽然内容和条件不同,但是,任何法律体系都承认取得时效和消灭时效。因此,第三种观点是可以采纳的,也是为绝大多数学者所接受的。

需要指出的是,一般法律原则是通过条约和国际习惯体现的。《国际法院规约》第三十八条规定的一般法律原则是"文明各国所承认者"。这里有两个关键词,即"文明各国"和"承认"。"文明各国"当然应该理解为作为国际社会成员的主权国家。而"承认"是国家通过国际条约或者国际习惯来承认或者默示承认的。那么,一般法律原则要成为国际法渊源,就必须经过国际条约或者国际习惯来表示才能成立。因此,一般法律原则多是融合在国际条约或者国际习惯当中,很少独立表示。

事实上,国际法中一般法律原则是很少的,在国际关系上也很少适用。可以说,一般法律原则与前两种渊源相比,处于次要地位,主要起补充前两种渊源的作用。

(四)确定法律规则的辅助方法

《国际法院规约》第三十八条规定,在裁判时使用的国际法包括司法判例和各国最高权威的公法学家学说,但这两者是"作为确定法律原则之辅助资料者"。

1. 司法判例

司法判例包括国际司法判例和国内司法判例,两者是不同的。

国际司法判例主要是指国际法院的判例,广义上说也包括各种形式的国际仲裁法庭的裁决。国际司法判例的作用是有限的,《国际法院规约》第三十八条对于司法判例的适用通过第五十九条加以明文限制。第五十九条规定:"法院之裁判除对于当事国及本案外,无拘束力。"该条规定表明,法院的判决在原则上只对案件当事国有拘束力,且只对本案有拘束力。而对于以后发生的案件,即使是类似的,也无拘束力。这也就表明,国际法院只有适用法律的职权,而没有创造法律的功能,即排除了英美法上的判例主义。但是,国际法院在适用和解释国际法时要对国际法原则、规则和规章、制度加以认证和确定,而这种认证和确定不仅为国际法院在审判其他案件时以及其他国际司法机构在审判案件时所援用,而且往往在一般国际实践中受到尊重。因此,虽然一般地说国际司法判例并不直接表现为国际法,但是却有助于国际法原则、规则和规章、制度的确定,而这就是《国际法院规约》第三十八条所说的"确定法律原则之补助资料",即国际司法判例不是国际法的直接渊源,而是辅助性渊源。

由于国内法院是一个国家的机关,国内司法裁判更不能直接表现为国际法,而只能在一定条件下表明一个国家的国际法观点,因而国内司法判例更不能成为国际法的直接渊源。但是一个国家的国际法观点对于国际法的形成有着重大影响,许多国家的国际法观点最终形成国际法。因此,国内司法裁判与判例亦被认为是国际法的辅助性渊源。

2. 公法学家的学说

公法学家的学说,更广泛地说,学者们关于国际法的论著,也是确定国际法的辅助资料。因为国际法是各个国家创制而成的,是国家的意志表现。学者们的论著虽然代表着一个国家的国际法观点,但是毕竟是私人的观点体现,不能成为国际法规则的直接渊源。以前,学者们的论著经常被引用来确定某些国际法原则、规则等,但是随着国际法的不断完善,国际法条约、公约等资料不断丰富,国际法著作在这方面的作用不断减少。因此,学者们的论著只能是"补充资料"。

(五)国际礼让

除去上述国际法渊源外,还有一种特别的因素也影响国际法的发展,这就是所谓的国际礼让。各国在彼此交往中不仅遵守有法律拘束力的规则和具有惯例性质的规则,而且也遵守礼貌、便利和善意的规则。这种国际行为规则不是法律规则,而是礼让规则。例如,各国允许外交使节豁免关税,是礼让规则的结果,而不是国际法规则的结果。而且,有许多规则,从前不过是国际礼让规则,而现在却成为国际法规则。这种区别虽然在逻辑上很清晰,但在实践中有时很难区分。

第三节 国际法的历史发展

一、古代国际法

在古代,尽管国家之间的交往还很少,而且多数情况呈战争状态,但是,只要这些国家平等地进行来往交流,它们就会有尊重使节、信守条约等原则和规则。

在古代埃及,就存在着奴隶制国家之间的交往以及调整它们交往关系的规则。这些原则和规则不仅涉及当时外交使节来往和条约签订,而且还有最古老的战争法规。在古代印度,也有文献记载当时流行的关于国际交往的一些原则和规则。在古代希腊,各城邦彼此独立,同时又有密切的交往,因而形成了较为发达的国际法律规则,用来调整条约、结盟、使节、纠纷解决、贸易、航海、战争等诸多方面。其中,尤其以使节和战争制度最为发达。

在古罗马时代,国际法在古希腊的基础上又有了进一步的发展,其特点是不仅有了更多的条约和规章,更重要的是,这些条约和规章逐渐脱离宗教的范围而成为独立的法律。在古罗马,为了处理罗马和外国的关系,委派了外事大法官。和内事大法官相区别,外事大法官执行"外事法",处理有关对外关系的事项。这种法律依然是神法的一种,但已具有世俗法律的性质。更值得一提的是,罗马法分为"市民法"(jus civile)和"万民法"(jus gentium)两个部分。"市民法"是在罗马国内对本国人适用的,"万民法"则适用于外国人,但并不是所有的外国人都适用"万民法"。罗马与外国的关系因有无友好条约而不同:对于没有友好条约的国家,因实际上处于敌对地位,所以这些国家的人几乎不受法律保护;而对于有友好条约的国家的人,则给予法律保护,在他们和罗马人之间的关系中产生了一套法律,就称为"万民法"。总的来说,"市民法"调整罗马人之间的关系,而"万民法"调整罗马人和外国人之间的关系。被称为国际法鼻祖的格劳秀斯(Hugo Grotius,1583—1645)曾经把国际习惯法这个法律部门称为"万民法",从而"万民法"被认为是国际法的前身。严格地说,当时的"万民法"是国内法,到了"万民法"转为"万国法",从而出现"国际法"的名称,国际法才有了确定的名称。

二、近代国际法

我们所认知的具有独立体系的国际法是近代欧洲的产物。中世纪左右的欧洲并没有产生实质性的国际法。当时欧洲在实质上或者至少在形式上形成一个帝国,以皇帝为世俗的统治者,教皇为精神的统治者,帝国之外的人都被视为"野蛮人"。在这种情况下,尽管有些地区由于贸易往来和海上航行而产生了一些到现在还有其影响的"海事法典",但国际法却没有多大的发展。

真正的国际法体系是随着独立国家的出现而产生的。在十五、十六世纪的欧洲,威斯特伐里亚和约的产生是国际法历史上的重要事件,标志着近代国际法的产生。该公约表明独立主权的近代国家建立了,近代国际法的主要原则如主权平等、领土主权等原则确立了。

与威斯特伐里亚和约相适应的,是第一部有完整体系的国际法著作——格劳秀斯的《战争与和平法》于1625年出版。在此之前,已有一些意大利、德意志、葡萄牙法学家、神学家发表了有关国际法某些部分的著作。他们的著作以及格劳秀斯的著作都出现在威斯特伐里亚公会之前,对这个公会的召开和进行有着一定的影响。《战争与和平法》虽然以战争为重点,但系统地论述了国际法的主要内容,几乎概括了国际法的全部范围,可以说为近代国际法的建立奠定了基础。在格劳秀斯之后,国际关系发展了,国际法发展了,国际法学也发展了。在实践中,国际法原则、规则和规章、制度不断增多;在理论上,出现了以自然法学派和实在法学派为主的不同派别,其中包括以法泰尔(Emerich de Vattel,1714—1767)为突出代表的所谓"折中派"。

1789年的法国大革命对于国际法的发展产生了巨大影响。法国大革命提出国家的基本权利和义务的概念,主张国家主权原则,其中包括国家对领土的主权和对公民的管辖权。1793年法国宪法载入民族自决和不干涉内政的原则,同时改变外国人的法律制度和赋予"为了自由事业而被本国驱逐的外国人"以庇护权。法国大革命还改变了中世纪及以后所实行的陈规旧例,在战争法中体现了某种人道主义精神,如战斗员和非战斗员的区别、对平民的保护、战俘的人道待遇等原则、规则,这些至今仍有现实意义。

随着资产阶级的发展,特别是在资本主义发展为帝国主义的时期,帝国主义国家对外掠夺别国领土,掠夺殖民地,实行赤裸裸的对外政治压迫、经济剥削和武装侵略的政策。因此,一些进步原则、规则名存实亡了,相反,却确立了一些与帝国主义政策相适应的原则、规则和规章、制度。例如,正统主义、神圣同盟,保护关系、势力范围,合法干涉、和平封锁,领事裁判权制度、租界、租借地等等。这些国际法原则、规则和规章、制度阻碍了国际法向和平与正义的正确方向发展,使国际法向强权法、霸权法的方向前进,逐渐违背了国际法建立的初衷。

尽管如此,国际法还是有发展的。特别在20世纪初以后,国际法的领域扩大了,不仅扩大到美国,而且扩大到整个美洲,不仅扩大到东方的土耳其,而且扩大到亚洲、非洲的一些国家。这当然仅仅是扩大的开始,以欧洲为中心的国际法还没有得到根本的改变。同时,国际关系的内容也增多了,各国之间不仅开始签订一系列公约,而且建立了许多国际行政联合,以处理国与国之间一些专门性问题。这种国际行政联合是后来建立世界性国际政治组织的一个先行者。还有,连续不断的战争以及战争的残酷性引起了人们对于制定战争法规的要求。从1856年的《巴黎宣言》和1864年的《日内瓦红十字公约》,到1899年和1907年两次海牙和平会议签订的各种公约以及1909年伦敦会议宣言,不仅推动了国际法中战争法的发展,而且逐步建立了和平解决国际争端的原则和制度。

三、现代国际法

第一次世界大战对国际法的一系列原则、规则和规章、制度等造成了极大的破坏,人们对国际法的存在产生怀疑。然而,国家不可能永远闭关自守,必定要有交往,国际关系也必然要有所发展,从而国际法也就必然要发挥其应有的作用。第一次世界大战后期,1917年俄国发生的十月社会主义革命提出"不兼并和不赔款"的民主概念,宣布侵略战争为反人类罪行、废除秘密外交和废除不平等条约等正义主张,标志着国际法进入一个新的发展阶段。第一次世界大战之后,签订了《国际联盟盟约》,建立了人类历史上第一个世界性的国际组织——国际联盟;通过了《国际常设法院规约》,设立了历史上第一个国际司法组织。1928年签署的《巴黎非战公约》是一个重要的国际法文件,其核心内容即反对以战争解决国际争端。在此期间,国际法的编纂工作开始有计划地进行,有关和平解决争端和战争的部分也有一些发展。在第一次世界大战和十月社会主义革命之后,现代国际法开始形成。

第二次世界大战又一次大规模地破坏了国际法。但是,国际法在国际关系中的作用并未消失。《联合国宪章》的产生和联合国组织的建立,为国际法注入了新动能。第二次世界大战后民族解放独立运动的蓬勃发展使国际法的领域名副其实地拓展到了全世界所有国家。国际法基本原则以及国际法的传统部分有了新的进展,国际法的编纂工作全面铺开,而且国际法还涉及国际关系中出现的诸多新领域,如核武器、国际海底、外层空间、环境保护、消除贫困等。总而言之,第一次世界大战和十月社会主义革命开始形成的现代国际法,在第二次世界大战之后有了很大的发展。

当今世界正经历百年未有之大变局,国际力量对比深刻变化,国际环境日趋复杂,各种不确定性和不稳定性明显增加。新冠肺炎疫情影响的广度和深度正在一定程度上改变着世界,暴露出全球治理体系的短板,全球化遭遇逆流,单边主义、保护主义和霸权主义冲击着以国际法为基础的国际秩序,威胁着和平与发展。但是,和平与发展仍然是时代的主旋律,多边主义和人类命运共同体的理念越来越深入人心。在2020年第75届联合国大会上,170多个国家都强调联合国仍然是当今国际体系中最完备最可行的机制,国际法仍然是人类社会最重要的指引和遵循。随着新技术的不断出现与迭代,海空网极等新兴领域的国际法问题日益凸显,相应国际规则的制定快速发展,主要变现为:在传统的网络安全国际规则持续推进的同时,联合国信息安全政府专家组和信息安全开放式工作组就主权原则、不干涉原则、国际人道法和国际法律责任等深入探讨。值得一提的是,2019年中国提出首份数据安全领域的国际倡议,即《全球数据安全倡议》,获得不少国家支持。

当然,还应当注意的是,一些重要国际规则的发展需要认真研究,如海平面上升、一般国际法强制性规范、国家官员的外国刑事管辖豁免等;新兴领域全球治理方面也需要积极推动,如网络空间治理、南极保护区、空间资源开发利用、跨国公司与人权、生物多样性、气候变化、国际公共卫生等。

第四节 国际法与国内法的关系

国际法和国内法是法律的两个体系,既有区别又有联系。关于国际法和国内法的关系,具有代表性的观点是一元论和二元论。

一、关于国际法与国内法关系的理论

关于国际法与国内法的关系,主要有三种理论:一是国内法优于国际法;二是国际法优于国内法;三是国际法和国内法各为独立的法律体系,互不隶属。前两种理论属于一元论,第三种理论则为二元论。

一元论包括国内法优越说和国际法优越说。国内法优越说认为,国际法不仅是法律,而且与国内法属于同一法律体系,在这同一法律体系中,国内法高于国际法。该理论认为,国际法的效力来自国内法,只有依靠国内法,国际法才有法律的效力。因此,国际法成为国内法的一部分,被称为"对外公法"。该理论曾经为19世纪末叶一些德国公法家所提倡,20世纪30年代在法西斯德国又曾一度抬头。但是,提倡这种理论的国际法学者很少。究其原因,如果国内法优于国际法,国际法依靠国内法,那么,每个国家都可以通过它的国内法而支配国际法,每个国家都可以自己的国内法来否定国

际法，这样，也就取消了国际法的效力，使国际法在各个国家的国内法面前毫无地位，没有任何执行力，使国际法失去其应有的存在价值，因此，现在完全支持这种理论的人很少。

19世纪末叶以后，二元论在国际法学界占据优势。二元论认为，国际法和国内法都是法律，然而是两种不同的法律体系，从渊源、主体到实质都不相同。之所以说实质不同，其理由是认为国内法是国家作为主权者对受其统治的个人的法律，而国际法是国家之间的法律。因此，两者没有隶属关系，而处于对等地位，各自独立。进而得出的结论是：无论国际法整体还是其分支都不能当然地成为国内法的一部分，反之亦然。但两者可通过转化、采纳或接受，来实现相互之间的联系，即国际法"转化"为国内法，或者国内法"转化"为国际法；国际法"采纳"国内法，或者国内法"采纳"国际法；国际法"接受"国内法，或者国内法"接受"国际法。该理论过分强调了两者之间的不同，以致造成两者的对立。其实，国际法和国内法虽然不同，但有密切的联系，因为国内法是国家制定的，而国际法也是由国家参与制定的，它们之间是互相渗透和互相补充的，并不是简单的接受或者采纳或直接性的移植和转移过程，更不应认为两者之间是一种简单的文字上的嫁接。两者之间的联系更多的是体现在内容与实质内涵和内部思想上的。这种理论目前有许多学者支持。

第一次世界大战以后，国际法学界兴起了另一种一元论主张，企图取代曾经比较长期流行的二元论。该理论的特点是主张国际法优于国内法，认为国际法和国内法属于同一法律体系，这种法律体系最终都是以个人之间的关系为调整的对象。在这同一法律体系中，国际法的地位高于国内法，国内法隶属于国际法，在效力上依靠国际法。至于国际法的效力，则最终依靠一个最高规范，这个最高规范可以是"约定必须遵守"，或者是"国际社会的意志必须尊重"，等等。该理论简单地认为，由于法律的调整对象都是个人之间的关系，从而把国际法视为与国内法属于同一法律体系，这样就将国际法作为国家之间的法律性质否定了。如果认为，在同一法律体系中，国际法高于国内法，从而在效力上优于国内法，那么，制定国内法的国家的主权被否定了。这种理论的结果将造成以"世界法"代替国际法，以"世界政府"代替主权国家。通过前面国际法的形成过程和效力来源可以看出，这在理论上说不通，而且与现实也是背道而驰的。

另外，还有一些学者对上述一元论和二元论的观点都不是完全认同，试图调和上述理论观点。大部分中国学者处于这种状态。这种理论认为，国际法与国内法不是截然对立的，而是彼此互相渗透、互相依赖、互相补充、互相制约的关系。他们认为，国际法和国内法是法律的两个体系，或者说国际法是法律中一个与国内法不同的特殊体系。但是二者存在共同点，由于国内法的制定者是国家，而国际法也是由国家参与制定的，这里都体现着国家的意志，因而这两个法律体系彼此之间有着密切的联系——

互相渗透和互相补充。在原则上,国家在制定国内法时要考虑到国际法的要求,而在参与制定国际法时要考虑到国内法的立场。在实践中,有种种方式可以解决或避免发生国际法与国内法之间的冲突。如果一个国家制定一项法律,与国际法原则、规则和规章、制度明显相违反,以致损害其他国家的合法权利和利益,那就构成国家的不法行为,引起国家的国际责任问题,而不是国际法与国内法之间固有的矛盾。

二、关于国际法与国内法关系的实践

关于国际法与国内法的实践是很复杂的话题,目前国际法中尚无关于国内法与国际法关系的具体、统一、完整的规则,同时,各国关于国际法与国内法的关系的态度也不尽相同。而且,国际法既有成文的,又有不成文的,也就是说,既有成文国际法,又有习惯国际法;同样,国内法既有成文的,又有不成文的,也就是说,既有国内立法机关制定的法律,又有国内形成的习惯。这就使国际法与国内法的关系问题显得更加复杂。但是,总的来说,国际法与国内法的关系是一个渗透和补充的关系。这种渗透和补充可以从两方面来分析。

(一)从国际层面来看国际法与国内法的关系

从这一视角看国际法与国内法的关系,有如下三点说明:

1. 国际法上有原则性规定,而要求国内法作出具体规定

此时,国内法应该按照国际法的规定,作出具体的国内规定。如果国内法没有必要的具体规定,国际法的原则性规定就失去意义。例如,按照国际法,国家有缔结条约的能力,而缔结条约的权力则按照国家的宪法规定由有关国家机关行使。如果国家的宪法没有关于某一机关或某些机关行使缔结条约的权力的规定,在国际法上,国家缔结条约的能力就难以实现。有时国际条约还作明文规定,例如,关于国籍,国际法有一般原则性规定,而国籍的取得和丧失则由国内法作出具体的规定,1930年《国籍公约》第一条明文规定:"每一国家依照其本国法律断定谁是它的国民。"

2. 国家不能用国内法的规定来改变国际法的现有原则、规则和规章、制度

这是一项公认的国际法原则。如果违反这一原则,国际法将失去存在的价值,任何一个国家都可通过自己的国内法来改变、规避甚至违反本国在国际上的义务是不可想象的。如同国际常设法院在1930年"对在但泽的波兰国民的待遇案"的判词,"一个国家不能引用其宪法以反对另一个国家,以便逃避其依据国际法或现行条约所承担的义务"。即使是联邦国家,也不能以联邦按照联邦宪法不能干预某些方面的联邦立法为理由而逃避国际法上的义务,除非是国际条约有明文规定的例外;如果这些规定既不违反国际法的强制规则,而其本身又有限制性规定,即所谓"联邦条款",那么条约的适用范围就可以有所限制。

3. 国际法不能干预国家按照主权原则所制定的国内法

这是作为国际法基本原则的和平共处五项原则中互不干涉内政原则的具体表现。国内法作为国家主权的体现,任何国家、个人都不得以任何非法的理由加以干预。国际法作为各国意志的集中体现,必然蕴含着国际法不得干预国家以主权原则所制定的国内法的要求。如《联合国宪章》第二条第七款所规定的"本宪章不得认为授权联合国干涉在本质上属于任何国家国内管辖之事件"。例如,国籍基本上是属于国内管辖的事项,应由各国法律加以规定,实际上各国几乎都制定了国籍法,因而不能由国际法任意加以干预。又如,国家境内的外国人待遇在原则上也是属于国内管辖的事项,尽管国际法给予外国人所属国家以外交保护权,但是,国际法上不能有任何规则,如所谓"国际标准"来不合理地限制甚至取消国家在这方面制定法律的权利。

(二) 从国内层面来看国际法与国内法的关系

从这一视角看国际法与国内法的关系则比较复杂,主要问题是国际法在国内法律秩序中的地位问题,包括国际法规则在国内法律框架中的适用以及国际法规则与国内法冲突时的解决。可以从下面三点来分析:

1. 国际法被认为是国内法的一部分

根据国际法的效力来源,制定国际法的主体是国家,国际法是国家意志的体现,那么,国际法在国内具有等同于国内法的效力。但在国际法中,除牵扯到由此产生的因违背国际法义务而承担国家责任的情况以外,国际法并没有在这个问题上加以具体要求。因此,原则上如何处理这个问题是一国国内法的事项。由于各国法律传统、法律文化和法律制度不同,因而在这个问题上的实践也很不同。有些国家在成文宪法中进行规定,有些国家在其他法律中进行规定,有些国家没有明确的规定,有些国家的规定比较原则,而有些国家的规定比较具体。各国司法实践的情况则更为复杂。在英美普通法国家里有一项普通法原则,认为国际法"是本国法的一部分"。尽管这一传统的学说有一些限制,但在原则上迄今仍为英美普通法国家所遵守。第一次世界大战以后,这种学说在一些国家的宪法里有所反映,而第二次世界大战之后,更多国家的宪法作出了明文规定。例如,1949年《德意志联邦共和国基本法》第二十五条规定,"一般国际法规则应构成联邦法律的一部分"。1946年《日本宪法》第九十八条规定,"日本国缔结之条约及确立之国际法规,必须忠实遵守之"。其他一些国家的宪法也有类似的规定。既然国际法是国家参与制定的,它在国内与国内法处于同等地位可以说是理所当然的。但是否规定于宪法之内,或者说,这一原则体现的形式如何,则各国各有不同。

2. 在国内法上对国际法原则、规则和规章、制度加以规定

这种规定虽然本身还是国内法规定,但是反映了国际法的要求。例如,关于外交

特权与豁免制度,不少国家都制定专门的法律加以规定。这类法律就是国际法的要求的直接反映或者说落实。同时,国内法中为了在国内实施国际法仅作出了原则性规定的事项,就通过国内法的具体规定来体现国际法的原则、规则和规章、制度,而国内法的具体规定的确切含义,则依然通过国际法来解释,以免发生国内法与国际法的冲突。例如,《中华人民共和国刑法》第十一条规定:"享有外交特权和豁免权的外国人的刑事责任问题,通过外交途径解决。"这条规定反映了国际法关于外交特权和豁免权的原则,而什么是外交特权和豁免权以及谁享有外交特权和豁免权,则按照国际法予以解决。

3. 国际法与国内法冲突的解决

(1)国内法与一般国际法相冲突——实际上是指国内法与国际习惯法相冲突。对于国际习惯法规则在国内法律制度中的地位和适用,不同国家在具体做法上也存在差异。例如,一些国家把国际习惯法作为本国法一部分而直接适用,但一般要求该国际习惯法规则不能与既存的国内成文法相抵触。有些国家采取了国际法是"本国法的一部分"的原则,有些国家在宪法上作了这样的规定,甚至把国际法视为高于国内法的法律。一般来说,在国内适用国际法时,国家往往推定国内法并无与国际法相冲突的地方,因为国内法是国家制定的,而国际法是国家参与制定的,两者在原则上不应该有互相冲突的情况。

(2)国内法与条约相冲突。这个问题比较复杂。条约一般只对缔约国具有拘束力,并且条约有不同的种类和内容,因而各国对于条约在国内适用的实践也就复杂多样。有些条约在国内具有执行的效力,即所谓"自执行条约",而有些条约则需要通过国内法才有执行的效力。对此,一些学者基于二元论模式,从国际社会的实践中,归纳出两种典型的条约在国内适用的方式:转化和采纳。所谓"转化",是指国家要求所有条约内容都必须逐个经过相应的国内立法程序转化成为国内法,才能在国内适用;所谓"采纳",亦称"并入",是指国家在原则上认为,该国缔结的所有条约都可以在其国内具有国内法的地位,一般采取批准条约、公布条约和司法判例等方式。

其实,"转化"和"并入"的区分只是学术上的,在国际实践中,情况要复杂得多。绝对单一地采取上述某一种方式的国家很少,许多国家是两种方式兼用。即便各国的具体做法有所不同,但从结果上看,国家都保留了适当选择权、解释权和适用上的弹性原则。关于国际法与国内法冲突的解决,各国的做法也不一致,大体有以下几种:①推定为不冲突;②修改国内法;③优先适用国际法;④优先适用国内法;⑤以后法优于先法原则处理。有些国家宪法或者法律明文规定条约和国内法具有同等效力,也有些国家宪法或者法律明文规定条约的效力高于国内法。一般而言,国内法与条约有冲突时,也应像国内法与一般国际法之间的冲突一样推定它们之间没有冲突。但是,按照这样的处理来解释条约时,要推定它们与国内法没有冲突是很困难的。

在明显冲突的情形下,除宪法或法律另有规定外,国家及其机关,特别是国内法院,往往有责任不顾条约的规定而适用国内法。这就构成违反"条约必须遵守"原则的情况。在这种情况下,与条约相冲突的国内法在国际上是国家的非法行为,而国家在适用这类国内法时应对有关国家承担国际责任。

三、国际法在中国的适用问题

中国宪法并未对宪法与国际法的关系进行明确规定,但从实践中看,主要做法如下:

1. 坚持和遵守包括和平共处五项原则在内的国际法基本原则是中国宪法的一项重要内容

也就是说,中国尊重和遵守国际法体系。在国际实践中,中国政府一贯坚定地维护自己的合法权利并忠实地履行自己承担的国际义务,恪守法律与正义,在国际上享有崇高的声誉。在处理国际法与国内法关系问题时,原则上,中国在参与制定国际法规则时,要根据和考虑本国国内法的规定和立场,而在制定国内法时,又要充分考虑和尊重所承担的国际法义务,力争使二者协调互补,有机配合。

2. 对于条约在国内的适用和地位,民事诉讼法有相关规定

从一些涉及条约适用的国内立法看,条约直接适用、条约与相关国内法并行适用、条约须经国内立法转化才能适用这几种情况都存在。同时也有相当一部分法律对于条约事项未作出任何规定。

2017年《中华人民共和国民事诉讼法》(以下简称《民事诉讼法》)第二百六十条规定,中华人民共和国缔结或者参加的国际条约同本法有不同规定的,适用该国际条约的规定,但中华人民共和国声明保留的条款除外。

该法第二百六十一条规定,对享有外交特权与豁免的外国人、外国组织或者国际组织提起的民事诉讼,应当依照中华人民共和国有关法律和中华人民共和国缔结或者参加的国际条约的规定办理。

条约和相关法律同时适用的情况,如1961年《维也纳外交关系公约》(中国1975年加入)、1963年《维也纳领事关系公约》(中国1979年加入)、1986年《中华人民共和国外交特权与豁免条例》以及1990年《中华人民共和国领事特权与豁免条例》都有类似规定。

规定需要经国内法转化才能适用的情况,如1996年《中华人民共和国香港特别行政区基本法》第三十九条规定:"《公民权利和政治权利国际公约》《经济社会文化权利国际公约》和国际劳工公约适用于香港的有关规定仍然有效,通过香港特别行政区的

法律予以实施。"

3. 在民商事范围内,中国缔结的条约与国内法有不同规定的部分,在国内可以直接适用

其法律依据除《民事诉讼法》第二百六十条的规定外,最基本的依据是 2021 年施行的《中华人民共和国民法典》(以下简称《民法典》)第十二条"中华人民共和国领域内的民事活动,适用中华人民共和国法律。法律另有规定的,依照其规定"。此处的"法律另有规定者,依照其规定"是指我国所缔结或参加的国际条约或者国际惯例不由我国管辖的情况,以及国际私法规则不应由我国管辖的情况。民商事条约的这种直接适用也得到了大多数司法实践的支持。

4. 民商事法律范围以外的条约在国内的地位和适用问题

有学者比较中国宪法、立法法、缔结条约程序法等法律中有关立法权和缔约权的规定,以及比较国内立法程序和条约缔结程序,认为条约在国内的地位相当于相应国内法的地位。条约在国内的直接适用已经确立或即将成为一项一般的原则。但是,由于对此缺乏宪法或基本法的依据,同时也存在着不一致的实践和不同方面的认识,因而尚不能简单笼统地认为条约的直接适用已经或必将作为任何条约在中国适用的唯一方式。较为稳妥的结论是,民商事以外的条约能否在中国国内直接适用,需要根据与该条约相关的法律规定,结合条约本身的情况进行具体考察,才能作出恰当的结论。另外,注意到条约在香港、澳门特别行政区的适用情况,乃至台湾地区的相关情况,条约在中国适用的情况就更加复杂。

5. 关于国际习惯在国内法中的地位

中国宪法对此未作规定。典型的规定是《中华人民共和国民法通则》(以下简称《民法通则》)第一百四十二条第三款,该款规定,中华人民共和国法律和中华人民共和国缔结或者参加的国际条约没有规定的,可以适用国际惯例。《民法通则》第 150 条规定,依照本章规定适用外国法律或者国际惯例的,不得违背中华人民共和国的社会公共利益。如前所述,《民法典》第十二条规定:"中华人民共和国领域内的民事活动,适用中华人民共和国法律。法律另有规定的,依照其规定。"此处的"法律另有规定者,依照其规定"虽不像《民法通则》直接点出了国际惯例的适用情形,但也蕴含了我国所缔结或参加的国际条约或者国际惯例。

应当注意,在国际法与国内法关系问题上,中国的实践正在发展中。2002 年 8 月 27 日《最高人民法院关于审理国际贸易行政案件若干问题的规定》是在这个方面的最新实践。该司法解释是在中国加入世界贸易组织(WTO)后,针对有关 WTO 协议在国内的适用所涉问题作出的。一般认为,该文件的规定,是从 WTO 协议的复杂性和中国目前的司法实际出发,排除了 WTO 协议文件在中国法院的直接适用性。在此之

后,另外两个被认为与 WTO 协议规则具有密切联系的司法解释,即 2002 年 11 月 21 日公布的《最高人民法院关于审理反倾销行政案件应用法律若干问题的规定》《最高人民法院关于审理反补贴行政案件应用法律若干问题的规定》,也遵循了这种思路。这表明,关于 WTO 协议在国内的实施,中国倾向于主要采取"转化"的方式。

 思考题

一、问答题

1. 国际法与国际关系的关系如何?国际法的调整范围的特殊性何在?
2. 如何理解国际法的效力?
3. 国际法与国内法的关系如何?其实质是什么?

二、案例分析

甲公司是瑞士一家集团公司在中国的子公司。该公司将 SNS 柔性防护技术引入中国,在做了大量的宣传后,开始被广大用户接受并取得了较大的经济效益。原甲公司员工古某利用工作之便,违反甲公司保密规定,与乙公司合作,将甲公司的 14 幅摄影作品制成宣传资料向外散发,乙公司还在其宣传资料上抄袭甲公司的工程设计和产品的设计图、原理、特点、说明,由此获得一定的经济利益。甲公司起诉后,法院根据《中华人民共和国著作权法》《保护文学和艺术作品公约》的有关规定,判决乙公司立即停止侵权,公开赔礼道歉,赔偿损失 5 万元。

问题:《保护文学和艺术作品公约》是否是国际法的渊源?国际条约在中国的适用实践如何?

第二章 国际法的基本原则

 案例:尼加拉瓜诉美国违反国际法原则案

1984年4月9日,尼加拉瓜就在尼加拉瓜境内及针对尼加拉瓜的军事与准军事活动的责任的争端对美国提起诉讼。尼加拉瓜要求国际法院宣布,美国违反了它根据若干国际文件以及一般和习惯国际法对尼加拉瓜承担的义务,并宣布美国有责任立即停止所有对尼加拉瓜使用武力、侵犯其主权领土完整或政治独立的行动,以及对在尼加拉瓜从事反尼加拉瓜的军事与准军事活动的任何人的任何形式的支持。起诉书要求法院宣布美国有义务赔偿尼加拉瓜由于所述违反行动对它造成的损害,并强烈要求法院指示临时措施。

5月10日,国际法院在确认争端双方分别于1929年与1946年发表的声明有可能提供法院管辖权的根据的前提下,发布命令,拒绝了美国提出的把此案从法院的受案清单中取消的要求,指示了临时措施。11月26日,法院结束了此案的初步阶段审理,就法院的管辖权和应否接受该案的先决问题以15票对1票作出了肯定判决。法院初步判决后,美国于1985年1月18日宣布退出此案的诉讼程序。法院决定,根据《国际法院规约》第53条有关当事国一方不出庭的规定,继续对此案的审理。1986年6月27日,法院结束对此案实质问题阶段的审理,以美国违反了国际法上的禁止使用武力原则和不干涉原则,就此案的实质问题作出有利于尼加拉瓜的判决。

第一节 国际法基本原则的概念

一、国际法基本原则的概念与特征

不同于国内社会,国际社会是一个由众多主权国家组成的、松散的、平行式的社会,没有一个超越国家之上的世界政府的存在,更没有相应的机关来统一制定、适用和解释国际法律。国家依据国家同意原则制定国际法规范,也遵守、解释和执行这些自己制定的国际法规范。正因为国家的这种"既是运动员又是裁判"的角色定位,国际法规范体系实际上并不存在严密的等级结构。各种立法活动相互独立,原则、规则、规章和制度纷繁复杂,经常产生效力上的重叠和冲突。

这种缺乏条理和位阶关系的法律体系显然不利于国际法在实践中的适用。因此,人们希望从诸多国际法律规则和制度中提炼或发展出具有普遍约束力的国际行为规范表达,以给予法律适用者明确的指引。这些规范表达就是国际法原则。国际法原则(Principle of International Law)"集中表现国际关系的最一般原则和确定现行国际法律秩序基础的那些规范,占有特殊的地位"①。国际法原则对国际法的规则、规章、制度具有指导和制约作用,许多国际法的具体规则、规章、制度,都是国际法原则的具体化。国际法上的原则,既可以为国际法规范的系统化服务,成为国际法的解释、适用和进步发展的工具,也可能如上文的"尼加拉瓜案"所示,直接产生法律上的权利和义务。② 国际法原则既包括在国际法的各个领域普遍适用的原则,也包括仅适用于国际法某个领域、某个部门或某个方面的一般原则;既包括在全球各区域适用的普遍性原则,也包括仅适用于某个地理范围的区域性原则。总而言之,国际法原则与国际规则、规章和制度一起共同构成国际法的规范体系。

在众多国际法原则中,最核心的就是国际法基本原则。国际法基本原则是国际法律体系的基础,它是从国际法的一般原则、规则和制度中归纳出来的,同时又引申出所有其他原则、规则和制度。"国际法基本原则"(Fundamental Principle of International Law)一词第一次明文出现在联合国大会 1970 年 10 月 24 日通过的《关于各国依联合国宪章建立友好关系及合作之国际法原则宣言》(以下简称《国际法原则宣言》)中。但国际法学界对这一概念的相关研究程度和水平却不一致。有的西方国际法教材和著作中没有列入"国际法基本原则"的章节,例如《奥本海国际法》。但是,一些其他国家,例如中国和苏联的学者,在他们编写的教科书中,则大多给予应有的重视。③ 虽然东西方存在上述分歧,但是普遍认可国际法基本原则是客观存在的。王铁崖教授指出:"第二次世界大战以后,国际法中一些属于基本性质的原则被视为国际法基本原则,国家声明和司法实践都有这种倾向。"④著名国际法学家、前南国际法庭庭长安东尼奥·卡塞斯法官指出:"在今天的国际社会,甚至在苏联解体和大多数其他社会主义

---

① [苏]伊格纳钦科、奥斯塔平科:《国际法》(中译本),法律出版社 1982 年版,第 61 页。
② Rüdiger Wolfrum, General International Law: Principles, Rules, and Standards, in Rüdiger Wolfrum, *The Max Planck Encyclopedia of Public International Law* (online edition), Oxford University Press, 2013. 转引自《国际公法学》编写组:《国际公法学》(第二版),高等教育出版社 2018 年版,第 81 页。
③ 例如《国际公法学》编写组:《国际公法学》(第二版),高等教育出版社 2018 年版,第 81—101 页;邵津:《国际法》(第五版),北京大学出版社、高等教育出版社 2014 年版,第 25—30 页;白桂梅:《国际法》(第二版),北京大学出版社 2010 年版,第 118—142 页;王铁崖:《国际法》,法律出版社 1995 年版,第 45—63 页。
④ 王铁崖:《国际法》,法律出版社 1995 年版,第 45 页。

国家发生变革以后,各国在经济和政治方面仍然存在分歧,他们之间的关系也经常处于紧张状态。因此,国际法基本原则为他们提供了一套基本准则。在此基础上,国家之间可以消除分歧,并至少能够建立一种相对平和的国际关系。国际法基本原则是整个国际法规范体系的顶点,他们构成了最高的法律标准,这些法律标准可以被认为是国际社会的'宪法原则'。"①

迄今为止,中外国际法学者对什么是国际法基本原则和哪些原则是国际法基本原则并无统一的认识。施瓦曾伯格教授认为,国际法基本原则是那些通过归纳的方法从具体原则和规则中提炼出来的原则,它们是那些其他原则赖以建立的原则。② 他提出了三个检验标准:"(1)该原则必须对国际法特别重要。关于这个问题的观点肯定受到每个人对国际法的理解的很大影响。(2)该原则必须包含相对广泛的国际法规则,这些规则明显自然地属于它的标题之下。(3)该原则必须在国际法上非常典型以至于成为人们所知的所有国际法体系的基础部分,或者在现存国际法上非常有特点以至于如果忽略了它就有看不到现代国际法基本特征的危险。"③ 按照中国国际法学界的通常看法,那些国际法体系中得到各国公认的、普遍适用于国际法一切领域、构成国际法基础的法律原则被称作国际法基本原则。按照上述定义,作为国际法基本原则必须具有下列特征:

1. 为各国(国际社会)所公认

作为国际法基本原则,它首先必须是对所有(或者说是对绝大多数)国际法主体有约束力的原则,也就是能够被世界各国普遍遵守的原则。然而,"公认"并非意味着一项原则得到了全世界的一致承认和接受,其实这根本就做不到。所谓"公认",只能说是一项原则在某种情形下大致达到了被普遍接受的程度。从国际实践看,一项原则大致达到"公认"程度的情形主要有三种:

(1)世界上绝大多数国际法主体参加的国际条约或公约中的规则可以大致达到被普遍接受的程度。例如,《联合国宪章》的参加国几乎涵盖了世界上绝大多数的国家,因此,该宪章中的规则被普遍认为是具有公认性的。

(2)一项原则最初被少数国家提出,但在以后的实践中逐渐被各国承认和接受,则具有公认性。最典型的如"和平共处五项原则",最初是由中国和印度、缅甸在双边协定和联合声明中提出的;后来,中国同其他国家签订双边条约和协议时,也都规定以

---

① Antonio Cassese, *International Law*, Oxford University Press, 2001, p. 88. 转引自周忠海:《国际法》,中国政法大学出版社 2004 年版,第 139 页。
② George Schwarzenberger, The Fundamental Principles of International Law, 87 Rec. des Cours 195(1955—I), pp. 196-197. 转引自白桂梅:《国际法》,北京大学出版社 2006 年版,第 103 页。
③ George Schwarzenberger, The Fundamental Principles of International Law, 87 Rec. des Cours 195(1955—I), pp. 196-197. 转引自白桂梅:《国际法》,北京大学出版社 2006 年版,第 104 页。

"和平共处五项原则"为彼此关系的基础;1955年万隆亚非会议上,"和平共处五项原则"被与会国普遍接受并以此为核心形成了会议最后公报中宣布的各国和平相处和友好合作的十项原则;此外,联合国大会所通过的一系列有关决议中,或者包含了"和平共处五项原则"的内容,或者体现了与五项原则一致的精神。

(3)国际组织的重要决议,尤其是联合国大会的重要决议中的规则,应该被认为是具有公认性的。由于国际组织的重要决议,尤其是联合国大会的重要决议,都是由与会国绝大多数代表赞成通过的,能够充分表达与会国的共同意志和共同愿望,因而,其"公认性"是显而易见的。正因为如此,如1970年联合国大会通过的《国际法原则宣言》所阐述的七项原则和1974年通过的《各国经济权利和义务宪章》所归纳的十五项原则,被国际社会普遍承认为处理国际关系中应当遵循的基本原则。

2. 普遍适用于国际法一切领域

国际法基本原则是调整国际关系的最一般的行为规则,具有普遍的指导作用。其普遍性体现在两个方面:一是就适用对象而言,国际法的基本原则对世界上绝大多数国际法主体都具有法律约束力;二是就适用范围而言,国际法的基本原则适用于国际关系的一切领域,凡是有国际法主体在其中活动的领域,就必须遵循这些原则。例如,国家主权原则就贯穿并指导国际法的一切领域,所有的国际法问题,都与国家主权有关,都必须符合国家主权原则。而那些虽为各国所公认但只适用于国际法个别领域的原则就不是国际法的基本原则,如公海自由、外交特权与豁免权等,只在其相关领域内发挥作用。

3. 构成国际法的基础

所谓国际法的基础,不是指国际法赖以产生和存在的国际政治、经济基础,而仅指国际法的法律基础,即国际法上的具体原则、规则和规章、制度与国际法的基本原则具有依存关系,前者根据后者而存在和建立。因为国际法上的其他具体原则、规则和规章、制度,必须是从国际法基本原则派生、引申出来的,或者必须符合国际法基本原则的精神。反之,具体原则、规则和规章、制度就不具有完全的法律效力。同时,国际法基本原则必须由各个国际法主体自觉遵守。如国家主权原则是国际法上的基本原则之一,国际法的具体原则、规则和规章、制度都必然联系着国家主权原则,违反此原则而制定的任何具体原则、规则和规章、制度均属无效。传统国际法的所谓"附属国""保护国""领事裁判权""国际地役"及"势力范围",只要是在侵犯他国主权情况下确定的,即是非法行为。就是因为侵犯别国主权,违反国家主权原则。

上述三点既是国际法基本原则的法律特征,也是构成国际法基本原则的必要条件,其内容紧密联系,缺一不可,这也是区分国际法基本原则与一般原则、规则和制度的标准。

二、国际法基本原则的框架

国际法基本原则是由一系列原则构成的有机体系。现代国际法基本原则是第二次世界大战后一系列国际文件规定和确立的。联合国成立前后,曾通过一系列涉及国际法基本原则的文献,这些文献均有所侧重地、系统地载明了国际法的原则。

1945年的《联合国宪章》是第一个系统规定国际法基本原则的多边国际条约。《联合国宪章》第二条规定了七项原则:①会员国主权平等;②真诚履行宪章义务;③和平解决国际争端;④不得使用威胁和武力;⑤会员国合法行动协助;⑥在维持和平与安全必要范围内,保证非会员国遵行上述原则;⑦不干涉别国国内管辖事项。

1970年的《国际法原则宣言》宣布了七项原则:①领土完整、政治独立与不使用威胁或武力;②和平解决国际争端;③不干涉别国国内管辖事件;④各国彼此合作;⑤各民族享有平等权与自决权;⑥各国主权平等;⑦诚意履行宪章义务。该宣言的总结部分宣布,"本宣言所载之各项宪章原则构成国际法之基本原则,因之吁请所有国家在其国际行为上遵循此等原则,并以严格遵守此等原则为发展彼此关系之基础",从而明确了此宣言的七项原则为国际法基本原则。这是国际社会第一次通过联合国大会的形式确立国际法基本原则,是对《联合国宪章》的发展,表明现代国际法基本原则体系的形成。

值得一提的是,中国、印度、缅甸等亚非拉国家在战后的非殖民化运动中共同倡导的互相尊重主权和领土完整、互不侵犯、互不干涉内政、平等互利、和平共处五项原则不仅是中国独立自主和平外交政策的基石,也先后被1955年《亚非会议最后公报》[①]、1963年《非洲统一组织宪章》[②]和1974年联合国大会《各国经济权利和义务宪章》[③]等一系列国际文件所援引,获得国际社会的广泛认同和遵循,成为国际法的基本原则。

关于国际法基本原则体系具体包括哪些原则,各国学者的主张是有分歧的。中国多数学者认为,根据上述国际法文件所确认的国际法原则,加以综合、归纳,排除其重

[①] 1955年的《亚非会议最后公报》在"关于促进世界和平和合作的宣言"部分宣布了十项原则:①尊重基本人权、尊重联合国宪章;②尊重主权和领土完整;③各民族平等、国家平等;④不干涉他国内政;⑤尊重别国的自卫权;⑥不使用集体防御为大国特殊利益服务;⑦不使用侵略行为、侵略威胁和使用武力;⑧和平解决国际争端;⑨促进相互利益合作;⑩尊重正义和国际义务。

[②] 1963年的《非洲统一组织宪章》中确认了以下原则:①各国主权一律平等;②干涉别国内政;③尊重各国的主权与领土完整和独立生存;④和平解决国际争端;⑤对一切集团的不结盟;等等。

[③] 《各国经济权利和义务宪章》的第一章"国际经济关系的基本原则"中列举了十五项"如同政治和其他关系一样"的各国经济关系原则:①各国主权、领土完整和政治独立;②所有国家主权平等;③互不侵犯;④互不干涉;⑤公平互利;⑥和平共处;⑦各民族平等权利和自决;⑧和平解决国际争端;⑨对于以武力造成的、使得一个国家失去其正常发展必需的自然手段的不义情况,应予补救;⑩真诚履行国际义务;⑪尊重人权和基本自由;⑫不谋求霸权和势力范围;⑬促进国际社会正义;⑭国际合作以谋发展;⑮内陆国家在上述范围内进入海洋的自由。

叠、交叉，国际法基本原则应主要包括下列八项：①互相尊重主权和领土完整原则；②互不侵犯原则；③互不干涉内政原则；④平等互利原则；⑤和平共处原则；⑥民族自决原则；⑦善意履行国际义务原则；(8)和平解决国际争端原则。

随着国际关系的发展、国际法的发展，国际法基本原则的内容还会有所发展，新的国际法基本原则也还会产生。

第二节　国际法基本原则与类似概念辨析

一、国际法基本原则与国际强行法

国际强行法（Jus Cogens）是现代国际法的一个比较新的概念。强行法的概念起源于国内法。在国内法中，强行法的概念可以追溯到罗马法。现在几乎所有国家的国内法中，都可以找到强行法规则。[①] 1937 年，奥地利学者菲得罗斯最先将"强行法"的概念引入国际法。他在《国际法禁止的条约》一文中指出：虽然一般国际法规则大部分没有强行性，但强行法规范在一般国际法中是存在的。由于任意法是国家可以通过条约排除其适用的法律规则，所以，它们只能在不存在相反的条约规则的范围内适用。强行法规则是条约不得抵触和排除的规则，因为它们是为满足整个国际社会的更高利益，而不是为满足个别国家的需要而存在的。[②] 1969 年签订的《维也纳条约法公约》首次以条约的形式肯定了强行法的存在。该公约第五十三条引入了"一般国际法强制规律"的概念，学者们普遍认为，它指的就是国际法中的强行法。在《维也纳条约法公约》中，所谓"一般国际法强制规律"，是指"国家之国际社会全体接受并公认为不许损抑，且仅由以后具有同等性质之一般国际法规律始得更改之规律"。该公约同时称："条约缔结时与一般国际法强制规律抵触者无效。"同时，根据《维也纳条约法公约》第五十四条，如果有任何新的国际强行法规则产生，则与其相抵触的现行国际条约即成为无效并终止。严格来讲，《维也纳条约法公约》第五十三条关于国际强行法规范的规定并不具有一般定义的性质，而且该条也明确指出，其对国际强行法的定义只适用于《维也纳条约法公约》本身。但是，在缺乏一个公认的国际强行法定义的情况下，《维也纳条约法公约》第五十三条的规定被普遍认为是迄今为止对国际强行法定义的最具权威性的表述。根据该条的定义，国际强行法具有以下三个特征：

1. 必须经国际社会全体接受

[①] 李浩培：《强行法与国际法》，《中国国际法年刊》1982 年，第 37 页。
[②] Alfred Verdross, Forbidden Treaties in International Law, *American Journal of the International Law*, 1937, 31, p. 572. 转引自周忠海：《国际法》，中国政法大学出版社 2004 年版，第 131 页。

国际强行法必须经国际社会全体接受。对于如何理解"国际社会全体",条约法公约起草委员会指出:"起草委员会意欲强调,不存在要求一个规则被全体国家接受或承认为具有强行性的问题。如果这个规则被相当大多数的国家接受或承认,那就够了;这意味着,如果一个国家孤立地拒绝接受一个规则的强行性或者该国得到很少数目的国家的支持,国际社会作为整体对该规则的强行性的接受和承认并不因而受到影响。"[①]可见,"国际社会全体接受"的标准实质上并不严苛,只要绝大多数成员表示接受即满足要求。

2. 公认为不许损抑

国际强行法公认为不许损抑的基本要求是国家不得缔结背离或违反国际强行法的条约或协定,任何此类条约或协定不发生法律效力;同时国家也不得以任何其他形式的合意或者单方面的行为违反国际强行法规范,否则,要承担相应的法律后果。

3. 只有新的强行法规则方可对其进行更改

相对于其他国际法规则,国际强行法规则在现代国际法中无疑具有更重要的地位和作用,因此,只有新的国际强行法规则方可对原有强行法规则进行更改。

《维也纳条约法公约》第五十三条只为国际强行法进行了形式上的定义,至于如何确定一个规则已经构成国际强行法规则,公约没有规定鉴别的标准。在该公约的起草过程中,国际法委员会曾企图以列举强行法规则的方法来阐明这种规则。条约法专题报告员沃尔多克在其1963年提出的第二报告第十三条中即曾列举强行法规则,该条如下:特别是,如果一个条约的目的或履行牵涉下列各项行为或者不行为时,条约就因违反国际法而无效:(甲)违反《联合国宪章》的原则而使用武力或以武力相威胁;(乙)国际法定性为国际犯罪的任何行为或不行为;(丙)国际法要求每一国家合作以镇压或惩治的任何行为或不行为。[②] 在委员会会议上,有些委员还分别提出下列规则也应是强行法规则,因而违反这些规则的条约也是无效的:关于人权的规则、关于国家平等的规则、关于条约必须遵守的规则、关于情势不变的规则、关于海洋自由的规则和关于民族自决的规则。但是,委员们对于究竟应当举出哪些例子并未取得一致,而且有些委员根本不赞同列举的方法,因而委员会未采取这个方法。卡塞斯指出,在国家之间已经基本达成一致意见认为下列原则构成国际强行法的一部分:禁止使用武力或武力威胁、禁止灭绝种族、禁止奴隶制、禁止严重违反人民自决权和种族歧视。[③] 王铁崖教授对许多学者列举的强行法规则作了介绍和分析,但他自己没有作这种尝试。从他的分

---

① 李浩培:《条约法概论》,法律出版社2003年版,第245—246页。
② 李浩培:《条约法概论》,法律出版社2003年版,第244—245页。
③ Antonio Cassese, *International Law in a Divided World*, Clarendon Press, 1986, p. 179. 转引自白桂梅:《国际法》,北京大学出版社2006年版,第108页。

析中可以看出,除了卡塞斯列举的上述五项外,一般还包括禁止侵略战争、惩治危害人类罪和海盗罪、对自然资源的永久主权、人民自决、不干涉、国家主权、国家平等。①

由于国际法基本原则与国际强行法有诸多共同之处,因而有的国际法学者将两者等同起来。客观来说,国际法基本原则和国际强行法是既有联系又有区别的两个概念。它们的联系主要体现在以下几个方面:首先,国际法基本原则和国际强行法在本质上都体现了国际公共利益,确立了国际法主体"对一切的义务"(obligation erga omnis),是国际公共秩序的重要组成部分。其次,与国际强行法一样,国际法基本原则同样是国际社会全体接受并公认为不可损抑的,且仅有同等性质的原则方可对其更改的原则。再次,从效力上来说,国际法基本原则和国际强行法一样具有优于其他国际法原则和规则的法律约束力。最后,违反国际法基本原则会产生与违反国际强行法相同的法律后果,如导致有关条约或其他国际行为无效,甚至使有关行为构成国际犯罪。简言之,国际法基本原则具有国际强行法的性质。

与此同时,国际法基本原则与国际强行法又有区别。可以说,两者有重合但不等同。它们的区别主要体现在以下方面:第一,国际法基本原则构成国际法的基础,具有高度的抽象性和概括性,需要具体规则的辅助实施才能充分体现其效力;而强行法规则大多是具体的,且有直接的、绝对的效力,如《维也纳条约法公约》第七十一条规定,条约因与一般国际法强制规则抵触而失效。第二,国际法基本原则的适用具有普遍性,即国际法的各个领域都受国际法基本原则的约束;而有的强行法规则的效力仅仅在某个具体领域发挥作用,例如,禁止灭绝种族这一规则大多适用于国际刑法和人道法领域。

二、国际法基本原则与"一般法律原则"

与国际法基本原则十分相近的另一个概念是之前章节提到的作为国际法渊源之一的"一般法律原则",即《国际法院规约》第三十八条第一款(寅)项规定的"一般法律原则为文明国家所承认者"。对于"一般法律原则"的内涵和特征,前章已详述,故在此不赘言。因为国际法基本原则和"一般法律原则"都具有一定的普遍适用性和公认性,所以二者经常被混淆,如村濑信也在其《国际法原理》中就将国际法基本原则称为国际法的"一般原则"。②

然而,诚如其名称所示,国际法基本原则与"一般法律原则"是有区别的。首先,国际法的基本原则立足于国际法体系,是用来规范国际法主体之间关系(如主权平等、不

---

① 王铁崖:《国际法引论》,北京大学出版社 1998 年版,第 241—246 页。
② [日]村濑信也:《国际法原理》,秦一禾译,中国人民公安大学出版社 2012 年版,第 30—31 页。

使用武力)的法律规范的源泉和基础;而作为国际法渊源的"一般法律原则"是各个国家国内法律体系所能够总结出来的普遍原则,其立足于国内法(尽管可能也包含国际法的部分)。其次,国际法基本原则要求具有普遍适用性,即国际法基本原则对国际法的所有领域都能起到指导作用,比如国家主权原则就可以适用于国际法所有的领域;但许多"一般法律原则"只能适用于某些特定领域或用来解决国际争端中的某些具体方面,比如不当得利这一原则一般适用于私权利领域。最后,国际法基本原则大多是政治安排或以宣言方式出现的道德诉求,其适用范围涉及国际法规则的制定、执行、解释和适用;而"一般法律原则"多涉及法律适用领域,当国际法规则对某一法律问题没有规定或规定存在漏洞时,法院可以通过类比国内法寻找依据的方式来避免出现无法断案的情形。

第三节 国际法基本原则的主要内容

一、国际法基本原则的历史发展

国际法基本原则是随着人类历史的进步和国际关系的需要而产生和发展的。自从近代众多独立国家同时并存并逐步形成一个广泛的国际社会之后,国际法基本原则开始受到注意。到18世纪,国家主权概念已颇为盛行,资产阶级为了反对封建压迫和禁锢,倡导了诸如国家主权、不干涉内政、国家平等等指导国家间关系的一般原则。然而,在20世纪以前,如同整个国际法一样,国际法基本原则的适用范围仍主要局限于所谓基督教"文明国家"之间的关系。具体而言,国际法基本原则是随着历史的发展和时代的需要而逐步产生和发展起来的,大致经历了三个发展时期。

(一)17世纪至20世纪初

17—18世纪,资产阶级为了反对封建压迫和禁锢,巩固和发展革命胜利的成果,提出和倡导了一系列民主的指导国际关系的原则。1648年的威斯特伐利亚和约开创了一个以主权独立与平等原则为指导的新国际关系时代。自此,国家主权平等、不干涉等原则逐渐成为资产阶级反对封建压迫和桎梏、追求独立自主的指导精神。1776年的美国《独立宣言》为了反对英国殖民统治而庄严宣告:"解除对于英王的一切隶属关系","成立"自由独立的合众国","享有全权去宣战、媾和、缔结同盟、建立商务关系,或采取一切其他凡为独立国家所理应采取的行动和事宜"。1793年法国大革命时期的法国宪法"人权宣言"部分以及正文部分都明确宣布,"主权属于人民。它是统一而不可分的、不可动摇的和不可让与的";并宣告,法国人民不干涉其他国家政府事务,也不允许其他民族干涉法国的事务。1795年由法国格雷瓜尔神甫起草的法国国民公会的《国家权利宣言》,提出了一个包括 21 条条文的草案,明确规定各国人民不论人口多少、领土大小,都是主权的、独立的,不得干涉他国内政等一系列的民主原则。1823 年 12 月 2 日,美国总统门罗为了反对欧洲国家(主要是俄、奥、普三国神圣同盟)干涉美洲国家事务,发表一项国情咨文,宣布美国奉行不干涉政策,美国不干涉欧洲事务,也不允许欧洲国家干涉美洲各国的事务,等等。这些文件及其提出的一些原则,是提出这些文件的国家处理对外关系的原则和主张,并非国际法,但对国家主权原则、不干涉内政原则、国家平等原则的确立具有重要的历史作用,对近代国际法上的一些基本原则的形成产生了直接的影响。这些原则以后逐步被确立为近代国际法的基本原则。

(二)第一次世界大战前后

在第一次世界大战前后,国际格局发生了很大的变化。在这个时期,对国际法基本原则的形成和进一步发展产生了重大影响的因素有二:其一,资本主义演变为帝国主义;其二,俄国十月革命后诞生了社会主义国家。

虽然在早期,资产阶级学者及资本主义国家曾倡导了一些进步的、民主的国际关系准则,但在帝国主义时期,这些原则已成为他们对外扩张的巨大障碍,因此,他们反过来又千方百计地企图限制和抵销这些原则。在这一时期,一方面,帝国主义国家拼命抢夺殖民地,侵略、奴役弱小国家,将种种不平等条约强加给亚非拉国家,公然践踏一些已被确立的国际法基本原则;另一方面,帝国主义国家为争夺殖民地,彼此间的矛盾冲突也日趋加剧,战争与和平成为当时国际社会的首要问题。在此背景下,1899 年和 1907 年在荷兰海牙召开了两次和平会议,先后签订了两项关于和平解决国际争端的条约,提出了"和平解决国际争端"的国际法原则。

在第一次世界大战中,帝国主义的薄弱环节——俄国发生了十月革命,诞生了世界上第一个社会主义国家。此后,列宁签署了《和平法令》,提出了列强为瓜分弱小民族而进行的侵略战争为"反人类的莫大罪行",呼吁在交战国实行"不割地、不赔款"的全面和平,还提出了"民族自决"和不同社会制度国家"和平共处"的主张。

在第一次世界大战后,国际社会出现了第一个普遍性国际组织——国际联盟。《国际联盟盟约》首次提出了"限制战争权"的主张。1923 年,国际联盟大会通过了《互助条约草案》,更明确地宣布反对侵略战争。1928 年,15 个西方国家在法国巴黎签署了著名的《巴黎非战公约》,提出了"废止战争"的主张,反对以战争作为解决国际争端的手段。

归纳起来看,在第一次世界大战前后,随着国际格局的变化,产生了诸如"和平解决国际争端""反对侵略战争""民族自决""和平共处"等原则,使得国际法基本原则的内容得到了很大的扩充和发展,而且其中有不少原则直接反映在条约之中,成为真正意义上的国际法原则。

(三)第二次世界大战以后

战争使人类社会遭到巨大的破坏,同时也唤醒并教育人民,增强世界各国维护世界和平、反对侵略战争的信心,促进民族解放运动的发展。第二次世界大战后,联合国一些重要的国际文件重申、倡导和固定了一系列国际法基本原则,主要有《联合国宪章》的宗旨和原则、亚非会议十项原则、和平共处五项原则、1960年联合国大会《给予殖民地国家和人民独立的宣言》中的民族自决原则、1970年联合国《关于各国依联合国宪章建立友好关系及合作之国际法原则之宣言》的七项原则、1974年联合国《各国经济权利和义务宪章》的十五项原则等,使国际法原则更加完备、更加丰富。因此,这一时期是国际法基本原则普及和发展的时期。

进入21世纪,冷战结束,全球化速度加快,国际政治经济秩序正在变革,国际社会多次重申和坚持国际法基本原则。2012年11月30日联合国大会通过的《国内和国际的法治问题大会高级别会议宣言》第三条表示:"我们决心按照《联合国宪章》的宗旨和原则在全世界建立公正持久的和平。我们再度承诺将竭力支持一切努力,维护所有国家的主权平等并尊重其领土完整和政治独立,在国际关系中不以不符合联合国宗旨和原则的任何方式进行武力威胁或使用武力,坚持以和平手段并按照正义和国际法原则解决争端,尊重仍处于殖民统治和外国占领下的人民的自决权利,不干涉各国内政,尊重人权和各项基本自由,尊重所有人的平等权利,不分种族、性别、语言或宗教,开展国际合作以解决经济、社会、文化或人道主义的国际问题,并诚意履行根据《宪章》承担的义务。"这表明,即使面临着众多新的、复杂的政治、社会和经济变革以及随之而来的种种挑战和机遇,国际社会依然遵循法治,强调国际法基本原则是各国间友好平等关系的基石,是国际法治得以建立的基础。

二、《联合国宪章》与国际法基本原则

在国际法基本原则的历史发展中,《联合国宪章》的出台具有标志性意义。《联合国宪章》是联合国最重要的文献,属于多边性国际条约。在现代国际法基本原则的体系中,《联合国宪章》所确立的七项原则处于核心地位,这七项原则分别是:

(一)会员国主权平等

《联合国宪章》第二条第一项规定:"本组织系基于各会员国主权平等之原则。"其序言重申"大小各国平等权利"。这说明主权原则是极其重要的,其会员国不分大小,相互尊重主权,平等互利地进行国际活动。国家之间以主权和平等的原则相互往来。主权平等,应当被理解为各国在法律上的机会和地位平等,而非各国在经济和政治实质能力上的平等。如果承认各国在实际国力上存在差异,那么可以说,机械化地追求绝对平等隐含了实际的不平等,如要求发展中国家在关税减让上承担与发达国家一样

的义务。因此,在国家同意的基础上,主权平等原则不禁止国家间的差别待遇(如世界贸易组织法中的特殊而不同待遇原则),而且赋予某些国家特别的责任或权利,以达到实际意义上的平等。

(二)真诚地履行《联合国宪章》义务

《联合国宪章》第二条第二项规定:"各会员国应一秉善意,履行其依本宪章所担负之义务,以保证全体会员由加入本组织而发生之权益。"联合国会员国应真诚履行《联合国宪章》的义务,非会员国应本着国际法基本原则,善意地行使"国家真诚地履行其在平等基础上承担的国际义务"。每个国际法主体应自愿作出承担履行国际义务的承诺,反之,不履行国际义务则必须承担国际责任。因此,履行国际法原则的基本义务,就是所有国际法主体的行为规则。

(三)和平解决国际争端

《联合国宪章》第二条第三项规定:"各会员国应以和平方法解决其国际争端,避免危及国际和平、安全及正义。"国际间政治、法律或其他任何争端的长久存在,必然会造成国际冲突,危及和平事业。首先,应防止和减少国际争端;其次,对已发生的争端和既存的争端,其解决过程和结果必须是和平的。和平解决国际争端强制当事方以和平的方式解决国际争端。至于具体采用哪种和平方法,《联合国宪章》赋予一定的选择权,认为当事方可自由选择谈判、调查、斡旋、调停、和解、公断、司法解决等其中的一种或多种,但前提是解决争端的过程必须是和平的。

(四)禁止以武力相威胁或使用武力

《联合国宪章》第二条第四项规定:"各会员国在其国际关系上不得使用威胁或武力,或以与联合国宗旨不符之任何其他方法,侵害任何会员国或国家之领土完整或政治独立。"根据这一原则,一切使用武力威胁、武装干涉、武装进攻或占领的行为,都是违反国际法基本原则的行为。1928年巴黎非战公约中确立关于禁止以战争作为国家政策工具的原则。它既规定和平解决国际争端的各种方法,也否定国家使用武力的权利。同时,《联合国宪章》承认会员国有"行使单独或集体自卫之自然权利"。

值得注意的是,禁止以武力相威胁或适用武力原则有两种例外情形。一是根据《联合国宪章》第五十一条规定:"联合国任何会员国受武力攻击时,在安全理事会采取必要办法,以维持国际和平及安全以前,本宪章不得认为禁止行使单独或集体自卫之自然权利。会员国因行使此项自卫权而采取之办法,应立即向安全理事会报告,此项办法于任何方面不得影响该会按照本宪章随时采取其所认为必要行动之权责,以维持或恢复国际和平及安全。"二是联合国安理会依据《联合国宪章》第四十二条采取执行行动,或根据《联合国宪章》第五十三条授权区域组织采取执行行为。同样的,这种例外也有严格限制。安理会授权使用的武力应有一定的限度、范围、特定的目标和明确的期限等,而区域组织采取的执行行为必须获得安理会预先的明确授权。

(五)集体协助

《联合国宪章》第二条第五项规定:"各会员国对于联合国依本宪章规定而采取之行动,应尽力予以协助。联合国对于任何国家正在采取防止或执行行动时,各会员国对该国不得给予协助。"此项规定明确联合国依《联合国宪章》进行有效援助行动时,各会员国应予以协助;联合国对某国或国际法主体采取制裁行动时,各会员国不得对该国予以任何协助。这样,有利于联合国采取联合行动,维护世界和平与发展。

(六)确保非会员国遵守上述原则

《联合国宪章》第二条第六项规定:"本组织在维护国际和平及安全之必要范围内,应保证非联合国会员国遵守上述原则。"《联合国宪章》的条约性质决定它对会员国有效制约。就非会员国而言,作为国际法主体,上述原则对整个世界的和平和国家主权都有利的情况下,非会员国也应为维护世界和平与发展做出自己应有的贡献。

(七)不干涉别国内政

《联合国宪章》第二条第七项规定:"本宪章不得认为授权联合国干涉在本质上属于任何国家国内管辖之事件,并且不要求会员国将该项事件依本宪章提请解决;但此项原则不妨碍第七章内执行办法之适用。"对纯属国内管辖的事项,《国际联盟盟约》已将其排除在国际联盟行政院和平解决权力之外。《国际联盟盟约》规定:"如争执各方任何一方对于争议自行声明并为行政院所承认,按照国际法纯属该方国内管辖之事件,则行政院应据情报告,而不作解决该争议之建议。"《联合国宪章》对不干涉别国内政原则有所发展:一是把该项原则上升为约束联合国组织及其会员国行动的七项原则之一;二是把"纯属"国内管辖的事件扩大为"本质上属于"国内管辖的事件;三是没有把类似"为行政院所承认"这样一种决定权列入条文,意味着当事国及联合国都能对该事件的性质进行解释。因此,任何国家干涉别国内政在国际法原则中都被公认为违法行为。

然而,不干涉别国内政原则近年受到一些挑战和冲击。自20世纪90年代以来,世界上发生了许多震惊全球的人道主义危机事件,如1994年发生在卢旺达的种族大屠杀和1995年发生在前南斯拉夫的斯雷布雷尼察大屠杀,这些骇人听闻的罪行尽管发生于内国领域,但给全人类的普遍良知带来了极大震撼。这促使全世界思考,当内国政府无力或不愿管辖某些大规模人道主义危机时,国际社会是否应当突破不干涉别国内政原则的桎梏,对其进行适当干预,避免再发生此类灾难。2001年,加拿大提议成立的"干预与国家主权国际委员会"(International Commission on Intervention and State Sovereignty,ICISS)在其提交的一份名为"保护的责任"的报告中第一次提出了"保护的责任"(responsibility to protect)概念,并对其法理及法律基础进行了系统的分析,诠释和设计了国家及国际社会所能够提供的人道主义保护方法和途径。"保护的责任"这一概念的出现很快引起国际社会的广泛关注。2004年12月联合国"威胁、挑战和改革问题高级别小组"发布《一个更安全的世界:我们的共同责任》报告,2005年3月联合国大会第五十九届会议发表秘书长报告《大自由:实现人人共享的发展、安全与人权》。两者都对"保护的责任"的概念及性质进行了相应的界定和阐述。2005年9月,由175个国家达成的《2005年世界首脑会议成果》将"保护的责任"限定为"保护人民免遭灭绝种族、战争罪、族裔清洗和危害人类罪之害的责任"。

由于"保护的责任"涉及的问题关乎不干涉内政、国家主权等国际法基本原则,因而许多国家对此持审慎态度。特别是随着国际社会依据"保护的责任"对利比亚危机实施军事行动以后,各国发现"保护的责任"在实践中存在种种问题,开始重新协调"保护的责任"和不干涉别国内政两者间的矛盾。大部分国家虽然不反对推动"保护的责任",但是认为该概念尚不成熟,需要不断加以完善,并且在有合理的制度作保障之后才能付诸实施。

上述原则是联合国从国际组织角度对其会员国和其他国际法主体所规定的。从国际法基本原则方面看,主权平等、真诚履行国际义务、和平解决国际争端、禁止武力相威胁或使用武力、不干涉他国内政等,均属国际社会全体国际法主体应接受的原则,因而对各国发生约束力。这种约束,就其性质来说,已不属国际组织约束其成员国的范畴,而是作为公认的国际法基本原则被各国接受并约束其行动,各国际法主体都应遵守此类原则。这就体现了《联合国宪章》确立的国际法基本原则有约束全体国际法主体的效力。

第四节 和平共处五项原则

一、和平共处五项原则的产生和发展

互相尊重主权和领土完整、互不侵犯、互不干涉内政、平等互利、和平共处,统称为"和平共处五项原则",是中国、印度、缅甸三国共同倡导的,最早见于1954年4月29日中国和印度两国政府签订的《关于中国西藏地方和印度之间的通商和交通协定》的序言之中。同年6月28日,中国和印度两国总理发表的《联合声明》重申了这五项原则,并且指出:它们"不仅适用于两国之间,而且适用于一切国际关系之中,它们将形成和平和安全的坚固基础"。6月29日,中国和缅甸两国政府总理发表的《联合声明》同样指出,和平共处五项原则应当是中缅两国关系的原则,而且如果这些原则能够为一切国家所遵守,则社会制度不同的国家和平共处就有了保证。

继中印、中缅联合声明之后，中国在20世纪50年代与苏联、德意志民主共和国、老挝等国签署的联合文件中，均确认了五项原则为国际关系的准则。和平共处五项原则至此已基本上成为中国处理与周边国家间关系的基本原则。20世纪60年代，随着一大批独立国家的诞生，中国同古巴、阿尔及利亚等非洲和拉美国家签署了载有和平共处五项原则的文件。这标志着和平共处五项原则的确认与接受已超出了亚洲的范围。20世纪70年代，和平共处五项原则的发展进入了一个新的阶段。除了一大批发展中国家承认这五项原则外，一些发达国家也逐步认可了这五项原则，如意大利、比利时、美国、日本、澳大利亚等。这些国家与中国的建交公报或双边条约均明确规定和平共处五项原则为指导双边关系的基本原则。和平共处五项原则的传播已遍及各大洲，其适用范围除不同社会制度国家之间的关系外，还包括相同社会制度国家之间的关系，即适用于一切国家的关系。

和平共处五项原则还在一些重要的多边文件中得到反映。1955年4月在印度尼西亚万隆召开的亚非会议具有重要的历史意义。会议的最后公报宣布了各国和平相处和友好合作的十项原则。其中有的原则与和平共处五项原则的内容完全相同，有的是五项原则的具体化。在联合国范围内，自20世纪60年代以来，联合国大会通过有关决议列举的原则，或者含有五项原则的内容，或与五项原则的精神基本一致。

历史进入20世纪80年代以后，在和平与发展成为时代主题的情况下，和平共处五项原则被赋予了新的含义：其一是被应用于建立国际政治、经济新秩序的斗争，其二是运用于创造性地解决中国香港、澳门问题，其三是采取"搁置争议，共同开发"的办法解决与邻国的边界争端问题，其四是运用于解决政党之间的关系。和平共处五项原则在这一时期已不再是为国际斗争或结盟服务，而是具有真正意义上的对等性、相互性。此外，由于提出建立以和平共处五项原则为基础的国际新秩序的主张，使得和平共处五项原则能够为国际政治和国际经济新秩序的建立起到推动作用。

21世纪以来，国际环境日趋复杂，不稳定性、不确定性明显增强。世界政治经济起伏波动，多极化政治格局形成，保护主义、单边主义抬头，人类面临众多需要共同解决的难题。历经国际风云变幻的考验，和平共处五项原则秉持主权、正义、民主、法治的价值观，不断创新内涵。[①] 从"平等互利，和平共处"到高举和平、发展、合作、共赢旗帜，推动构建人类命运共同体，从"互不侵犯，互不干涉内政"到推动国际关系民主化、法治化，和平共处五项原则是一个与时俱进、开放包容的国际法原则。

[①] 习近平：《弘扬和平共处五项原则 建设合作共赢美好世界——在和平共处五项原则发表60周年纪念大会上的讲话》，2014年6月28日。

二、和平共处五项原则的含义

（一）互相尊重主权和领土完整

互相尊重主权和领土完整原则是和平共处五项原则的首项原则,也是最根本的原则。它包括两个方面的内容:互相尊重主权和互相尊重领土完整。主权是对内对外事务的最高权力。关于主权的概念,有必要说明几点:第一,主权是国家的根本属性,国家和主权是不可分的,因此,主权是国家存在不可缺少的要素。第二,主权是国家固有的权利,并非外界赋予的。第三,主权在国内表现为领土最高权,国家对其领土内的一切人和物享有排他的管辖权。在对外关系上,则表现为独立权。两者密切联系在一起,构成完整的主权概念。第四,不能把主权绝对化。主权者有互相尊重对方主权的义务,同时,所有国家都应同等地受国际法的拘束。1970 年联合国大会通过的《国际法原则宣言》详尽地阐明了主权原则的内容,其中心思想是各国主权平等。国家主权原则长期以来一直是国际法的根本原则。

领土是国家行使主权的空间。所谓领土完整,不完全是地理上的概念,而是指国家领土的完整性,即每个国家的领土不受侵犯。互相尊重主权和领土完整是两个不尽相同的概念,但它们之间存在着密切的联系。国家是在自己的领土上行使排他的管辖权的,尊重一国主权首先意味着尊重该国的领土完整。因此,和平共处五项原则将两者合并为一项原则。

在全球化条件下主权概念的内涵开始发生变化,主权已并非完全为民族国家所享有,各国可以根据实际情况,通过合理地让渡一部分主权权利,建立有效的国际使用机制,来更好地促进本国的发展。单纯强调传统的绝对主权并非解决问题的最佳选择,这会限制一国的开放精神和在世界市场上寻求发展的更大机会,从长远而言,这显然不利于国家主权的维护。在这种情况下,各国在主权问题上的所作所为已经不再是各自的内政,而是与其他国家的利益紧密相连。例如,在"非传统安全"问题上,一国对环境的污染和破坏由于大气和水的流动,很有可能会影响到周边国家,从而对周边国家的环境造成消极影响。在此,这种环境污染问题已非一国的主权和内政问题,而是与其他国家息息相关。总之,面对全球化的新形势,"互相尊重主权和领土完整"原则在内涵上已并不完全等同于原来的意义了。

（二）互不侵犯

互不侵犯原则是从国家主权原则直接引申出来的,指的是各国在其相互关系中不得以任何借口使用武力或武力威胁侵犯他国的领土完整或政治独立。这项原则是在第一次世界大战和俄国十月社会主义革命后逐步形成的,《联合国宪章》等一系列国际法文件一再确认该项原则。

与互不侵犯密切相关的一个问题是侵略定义问题。① 1974年,联合国大会通过了由侵略定义特别委员会起草的《侵略定义》。该定义规定:"侵略是指一个国家使用武力侵犯另一个国家的主权、领土完整和政治独立,或以本文所宣示的与联合国宪章不符的任何其他方式使用武力。"该定义第三条规定,下列七种行为,无论是否经过宣战,均构成侵略行为:①侵入或占领别国领土;②对别国领土进行轰炸或使用任何武器;③封锁别国的港口或海岸;④武力攻击别国的陆、海、空军或商船、民航机;⑤违反条约规定,使用驻扎于他国的军队或不按期撤回军队;⑥允许另一国使用其领土攻击第三国;⑦派遣非正规军队或雇佣军进攻别国。该条款从外延上概括了几种典型的侵略行为,为具体适用不侵犯原则提供了比较清晰的标准。

(三)互不干涉内政

互不干涉内政原则也是从国家主权原则引申出来的。其法律含义是指国家不得以任何借口干涉别国的内外事务,不得把自己的意志强加于别国。根据当前的国际形势,该项原则主要包括一国不得强迫别国采取或不采取某种政治、经济、社会制度,不得协助别国政府镇压人民革命或民族自决,不得制造别国内部民族分裂,不得在别国制造或扶植傀儡政权,等等。一国的内政还包括该国的外交事务。至于哪些具体事项属于一国的内政,则是一个相对的问题。

(四)平等互利

国家是主权的、独立的,必然是平等的。从国际法的观点来说,国家平等是指国家在法律上的平等,即权利义务平等,不因大小强弱而在法律上处于不平等的地位。所谓互利,就是不能以损害对方的利益来满足自己的要求,更不能以牺牲他国或榨取他国为目的。国家交往应以互利为基础,应该对双方都有利。将平等与互利结合在一起,作为指导国际关系的一项基本原则,标志着传统的平等原则的新发展。国家间的关系只有建立在平等的基础上才能达到互利,也只有实现互利,才可能有真正的平等。

(五)和平共处

和平共处是五项原则的总称,同时又是一项单独的原则。不同社会制度的国家和平共处,作为一种思想和政策,最先是由列宁提出来的,以后发展为不限于不同社会制度的国家之间。和平共处原则的内容大致包括:各国应和平地同时存在,不应因社会制度、意识形态的不同,而在国际人格上有所差异,也不应因此而互相攻击、干涉和颠覆;和平地相处,即在和平的环境和条件下,和平地相互来往、处理和发展相互间的关系;和平解决国际争端,不应诉诸武力或武力威胁或以其他不符合国际法的非和平方式解决国家间的争端。

---

① 这是一个国际法上长期争论不休的问题。

和平共处五项原则是一个有机的整体。各国在彼此交往中互相尊重他国主权和领土完整,互不侵犯,互不干涉内政,在平等互利的基础上发展友好合作关系,就能实现和平共处。因此,和平共处是前四项原则的目的,而前四项原则则是实现和平共处的条件,其中主权原则是根本,其他四项原则都是主权原则的引申。

三、和平共处五项原则在现代国际法上的意义

(一)和平共处五项原则与《联合国宪章》的宗旨和原则是一致的

和平共处五项原则并不排斥国际法上公认的其他基本原则,也不排斥《联合国宪章》的宗旨和原则,具体体现在以下方面:

1. 目的一致

建立联合国的主要目的被规定在宪章的第一条中,即维持国际和平与安全,发展国家间以尊重人民平等权利及自决原则为根据之友好关系,促进国际合作等,而五项原则的目的也在于维持国际和平与安全,发展各国间的友好关系,促进各国间的友好合作。

2. 均以国家主权原则为基础

这是由国际关系和国际法的特点所决定的。宪章在第二条中规定了联合国及其会员国应遵循的七项原则,首当其冲就是"本组织系基于会员国主权平等之原则",和平共处五项原则第一项也是如此。任何一个国际组织都是国家之间为了一定目的而设立的,而不是凌驾于国家之上的超国家机构。

3. 均规定了国际法上的一些最主要原则

宪章中还有和平解决国际争端,不使用武力或武力威胁,不干涉在本质上属于任何国家国内管辖之事件,这与互不侵犯、互不干涉内政、平等互利、和平共处等是完全相同的。由于联合国是一个普遍性的国际组织,因而不可能要求和平共处五项原则能涵盖宪章的宗旨和原则的所有细节和问题,但就实质和目的而言,是并行不悖的。

(二)和平共处五项原则是发展中国家对当代国际法的贡献

和平共处五项原则成为国际法基本原则,是以中国为代表的广大亚非拉发展中国家对国际法理论与实践的重要贡献。一直以来,国际法长期被西方话语体系所主导,中国等非西方国家被边缘化。和平共处五项原则是改变这一格局的一次尝试,它的提出代表非西方发展中国家的国际法新思维。和平共处五项原则不仅仅是对《联合国宪章》中所列国际法基本原则的简单重复,而是选取了一些方面予以强调,表明了对国际法的独特理解。例如,坚守主权、反对干涉、以主权维护国家独立的精神也体现了大批战后民族独立国家的诉求,对于后殖民时代的国际法基本原则体系至关重要,甚至具有奠基性的意义。即使在当今时代,利比亚、叙利亚、乌克兰事件表明,和平共处五

项原则所倡导的独立自主、和平共处精神依然是抵御大国霸权、意识形态干预的最好方式。

虽然和平共处五项原则由中国等亚非拉发展中国家提出,但蕴含人类社会对和平、独立、平等和自由的普遍渴望,是人类在已有经验的基础上,根据 20 世纪 50 年代国际形势发展的需要,第一次作为一个命运共同体,将一个指导当代国际关系的原则体系提到世界面前,而且赋予它新的时代含义,这就是对国际法的重大发展。如不干涉内政原则,是对传统国际法中的不干涉原则的发展,其含义是禁止国家采取任何借口和方式干预别国主权范围之内的事务。它的表现形式是:对别国内政施加压力,使用或威胁使用武力,直接或间接侵略、占领,公开或隐蔽地干预和干涉等,都是侵害了被干涉国家的独立和主权。这无疑否定了传统国际法关于"依据权利的干涉"和"人道主义的干涉"等主张。可见,和平共处五项原则体现人类命运共同体的普遍诉求,是对国际法基本原则的新发展。

同时,和平共处五项原则还科学地反映了国际关系的特点,坚持了国家权利和义务相一致的原则。国家是平等的,应当处于相同的法律地位,不能因为社会制度和意识形态上的不同而有任何差别,而和平共处五项原则的最大特点就是体现"互相"二字,它进一步确认了各国权利和义务的一致性和统一性,这正是现代国际法与传统国际法的不同之处,也体现了国际法的发展趋势。当今的国际关系与第二次世界大战前已大相径庭,那时西方帝国主义大国决定世界的命运,国家之间的关系服从于强权原则,古老的东方国家和其他被压迫民族均是被掠夺的对象。现在,一大批民族独立国家和第三世界国家都奉行独立自主的外交政策,对国际事务自主地作出判断而不受其他国家的控制和干涉。和平共处五项原则中的每一项原则都体现了"互相"和"共"字,这不是简单的重复,而是科学地概括了国际关系现状的具体表现,这完全符合当代国际关系发展的趋势和要求,对推动国际法的进步和发展具有十分重要的意义。

(三)和平共处五项原则给各国提供了一个行为准则

和平共处五项原则保证各国人民能够自由选择社会模式和发展道路,是国家间在不改变和不触及各自社会制度和利益的条件下,在平等和自愿的基础上,以非军事的形式解决争端和处理相互关系的行为准则,是各国进行多方面合作、实现共同发展与繁荣的基础。因此,它不仅适用于社会制度不同的国家之间的关系,也适用于社会制度相同的国家之间的关系,包括社会主义国家之间的关系。国家关系的好坏,不取决于社会制度和意识形态,关键在于有关国家是否严格遵守和平共处五项原则。

当今世界已进入一个新的历史时期,多极化格局的出现代替了苏美冷战,维护世界和平、发展全球经济、促进人类进步就显得尤为重要了。当今的国际社会是主权国家多元并存的分权秩序结构,是一个纷繁复杂充满矛盾的社会。在国际事务中,用什么原则作为判断国家国际行为的是非标准和各国行动的标准呢？这就要求我们把握住国际关系的主流。现今的世界以和平与发展作为两大主题，那么，凡是不利于和平、阻碍发展的国际行为，我们就要取缔和反对，而对有利于和平发展的行为，我们就要提倡和发扬。和平共处五项原则正是这样一个原则，它作为行为规范，为各国的交往提供了行为标准，各国可以此为依据规范和约束自身的行为，以它为标准评判自身行为的对与错；与此同时，和平共处五项原则作为谴责和制裁的标准，通过裁判脱离和违反国际法的行为，对其进行审判，使违反者受到必要的惩罚，承担相应的国际责任。可以说，和平共处五项原则在维持当代进步的国际秩序上发挥着极其重要的作用，成为和平解决国际争端的有力武器和坚强基石。

（四）和平共处五项原则是解决国际争端的基本准则

由于各国的经济、政治、军事等方面发展不平衡，因而必然会产生国家间的分歧和冲突，国际争端在我们这个社会还难以从根本上避免。自第二次世界大战以来，世界虽无全球性的战争爆发，但民族之间的、地区性的乃至世界性的争端都时有发生。第二次世界大战后几十年来，因冲突所致损失的人力、物力、财力远远超过两次世界大战的总和，战争给人类带来灾害，战争也教育了人类，人们反对战争、反对侵略、要求和平、要求发展的呼声日益高涨。国家之间有了争端并不可怕，关键在于选择一个切实可行的方法解决。实践的经验告诉我们，和平共处五项原则是处理国家之间关系最基本的准则，也必然成为解决国际争端的基本准则，谁妄图耍霸权，谁就会加剧地区间的紧张局势，危害世界和平，谁真正运用和平共处五项原则处理国与国之间的关系，谁就会赢得广大国家的尊重、支持和信任，也有利于矛盾的解决。1982 年英阿两国就马尔维纳斯群岛的主权归属问题发生的冲突就是一个很值得借鉴的例子。当英国、阿根廷两国在马岛问题上发生争议时，两国政府展开唇枪舌剑，英国作为老牌世界强国，怎受得这样的"欺辱"？他们仗着自己的实力强于对方，运用军事手段解决争端，导致两国发生武装冲突。虽然英国后来占据了该岛，但双方在冲突中两败俱伤，损失了大量的人力、物力、财力，也加剧了世界的紧张局势。而与其相应的中英关于香港问题的和平解决，就是利用和平共处五项原则解决国际争端的一个成功范例。香港问题是历史问题，如何正确处理关系到中英两国的切身利益，同时也关系到香港的繁荣与稳定。正是本着这种负责的态度，中英两国在和平共处五项原则的基础上，互谅互让，签署了《中英两国关于香港问题的联合声明》，作出了香港于 1997 年 7 月 1 日回归中国的规定，成功地解决了两国历史上遗留下来的问题。

和平共处五项原则强调的是和平，它可以促使争端各方冷静下来化干戈为玉帛。中国对国际争端和地区冲突，诸如阿富汗问题、柬埔寨问题、两伊战争、中东问题、海湾战争、科索沃问题、叙利亚危机等，均以和平共处五项原则为指导，主持公道，伸张正义,不谋求私利,为这些问题的和平解决作出了很大努力,赢得了国际社会的普遍赞赏。

和平共处五项原则突出了主权原则,以主权原则为基础引申出来的互不侵犯原则就直接阐明了国家之间在发生纠纷或争端时,应通过和平方法予以解决。它明确指出:各国在其相互关系中,不得以任何借口进行侵略,不得以违反国际法的任何其他方法使用武力或以武力相威胁,侵犯另一国的主权和领土完整,不得以战争作为解决国际争端的方法。这项原则的主要目的在于禁止侵略,禁止非法使用武力,禁止用武力的方法解决国际争端,否则就是违反国际法,要承担相应的国际责任。和平共处五项原则中的最后一项原则——和平共处原则,也再次确认了和平解决国际争端,它指出各国应当友好相处,共存于国际社会,促进国与国之间的相互了解与合作,在发生争端时应当用和平的方式解决国际争端,而不应该诉诸武力。

思考题

一、问答题

1. 国际法基本原则的特征是什么?
2. 请分析《联合国宪章》与国际法基本原则。
3. 试述和平共处五项原则的发展及在现时代的意义。

二、案例分析

2013年9月和10月,中国国家主席习近平在出访中亚和东南亚国家期间,先后提出共建"丝绸之路经济带"和"21世纪海上丝绸之路"(以下简称"一带一路")的重大倡议,得到国际社会高度关注。2015年3月28日,国家发展改革委、外交部、商务部联合发布了《推动共建丝绸之路经济带和21世纪海上丝绸之路的愿景与行动》,提出了"共建原则",即恪守《联合国宪章》的宗旨和原则,遵守和平共处五项原则,坚持开放合作,坚持和谐包容,坚持市场运作和坚持互利共赢。"一带一路"是海陆并进的国际合作。陆上依托国际大通道,以沿线中心城市为支撑,以重点经贸产业园区为合作平台,共同打造新亚欧大陆桥、中蒙俄、中国-中亚-西亚、中国-中南半岛等国际经济合作走廊;海上以重点港口为节点,共同建设通畅安全高效的运输大通道。自2013年到2019年,中国与"一带一路"沿线国家货物贸易进出口总额从1.04万亿美元增至1.34万亿美元。2019年,中国与138个签署"一带一路"合作文件的国家货物贸易总额达1.90万亿美元,占中国货物贸易总额的41.5%。2013—2019年,中国企业对"一带一路"沿线国家非金融类直接投资累计超过1 000亿美元,年均增长4.4%,较同期全国平均水平高1.4个百分点,主要投向新加坡、越南、老挝、印度尼西亚等国。截至2019年底,纳入商务部统计的境外经贸合作区累计投资419亿美元,吸引了数千家企业入驻,产业聚集效应显现。其中,在"一带一路"沿线国家建设的合作区累计投资350亿美元,上缴东道国税费超过30亿美元,为当地创造就业岗位33万个。2013—2019年,"一带一路"沿线国家对华直接投资超过500亿美元,设立企业超过2.2万家。2019年,"一带一路"沿线国家在华实际投入外资金额

84.2 亿美元,同比增长 30.6%,占同期中国实际吸收外资总额的 6.1%。截至 2019 年底,中国已与 25 个国家和地区达成了 17 个自贸协定,正在开展 12 个自贸协定谈判或升级谈判,以及 10 个自贸协定联合可行性研究或升级研究。

问题:根据上述内容,结合时事,分析和平共处五项原则在当代的新含义和新发展。

第三章　国际法的主体

案例：光华寮的所有权主体

光华寮坐落于日本京都市左京区北白川西町，是一幢面积约为1 000平方米的五层楼房。该寮建于1931年。第二次世界大战后期，京都大学受托于日本政府"大东亚省"，将该寮租用作为当时中国留学生的宿舍。日本投降后，"大东亚省"被撤销，从此由中国留学生组织自治委员会对该寮实行自主管理，并将该寮取名为"光华寮"。此后，旧中国政府驻日代表团用变卖侵华日军在大陆掠夺的财产所获得的公款将该寮买下，专用作中国留学生宿舍。

1961年台湾当局以所谓的"中华民国"的名义在日本将该寮登记为"中华民国"国家财产。1967年，台湾当局驻日本代表陈之迈以"中华民国"的名义就光华寮问题向京都地方法院起诉，要求中国留日学生王炳寰等8人搬出光华寮。1977年9月16日，京都地方法院作出判决，确认该寮为中华人民共和国的国家财产，台湾当局的诉讼请求被驳回。1977年10月，原告不服而上诉至大阪高等法院。1982年4月14日，大阪高等法院撤销原判，并将此案发回京都地方法院重审。1986年2月4日，京都地方法院推翻其于1977年9月16日所作出的判决，将光华寮判归台湾当局所有。

中国留学生王炳寰等人不服此判决，遂向大阪高等法院提出上诉。1987年2月26日，大阪高等法院维持京都地方法院的再审判决。同年5月30日，王炳寰等人委托其辩护律师团通过大阪高等法院向日本最高法院提交了上诉书，要求日本最高法院将大阪高等法院作出的错误判决撤销，重新作出公正的判决。

2007年3月27日，日本最高法院以台湾当局在光华寮问题上不具有诉讼权为由撤销大阪高等法院判决，并将此案发回京都地方法院重审。审理此案的日本最高法院第三小法庭审判长藤田宇靖在陈述判决理由时说，这场诉讼是由台湾当局代表中国提起的，根据1972年的《日中联合声明》，台湾当局丧失了中国的代表权，因此，在1972年后以台湾当局为原告进行的所有诉讼在程序上都是违法和无效的。

第一节 概 述

一、国际法主体的概念和条件

国际法的主体,是指能够独立参与国际法律关系活动并行使和承担国际法所确定的权利与义务的实体。作为国际法主体应具备的条件或能力是指:

首先,具有独立参与国际法律关系活动的能力,如与他国建立外交关系、缔结国际条约、进行国际诉讼、参加国际会议和国际组织等。

其次,具有直接行使和承担国际法所确定的权利与义务的能力,如主张国际法律权利、履行国际条约义务等。需要指出的是,作为国际法主体不一定要承受国际法上的一切权利和义务。

再次,具有独立进行国际求偿的能力。这种能力是指当国际法上的权利受到侵犯时,能够以自己的名义独立地向国际机构提出申诉或向侵权者提出赔偿要求的能力。国际求偿能力是国际法主体参与国际法律关系活动的具体体现,是国际法主体享有的国际法上的权利的具体体现。

上述三个条件或能力是作为国际法主体必不可少的,是判断某个实体是否具有国际法主体资格的一般标准。

二、国际法主体的种类

传统国际法认为,国家是国际法的唯一主体。第二次世界大战后,国际关系格局发生了重大变化,大量的国际组织迅速崛起,在国际事务中发挥着越来越重要的作用。不仅如此,许多非国家政治实体也日趋活跃。因此,现代国际法的主体已突破了传统国际法的理论范畴,除国家仍然是国际法的基本主体外,国际组织和争取独立的民族等也是国际法的重要主体。

(一)国家是国际法的基本主体

在传统国际法学者著作中,认为国家是国际法唯一主体。如国际法学者奥本海就指出:"国际法基本上是规定各国的国际行为的法律,而不是规定它们公民的行为的法律""只有国家才是国际法所产生的权利和义务的主体"。[1] 然而,随着国际关系的发展变化,特别是第二次世界大战以后,一般认为国家是国际法的基本主体,不再认为是唯一主体。

---

[1] [英]劳特派特修订:《奥本海国际法》上卷第一分册,王铁崖、陈体强译,商务印书馆1981年版,第14页。

国家作为国际法主体的根本特征在于:

1. 国家是主权者

这是国家区别于其他国际法主体的最重要的方面。国家主权具有三方面的意义:一是在国内为最高权,在主权国家内不得有任何他国或其他权威行使主权权利;二是对外是独立的和自主的,根据自己的意志行事,不受他国或其他权威的强制和干涉;三是遇到外来侵犯时拥有自卫的权利。

2. 国家具有国际法上所确定的权利能力和行为能力

国家以自己的名义独立地参与国际法律关系活动,认可或制定国际法,遵守国际条约义务等,这是主权的表现。

3. 国家之间的关系是最基本的国际关系

第一次世界大战之前,国际关系就是国家之间的关系。第二次世界大战之后,虽然出现了大量的国际组织,但国际组织都是由国家建立的,其主要成员也是国家,国际组织并没有、也不可能动摇国家在国际关系中的中心地位。

(二)国际组织是国际法的重要主体

这里的国际组织,仅指政府间国际组织。

第二次世界大战后,国际组织兴起,越来越多的国际法律文件表明国际组织的国际法主体资格。如《联合国宪章》第一百〇四条规定:"本组织于每一会员国之领土内,应享受于执行其职务及达成其宗旨所必需之法律行为能力。"第一百〇五条第一项规定:"本组织于每一会员国之领土内,应享受于达成其宗旨所必需之特权与豁免。"

国际组织作为一个独立的国际法主体,其基本特征是:

(1)国际组织是国家集体的组织。

(2)国际组织虽然由国家组成,但不是国家,不是主权者。

(3)国际组织以自己的名义,而非以成员国的名义进行国际法律关系活动。

(4)国际组织所具有的国际法上的权利能力和行为能力不是来源于自身,而是来源于国家主权,是国家主权的派生。

因此,国际组织可以被认为是以国家集体为特征的国际法主体。

(三)争取独立的民族的国际法主体资格

自 20 世纪初以来,特别是第二次世界大战之后,民族解放运动兴起。根据民族自决原则,世界上一切民族都有权自愿组成国家或与其他民族联合组成国家。所以,一个正在为争取民族独立并为建立自己的国家而斗争的民族,主要是它具备了代表本民族的政治组织,在国际关系中作为独立的力量进行活动,处于形成独立的民族国家阶段,就应该作为国际法主体对待,这一点已为多数国家所公认。当然,争取独立的民族与主权国家还是有程度上的不同。

需要指出的是,争取独立的民族作为国际法主体具有局限性。一是并非任何民族都能成为国际法主体,一定是正在为争取独立、建立自己的民族国家而进行斗争,并建立了一定的政治组织和机构作为其在国际上的代表;二是与国家相比,其行为能力受到某些限制,因为它是正在形成中的国家,是国家这一国际法主体的特殊形式,是具有过渡性质的国际法主体。如巴勒斯坦民族权力机构长期以来以争取独立的民族成为国际法的主体。1988年11月15日,巴勒斯坦全国委员会第十九届会议在阿尔及尔闭幕,通过了《独立宣言》,宣布在巴勒斯坦土地上建立以耶路撒冷为首都的巴勒斯坦国。在2012年11月29日举行的联大会议上,巴勒斯坦以138票支持、9票反对、41票弃权的成绩成功入联,才将身份由"观察员实体"转变为"观察员国"。

除国家、国际组织和争取独立的民族外,国内外有些学者认为,一国内战中的交战团体或叛乱团体也可以成为国际法主体。[①] 这些学者认为,交战团体或叛乱团体作为国际法主体既非来源于其自身性质,亦非根据国际法的规定,而是以国际法上的承认为前提。

(四)自然人是否具有国际法主体资格的问题

一般来说,自然人是国内法的主体。关于自然人是否具有国际法主体资格的问题,国际法学界存在不同主张。大多数学者认为自然人不是国际法的主体,有的既承认国家是国际法主体,也承认自然人是国际法主体。随着人权的国际保护在当代国际舞台上迅速而广泛地发展,主张个人可以成为国际法主体的思潮便形成新的势头。他们把人权的国际保护问题与个人的国际法主体资格问题搅在一起,从而把人权的国际保护作为个人具有国际法主体资格的主要证明。其代表人物有英国的劳特派特、美国的杰塞普、奥地利的凯尔森等。如劳特派特在其主持修订的《奥本海国际法》中指出:"虽然国家是国际法的正常主体,但是国家可以把个人或其他人格者视为直接赋有国际权利和义务,在此限度内使其成为国际法主体。"《奥本海国际法》(第9版)坚持这一观点。[②] 其主要论据有:第一,国际法的权利和义务可以直接及于自然人;第二,国际法中存在直接赋予自然人权利和义务的规定,如国际人权公约中的规定。

事实上,相当多的国际法学者认为自然人根本不是国际法的主体,因为自然人与国际法没有直接的法律关系。所谓自然人具有的某些国际权利和义务,实质上是国家的国际法上的权利义务的体现,是由国家间的协议所产生的。自然人只有通过国家才能间接享受国际法的保护。如外交代表的特权与豁免是归因于它们代表国家并执行职务,而不是归因于其私人身份。再如对犯有国际罪行的自然人进行惩处,不能说明

---

① [英]程晓霞:《国际法》,中国人民大学出版社1999年版,第17页。
② [英]詹宁斯、瓦茨修订:《奥本海国际法》第1卷第1分册,王铁崖等译,中国大百科全书出版社1995年版,第10页。

自然人是国际法主体,只能说明自然人是国际法上的制裁对象。对人权的国际保护则是基于国际条约义务。

第二节 国家是国际法的基本主体

一、国家的本质和要素

就其本质而言,国家是阶级矛盾不可调和的产物,是一个阶级压迫另一个阶级的工具。

在国际法上,国家作为国际法的基本主体,其需要具备的要素有:

(一)定居的人民

人民是一个国家的基本要素。国家是由一定数量的人民组成的集合体,没有一定数量的人民,就不会形成一定的经济和政治结构,就不会有国家。至于人口的数量如何,并不影响国家在法律上的构成。

(二)一定疆界的领土

领土是国家赖以存在和发展的物质基础,是国家主权活动的主要空间。没有领土,人民就无法聚居和繁衍,就不可能出现政治和经济活动。

(三)政府组织

构成国际法上的国家必须有一个政府。因为政府是国家行使统治的机关,对其领土及人民进行管理并代表国家参与国际关系活动。无政府的社会不能成为国家。

(四)主权

主权是国家最重要的属性,是至高无上的权力,是对内对外的绝对统治权和独立权。若没有主权,就没有与其他国家交往的能力。因此。如果只有人民、领土、政府组织而无主权,则只能是一国的属地,而不能是一个国家。

二、国家的形式

这里的国家形式是指国家的结构形式,即一个国家的整体与部分的关系。

国家的形式一般分为两类,即单一国和复合国。

(一)单一国

单一国即由若干行政区域构成统一的主权国家。单一国的特征是:在对内方面,只有一个中央最高权力机关,各行政区域均受中央管辖;在对外关系上,中央最高权力机关代表国家全体,即作为一个单一的国际法主体出现在国际关系活动中,而各行政区域的地方政府都不是国际法主体,未经中央授权不得进行国际交往。实践中,单一国的组成部分在法定范围内可能享有一定的自治权,但这并不损害其单一国的国际法主体地位。

(二)复合国

复合国是指两个以上的国家组成的联合体。具体可分为联邦和邦联,在历史上还曾经出现过身合国和政合国。

联邦是指由多个邦组成的永久性联合体,其内部关系的法律依据是联邦宪法。世界上有 2/3 左右的国家实行联邦制。联邦的特征是:在对内方面,联邦政府作为统治机关,对各成员邦直接行使权力;在对外方面,联邦政府代表其全体成员邦,以国际法主体的资格和身份统一行使对外交往权;联邦的人民具有一个共同的国籍,联邦具有一部共同的宪法。而联邦成员根据宪法规定,可能有决定其内部事务的一定权力,同时联邦宪法赋予其特定成员邦有一定的国际交往地位。如苏联宪法规定其某些加盟共和国有权与外国交往,加入国际组织,因此,在 1945 年关于成立联合国家组织的旧金山制宪会议上,最后的签字国中有苏联、乌克兰和白俄罗斯。

邦联是由两个或两个以上主权国家通过签订条约而建立的国家联合体。其特点是:邦联没有统一的宪法,邦联本身不是国际法主体,邦联没有统一的中央权力机关和行政机关,也没有统一的立法、军队和财政预算,邦联成员国都是具有主权的国家,有各自的宪法,有各自的中央权力机关和行政机关,拥有各自的立法、外交、行政、国防、财政等全部权力;邦联没有统一的国籍,其成员国为其国民的国籍国;邦联虽有自己的机关,但该机关对邦联成员行使一定的权力,而不对各成员国的国民行使权力。从历史角度考察,邦联产生于资本主义早期,如 1778—1787 年的美利坚合众国,1815—1866 年的德意志同盟,后来这些邦联都发展成为联邦。

此外,还有永久中立国、独立国与附属国。永久中立国是在国际关系中保持一种中立地位的国家,是以国际条约或国际承认为根据,在对外关系上承担永久中立义务。这与战时中立和执行中立政策的国家是不同的。永久中立国承担如下义务:一是默许义务。永久中立国在本国国民由于违反中立规则受到交战国合法惩治时,应予默许。二是回避义务。永久中立国不得对交战国提供与进行战争有关的直接或间接援助。三是防止义务。永久中立国必须防止交战国为进行战争而利用其领土。回避义务和防止义务是永久中立国为了避免卷入战争和为了维持公平而承担的义务,统称为公平义务。与永久中立国签订永久中立条约的国家为永久中立国的担保国。担保国对永久中立国享有担保的权利并承担担保的义务:当永久中立国的永久中立地位受到其他国家破坏或威胁时有义务支持永久中立国;当永久中立国本身有背离永久中立地位的行为时有权采取必要的措施。当然,永久中立国也拥有相应的权利,主要包括:一是任何国家不得对其发动战争;二是任何国家不得迫使其参加战争;三是任何国家不得迫使其加入需要承担战争义务的条约;四是任何国家不得迫使其承担可能使之卷入战争的义务或采取此类行动。如瑞士于1815年通过《维也纳公会宣言》成为永久中立国,并得到《维也纳公会决议书》等公约的认定。奥地利于1955年通过与美国、苏联、英国和法国签订的《重建独立和民主的奥地利国家条约》成为永久中立国。而独立国和附属国的划分标准是国家享有主权的程度如何。所谓独立国是指行使全部主权的国家。附属国包括附庸国和被保护国。附庸国是指只对内政有自主权,而外交关系上则由他国代表,这里的代表国家即为宗主国。被保护国是指依据条约将本国重要的对外事务交给一个强国处理,使自身处于强国的保护之下。附庸国在今天已不复存在,被保护国也只是个别现象,如安道尔受法国和西班牙保护,列支敦士登受瑞士保护,摩纳哥受法国保护,不丹受印度保护。

第三节 国家的基本权利与义务

传统国际法把国家的权利分为基本权利和派生权利。一般认为,国家的基本权利是指国家所固有的、当然享有的权利。国家的基本权利是国际法所确认的,是由国家主权直接引申出来的,不可剥夺、不可侵犯的权利。正如中国著名国际法学者周鲠生教授指出的那样,"国家的基本权利在本质上是和国家主权不可分的;基本权利就是从国家主权引申出来的权利。国家既然享有主权就当然具有一定的基本权利,否认一国的基本权利就等于否认它的主权"[1]。而国家的派生权利是指从国家的基本权利中引申出来的权利,是各国运用自己的国家主权或行使自己的国家基本权利的结果。

关于国家基本权利的依据,国际法学界有多种看法,大致上有自然法学派、实证法学派、社会连带法学派等。自然法学派主张自然法是国家基本权利的依据,就像个人为生存享有必不可少的人权一样,国家为其生存也享有一定的基本权利,这是用天赋人权理论解释国家基本权利。实证法学派认为国家的基本权利来源于国家的国际人格,来源于国家作为国际社会成员的资格,奥本海就认为国家的基本权利"是从国际社会的成员资格本身产生出来的。这些不是国家之间的条约所产生的权利义务,是它们作为国际社会的成员而相互给予和接受的权利义务"[2]。社会连带法学派主张权利是社会的产物,在国际社会里应当强调的不是各国的自由和权利,而是它们之间的相互联系,尤其是它们的义务。这种学说否定了国家的基本权利。

---

[1] 周鲠生:《国际法》上册,商务印书馆1981年版,第167页。
[2] [英]劳特派特修订:《奥本海国际法》上卷第一分册,王铁崖、陈体强译,商务印书馆1981年版,第199页。

按照联合国 1949 年《国家权利与义务宣言草案》的规定，国家的基本权利包括独立权、平等权、自卫权和管辖权。

一、独立权

独立权是国家的一项基本权利，其核心点是独立。就其性质而言，独立是与主权构成一体，是国家主权在对外关系上的体现。国家的独立权是指国家按照自己的意志，独立处理其对内和对外事务而不受任何其他外来权力的强制命令和干涉的权利。如国家可对内充分行使管辖权，自主决定其政治体制与一切政治措施，对外缔约、宣战、遣使、参加国际会议和国际组织等。可见，独立权具有两个方面的意义：一是意味着国家行使权力的完全自由，二是意味着国家主权范围内的事情不容许任何形式的外来干涉。

二、平等权

平等权也是与主权不可分割的一项基本权利。国家的平等权意味着国家的权利平等，是指国家在国际法上享有平等的权利，它包含政治上的平等、形式上的平等，也包含经济上的平等、实质上的平等。平等权具有两个方面的意义：一是意味着国家之间的关系应是平等者之间的关系，二是意味着国家有平等相待其他主权国家的义务。国家的平等权的现实表现为：国家在国际关系上享有平等权利，如出席国际会议代表权的平等、投票权的平等；国家在外国享有司法管辖豁免、保全豁免和强制执行豁免；国家在外交礼仪上享有平等的尊荣权，如国旗、国徽应受到尊重，不得侮辱。

三、自卫权

自卫权是指国家为了维护主权和领土完整，对外来侵略有采取防卫手段的权利。它包括两个方面的内容：一是国家有权在平时为了维护自己的独立和生存而采取必要的防御措施，如拥有自己的军队、建立防御体系等；二是国家在受到别国侵犯时有单独或集体自卫的权利。正如《联合国宪章》第五十一条规定："联合国会员国受到武力攻击时，本宪章不得认为禁止行使单独或集体自卫之自然权利。"当然，根据《联合国宪章》的规定，自卫权的行使只能在安理会采取维持国际和平与安全的措施之前进行，且要将采取的措施立即向安理会报告，并不得影响安理会采取必要行动。自卫权的行使前提应限于实际遇到外来入侵的客观事实，而非国家的主观判断，更不允许借口"自卫"而武装侵略他国。

四、管辖权

管辖权是指国家有权按照自己的政策和法律，对本国领土内的一切人和事务以及一切本国人行使管辖的权利。管辖权依其性质可分为绝对管辖权和相对管辖权,依接受管辖的客体可分为属地管辖权和属人管辖权。另外,国际法上还有保护性管辖权和普遍性管辖权。

(一)属人管辖权

属人管辖即国籍国管辖,是指国家有权对一切具有本国国籍的人实行管辖,而不论其有关的行为发生在国内或国外,亦不论其实际居所地如何。国家只能在自己的领土范围内,而不能到他国领土上行使属人管辖权。因此,属人管辖权往往与属地管辖权发生冲突,需要双方国家协商解决。

(二)属地管辖权

属地管辖即领域管辖,是指国家对其领域内的一切人和物以及所发生的事享有完全的、排他的管辖权。也就是说,一国境内的人,无论是本国人还是外国人,抑或是无国籍人,都必须接受所在国的属地管辖。但是,享有外交特权与豁免的外交代表除外。

(三)保护性管辖权

保护性管辖权是指国家对外国人在外国实施的侵害该国国家及其公民的重大利益的犯罪行为有权行使管辖。保护性管辖权针对的是外国人在外国实施的严重犯罪行为,且该严重犯罪行为是各国法律公认的。在国际实践中,国家一般不主张对外国人在外国的犯罪行使管辖权,因此保护性管辖权是属地管辖权的一种例外。《中华人民共和国刑法》(以下简称《刑法》)第八条规定:"外国人在中华人民共和国领域外对中华人民共和国国家或公民犯罪,而按本法规定的最低刑为三年以上有期徒刑的,可适用本法;但是按照犯罪地法律不受处罚的除外。"

(四)普遍性管辖权

普遍性管辖权是指根据国际法的规定,对于普遍危害国际和平与安全以及全人类利益的国际犯罪行为,任何国家都有权进行管辖,而不论该犯罪行为的发生地点和犯罪嫌疑人的国籍。普遍性管辖权在不属于任何国家主权管辖的地方行使。普遍性管辖权往往针对的是战争罪、反人道罪、海盗罪、灭绝种族罪等。

第四节 国家及政府的承认

一、承认概述

(一)承认的概念和法律特征

承认是指一个既存国家对于一个新国家或一个新政府的出现以某种形式表示接受的法律行为。承认的特征如下:

(1)承认是既存国家对新国家或新政府的单方面行为。根据国家主权原则,当一个新国家或一个新政府出现,既存国家是否承认、何时承认都是其主权范围内的事情,无须征得对方或他国的同意。

(2)既存国家对新国家或新政府的态度与其说是一项法律行为,毋宁说是一项政治行为。因为既存国家是否承认、何时承认新国家或新政府完全是基于本国政治的考虑。

(3)承认不仅是既存国家对新国家或新政府的确认,而且表明既存国家愿意与新国家建交的愿望,但承认不等于建交。

(4)承认具有一定的法律后果。承认新国家或新政府为两国之间的关系奠定了法律基础。

(二)承认的方式

承认的方式主要有:

1. 明示承认和默示承认

明示承认是一种直接的、以正式文件,如宣言、照会、声明、换文、条约或协定等,明白表示承认的意思。凡以实际上建立某种联系,而不明确提及承认,如以临时协定或某种过渡办法进行联系,被认为是默示的承认。在国际实践中,默示承认一般较少采用。

2. 法律上的承认和事实上的承认

法律上的承认即正式承认,是指承认国给予新国家或新政府一种完全的、无保留的承认。法律上的承认构成两国间的正式关系,这种承认是永久的,是不可撤销的,两国之间即使因为战争等原因中断外交关系,也不会导致法律上的承认被撤销。在国际实践中,国家可能出于政治上或法律上的考虑,不愿正式承认新国家,而只在局部问题上同新国家或新政府进行联系和交往,这就是事实上的承认。事实上的承认是尝试性的、暂时的,是允许被撤销的。当然,事实上的承认可能会导致法律上的承认。

值得指出的是,在国际实践中,法律上的承认一般以明示方式进行,事实上的承认往往以默示方式进行。

(三)承认的效果

承认作为一项法律行为,必然会产生一定的法律效果。

(1)对于承认国来说,对新国家或新政府的一切法律、法令的有效性及行政和司法的管辖权等都应予以承认。

(2)对于承认国来说,应给予被承认国的国家行为和财产以司法豁免,包括管辖豁免、保全豁免和强制执行豁免。

(3)对于承认国来说,要积极帮助和支持被承认的新国家或新政府参加国际法律关系活动,如出席国际会议或参加国际组织。

（4）对于承认国来说,承认新国家就有了与该新国家建立和发展正常外交关系的基础和前提。当然,承认并不当然带来建交的后果。

二、国家的承认

对国家的承认是国际法上的一项重要制度。所谓国家的承认是指新国家产生后,既存国家通过一定方式表示确认其为主权国家的一种具有法律性质的行为。

（一）国家承认的发生情形

一般来说,国家的承认发生于下列情形：

1. 合并

国家合并即两个或两个以上的国家合并为一个新的主权国家。合并前的国家原来都是国际法主体,经联合而成为一个新的国际法主体,从理论上说似乎不需要再次承认,但是在国际实践中,这种因国家合并而形成的新国家还是需要别国承认的。如1990年德意志联邦共和国和德意志民主共和国的统一即属于合并成立新国家。

2. 分离

分离是指从既存国家中分出一部分或几部分,但母国存续的情形。在此种情形下,要特别慎重对待国家承认的问题。因为待承认的国家是从一个主权国家分离出来的,按照传统国际法,不适时地承认或过急承认一个新国家可能造成对母国尊严的冒犯,有人将这种不适时的承认或过急的承认认为是干涉行为。历史上比较有名的过急承认的例证是1903年美国承认巴拿马。当时美国对于属于哥伦比亚一部分的巴拿马,在其发生革命独立后10天内就正式承认巴拿马独立。还有2008年2月17日科索沃议会通过独立宣言后,阿富汗18日率先承认科索沃为独立国家,此后欧盟成员国法国、英国、德国和意大利四国外长先后宣布承认科索沃独立,美国18日也发表书面声明,宣布正式承认科索沃独立。2008年8月8日,南奥塞梯和阿布哈兹分别宣布独立,俄罗斯8月26日即承认南奥塞梯和阿布哈兹独立。

3. 分立

分立即一国分裂成为两个或两个以上的国家,而母国不复存在。如苏联解体,分裂成15个国家。于是就发生了既存国家对这些新国家的态度问题。

4. 独立

所谓独立,即殖民地或者附属国独立后成为一个新的国家。第二次世界大战后,亚洲、非洲的许多民族就是遵循民族自决权而独立成为新国家的。

（二）国家承认的性质

国际法学者关于国家承认的性质,有两种不同的说法,即"宣告说"和"构成说"。

"宣告说"认为,既存国家对新国家的承认是一种宣告,是对既存状态的认可和确认。其功用只是接受一个事实,而非创造事实。这种宣告不影响新国家作为国际法主体的地位。持有这种观点的学者有里维尔、孔慈、霍尔、福希叶、杰塞普、布赖尔利等。

"构成说"认为,承认可以创造新国家的法律人格,即新国家只有经过既存国家的承认,才能成为国际法主体。也就是说,构成国际法主体的要件包括领土、人民、政府机构、主权和他国的承认。持有这种观点的学者有奥本海、劳特派特、斯特鲁普等。

相对来说,宣告说比较接近事实而为大多数学者所接受,也为一些国际条约和国际实践所接受。但宣告说对承认所引起的法律后果估计不足。

三、政府的承认

(一)政府承认发生的情形

一个既存国家对一个国家的新政府的承认,意味着承认国承认这个新政府具有合法性和具有代表其国家的正式资格。

在国际实践中,新政府的产生有两种情况:

1. 合法产生的新政府

这是指在正常情况下,依照国家法律所规定的程序组成的新政府。如君主国元首依法继承,共和国元首依法改选。这种合法产生的新政府不发生承认问题。

2. 革命或政变产生的新政府

这是指采用革命或政变的手段而发生的政府更迭。这种情形下产生的新政府则发生国际法上的承认问题。

(二)政府承认的原则

在国际实践中,承认一个国家的新政府,一般是根据"有效统治"原则进行的。所谓"有效统治",是指新政府已经有效地对该国领域行使了权力。这是因为只有新政府实施了有效统治,它才能在国际关系中代表国家,承受国际法上的权利和义务。"有效统治"原则已经成为现代国际实践中承认新政府的依据,是现代国际实践一般奉行的原则。如中华人民共和国中央人民政府1949年10月1日成立后,英国于1950年1月6日成为第一个承认中华人民共和国的西方大国。1950年1月14日,瑞典政府指出:"鉴于中华人民共和国中央人民政府已有效地控制着中国大部分领土的事实,现决定法律上承认中央政府为中国政府。"再如,1932年1月美国国务卿史汀生拒绝承认日本侵略中国时制造的"满洲国",其指出"满洲国"是日本破坏中国主权而制造的傀儡政权,是违反国际法原则的,故不予承认。1974年联合国大会通过的"侵略定义"也指出,"由侵略发生的领土取得或特殊利益,都不或不应该被认为合法"。该规定表明联合国会员国有不得承认傀儡政权的义务。

四、对交战团体和武装暴乱团体的承认

对交战团体的承认,是指一国承认发生内战的国家的叛乱者为交战团体的行为。该承认行为一般发生在如下情形下:基于明确政治目的的武装叛乱已发展到内战,并已形成一定的政治组织和军事组织,且有效控制一定范围的领土。对交战团体承认的法律后果是,承认国处于中立地位而享有中立国应有的国际法上的权利和义务,尤其是要遵守中立义务。同时,被承认的交战团体应享受战争法所规定的人道主义待遇,相应地,对其控制的地区所发生的事件承担国际责任。需要指出的是,被承认的交战团体不得享有缔结条约、派遣外交代表或其他与战争无关的权利。

对武装暴乱团体的承认,是指当一国境内的武装暴乱尚未达到内战规模的,可以作为对武装暴乱团体的承认。这种承认意味着承认国在一定范围内对武装暴乱团体的行为持中立态度。除非武装暴乱团体的行为侵害了承认国的人民或财产,否则承认国不予干涉。

第五节 国家及政府的继承

一、国际法上的继承概述

国际法上的继承是指国际法上的权利义务从一个国际法主体转移至另一个国际法主体。囿于国际法律关系参加者的特点和情况的不同,国际法上的继承主要有国家的继承、政府的继承和国际组织的继承三种情形。

国家的继承产生于主权和领土的变更,政府的继承则起因于政府更迭,国际组织的继承则是因为一个国际组织解散后其任务由另一个国际组织所替代。

国家的继承有全部继承和部分继承之分,当被继承国的国际人格不复存在时,即原来的国家完全消失时,则发生全部继承;当国家分裂或分离为多个国家时,则发生部分继承。而政府继承只有全部继承,因为当被继承的政府解散,其代表的国家仍然是国际法的主体,所以其继承为全部继承,而没有部分继承。

继承的内容所涉范围广泛。除条约继承外,还有条约以外事项的继承,条约以外事项的继承主要涉及领土与国界、财产、债权债务、居民身份、既得权利、国家档案等。

二、国家的继承

(一)国家继承的概念和条件

国家继承是指一国丧失其国际人格或一部分领土时,其在国际法上的相应权利义

务转给他国的情形。前者发生全部继承,后者发生部分继承。

国际法上的国家继承必须符合两个条件:

1. 合法性要求

国家继承必须符合国际法,这不仅指的是继承的内容方面,凡是与国际法抵触的权利义务,都不属于继承范围。

2. 与领土的关联性要求

无论是条约还是条约以外的事项,均须具有一定的领土性,与领土变更无关的权利义务不在继承之列。

(二)国家继承的情形

(1)一国分立为几个国家,原国家不复存在。

(2)殖民地独立为新国家。

(3)数国合并为一个新国家。

(4)一国领土的一部分从该国家分离出来,形成新国家。

(三)关于国家继承的理论主张

1. 私法继承说

私法继承说也称为全部继承说,主张被继承国全部的权利义务都由继承国继承,其性质与私法继承相同。

2. 公法继承说

公法继承说主张继承国不必继承被继承国的全部权利义务,只继承与人民或土地有关的权利义务。

3. 无继承说

无继承说主张一个国家消灭后,其国际法上的权利义务随之消灭,不发生继承。

(四)国家继承的规则

1. 关于条约方面继承的规则

根据《关于国家在条约方面继承的维也纳公约》的规定,条约方面继承的规则是:

(1)一国领土的一部分成为另一国领土时,在所涉领土内,被继承国的条约失效,继承国的条约生效。

(2)两个或两个以上的国家合并为一个国家时,对其中的任何一个国家有效的任何一个条约,除非另有协议,或其继续适用将不合条约的目的和宗旨,或根本改变实施条约的条件外,应继续对继承国有关领土有效;对未生效的条约,继承国可通知其他缔约国以确立缔约国的地位。

(3)在一国的一部分或几部分领土分离、分立而组成一个或一个以上的国家时,不论被继承国是否继续存在,对被继承国全部领土有效的任何条约,继续对其所有继承国有效;仅对成为继承国领土有效的条约,只对该继承国有效;继承国如继续存在,对被继承国有效的任何条约,继续对该国其余领土有效,除非该条约只与被继承的领土有关,或者根本改变实施条约的条件,或与有关国家另有协议。

(4)新独立国家对于任何条约没有继承的义务,即适用所谓"白板原则"。

2. 关于国家财产继承的规则

对于国家的不动产,适用转属原则,即位于国家继承所涉领土内的被继承国的不动产应转属继承国。

对于国家的动产,适用实际生存原则,即与国家继承所涉领土的活动有关的被继承国的动产应转属继承国。但如果继承国与被继承国之间另有协议,国家动产转属问题则依协议解决。

新独立国家的财产继承原则,一是根据"所涉领土实际生存原则"转属财产,二是按原附属领土内的人民对这类财产的创造所作出的贡献比例转属财产。

3. 关于国家债务继承的规则

国家债务是指一国对另一国或某一国际组织所负的财政义务或一国应负担的其他财政义务。

(1)一般来说,国家继承一经发生后,被继承国的国家债务即转属于继承国。

(2)"恶债"不符合国际法基本原则,不属于国家继承范围。

(3)国家部分领土转移或分离时,被继承国的国家债务转属继承国的问题,应按双方协议解决。如无协议,则按公平原则转属继承国。

(4)在国家合并的情况下,被继承国的债务应转属继承国。

(5)对于新独立国家,被继承国的债务原则上不转属于新独立国家,除非双方另有协议。

4. 关于国家档案继承的规则

(1)国家档案的转属问题一般是通过继承国与被继承国之间订立协议予以解决,且该协议应不损害两国人民取得历史资料和文化遗产的权利。

(2)如无协议,则被继承国档案中为国家继承所涉领土正常行政管理目的而应留在该领土内的部分、直接与国家继承所涉领土有关的部分,应转属有关的继承国。

(3)新独立国家的档案继承问题是,除为国家继承所涉领土正常的行政管理目的而应留在该领土内的那部分被继承国的档案应转属新独立国家外,原属国家继承所涉领土所有、在领土附属期间成为被继承国国家档案的那部分,也应转属新独立国家。

三、政府的继承

(一)政府继承的概念和条件

政府继承是指在同一国际法主体继续存在的情况下,由于代表国际法主体的旧政府为新政府所取代而引起的继承。

一般的政府变动不会发生政府继承,只有当一国因为政变或革命产生新政府时,才发生政府继承。

(二)政府继承的原则

在政治性条约方面,对一切不平等、掠夺性、奴役性的条约,如领土割让和兼并条约、赔款条约等,都应予以废除,而不为继承国继承;在经济性条约方面,一切平等的经济合作条约则应予以继承。

在财产和债务方面,新政府继承旧政府在海内外的一切财产和权益,包括动产和不动产。如同国家继承,政府继承也应坚持"恶债不予继承"的原则。

政府继承只有全部继承,没有部分继承。

第六节 国家主权豁免

一、国家主权豁免原则的起源与理论依据

18、19世纪到20世纪初年,西方国家之间实行国家豁免,是因为当时西方国家都有主权,是独立平等的国家,根据"平等者之间无裁判权"的原则,国家及其财产有豁免权。近代西方著名国际法学者如奥本海、海德等人亦主张绝对豁免,英美等国的早期判例也承认绝对豁免。所谓绝对豁免,是指一个国家不管其主权活动的性质如何,它都可要求豁免。

第一次世界大战之前,关于豁免没有在任何国家之间形成书面协议,西方国家仅有国内法院的大量判例。当时的西方国际法学者普遍认为,豁免是一条国际法原则。第一次世界大战后,西方某些国家的法院逐渐开始对外国国家的某些行为进行管辖,不给予豁免,这就是限制豁免。20世纪初,西方国家逐渐开始制定一些国际公约,规定豁免或不豁免的事项,如1926年布鲁塞尔公约(关于国有船舶豁免),1972年《欧洲国家豁免公约》;同时,一些国家开始由绝对豁免转向限制豁免,放弃了绝对豁免说而采用了职能豁免说或有限豁免说。如1952年美国的《泰特公函》,1976年美国的《外国主权者豁免法》,1978年英国的《外国国家豁免法》,后来英联邦的一些成员国和一些东南亚国家相继制定了豁免法。

二、国家主权豁免的种类

实行绝对豁免的国家包括第三世界国家和社会主义国家。其原因有二:一是社会主义国家坚持国家不分大小一律平等,拒绝外国法院的管辖,也不对外国国家行使司法管辖权;二是第三世界国家独立后急欲享受过去西方国家之间相互给予豁免的待遇,故坚持不受外国的司法管辖,自己也不管辖外国国家,但是此时西方国家却实行了限制豁免,这样的格局就出现了——西方国家相互间和片面地对其他国家的某些行为行使司法管辖权;新兴的独立国家则片面地不对西方国家的某些行为行使司法管辖权而受西方国家的管辖。

实行限制豁免的国家一般为工业化市场经济国家,其中分为制定了国内立法的国家和未制定国内立法的国家,后者听凭本国法院对外国国家的某些行为行使审判之权。

第一次世界大战后,法国开始实行限制豁免,20世纪50年代初,美国发表了《泰特公函》,1978年之前英国开始有实行限制豁免的案例。西方国家转向的原因,按照龚刃韧教授的观点:第一是东西关系,即"二战"之后东欧和亚洲出现的一批社会主义国家,由于其生产手段的公有制、计划经济以及对外贸易的国家垄断制,使西方国家感到了威胁。第二是南北关系,即战后新诞生的广大发展中国家为了争取经济独立、摆脱贫困和发展民族经济,不仅实施国有化或征收措施,而且还通过建立国有企业、在外资企业中参与或扩大本国股份等手段增强了国有经济成分。同时,还由于一些发展中国家政局不稳,因而进一步促使发展中国家与外国私人或法人之间的争端大量出现,使在发展中国家投资或从事商业交易的外国私人或公司寻求本国法院保护的呼声越来越高。第三是北北关系,即发达资本主义国家之间的经济竞争关系。法国和意大利是率先对苏联实行限制豁免的国家,很大程度上都是针对苏联的。

限制豁免主义主张把国家行为根据其性质或目的划分为主权(统治权、公法、非商业)行为和非主权(管理权、私法、商业)行为,把国家财产根据其用途分为用于政府事务的财产和用于商业目的的财产,对前者予以豁免,对后者行使管辖。依限制豁免主义区分主权行为和非主权行为的标准有三种,即目的标准、行为性质标准和混合标准。

美国1976年《外国主权者豁免法》是全世界第一部由一个国家制定的对外国国家的某些行为施行管辖的国内立法,它管辖着涉及外国国家的一切"民事"诉讼,有人因此说其是美国的一部"长臂法案"。它不同于一般长臂法案,一般的长臂法案是将本州的司法管辖权之臂伸到外州、甚至外国去管辖自然人或法人,而1976年《外国主权者豁免法》则是将美国联邦和各州的司法管辖权之臂伸出美国去管辖外国国家。该法的管辖对象为外国国家,此处的外国国家包括外国的政治分支机构或外国国家的代理机构或服务机构。外国国家的代理机构或服务机构指:一是独立的社团法人或非社团法人实体;二是外国国家或其政治分支机构的机关实体,或大部分股份或其他所有权益为外国国家或其政治分支机构所拥有的实体;三是此种实体既不是美国某州公民,也不是依照任何第三国法律成立的实体。该法规定外国国家不享有豁免的情形是:①明示或默示放弃豁免;②国家从事商业活动;③违反国际法取得的财产;④其他豁免例外。

思考题

一、问答题

1. 国家主权和国家的基本权利关系如何?
2. 自然人的国际法主体地位如何?
3. 政府继承和国家继承的异同如何?

二、案例分析

1979年11月,由美国公民杰克逊等9名持券人向美国亚拉巴马州地方法院对中华人民共和国提起诉讼,要求偿还他们所持有的中国清朝政府于1911年发行的"湖广铁路债券"本息。美国地方法院受理了此案,即以中华人民共和国作为被告,将传票和起诉书副本邮寄送达给中国外交部长,要求中华人民共和国政府在传票送达后20天内对原告起诉书作出答辩,否则将进行"缺席审判"。对此,中国政府根据国际法原则曾多次向美国政府申明中国立场,但美国亚拉巴马州地方法院仍于1982年9月1日无理作出"缺席审判",要求中国政府向原告偿还4 130余万元。1983年7月,中方委任律师向阿拉巴马联邦地方法院提出动议,目的在于撤销缺席判决和驳回原告提起的诉讼,同时声明:中国这样提出"动议"绝不影响其始终坚持的主权国家享有的豁免权的原则立场。1984年2月27日,美国阿拉巴马联邦法院终于撤销其于1982年所作出的缺席判决。

问题:本案涉及哪些国际法上的问题?你如何认为?

第四章 国际法律责任

案例：关于一国领土上发现的空间物体碎片

1944年6月3日，在瑞典领土上坠落了德国火箭碎片；1960年11月，在古巴领土上坠落了美国火箭碎片；1962年2月，在南非领土上坠落了"阿特拉斯-109"火箭碎片；1968年6月16日，尼泊尔通知联合国秘书长，在其领土上发现了被怀疑为空间物体碎片的金属物体；阿根廷在"联合国和平利用外层空间委员会"的代表声明，1965年在其国土上的两个地区发现了空间物体碎片；作出类似声明的还有印度代表；美国驻联合国特使1970年9月8日也就发现空间物体碎片照会联合国秘书长。上述行为引起了有关国际法上的赔偿责任的争论。

第一节 概 述

一、国际法律责任的概念

任何法律制度都会涉及法律责任的问题，国际法领域也不例外。国际法律责任是指国际法主体由于实施了违反国际法的行为而应承担的法律责任。

由于在传统国际法上国家是国际法的唯一主体，因而国际法上的责任也通常被称为"国家责任"。而现代国际法的主体不再仅限于国家，凡承担国际义务的国际法主体都有违反义务的可能，也都可能会产生相应的法律责任，因而学者们越来越多地使用"国际法律责任"（简称为"国际责任"）一词取代传统国际法上的"国家责任"一词来指代国际法主体所承担的法律责任，但有时可能仍然会使用"国家责任"一词。由于两种概念的混合使用状态仍在持续，因而通常认为这两个概念具有同一含义，除非另有说明。

国际法学者将国际法规则分为两大类，即"初级规则"（primary rules）和"次级规则"（secondary rules）。这一对概念是由联合国国际法委员会关于国家责任的特别报告员阿戈（Roberto Ago）首次提出来的。"初级规则"指条约或习惯中规定实体上的权利和义务的规则,例如,一国的军用飞机未经他国许可不得进入他国领空,一国应给予外国的外交代表以外交特权和豁免。"次级规则"指因违反初级规则而应承担何种法律后果的规则,也就是国际责任方面的规则。

国际责任制度的作用,总体上来说是维护国际法律秩序,从而促进国际关系的正常、顺利发展。具体来说,国际责任制度的作用主要体现在以下三个方面:

一是通过追究国际法主体的国际责任,纠正其不法行为。国际法作为法律具有规范性,不符合国际义务要求的行为必须得到纠正,才能恢复原有的正常的国际关系状态。

二是通过追究国际法主体的国际责任使受害方的利益得到合理赔偿。这一点与其他法律责任中的赔偿功能是一致的。当然,具体赔偿的方式和赔偿的范围可能因违反不同义务而有不同。

三是促进履行国际义务,防止国际不法行为的发生。法律责任的本质是赋予法律关系的主体在违反义务时应承担某些不利的法律后果。国际责任的存在通过设定这种不利后果对于国际法主体构成一种预期,这种预期能够影响国际法主体的行为,防止不法行为的发生。

二、国际法律责任制度的发展

从17世纪中期近代国际法的产生到21世纪的今天,国际法随着国际关系的发展演变而发生了重大而深刻的变化,相应地,国际法律责任制度也在诸多方面发生了明显的变化。

(一)国际法律责任的主体发生了变化

传统国际法上,国家是国际法的唯一主体,相应地,它也是国际法律责任的唯一主体,因为义务主体与责任主体总是同一的。而在现代国际关系中,国际法主体不仅有国家,还有国际组织、正在争取独立的民族、特定情形中的地方政府、叛乱团体等,从而使得这些新的主体也成为国际法律责任的主体。

(二)国际法律责任的适用范围和内容发生了变化

与国际法一般实体规则相比,国际法律责任规则的发展要缓慢得多。除了一些具体条约明文规定适用于各该条约的法律责任规则外,一般国际法上的国际法律责任规则主要体现在国际习惯中。而在近代国际法中,这些方面的国际法律责任规则主要是指国家违反对外国人待遇方面的义务而承担的责任。如1930年海牙国际法编纂会议给国际法律责任所下的定义是:如果由于国家的机关未能履行国家的国际义务,而在其领土内对外国人的人身和财产造成损害,则引起该国的国际责任。嗣后,国际法实体规则进一步迅速发展,至今已经形成了庞大的规则体系,这使得国际法律责任的适用也进一步扩展。同时,国际法律责任规则本身的内容也发生了重大变化。虽然到目前为止仍未产生一个关于国际法律责任的多边条约,但一方面诸多双边或多边条约中都规定了适用于本条约的法律责任规则,如世界贸易组织《关于争端解决的规则和程序的谅解》就规定了适用于世界贸易组织协议的法律责任规则。与此同时,从 20 世纪 50 年代以来,联合国国际法委员会开始对"国家责任"进行研究和编纂,2001 年二读通过的《国际法委员会关于国际不法行为的国家责任条款草案》被认为是对国家责任领域习惯法规则的权威编纂,同时也在一定范围内创设了新规则。该草案扩大了国家责任的适用范围,不仅涉及违反对外国人待遇的义务的责任及违反条约义务的责任,而且将国家的国际法律责任扩展到一切国际不法行为(包括国际罪行)的国际责任,诸如由于国家进行侵略战争、破坏和平、危害人类、殖民统治、灭绝种族、种族隔离等行为引起的国际责任。可以说,在现代国际法中,国际责任制度的适用范围已扩展到国际法的几乎所有领域。尽管从严格法律意义上说,该草案并非条约,但其权威性已得到国际社会的公认。

另外,鉴于第二次世界大战结束以来国际组织的数量急剧膨胀,国际组织的行为能力及对国际关系的影响越来越大,而国际组织这种行为主体又有自身的特点,因此,国际法委员会于 2011 年编纂通过了《国际组织责任条款草案》。针对国际法未加禁止的行为导致的损害,国际法委员会还分别于 1996 年和 1998 年通过了《国际法不加禁止的行为产生的有害后果的国际责任条款草案》和《国际法不加禁止的行为产生的有害后果的国际责任条款草案(预防跨界损害部分)》。

(三)国际法律责任的归责原则发生了变化

所谓归责原则,是指法律责任的产生是否须以过错为条件。国际法学界长期以来习惯于将 fault 译为"过失",实质上相当于国内法上所说的"过错",即包含故意和过失这两个方面。

对于国际法律责任的归责原则,国际法学界主要有两种观点:一是"过失责任说";二是"结果责任说",也称"客观责任说"。在传统国际法上,"过失责任说"占据统治地位。格劳秀斯以"无过失者本质上不应受任何拘束"的罗马法原则为基础,主张国家在无过失时没有赔偿损害的义务。因此,国家只在有故意或过失而违反国际义务的情况下才承担国际法律责任。"客观责任说"则认为,只要国家违背了国际义务,就应承担法律责任,而不论其是否有过错。现代国际法上,对违背国际法义务的积极违法行为而言,只要不具备特别情势,原则上不考虑过错因素。[1] 当然,在条约中也可载明需要

---

[1] [德]沃尔夫冈·格拉夫·魏智通:《国际法》,吴越、毛晓飞译,法律出版社 2002 年版,第 715—716 页。

表明不同程度的过失。[①] 另外,特定义务的性质本身也可能要求在某种情况下需要考虑过失。在由从事高度危险活动引起的国际损害赔偿责任方面,条约实践已经采用绝对或严格责任,即责任的产生不以过失为条件。

(四)国际法律责任的形式及实现途径发生了变化

传统国际法上国际法律责任的形式主要有继续履行义务、停止不法行为、恢复原状、补偿和赔礼道歉,等等。在现代国际法中,最令人瞩目的发展是对国家和团体机关的国际罪行中负有责任的个人规定了国际刑事责任。

传统国际法上,战争是国家推行对外政策的合法手段,因此国家在促使他国履行国际法律责任时也可合法地使用报复、封锁甚或战争等强制性措施促使责任者履行责任。但在现代国际法上,禁止使用武力或以武力相威胁已成为国际法的一项基本原则,因此一般只能用和平方法与措施使责任者履行责任。在例外情况下采用武力、报复等强制性措施时,必须符合相关法律规定的条件和程序。如 1989 年伊拉克侵占科威特后,联合国安理会授权以美国为首的多国部队对伊拉克发动海湾战争。又如,世界贸易组织成员方若要对不履行国际责任的成员进行报复,必须经过世界贸易组织争端解决机构的授权。

第二节 国家对国际不法行为的责任

违反国际法的行为可分为两类,一是一般的国际不法行为,二是严重违反国际法强制性规范的行为。这里主要结合《国际法委员会关于国际不法行为的国家责任条款草案》(以下简称《国家责任条款草案》),讨论国家对其一般国际不法行为承担的法律责任。国家及其领导人的国际刑事责任问题将在下文设专节予以讨论。

一、国际法律责任的构成要件

一般国际法上对于国际法律责任构成要件长期以来存在分歧,国际法实践也存在不同做法。就由一般国际不法行为引起的国际责任而言,通常认为,存在违背国际义务的行为和行为可归因于特定主体是国际法律责任的构成要件。争论的焦点在于除这两项之外,过失和/或损害是否也是国际法律责任的构成要件,由此也形成"两要件说""三要件说"和"四要件说"。《国家责任条款草案》规定,一国承担国际法律责任的

[①] [英]詹宁斯、瓦茨修订:《奥本海国际法》第 1 卷第 1 分册,王铁崖等译,中国大百科全书出版社 1995 年版,第 406—407 页。

实质要件有两个,一是由作为或不作为构成的行为依国际法归于该国,二是该行为构成对该国国际义务的违背。① 这里并没有规定过失和损害,但这并不妨碍在某些方面存在特殊规定。

(一)行为可归因于国家

国家是拟制的法律人格者,其意志和行为须通过个人或机构表示和表现,因此,考察哪些个人或机构的哪些行为可适当地视为国家行为,是确定该国国际法律责任的重要前提。这就是所谓"归因性"(attribution,有时也翻译为"归责性")问题。当某一实体或个人的行为可被适当地视为国家行为时,人们常称该行为"具有归因性"或"可归因于国家"。

判断某一行为是否构成一国的国家行为,原则上应根据国际法,但国内法也有一定参考作用。另外,一国还可能参与或介入他国从事的行为,若该行为违反国际义务,就会牵涉到由哪一国为此行为负责的问题,这一点也会在此一并讨论。按照《国家责任条款草案》的规定,可归因于国家的行为主要有以下情况:

1. 国家机关的行为

按照《国家责任条款草案》第四条第一款规定,任何国家机关,不论它行使立法、行政、司法职能还是行使任何其他职能,不论它在国家组织中具有何种地位,也不论它作为该国中央政府机关或一领土单位机关而具有何种特性,其行为应视为国际法所指的国家行为。国家机关还包括依照国内法具有此种地位的人或实体。

19世纪的一些案例中,曾有一些国家的政府根据议会至高无上和司法独立的学说,拒绝为立法或司法当局的行为负责,但现在这种理论已经过时。一个多世纪以来,再没有发现任何判例否定国家对立法机关和司法机关的行为承担责任的情况。② 国际法院在1999年"对人权委员会特别报告员豁免法律程序的争议的咨询意见"中也指出,根据已确立的国际法规则,一个国家任何机关的行为必须视为该国的行为,这是一项习惯国际法规则。③

不论是何种级别国家的领土单位(如邦、州、省、市等),其国家机关行为都属于国家行为。另外,国家机关官员的行为,只要是以官员的身份所从事,均可归因于国家。

2. 经授权行使政府权力的人或实体的行为

按照《国家责任条款草案》第五条的规定,虽非国家机关但经国家法律授权而行使政府权力的人或实体,其行为应视为国际法所指的国家行为,条件是该个人或实体在

---

① 2001年《国家责任条款草案》第一条、第二条。
② 贺其治:《国家责任法及案例浅析》,法律出版社2003年版,第83—84页。
③ Difference Relating to Immunity from Legal Process of a Special Rapporteur of the Commission on Human Rights, Advisory Opinion of 29 April 1999, ICJ, para. 62.

特定情况下以此种资格行事。

由于非政府实体不是正式国家机关,因而通常其行为不能归于国家。但是,如果其根据法律或政府的授权而行使政府权力,相关行为代表和体现的是国家意志,这时相关行为就应当归于国家。这些实体可以是行业组织(如行业协会、商会、工商联合会等等),可以是公司,也可以是个人。例如,《中华人民共和国铁路法》第三条第二款规定:"国家铁路运输企业行使法律、法规授予的行政管理职能。"其他有关条例还规定了铁路运输企业有权对旅客携带的物品进行检查,对查出的危险品有权予以没收,还可并处罚款等。

3. 另一国交由一国支配的机关的行为

按照《国家责任条款草案》第六条的规定,由另一国交由一国支配的机关,如果为行使支配该机关的国家权力而行事,其行为依国际法应视为支配该机关的国家的行为。即一国的机关听命于哪国、服从哪国意志,则其行为就归因于哪一国。如甲国派出一支部队帮助乙国剿匪,若该部队听从乙国指挥,则其行为归于乙国。反之,若在剿匪中仍听命于甲国指挥,则其行为归于甲国。

4. 超越权限或违背指示的行为

《国家责任条款草案》第七条规定:"国家机关或经授权行使政府权力要素的人或实体,如果以此种资格行事,即使逾越权限或违背指示,其行为仍应是国际法所指的国家行为。"尽管历史上曾对此问题多有争论,比如在 19 世纪末期,美国曾主张国家对于其代理人超越权限且明显的渎职行为造成的损害不承担责任,但目前为避免滥用权力,普遍接受的观点是,即便是代理人的越权行为,国家也应为此负责,前提是该国家机构或获授权的实体以官方身份行事。例如,在 1926 年的"尤曼斯"案中,一名墨西哥军官带领 10 名墨西哥士兵奉命保护在墨西哥境内因骚乱安全受到威胁的一名美国人,但他们不但未按命令保护那个美国人尤曼斯,反而与暴民一道将其和另外两名美国人击毙。该案仲裁员指出,不能认为谋杀事件是在违背命令的情况下以他们的私人身份所为,就不能将其视为墨西哥的国家行为。

5. 受到国家指挥或控制的行为

《国家责任条款草案》第八条规定:"如果一个人或一群人实际上是在按照国家的指示或在其指挥或控制下行事,其行为应视为国际法所指的一国的行为。"例如,没有正式编入国家军队的雇佣军的行为,不在警察编制内而奉命执行警务的人或团体的行为。在这些情况下,行事的人与国家之间必须存在实际的联系。

由国家经营和控制的公司和企业的行为能否归因于国家,不能一概而论。原则上,只有在有证据显示公司行使政府权力或国家利用在公司的所有权,明确控制了公司以便取得特定结果时,公司的行为才归于国家。①

6. 正式当局不存在时实施的行为

《国家责任条款草案》第九条规定:"如果一个人或一群人在正式当局不存在或缺席即在需要行使政府权力要素的情况下实际上行使政府权力要素,其行为应视为国际法所指的国家行为。"该条款中的"在需要行使政府权力要素的情况下"是指在发生革命、武装冲突或外国占领时,正式当局解体或暂时不起作用,或合法当局正在恢复之中的情况。

这一规定是根据"集体作主"这一西方古老、传统的概念而形成的原则,包括战争期间在没有正规军时群众自动起来进行自卫的情况。这是一种在危急情况下为战争法所确认的代理形式。1907 年《关于地面战争的法律和习惯的海牙条例》和 1949 年《关于战俘待遇的日内瓦公约》都确认了这一点。

7. 叛乱运动的行为

一般而言,在一国领土或其管辖下的任何其他领土上的叛乱运动机关的行为,依照国际法不应视为该国的行为,因为国家对其活动无法实行有效控制。但是,按照《国家责任条款草案》第十条的规定,一旦叛乱运动发展成在该国或其部分领土上建立新政府,即叛乱运动推翻了旧政府,建立了新政府,或者在该国内部分领土上独立,形成了新国家,则叛乱运动机关的行为应被视为该新政府代表的国家的行为。其法理基础是,国家的新政府与叛乱运动组织之间存在连续性,应该将叛乱运动在其斗争中所从事的行为的责任归于国家。

8. 国家承认并接受为国家行为的行为

一般情况下,一个人或一群人如果不是为国家而行事,其行为依照国际法就不能视为国家行为,不论该行为是在何种情况下所为,也不论这种行为涉及何种利益,都是如此。但按照《国家责任条款草案》第十一条的规定,在一国承认并接受某行为是本国行为的情况下,该行为应被视为国家行为。

在"美国驻德黑兰外交和领事人员案"中,伊朗示威人群占领美国使领馆并扣留工作人员作为人质,起初与伊朗政府并无关系,但嗣后伊朗政府发布命令,明确表示同意保持这一局面所造成的法律状况。国际法院认为,伊朗政府对这一事件的赞同和继续维持的决定,将占领使领馆和扣押人质的行为转化为国家行为。

9. 一国对另一国行为的责任

有些独立的国际不法行为是由几个国家合作进行的,而不是来自一国的单独行动。它可能是一些国家通过同一机构实施不法行为;也可能包括几个国家的独立行

---

① 贺其治:《国家责任法及案例浅析》,法律出版社 2003 年版,第 93 页。

为,每一国家在一国际不法行为中起到自己的作用;还可能是一国代替另一国或一国以另一国的名义行事的情况。合作的行为可以采取不同的组合方式。

(1)援助或协助实施一国际不法行为。根据《国家责任条款草案》第十六条规定,援助或协助另一国实行其国际不法行为的国家应为其援助或协助行为负国际责任,但必须具备两个条件:一是援助国知道受援国的行为是国际不法行为;二是援助或协助行为本身违反援助国的国际义务,构成国际不法行为。如伊朗在1984年两伊战争期间抗议英国向伊拉克提供资金和军事援助,包括用于攻击伊朗军队的化学武器,因为这项援助助长伊拉克的侵略行为。但英国同时否认了英国拥有化学武器和向伊拉克提供化学武器的指控。

(2)指挥和控制一国际不法行为的实施。按照《国家责任条款草案》第十七条的规定,指挥和控制另一国实施其国际不法行为的国家应对该行为负国家责任,条件是该国知道该行为属于国际不法行为,并且该行为若由该国实施,同样会构成国际不法行为。

由于该行为实际上体现了指挥和控制国的国家意志,因而理应归于指挥和控制的国家。与上述援助或协助行为相比,指挥和控制另一国实施国际不法行为的国家需为该国际不法行为承担全部责任,因为它指挥和控制了全部的行为。而提供援助以促使另一国实施国际不法行为的国家,只在提供援助的范围内承担责任。

(3)胁迫另一国从事一国际不法行为。根据《国家责任条款草案》第十八条的规定,胁迫另一国实施一行为的国家应对该行为负国际责任,条件是,在没有受到胁迫的情况下该行为将会是被胁迫国的国际不法行为,并且胁迫国在胁迫时了解该行为的情况。在这种情况下,胁迫国对第三国的责任不是来源于其胁迫行为,而是来自被胁迫国的行动所引起的国际不法行为。

在1916年第一次世界大战期间,美国公司在罗马尼亚境内的油库和其他设备遭到破坏。当时由于德国准备入侵罗马尼亚,因而罗马尼亚政府下令对上述油库和设备加以破坏。第一次世界大战后,美国政府认为上述破坏行为是当时罗马尼亚当局在英国政府的"强迫"下采取的措施,因而代表美国公司直接向英国政府提出赔偿请求,但英国政府坚称自己并未强迫罗马尼亚政府,美国最终同意转而向罗马尼亚政府提出索赔。

(二)违反国际义务

按照《国家责任条款草案》第十二条和第十三条的规定,一国的行为如果不符合国际义务对它的要求,即为违背国际义务,而不论该义务的起源或特性如何,并且违背的须是对一国有效的国际义务。

1. 不论义务的起源和违背的方式

违背的国际义务可以是所有可能的义务来源,如条约规则、国际习惯规则。国家还可通过单方面的行为承担国际义务,如法国单方面承诺不再进行大气核试验。国际义务还包括由各级法院或国际法庭作出的裁决及国际组织的机构作出的决议而产生的义务。另外,违背行为不论采取何种方式,都构成对义务的违反。

2. 不论义务的特性

国际法学者常常将国际义务分为行为义务和结果义务。行为义务又称手段义务,是指一国的行为如不符合国际法规定的行为准则即为违背其行为义务。与之对应的是,一国如不以自己选择的方法取得特定的结果,即为违背结果义务。[①] 违背的是哪种义务对其违反义务的性质并不产生影响。

3. 违反义务行为的时间问题

违背国际义务从什么时候开始,并持续到什么时候,对于责任的确定非常重要。《国家责任条款草案》第十四条规定,一国非持续性的行为违背国际义务时,该行为发生的时刻即为违背国际义务行为发生的时刻,即使其影响持续存在。一国持续性的行为违背国际义务时,该行为延续的时间为该行为持续并且一直不符合国际义务的整个期间。一国若承担的是防止某种事件发生的国际义务,而国家违背这种义务的时间始于该事件发生之时,该行为延续的时间为该事件持续的整个实际时间。

(三) 关于过失与损害

1. 过失与国际法律责任

如前所述,现代国际法上,对违背国际法义务的积极违法行为而言,只要不具备特别情势,原则上就不考虑过错因素。[②]《国家责任条款草案》对于国际法律责任也只规定了两个要件,即行为可归因于国家及行为违反国际义务,并没有规定过失要求。其中一个重要原因在于国家是否存在主观上的过失往往难以准确判定。

有国际法学者认为,国际法律责任的产生之所以未明确要求过失,是因为违背国际义务本身就是过失。这种观点容易引起人们误解,因为"过失"所涉及的故意和疏忽只能是行为主体的心理状态。行为人的主观状态、行为的性质(行为与国际法规则的相符性)与损害是三个不同的方面,不能混为一谈。

另外,国际法律责任的产生不以过失为条件,这只是一般性的规则。若某些条约明文规定,就本条约的履行而言,违反条约的责任以某种程度的过失为条件,则国际法律责任的确定应从其约定。即便在责任的产生不以过失为条件的情况下,过失的存在与否、过失的程度和范围等仍然会对损害的衡量及赔偿性质和数额的确定等方面产生

---

① 贺其治:《国家责任法及案例浅析》,法律出版社2003年版,第114页。
② [德]沃尔夫刚·格拉夫·魏智通:《国际法》,吴越、毛晓飞译,法律出版社2002年版,第715—716页。

2. 损害与国际法律责任

《国家责任条款草案》并未规定国际法律责任的承担须以损害为条件。但《国家责任条款草案》的规定并不妨碍某些条约中规定就本条约而言,国际法律责任的产生以某种程度或形式的损害为条件。有学者指出,在国家责任中,违背某个国际法规范可直接等同为"损害"。因此,只要被违背的规范无相反规定,可以不考虑将损害标准作为国家责任的前提。反之,在确定国家责任的法律后果时,损害程度经常具有意义。①

这种将违反国际义务等同于损害的观点在很大程度上基于对损害含义的广泛解释,即不仅包括物质损害,也包括精神损害,特别是精神损害中不仅包括国家尊严、荣誉和威望受到的损害,还包括法律权利本身遭到的损害。但将违反义务视作存在"损害",这不符合"损害"的本意。过失、行为本身的性质及损害是人们在确定某行为的法律后果时所考虑的三个层面的要素,过失/过错涉及的是行为人的主观状态,行为本身的性质涉及行为是否与法律规定的行为规范相违背,损害则涉及的是行为对其他主体利益的实际影响。三者之间尽管有联系,但它们是完全不同的三个角度,若说"违反义务就意味着过失","违反义务就等同于损害",这样的观点实质上是没能认识到过失、损害与行为本身性质的内在区别。

二、国际法律责任的免除

国际法律责任的免除是指一国行为的不法性依国际法由于某种原因被排除从而免除了该国的国际法律责任的情况,②在《国家责任条款草案》中称为"解除不法性的情况"。但无论是"免责事项"还是"解除不法性的情况",本质上都是指合法地暂不履行义务的特殊情况、例外情况,而并不是在已经产生责任的情况下免除责任。因此,"免责"还是"解除不法性"是针对正常义务而言的,只是人们的一种习惯性表述。《国家责任条款草案》规定的解除行为不法性的情况有六种。

(一)同意

同意是一国以有效方式同意另一国实施某项特定行为时,该特定行为的不法性在与该国的关系上即告解除。在同意的情况下,由于行为的非法性被排除,从而免除了行为国的国际责任。如一国军舰进入另一国的内水是在该另一国的同意下进行的,该行为的不法性便被排除,军舰所属国也就无须为此承担国际责任。但按照《国家责任条款草案》第二十条的规定,基于同意排除行为不法性须满足两个条件,一是同意国必

---

① [德]沃尔夫刚·格拉夫·魏智通:《国际法》,吴越、毛晓飞译,法律出版社2002年版,第717页。
② 王铁崖:《国际法》,法律出版社1995年版,第146页。

须以有效方式表示同意,二是该行为不能逾越同意国所表示同意的范围。例如,若仅同意民用飞机进入一国领空,则军用飞机的飞入就是逾越同意范围的行为。

(二)自卫

禁止使用武力或以武力相威胁是国际法的一项基本原则,自卫作为这一基本原则的例外规定,是无可争议的。《联合国宪章》第五十一条明文规定了会员国进行单独或集体自卫的权利。当然,《联合国宪章》还规定了行使自卫权的实体和程序条件。《国家责任条款草案》第二十一条规定,一国的行为若构成按照《联合国宪章》采取的合法自卫措施,则该行为的不法性即告解除。

(三)反措施

未履行初级义务导致次级义务(法律责任)的产生。反措施(countermeasure)是在责任国既不履行初级义务也不履行法律责任的情况下由受害国采取的对抗措施,受害国试图以此促使责任国停止不法行为和赔偿损失。正是由于责任国未履行其国际义务并拒不改正或拒不赔偿,导致受害国采取反措施,因而这种反措施被认为是正当的和允许的。即便反措施不符合受害国的国际义务,其非法性也应被解除。但通常反措施必须同受害国受损害的程度相称,超过相称范围则是不合法的。

(四)不可抗力

一国不遵守其对另一国国际义务的行为如起因于不可抗力,即有不可抗拒的力量或该国无力控制、无法预料的事件发生,以致该国在这种情况下实际上不可能履行义务,则该行为的不法性即告解除。但若不可抗力的情况是由该国的行为单独或与其他因素一并导致的,或该国已承担发生这种情况的风险,则不得援引不可抗力主张免责。

造成不可能履行义务的不可抗力可能起因于自然或环境事件,如由于恶劣天气的影响而使一国飞机改变航向进入另一国领空;或起因于社会事件,如因叛乱而失去对国家部分领土的控制;还可起因于上述两种情况的结合。但不可抗力不包括因某种政治和经济危机致使难以履行其义务,也不包括有关国家因疏忽或不尽责而造成的状况。

(五)危难

一国不遵守该国国际义务的行为,如有关行为人在遭遇危难(distress)的情况下为了挽救其生命或受其监护的人的生命,除此行为之外别无合理方法,则该行为的不法性即告解除。但若危难情况是由该国的行为单独或与其他因素一并导致的,或有关行为可能造成类似或更大灾难,则不得援引危难主张免责。

在国家实践中,危难事件主要涉及飞机和船舶在恶劣气候条件下,或在发生机械或航行故障后未经许可进入外国领空或领水的情况。在危难情况中,特有的、极短的和紧迫的危险是针对行为者和其被监护人的生命而言的,而不是针对国家的生存或其重大利益。

(六)危急

危急(necessity)情况是指一国面临极其严重和紧迫的危险。该国为保护其基本利益不受这种危险的危害而从事的不符合国际义务的行为,可解除其行为的不法性,条件是:第一,该行为是对抗这种严重而紧迫的危险的唯一方法;第二,该行为并不严重损害义务对象国或整个国际社会的基本利益。另外,若有关国际义务本身排除援引危急情况的可能性,或行为国促成了该危急情况,则行为国不得援引危急情况作为解除其行为不法性的理由。

危急同危难的不同在于,危急不是涉及国家人员或其监护人员的生命危险,而是涉及国家本身或国际社会的根本利益受到严重危险的问题。危急与不可抗力的区别在于,不可抗力是在一种不可抗拒的力量下采取的一种非自愿的行动,而以危急情况为由采取断然行动则不是非自愿的。

以上是《国家责任条款草案》规定的解除行为不法性的六种情况。但根据《国家责任条款草案》第二十六条之规定,从事违反国际强行法义务之行为的国家不得以上述规定作为解除其行为不法性的理由。

三、国际法律责任的形式

《国家责任条款草案》规定的承担国际法律责任的形式主要有以下几种:

(一)继续履行义务

国际不法行为发生后,在责任国和受害国之间建立了新的法律关系,但这并不意味着先前由初级义务确立的法律关系已经消失。尽管在某些情况下,违背某项义务的根本影响可能是终止该项义务本身,例如,由于一双边条约受到重大违反而导致受害国可能选择终止该条约,[①]但是,终止条约是一个由受害国在《维也纳条约法公约》容许的范围内对违约行为作出反应的事项。在受害国无意终止条约的情况下,责任国有责任继续履行义务。

(二)停止不法行为和保证不再重犯

按照《国家责任条款草案》第三十条的规定,国际不法行为的责任国在实施一项持续性不法行为时,有义务立即停止该行为。在必要情况下,责任国有义务提供不重复该行为的适当承诺和保证。这里的必要情况是指责任国以后有可能再次从事类似不法行为的情况。

---

① 《维也纳条约法公约》第六十条第一款规定:"双边条约当事国一方有重大违约情事时,他方有权援引违约终止该条约,或全部或局部停止其施行。"

停止不法行为是消除不法行为的后果的第一要求,其主要目的是制止违背国际法的行为,保障初级规则持续有效。但停止不法行为只是针对持续性不法行为而言的,而对于非持续性(或称完成性)不法行为,则无所谓停止,只能通过其他方式承担国际责任。

保证不再重犯的目的是为了恢复受害国和违法国之间对继续保持关系的信心。它比停止不法行为有更大的灵活性,而且不是在所有情况下都这样做。其特点是向前看,着重于防止未来可能发生的事情,强调的是预防而不是赔偿。从实践来看,受害国往往是在认为仅仅恢复原有的状态不足以取得应有的保障时,才提出承诺和保证不再重犯的要求。①

(三)赔偿

《国家责任条款草案》中规定的赔偿(reparation)是一个含义广泛的概念,包含恢复原状(restitution in kind)、补偿(compensation)和抵偿(satisfaction)。抵偿可采取承认不法行为、表示遗憾、正式道歉或其他合适的方式。②

1. 恢复原状

恢复原状又被译为"实物复原",是指恢复实施不法行为以前所存在的状况,可以是物质上的恢复原状,如归还被占领的领土、人员或财产,有时也使用"法律上的恢复原状"这一术语,意指需要修改责任国撤回、取消或修订违背国际义务的立法,取消不符合国际义务的行政或法律措施,或在国际法允许的情况下终止条约等。

恢复原状的使用有两个重要条件:一是恢复原状并非实际上办不到。有些损害一旦造成,就不可能恢复原状,如在侵略战争中严重损毁了他国的一些古画。法律不能要求行为者去做实际上做不到的事情。二是恢复原状不致引起完全不成比例的负担。有时候恢复原状只有理论上的可能性,真正恢复原状要付出极高的代价,基于公平合理原则,在这种情况下可以不采用恢复原状的方式。

2. 补偿

补偿是在无法通过恢复原状承担责任的情况下采取的赔偿方式。《国家责任条款草案》第三十六条规定,国际不法行为的责任国有义务补偿该行为造成的任何损害,如果这种损害没有以恢复原状的方式得到补偿。该条进一步规定,这种补偿应该弥补在经济上可以评估的任何损害,包括可以确定的利润损失。

补偿通常采用给付金钱的方式,但也存在其他方式,如世界贸易组织协议中规定

---

① 贺其治:《国家责任法及案例浅析》,法律出版社 2003 年版,第 215—216 页、第 220 页。
② 2001 年《国家责任条款草案》第二十九条、第三十条、第三十五至三十七条。

的补偿通常采用增加贸易减让的方式。①

3. 抵偿

按照《国家责任条款草案》第三十七条的规定,只有在恢复原状或补偿困难或无法提供充分赔偿的情况下才需要由责任国作出抵偿。抵偿主要适用于那些国家主权、尊严和荣誉受到损害,无法作出财务评估的情况。这类损害往往具有象征性质,而不对有关国家造成物质上的损害。例如1920年在柏林因侮辱法国国旗而引起的法国和德国之间关于抵偿的交涉。又如1988年埃及两名警察试图闯入意大利驻亚历山大领事馆而未遂的事件。

抵偿可采取的具体方式有承认不法行为、表示遗憾②、正式赔礼道歉及其他适当的方式。如1999年以美国为首的北约轰炸中国驻南斯拉夫使馆事件中,中国政府首先要求美国及北约组织向中国作出公开、正式道歉。这种道歉不仅具有政治意义,而且具有法律意义。其他方式的具体选择应视具体案件的情况而定,如对造成损害事件的原因进行应有的调查、对肇事的个人采取纪律或刑事处罚、向受害国国旗敬礼,等等。但抵偿不应与损失不成比例,并且不得采取羞辱责任国的方式。历史上,一些列强以"受害国"自称,向他国提出过分甚至是侮辱性的抵偿要求,例如向"受害国"国旗下跪,这种现象必须杜绝。③

适用以上各种赔偿方式时还牵涉到赔偿范围问题。常设国际法院在"霍茹夫工厂案"判决中指出:"非法行为的真正概念包含一项基本原则,一项似乎已由国际惯例,特别是仲裁法庭裁决确立的原则,它规定赔偿必须尽可能消除非法行为的所有后果,并恢复假如不法行为没有发生那样可能存在的状况。"《国家责任条款草案》第三十一条也明文规定,责任国有义务对国际不法行为所造成的伤害提供充分赔偿,并且这种伤害包括一国国际不法行为造成的任何损害,不论是物质损害还是精神损害。但《国家责任条款草案》并没有对损害作直接损害和间接损害的区分,大多数国际法学者倾向于认为最佳的办法是把损害与赔偿通过因果关系联系起来,即应予赔偿的损害必须是同不法行为通过因果关系相联系的损害。凡是按照通常和自然的事态发展,损害是一种不法行为的合乎逻辑的结果时,损害和不法行为之间就有了这样的联系。④ 至于什

---

① 国内学术界对于有关国际责任形式的英文名称有不同译法,本文采用贺其治先生的译法,即把 reparation 译为"赔偿",把 compensation 和 satisfaction 分别译为"补偿"和"抵偿"。
② 这里所说的"表示遗憾"是对本国的行为表示遗憾,属于一种承担法律责任的方式,与外交部发言人经常对他国的某种行为表示遗憾是完全不同的。后者是对他国行为的一种外交评价,通常指发言人所在国并不愿意看到这种行为的发生,但该行为通常对发言人所代表国家的利益并无多大影响,因此,"表示遗憾"只是对他国行为表达的最低级别的不满意。随着利益受影响程度的加深,对他国行为的评论按其不满的强烈程度顺次为"表示遗憾""表示关切""表示严重关切""表示严正抗议或强烈谴责"。
③ 邵津:《国际法》,北京大学出版社、高等教育出版社2005年版,第420页。
④ 贺其治:《国家责任法及案例浅析》,法律出版社2003年版,第223页。

么是通常和自然的事态,则需法庭在裁决具体争端的过程中作出逐案认定。

第三节 国际刑事责任

国际刑事责任牵涉到国家的国际刑事责任和个人的国际刑事责任两个方面。后者已成为确定的法律实践,而前者正在发展演变之中。

一、国家的国际刑事责任

(一)"国际罪行"与"严重违反一般国际法强制性规范承担的义务"

联合国国际法委员会在拟定《国家责任条款草案》的过程中,引起最大争论的一个问题是国家罪行能否成立。国际法委员会1996年一读通过的《国家责任条款草案》曾对一般国际不法行为与国际罪行加以区分,并为国际罪行规定了特别的责任。其第十九条第二款规定:"一国所违背的国际义务对于保护国际社会的根本利益至关紧要,以致整个国际社会公认违背该项义务是一种罪行时,其因而产生的国际不法行为构成国际罪行。"该条第三款进一步列举了构成国际罪行的主要行为:①严重违背对维护国际和平与安全具有根本重要性的国际义务,例如禁止侵略的义务;②严重违背对维护各国人民的自决权利具有根本重要性的国际义务,例如禁止以武力建立或维持殖民统治的义务;③大规模严重违背对保护人类具有根本重要性的国际义务,例如禁止奴役制度、灭绝种族和种族隔离的义务;④严重违背对维护和保全人类环境具有根本重要性的国际义务,例如禁止大规模污染大气层或海洋的义务。这些内容体现出国际罪行危害的是整个国际社会的共同利益,即国际和平与安全,国际正常的公共秩序,人类的尊严、生存和发展等。

对于国家的国际罪行(即国家罪行)这一概念,世界各国及学者们存在激烈争论。争论的焦点和实质在于国家能否成为国际刑法的主体。赞成者认为,尽管刑事责任基本上是个人责任,但由于法律的进步,它也可以是集体的责任。目前一个国家可能对国际社会造成重大损害,以致不应该容许把以国家名义犯下的罪行的责任转移为个人的责任,即不能只要求个人承担刑事责任,国家本身也应承担刑事责任。因此,国家罪行的概念是可以接受的。反对者认为,只有个人才能承担国际刑事责任,接受刑罚惩处;国家并不能成为刑事义务的主体,承担刑事责任。理由是,在目前阶段,国际社会还不具备"法不明文不为罪"和"法不明文不得罚"这两条法律原则所包含的必要条件,即:第一,必须有据以确定某一违法行为是否构成国际罪行的确切规范和客观标准;第二,必须有刑罚及审判机构。而在现阶段,国际社会还不具备这些条件。另外,如果国家罪行的概念被接受,国家在国际社会的地位将受到破坏,从而使国际法的基础受到破坏。这将是讲求务实的国际社会难以接受的。①

由于在各国之间、学者之间存在巨大分歧,因而国际法委员会在二读阶段针对上述第十九条的规定探讨了各种可能的修改方案,最后在 2001 年二读通过的《国家责任条款草案》中放弃了"国际罪行"这一概念,而将侵略、大规模侵犯人权、种族灭绝等原定为国际罪行的行为改称为"严重违反一般国际法强制性规范承担的义务"。这一改动适当地平衡了各方的立场,受到普遍欢迎,它避开了有争议的"国家罪行"的概念,同时对国际不法行为作了区分,使违反对整个国际社会义务的行为得以凸现。

按照二读通过的《国家责任条款草案》第四十条的规定,"严重违反一般国际法强制性规范承担的义务"涉及两个条件,一是所违背的义务必须是源于国际法强制性规范,二是违反国际法强制性规范的程度必须是严重的。如果违反义务的情况是由责任国恶劣或系统性违反行为引起的,则为严重违反义务的行为。该条突出了所违反的义务的性质及严重程度。

就国际法强制性规范而言,国际社会经过长期争论,逐渐取得一致,并在 1969 年《维也纳条约法公约》中确认存在国际法强制性规范。而国际法强制性规范究竟包括哪些具体内容,无论是上述公约还是《国家责任条款草案》都未明文规定,甚至没有举例说明。但现在一般认为,禁止侵略、禁止种族灭绝和奴役制度、禁止奴隶贸易、禁止种族隔离和种族歧视、保护基本人权、尊重自决原则等规范的强制性已得到国际社会的普遍接受。关于适用于武装冲突的人道主义法,包括日内瓦四公约和两个附加议定书中包含的基本原则,被国际法院称为具有"不可侵犯性",因此,应将这些规则视为强制性规范。另外,1984 年《禁止酷刑和其他残暴、不人道或有辱人格的待遇或处罚公约》规定的酷刑也受到普遍禁止,这已得到各个国际及国家机构裁决的确认。当然,这些事例并不妨碍新的强制性规范的产生。

关于第二个条件,"严重"是指违反的强度或影响,它表明违反的情况具有罪大恶极的性质,直接和粗暴地侵犯了有关规则所保护的价值。系统性的违反必须是有组织和蓄意进行的。如对某个部族的一个成员进行谋杀不构成灭绝种族罪,但如果对一个部族的成员进行系统的、有组织的谋杀则构成灭绝种族罪。

(二)严重违反国际法强制性规范的后果

二读通过的《国家责任条款草案》第四十一条规定了严重违反一般国际法强制性规范的特定法律后果。需要强调的是,该条并未直接规定在严重违反国际法强制性规范的情况下,行为国本身应承担何种特别的责任,而是规定了其他国家应如何对待行

---

① 贺其治:《国家责任法及案例浅析》,法律出版社 2003 年版,第 21—22 页。

为国的行为。

按照第四十一条第一款的规定,各国应进行合作,通过合法手段制止严重违反国际法强制性规范的任何行为。但这一规定没有说明各国合作应具体采取什么方式或具体措施。原则上应根据违反义务的具体情况加以决定,并可采取为达到上述目的的任何合法、可行的措施。

第四十一条第二款规定各国负有不参与的义务,具体有两项义务:一是不承认严重违反国际法强制性规范所造成的状况为合法,二是不得协助或援助维持该状况。

1990 年,伊拉克武装入侵科威特,并宣布永久兼并科威特。联合国安理会在第 662 号决议中决定,吞并"无效",并呼吁所有国家、国际组织和专门机构不得承认这一吞并,不得采取任何可能解释为承认吞并的任何行为和交往,无论是直接的还是间接的。事实上,没有任何国家承认该吞并的合法性,该吞并行为也在后来得到纠正。

不承认的义务适用于所有国家,而不论其是否受到责任国行为的直接或间接影响。该义务同样适用于责任国,因为责任国曾经犯下严重违反国际法强制性规范的行为,它往往企图通过它自己的"承认"来巩固已形成的局面。

不得协助或援助的义务是对所有国家的另一个重要要求,它实质上不承认义务的延伸。这种义务的单独存在得到了普遍承认,包括安理会决议的承认。例如,安理会曾针对南非的种族隔离制度作出 301 号决议(1971 年)、第 418 号决议(1977 年)和第 596 号决议(1985 年),对于葡萄牙坚持殖民统治的行为作出第 218 号决议(1965 年),这些决议均规定了禁止给予援助和协助的义务。

由于严重违反国际法强制性规范的法律制度仍处于发展之中,因而《国家责任条款草案》本身对于相关责任的上述规定显然也是不完备的,如责任形式问题,《国家责任条款草案》并无规定,也有学者认为国家承担刑事责任的方式有限制主权(如军事占领和管制)、罚金、令其终止违法行为和国际制裁。但对这些形式能否称为刑事责任,学者们还有一定分歧。《国家责任条款草案》第四十一条第三款提出,《国家责任条款草案》第四十一条的规定并不排斥和妨碍今后制定一套更为详细的制度的可能性。

二、个人的国际刑事责任

传统国际法认为,代表国家行事的个人的行为是国家行为,而不是个人行为,加上外交豁免权的存在,因此,个人(如国家领导人、军事指挥官)无须为严重违反国际义务的行为承担任何责任。但随着国际关系的发展,国际社会逐渐认识到,一个国家严重违反国际义务的行为与该国领导人的个人能动性具有紧密联系,因此,逐步确立和发展了对代表国家行事的个人的国际责任制度。

第一次世界大战后,在受害国人民强烈要求对发动战争的罪魁祸首进行审判和惩处的情况下,《凡尔赛条约》确定了对德国皇帝威廉二世及主要将领进行审判,首次在国际条约中规定了对犯有国际法罪行的国家首脑可追究刑事责任。这是对传统的绝对豁免原则的重大突破。

第二次世界大战后同盟国集团制定的《欧洲国际军事法庭宪章》和《远东国际军事法庭宪章》,都规定战争罪行包括"破坏和平罪""战争罪"和"反人道罪"。依照这两个宪章建立的纽伦堡军事法庭和远东军事法庭分别审判了德国甲级战犯 22 名和日本甲级战犯 28 名,他们都是德国和日本最重要的国家领导人。其中 19 人被判处绞刑,18 人被处以终身监禁。这两个宪章及两个法庭的判决都确认了侵略战争中个人须承担国际刑事责任这一国际法原则,而且判决都得到了有效执行。

20 世纪 90 年代,针对前南斯拉夫境内严重破坏国际人道主义法的罪行及卢旺达境内发生的灭绝种族罪和其他严重违反国际人道主义法的罪行,联合国安理会分别在 1993 年和 1994 年批准了《前南斯拉夫国际刑事法庭规约》和《卢旺达国际刑事法庭规约》,并据此设立了两个特别刑事法庭。这两个规约是对第二次世界大战结束时两个宪章的重要发展。

1998 年 6 月至 7 月在罗马举行的联合国全权代表外交会议通过了《国际刑事法院规约》,据此,2002 年 7 月 1 日,国际刑事法院正式成立并开始运作。该法院有权就该规约中提到的、受到国际社会关注的最严重犯罪(有种族灭绝罪、反人道罪、战争罪和侵略罪)对个人行使管辖权,并对国家刑事管辖权起补充作用。国际刑事法院是第一个针对个人进行审判和惩罚的常设性国际刑事法庭。

关于个人承担国际刑事责任的形式,《国际刑事法院规约》规定了无期徒刑、有期徒刑、罚金和没收直接或间接通过犯罪行为得到的收益、财产和资产。早期的实践如第二次世界大战结束时的两大国际军事法庭还有死刑方式,但《国际刑事法院规约》并未规定死刑,这显然是受到世界上大多数国家和地区刑法中废除死刑的大趋势的影响。

第四节　国际损害赔偿责任

一、国际损害赔偿责任的产生和确立

国际损害赔偿责任(international liability)概念的提出与现代科学技术的发展紧密相关。第二次世界大战以来,随着第三次科技革命的兴起,现代高科技迅猛发展,人类对核材料的利用、外层空间探索、海底开发、远洋石油运输等活动日益频繁,此类活动因其往往具有高度危险性而常常给他国带来损害或损害威胁。如"特雷尔冶炼厂仲

裁案"、苏联"宇宙954号"核动力卫星坠落事件、切尔诺贝利核电站泄漏事故和美国埃克森公司油轮严重泄油事件,等等。国际损害赔偿责任制度主要是针对此类行为产生的损害而产生的。由于此类活动本身并不为国际法所禁止,所以此类活动也被称为"国际法不加禁止的行为",国际损害赔偿责任也被称为"国际法不加禁止的行为产生的有害后果的国际责任"。

1978年联合国国际法委员会将"国际法不加禁止之行为引起有害后果之国际责任"列为法律编纂的题目是一项具有里程碑意义的发展。它表明现代国际法的法律责任的范围将有重要的扩展。经过十几年的艰苦工作,国际法委员会于1996年以一读通过《国际法不加禁止之行为引起有害后果之国际责任条款草案》,产生其编纂工作的第一个重要成果。而后,国际法委员会对该草案的"预防跨界损害"部分进行进一步修改和编纂,于1998年一读通过《国际法不加禁止的行为产生的有害后果的国际责任条款草案(预防跨界损害部分)》。这两份文件代表国际法委员会这项编纂工作的主要初步成果。

除了国际法委员会的编纂工作外,对于国际法不加禁止的行为产生的国际损害赔偿责任,在第二次世界大战后一系列国际公约和双边条约中都有明确规定。例如《关于核损害的民事责任的维也纳公约》《核动力船舶经营人的责任公约》《核能方面第三者责任公约》《关于油污损害的民事责任公约》《国际防止船舶造成污染公约》《远程跨界空气污染公约》《及早通报核事故公约》《空间物体造成损害的国际责任公约》,都在不同程度上规定了国家对从事特定活动所负的义务以及对其活动所造成损害应承担的国际责任。

国际司法实践也肯定了国际法不加禁止的行为造成损害的国际责任。在"特雷尔冶炼厂仲裁案"中,仲裁庭认为:"根据国际法原则及美国法,任何国家都没有权利这样地利用或允许利用其领土,以致让其污染在他国领土或对他国领土上的财产和人身造成损害。"[①]在"科孚海峡案"中,国际法院也认为阿尔巴尼亚政府对其本国领海海域中放置水雷一事不可能不知道,"出于人道主义的考虑,每个国家都有义务不得允许本国领土被用来从事有害他国权利的活动"[②]。

二、国际损害赔偿责任的性质

人们往往基于国际法委员会《国际法不加禁止的行为产生的有害后果的国际责任条款草案》中"国际法不加禁止的行为"这一措辞将国际损害赔偿责任与一般国际不法

[①] 陈致中:《国际法案例》,法律出版社1998年版,第276页。
[②] 陈致中:《国际法案例》,法律出版社1998年版,第188页。

行为的国际责任相比较,认为后者是由不法行为引起的,而前者是由并不违法的行为引起的。实际上,国际法不加禁止的行为产生有害后果时,"起源国"(《国际法不加禁止的行为产生的有害后果的国际责任条款草案》将该草案所规范的行为国称为"起源国")的行为本质上是一种国际侵权行为。[①] 罗马法中就有"行使自己的权利不得损及他人的权利"的法谚。根据国家主权原则,国家有权按自己的意愿在其境内从事活动,也有权使自己的领土不受邻国活动的有害影响,但是在行使自己的权利时也有义务不得损害他国的财产及他国境内个人的人身和财产权利,这无疑是国际习惯法上的一般义务。同时,相关条约也明文规定了国家的有关义务,如 1982 年《联合国海洋法公约》规定,"各国应采取必要措施,确保其管辖下和控制下的活动进行不致使其他国家及其环境遭受污染的损害……""各国有责任履行其关于保护和保全海洋环境的国际义务。各国应按照国际法承担赔偿责任"。1972 年《空间物体造成损害的国际责任公约》第 2 条也规定:"发射国对其空间物体在地球表面,或给飞行中的飞机造成损害,应负有赔偿的绝对责任。"这些规定同样显示国际损害赔偿责任的产生是基于起源国违背了国际义务。"国际法不加禁止的行为"只是针对发射航天飞机、核能利用等此类行为本身而言的,这些行为的确在国际法上属于合法行为,但是,准确地说,并不是此类合法行为产生了国际损害赔偿责任,而是在从事此类行为时可能附带发生的事故或意外事件产生导致的损害产生了国际损害赔偿责任。

将国际损害赔偿责任与基于一般国际不法行为产生的国际责任分别规定,其原因在于作为国际损害赔偿责任基础的损害行为(外层空间探索、核能利用过程中的事故或意外事件)是在国家从事合法活动时"附带"产生的,并且这种附带后果无法通过国家的积极预防绝对排除,即合法活动与可能的损害行为难以绝对地切割开来。从主观上来说,起源国对于他国境内的财产和人身并无任何犯意,甚至没有过失。正是因为如此,国际法无意由于这种可能的附带后果而禁止外空探索、核能利用等行为的进行,而只要求在此类行为产生损害时进行赔偿。这与一般国际不法行为是有区别的,后者关注的主要是行为特征是否符合国际法,损害后果通常并非其构成要件。

三、国际损害赔偿责任的主要内容及特点

(一)适用范围

《国际法不加禁止的行为产生的损害的国家责任条款草案》第一条规定了国际损害赔偿责任的适用范围。该条规定:"本条款适用于国际法不加禁止的、含有通过其物质后果而引起重大跨界损害的风险的活动。"至于哪些活动属于这类活动,该草案并未

[①] 李寿平:《现代国际责任法律制度》,武汉大学出版社 2003 年版,第 110 页。

——列举。从草案第一条的规定来看,国际责任条款的适用范围有四个方面的限定条件:

(1)该草案仅适用于"国际法不加禁止的活动"。国际法禁止的活动不在该草案适用之列。

(2)该草案所适用的活动必须是"在一国领土或其管辖或控制下的其他地区进行的活动"。这一标准强调该条款的适用与领土管辖权的关系。在领土管辖权与其他管辖权发生冲突的情况下,领土管辖权优于其他管辖权作为判断条款适用的依据。但国际法委员会承认,在有些情况下,如一国按照国际法对其他国家开放其领土,如外国船舶在其领海无害通过,则该草案适用于船旗国在该船舶上的活动。在没有领土连接点的情况下,如在公海上进行活动,该草案也适用于船旗国在该船舶上的活动。

(3)适用国际责任条款的活动必须是含有或涉及"引起重大跨界损害的风险的活动"。这里的"风险"指的是一种未来的可能性。国际法委员会认为,对这种风险的判断和认定要依据客观标准,即所谓"适当知情观察者"(properly informed observer)标准。根据"适当知情观察者"标准,如果某种活动可能造成的损害是"适当知情观察者"在该活动发生的时间和地点所认识或应当认识的损害,则该活动构成"风险"。

(4)重大跨界损害必须是由活动的"物质后果"(physical consequences)引起的。这一标准排除了由于国家有关货币、经济、社会等方面的政策而引起跨界损害的情况。它强调跨界损害与活动之间的物质性的联系。

从国际损害赔偿责任产生的背景及现有相关国际公约的规定可以看出,国际损害赔偿责任主要适用于民用核活动、航空飞行、外层空间的探索与利用、国际河流和共同水域的利用、海洋开发、远洋石油运输等领域国家在本国领土内从事的、可能造成跨国损害的危险活动。可以想象,随着人类科学技术的发展和利用自然环境能力的扩大,国际赔偿责任的范围肯定会不断地扩展。①

另外,国际法委员会通过的《国际法不加禁止的行为产生的损害的国家责任条款草案》只是针对国家的行为和国家国际损害赔偿责任而言的。但一些条约还规定了双重责任制度,即国家与经营者共同承担赔偿责任。目前核事故的赔偿就实行这种制度。

(二)严格责任原则

根据上述相关国际公约的规定,国际损害赔偿责任适用严格责任或称绝对责任原则。如1972年《空间物体造成损害的国际责任公约》就规定,发射国对其空间物体在地球表面,或给飞行中的飞机造成损害,应负有"赔偿的绝对责任"。所谓严格责任或

---

① 李寿平:《现代国际责任法律制度》,武汉大学出版社2003年版,第114页。

绝对责任,是指一国对其行为所造成的损害承担赔偿责任而不问其主观上有无过错,即一旦产生损害即需承担赔偿责任。

实际上,在一般国际法领域,国际责任的承担通常不考虑行为国的过错,但在某些情况下,如国家有义务保护外国驻该国的大使馆,国家有"合理注意"的义务,若国家尽到了合理注意的义务,而仍然由于暴徒的冲击造成了使馆的损害,则该国无须承担国际责任,反之,若国家未尽到合理注意义务,暴徒冲击造成了使馆的损害,则该国应为此承担国际责任。另外,多边条约和双边条约也可以特别规定国际责任的承担以某种程度的过失为条件。而就国际损害赔偿责任而言,一般均为绝对责任。这在很大程度上是由于要证明起源国具有主观上的过错非常困难。

严格责任原则无疑给予受害国利益以更为充分的保障,客观上也促使起源国在从事具有高度危险性活动时采取更加审慎的态度和更加缜密的预防措施,从而起到预防损害发生或将损害控制在最小范围的作用。也正因为如此,国际损害赔偿责任产生的关键是损害的存在,若不存在损害,则不产生国际损害赔偿责任。

(三)责任形式与责任范围的确定

由于国际损害赔偿责任是由国家从事的国际法不加禁止行为附带产生的损害行为导致的,并且起源国对于受损害国并无犯意,甚至没有过失,因此,起源国承担国际责任的形式主要是赔偿损害,当然也不排除根据起源国和受害国之间达成的协议承担其他形式的责任。同时,只要起源国对其造成的损害给予赔偿,其继续进行国际法不加禁止的活动就不受限制。

1996年一读通过的《国际法不加禁止的行为产生的损害的国家责任条款草案》不仅规定了国家在从事国际法不加禁止的行为时预防重大跨国损害的一般义务及各国为预防重大跨界损害的风险或将其减少至最低程度而与其他国家及国际组织合作的义务,而且规定了在赔偿的程序及确定赔偿范围时应遵循的一些原则,主要有以下几个方面:

(1)不歧视的义务。起源国在根据它的法律制度准许遭受重大跨界损害的个人进入司法或其他程序时,不得以国籍、住所或侵害地为由予以歧视。这一条款为个人在起源国谋求国内法律救济提供了保障。但这并不妨碍有关国家之间就损害赔偿达成特殊安排。

(2)除了国内法律程序,该草案规定起源国和受影响国须应它们之中任何一个国家的请求,就重大跨界损害的赔偿和其他救济的性质和范围进行谈判。关于赔偿或其他救济的性质和范围,该草案第二十二条规定了有关国家在谈判时应考虑的主要因素:①起源国履行预防义务的程度;②起源国已作出预防或减轻损害的努力的程度;③起源国曾知道或有手段知道在其领土上或管辖或控制下的其他区域发生国际法未加禁止的、含有重大跨界损害风险的程度;④起源国从该活动受益的程度;⑤受影响国分享该活动的利益的程度;⑥起源国或受影响国从第三国或国际组织获得援助的程度;⑦通过起源国或其他国家的法院程序受害者可获得赔偿的程度;⑧受害国的法律为相同损害规定的赔偿或其他救济的程度;⑨受影响国对可比活动适用的保护标准和在地区与国际实践中适用的保护标准;⑩起源国已采取的援助受影响国减轻损害的程度。这些因素主要体现了利益平衡的原则。

思考题

一、问答题

1. 国家责任的构成要件和主要形式有哪些?
2. 国家损害赔偿责任的主要内容是什么?
3. 个人承担国际刑事责任的适用范围和形式是什么?

二、案例分析

1941年11月4日,侵华日军在湖南常德地区散播鼠疫细菌,造成1.5万多名中国平民无辜丧生。然而,多年来,日本政府对这一暴行不予承认,更未向受害者谢罪与赔偿。为追究日本的国家责任,在土屋公献等日本律师的帮助下,1997年8月中国浙江义乌、衢州等地和湖南常德市的180名细菌战受害者或家属正式起诉日本政府,要求谢罪赔偿。中国民间发起的这场诉讼,历时5年的漫长庭审,终于在2002年8月27日由东京地方法院作出一审判决。

日本法院虽然驳回了中国原告关于谢罪并赔偿的诉讼请求,但首次判定日军曾在中国实施过细菌战,并承认细菌战给中国人民造成巨大灾难。该案件的二审已于2003年5月20日在东京高等法院开庭,法院作出维持原判的判决。

问题:日本政府对此行为是否应承担国家责任?

第五章 国际法上的居民

案例：马洪兴双重国籍案[①]

马洪兴于1991年12月申请去香港探亲，经批准于1992年3月21日领取了中华人民共和国往来港澳通行证，签注有效期为1992年3月23日至6月23日。马洪兴户口自1992年4月1日保留，油粮供应自1992年4月1日停止。马洪兴在香港探亲期间，通过其姐在多米尼加驻香港总领事馆购买了多米尼加护照。此后，马洪兴以多米尼加国公民身份、持多米尼加护照多次出入境。南通市公安局于1993年12月为其办理了中华人民共和国外国人居留证。1994年12月，南通市通州区公安局在调查马洪兴与其亲属的房产纠纷时，发现马洪兴具有双重国籍。南通市公安局于1994年12月26日对马洪兴所持多米尼加护照扣留审查。经审查确认马洪兴为中国公民，不承认其多米尼加国籍，在其所持多米尼加护照的我国有关部门原签证页上做了不承认标记，后于1997年6月16日退还马洪兴。马洪兴于1997年7月起诉南通市通州区公安局，请求南通市通州区法院判令撤销扣押护照及在护照上打叉注销的行为。

第一节 国　籍

一、国籍的概念

在一个国家之内，有本国人、外国人和无国籍人。区别本国人和外国人的依据是国籍。国籍在确定居民与国家的关系和居民的法律地位上具有重要的意义。国籍是随着国家的产生而产生的。但是，国籍作为各国立法的重要内容，则是自18世纪末、19世纪初才开始的。国籍是指一个人属于某一国家国民或公民的法律资格，是一个人同一个国家固定的法律联系，也是国家实施外交保护的法律根据。

国家的存在必然包含着固定的居民、确定的领土和行使权力的政府。决定这个特

[①] 案号：(1999)通行终字第30号马洪兴不服南通市公安局出入境管理行政处理案。

定的固定居民的,就是国籍。国籍在国际法上的作用和意义表现为:第一,国籍是国家区分本国人和外国人,决定他们不同法律地位的根据。国家根据国籍来确定谁是本国人,谁是外国人。国家有权对本国人行使属人管辖权,而对外国人只能行使属地管辖权或国际法上规定的其他管辖权。本国人享受和承担本国法律规定的公民的全部权利和义务,外国人只能享受和承担该国法律允许的特定权利和义务,不享有专属公民的权利,也不尽专属公民的义务。第二,国籍是确定国家属人管辖权的依据。国家管辖权中所包含的属人管辖权、属地管辖权和保护性管辖权的行使,都必须依据国籍区分本国人和外国人。个人有了某国国籍,该国就因此对他具有管辖和支配的权力,不论他在该国境内还是在境外,一般要服从该国的属人管辖权。第三,国籍是个人与国际法联系的纽带。个人具有了某个国家的国籍,就可以享有国际法赋予其国家的权利和义务给他带来的权益和承担的有关义务。

国籍问题涉及国家的主权和重要利益,主要是国内法的范畴,每个国家都有权根据自己的法律决定谁是它的国民。这种确定谁具有它的国籍因而是它的国民的法律称为国籍法,它涉及国籍的取得、丧失或变更等事项。国籍法虽然属于国内法,但由于各国国籍法的规定不同,在国家之间人员来往和人口流动日益频繁的情况下,往往形成国籍的冲突,因而,国籍问题又具有国际性,成为国际法调整的内容。

第二次世界大战前,比较重要的有关国籍的公约有:1930 年 4 月 12 日在海牙签订的《关于国籍法冲突的若干问题的公约》《关于某种无国籍情况的议定书》《关于双重国籍某种情况下兵役义务的议定书》,1933 年 12 月 26 日在蒙德维的亚签订的《美洲国家间国籍公约》和《美洲国家间关于妇女国籍的公约》等。联合国成立以后,在国际法委员会的主持和推动下,1954 年签订《关于无国籍人地位的公约》,1957 年签订《已婚妇女国籍公约》,1961 签订《减少无国籍状态公约》等。这些公约对于解决国家间国籍冲突问题有着积极的意义。至于解决国籍冲突的双边条约和协定,在国际上则更是大量存在。[①]

二、国籍的取得

国籍的取得是指一个人取得某一国家的国民或公民的资格。一个人是否取得一国的国籍,纯属该国的国内事项,国际法对此没有一般的规则。依据各国的国籍立法,国籍的取得主要有两种方式:一种是因出生而取得一国国籍,另一种是因加入而取得一国国籍。

---

① 王虎华:《国际公法学》,北京大学出版社、上海人民出版社 2005 年版,第 103 页。

(一)因出生而取得国籍

因出生而取得国籍,是指一个人由于出生这一事实而取得某一国的国籍。这是最主要的取得国籍的方法,世界上绝大多数人都是因出生而取得一国国籍。由于各国国籍法对原始国籍取得的立法原则不同,从而产生不同情况。

1. 血统主义

血统主义是指以父母任何一方或仅以父亲一方的国籍作为赋予子女原始国籍标准的原则,包括双系血统主义和单系血统主义。双系血统主义是指以父母的国籍决定其子女国籍。现在大多数国家的趋向是采取双系血统主义原则。法国1945年以前的国籍法采取父系血统主义,而1973年1月9日修正的国籍法则采取了体现男女平等的双系血统主义原则,该国籍法第十七条规定:"子女,不论婚生或非婚生,至少其双亲之一是法国人者,为法国人。"一般而言,具有悠久封建历史文化的国家,都维护着血统主义的传统。单系血统主义通常是指以父亲的国籍决定其子女的国籍,故单系血统主义又称为父系血统主义。

2. 出生地主义

出生地主义是指以本人的出生地作为赋予个人原始国籍标准的原则。依据这一标准,在一国境内出生的人,不论其父母国籍如何,均取得出生地国家的国籍。

3. 混合主义

混合主义又称为合并主义,是指兼以父母国籍和本人出生地作为赋予个人原始国籍标准的原则。其中,有的国家以血统为主,出生地为辅;有的国家以出生地为主,血统为辅。混合主义原则的直接目的是防止和消除国籍的抵触,减少国家间在管辖方面的冲突。

(二)因加入而取得国籍

因加入而取得国籍,泛指个人于出生后依据与出生无关的某种法律规定的事实而取得一国的国籍,包括一国国民取得另一国国籍和无国籍人取得某一国国籍等;狭义仅指个人自愿申请加入某一国国籍。

1. 自愿申请入籍

一个国家是否允许外国人或无国籍人加入本国国籍,是一国主权范围内的事,国家可以依据本国法律规定,批准当事人的申请准予入籍,或拒绝而不准入籍。关于入籍的条件和程序,由各国自行规定而不尽相同,许多国家都规定有年龄、居住期限、行为表现、职业等条件。申请入籍须经特定的国家机关批准,多数国家规定由行政机关批准。入籍申请被批准后,就取得该国国籍。

另外,一人申请入籍,其效力是否及于配偶和子女,各国法律规定也不一致。现今大多数国家的国籍法承认父母入籍,其未成年子女也随同取得该国国籍;并采取了妇女国籍独立原则,丈夫入籍不影响妻子的国籍。对于入籍的人,在法律地位上是否与具有原始国籍的人完全相同,各国的规定也不一致,有的国家对入籍人的法律权利有所限制。例如,依据《美国宪法》第二条的规定,入籍的美国国民不能当选美国总统。

2. 因婚姻、收养而取得国籍

这是指一国公民与另一国公民结婚而取得新的国籍。一般来说,因婚姻而入籍,主要涉及妇女的国籍问题,即妇女是否因与外国人结婚而取得丈夫国籍国的国籍,甚至因此而丧失自己的国籍。关于婚姻对女子国籍的影响,各国的规定不同,可分为以下几种情形:

(1)无条件的妻随夫籍。凡是与本国男子结婚的外国女子即取得本国国籍,凡是本国女子与外国男子结婚即自动丧失本国国籍。这种妻从夫的国籍原则,开始于1804年法国民法典,现在各国的国内立法中虽不多见,但仍有些国家采用这一原则。

(2)有条件的妻随夫籍。外国女子与本国男子结婚,原则上取得本国国籍,但要有一定条件,通常条件是女方本国不要求其本人保留本国国籍。而本国女子与外国男子结婚不必然改变国籍。目前大多数国家的国籍立法倾向是,确立男女平等原则和妇女国籍独立原则,规定婚姻不影响国籍。国际公约也对此加以肯定。例如,1957年联合国大会通过的《已婚妇女国际公约》第一条规定,一个国家的国民与外国人结婚或解除婚姻,以及其夫于婚姻期间变更国籍,均不应影响妻的国籍。①

因收养而入籍,是指无国籍或具有外国国籍的儿童被一国国民收养而取得了收养人所属的国籍。各国立法对收养是否必然引起国籍变更的规定并不一致。有的规定收养影响国籍,即收养关系建立便引起国籍变动,被收养人即取得收养者的国籍。有的规定收养不影响国籍,被收养人不因收养而取得养父母国家的国籍。有的规定收养虽不影响被收养人的国籍,但被收养人可以在较优惠的条件下申请并取得养父母的国籍。

除此之外,还有因认知(准婚生)、选择国籍、国家继承、在外国接受公职或取得不动产、配偶或未成年人的父母在外国入籍等法定事实而入籍。

三、国籍的丧失与恢复

(一)国籍的丧失

国籍丧失是一个人丧失某一特定国家的国民身份。按各国法律规定,个人国籍的丧失主要有以下原因:

1. 自愿解除国籍

有些国家给予其国民申请解除他们的国籍的权利,所以其国民依法申请解除国籍

---

① 周忠海:《国际法》,中国政法大学出版社2013年版,第186页。

获准后,就丧失了该国国籍。有些国家还允许双重国籍的国民放弃该国国籍而只保留外国国籍。因此,在这些国家的国民声明放弃国籍的情形下,就丧失该国国籍。

2. 由于取得外国国籍而丧失国籍

在有些国家法律中除规定上述丧失国籍的原因外,还规定其国民由于与外国人结婚、被外国人收养或认知、领土变更等原因取得外国国籍而丧失其国籍。

3. 剥夺国籍

是指国家由于其国民实施某种行为而依法剥夺其国籍,这是非自愿丧失国籍的典型。一些国家的法律规定了剥夺国籍的制度,作为对有关个人的一种特殊惩罚措施。概括各国法律规定的剥夺国籍的理由有:未经本国允许而在外国政府或军队中服务,参加外国的政治选举,对国家犯有叛逆行为或从国家武装部队中逃跑,在申请入籍时作虚假的陈述,为了逃避公共服务的义务久居国外不归等。例如,1954年波兰《国籍法》第十二条规定:"居住在国外的波兰国民有下列情况之一者,可剥夺其波兰国籍:(1)对波兰国家不履行忠诚义务;(2)其行动损害波兰人民的重要利益;(3)在1945年5月9日后非法离开波兰国境;(4)经主管机关召唤而拒绝回国;(5)规避强制兵役;(6)在外国因犯普通罪而被处刑,或是累犯。"[①]

(二)国籍的恢复

国籍的恢复,即丧失原来国籍以后重新取得该国籍。各国一般规定,国籍的恢复必须由当事人提出申请,经有关机关审查、批准。有的国家则规定履行登记或声明手续即可。例如,利比亚1954年国籍法规定,允许那些符合一定条件的人以通知利比亚外交部长的方式恢复利比亚国籍。还有的国家根据推定原则,规定出生于本国但后来离境选择外国国籍的人,在重新入境时即予复籍。

四、国籍的冲突

国籍的冲突又称国籍的抵触,是指一个人具有两个或两个以上的国籍,或不具有任何国籍的法律状态。国籍的冲突可分为积极冲突和消极冲突两种情况。

(一)国籍的积极冲突

国籍的积极冲突,是指一个人同时具有两个或两个以上国家的国籍。具有两个国家的国籍称双重国籍,具有两个以上国家的国籍称多重国籍。

1. 双重(多重)国籍产生的原因

各国的立法在解决取得国籍和丧失国籍问题时,所采取的原则和规定的不同,使得国际社会中常常产生双重国籍或多重国籍的情况,其中由于出生而取得国籍,是引

[①] 周仁:《国际法》,中国政法大学出版社1988年版,第189页。

起双重或多重国籍的最普遍的原因。

产生双重、多重国籍的具体原因包括：出生、婚姻、收养、认领准婚生子女、申请入籍等。

2. 双重（多重）国籍人的地位

对于具有双重或多重国籍的人，各国籍所属国都认为其属于本国公民或国民，并不把他作为外国人看待，当他在本国境外时，也可以给他以外交保护。双重（多重）国籍是一种不正常的现象，双重（多重）国籍者不但享受一定的权利，还承担对所有国籍国效忠的义务。比如几个国籍国同时要求他服兵役，他就无法履行这种义务。因此，多重（双重）国籍人时常处于困难的境地。如果几个国籍国之间发生战争，他的处境就更为艰难。此外，双重（多重）国籍也容易造成国家之间的纠纷。

3. 双重（多重）国籍的解决

双重（多重）国籍是一种不正常的国籍现象。现在解决双重（多重）国籍产生的有效办法是国内立法，各国在制定国籍法时一般倾向于以实际国籍为准。

（二）国籍的消极冲突

国籍的消极冲突是指一个人不具有任何国家的国籍，又称无国籍。无国籍产生的原因主要有出生、婚姻、被剥夺以及其他原因，诸如偷越国境、没有合法的护照或其他证件、护照过期而不去更换新证等。国际上由于相邻国之间的武装冲突或国内的某种动乱、冲突而造成的国际难民，也是产生无国籍的一种原因。

无国籍人不具有任何国家的国籍，当其利益遭到侵害时，他不能请求任何国家给予外交保护，任何国家也没有外交保护的法律依据。

国际社会和各主权国家均采取积极措施以消除和减少无国籍现象，主要方法是：采用国内立法的方式减少、消除无国籍现象；国际社会也通过订立国际公约来改善无国籍人的地位，防止与消除无国籍状态。

五、中华人民共和国国籍法

中国国籍立法始于清末，1909 年颁布《大清国籍条例》。中华人民共和国于 1980 年颁布《中华人民共和国国籍法》（以下简称《国籍法》），这部国籍法是在总结中国的传统和现实需要的基础上并参考其他国家的国籍立法和有关国籍问题的国际公约而制定的，对中国国籍的取得、恢复和丧失及中国国籍法的原则等作了规定。

（一）中国国籍法的原则

中国国籍法坚持平等原则。平等原则具体体现为：在国籍的取得、丧失和恢复方面，没有任何民族、宗教歧视；坚持不承认双重国籍原则，《国籍法》第三条规定，"中华人民共和国不承认中国公民具有双重国籍"；坚持避免国籍冲突原则，国籍法为避免产生双重国籍作出规定,并为无国籍者及其子女提供取得中国国籍的条件,如《国籍法》第五条规定,"父母双方或一方为中国国民并定居在外国,本人出生时即具有外国国籍的,不具有中国国籍"。

(二)中国国籍的取得

1. 因出生而取得国籍

适用双系血统为主、出生地为辅的混合原则。具体而言,父母双方或一方为中国公民,本人出生在中国,具有中国国籍。父母无国籍或国籍不明并定居中国,且本人出生在中国的,本人具有中国国籍。本人出生在外国,其父母均为中国公民,或父母一方为中国公民的,本人具有中国国籍。但是,本人在外国出生时即具有外国国籍,并具有下列情形之一的,不具有中国国籍:父母双方为中国公民并均定居在外国;父母一方为外国人,另一方为中国公民并定居在外国;父母双方为中国公民,其中一方定居在外国。[①]

2. 因同化而取得国籍

适用自愿申请与审批相结合的原则。凡愿意遵守中国宪法和法律的外国人和无国籍人,如果属于中国人的近亲属,或有其他正当理由,可申请加入中国国籍;此类申请在国内可向所在地市、县公安局提出,在国外向中国外交代表机关和领事机关提出;未满18周岁的,可由父母或其法定代理人代为申请;此类申请由中国公安部批准,经批准的,由公安部发给入籍证书;获得批准的申请人即取得中国国籍,如本人原为外国人,该人不得再保留外国国籍。

(三)中国国籍的丧失

1. 自动丧失

定居外国的中国公民,自愿加入或取得外国国籍的,即自动丧失中国国籍。

2. 申请退籍

中国公民如属外国人的近亲属,或定居外国,或有其他正当理由,可经申请批准退出中国国籍,获得批准的申请人即丧失中国国籍;但国家工作人员和现役军人不得退出中国国籍。

(四)中国国籍的恢复

曾经有过中国国籍的外国人,如具有正当理由,可以申请恢复中国国籍,获得批准的申请人不得再保留外国国籍。

[①] 《公安部、外交部关于执行〈中华人民共和国国籍法〉第五条规定有关问题的通知》(公境〔2008〕2204号)。

第二节　外国人的法律地位

一、外国人法律地位概述

就一个国家而言,外国人是泛指一切不具有居住国国籍的人,为便于管理,无国籍人也往往归入外国人的范畴。外国人的法律地位是指一国境内的外国人在该国入境、居留和出境时所承受的权利和义务。一般外国人为了从事专业或商业活动,或为了留学,或为了与亲人团聚,或为了定居,或进行各种国际交流与合作,而离开其本国到国外作短期或长久的居留。各国在实践中对一般外国人都给予必要的保护。国际法也因此而形成了保护外国人的法律原则和制度,确定了外国人的法律地位,其实质是确定外国人与所在国之间的权利和义务关系,包括外国人服从所在国的管辖,服从所在国关于外国人入境、居留和出境的管理,享受应享有的待遇等。一国给予外国人何种地位,属一国主权范围内的事情,别国无权干涉。其内容由公认的国际法原则、外国人居留国与外国人的本国共同参加和接受的国际条约和习惯以及居留国的国内法加以规定。

二、外国人入境、居留和出境的管理

按照国际法,一国有权对外国人的入境、居留和出境的管理作出规定。一国是否允许外国人入境,在什么条件下允许外国人入境,对于居留的外国人给予何种待遇,以及对离境的外国人应办理何种手续,属于一国的内政问题,别国无权干涉。

（一）外国人入境的一般原则

根据国家主权原则,一国没有允许外国人入境的一般义务,也没有要求他国允许本国人入境的一般权利。因此,一国除受其承担的有效国际义务的约束,原则上可以自由决定外国人的入境问题。在现代国际社会,各国均在互惠的基础上允许外国人为合法的目的而入境,同时规定入境的条件和程序。实践中,除有关国家的国内法或有关国际条约另有规定外,外国人入境的一般程序是:申请取得所要进入国家的入境签证,在该国入境口岸接受安全、卫生和海关等方面的检查。为了本国的安全和利益,一国有权拒绝某些外国人入境,如某些传染病患者、刑事罪犯等。对于未经许可而进入本国境内的外国人,所在国除非事后赋予其居留权,有权对其采取包括驱逐出境在内的必要处罚。虽然在理论上,一国可以完全拒绝外国人入境,但是事实上,并没有国家把这种权利行使到如此极端的程度。一般的原则是国家对入境的外国人要求有一定的条件。如果一国完全拒绝与该国已经建立外交关系的某一特定国家的国民入境,则

在外交上可以被认为是一种敌对的或至少是对该国不友善的行为。

(二)外国人居留的一般原则

外国人可以根据居留国的法律法令和有关的国际条约或协定的规定,在该国作短期、长期或永久居留。但是,任何外国人没有主张接受国必须准予居留的权利,任何国家也不能主张它的国民有在外国领土内居留的权利。外国人未经请求并获得许可,是不能在一国领土内长期居留的。一国自由决定是否允许外国人在本国居留,并规定居留的条件和手续,例如,可要求外国人事先取得本国的居留许可,在入境后办理居留证件,在获准的地点和期间内居留等。外国人在居留期的权利和义务由居留国的法律规定。按照国际实践,外国人的民事权利,包括人身权、财产权、著作权、发明权、劳动权、受教育权、婚姻家庭权和继承权以及诉讼权等,一般受到居留国的保护,其地位与当地的公民相同。对于非法居留的外国人,所在国有权加以处罚。

(三)外国人出境的一般原则

根据公认的国际法原则,一国不得禁止其境内的外国人合法离境,但在特定情况下,可以限令外国人离境,或将其驱逐出境。各国法律一般规定,外国人出境,必须没有未了结的司法案件或债务、缴清应缴纳的捐税、办理了出境手续。如果外国人的民事纠纷或刑事案件尚未了结,或者债务尚未清偿,或者未付清捐税,即可阻止其出境。合法出境的外国人,可以携带居留国法令允许其带走的合法财产。

三、外国人的待遇

关于外国人待遇的内容,国际法上并无具体规定,除非受条约约束,各国可自行作出决定。但是,各国都应该给予外国人以正常生活所不可缺少的那些权利,如生命和人身安全。作为有关法律的主体资格,享有法律规定和保护的私权利,享有诉讼权。国际实践表明,外国人在所在国一般不享有所在国公民专有的政治权利,例如,没有选举权和被选举权,也没有兵役义务。

一个国家对于合法入境的外国人,不论是暂时的或长期的或永久居住的,都应依法予以保护。但是,就具体事项而言,对外国人的待遇,各国法律的规定和实践不尽相同。另外,由于暂时和短期居住与长期居住不同,各国给予这几种情况的外国人的待遇也不完全相同。外国人的待遇主要是指对长期居住的外国人的待遇,国家可以自由决定给予外国人何种待遇。根据各国的实践,给予外国人的待遇大致有以下几种标准:

(一)国民待遇

国民待遇是国际上关于外国人待遇的最重要的制度之一,其基本含义是指一国以对待本国国民之同样方式对待外国国民,即外国人与本国人享有同等的待遇。传统的国民待遇所涉及的权利义务关系仅局限在民事领域,随着国际经济交往的日益频繁,其内容逐渐延伸到国际投资领域,并成为该领域普遍遵守的基本法则。根据此原则,国家给予外国人的待遇不低于给予本国人的待遇,外国人也不得要求任何高于本国人的待遇。早在1804年的《法国民法典》中就规定了外国人的国民待遇。目前,各国均在互惠的基础上通过国内立法或国际条约确定这一原则。一般而言,国家给予外国人国民待遇是限制在一定的范围内的,一般限于民事权利和诉讼权,外国人一般不享有政治权利。例如,外国人在居留国不享有选举权和被选举权,一般不得担任公职,也不承担服兵役的义务。

从国际实践看,给予外国人的国民待遇是有一定范围的,而不是在一切方面都与本国人的待遇完全相同。首先,国民待遇主要是一种民事权利方面的待遇,不包括所在国公民政治权利中的有些待遇。其次,即使在民事权利方面,也是限于一定范围和程度之内,各国一般在外国人对不动产的取得以及外国人谋求职业或行业上加以限制,例如许多国家规定不准许外国人担任律师。对外国人的民事活动的各种限制是国民待遇的例外,这既是各国的普遍实践,也是国际法所允许的。

(二)最惠国待遇

最惠国待遇是指一国(施惠国)给予某外国(受惠国)的国民的待遇不低于它现在或将来给予任何第三国国民的待遇。最惠国待遇一般是通过条约中的最惠国条款给予的。根据最惠国条款的规定,缔约各方承诺,在条约规定的范围内,给予对方国民或法人的待遇,不低于现时或将来给予任何第三国国民或法人的待遇。最惠国待遇通常也是国家之间在互惠原则的基础上互相给予的。签订最惠国待遇条款后,受惠国可自动取得条款规定的某种优惠和豁免,无须就此再向施惠国履行任何申请手续,而施惠国在缔约前已给予、现在仍然存在的以及将来可能给予第三国的优惠和豁免,应自动给予受惠国。

根据国际条约和国际实践,最惠国待遇主要适用于外国人的经济、贸易和投资活动方面。最惠国待遇的实行也有例外情形。根据各国缔结的有关国际条约以及联合国《关于最惠国条款草案》的规定,归纳起来,以下情形一般不适用最惠国待遇:施惠国给予其邻国的优惠;关税同盟内的优惠及自由贸易区或经济共同体内的优惠;发达国家给予发展中国家的优惠,其他发达国家不得要求这种优惠;国际条约规定的其他不适用的情形。

最惠国待遇实行的结果,使一国境内的受惠国的国民享有与任何第三国国民在同等条件下的同等权利或优惠待遇,避免受到歧视待遇。这对促进国际经济、贸易、投资等具有重要意义。

（三）差别待遇

差别待遇是指在外国人与本国人之间或在不同的外国人之间存在的待遇不同的情况。如果差别待遇不含任何歧视，则国际法是接受的；如果采取歧视性的、不合理的差别待遇，则是违反国际法的。差别待遇具体包括两种情形：

其一，国家给予外国公民与法人的民事权利，在某些方面少于本国公民或法人。如规定某种企业只能由本国人经营，某种职业只能由本国人担任，某种财产只能由本国人拥有等。

其二，对不同国籍的外国公民和法人给予不同的待遇。由于历史、民族、地理等方面的原因，有些国家或国家集团之间的关系更密切一些，因而根据条约或习惯，给予对方国民或法人在某些方面以较优惠的待遇。例如，欧盟国家对成员国的国民或法人和对非成员国的国民或法人的待遇就有一定的差别。相邻国家间在关税、人员往来和边境贸易等方面，也常有一定的优惠待遇。但需要指出的是，合理的差别待遇与因种族、民族、性别的差别待遇性质是不同的，后者是违反国际法原则的歧视性待遇，是应该受到谴责的。

（四）互惠待遇

互惠待遇是指一国给予外国人某种权利、利益或优惠须以该外国人的国籍国给予该国在其境内的国民同等优惠、权利或利益为前提。这项原则旨在避免外国人在本国获得某些片面的权益或优惠。

四、外国人在中国的法律地位

在中国，外国人是指在中国境内的依照中国国籍法不具有中国国籍的人。在管理上，无国籍人也被作为外国人看待。中国《宪法》第三十二条规定，"中华人民共和国保护在中国境内的外国人的合法权利和利益，在中国境内的外国人必须遵守中华人民共和国的法律"；第十八条规定，"在中国境内的外国企业和其他外国经济组织以及中外合资经营的企业，都必须遵守中华人民共和国的法律。他们的合法的权利和利益受中华人民共和国法律的保护"。刑法、民法典、外商投资法、商标法等对外国人包括外国法人的实体权利和义务作了相应规定；刑事诉讼法、民事诉讼法等对外国人的诉讼权利和义务作了相应规定。

根据中国法律及中国缔结或加入的国际条约规定，外国人在华享有的待遇标准主要是国民待遇、最惠国待遇和优惠待遇。关于外国人在华享有国民待遇，中国《民法典》第十二条规定，中华人民共和国领域内的民事活动，适用中华人民共和国法律。据此，《民法典》中所规定的中国公民的民事权利和责任，外国人也同样享受和承担。在中国参加的各类国际公约中，如《保护工业产权巴黎公约》和《商标国际注册马德里协定》,以及中国的专利法、商标法、著作权法等,也都有外国人在华享有国民待遇的规定。在诉讼方面,中国《民事诉讼法》第五条规定,外国人、无国籍人、外国企业和组织在人民法院起诉、应诉,同中华人民共和国公民、法人和其他组织有同等的诉讼权利义务。外国法院对中华人民共和国公民、法人和其他组织的民事诉讼权利加以限制的,中华人民共和国人民法院对该国公民、企业和组织的民事诉讼权利,实行对等原则。中国的《行政诉讼法》《刑事诉讼法》也都有类似的规定。虽然外国人在法律规定的范围内在华享有与中国公民同等的待遇,但中国法律对这种权利也作了若干限制。如外国人不得在中国取得对土地、矿藏、水流、森林、山岭、草原、荒地、滩涂等自然资源的所有权,不得担任中国国家工作人员。

外国人在华享有最惠国待遇主要适用于外国人在华投资、贸易、航运、知识产权保护等方面。这种待遇标准是以中国与外国人国籍国签订互惠的最惠国待遇条款为基础的。例如目前中国在投资方面已与 90 多个国家签订的协定以及与许多国家签订的贸易和通商航海条约或协定中也都规定了互惠的最惠国待遇。

第三节　引渡和庇护

一、引渡

(一)引渡的概念

引渡是指国家根据有关国家的请求,把在其境内而被他国追捕、通缉或判刑的人移交给请求国审判或处罚的国际司法协助行为。引渡的主体是国家。请求引渡的国家可以是犯罪行为发生地国、受害国及犯罪人的国籍国;被请求国是引渡对象所在的国家。现代引渡制度是国际刑事司法协助制度的重要组成部分,是有关国家有效行使管辖权和制裁犯罪的重要保障。根据主权平等原则,一国未经他国同意不得在他国境内行使管辖权。因此,一国如果要对位于他国境内的人进行审判或处罚,就必须首先请求该人所在国将其移交本国。此外,为了有效地制裁犯罪和维护有关国家和个人的合法利益,一国也有必要将在本国境内的但本国不能或不便管辖的罪犯移交给有管辖权的其他国家进行审判和处罚,防止罪犯逃避法律制裁。

(二)引渡的法律依据

引渡主要涉及引渡的义务、条件、程序和效果等问题。国家间引渡罪犯的依据有国内法和国际条约两方面。

从国内法的角度看,引渡的依据是各国的引渡法。有关引渡的国内法分为两类:一是专门规定引渡问题的法律,称为"引渡法";二是含有引渡规定的法律,如宪法、刑法、刑事诉讼法和司法协助法等。这些国内法对本国处理外国的引渡请求及本国向外国提出引渡请求等问题作出不同规定，作为本国处理引渡问题的国内法依据。

从国际法的角度看，引渡的依据是国际条约。有关引渡的国际条约可分为三类：一是双边的引渡条约或含有引渡规定的刑事司法协助条约，这类条约一般会对引渡问题作全面具体的规定，是引渡最主要的国际法依据。二是区域性的引渡公约或多边协定，如1933年《泛美引渡条约》、1981年《美洲国家间引渡条约》、1994年《西非国家经济共同体引渡公约》等等，这类公约或协定通常对引渡问题作全面而具体的规定。三是含有引渡条款的一般性国际公约，这些公约一般会对缔约国关于某种特定罪行的引渡义务等问题作出原则性规定。主要的一般性国际公约有：1948年《防止及惩治灭绝种族罪公约》、1973年《禁止并惩治种族隔离罪行国际公约》、1980年《核材料处罚公约》、1998年《国际刑事法院规约》等。为促进各国在引渡方面的合作，联合国大会于1990年12月14日通过了《引渡示范条约》，供有关国家在缔结或修改引渡条约时参考。

(三)引渡的规则

1. 政治犯不引渡原则

政治犯不引渡原则，是法国资产阶级革命以后，通过西欧一些国家的国内立法和各国间的引渡条约的规定，逐渐形成的一项原则。1793年法国宪法第一百二十条规定，允许给予"为了自由"而从本国逃亡到法国的外国人以庇护。这是关于庇护政治犯的立法的开端，也为政治犯不引渡原则的形成奠定了基础。政治犯不引渡的原则，经过无数个双边条约的认可和多边公约的承认，目前已成为一项得到普遍承认的习惯规则。但是，何谓政治犯，国际上并无统一定义。由于有的政治活动兼犯普通罪行，即所谓相对的或混合的政治犯罪，因此，如何适用这一原则，就存在某些困难。另外，由于国家拥有属地管辖权，被请求国可以决定是否引渡，因而认定一项行为是否是政治犯罪的权力由被请求国所掌握，无疑这也很容易造成对政治犯不引渡原则的滥用，实际上危害了政治犯不引渡原则的真正价值。

尽管各国对政治犯的概念的认识并不统一，但根据现有的条约和国际实践，下述几种罪犯通常不予引渡：政治犯，军事犯，宗教犯。随着国际法的发展，现代国际法还将下述犯罪行为，不论是否具有政治动机或目的，均不视为政治犯：战争罪犯，空中劫持罪犯，犯有灭绝种族及有关行为的罪犯，侵害受国际法保护人员包括外交人员的罪犯等。

2. 引渡的主体

引渡的主体主要是主权国家。引渡是请求国和被请求国之间的国家行为，其包括提出引渡和接受引渡两个方面。

(1)提出引渡请求的一般是具有管辖权的国家。它通常包括三类：罪犯本人所属国、犯罪行为发生国、受害国。上述三类国家分别依据属人管辖权、属地管辖权以及保护性管辖权都可提出引渡请求。

(2)接受引渡请求的国家通常基于以下三种情况加以决定：与被请求国订有引渡条约，共同参加引渡公约或者具有引渡规则的国际公约，出于互惠和对等的考虑。在实践中，除非条约或公约有明确规定，被请求国对于引渡与否、引渡给谁具有自由裁量的权力。有时发生管辖冲突，上述三类具有请求权的国家同时请求引渡同一罪犯，对于这种情况一般国际法中没有规定，通常由被请求国决定把罪犯引渡给何国。而有的国家之间已经订有具体规定。比如1933年《美洲国家间引渡条约》第七条规定：如果有几个国家为同一罪犯请求引渡时，则犯罪发生地国有优先权；如果这个人犯了几项罪行而被请求引渡时，则按被请求国法律，罪行最重的犯罪地国有优先权；如果各罪行被请求国认为同样严重时，则优先权依请求先后而定。

在引渡主体方面还涉及一个问题，即引渡权由谁实行的问题。尽管目前各国规定的引渡程序和具体机构各有差异，但各国均规定引渡只能由中央政府或联邦政府进行，地方政府不得直接与外国进行引渡活动。也有些国家存在独立的司法管辖区之间的移交罪犯的情况，比如，美国各成员邦之间的"州际引渡"。此种引渡的法律根据是该国的宪法，引渡主体是不享有国家主权的成员邦。如中国的香港、澳门等，存在"一国两制"情况下的不同法域之间移交罪犯的"国内引渡合作"，同时还存在独立司法管辖区同外国之间的罪犯引渡问题，使独立司法管辖区成为"准引渡主体"。

3. 引渡的客体

引渡的客体，即引渡的对象，是指引渡双方当事国同意移交的罪犯以及与犯罪有关的物品。传统国际法中，引渡的客体指被请求引渡的罪犯。随着国际关系的发展，"移交与犯罪有关的物品"开始为国际实践接受。1957年《欧洲引渡公约》第二十条、1981年《美洲引渡公约》第十九条都对此做了规定。对于所引渡的罪犯，应具备两方面条件：一是该罪犯的行为属于可引渡罪行，二是该罪犯属于可引渡之人。

可引渡的罪行主要包括战争罪、反和平罪与反人类罪、灭绝种族罪和种族隔离罪，对这些国际罪行都有相应的国际条约明确规定不得视为政治犯罪。

可引渡的人可能是请求国国民，也可能是被请求国国民或第三国国民。但是，在当今的国际实践中，大多数国家坚持"本国公民不引渡原则"，即当被请求引渡的人具有本国国籍且处于本国管辖之下时，该国拒绝将其引渡给请求国处罚。这些国家认为自己对本国国民拥有优先管辖权，即使本国公民的犯罪行为是在国外实施的。

(四)引渡的条件和程序

一国除非受其负担的有效国际义务的约束，原则上没有将某人引渡给他国的义务。一国有权根据本国法和本国缔结或参加的有关国际条约所规定的条件来决定是否接受他国的引渡请求。实践中,各国引渡法和有关国际条约规定的引渡条件不尽相同,但一般要求符合两个条件:其一是符合相同原则,即要求引渡对象的行为依请求国和被请求国的法律均构成犯罪,任何一方的法律不认为是犯罪,都不构成引渡的理由。其二是对所控罪行的惩罚达到一定的严重程度,即在符合相同原则的前提下,还要求罪行是应受一定严重程度的处罚的犯罪行为;若引渡旨在执行刑罚,则要求尚未执行的刑期在一定时间以上。这项原则不仅早为各国在引渡实践中实行,而且 1990 年联合国《引渡示范条约》也作了明确规定。①

除有关个人所在国主动提议引渡或引渡对象明示同意被引渡的特殊情况以外,引渡一般要经过如下程序:首先,请求国提出引渡请求。请求国通过外交、领事、行政或司法途径向被请求国提出引渡请求,同时应被请求国要求提供证明引渡对象犯罪行为的有关诉讼文件、法律条文或证明材料。其次,被请求国审查。即由被请求国的有关主管机关(包括司法和行政机关)对引渡请求进行审查,并作出是否给予引渡的决定。最后,执行引渡。一经通知准予引渡,被请求国的有关机关于一定的时间和地点将引渡对象移交请求国。

二、庇护

(一)庇护的概念和根据

庇护是指国家对由于政治原因受迫害或遭追诉的外国人,准其入境和居留并给予保护,拒绝将其引渡给任何外国的行为。庇护包括两方面内容:一是庇护国拒绝将被庇护者引渡给其他任何国家;二是庇护国给予被庇护者以法律上的保护。

庇护以国家的属地优越权为依据,是国家以其属地优越权为依据而派生出的权利,是国家主权的具体体现。因此,对请求庇护的外国人是否给予庇护,由庇护国自主决定。应当注意到,庇护权不是个人权利,任何人不能强迫其他国家必须接受对其庇护的请求。

庇护的主要根据是国内立法,通常在宪法或相关法律中加以规定,比如 1946 年法国宪法、1947 年保加利亚宪法都作了此类规定。在国际法方面,1967 年 12 月 11 日联合国大会通过的《领土庇护宣言》规定了关于庇护的一般原则;一些区域性的公约,如 1928 年《美洲国家关于庇护的公约》和 1933 年《美洲国家间关于政治庇护权的公约》等也有类似的规定。

---

① 王铁崖、田如萱:《国际法资料选编》(续编),法律出版社 1993 年版,第 264 页。

(二)庇护的对象

庇护的对象主要是因政治原因遭受追捕或迫害的人,所以庇护也叫政治避难。对于受庇护人是否因政治原因,其性质的判定权属于庇护国。联合国《领土庇护宣言》第一条第三款规定:"庇护之给予有无理由,应由给予庇护之国酌定之。"从国际实践看,各国庇护不局限于政治犯,通常庇护的对象大于政治犯的范围。普通刑事罪犯和公认的国际罪行不在庇护之列。对此,联合国《领土庇护宣言》第一条明确规定:"凡有重大理由可认为犯有国际文书设有专条加以规定之危害和平罪、战争罪或危害人类罪之人,不得援引请求及享受庇护之权利。"

获得庇护的外国人的法律地位等同于一般外国人。受庇护的外国人在庇护国享有合法的居留权,他们的地位与一般外国人相同,要服从居留国的属地管辖,享有与一般外国人相同的待遇,但他们与外国人又不完全相同。一方面,由于他们是因政治原因遭受其本国的追诉或迫害而到他国避难的,他们与其本国实质上断绝了联系。因此,在避难期间拒绝本国的召唤和服兵役义务。庇护国不将其引渡或驱逐。另一方面,他应遵守庇护国的法律、规章,不得参与庇护国的政治活动,也不得在该国从事反对他国的活动。庇护国有义务对受庇护人的活动加以必要的监督或限制,不致使本国领土成为受庇护人反对别国的政治活动的基地。《领土庇护宣言》第四条规定:"给予庇护之国家不得准许享受庇护之人从事违反联合国宗旨与原则之活动。"

(三)域外庇护问题

如前所述,国家基于其属地优越权,有权在自己的领土内庇护因政治原因遭到外国追诉或迫害的外国人,这就已明确了国家庇护权的行使只能在自己的领域内。国际法不承认国家在其领域外庇护外国人的权利,如不得在一国驻外的使馆、领馆庇护政治避难者。这是因为国家在驻外国机构行使庇护权有悖于这些机构的职务,也是对驻在国属地优越权的侵犯。

三、中国关于引渡和庇护的实践

(一)中国关于引渡的实践

中国在司法实践中对外逃的罪犯和犯罪的外国人多通过与有关国家间的友好合作,采取遣返方式达到相互引渡罪犯的目的,即不通过外交途径,而是由两国警方合作,将罪犯驱逐出境后进行移交。例如,1989年12月16日,中国公民张振海将飞机劫持到日本,中国政府向日本政府提出引渡要求,张振海提出政治避难申请,1990年4月,日本认定劫持国航波音747客机到日本福冈的罪犯张振海不属于政治犯,在中方根据对等原则承诺在今后的类似案件中向日方提供帮助的情况下,将张振海引渡回国。后来中国陆续加入了一些含有司法合作条款的国际公约,据以承担相应的司法协助和引渡的国际义务,如《维也纳领事关系公约》《关于非法劫持航空器的公约》《反对劫持国际人质公约》等。2000年12月28日,中国颁布了《中华人民共和国引渡法》。该法不仅吸收了各国立法的先进经验,同时考虑到国际通行的原则、规则。该法共分4章55条:第一章总则,包括宗旨、适用范围、互惠原则、主权原则、指定机关及用语等;第二章规定了外国向中国请求,包括引渡的条件、引渡的提出、对引渡的审查等;第三章规定了中国向外国请求引渡;第四章附则,包括中国引渡的决定机关,撤销、放弃引渡请求及其引渡请求错误的赔偿等。对中国和外国之间的引渡问题作了系统的规定,为中国国内有关机关处理中外之间的引渡问题提供了重要的国内法依据。

中国自1993年以来,已和47个国家缔结了引渡条约。2005年11月14日,《中华人民共和国和西班牙王国引渡条约》在马德里正式签署。这是中国与欧美发达国家之间第一个生效的引渡条约,是中国在与发达国家开展引渡国际合作方面的一次历史性突破。该条约规定,"根据请求方法律,被请求引渡人可能因引渡请求所针对的犯罪被判处死刑,除非请求方作出被请求方认为足够的保证不判处死刑,或者在判处死刑的情况下不执行死刑",否则被请求方"应当拒绝引渡"。中国与西班牙引渡条约的签订创造了"死刑犯不引渡"的先例,这个条约模式成为中国和其他欧美发达国家之间引渡条约的一个示范文本。

(二)中国关于庇护的实践

根据国际法,中国对因政治原因而遭到外国迫害或追诉的外国人给予庇护,对犯有破坏和平罪、战争罪、反人道罪等国际条约规定的国际罪行拒绝给予庇护。根据中国与有关国家缔结的双边引渡条约和《中华人民共和国引渡法》的规定,在外国向中国提出引渡请求的情况下,如果中国已经给予被请求引渡人以受庇护的权利,则中国应当拒绝外国的引渡请求。此外,中国既不实行域外庇护,也反对外国在中华人民共和国境内进行境外庇护。实践中,中国曾对一些外国人给予庇护,也曾反对有关国家滥用庇护权庇护中国公民的行为。

思考题

一、问答题

1. 试述各国的实践中给予外国人的待遇的几种标准。
2. 试述中西引渡条约的意义。
3. 引渡的基本原则有哪些?

二、案例分析

2018年12月1日,华为公司副董事长、首席财务官孟晚舟在温哥华被捕。

2018年12月5日,加拿大《环球邮报》援引加拿大司法部发言人的话称,美国已要求引渡孟晚舟,加拿大法院定于当地时间7日就此事举行保释听证会。

2018年12月6日,中国外交部发言人耿爽表示,中方已向美加表明严正立场,要求立即释放被拘押人员。

2018年12月8日,中国外交部副部长乐玉成紧急召见加拿大驻华大使麦家廉,就加方拘押华为公司负责人提出严正交涉和强烈抗议。乐玉成指出,加方以应美方要求为由,将在加拿大温哥华转机的中国公民拘押,严重侵犯中国公民的合法、正当权益,于法不顾,于理不合,于情不容,性质极其恶劣。中方强烈敦促加方立即释放被拘押人员,切实保障当事人的合法、正当权益,否则必将造成严重后果,加方要为此承担全部责任。

2018年12月10日,加拿大不列颠哥伦比亚省高等法院对孟晚舟的保释听证重新举行。

2018年12月11日,中国外交部长王毅发表演讲:对于任何肆意侵害中国公民正当权益的霸凌行径,中方绝不会坐视不管,将全力维护中国公民合法权利,还世间公道正义。同日,加拿大法院作出裁决,批准孟晚舟的保释申请。

2019年1月29日,美国司法部宣布了对华为公司、有关子公司及孟晚舟的指控,并正式向加拿大提出引渡孟晚舟的请求。

2019年3月3日,被加拿大政府拘押的孟晚舟提起对加拿大政府的民事诉讼,指控其"严重侵犯"自己的宪法权利。孟晚舟的诉讼对象还包括加拿大边境服务局以及加拿大皇家骑警。

2019年9月23日上午,孟晚舟引渡案在加拿大不列颠哥伦比亚省高等法院再次开庭审理,孟晚舟当天出庭。

2020年1月6日,多家加拿大媒体转载加通社的报道。报道称,加拿大法律专家呼吁司法部长终结该案。1月20日,加拿大不列颠哥伦比亚省高等法院将再次就孟晚舟案举行听证会。听证会将聚焦"双重犯罪"问题,即美国对孟晚舟的犯罪指控在加拿大是否也是一种犯罪。

2020年5月28日,加拿大不列颠哥伦比亚省高等法院公布了孟晚舟引渡案的第一个判决结果,认定孟晚舟符合"双重犯罪"标准,因而对她的引渡案将继续审理,孟晚舟将留在加拿大参加后期的相关听证,并等待新的审判结果。

《人民日报》报道称:"2020年7月24日上午,加拿大不列颠哥伦比亚省高等法院公开孟晚舟引渡案下一阶段庭审的证据材料。早在5月28日,该法院裁定孟晚舟案的本质是'欺诈罪'。公开证据表明,所谓孟晚舟案,完全是美国炮制的政治案件。汇丰银行参与构陷、恶意做局、拼凑材料、捏造罪证,扮演了极不光彩的角色。孟晚舟是清白的!"[①]

问题:请从国际法角度分析本案。

[①] "孟晚舟事件",百度百科,https://baike.baidu.com/item/%E5%AD%9F%E6%99%9A%E8%88%9F%E4%BA%8B%E4%BB%B6/23192657?fr=aladdin,2021年3月1日访问。

第六章　国际人权法

案例：美英士兵虐待伊拉克战俘

自 2004 年 4 月末以来,美国和英国的媒体相继披露了美英联军的官兵在伊拉克虐待战俘的事件。美国哥伦比亚广播公司于 2004 年 4 月 28 日播放了一组驻伊美军虐待伊拉克战俘的照片。随后以报道小道消息闻名的英国《每日镜报》也在最新一期报纸上刊登了英军士兵虐待伊拉克战俘的照片,并称这组照片是从两名英国人手中得到的,拍摄时间是 2003 年的夏天。照片上的伊拉克战俘有的被长时间毒打,有的手持电线站在木箱上,有的甚至受到人格上的侮辱。美国军方发言人随后表示,虐待伊拉克战俘的美国士兵没有接受有关日内瓦公约的系统培训,负责伊拉克监狱系统的一名美军将军已经被停职,接受调查。而英国军方人士则表态称,英国军方将迅速展开调查,严肃处理此事。

虐待战俘照片在媒体上的公开,就像打开了潘多拉的盒子,迅速引起了国际社会极大的关注。有关美英驻伊士兵虐待伊拉克战俘的消息,就像一枚重磅炸弹,在国际社会引起了轩然大波,在阿拉伯国家随处都能听到愤怒的声音,人们甚至发出了占领者比独裁者更残暴的声音。阿拉伯国家联盟秘书长发言人指责美军虐待战俘的照片令人作呕和震惊,而伊拉克临时管理委员会成员加齐·亚瓦尔要求对涉案人员进行彻底的调查。在欧洲,德国、法国、意大利、爱尔兰和欧盟均作出严厉谴责,联合国秘书长安南也发表声明,对美军虐待、羞辱战俘深感不安,并呼吁美军遵守《国际人权法》。

第一节　概　述

一、人权的概念

(一)人权的定义

"人权,一种新的社会理想已经成功地波及了全球。"[①]人权是被国际社会获得普

[①] [美]科斯塔斯·杜兹纳:《人权的终结》,郭春发译,江苏人民出版社 2002 年版,第 1 页。

遍承认的价值体系和普遍接受的政治与道德观念。人权几乎在当今世界所有国家的宪法中都有所体现。然而至今尚未有关于人权定义的通说。美国学者唐纳利认为,人权是个人仅仅因为其是人而拥有的权利,但人权是一种最终诉求,即人只能在法律或其他方法不能或未能发挥作用时才能求助于人权的保护;同时,人权是道德权利,本质上超过了法律,主要目的是挑战或改变现存实际制度规范,尤其是法律制度。① 著名国际法学者亨金认为,人权是个人在社会中的权利。每一个人都是社会的成员而享有或有资格享有这种权利。《牛津法律大辞典》对人权的定义是:"人权,就是人要求维护或者有时要求阐明的那些应在法律上受到承认和保护的权利,以使每一个人在个性、精神、道德和其他方面的独立获得最充分与最自由的发展。作为权利,它们被认为是生来就有的个人理性、自由意志的产物,而不仅仅是由实在法授予,也不能被实在法所剥夺或取消。"②总的来说,人权可以理解为一个人作为人所享有或应当享有的权利。

首先,人权源于人本身,而非任何其他。人生而为人的身份就是其人权当然的依据,对于任何人而言,其自身即是其人权当然的、唯一的本原。"人权学说离不开权利学和人学这两门学问。"③其次,人权是一种道德权利。道德权利可以表现为法律权利,但它们本身是可以不依赖法律而存在的。"道德权利本身不仅不是法律和政治权利加以增损或取消的,而是确认或批判法定权利的根据。"④因此,法律只是保障人权的手段,而不是人权的来源,法律既不创造人权,也不能剥夺人权。而且,人权的主要目的是向现存的政治法律制度及其实践活动挑战或者改变它们。⑤ 真正意义上的人权诉求是用来反抗相对应的政治和法律制度的。⑥

(二)人权的分类

在国际人权法中,按照不同的标准,有不同的人权分类主张。比如主张依据人权的不同主体,可以分为个人人权、集体人权、民族权利和国家权利;根据国家在各种权利实现中所起的作用,可以分为消极人权和积极人权;根据人权在社会结构中的特殊功能,可以把人权分为公民权利和政治权利以及经济、社会和文化权利;根据人权各项内容在人权体系中的地位和功能,可以将人权分为基本人权和非基本人权。下文将对其中部分的人权分类进行讨论。

1. 三代人权说

---

① [美]杰克·唐纳利:《普遍人权的理论与实践》,王浦劬译,中国社会科学出版社2001年版,第7—12页。转引自肖君拥:《国际人权法讲义》,知识产权出版社2013年版,第14页。
② 白桂梅:《人权法学》(第二版),北京大学出版社2011年版,第1页。
③ 夏勇:《人权概念起源(原版导言)》(修订版),中国政法大学出版社2001年版,第Ⅳ页。
④ 夏勇:《人权概念起源(原版导言)》(修订版),中国政法大学出版社2001年版,第220页。
⑤ [美]杰克·唐纳利:《普遍人权的理论与实践》,王浦劬译,中国社会科学出版社2001年版,第9页。
⑥ 白桂梅:《人权法学》(第二版),北京大学出版社2011年版,第2页。

三代人权说是由联合国和平与人权司前司长卡雷尔·瓦萨克(Karel Vasak)提出的。① 第一代人权是公民权利和政治权利，以自由权为本位，要求国家对人权采取克制态度。第二代人权是经济、社会和文化权利，强调平等权，要求国家积极提供人权的保障条件。第三代人权是社会"连带权"(solidarity rights)，即集体权，强调博爱，主要包括自决权、发展权、自然财富主权、自然与文化遗产权、环境权、和平权，这些权利的实现需要在国内与国际上存在最低限度的社会认同，通过社会中所有参与角色，即个人、公共团体、私有团体和国际社会的共同努力才能实现。

然而，三代人权说也是受到争议的。比如有观点反对将第二代、第三代人权列入人权，认为人权是所有人在任何情况下都拥有的权利，第二代人权只涉及特定的人们而不是全体人类，不具有普遍性、实践性和最高的重要性。② 美国学者杰克·唐纳利认为，"代"的表述是不合适的，生物学上"代"的理解是上一代产生下一代，技术上的"代"是新一代取代上一代技术，而这两种理解在人权上都是不适用，既不能解释为第一代权利产生了第二代和第三代权利，也不能解释为第三代权利取代了第一代和第二代权利。③

需要指出的是，近年来，国内外一些学者提出四代人权说，包括和谐权、美好生活权、数字人权等不同主张，然而其目前都尚属于学理讨论阶段。④

2. 消极权利和积极权利

根据国家在各种权利实现中所起的作用，可以将人权分为消极人权和积极人权。消极权利主要指《公民权利和政治权利国际公约》中的大部分权利。这些权利不要求国家积极行动，而是需要国家克制自己的行为，即不进行干预的不作为。积极人权主要指《经济、社会和文化权利国际公约》中的大部分权利，需要国家积极采取措施才能实现的人权。

消极权利和积极权利的划分也有其不足，一方面，有些权利很难认定为积极或消极权利，另一方面，有些消极权利同样需要国家积极作为才能实现，而有些积极权利仅仅需要国家不介入就能够实现。比如，《公民权利和政治权利国际公约》第十四条第一

---

① [法]卡利尔·瓦萨克:《三十年的斗争:为赋予世界人权宣言法律效力而不懈努力》,《信使》(联合国经济及社会理事会刊物)1977年,第29页。
② Maurice Cranston, Human Rights: Real and Supposed, in D. D. Raphael, *Political Theory and the Rights of MAN*, Indiana University Press, 1967, pp. 43—53. 转引自白桂梅:《人权法学》(第二版),北京大学出版社2011年版,第2页。
③ [美]杰克·唐纳利:《普遍人权的理论与实践》,王浦劬译,中国社会科学出版社2001年版,第170页。
④ 徐显明:《和谐权:第四代人权》,《人权》2006年第2期。张文显:《新时代的人权法理》,《人权》2019年第3期。马长山:《智慧社会背景下的"第四代人权"及其保障》,《中国法学》2019年第5期。Changrok Soh, Daniel Connolly, Seunghyun Nam, *Time for a Fourth Generation of Human Rights*? http://www.unrisd.org/TechAndHumanRights-Soh-et-al, March 1, 2018.

款规定的任何受刑事控告或涉诉应判定其权利义务的人都应当得到一个独立、公正、依法设立的法庭的权利,没有国家的积极介入就不可能实现。人权事务委员会第 31 号一般性意见宣称,《经济、社会和文化权利国际公约》第二条第一款规定的内容从性质上说既是消极的也是积极的。

(三)人权的属性

人权的属性不仅是人权法学基础理论中的重点问题,也是一个具有争议性的问题,包括普遍性与特殊性、超越法律性、权利本位属性的主张①,道德权利、普遍权利与反抗权利的讨论②,普遍性与特殊性、至上性(绝对性)与相对性、相互依赖性与不可分割性的观点③,还有普遍性与特殊性、消极性与积极性、制度性与文化性、规范性与社会性的学说④。下面将主要就人权的普遍性与特殊性、人权的相互依赖性和不可分割性两方面展开阐述。

1. 普遍性与特殊性

"人权是普遍的,它们属于任何社会中的每一个人……人人平等享有人权,平等地受到保护——不分性别、种族和年龄,不分出身贵贱、社会阶级、民族本源、人种或部落隶属,不分贫富、职业、才干、品德、宗教、意识形态或其他信仰。"⑤第一,人权的普遍性表现为价值的普适性。人权的价值在于承认和尊重人的价值和尊严,人权价值的普适性在于国际社会对人权价值的认同,进而对于人权保护义务的普遍接受。第二,人权的普遍性表现为主体的普遍性。《世界人权宣言》第一条规定,人人有资格享受本宣言所载的一切权利和自由。且在措辞上将代表所有人的"human being""people"代替了代表男性的"men"。第三,人权的普遍性表现为内容和标准的普遍性。普遍性人权国际文件,如《世界人权宣言》《公民权利和政治权利国际公约》和《经济、社会和文化权利国际公约》,提供了实现人权保护的标准,是各国应当普遍尊重和遵守的准则。

特殊性主要指两方面:一是特殊的人权主体,比如妇女、儿童等;二是不同国家由于历史、文化传统、宗教、经济发展、政治制度等现实因素而在有关人权保护的标准和表述上的差异性。在理解人权普遍性与特殊性问题上,应当看到人权的特殊性属于人权保障层面和实践技术层面,人权的特殊性并不影响人权的普遍性,相反,人权的特殊

---

① 南京大学法学院组编:《人权法学》,科学出版社 2005 年版,第 26 页。
② 夏勇:《人权概念起源:权利的历史哲学》,中国政法大学出版社 2001 年版,第 169 页。
③ 徐显明:《人权法原理》,中国政法大学出版社 2008 年版,第 98 页;白桂梅:《人权法学》(第二版),北京大学出版社 2011 年版,第 22 页。
④ 汪习根、王琪璟:《论人权属性的多维结构与系统重构》,《暨南学报(哲学社会科学版)》2009 年第 6 期,第 66 页。
⑤ [美]路易斯·亨金:《权利的时代》,信春鹰、吴玉章、李林译,知识产权出版社 1997 年版,第 3 页。

性有助于人权普遍性的充分实现。①

2. 人权的相互依赖性和不可分割性

《世界人权宣言》《公民权利和政治权利国际公约》和《经济、社会和文化权利国际公约》等国际人权文件构建的人权体系是一个不可分割的整体,各种权利相互依存、补充和促进。其中一项权利被剥夺或被限制,也会影响到其他权利的享有。人权的不可分割性也多次在相关国际人权文件中被反复主张和强调。1968 年《德黑兰宣言》第十三条规定,人权及基本自由不容分割。1993 年《维也纳宣言和行动纲领》规定,"一切人权均为普遍、不可分割、相互依赖和相互联系的"。同时,《维也纳宣言和行动纲领》将人权从以前按种类排序的方式更换为按字母排序,分为公民(civil)、文化(cultural)、经济(economic)、政治(political)和社会(social)权利,从形式上打破了各种权利的机械分类。② 因此,人权的相互依赖和不可分割性,不仅反对仅强调公民权利和政治权利而消极对待经济、社会和文化权利,也反对只重视经济、社会和文化权利而否认公民权利和政治权利。

二、国际人权法的概念

国际人权法(international human rights law, international law of human rights),是指关于人权保护的国际法,是旨在促进和保证人的基本权利和自由得到普遍尊重和实现的国际法原则、规则和法律规范的总称。

国际人权法是国际法的一个分支,在法律渊源、效力根据、实施方式等方面具有国际法的本质特征。但是与国际法的其他分支部门相比,国际人权法有着特殊性,主要体现在,国际人权法的调整对象不是国家与国家的关系,而是国家与个人的关系;其内容主要是确认个人和特定群体的权利、确立国家在人权保护方面的法律义务以及设立监督国家履行义务的国际机制。

国际人权法主要包括三个方面的内容:一是国际人权法的形成与适用,包括国际人权习惯的形成、国际人权公约的缔结等;二是国际人权法的实体内容,主要包括个人和群体应当享有的具体权利和国家应当承担的国际法律义务;三是国际人权法的实施,包括国际和国内两个层面的实施机制、实施内容和效果评价。③

---

① 徐显明:《对人权的普遍性与人权文化之解析》,《法学评论》1999 年第 6 期。
② 白桂梅:《人权法学》(第二版),北京大学出版社 2011 年版,第 30 页。
③ 肖君拥:《国际人权法讲义》,知识产权出版社 2013 年版,第 9 页。

第二节 人权的历史发展

人权观念最早萌发于古希腊自然法和自然权利的思想中,人权概念和人权保障制度的形成得益于西方启蒙运动,随后逐步发展确立了现代意义上的人权观念和保障体系。对人权历史发展脉络的梳理,有助于更好理解国际人权保护的内容和其价值所在。

一、人权的萌芽阶段

西方人权思想的萌芽可以追溯到古希腊和古罗马。古希腊政治家梭伦(Solon)废除了债务奴隶制,确立了公民权观念,首开人身解放的先河。克里斯提尼(Kleisthenes)推行选举权制度,实行村庄自治。伯利克里(Pericles)提出权利在民和国家政治生活自由原则。哲学家苏格拉底提出公民有离开所在国家的自由。智者学派的伊壁鸠鲁(Epicurus)强调国家和法律来源于社会契约,个人价值先于国家,如果国家无益于个人幸福,个人就没有服从的义务。[①] 斯多葛学派学者芝诺(Zeno of Elea)认为,人类在自然法面前具有平等的地位和权利。克吕西波(Chrysippus)进一步提出了人类平等观念,他认为正当的理性是普遍的自然法则,在自然法面前人们生而平等。随着古希腊城邦的解体,古罗马私法文化中个人本位主义取代了城邦集体主义,古罗马的不断扩张又进一步促成了世界主义、世界公民权思想的形成。斯多葛学派学者西塞罗(Cicero)主张,在种类上,人与人没有区别;尽管在知识、采茶、种族、国别等方面人们是不平等的,但是都具有理性,能够学习和思考,有共同的心理素质,这是人所具有的共同本性。[②] 罗马法学论证了人类共同权利观念、人身权、财产权和公民权等,使个人自由和私人平等成为罗马法的基本原则。

1215 年,英王签署《大宪章》(Magna Carta),又称《自由大宪章》,对王权进行一定的限制,给予教会、贵族和骑士各种权利,包括政治权利、司法自由和公正审判权,还规定了财产权、家庭、妇女和儿童的权利,其被称为第一个"人权宣言"的文件。《大宪章》是英国自由的基石,为之后公民权利、自由和法治提供了法律依据。同时,《大宪章》还具有深远的影响。美国学者黑兹尔廷(Hazeltine)提出,权利法案坚持了英国人体现

[①] 北京大学哲学系外国哲学史教研室编译:《西方古典哲学原著选辑:古希腊罗马哲学》,商务印书馆 1982 年版,第 348 页。

[②] Cicero, On the Republic. On the Laws, Translated by Clinton W. Keyes, The Loeb Classical Library 213, 1928.

在《大宪章》中的基本权利,美国宪法中的权利法案可以追溯到英国《大宪章》。①

14 世纪兴起的欧洲文艺复兴开始强调人的价值,要求以人为中心,强调人的尊严和价值。"文艺复兴三杰"之一但丁提出了近代意义上的人权概念,即"帝国的基石是人权","帝国不能做任何违反人权的事。"②他认为好的国家应当以自由为宗旨,在这样的国家,人们是为了自己而生存,执政官是为了公民幸福而存在。至此,从古希腊、古罗马至文艺复兴,提出了天赋人权、自然人权、人人平等和自由等人权观念,为近代人权理论的形成和发展提供了可能和基础。

二、人权的形成时期

严格意义上,人权作为一个普遍性的政治理论概念的提出是在17、18世纪资产阶级革命时期。英国首先确立了近代保障人权的法律制度,从《大宪章》(Magna Carta)开始,到 17 世纪四大宪法性人权文件即《权利请愿书》《人身保护法》《权利法案》和《王位继承法》,英国成为世界近现代人权的起源地。"用法律宣告王权彻底失败,这在人类历史上还是第一次。由此,昔日在王权束缚下的人们逐步地、一点一滴地获得自由,先是人身的,再是政治的,最后是全面的,这就成了英国设定人权体系的传统。"③在这一时期,涌现出霍布斯、洛克等启蒙思想家,他们关于自然权利、天赋人权、平等权利、自由等问题的论述,形成了系统的理论思想,对美国革命时期的人权法思想和法律制度产生了直接的影响。

美国 1776 年《独立宣言》(The Declaration of Independence)继承并发展了洛克的天赋人权学说,宣称人人生而平等,人民享有不可剥夺的天赋人权,包括生命权、自由权和追求幸福的权利,在人类历史上第一次明确阐述人的权利,写入天赋人权,成为人类历史上"第一个人权宣言"。美国的启蒙思想家代表人物包括华盛顿、富兰克林、杰斐逊和潘恩。其中潘恩(Thomas Paine)强调天赋自由平等的自然权利观。潘恩认为,"自然权利是人生存方面所具有的权利。其中包括智能上的权利、思想上的权利和不妨害别人的天赋权利而为个人自己谋求安乐的权利"④。潘恩认为,所有人都是平等的,"在宇宙万物的体系中,人类本来是平等的"⑤。

法国 1789 年《人权和公民权宣言》以法律的形式确立了"人身自由,权利平等"的

---

① Harold Dexter Hazeltine. *The Influence of Magna Carta on American Constitutional Development*, The University Press, 1917, p. 214.
② [意]但丁:《论世界帝国》,朱虹译,商务印书馆 1985 年版,第 76 页。
③ 肖君拥:《国际人权法讲义》,知识产权出版社 2013 年版,第 58 页。
④ [美]托马斯·潘恩:《潘恩选集》,马清槐译,商务印书馆 1982 年版,第 142 页。
⑤ [美]托马斯·潘恩:《潘恩选集》,马清槐译,商务印书馆 1982 年版,第 9 页。

原则。《人权和公民权宣言》全文除序言外共17条,核心内容是人权和法治。《人权和公民权宣言》规定人生来是而且始终是自由平等的;享有自由、财产、安全和反抗压迫的权利,自由包括言论、出版和著述自由;明确自由权利的边界、国与民的应然关系;承认法律不溯及既往和无罪推定的原则。《人权和公民权宣言》被载入1791年法国宪法的序言部分,天赋人权第一次被写入国家宪法。与《权利法案》和《独立宣言》相比较,《人权和公民权宣言》更具有普遍性和根本性的意义。法国出现一大批杰出的思想家和哲学家,包括伏尔泰、卢梭和孟德斯鸠,倡导"自由""民主"和"法的精神"。伏尔泰主张自然权利说,主张人们本质上是平等的。孟德斯鸠主张用司法、立法、行政的三权分立来限制君权,保障人民的政治自由和生命财产。卢梭认为在国家中,每个人具有双重身份,即国家主人和国家公民,前者使之有权享有管理国家的政治权利,后者使之有权受到国家的保护。其中,财产是政治社会的真正基础,是公民订约的真正保障。[1]财产权是所有公民权中最神圣的权利,它在某些方面,甚至比自由还重要。[2]

三、人权开始进入近代国际法

在第二次世界大战之前,人权问题被普遍视为国家管辖范围内的事项,因此,在近代国际法中,人权保护没有形成公认的国际法原则,国际社会对人权的保护仅限于人权的个别领域,在国际法中也不存在成体系的人权规范。但是国际社会在禁止奴隶制、劳工保护、少数者保护方面也作出了努力。

近代国际法涉及人权保护的内容主要包括禁止奴隶制和奴隶贸易、人道主义干涉、国际人道法、国际劳工的保护、对少数者的保护和委任统治等。

(一)禁止奴隶制和奴隶贸易

废除奴隶贩卖和奴隶制主要体现在一些双边和多边条约中,如1841年《制止非洲奴隶贸易条约》、1885年《柏林公约》、1890年《布鲁塞尔公约》、1919年《圣日耳曼公约》和1926年《禁奴公约》。[3]《禁奴公约》第四条规定:"缔约各国应相互支援,以便实现消灭奴隶制和奴隶的贩卖。"

(二)人道主义干涉

尽管西方学者大多认为第一次世界大战前的人道主义干涉可以视为早期国际人

---

[1] [法]卢梭:《社会契约论》,何兆武译,商务印书馆1980年版,第31页。
[2] [法]卢梭:《社会契约论》,何兆武译,商务印书馆1980年版,第25页。
[3] V. Nanda, M. C. Bassiouni, "*Slavery and the Slave Trade: Steps towards Eradication*", 12 Santa Clara Law Review, 1972, p. 424. 联合国公约与宣言检索系统,《禁奴公约》, https://www.un.org/zh/documents/treaty/files/OHCHR-1926.shtml, 2021年2月21日访问。

权法的内容,但是人道主义干涉具有一定的争议性,并且其范围和内容都存在模糊性。①

(三)国际人道法

国际人道法对人权的保护体现在战争期间对战争方法和手段的限制、战俘待遇、战争中伤病员与平民的保护等问题。相关国际条约主要包括1864年《日内瓦公约》、1868年《圣彼得堡宣言》、1899年《海牙公约》。②

(四)国际劳工保护

国际劳工组织自1919年成立以后,通过了一系列劳工保护国际条约,如1930年《强迫劳动公约》,禁止各国政府迫使其公民从事强迫或强制劳动。

(五)对少数者的保护

少数者权利保护问题在第一次世界大战之后日益突出,在国际联盟的努力下,战后形成了约14个保护少数者权利的条约③,国际联盟监督这些条款的实施,并接受关于条款的申诉。④ 常设国际法院在"阿尔巴尼亚少数群体学校案"咨询意见中认为保护少数者权利有两个目的,一是确保少数者群体在种族、宗教和语言上能够与该国其他公民处于平等地位,二是确保为少数者群体保护其种族特征、传统和民族特性提供适合的方法。这两个目的相辅相成,如果第二个目的不能实现,就没有真正的平等可言。⑤

(六)委任统治

1919年通过的《国际联盟盟约》第二十二条设立了委任统治制度,要求托管国对"尚不能自立于现代世界之艰难情势中"殖民地人民保障良心和宗教自由,并设立一个常设委任统治委员会,授权接受和审查委任统治地居民的请愿书。⑥ 第二十三条规定了对有关领土上的当地居民的公正待遇。委任统治被称为"文明的神圣委托"(a sacred trust of civilization)。⑦

---

① Thomas Buergenthal, *International Human Rights in a Nutshell*, 4th ed., West Group, 2009, p. 3. M. N. Shaw, International Law, 6th ed., Cambridge University Press, 2008, p. 271.
② [荷]弗里茨·卡尔斯霍芬、利斯贝特·泽格费尔德:《国际人道法概论——对战争的限制》(第四版),姜波、王芳译,北京大学出版社2015年版,第7—11页。
③ Partrick Thornberry, *International Law and the Right of Minorities*, Clarendon Press, 1991, p. 41—42.
④ Mary Gardiner Jones, National Minorities: A Case Study in International Protection, *Law and Contemporary Problems*, 1949, 14(4), p. 599. 转引自 M. N. Shaw, International Law, 6th ed., Cambridge University Press, 2008, p. 272.
⑤ Minority Schools in Albania (1935), PCIJ Ser. A/B, No. 64. https://www.icj-cij.org/public/files/permanent-court-of-international-justice/serie_AB/AB_64/01_Ecoles_minoritaires_Avis_consultatif.pdf.
⑥ Carl Aage: Norgaard, *The Position of the Individual in International Law*, Springer, 1964, p. 109. 转引自[英]伊恩·布朗利:《国际公法原理》,曾令良、余敏友译,法律出版社2007年版,第500页。
⑦ ICJ Reports (1950), 128 at 132.

四、国际人权法的正式确立和发展

第二次世界大战之后,国际社会开始深刻反思对人的尊严的尊重、自由的保护与世界和平、发展之间的关系,人权问题受到国际社会的普遍关注,人权保护在国际法领域得以正式确立和发展起来。国际人权法作为国际法的一个分支也是在第二次世界大战以后确立和发展起来的。

1945 年《联合国宪章》首次将人权条款写入一个普遍性国际条约中,保护人权正式确立为国际法的一项重要原则。《联合国宪章》在其序言中明确,"欲免后世再遭今代人类两度身历惨不堪言之战祸,重申基本人权,人格尊严与价值,以及男女与大小各国平等权利之信念"。① 第一条第三款规定,"促成国际合作,以及国际间属于经济、社会、文化及人类福利性质之国际问题,且不分种族、性别、语言或宗教,增进并激励对于全体人类之人权及基本自由之尊重",作为联合国的基本宗旨之一。《联合国宪章》中的人权条款构成了国际人权法的法律基础,从此国际人权问题开始广泛进入国际法领域。继《联合国宪章》之后,联合国制定和通过了一系列关于人权的国际文件,其中 1948 年《世界人权宣言》、1966 年《经济、社会、文化权利国际公约》和《公民权利和政治权利国际公约》及其两个任择议定书被统称为"国际人权宪章",它是国际人权法发展中重要的里程碑,也标志着国际人权法体系的初步形成。之后的各专门性国际人权公约和区域人权公约的制定和通过进一步促进了国际人权法的丰富和发展。

第三节 人权保护的主要国际公约

在联合国体系下,国际社会通过了一系列人权公约、人权法律文件,确立为国际人权法的重要渊源,为国际人权保护提供最主要的法律依据,明确国家在人权方面的国际法律权利与义务,为人权领域设置了广泛的保护和实施规范,包括《联合国宪章》《世界人权宣言》《经济、社会和文化权利国际公约》和《公民权利和政治权利国际公约》等普遍性人权公约或法律文件。此外,国际人权保护公约还包括一些专门性国际人权公约和区域性国际人权公约。专门性国际人权公约包括《废止奴隶制、奴隶贩卖及类似奴隶制之制度与习俗补充公约》《防止并惩治灭绝种族罪公约》《消除一切形式种族歧视国际公约》《禁止并惩治种族隔离罪行的国际公约》《妇女政治权利公约》《消除对妇

---

① 《联合国旧金山国际组织会议文件》第三卷,1945 年,第 19 页。《联合国宪章》,https://www.un.org/zh/sections/un-charter/preamble/index.html。

女一切形式歧视公约》《反酷刑公约》《儿童权利公约》《保护所有移徙工人及其家庭成员权利国际公约》《残疾人权利公约》《保护所有人免遭强迫失踪国际公约》等。这些专门性国际人权公约对特定的人权保护提供了依据,推动了国际人权保护的进一步发展。区域性国际人权公约主要包括《欧洲保护人权和基本自由公约》《欧洲社会宪章》《美洲人权公约》《美洲人权公约经济、社会和文化权利附加议定书》《非洲人权和民族权利宪章》《非洲儿童权利与福利宪章》《非洲人权和人民权利宪章关于非洲妇女权利的议定书》。本节主要介绍《联合国宪章》中的人权条款和"国际人权宪章"。

一、《联合国宪章》中有关人权保护的规定

《联合国宪章》在其序言中"重申基本人权,人格尊严与价值,以及男女与大小各国平等权利之信念",在第一条中明确其宗旨之一为"发展国际间以尊重人民平等权利及自决原则为根据之友好关系","促进并激励对于全体人类之人权及基本自由之尊重"。为达成上述宗旨,第十三条第一款规定联合国大会应发动研究,并作成建议以助成全体人类之人权及基本自由之实现。第五十五条规定,联合国应促进"全体人类之人权及基本自由之普遍尊重与遵守,不分种族、性别、语言或宗教"。为达成第五十五条规定的内容,第五十六条指出,"各会员国担允(pledge)采取共同及个别行动与联合国合作"。同时,根据第六十二条的规定,经济和社会理事会有权为增进全体人类的人权和基本自由的尊重和遵守而作出建议案。[①] 第六十八条规定,经济和社会理事会应设立经济与社会部门及以提倡人权为目的之各种委员会,并得设立于行使职务所必需之其他委员会。联合国人权委员会(Commission on Human Rights)[②]和联合国妇女地位委员会即以该条款为依据于1946年成立。另外,《联合国宪章》第七十三条和第七十六条以托管制度取代委任统治制度,规定承认以被托管领土居民福利为至上的原则,不分种族、性别、语言或宗教,提倡全体人类之人权及基本自由的尊重。

《联合国宪章》并不是专门的人权保护国际公约,只是对人权作出一般性的规定,没有关于界定人权的概念,也没有规定人权保护的具体措施、保护对象和保障机制,但是《联合国宪章》人权条款的意义重大,人权条款为国际人权保护机制的确立奠定了法律基础,为联合国系统内之后通过有关人权和基本自由方面的宣言、建议、公约及决议等国际文件提供了法律依据。

[①] 《联合国宪章》,https://www.un.org/zh/sections/un-charter/preamble/index.html。
[②] 根据第60届联合国大会通过的第60/251号决议,人权委员会于2006年被人权理事会(Human Rights Council)所取代。

二、《世界人权宣言》

1948 年 12 月 10 日,联合国大会以 48 票赞成、0 票反对、8 票弃权的结果正式通过了《世界人权宣言》(*The Universal Declaration of Human Rights*)。12 月 10 日这一天因此被联合国定为世界人权日。

《世界人权宣言》由序言和 30 个条文组成。序言指出,"鉴于各联合国国家的人民已在联合国宪章中重申他们对基本人权、人格尊严和价值以及男女平等权利的信念,并决心促成较大自由中的社会进步和生活水平的改善……大会发布这一世界人权宣言,作为所有人民和所有国家努力实现的共同标准……使这些权利和自由在各会员国本身人民及在其管辖下领土的人民中得到普遍和有效的承认和遵行"。《世界人权宣言》一方面重申人权保护在《联合国宪章》中的地位,另一方面也表明宣言并非是创设有法律拘束力的义务,而是确立努力实现的共同标准,对宪章中人权保护具体内容作出解释。

《世界人权宣言》第一条阐述人权基本理念,"人人生而自由,在尊严和权利上一律平等"也体现了近代以来西方人权理论的前提,即天赋人权说。第二条规定人人平等,反对一切形式的歧视,包括种族、肤色、性别、语言、宗教、政治或其他见解、国籍或社会出身、财产、出生或其他身份、所属国家或领土的地位。第三条到第二十七条列举了具体的公民权利。其中第三条到第五条规定了生命、自由和人身安全,禁止奴隶、奴役和奴隶买卖,免于酷刑、残忍、不人道或侮辱性的待遇或刑罚;第六条到第十一条对司法权利作出规定,包括被承认为法律上主体的权利,法律面前平等并受法律平等保护的权利,司法救济的权利,不受任意逮捕、拘禁和放逐的权利,公正公开审判的权利,无罪推定、免于刑事追溯和罪刑法定;第十二条到第十七条规定了私生活、家庭、住宅和通信免受任意干涉的权利以及荣誉和名誉免受攻击的权利,自由迁徙和居住以及出境和返回国家的权利,寻求庇护权,国籍权,婚姻和家庭自由权,财产权;第十八条到第二十一条是一些政治权利的规定,包括思想、良心和宗教自由的权利,发表意见的自由,和平集会和结社的自由,参加本国公务和自由选举的权利;第二十二条到第二十七条规定了社会保障权,工作权、自由择业权、同工同酬权、公正报酬权、组织和参加工会的权利,休息和闲暇权,维持本人和家属的健康和福利所需的生活水准以及母亲和儿童特别照顾权,受教育权,自由参加文化生活、享受艺术科学进步福利、科学文化创作成果权。第二十八条到第三十条是关于实现上述权利和自由的条件规定。第二十八条要求各国和国际社会实现保障上述权利和自由的国内、国际秩序。第二十九条是规定了个人在行使权利和自由时受到的限制性条件,包括对社会负有义务,尊重他人的权利和自由,尊重民主社会中因道德、公共秩序和普遍福利正当需要的法律限制,不得违背联合国的宗旨和原则。第三十条再次重申"本宣言任何条文,不得解释为默许任何国家、集团或个人有权进行任何旨在破坏本宣言所载的任何权利和自由的活动或行为"。

《世界人权宣言》是作为联合国大会决议被通过的,严格来说,其本身不具有法律拘束力。① 但《世界人权宣言》的通过具有重大的意义。《世界人权宣言》是第一个系统提出尊重和保护基本人权的国际文件,对第二次世界大战后人权的国际保护起到了深远的影响。《世界人权宣言》采取列举的方式阐述了法律意义上的人权概念,将人权确定为由公民权利、政治权利、经济权利、社会权利和文化权利共同组成的不可分割的权利。《世界人权宣言》被看作对《联合国宪章》人权条款的一个权威性解释,为所有国家和所有人民提出了努力实现的共同标准,同时,宣言的条款经常被联合国的决议援引,成为国际人权立法和很多国家宪法的重要依据和国际习惯法的重要组成部分。《世界人权宣言》为人类文明开创了国际人权制度的新篇章。

三、联合国国际人权两公约

联合国国际人权两公约是指 1966 年 12 月 16 日联合国大会通过的《公民权利和政治权利国际公约》(*International Covenant on Civil and Political Rights*)和《经济、社会、文化权利国际公约》(*International Covenant on Economic, Social and Cultural Rights*)。自 1948 年《世界人权宣言》通过后,联合国人权委员会根据 1952 年第六届联合国大会决议,分别起草《公民权利和政治权利国际公约》和《经济、社会、文化权利国际公约》,将《世界人权宣言》的承诺转化为对缔约国有法律拘束力的国际公约,并制定履行公约的执行程序和制度。《公民权利和政治权利国际公约》和《经济、社会、文化权利国际公约》于 1966 年 12 月 16 日经联合国大会通过,1976 年正式生效。截至 2021 年 2 月,《公民权利和政治权利国际公约》共有 173 个缔约国。② 中国于 1998 年 10 月 5 日签署该公约,尚待批准。其中,该公约适用于中国香港特别行政区和澳门特别行政区。《经济、社会、文化权利国际公约》共有 171 个缔约国。③ 中国于 2001 年 3 月交存批准书。

(一)《公民权利和政治权利国际公约》

《公民权利和政治权利国际公约》除序言以外,分为六部分,共 53 个条文。第一部

---

① 有观点认为《世界人权宣言》已经成为国际习惯法或经由嗣后实践对《联合国宪章》的解释而具有拘束力。比如英国外交部在 1991 年发布的"外交政策中的人权"中认为,尽管宣言本身并没有法律拘束力,但是现在可以说其中很多内容已经构成了习惯国际法的一部分。UKMIL, 62 BYIL, 1991, p.592. 转引自 Malcolm N. Shaw, *International Law*, 6th ed., Cambridge University Press, 2008, p.279.

② International Covenant on Civil and Political Rights, United Nations Treaty Collection, https://treaties.un.org/pages/ViewDetails.aspx?src=TREATY&mtdsg_no=IV-4&chapter=4&clang=_en.

③ International Covenant on Economic, Social and Cultural Rights, https://treaties.un.org/pages/ViewDetails.aspx?src=TREATY&mtdsg_no=IV-3&chapter=4&clang=_en#6.

分仅 1 条,规定了民族自决权;第二部分共 4 条,规定了当事国的一般义务;第三部分(第六条到第二十七条)是公约的核心,列举各项实质性权利;第四部分共 18 条,规定了国际执行和监督机制,主要是关于设置人权事务委员会(Human Rights Committee)的具体规定;第五部分共 2 条,规定公约内容与《联合国宪章》和各专门机构的规定之间的关系以及公约规定和国家经济主权间的关系;第六部分(第四十八条到第五十三条)是关于公约的批准、生效等的最后条款。

公约序言部分指出,"本盟约缔约国,鉴于依据联合国宪章揭示之原则……确认依据世界人权宣言之昭示,唯有创造环境,使人人除享有经济社会文化权利而外,并得享受公民及政治权利,始克实现自由人类享受公民及政治自由无所恐惧不虞匮乏之理想……"序言一方面明确该公约的制定依据为《联合国宪章》和《世界人权宣言》,另一方面确认经济、社会、文化权利和公民及政治权利具有同等重要的地位。

第一部分仅包括第一条,规定了民族自决权以及所有民族有自由处置天然财富及资源的权利。该条规定是第一次在一般国际人权公约中确认集体性权利。

第二部分第二条确认人权的普遍和平等原则,规定缔约国在立法和提供救济方面的义务。第三条规定男女权利一律平等。第四条规定了国家义务克减的条件、范围和程序,即"在社会紧急状态威胁到国家的生命并经正式宣布时,本公约缔约国得采取措施克减其在本公约下所承担的义务,但克减的程度以紧急情势所严格需要者为限,此等措施并不得与它根据国际法所负有的其他义务相矛盾,且不得包括纯粹基于种族、肤色、性别、语言、宗教或社会出身的理由的歧视"。不过,无论如何,根据同条第二款的规定,有七种基本权利是不得克减的,它们是:生命权,免于酷刑、残忍和不人道待遇的自由,免于奴役和强迫劳动的自由,免于因债务而被监禁的自由,禁止刑法的溯及效力,法律前的人格权,思想、良心和宗教自由。第五条类似《世界人权宣言》第三十条的内容,防止条约解释或冲突性规定限制公约确认的权利。

第三部分规定应受保护的人权包括:生命权,18 岁以下的人和孕妇免于执行死刑的权利(第六条);免于酷刑和不人道待遇的自由,免于非自愿同意的医学或科学试验(第七条);禁止奴隶制和奴役,免于强迫或强制劳役(第八条);人身自由和安全权,被逮捕者的被告知权,提起诉讼权,被非法逮捕或拘禁者获得赔偿权(第九条);被剥夺自由者享有人道待遇权,少年犯分别羁押和适当待遇的权利(第十条);免于因债务而被监禁的自由(第十一条);迁徙自由,自由离境权,进入本国权(第十二条);外国人免于非法驱逐的自由(第十三条);公正审判权,无罪推定权,受刑事指控者的知情权、辩护权、获得法律援助权等(第十四条);禁止刑法的溯及效力(第十五条);法律前的人格权(第十六条);私生活、家庭、住宅、通信自由权(第十七条);思想、信念和宗教自由(第十八条);自由发表意见权(第十九条);禁止鼓吹战争的宣传或煽动民族、种族或宗教仇恨(第二十条);和平集会权(第二十一条);自由结社权(第二十二条);婚姻和成立家庭权(第二十三条);儿童享受保护权,国籍权(第二十四条);参政权,选举权(第二十五条);法律面前平等并受法律保护权(第二十六条);保护人种、宗教或语言少数者的权利(第二十七条)。

第四部分第二十八条至第四十五条设立了条约的监督机构为人权事务委员会,并规定了委员会的相关职能和程序。委员会有权接受并审议缔约国有关执行本公约规定的情况报告,即缔约国报告制度;在缔约国声明承认的前提下,委员会还可以接受和审议一缔约国指称另一缔约国不履行本盟约义务的来文,以斡旋或缔约国同意的情形下指派专设和解委员会解决问题。

第五部分第四十六条至第四十七条规定本公约的解释,不得损害《联合国宪章》、联合国机构及所有民族享受天然财富和资源的权利。

第六部分为杂项,规定了条约的批准、加入、适用范围、生效日期、修改、通知、存档等问题。

1966 年联合国在通过《公民权利和政治权利国际公约》的同时,还通过了《公民权利和政治权利国际公约任择议定书》,即《第一任择议定书》。该议定书规定了个人申诉制度,人权事务委员会有权接受并审查该国管辖下的个人向委员会提交的指称该国侵害其公约权利的来文,即个人来文程序(individual communications procedure)。[①] 1989 年联合国大会通过了《旨在废除死刑的公民权利和政治权利国际公约第二项任择议定书》。议定书规定,缔约国管辖范围内任何人不得被处死刑,此种权利不能克减。[②]

(二)《经济、社会和文化权利国际公约》

《经济、社会和文化权利国际公约》共 31 条,分为序言和五个部分。第一部分仅 1 条,规定了民族自决权。第二部分共 4 条,规定了缔约国的一般义务。第三部分共 10 条,是公约的核心,列举了各项实质性权利。第四部分共 10 条,规定了国际执行和监督机制。第五部分共 6 条,是关于公约的批准、生效等最后条款。[③]

与《公民权利和政治权利国际公约》一样,序言重申了"本盟约缔约国,鉴于依据联合国宪章揭示之原则……确认依据世界人权宣言之昭示,唯有创造环境,使人人除享有公民及政治权利而外,并得享受经济社会文化权利,始克实现自由人类享受公民及

[①] 《公民权利及政治权利国际公约任择议定书》,https://www.un.org/zh/documents/treaty/files/A-RES-2200-XXI-2-1.shtml.

[②] 《旨在废除死刑的公民权利及政治权利国际公约第二项任择议定书》,https://www.un.org/zh/documents/treaty/files/A-RES-44-128.shtml.

[③] 《经济、社会和文化权利国际公约》,https://www.un.org/zh/documents/treaty/files/A-RES-2200-XXI.shtml.

政治自由无所恐惧不虞匮乏之理想……促进人权及自由之普遍尊重及遵守"。

第一部分第一条的行文和《公民权利和政治权利国际公约》完全一致。

第二部分第二条至第五条,在行文上,部分条款与《公民权利和政治权利国际公约》是相同的,比如第三条"男女平等"和第五条。但是,在缔约国义务和权利克减问题上,该公约的规定区别于《公民权利和政治权利国际公约》,对缔约国规定了更为宽松的义务履行标准。其中第二条允许发展中国家可以决定保证非本国国民享受公约确认的经济权利的程度,第四条规定"缔约国确认人民享受国家遵照本盟约规定所赋予之权利时,国家对此类权利仅得加以法律明定之限制,又其所定限制以与此类权利之性质不相抵触为准,且加以限制之唯一目的应在增进民主社会之公共福利",相当于公约允许缔约国对经济、社会和文化权利予以克减和限制。

第三部分第六条至第十五条规定的经济、社会和文化权利包括:工作权,获得工作机会谋生的权利(第六条);公正和良好的工作条件权,获得同等报酬,同等提级机会,带薪公共假日的机会(第七条);组织工会和参加工会权,罢工权(第八条);社会保障权(第九条);家庭保护和协助权,产妇、少年儿童获得特别保护权(第十条);相当的生活水准权,免于饥饿的基本权利(第十一条);获得最高标准的身心健康权(第十二条);受教育权(第十三条);免费义务教育权(第十四条);参加文化生活,享受科学进步与应用利益权,享受作为作者权益的权利(第十五条)。

第四部分第十六条到第二十五条主要规定了保障公约实施的国际监督机制。其中第二十三条至第二十五条内容与《公民权利和政治权利国际公约》一致。根据第十六条的规定,公约不再设立专门的委员会审议缔约国的报告,而是由经济及社会理事会进行审议。[①] 第十七条规定缔约国提交报告应说明影响公约义务履行的困难因素。第十八条要求联合国专门机构向经济及社会理事会报告促进公约遵守相关的进展。第十九条要求经济及社会理事会将各国提交的报告交由人权委员会研究并提出一般建议。各缔约国和专门机构根据第二十条也可以向经济及社会理事会就第十九条的一般建议提出意见。第二十一条和第二十二条规定经济及社会理事会对公约执行中的问题可以向联合国大会提出建议,提请联合国其他机构注意。第五部分第二十六条至第三十一条规定了公约加入、生效、修改和文本等方面的内容。

2008 年联合国通过了《经济、社会和文化权利国际公约任择议定书》,主要是强化公约的监督机制。[②] 该议定书规定了个人来文和国家间来文程序,即经济、社会和文

[①] 1985 年,经济及社会理事会通过决议,设立经济、社会和文化权利委员会,履行根据公约第四部分授予经济及社会理事会的监督职能。

[②] 《经济、社会和文化权利国际公约任择议定书》,https://www.un.org/zh/documents/treaty/files/A-RES-63-117.shtml。

化权利委员会在一定条件下,有权接受和审议来自议定书缔约国的个人来文,也有权接受和审议涉及缔约国之间未履行《经济、社会和文化权利国际公约》规定义务的国家来文。同时,任择议定书还设立了调查程序(inquiry procedure),收到国家指控来文后,委员会应当向有关当事方提供斡旋或者以保密方式展开调查,必要时在征得有关缔约国同意后进入该国领土访问。对调查结果进行审查后,委员会应当将调查结果连同任何评论和建议一并送达有关缔约国,以友好解决相关问题。

(三)对联合国国际人权两公约的评价

《世界人权宣言》可以视为对《联合国宪章》人权条款的解释和细化,联合国国际人权两公约则是对《世界人权宣言》条款的法律化、公约化,进一步规定了具体的实体权利和可操作的实施机制。[①] 1966年联合国国际人权两公约是相互依存、不可分割的一个整体,两公约确认的权利合二为一,构成了国际人权法体系的初步框架,有利于国际人权合作的发展,也为各国促进和保障人权提供了标准和参照。在序言中,两公约都使用了相同的措辞,表明两公约具有共同的宗旨和目标。在公约正文中,两公约也有一些共同的实质性条款。比如第一条的民族自决权和"自由处置其天然财富及资源"的权利,第二条的非歧视和平等原则。

尽管两公约是相互依存的整体,但也有各自的特点。《公民权利和政治权利国际公约》系统和完整地规定了个人的公民权利和政治权利最低限度的国际标准,该公约列举了比《世界人权宣言》更多的权利,包括上文提到的民族自决权,被剥夺自由者享有人道待遇的权利,不得因无力履行约定义务而被监禁的权利,禁止鼓吹战争之宣传或煽动民族、种族或宗教仇恨,儿童的权利,少数民族、种族、宗教团体的权利等。同时,《世界人权宣言》所宣布的某些权利在《公民权利和政治权利国际公约》中却没有规定,包括财产权、庇护权和国籍权。财产权之所以没有被包括在《公民权利和政治权利国际公约》中,是因为联合国内代表各种思想和政治利益的集团对财产权的范围和定义不能取得一致意见。而庇护权则被认为不是个人的权利,是国家的权利。

《经济、社会和文化权利国际公约》第一次在世界范围内以法律的形式确定了经济、社会、文化权利,并强调了它与公民、政治权利的同等重要性和不可分性。与《世界人权宣言》相比,《经济、社会和文化权利国际公约》规定的经济、社会和文化权利更广泛、更详尽。例如,关于工作权,《经济、社会和文化权利国际公约》不仅第六条规定了工作权的一般原则,而且第七条详细规定了工作条件,包括公平的工资、男女同工同酬、维持本人及其家属的合理生活水平、安全卫生的工作环境、同等晋升机会以及定期给薪休假和公共假日报酬。又如组织和参加工会权,《经济、社会和文化权利国际公

[①] 白桂梅:《人权法学》(第二版),北京大学出版社2011年版,第78页。

约》第八条详尽规定为：组织和参加工会权只受工会规章的限制，这种权利的行使除法律的规定和为维护国家安全或公共秩序或保障他人权利自由所必要者外，不得限制，工会有权建立全国联合会或同盟，后者有权组织或参加国际工会组织，工会有权自由地进行工作以及有权罢工等内容。

思考题

一、问答题

1. 人权与主权的关系如何？
2. 国际人权标准是如何形成的？
3. 如何理解人权的特殊性和人权的普遍性？
4. 如何评价国际人权宪章？

二、案例分析

科基纳基斯诉希腊案

本案是欧洲人权法院审理的第一个关于宗教自由的案件。[①]

科基纳基斯是一名耶和华见证人，因多次劝人改信宗教信仰而被捕60多次，同时因劝人改信宗教信仰、拒绝服兵役和在私人住宅中举行宗教会议而被法院判处监禁。1986年3月2日，他和妻子拜访基里亚卡其女士的私人住宅，该女士是一名东正教信仰者。科基纳基斯夫妇与该女士进行了一次谈话，随后被警察逮捕。3月20日，地方刑事法院根据1363/1938号法律第4节的规定，认为科基纳基斯夫妇利用基里亚卡其女士缺乏经验和天真无邪，在基里亚卡其女士的私人住宅对她宣讲经文，企图劝其改信宗教信仰，直接或间接地对其信仰强行施加影响，判决科基纳基斯夫妇犯有劝人改信宗教信仰罪，处以4个月监禁、1万希币的罚款。1987年3月17日，地区法院撤销了地方刑事法院对科基纳基斯妻子的有罪判决，但是维持了对申诉人本人的有罪判决，并将监禁刑期减至3个月。科基纳基斯提出上诉，认为第1363/1938号法律违反1975年希腊宪法第13条条款。1988年4月22日，上诉法院驳回了申诉人的上诉请求，认为该条在确认宗教事务的良心自由和践行任何公认的宗教自由的同时，还一般性地禁止劝人改信仰。

1988年8月，科基纳基斯向欧洲人权委员会提出申诉，指控希腊法院判决其犯有劝人改信宗教信仰罪的行为违反了《欧洲人权公约》第七、九、十条。1992年2月，委员会请求欧洲人权法院就缔约国是否违反《欧洲人权公约》作出判决。

1993年5月25日，欧洲人权法院对本案作出判决。法院认为，《欧洲人权公约》第九条确认的思想、良心和宗教自由是民主社会的基础之一，其规定的表示和改变宗教或信仰的自由原则上都包括以"传授"等方式向邻居劝信的权利。希腊宪法第十三条确认了关于宗教事物的良心自由和践行任何公认的宗教的自由，从而履行《欧洲人权公约》第九条的规定。希腊的耶和华见证人作为"公认的宗教"的信仰者，享有践行宗教的自由。《欧洲人权公约》第九条第二款承认，在同时存在几种宗

[①] 李步云、孙世彦：《人权案例选编》，高等教育出版社2008年版，第113—115页。

教的民主社会中,为协调不同群体的利益,确保每个人的信仰都能得到尊重,有必要对"表示宗教或信仰的自由"加以限制。本案中,希腊法院对申诉人定罪判刑的行为构成了对其宗教或信仰自由的干涉,这些措施也是"由法律规定"的,且是出于"保护他人的权利和自由"的合法目的。但是,希腊法院在确认科基纳基斯的责任时,只是简单地重复使用第1363/1938号法律第四节的措辞,没有足够详细地说明申诉人如何以不适当的方式对其邻居劝说改信其他宗教信仰,不能表明对科基纳基斯的定罪是出于紧迫的社会需要。因此,希腊法院对申诉人的定罪行为与其追求的合法目的并不相称,也不是民主社会保护他人权利和自由所必需,违反了《欧洲人权公约》第九条的规定。

问题:希腊公民科基纳基斯为什么可以向欧洲人权委员会提出申诉,指控希腊政府?欧洲人权法院为什么有权审理科基纳基斯的诉讼?法院审理此案是适用国际法还是希腊国内法?希腊法院对科基纳基斯入室劝说改信宗教信仰的判决是否构成了科基纳基斯根据《欧洲人权公约》所应享有的思想、良心和宗教自由权的非法限制?

第七章　国家领土

案例：帕尔玛斯岛主权争端

帕尔玛斯岛又称米昂哥斯岛，是菲律宾棉兰老岛与荷属东印度的纳努萨岛之间一个单独的小岛，面积不足 2 平方英里。此岛原是西班牙人在 16 世纪发现的，但没有对它实行有效统治，也没有行使主权的表现。自 1677 年起，岛上的土著居民已根据建立宗主权的协议与荷属东印度公司联合，从此就成了荷属东印度的一部分。1898 年的美西战争后，西班牙在美西《巴黎和约》中同意将菲律宾群岛及附近岛屿割让给美国。和约笼统地把帕尔玛斯岛划在割让的范围，美国认为该岛已随同菲律宾群岛一起割让给美国。当时，美国曾将此和约通知荷兰政府，荷兰政府没提出反对。1906 年，美国发现帕尔玛斯岛上悬挂荷兰国旗，由此引起美荷两国关于帕尔玛斯岛主权的争端。虽经谈判，但未得到解决。因此，美荷两国于 1925 年 1 月 23 日签订仲裁协议，同意将争端提交海牙常设仲裁法院解决，双方同意选派常设仲裁法院院长、瑞士法学家马克斯·休伯为独任仲裁人。休伯在 1982 年 4 月 4 日作出裁决。

独任仲裁人休伯作出下面几点结论：

(1)西班牙在 16 世纪发现帕尔玛斯岛所取得的"初步权利"没有为后来的行使实际权力所完成。

(2)西班牙没有取得帕尔玛斯岛的主权，因此无权将其割让给美国。美国也无权以《巴黎和约》的割让而取得对帕尔马斯岛的主权。荷兰对《巴黎和约》没有反应，不构成对此割让的默认。

(3)"毗邻性"没有法律根据。美国不能以帕尔玛斯岛靠近菲律宾为理由而认为该岛与菲律宾群岛一起割让给美国。

(4)"有效占领"应表现为"持续和平稳地行使国家权力"。荷兰从 1677 年到 1906 年都在该岛行使国家权力。其间虽然有间断，但不影响其持续性。在荷兰对帕尔玛斯岛行使国家主权行为的整个过程中，西班牙或其他国家都没有对它提出反对，其国家权力的行使应认为是平稳的。因此，美西《巴黎和约》签订和生效时，帕尔马斯岛一直是荷兰的领土。

根据上述结论，独任仲裁人休伯裁定帕尔玛斯岛是荷兰领土的一部分。

第一节 概 述

国家领土是构成国家不可或缺的要素之一，是国家存在的物质基础，也是一国行使主权的对象和范围，因而在国际法上具有十分重要的意义。保护国家领土的完整和不受侵犯已成为现代国际法的一项基本原则。与此同时，在因领土问题纷争不断的国际社会，国家领土的相关法律制度也具有很强的现实意义。

一、国家领土的概念和意义

在国际法上，领土有国家领土和国际领土之分。国家领土（state territory）是指处于国家主权支配下的地球的特定部分。相对于国家领土的是国际领土的概念，即国家主权支配范围外的区域，这些不属于国家所领有或由整个国际社会所共有的土地，也具有国际法上领土的含义，比较典型的是公海和两极地区。

国家领土在国际法上的重要意义在于：

（一）国家领土与国家的存在密切相关

国家领土是国家构成的要素之一，任何国家都存在于一定的领土范围内，这一范围可大可小，如摩纳哥公国，其领土只有 1.95 平方公里，再如梵蒂冈，更只有 0.44 平方公里的领土，但它们都是独立的国家。反之，一个流浪的部落，即使有其类似于政权的机构，若无定居的确定领土，则不成其为国家。

（二）国家领土与国家主权密切相关

国家领土是国家行使其最高并且通常是排他的权利的物理空间，领土和主权相结合，形成领土主权，是主权最显性的表现。国家领土不仅是国家行使主权的空间，同时也是国家及其人民生存和发展的物质基础。1974 年 12 月 12 日联合国大会通过的《各国经济权利和义务宪章》第二条确认国家对其自然资源享有"充分的永久主权"。国际法承认每一国家在其领土内的最高权力，在一国领土内的人或物都受该国最高权力的管辖。除非国际习惯或国际条约加以限制（如外交人员有特权与豁免），国家行使领土主权应不受干涉。

（三）国家领土与国际关系制度密切相关

基于领土与主权密切联系，尊重国家主权，就要尊重国家领土的完整和不可侵犯。国家在其领土内的排他性统治权是国际关系制度的基础，因此，现代国际法特别强调各国领土完整和不可侵犯，这一基本原则已得到国际社会的公认。如《联合国宪章》等重要国际法律文件均强调各国在国际关系中,不得使用武力威胁或武力侵害任何国家的领土完整。

二、国家领土的构成

国家领土并非简单的地表平面,而是多维空间概念,在这一基础上,多维度和多层面地思考国家领土和疆域问题,以解决国际社会日益面临的因人口恶性膨胀而引发的生存忧虑和社会危机是个重要的任务。领土组成部分包括领陆、领水、领陆领水之下的底土以及领陆领水之上的领空。

(一)领陆

领陆(land territory)是领土的最基本部分,是国家疆界以内的全部陆地。领陆可以是一块大陆,为内陆国,如蒙古国;也可以由单纯的岛屿组成,为岛国或群岛国,如马尔代夫;还可以由大陆和岛屿共同组成,如中国等大陆沿海国。

(二)领水

领水(territorial water)包括内水和领海。狭义的内水仅指领海基线向陆地一面的海域,即《联合国海洋法公约》中的内水,在海洋法有关章节中将专门介绍;广义的内水还包括一国境内的河流、湖泊、运河、港口、内陆海等内陆水,将在本章第二节详细介绍;领海是沿一国海岸或内水向外扩展到一定宽度,而在该国主权支配和管辖下的海域。内水和领海的主要区别在于,除地理上的区别外,国际法对一国的领海主权有所限制,而内水完全受一国主权支配,表现为:外国船舶在领海内有"无害通过权",但在内水中则不存在该项权利。再者,国家对外国船舶行使的管辖权规则也有所不同[①]。

在群岛国情形下,如印度尼西亚等国,被群岛基线包围的水域不是内水,为"群岛水域",受群岛国家主权支配,但其他国家在群岛水域享有无害通过权。

(三)底土

底土(subsoil)是指领陆和领水的地下层,包括底层土和水床部分。由于矿产开发、隧道建筑和电缆铺设等原因,底土具有越来越重要的意义。目前国际法没有明确规定底土的深度是多少,但规定国家对其底土及底土中的资源有开发、利用和科研活动的权利。

(四)领空

领空(territorial sky)是国家领陆和领水以上一定高度的空间。领空受国家主权的管辖,在无条约规定的情况下,外国航空器未经许可不得进入地面国的领空。随着航空航天技术的发展,各国十分关注国家领空的使用和安全,引发了领空的界限问题,

---

[①] [英]伊恩·布朗利:《国际公法原理》,曾令良、余敏友等译,法律出版社 2003 年版,第 130 页。

如何划定领空和外层空间,迄今没有统一的国际法准则,但以人造卫星围绕地球运行的最低轨道作为界限,得到比较多国家的赞同。

综上所述,国家领土由上述四个部分组成,其中领陆是最基本、最主要的,其他组成部分是领陆的附属部分,除非在特殊情况下依条约规定,不能独立存在于领土之外,如没有海岸的领海本身不能被转让。

在领土区域外,有些海域,如毗连区、大陆架、专属经济区等,沿海国可以对其行使某些事项的管辖权,从而构成管辖范围内的海域,但严格来说不属于沿海国领土的一部分。

此外,有些西方学者提出"虚拟领土"的概念,认为国家领土还应包括在国外的使馆和领馆,在公海或外国领土上的飞机、军舰和其他公有船舶,其地位相当于该国领土或浮动领土,是国家的虚拟领土。但是国家对其使馆、领馆、船舶和飞机所行使的管辖权与国家领土主权相比,性质是不同的。《维也纳外交关系公约》第一条第九款指出,"供使馆使用及供使馆馆长寓邸之建筑物或建筑物之各部分,以及其附属土地,至所有权谁属,则在所不问"。领土的一个重要特点就是它在地球上的固定性,而虚拟领土都是不稳定的。因此,所谓虚拟领土这一部分,虽然"在一些方面或为一些目的被视为国家领土"[1],但只是为了方便解决一些问题,如管辖权问题、国籍确定问题等,而并不能实际构成国家领土,成为领土的组成部分。

三、国家领土主权

(一)领土主权的含义及内容

领土主权(territorial sovereignty)是国家主权的重要组成部分,是国家享有的对其领土范围内的人和事物的最高权。

对于领土主权的性质问题,国际法学界存在两种意见。一种意见认为,领土主权就是领土管辖权,不包括所有权。英国国际法学者斯塔克就认为,领土主权表达的意思是在这块领土领域内,国家对人和财产行使排斥其他国家的管辖权。[2] 因为国家领土已经不再被视为国家财产,部分土地的私有化,使国家对这些私人土地只享有征收权,而没有所有权。另一种意见则认为,不能因一些国家国内法上实行土地私有化而否定国家在国际法上对其领土的所有权,因为这种看法实际上是"混淆了国内法上国家对私人土地的关系与国际法上国家对领土的关系的性质"[3]。

中国国际法学界的主流观点是比较认同第二种意见。事实上,国际法赋予了国家

---

[1] 王铁崖:《国际法》,法律出版社1995年版,第230页。
[2] Shearer Starke, *International Law*, Butterworth &Co., 1994, p. 144.
[3] 邵津:《国际法》,北京大学出版社2000年版,第93页。

支配和处理其领土的权利。联合国 1974 年通过的《各国经济权利和义务宪章》第二条第一款明确规定:"每个国家对其全部财富、自然资源和经济活动享有充分的永久主权,包括拥有权、使用权和处置权在内,并得自由行使此项主权。"因此,领土主权主要包括以下三个方面的内容:

1. 领土管辖权

领土管辖权即国家对领土内的一切人、物和事件具有排他性的管辖权,也称属地管辖权,此种管辖权不容他国干涉,只受国际法规范的限制,如对外交人员给予管辖豁免等。领土管辖权不等同于领土主权,因为"领土管辖权可以理解为事实上的统治,而领土主权是超越管辖权的统治权利"①。

2. 领土所有权

领土所有权指国家对领土范围内的一切土地、资源、财富具有占有、使用和支配的权利,上述内容不许他国侵犯。所有权是管辖权的基础,但二者在特殊情况下,可能呈分离状态。同样,领土所有权也是领土主权中的一个内容,而不能与之等同。因为领土"意味着一国可以享有与其领土相关的法律能力,这种能力是所有权的结果,而又绝不与所有权处于同一范围"②。

3. 领土完整和不可侵犯权

这是领土主权原则的重要内容,也是国际法的基本原则。领土完整是国家独立的重要标志,是国家主权最重要的体现,尊重一个国家的领土主权,就必须尊重其领土完整和不可侵犯。《联合国宪章》第二条第四款规定:"各会员国在其国际关系上不得使用威胁或武力,或与联合国宗旨不符之任何其他方法,侵害任何会员国或国家之领土完整或政治独立。"

(二)对领土主权的限制

国家对其领土享有完全的和排他的主权,但领土主权并非绝对。国家行使其领土主权可能会受到某些限制,这些限制主要概括为以下两种类型:

1. 一般性限制

对领土主权的一般性限制主要来自一般国际法原则和规则,并适用于所有或大多数国家。如外国商船在一国领海享有无害通过权;外交人员在接受国境内享有外交特权与豁免;国家有义务防止发生在本国领土范围内的行为对他国造成损害,包括备受国际社会关注的环境污染和设立恐怖主义基地的行为。可见这类限制主要是全世界共同安全、共享资源和相互便利的要求,因而也已得到整个国际社会的普遍遵循。

---

① [德]沃尔夫刚·格拉夫·魏智通:《国际法》,吴越、毛晓飞译,法律出版社 2002 年版,第 257 页。
② [英]伊恩·布朗利:《国际公法原理》,曾令良、余敏友等译,法律出版社 2003 年版,第 131 页。

2. 特殊性限制

对领土主权的特殊性限制主要基于有关国家缔结的条约，其形式主要有共管、租借、国际地役和势力范围。根据产生特殊限制的有关条约是否平等、有效，可判断对领土主权的特殊限制是否符合国际法。历史上曾经广泛存在的"势力范围"，就是西方列强通过不平等条约对他国或地区进行瓜分，从而攫取政治和经济特权的产物，是违反国家主权原则的。而共管、租借、国际地役如果产生于平等、自愿的基础之上，则为现代国家所接受。

(1)共管(condominium)。共管是指两个或两个以上的国家对同一特定领土共同行使主权。历史上曾出现过不少共管的情形，如，1898—1955年，英国和埃及对苏丹的共管；1914—1918年，英国和法国对新赫布里底群岛（现已独立为瓦努阿图共和国）的共管等，对于维持太平洋上航空线具有重要意义的坎顿岛和恩德伯里岛，从1939年至1979年是在英国和美国的"共同控制"之下（现属于基里巴斯共和国）。

除了适用于陆地领土之外，共管的概念也用于河流和海湾等水域。例如，根据1973年巴西和巴拉圭有关使用巴拉那河的条约规定，"巴拉那河的水资源属于两个国家共管所有"。1959年埃及和苏丹《尼罗河河水充分利用的协定》规定，埃及每年可以从尼罗河水抽走480亿立方米，苏丹则是40亿立方米，实际上也是共管。

共管，往往被采用作为有关国家领土明确划分之前的一种临时措施。在对领土主权归属最后解决以前，各有关国家都不单独对该领土行使主权，而是同意把这些领土置于他们的共同主权之下。这类情形多发生在两个相邻国家之间，例如，科威特和沙特阿拉伯于1922年订立《乌奎尔条约》，建立了两国间大约2 000平方公里的中立地区。该条约规定，在进一步达成最终边界协议之前，两国政府将分享平等的权利。根据1965年的协定，两国结束了这种临时状态，将中立区分为两部分，分属科威特和沙特阿拉伯，同时规定双方在整个地区的平等权利仍然加以保留，即两国继续对整个地区实行联合管理。由于保留对整个地区共同行使主权，因而两国的领土受到了一定限制。

值得注意的是，第二次世界大战结束后，1945年6月5日，英国、美国、法国和苏联签署了《关于德国占领区的声明》和《关于德国管制机构的声明》，共同行使德国的最高权力。"他们提供了一个共同行使'最高治理权'的例子。但并非真正的共同行使共管，因为不存在领土的兼并。"[1]

(2)租借(lease)。租借是指一国根据条约将部分领土出租或抵押给另一国，承租

---

[1] ［英］詹宁斯、瓦茨修订：《奥本海国际法》第1卷第2分册，王铁崖等译，中国大百科全书出版社1998年版，第5页。

国在租期内可将租借地用于条约规定的目的。在租借关系中,承租国行使相应的管辖权,但出租国保留对租借地的主权。

现代国际法容许建立在平等自愿基础之上、通过条约进行的租借。如 1947 年苏联等盟国与芬兰在巴黎签订了和平条约,条约第四条规定,在租期 50 年和每年租金 500 万芬兰马克的基础上,芬兰将波卡拉半岛地区租借给苏联使用和管理,以建造苏联海军基地。中国清政府曾在帝国主义列强的强迫下,签订了一系列不平等条约,如,将胶州湾租借给德国 99 年,将旅顺和大连租借给俄国 25 年,将新界租借给英国。1858 年《瑷珲条约》将黑龙江以北、外兴安岭以南 60 多万平方公里的中国领土划归俄国,1860 年《北京条约》将乌苏里江以东(包括库页岛在内)约 40 万平方公里中国领土划归俄国,1864 年《中俄勘分西北界约记》将巴尔喀什湖以东、以南和斋桑卓尔南北 44 万多平方公里的中国领土割给俄国。这些租借地尽管从严格法律意义上而言仍是出租国的领土,但在实际意义上包含了领土的割让。

一般而言,租借是有年限的,如前所列的实例中都有明确的租期年限。但有些租借是永久性的,如 1930 年美国向巴拿马永久承租巴拿马运河,但即便如此,出租国也有权要求收回。根据上述两国于 1977 年缔结的条约,美国承认巴拿马对运河区的主权,巴拿马于 2000 年 1 月 1 日收回运河区[①]。

此外,《奥本海国际法》等国际法著作强调,"将这种所谓的租借与真正的租借相区别","真正的租借没有主权行使的转移,而只有土地的租借"。[②] 如英国于 1941 年将肯尼亚的基斯马尤租给意大利,建造边境仓库和其他建筑;印度于 1920 年将巴拉索尔的法语特区租给法国;意大利将特里斯特港口的一个地区租给捷克斯洛伐克等。这些租借不涉及任何主权或主权行使的转让,也被称为"纯粹的国际性土地租让"。

(3)国际地役(international servitude)。国际地役是一国根据国际条约,对其领土主权进行的一种特殊限制,使得有关领土在一定范围内满足他国需要或为他国的利益服务。如一个国家根据条约而负有准许邻国军队通过其领土的义务。

国际地役产生的必要条件是,一国自愿向另一国提供役地。首先,国际地役的主体双方只能是国家,一国给予外国自然人或法人的相似权利不构成国际地役。其次,其客体限于国家领土的部分或全部,包括陆地,也包括河流、领海、领空等,但大陆架、毗邻区、专属经济区等均不能成为国际地役的客体。由于其客体被明确限定为领土,因而国际地役可以和其他领土主权的限制区分开来。例如,一国通过条约承诺限制发展武装力量,因其不涉及以该国领土为别国服务,故而不属于国际地役。再比如北溪

[①] 王铁崖:《国际法》,法律出版社 1995 年版,第 241 页。
[②] [英]詹宁斯、瓦茨修订:《奥本海国际法》第 1 卷第 2 分册,王铁崖等译,中国大百科全书出版社 1998 年版,第 6 页。

2号管道全长为1 200公里，通过俄罗斯、芬兰、瑞典、丹麦和德国这五个国家的专属经济区和领海，此处通过领海则为国际地役，通过专属经济区则不属于国际地役。此外，自愿原则同样是国际地役合法性的前提，否则是不符合国家主权原则的。

国际地役有消极地役和积极地役之分，前者是指一国允许他国为某种目的或利益的需要，在本国有关领土上从事某些原本属于侵犯其领土主权的行为，如允许别国修筑穿过本国的油气管道，允许别国使用本国通道或港口等，例如，孟加拉国允许中国和印度使用吉大港和蒙格拉港。消极地役是指一国承诺承担不在其领土上从事某种行为的义务，如不在指定地区设置军事设施，或不在边界附近建造可能造成污染的工厂，一个著名的实例是意大利和梵蒂冈1929年签订《拉特兰条约》，依该条约第七条，意大利承诺禁止在梵蒂冈周围的领土上修建任何可以俯瞰梵蒂冈的新建筑。又如1947年战胜国与意大利签订的和约规定，意大利不得在毗邻法国的边界地区修筑可以向法国射击的工事。由此可见，积极地役侧重于容忍他国的"过限行为"，而消极地役侧重于对本国的"设限行为"。

值得特别提出的是现代国际法确立的内陆国过境权，即内陆国拥有出入海洋的权利和过境的自由。1982年《联合国海洋法公约》第十部分第一百二十五条规定：第一，内陆国有权出入海洋，并享有利用一切运输工具通过过境国领土的自由；第二，行使过境自由的条件和方式，应由内陆国和有关过境国通过双边、分区域或区域协定予以协定；第三，过境国有权采取一切必要措施，确保内陆国所享有的各项权利和便利不侵害其合法利益。该项权利也属于国际地役范畴。截至2021年2月，《联合国海洋法公约》共有168个缔约国（组织），其中有164个联合国会员国，1个联合国观察员国巴勒斯坦，1个国际组织欧盟，2个非会员国库克群岛和纽埃。作为内陆国的斯洛伐克共和国于1993年5月28日签署加入《联合国海洋法公约》，其享有上述《联合国海洋法公约》规定的内陆国权益。[①]

国际地役作为一项对物权利，不因有关领土归属于另一个国家而消灭。但下述几种情形可能导致国际地役的消灭：给予权利国与受益国领土归于同一主权之下，受益国单方面放弃，长期不使用而默视放弃，或者给予的权利附期限因有效期满而终止，而且，如果这种权利是基于某种必要而产生，消除了这种必要的情势变迁，也可能合理地消除这种权利。[②]

（4）势力范围（sphere of influence）。这一概念是在19世纪欧洲列强侵占非洲建

[①] 联合国条约汇编，https://treaties.un.org/pages/ViewDetailsIII.aspx? src=TREATY&mtdsg_no=XXI-6&chapter=21&Temp=mtdsg3&clang=_en#1，2021年2月24日访问。

[②] ［英］詹宁斯、瓦茨修订：《奥本海国际法》第1卷第2分册，王铁崖等译，中国大百科全书出版社1998年版，第68页。

立殖民地过程中产生的。清末时期,列强通过一系列不平等条约,在中国领土上划分势力范围,长江流域成为英国的势力范围,两广和云南为法国势力范围,福建属于日本势力范围,山东则先后成为德国和日本的势力范围,俄国强占长城以北及新疆。在现代国际社会,势力范围这种违反国家主权原则的强权做法已被彻底摈弃。

第二节 领陆和内水

一、领陆

如前所述,国家领土包括领陆、领水、领空及领底土。其基础部分是领陆,领水、领空和领底土附着于领陆。领陆是指疆界以内的陆地。领陆面积大小决定领空和领底土的范围、海岸的有无和长短、领海的有无和面积。领陆如发生变动,附随的领水、领空和领底土也随之变动,因而领陆被认为是一国领土中最为基本也是最为重要的部分,在法律上完全受国家主权的支配。

一个国家的领陆包括大陆部分,也包括其所属的岛屿,如果是岛国或群岛国,其领陆就是由该国全部岛屿或群岛构成。值得注意的是,因为领陆只是国家领土的组成部分之一,所以领陆面积不等于领土面积,我们过去常说的"中国领土面积为960万平方公里"是不准确的,因为这一数据仅包含了陆地范围内的面积,即领陆和内水中的内陆水部分,而没有计算领海等面积,我国除领陆外,领海和内水面积为37万~38万平方公里,加上专属经济区和大陆架面积,管辖海域约300万平方公里。再如日本,其领陆面积只有377 380平方公里,仅为欧洲的1/20,但日本的海岸线长达34 000公里,几乎与整个欧洲一样长,因而加上领海面积等,其领土面积远远大于领陆面积。

国家对领陆行使完全的排他的主权,未取得一国同意,任何其他国家或国际组织的人员、船舶、航空器等不得进入其内。国家对领陆范围内的一切人、物和事件行使管辖权,除非依国际条约或国际习惯而形成的例外。

二、内水

内水是领水的组成部分,沿海国对其内水拥有与领陆相同的领土主权,这种主权的行使是完全的和排他的。一国有权拒绝外国船舶进入其内水,但船舶遇难或按条约规定可以驶入或通过者除外。外国商船一旦获准进入一国的内水,就受该国法律的管辖;获准进入内水的外国军舰和用于非商业目的的政府船舶享有管辖豁免权,但如果有违反该国法律或危害该国安全的行为,该国有权勒令其离境。

内水的概念有广义和狭义两种。狭义的内水仅指领海基线向陆地一面的海域,也被称为内海或内海水(internal sea or internal sea water),将在本书第八章"海洋法"中介绍;广义的内水,也称为国内水,除内海水外还包括一国境内的河流、湖泊、运河、内陆海等水域。

(一)河流

河流是沿河国领土的一部分,这为国际法的理论和实践所确认。根据所处的位置和流经的国家,河流分为内河、界河、多国河流和国际河流。

1. 内河

内河,是其河源到河口全部在一国陆疆以内的河流,如中国的长江、黄河。内河也被称为国内河流。

内河完全处于沿岸国的主权之下,属该国专有,并完全受该国主权支配。沿岸国对内河的航运、贸易、资源开发、环境保护和行政管理拥有排他的管辖权。是否允许其他国家在一定条件下利用其内河,由该沿岸国自行决定。国家可通过国际条约和国内立法,规定是否对他国开放内河的全部或某些河域,以及外国船舶在本国内河航行的条件与限制,或者允许国际航运使用某个或数个港口。例如,根据1983年制定、2019年修订的《中华人民共和国外国籍船舶航行长江水域管理规定》,外国籍船舶进入长江水域及其港口,必须经中华人民共和国港务监督批准。经批准进入长江水域及其港口的外国籍船舶,应当接受港务监督、边防检查、海关等部门的检查,并办理有关手续。必要时,上述有关部门有权进行随船监督。为促进对外贸易和经济交流的发展,进一步满足对外开放的需要,中国政府陆续开放长江沿岸,准许外国商船航行到这些港口从事商业贸易活动。这与清政府时期、外国商船根据不平等条约强行取得内河的航行权是完全不同的,后者是主权被侵犯,而前者正是主权的体现。

2. 界河

界河(boundary river)是指作为领土分界、分隔两国陆地领土的河流。如黑龙江、乌苏里江是中俄两国的界河,鸭绿江、图们江是中朝两国的界河。

界河两岸分别属于两个沿岸国,界河的水域也同样分属两个沿岸国。界河有不可航行和可航行的两种。其中,不可航行的河流以河道的中心线为界,可航行的河流以主航道的中心线为界。沿岸国分别对属于自己的界河部分行使主权。但由于河流的流动性和界河的地缘关系,对其利用、开发和保护必然涉及两个国家,因而沿岸国往往通过协议或建立双边机构,就河道管理与维护、捕鱼、水利工程等事项进行协商、作出安排。如中国和朝鲜缔结协定,对两国界河鸭绿江的有关事项作出规定:双方船舶可以在鸭绿江的主航道上自由航行,不受边界线限制;停泊或捕鱼等则不得越出主航道中心线;双方船舶如遇难或因不可抗力,可在对方的任何地点和港口停泊等。一般情况下,界河不对非沿岸国开放,非沿岸国的船舶需经特许才可在界河航行。

3. 多国河流

流经两个以上国家领土的河流是多国河流(multi-national river)。如发源于中国的澜沧江，流经缅甸、老挝和越南（即湄公河），以及多瑙河、亚马孙河、莱茵河都是著名的多国河流。

多国河流流经各国的河段分属各沿岸国，由各国分别行使主权。但基于河流的地缘性和整体性，这种主权的行使应顾及其他沿岸国利益。各国不得有害地利用多国河流，不得使河流改道或堵塞河流。国际实践中，多国河流一般地对所有沿岸国开放，而非沿岸国船舶未经许可不得航行。在人类命运共同体的理念下，对多国河流的使用已出现一些新的发展趋势：首先是对河流环境和生态问题的重视度越来越强，相应的保护措施也得以强化；此外，整个多国河流的流域被作为一个完整的系统，由有关沿岸国协商进行综合开发利用，国际合作以求共赢态势明显。这些新趋势正在改变着过往对多国河流"分而治之"所带来的弊端。

4. 国际河流

最早提出"国际河流"(international river)学术定义的是奥本海，第一个有关国际河流的国际条约是1919年《对德和约》。所谓国际河流，是指流经多国，可以通航公海，并且根据条约向所有国家的商船开放的河流。由此可见，国际河流与多国河流有相同之处，即都流经两个或两个以上的国家，而且国际河流流经各沿岸国的部分，也分属于各沿岸国的领土。两者的区别在于：多国河流不通航公海，国际河流可直接通航公海，而且有专门的国际条约确立和保护自由航行，因而也被称作"国际化河流"。

这种国际河流国际化的制度形成于19世纪的欧洲。1815年，维也纳工会宣布了一切国家的商船可以在欧洲国际河流自由航行的原则，1856年《巴黎公约》和1868年《曼海姆公约》分别确定多瑙河、莱茵河对所有国家开放，实行自由航行，成为国际化河流。1921年在巴塞罗那订立的《国际性可航水道制度公约及规约》明确了与国际河流相关的法律制度。根据该公约，凡属流经缔约国的领土，并和海洋相连接的天然可航水道和适用于通商的河流全部实行国际化。各沿岸缔约国对于属于本国主权下或管辖下的可航水道各部分，应允许悬挂其他缔约国旗帜的船舶自由航行，而且所有缔约国的国民、财产及旗帜在一切方面均应完全平等对待。除为维持和改善水道通航而征收的公平捐税外，不得征收任何捐税。各沿岸国不得采取足以减少航行便利的措施，并且必须排除对航行可能发生的障碍和危险。

在《巴塞罗那公约》订立后，国际河流制度还有一些新发展。如1948年多瑙河各沿岸国就多瑙河的国际航行制度重新签订条约。1963年尼日尔河流域的非洲国家也签署了新的国际条约。为保障国际河流的航行自由，通常由沿岸国设立委员会实行统一管理。

国际河流制度确立之初主要限于船舶航行方面,但随着航行以外的其他使用问题受到关注,对污染、灌溉、能源等方面都需要加以规范。为此联合国国际法委员会正在起草和制订《国际水道非航行使用法》。而一些国际河流沿岸国家,也已对航行之外问题的安排作出了实践,如 1987 年赞比亚河流域国家签署了《关于赞比亚河流共有系统的环境有效管理的行动计划的协定》,又如 1991 年有关的欧洲国家签署了《保护莱茵河免受氯化物污染公约的议定书》。1997 年联合国第 51 届会议通过了国际法委员会编撰的《国际水道非航行使用法公约》草案,对国际水道的非航行使用的内容、原则和管理制度做了较全面的规定,是世界上第一个就国际河流的非航行用途缔结的公约。总的来看,人类对国际河流的使用和管理,显示出将其作为一个整体系统、强调人类命运共同体的发展趋势。该公约于 2014 年 8 月 17 日生效,截至 2021 年 2 月 24 日,共有 37 个国家(或国际组织)加入了该公约。[①]

(二)湖泊和内陆海

湖泊(lake)有淡水湖和咸水湖之分,有的学者把咸水湖称为内陆海(inland sea)。有些湖泊和内陆海完全被一国陆地包围而不通海洋,此种情形为该国内水,属其领土的一部分,由该国行使主权管辖,如中国的青海湖、洞庭湖等。有些湖泊或内陆海沿岸处于两个或两个以上的国家领土之内,即有不止一个沿岸国,则通常需要在水面上划分疆界,划界和利用往往是通过特别条约进行。例如,法国和瑞士之间的日内瓦湖、美国和加拿大之间的五大湖都是根据两国间的协议划分权利义务。另有一些湖泊或内陆海通向海洋,可构成国际水道系统的一部分,情况则较为复杂。如该水域及其通海水道完全由一国领陆包围,即为该国内水;如由两个或两个以上国家的土地所包围,是否成为公海,理论上尚存在争议。此类湖泊或内陆海的法律地位通常由相关国家的协议或国际公约解决。这方面典型的例子是黑海。目前黑海沿岸国有罗马尼亚、土耳其、保加利亚、乌克兰、俄罗斯和格鲁吉亚。黑海是著名的内陆海,当其沿岸土地及入口处的博斯普鲁斯海峡和达达尼尔海峡完全属于土耳其所有时,黑海无疑是土耳其领土的一部分,属该国内水,由该国行使主权管辖。1856 年《巴黎和约》第十一条将黑海中立化,宣布黑海对一切国家商船开放,除土耳其和俄国从事沿岸勤务的少数公有船舶外,禁止各沿岸国及他国军舰驶入。此后虽有《伦敦条约》《洛桑条约》等多个条约对相关约定作出修改,但黑海对一切国家的商船开放的规定一直未加变更。直至 1936 年《蒙特勒公约》撤销了原来的海峡国际委员会,恢复了土耳其对海峡的全部主权,土耳其获得了在达达尼尔海峡和博斯普鲁斯海峡设防的权利。公约确定维持了黑海上

---

① 联合国条约汇编,https://treaties.un.org/Pages/ViewDetails.aspx?src=TREATY&mtdsg_no=XXVII-12&chapter=27&clang=_en,2021 年 2 月 24 日访问。

的自由航行制度,并规定博斯普鲁斯海峡及达达尼尔海峡无论平时或战时都对各国商船开放,和平时期,沿岸国军舰可自由通过海峡,对非沿岸国军舰则进行总吨位和停留时间的限制。

(三)运河

运河(canal)是人工开掘的水道。若运河整体位于一国境内,则其法律地位与内河完全相同,如中国的京杭大运河,由中国行使完全的、排他的主权。有一些运河虽然也在一国境内,但由于其两端连接海洋,成为通洋运河,连接着国际水道系统,对国际航运具有重大价值,因而被确立为国际化运河。目前世界上主要的国际化运河有苏伊士运河和巴拿马运河,它们一直受特别国际条约的支配。

1. 苏伊士运河

苏伊士运河(the Suez Canal)是世界上第一条也是最重要的通洋运河。它位于埃及境内,长约 190 千米,北通地中海,南通红海,是连接大西洋、印度洋和太平洋的重要航线,也是欧洲和亚洲之间最短的航线。由于苏伊士运河可使欧洲到印度洋的航程缩短 8 000~10 000 千米,因而历来是国际交通要道,具有极为重要的经济价值和战略价值,也引发了对其控制权的多次争夺。

苏伊士运河于 1859—1869 年开凿,开始由法国人经营,1876 年英国买下埃及政府的股份,插手运河的经营管理,1882 年又趁埃及内乱之机,出兵入侵,控制了埃及和苏伊士运河。1888 年英、法、德、意等国签署《君士坦丁堡公约》,就运河相关制度作出约定,苏伊士运河依公约实行中立化。无论平时或战时,运河对一切国家的商船和军舰开放,不得限制运河的自由使用,不许在运河内或距运河南北两端港口 3 英里以内的海面从事战斗行为,在运河区不得建立要塞,运河一直处于英国的控制之下。

1956 年 7 月,埃及政府颁布了关于苏伊士运河国有化的法令,恢复对苏伊士运河的主权和经营管理权。1957 年 4 月,埃及政府通过单方面声明表示:埃及政府一如既往地尊重、遵守并履行 1888 年《君士坦丁堡公约》的规定和精神,以及由之产生的权利义务,保证所有国家的船舶在该公约范围内自由和不受干扰地航行。

2. 巴拿马运河

巴拿马运河(the Panama Canal)位于巴拿马共和国境内,沟通太平洋和大西洋,是另一条极为重要的国际航行水道。巴拿马运河正在进行新运河计划的实施,新运河全长 100 千米,开挖深度拟为现运河的 2.5 倍,落潮时水深 30 米,可通航 30 万吨级巨轮,涨潮时水深 40 米。

巴拿马运河开凿于 1881 年。1901 年,美国和英国缔结所谓的《海-庞斯福条约》,确定美国对该运河有制订规则和管理方面的排他性权利,同时以保证和维持巴拿马的独立为条件,诱逼巴方在华盛顿签署了《海-瓦里拉条约》,以低价取得运河开凿权和对运河区的永久租让权。

1914年,巴拿马运河正式开通。巴拿马运河的开通使太平洋和大西洋之间的航程比绕道麦哲伦海峡缩短了5 000~13 757千米,成为与苏伊士运河齐名的"世界上最重要的捷径"。而美国通过控制巴拿马运河区,取得了巨大的经济与战略利益。

为收回运河主权,实现领土主权的完整,巴拿马人民作了长期的斗争,最终经过长达12年的谈判,巴美两国于1977年在华盛顿共同签署了《巴拿马运河条约》,同时废除了1903年不平等条约。新条约以承认巴拿马共和国对运河区拥有领土主权为基础,规定巴拿马政府逐步对运河区实行管辖;美国于1999年12月31日将运河和运河区主权及管理权交还巴方,驻巴美军全部撤出巴拿马。《巴拿马运河条约》同时规定,巴拿马运河的中立化和自由航行制度不变;无论平时和战时,运河均平等地向一切国家船舶开放。

除上述两条最为重要的通洋运河外,值得一提的还有位于希腊境内的科林斯运河和位于德国境内的基尔运河。科林斯运河连接科林斯湾和爱琴海,由希腊行使完全主权,基于希腊的意愿而非条约的设定对各国船舶开放。基尔运河连接北海和波罗的海,1919年由《凡尔赛条约》规定其国际化地位及自由航行制度,目前对所有国家船舶平等开放。

第三节 领土取得与变更

一、传统国际法上领土取得与变更的方式

在国家形成和发展的过程中,可能因为各种原因取得或丧失领土。国际法上的领土取得与变更,最初源于罗马法中关于私有财产取得的规定,后来逐步发展为对领土主权的取得,并形成了该语境下的概念和适用规则。国家领土的取得与变更和一个新国家的成立或自然人、法人取得土地是不同的。关于领土的取得和变更,传统国际法和现代国际法有所不同。有些传统方法已被新的国际法禁止使用,但仍然对解决领土主权的历史问题和现实纠纷具有一定的意义。

传统国际法上领土取得与变更的方式包括先占、时效、添附、割让、征服五种。根据所取得的领土主权是否来自原属国,一般认为割让属于转承的取得方式,而先占、时效和征服属于原始的取得方式,添附则属于因自然或人为因素导致领土取得。

(一)先占

先占,也称为占领,是国家有意识地对无主土地进行有效占领,从而取得领土主权的行为。先占应具备以下构成要件:

1. 先占的主体是国家

先占必须是一种国家行为,只能以国家名义来实行。但在 15、16 世纪大发现时期,一些私人航海家陆续发现无主地,他们的行为成为有关国家主张领土权利的依据。一般认为,这种私人发现行为必须经过国家授权,或事后合理期间内的追认,才能被视为国家占取行为。

2. 先占的客体是无主地

无主地(terra nullius),传统上是指不属于任何国家或者为原属国放弃的土地。这些土地可能是无人居住的荒地或荒岛,也可能虽有土著居民居住,但还未形成国家。但这一观念在现代国际法实践中已被改变。1975 年国际法院在关于西撒哈拉法律地位的咨询意见中指出:"凡住有土著部落或人群,具有一定社会或政治组织的地方就不能被认为是无主土地。"这一意见凸显了现代国际法中人权保护的理念。

3. 主观上需有占领的意识

占领的意识表现为先占国须通过发表声明、宣告或通告的方式,向其他国家明确作出意思表示,表明对无主土地的占领意图。

4. 客观上应实施有效占领

构成有效占领的两个基本事实是占有和行政管理。

占有,表现为先占国必须通过发表声明、宣言或通告的方式,向其他国家明确宣布将无主地占有并置于其主权之下的意思,而且至少在大面积的可居住地区移民定居①。

行政管理,即占领国于占有行为后合理时间内,在被占有土地上建立行政组织,行使治理职能,使该土地处于占领国的有效控制和管理之下。

先占行为完成后,被占有土地即构成占领国领土的一部分,除非占领国撤出该土地,或因其他情况失去了有效占有或控制,任何其他国家不得再以先占方式取得该土地。

先占制度是殖民时代的产物,近代历史中以先占方式取得领土的事实广泛存在。但依现代国际法,可根据先占而取得的无主地已基本不存在。

(二)时效

国际法上的时效是指不论最初的占有是否合法或善意,一国对他国领土经过相当长时期持续且不受干扰地安稳占有,从而使占有的现状逐渐符合国际秩序,即取得该领土。这里的时效不同于民法上的时效概念,主要在于其占有不以善意取得为前提,

---

① [英]詹宁斯、瓦茨修订:《奥本海国际法》第 1 卷第 2 分册,王铁崖等译,中国大百科全书出版社 1998 年版,第 75 页。

同时其确立合法权利的期限也不确定。

基于时效取得领土需具备两个条件：一是占有国不受干扰地对占有地行使主权，即占有的状况得到领土被占有国和其他国家的明示承认或默认。如这些国家不断地抗议或提出主张，则不能构成"不受干扰"。二是这种不受干扰的占有状态应持续相当长的时期。至于这种"相当长时期"的年限，国际法缺乏明确的规定，也缺乏公认的规则与实践。格劳秀斯主张以20年为限，奥本海则认为应视不同情况而定，实践中则多以50年为限。

由于时效所指的"相当长时间占领"和"安稳占领"都没有国际法上的明确规定，也难以确立一个关于时限和占有状况的一般原则，因而在帝国主义时期往往成为殖民扩张的工具。在现代国际实践中，时效不能单独作为取得领土的有效根据。

(三)添附

添附是指因为自然和人为的作用使国家领土得到扩大或增加。添附包括自然添附和人为添附两种。

1. 自然添附

自然添附是由于自然因素形成的土地增加，主要有涨滩、三角洲、废河床和新生岛屿等。

作为国际法的习惯规则，自然添附被认为是取得领土的合法方式已获得国际社会的广泛认同。

2. 人为添附

人为添附是指通过人为活动导致的领土扩大，主要有建筑堤堰、围海造田等。因其可能使他国的自然状态等遭受不利，现代国际法虽承认其合法，但附有一定限制，即要求采取人工添附不得损害邻国或他国利益，特别是在人类命运共同体理念下，添附应以保护环境为首要考量。

应当注意，根据《联合国海洋法公约》，一国的近海设施和人工岛屿，以及一国的专属经济区、大陆架和公海上建造的人工岛屿、设施和结构都不构成领土的添附[①]。

(四)割让

割让是指国家根据条约将本国领土主权转移给他国，从而使他国取得领土的方式。割让的构成有以下要点：

(1)割让的主体，无论让与国还是受让国都是国家。

(2)割让的要素是转让被割让土地的领土主权。如果只转移治理权，即使是排他性的转移，没有割让领土主权的意思，不能构成割让。

---

① 邵津：《国际法》，北京大学出版社2000年版，第103页。

(3)割让须通过条约成立,即让与国与受让国之间签订条约,或包括让与国和受让国在内的数个国家之间达成协议,割让才成立。

(4)领土的某些部分,如领空和领海,是土地的附属部分,不能离开土地单独割让。

(5)如果一国宪法中有对于割让的限制,则违反该限制的割让条约可能无效。

割让可能是有补偿的,也可能是无偿的;可能是强制性的,也可能是非强制性的。强制性的割让是一国使用武力或威胁强迫他国签订条约,将其领土转移给自己,一般是无偿的。这种割让往往是战争或战争胁迫的结果。近代以来割让成了帝国主义侵略弱小民族,掠夺他国领土的方式,这种通过武力缔结割让条约的做法已被现代国际社会所摈弃。《维也纳条约法公约》第五十二条规定,"如果条约是违反联合国宪章所含国际法原则以威胁或使用武力而获得缔结的",则该条约无效。

非强制性割让是国家出于自愿,通过和平谈判形成的结果,一般是有偿的,如两国领土的交换、买卖等。如 1867 年俄国将阿拉斯加以 720 万美元卖给美国,就属于此类割让;1960 年中国和缅甸根据两国边境条约,以中国的猛卯三角地换取缅甸的班洪、班老部落地区,则属于交换。非强制性割让也可能是无偿的,包括赠与、合并等。无论采取交换、买卖还是赠与的方式,非强制性割让由于基于平等、自愿而产生,是为现代国际法所许可的。

(五)征服

征服是国家以武力占领他国部分或全部领土,并在战争结束后经过兼并取得领土的方式。

征服需要有兼并的行为,即将其占领的领土并入自己的领土之内,置于本国领土主权之下。这一点使得征服区别于战时占领,因为后者不形成领土主权的转移,征服不需要签订条约,这是其与割让的不同,如果征服之后签订条约,则变成强制性割让。历史上有很多征服的实例,如 1757 年,英国战胜印度后将印度变成英属殖民地;1910 年,日本打败朝鲜,将其纳为属地。

在战争未被国际法认定为非法的时代,发动战争是一国的主权权利,因而征服作为领土取得的方式是适用的。但随着国际法的发展,从 1919 年《国际联盟盟约》到 1928 年《巴黎非战公约》以及 1945 年《联合国宪章》,均明确以取得他国领土为目的而发动的战争是非法的,由此取得的领土亦不能成为合法的占有或取得。

随着国际法实践的发展,上述五种领土取得与变更的方式,除了添附和非强制性割让仍然合法,其他方式在现代国际社会都已不再适用。

二、现代国际法承认的领土取得和变更方式

如上所述,在传统国际法的五种方式中,只有添附和非强制性割让的方式为现代国际法所继承和肯定。现代国际法还增加了一些领土变更的方式如民族自决、全民公决、恢复领土主权和交换土地等。

(一)现代国际法确认的领土取得与变更方式

1. 民族自决

民族自决(self-determination of people),又称为民族自决权,该词源于德语"selbstbestimmung-srecht"。[1] 民族自决原则是指处于外国奴役和殖民统治下的被压迫民族和人民,有权决定或经过民族独立斗争取得本地区的独立,组成新的国家,并对其领土拥有主权。

民族自决原则是法国资产阶级大革命时正式提出来的。[2] 启蒙思想家卢梭的"主权在民"思想丰富了该理论。此后不断发展的民族自决观念开始与民族国家理念结合在一起,为拥有主权的民族国家的建立奠定了基础。美国总统威尔逊著名的《十四点纲领》将民族的区分与国家的边界联系在一起的设想为国际法文件所采纳。第一次世界大战后民族自决原则开始广泛传播并获得一定的承认,在第二次世界大战后得以完全确认。《联合国宪章》是第一个正式规定民族自决原则并赋予其约束力的成文国际法规范。此后,民族自决原则在 1960 年 12 月 14 日通过的联合国大会 1514 号决议《给予殖民地国家和人民以独立的宣言》、1966 年《公民权利和政治权利国际公约》和《经济、社会和文化权利国际公约》、1970 年联合国大会 2625 号决议和 1970 年《国际法原则宣言》中都有所体现,特别是联合国 1514 号决议将"自决权"从宪章中的一个原则提升到了"基本人权"的高度,《国际法原则宣言》则规定各民族享有平等权利及自决权之原则,各民族一律有权自由决定其政治地位,不受外界之干涉,并追求其经济、社会及文化之发展,且每一国均有义务遵照联合国宪章规定尊重此种权利。这些为之后民族解放运动的蓬勃发展提供了法律上的保障和支持。

就民族自决的实施对象而言,应包括原殖民地、委任统治地、联合国的托管领土。民族自决的表现形式往往多种多样,既有通过政治斗争、公民投票的,又有通过宪政运动而独立的,甚至以武力的方式取得独立[3]。但无论采用何种形式,只要其具备适用民族自决的客观条件,那么它就应该是合法的,也就会在国际法上得到确认。民族自决首先应该是一个争取对外自决权的过程,在这一过程中表现为国家主权的回归和人民享有的独立;其次则是对内自决权落实的过程,在这一过程中,自决权应当为人民所享有,这是民族自决权实现不可或缺的条件。

---

[1] John Howard Clinebe, Jim Thomson, Sovereignty and Self-Determination: The Right of Native Americans under International Law, *Buffalo Law Review*, 1978, p. 702.

[2] [奥]阿菲德罗斯等:《国际法》下册,李浩培译,商务印书馆 1981 年版,第 679 页。

[3] 梁西:《国际法》,武汉大学出版社 2000 年版,第 116 页。

应注意民族自决与传统国际法上的领土取得方式的重大区别。前者情况下,取得领土是新国家成立的要件,国家出现与获得领土主权同时发生;后者情况下,由既存国家取得领土。

2. 全民公决

现代国际法意义上的全民公决(referendum)又称全民投票,是指领土主权争议或未定地区的居民充分自主地以投票方式表达意愿,确定领土归属的方式[①]。在国际关系范围内,全民公决是作为确定争议或地位未定领土上的居民对该领土的国家归属问题的意志表达方式而采用的。

在现代国际法实践中,以全民公决方式决定领土变更的也较为常见。如根据1919年《凡尔赛条约》的规定,德国萨尔地区的行政管理由国际联盟负责,为期15年,期满后通过全民公决决定该地区的最后归属。在1935年1月举行的全民公决中,绝大部分居民赞成萨尔地区重新并入德国。1944年5月,冰岛地区的居民通过全民公决脱离丹麦,于1944年6月成立独立的冰岛共和国。

全民公决与民族自决在许多地方有相似之处,但两者并不等同。全民公决更多地体现为一种非暴力性,它可以根据国内法令或者国际条约的规定来进行,其实施过程也存在着较好的外部监督,体现出程序上的合法性,因此其广泛适用于非自治领土,例如托管领土。它与现代国际法上其他领土变更方式的最大不同就在于其可以适用于主权国家,但这是受到严格限制的,至少其实施应当取得所属国的认同,否则就与分裂活动无异。

在当今国际实践中,全民公决应具备三个条件:第一,有合法和正当的理由;第二,没有外国的干涉、威胁和操纵,当地居民能够自由体现其意志;第三,应由联合国监督投票。除此之外,主权国家对于其主权领域范围的全民公决的承认与否直接关系到全民公决能否最终进行以及国家局势的最终走向。

3. 其他方式

现代国际法上领土取得与变更方式除了民族自决、全民公决之外,还有许多其他新的方式,例如恢复领土主权、交换土地等。

恢复领土主权(reversion of territorial sovereignty)也称为收复失地,是指一国以和平方式收回被别国非法侵占的领土。收复失地在国际法的实践中大多是以和平方式完成,由双方在协商的基础上达成交还协议,最终实现主权的回归。例如,1984年9月26日,中英两国经过长期谈判后发表了关于香港问题的联合声明,中国政府于1997年7月1日恢复对香港地区行使主权。又如,根据2004年《中华人民共和国和

[①] 杨成铭、王瀚:《现代国际法学》,中国法制出版社2001年版。

俄罗斯联邦关于中俄国界东段的补充协定》,中国收回半个黑瞎子岛的主权。在收复方式上,虽然根据《联合国宪章》,和平解决国家争端是国际法的基本原则,现代国际法原则上反对以武力恢复以前的失地,但1961年印度以武力收复了16世纪被葡萄牙征服而夺取的果阿地区,事后也得到了国际上大多数国家的支持,联合国大会和安理会也均未谴责印度的行为,由此可见,在特殊情况下,武力收复失地也可以视为合法的领土变更方式。①

交换土地是指国家之间在平等、自愿基础上,通过条约或其他书面的形式调整或交换其部分领土。交换领土是领土转让形式之一种,而领土转让的其他形式还包括买卖合同或赠送。此种领土变更方式一般发生于邻国之间,用于解决边界争端。例如1960年《中华人民共和国和缅甸联邦边界条约》规定,中国将猛卯三角地交缅甸管理,缅甸则把班洪、班老两部落的管辖区划给中国。另外,领土也可以经过承认而取得,它是通过国际法院、仲裁法院或者国际社会的裁决或者决议来确定某块领土的归属。②

(二)新的领土取得与变更方式对国际社会的影响

现代国际法上的领土取得与变更方式大大丰富和发展了国际法上领土取得与变更方式的理论,为现代国际社会在和平解决国际争端提供了理论上的支撑和指导,而这些方式在国际实践中也已充分证明了其广泛的适用性和先进性,并为世界各国所普遍接受和采用。值得一提的是,邓小平的"一国两制"思想为香港的顺利回归提供了强大的理论支持,也是对现代国际法的重大贡献。

第四节 国家边界和边境制度

一、国家边界

(一)边界和边境的概念

国家边界(state boundary),又称为国界或边界,是划分国家领土范围或国家管辖范围的界限,也是国家行使领土主权的界限。边界的重要性在于,它标志着一个国家行使领土主权的范围,即维护国家领土主权的屏障。国家领土包括领陆、领空、领水和领底土,边界可以看成是分隔一国领土与他国领土、一国领海和公海或专属经济区以及一国领空和外层空间的界限。因此,边界分为陆地边界、水域边界和空中边界。还有的学者将国家边界划分为陆地边界、海上边界、空中边界和地下边界等。这里着重讨论的是陆地边界的划分及相关问题。

---

① 杨成铭、王瀚:《现代国际法学》,中国法制出版社2001年版。
② [德]沃尔夫刚·格拉夫:《国际法》,吴越、毛晓飞译:法律出版社2002年版。

边境是指紧接边界线两边的一定的区域。边界与边境是既有区别又有联系的概念。边界是划分国界的"线",而边境是在边界线两边的一定范围内的"区域"。边境范围固然在法律上可以明确区分,然而边境居民的日常生活很难"一切两段",因而需要设立特殊法律制度予以规制。

(二)边界的形成与划分

1. 边界的形成

根据传统国际法理论和国家实践,边界的形成有以下两种情形:其一,在长期的历史发展中逐渐形成的,称为传统边界或历史边界;其二,通过两个国家订立双边条约或更多的国家加入多边条约来确定的,称为条约边界。在实践中,大多数国家的边界是条约边界,相较于传统边界的不稳定和不确定性而言,前者更明确和稳定,更适应现实的需要。

2. 划界程序

条约划界通常有三个阶段,即定界、标界、制定边界文书。

(1)定界。缔约国各方通过谈判协商达成一致,就两国边界的主要位置和基本走向以边界条约形式固定下来。边界条约是有关国家确定边界线的基本依据,必要时附上边界线地图。当边界条约与所附地图有所差异时,原则上以边界条约作准。

(2)标界。边界条约签订后,缔约国各方进入标界阶段,具体实施边界条约的内容。依照边界条约的规定,由缔约国各方代表组成的勘界委员会进行实地勘测,根据条约确定的边界主要位置和基本走向进行实地划界,并树立界标、界桩。标界工作完成后,勘界委员会的工作即告完成。

(3)制定边界文书。标界完成后,缔约国制定详细的边界议定书和地图,它们与边界条约一同构成划分边界的基本法律文件。

值得注意的是,在国际实践中可能会发生边界条约、边界议定书、地图与实地标界不相一致的情况。依国际惯例:当实地边界与边界基本法律文件不一致时,以后者为准;当地图与边界条约和边界议定书不符的,以后两者为准;当边界议定书与边界条约不符的,以后者为准。边界条约在边界基本法律文件里,具有决定性效力。[①] 当然这种原则不是绝对的,需要根据具体情况具体处理。

3. 边界的划分原则

边界的划分有两种:天然边界和人为边界。

(1)天然边界。相邻国家经常利用天然地形地貌划定边界线,例如以河流、湖泊、山脉、沙漠、森林、湿地、草原等为界。陆地边界通常采用天然边界线的划分方法,除因

---

① 周鲠生:《国际法》下册,商务印书馆1983年版,第430页。

特殊历史原因或另有条约规定外,一般按以下原则划分:第一,两国领土以山脉为界时,可以分水岭为界;若山脉构造复杂的,也可以山峰、山麓等作为边界线。第二,两国领土以河流为界时,通航河流以主航道中心线为界,不通航河流以河道中心线为界。界河若因季节等自然原因发生移动时,如果水流缓慢而向一边河岸移动的,原先的边界线也相应改变。如果界河因水流湍急而发生改变的,原界限不变。第三,两国领土以湖泊或内陆海为界时,一般以中间线为界。

(2)人为边界。相邻国家如不采用天然地形地貌划定边界线的,可通过条约划定边界,一般有两种方法。一种是几何学边界,即以一个固定点到另一个固定点所划的直线作为边界线。这种分界方法一般用于偏僻复杂、难以勘探的地区或者是海上边界线。非洲一些国家之间以及美国和加拿大的湖区之间采用这种方法。还有一种是天文学边界,即以地球上的经纬度作为分界线。这种方法一般适用于海上和地广人稀的地区或者是空中。例如,美国和加拿大从温哥华到伍兹湖西岸就采用了北纬49度线作为边界线。①

4. 边界争端的解决

世界上大部分国家和地区都发生过不同程度的边界争端,甚至由此引发武装冲突。边界争端的成因十分复杂,大多是传统的因素所致,比如历史遗留问题引起,具体如下:

(1)相邻国家对于传统边界的具体位置和基本走向所持有观点不同,且尚未正式划定边界线。

(2)边界线虽已确定,但缔约国各方对边界条约效力的认知不一致。

(3)边界被侵占或者界标被移动。

(4)由于自然原因等不可抗力导致缔约国未能预料的情况出现。

现代国际法的基本原则之一是和平解决国际争端。如前所述,争端当事国可通过协商或谈判,订立边界条约,这种方法简单易行,合理有效,当然这需要建立在缔约各方同意的前提下。另外一个解决途径就是将边界争端提交国际仲裁或国际司法解决,尤其是缔约国双方对于边界条约的解释有争议的情形,这种通过法律程序解决边界争端的方法有利于实现边界稳定性和确定性。②

具体而言,对边界争端的解决一般使用"保持占有原则",也称为"承认现状原则"。该原则的基本含义是:原先属于同一个殖民者或宗主国统治下的各行政区域独立后,按照现实情况,这些行政区域之间的边界即成为独立主权国家的边界,其后相关国家

---

① 邵津:《国际法》,北京大学出版社2000年版,第108页。
② [英]詹宁斯、瓦茨修订:《奥本海国际法》第1卷第2分册,王铁崖等译,中国大百科全书出版社1995年版,第63页。

需要尊重这些既定的国家边界。该原则首先是由拉美国家提出的,19世纪初它们从西班牙殖民统治下独立后,相关国家按照当时既存的行政区域边界设定了边界线;20世纪60年代非洲大陆大批国家独立后,也是以过去殖民地时代的行政区域为界设定了国家边界线。国际法院也强调公平原则在划界中的适用,指明应考虑到具体国情和居民习惯,尽量不要把一国国民划入别国境内,避免导致不稳定的结果产生。

二、边境制度

如前所述,边境(frontier)是指国家边界线两侧的一定区域。边境地理位置特殊,需设立特别法律制度,即边境制度。

边境制度是国家为了保障边境地区秩序安全及其居民生活便利和利益,所适用的一系列法律规范和习惯做法的总称。一般而言,边境制度有两类渊源:一是国内法律法规,主要是指海关与卫生检疫制度、货物进出口制度、缉私制度、边界警戒巡逻制度等;二是双边条约和协定,主要涉及边界秩序、边界和界标的维护、自然资源的利用和养护、边境往来制度等。

各国的边境制度因具体情况不同而有所差异,但基本内容如下:

(一)边界标志的维护与保养

边界标志是边界制度的重要内容。边界条约一般规定各方负有维护界标的义务和责任,应使其位置、形状、大小等物理特征符合边界法律文件的要求,并采取必要措施使其免受人为损害、移动或毁灭,以及在上述情况出现时,各方各自负责修缮和恢复本国境内界标。中国与缅甸、巴基斯坦、阿富汗等邻国分别签订的边界议定书均有这样的规定。如1961年签订的《中缅关于两国边界的议定书》第三十八条规定:如果一方发现界桩已被移动、损坏或毁灭,应尽量通知另一方,负责维护该界桩的一方这时应当采取必要的措施,在另一方在场的情况下,在原地按原定规格予以恢复、修理或重建。如果由于客观条件的变化而无法在原址恢复的,可由双方共同协商选择地点树立界桩。

(二)边境地区自然资源的利用和环境保护

边境地区自然资源的利用和环境保护在边境制度中的重要性与日俱增。各方在利用边界一侧境内属于其所有的自然资源时,应注意不得对相邻国家造成损害;各方在进行自然资源开发利用活动时,不对相邻国家的空气、土壤、生物、建筑、水源等造成污染损害;为实现生物多样化的目标,各方有义务保护边界地区的动植物,不准越界射击和追捕鸟兽,遵守狩猎规定;各方不准在边境地区建立靶场或进行武器实验等,以免危及相邻国家边境地区居民的人身和财产安全。

(三)界水的利用和保护

界水的利用,包括界水的使用、航运、捕鱼以及由于河流的变迁和界线的移动或者界河的改道而引发的原界线两边的岛屿的主权归属等。相邻国家之间如果以河流湖泊为界,应当在边界法律文件中明确规定对界水的利用和保护。通常情况下,作为边界线的界水的使用权应由相邻国家共同拥有。在使用时,不得损害邻国的利益,不得采取可能使河流枯竭或泛滥的措施,更不能故意采取措施使得河流改道。国家在使用界水时必须对界水加以严格的保护,应当防止和减轻来自自然灾害的破坏,更应当有效控制各种人为污染,防止水质恶化。同时,对于在界水中的捕鱼和养护也须作出严格的法律规定并予以遵守。

(四)边境公共服务合作

如前所述,边境居民的生活不可能由一条边界线截然分开,两国边民无论是在民族、习惯、风俗,抑或是经济生活等方面都有共通之处和千丝万缕的联系,边境往来十分频繁。为此,相邻国家对于边民之间的小额贸易、探亲访友、航运运输、朝圣进香等具体事宜作出规定,使边民享有特殊便利。两国应当在公共服务如出入境检查、交通管理、警察服务和卫生检疫等方面进行合作,采取特殊措施以保障边民的便利和边境地区的正常秩序。中国同印度、尼泊尔和越南等国家都有关于边民来往的相关规定。如《关于中国西藏地方和印度之间的通商和交通协定》第五条规定:两国边境地区居民,凡因进行小额贸易或者探亲访友而互相过境往来,仍按照以往习惯前往对方地区,而不限于经过前述第4条所指定的山口和道路,并无需护照、签证或许可证。

因此,边境地区的居民来往,一般不受出入境手续的限制,而是由边境当局处理。

(五)边境事件的解决

边境地区的社会治安由边防部队负责维持。相邻国家之间通常根据边界条约设立专门机构,一般称为边界委员会,以处理与解决一般的边境事件,如偷越国界、损毁界标等。如1961年《中缅关于中缅边界的议定书》第四十七条规定:凡需要就本议定书第四部分"关于边界线和界桩的维护"所规定的有关事项彼此联系或协商处理时,由双方为此专门指定的官员负责进行。如果是边界委员会未能解决的或者是争端性质特别严重的事件,则通过外交途径解决。

三、中华人民共和国处理边界问题的实践

(一)中国的边界

中国的陆地疆界长达15 000多千米,按照地理方位,分别与朝鲜、蒙古国、俄罗斯、塔吉克斯坦、哈萨克斯坦、吉尔吉斯斯坦、阿富汗、巴基斯坦、印度、尼泊尔、不丹、缅甸、老挝、越南14个国家接壤。

中国海岸线长约 18 000 千米,隔海与日本、韩国、菲律宾、印度尼西亚、马来西亚、文莱 6 国相毗连。

由于中国幅员辽阔,边界问题十分复杂。

(二)新中国关于解决边界问题的基本主张

中国同不少邻国存在着悬而未决的边界问题。能否公平合理地解决该问题,不仅关系到中国主权和领土的完整、边境的安宁以及边境居民的和平生活,而且关系到同邻国的关系。因此,在对待边界问题上,中国采取了极其慎重的态度。

中国一贯主张对历史遗留的边界问题,双方应通过和平谈判,互谅互让,求得友好解决,而不应诉诸武力。在谈判中,既要考量历史背景,又要考量现实状况,经双方同意也可作必要调整。但在问题解决前,应维持边界现状。

中国同一些邻国经过友好协商,在 20 世纪 60 年代公平合理地解决了一些边界问题。1960 年 1 月 28 日,中国首先与缅甸签订了关于两国边界的协定,并于同年 10 月 1 日正式缔结了《中缅边界条约》。此后,中国先后与蒙古国、阿富汗、巴基斯坦、尼泊尔、俄罗斯等国订立边界条约,解决了边界问题。

(三)中国边境问题的新进展

1. 中俄边界问题彻底解决

2004 年 11 月中旬,中国外交部长李肇星和俄罗斯外交部长拉夫罗夫在北京签署了《中俄关于两国边界东段的补充协定》,此协定与《中苏东段国界协定》以及《中俄西段国界协定》一起,标志着 4 300 多千米的中俄边界线走向全部确定。两国 300 多年交往史中首次全线标定边界线,在边界问题上达成百分之百的共识,具有"突破性"的意义。中俄两国是在双边关系达到战略协作伙伴关系水平后签署边界协定的,双方还就军事、能源和移民等问题达成了协议。

2. 中印边界问题取得建设性成果

中印边界全长约 2 000 千米,其中有争议的边界全长 1 700 千米,分为东、中、西三段。双方争议地区面积共约 125 000 平方千米,其中东段约 90 000 平方千米,中段约 2 000 平方千米,西段约 33 000 平方千米。1914 年,英国殖民主义者炮制了非法的"麦克马洪线",中国历届中央政府都不予承认。1947 年印度独立后,不仅继承了英国对中国部分领土的侵占,而且进一步侵占中国大片领土,于 1953 年扩展到"麦克马洪线"。1954 年,印度按其侵占和无理主张单方面在地图上将中印"未定界"改划为"已定界"。1959 年,印度根据其改划过的地图线正式对中国阿克赛钦地区提出领土要求。1960 年 4 月,周恩来总理前往新德里和尼赫鲁总理举行会谈,由于印度坚持无理立场,双方未达成协议。随后举行的两国官员会晤也无结果。1962 年 10 月,印度在边境向中国发动全面武装进攻,企图用武力攫取领土,中国被迫进行自卫还击。此后,两国边境地区在相当长的一段时期内基本保持平静。

1987年2月,印度在非法侵占"麦克马洪线"以南的中国领土上建立所谓的"阿鲁纳恰尔邦"。中方多次严正声明,绝不承认非法的"麦克马洪线"和所谓的"阿鲁纳恰尔邦",并要求印度撤回所有越线设点的军事人员。

1988年12月,印度总理拉·甘地访华,双方表示在寻求双方都能接受的解决边界问题办法的同时,应积极发展其他方面的关系,努力创造有利于解决边界问题的气氛和条件。双方同意建立关于边界问题的副外长级联合工作小组。

迄今30年来,两国副外长级边界问题联合工作小组已举行了15轮会谈,专家会议12次,中印边界谈判在曲折中艰难进展。双方一致认为边界问题不应成为两国发展其他双边领域关系的障碍,而应通过和平谈判加以解决。1993年,两国政府签署了《关于中印边境实际控制线地区保持和平与安宁的协定》,并成立了专家小组,讨论协定的实施办法,并已取得一些积极进展。1995年11月,双方撤除了两军在边境东段旺东地区过于接近的哨所,使边境局势更趋稳定。1996年11月底江泽民主席访印期间,两国政府签署了《关于在中印边境实控线地区军事领域建立信任措施的协定》,这是中印在建立相互信任方面采取的重要举措。协定的签署和实施有助于进一步维护中印边境实控线地区的和平与安宁,为边界问题的最终解决创造良好的气氛。

2003年6月瓦杰帕伊总理成功访华,中印边界谈判向最高层次发展。该高级别会谈机制自2003年成立以来已先后举行过17轮。正是在这一会谈机制的作用下,中印双方于2005年达成了"解决中印边界问题政治指导原则",迈出了解决边界问题的第一步。2018年11月23日至24日,应中印边界问题中方特别代表、国务委员兼外长王毅邀请,印方特别代表、印度国家安全顾问多瓦尔来华进行中印边界问题特别代表第二十一次会晤。双方就边界问题深入交换了意见,取得重要共识。2020年9月10日,中国国务委员兼外交部长王毅同印度外交部长苏杰生在莫斯科举行双边会见。两国外长坦诚和建设性地讨论了中印边境形势发展及中印关系。2021年2月20日,中印两军在莫尔多/楚舒勒会晤点中方一侧举行第十轮军长级会谈。双方就西段实控线地区存在的问题坦诚深入地交换了意见。

3. 中越边界

中越边界问题包括陆地边界、北部湾划分和南沙群岛及其附近海域的主权和海洋权益争议等。

1999年11月,两国签署了《关于处理两国边境事务的临时协定》;1993年10月,两国签署《关于解决边界领土问题的基本原则协议》。经过双方的共同努力,两国于1999年12月30日在河内正式签署《中越陆地边界条约》。2000年7月6日,两国在北京互换了条约批准书,《陆地边界条约》正式生效。2000年12月25日,两国在北京正式签署中越《关于在北部湾领海、专署经济区和大陆架的划界协定》和《中越北部湾渔业合作协定》。

中越陆地边界谈判历时22年,至2003年底,双方勘界立碑进程已过半。2008年6月,中越双方交换了《关于在北部湾领海、专署经济区和大陆架的划界协定》和《中越北部湾渔业合作协定》。中国第一条海上边界线正式产生。

4. 同周边国家走向全面和解

自中越武装冲突结束至今,中国与周边国家在边界问题上进入全面和解阶段,所有的边界纠纷都通过谈判谋求解决,避免军事冲突和对抗。

20世纪70年代末,与中国发生过武装冲突的3个国家先后与中国和解。1982年,邓小平在会见当时的联合国秘书长德奎利亚尔时说,中国计划在20世纪末达到小康水平,在21世纪中叶接近发达国家水平,"一打仗,这个计划就吹了……我们希望至少有五十年到七十年的和平时间"。从此,中国"睦邻、安邻、富邻"的周边外交政策全面改善了与周边邻国的关系,为今后更好地解决边界问题创造了良好的条件。

对于南海岛屿和海洋权益争端,邓小平在20世纪80年代提出了"主权属我,搁置争议,共同开发"的原则。如中日东海油气田之争源于中日专属经济区界线的划分之争。按照《联合国海洋法公约》的规定,沿岸国可以从海岸基线开始计算,把200海里以内的海域作为自己的专属经济区。中日两国之间的东海海域很多海面的宽度388海里,日本主张以两国海岸基准线的中间线来确定专属经济区的界线,即所谓的"日中中间线"。但日方提出的中间线主张没有国际法依据,中方一直未予承认。而东海海底的地形和地貌结构决定了中日之间的专属经济区界线划分应该遵循"大陆架自然延伸"的原则。对于东海划界问题上的争议,中方一贯主张双方应通过谈判加以解决,多次强调"主权归我,合作开发"是解决东海问题的唯一正确选择。中日之间还存在钓鱼岛归属的争议,还存在南中国海的争议,这些都需要相关国家通过平等协商谈判,力争解决相关问题。

第五节 两极地区

一、南极地区

(一)南极地区概况

南极洲(Antarctica)位于地球的南端,由围绕南极的大陆、陆源冰和岛屿组成,是人类最后到达的大陆,也叫"第七大陆"。南极洲面积约1 405万平方千米(其中大陆面积1 239.4万平方千米,陆源冰面积158万平方千米,岛屿面积7.6万平方千米),

占世界陆地面积的 9.4% 左右。南极洲四周被太平洋、印度洋和大西洋所包围，边缘有别林斯高晋海、罗斯海、阿蒙森海和威德尔海等十多个海，海岸线长 2.4 万千米。地理位置极为孤立，隔 970 千米宽的德雷克海峡与南美洲相望，距澳大利亚 3 500 千米，距南非约 4 000 千米。矿物资源丰富，有金、银、铜、铁、镍、铂、锡、铝土、锰、钴、锌、锑、钛、煤、石油、天然气、石墨、石英、金刚石等 220 种，尤以煤、铁、石油、天然气和放射性矿物重要，大多分布在南极半岛及沿海岛屿上。①

(二) 各国对南极的领土要求

1772 年开始南极探险之后，不少国家对南极洲提出领土权，1959 年签订的《南极条约》对各国的领土要求权冻结 30 年。许多国家对南极洲领土与资源开发的斗争仍然很激烈。不少国家在南极洲设有考察站。中国在乔治岛设有长城站，在东南极洲普里兹湾设有中山站。它不存在领土邻接，但仍有许多国家提出"扇形理论"要求。其办法是从南极画一弧线，按经度线划分区域和边界线。英国首先在 1908 年提出领土要求，法国、新西兰、澳大利亚也都提出过。阿根廷和智利提出以"占领"原则来主张主权。此外，巴西、秘鲁、乌拉圭、南非也都提出过领土要求。苏联则不承认他国对南极的领土要求，但声明保留其科学考察的权利。美国的要求与此相同。

1917—1940 年，单方面宣布把南极部分地区划归为本国属地的有英国、新西兰、澳大利亚、挪威、法国、阿根廷和智利 7 个国家。按照英国人自己的说法，大英帝国对南极的领土要求是 1908 年以正式纳入"皇家专利证"的形式提出来的，并于 1917 年作为"英属地"，包括现在澳大利亚和新西兰在南极的领土要求范围，几乎占了整个南极大陆总面积的 61%。后来英国于 1923 年、1933 年将部分领土分别转让给新西兰、澳大利亚。现在英国在南极大陆的领土要求，包括位于 20°E～50°E、50°S 以南所有的 58 个岛屿和陆地，以及位于 50°E～80°E、58°S 以南所有的岛屿和陆地。

各国主权要求的范围有一个共同的特点，都是以南极点为终点，以经线和纬线为边界，呈大小不等的扇形，像切西瓜一样把南极洲"瓜分"了。在最具吸引力的南极半岛地区，英国、智利和阿根廷都提出了主权要求，这就使南极半岛更富争议。

迄今为止，还剩下一块地方，那就是 90°E～150°E 的那一扇形还不曾有国家提出主权要求。据说，这一地区是最难到达而且也是最没有吸引力的地方。但真正的原因在于，美国曾经想对这一地区提出主权要求，至今还有人把这一地区称为"美国扇形"。

苏联从来没有提出任何官方和非官方的主权要求。它不像其他国家那样表现出对南极大陆的某一部分感兴趣，而是放眼整个南极。也就是说，苏联所实行的是一种全大陆的战略。苏联在南极大陆四周先后建立了 8 个常年科学考察站，显示了苏联对

---

① 《最新实用世界地图册》，中国地图出版社 1993 年版，第 141—151 页。

于南极地区的重视和领土要求。

(三)南极的法律体系

1. 南极条约

1955年7月,阿根廷、澳大利亚、比利时、智利、法国、日本、新西兰、挪威、南非、美国、英国和苏联12国代表在巴黎举行第一次南极国际会议,同意协调南极洲的考察计划,暂时搁置各方提出的领土要求。1957~1958年为国际地球物理年,上述12国的1 000多名科学家奔赴南极,他们从后勤保障、科学家考察到资料交换等方面进行了广泛而有成效的合作。1958年2月5日,美国总统艾森豪威尔致函其他11国政府,要求它们派代表到华盛顿共同商讨南极问题。从1958年6月起,12国代表经过60多轮谈判,于1959年12月1日签署了《南极条约》。条约于1961年6月23日生效,美国为南极条约的保存国。《南极条约》签署国依据其国名英文字母的排列顺序轮流主办会议,承担一切会议费用。工作语言为英语、法语、俄语和西班牙语。会议主办国必须为会议提供4种语言的同声传译和文件。

《南极条约》由序言和14个条文组成。条约的宗旨和原则规定,为了全人类的利益,南极应永远专用于和平目的,不应成为国际纷争的场所和目标。其主要内容包括:

(1)禁止在条约区从事任何带有军事性质的活动,南极只用于和平目的。《南极条约》序言载明,为了全人类的利益,南极将永远专为和平目的所使用,南极不应成为国际纷争的对象和场所。该条约第一条明文规定:"南极应只用于和平目的",禁止采取一切具有军事性质的措施,不得建立军事基地、建筑要塞、进行军事演习以及核试验和其他武器实验,实行南极的非军事化和无核化。

(2)冻结对南极任何形式的领土要求。《南极条约》第四条规定,《南极条约》的任何规定不得解释为对缔约任何一方放弃在南极原来所主张的领土权利或要求,或放弃由于它或其国民的活动或其他原因而构成对南极领土主权的要求的任何根据,或损害缔约任何一方关于它承认或否认任何其他国家在南极的领土主权的要求或要求的根据的立场。在条约有效期间所发生的一切行为或活动,不得构成主张、支持或否定对南极的领土主权的要求的基础,也不得创立在南极的任何主权权利。在《南极条约》有效期间内,对南极不得提出新的领土要求或扩大现有的要求。

(3)鼓励南极科学考察中的国际合作,各协商国都有权到其他协商国的南极考察站上视察。《南极条约》序言和第二条、第三条规定在南极地区实行科学考察与调查的自由并为此而进行的国际合作。在一切实际可行的范围内,在南极活动的国家应互相交换和提供有关的科学情报,实行科研人员的互相交流;南极的科研成果应予以公开;鼓励国际组织和机构参加这方面的工作。

(4)协商国决策重大事务的实施主要靠每年一次的《南极条约》例会和各协商国对

南极的自由视察权,即缔约国观察员制度。《南极条约》第七条规定,缔约国有权指派观察员,观察员可在任何时间自由视察南极一切地区,以促进条约宗旨并保证条约的规定得到遵守。

此外,《南极条约》还规定了缔约国协商制度,缔约国为便利情报交换,召开会议共同协商有关南极的共同利益问题,并阐述、考虑以及向本国政府建议旨在促进条约的实施。协商会议每两年举行一次,自1993年起每年举行。

中国于1983年6月8日加入南极条约组织,同日条约对中国生效,1985年10月7日被接纳为协商国。至2021年,南极条约组织有成员国54个,其中协商国29个,非协商国25个。[①]

2. 南极条约体系

南极条约体系是指《南极条约》和南极条约协商国签订的有关保护南极的公约以及历次协商国会议通过的各项提议和措施。

从1958年6月起,阿根廷、澳大利亚、比利时、智利、法国、日本、新西兰、挪威、南非、美国、英国、苏联12国代表经过60多次会议,在1959年12月1日签署了《南极条约》(1961年6月23日生效)。此后,南极条约协商国又于1964年签订了《保护南极动植物议定措施》,1972年签订了《南极海豹保护公约》,1980年签订了《南极生物资源保护公约》。南极条约协商国于1988年6月通过了《南极矿物资源活动管理公约》的最后文件,该公约在向各协商国开放签字之时因《南极条约环境保护议定书》的通过而中止,但由于《南极条约环境保护议定书》中的很多条款系直接引自《南极矿物资源活动管理公约》,因而《南极矿物资源活动管理公约》仍被视为可作为参考的重要法律文件。南极条约协商国于1991年10月在马德里通过了《南极环境保护议定书》和"南极环境评估""南极动植物保护""南极废物处理和管理""防止海洋污染"和"南极特别保护区"5个附件,并于10月4日公开签字,在所有协商国批准后生效。《南极条约环境保护议定书》第二十五条规定,自议定书生效之日起50年内禁止在南极进行矿物资源活动,从而确保了南极大陆未来50年的和平和安宁,为全面保护南极、科学认识南极奠定了基石。南极条约协商国于1991年10月在波恩举行的第16届南极条约协商国会议上通过了13项建议备忘录并发表了《南极条约》30周年宣言,重申《南极条约》的宗旨与原则:"为了全人类的利益,南极应永远专用于和平目的,不应成为国际纷争的场所与目标。"宣言建议1991—2000年为国际南极合作10年。

3.《关于环境保护的南极条约议定书》

《南极条约》没有关于环境保护的明确规定,但它禁止核爆炸和放置放射性尘埃的

[①] 联合国裁军事务厅,http://disarmament.un.org/treaties/t/antarctic,2021年2月24日访问。

条款与环保有关。环境保护的具体规定主要载于《关于环境保护的南极条约议定书》之中。

《关于环境保护的南极条约议定书》于 1991 年 6 月 23 日在马德里通过,并于当年 10 月 4 日开放签署,1998 年 1 月 14 日生效。

该议定书旨在保护南极自然生态。议定书规定,严格禁止"侵犯南极自然环境",严格"控制"其他大陆的来访者,严格禁止向南极海域倾倒废物,以免造成对该水域的污染。议定书还规定禁止在南极地区开发石油资源和矿产资源。

截至 2021 年 2 月,41 个国家签署了该条约。[①] 签字国将在未来 50 年内对南极生态保护承担严格的义务。1991 年 10 月 4 日,中国签署了该公约。

二、北极地区

(一)北极概况

北极一片汪洋,终年结冰,除了少数岛屿外并无陆地,无法存在固定的居民。1926 年,苏联对位于该国海岸以北和经过陆地边界东西两端点的两条经线之间的北冰洋地区的一切领土主张主权。该主张即为"扇形理论"。挪威、美国和加拿大均表示反对。他们认为,北极大部分均为海洋,不管它们是冰冻或成液体状态,都是海洋,何况北极冰和水是漂游不定的,人们不可能在其固定居住,为此,占领领土也就成了不确定和来回移动的,任何国家不能对其主张主权,苏联对北极的领土主张缺乏国际性的法律依据。

(二)《斯瓦尔巴条约》

1920 年 2 月 9 日,英国、美国、丹麦、挪威、瑞典、法国、意大利、荷兰及日本等 18 个国家在巴黎签订了《斯匹次卑尔根群岛行政状态条约》,即《斯瓦尔巴条约》。1925 年,中国、苏联、德国、芬兰、西班牙等 33 个国家也参加了该条约,成为《斯瓦尔巴条约》的协约国。该条约使斯瓦尔巴群岛成为北极地区第一个也是唯一一个非军事区。条约承认挪威"具有充分和完全的主权",该地区"永远不得为战争的目的所利用",但各缔约国的公民可以自主进入,在遵守挪威法律的范围内从事正当的生产和商业活动。中国 2004 年依照此条约建立中国北极黄河站,进行北极区域的科考工作,是全球第八个北极科考站。截至 2021 年,共有 43 个国家参加了该条约。[②]

(三)《里约宣言》

为保护北极地区环境及其自然资源,世界各国都采取了行动。联合国环境与发展

---

① 南极公约秘书处,https://www.ats.aq/devAS/Parties? lang=e,2021 年 2 月 25 日访问。
② 斯瓦尔巴官网,https://www.sysselmannen.no/en/laws-and-regulations,2021 年 2 月 25 日访问。

会议于 1992 年 6 月 3 日至 14 日在巴西的里约热内卢隆重举行。参加会议的有来自 158 个国家及国际性、地区性组织的 1 500 名代表,其中有 118 位国家元首和政府首脑。会议的宗旨是:重申 1972 年 6 月 16 日在斯德哥尔摩通过的《联合国人类环境会议的宣言》(简称《斯德哥尔摩宣言》),并试图在其基础上再向前推进一步。会议通过了《里约热内卢环境与发展宣言》,简称《里约宣言》。该宣言是继《斯德哥尔摩宣言》之后,人类为保护自己的生存环境和实现自身的持续发展所订立的地球公约。这一公约与《21 世纪议程》及其行动计划、《气候变化框架公约》、《生物多样性保护公约》以及《森林公约》一起,宣告人类开始进入环境保护与持续发展协调一致的崭新时代,这是人类在环境保护与持续发展进程中迈出的重要一步。

与会的世界各国政府首脑在以下观点上达成了共识:

(1)人口、资源、环境问题是当代人类生存与发展必须解决的三大矛盾。解决这些问题比以往任何时候都更为迫切。

(2)环境问题关系到全人类的共同利益。环境污染与破坏是超越国界的,保护环境绝不能"各扫门前雪",而应当同舟共济、密切合作。环境问题是在发展中产生的,必须在发展中加以解决。因此,在经济发展过程中,应将环境与发展密切结合起来进行综合研究和决策。保护好环境,才可为资源保护提供所需要的物质和资金条件,两者不可偏废。环境恶化是长期形成的。治理环境、保护环境,发达国家负有义不容辞的责任。发达国家应大大增加对发展中国家的财政援助和以优惠的非商业性条件转让环境无害技术,保障发展中国家的发展权利。

(3)牢固树立经济与环境协调发展的意识。无论是国家决策层,还是广大公众,都应高度关注人类赖以生存的环境,对环境保护持积极、负责的态度,自己规范自己的行为;制定严格的法律,强化环境和资源管理,实施行之有效的环境政策,进行城乡环境的综合治理,利用科技进步推动经济和技术协调发展,发展有益于环境保护的新一代技术。

(4)加强国际合作和互助,动员所有国家采取协调一致的行动。鉴于北极地区脆弱的生态系统、有限的环境容量和它在整个地球系统演化过程中所扮演的重要角色,《里约宣言》中的几乎所有内容都与北极的环境保护问题、资源开发问题及持续发展问题有关。该区域的生态系统退化问题、资源开发导致的污染问题、跨国环境问题以及土著居民的生存与发展问题,也都在《里约宣言》中得到了不同程度的概括。

截至 2021 年,共有 196 个国家(或国际组织)参加了《生物多样性保护公约》[①],41

---

① 生物多样性公约秘书处,https://www.cbd.int/information/parties.shtml,2021 年 2 月 25 日访问。

个国家参加了《气候变化框架公约》①,76 个国家参加了《森林公约》②。

（四）《北极搜救协议》

2011 年 5 月 12 日,北极理事会成员国于努克举行的部长级会议上签署了专门针对北极地区的第一份国际协议。该协议涉及航空和海上船只及旅客的搜救,于 2013 年 1 月 19 日生效。③

（五）《北极搜救协议》

北极理事会于 2013 年 5 月 15 日通过另一项国际协议,以解决北极的石油污染问题。该协议于 2016 年 3 月 25 日生效。④

（六）《北极科学合作协定》

北极理事会于 2017 年 5 月 11 日在阿拉斯加费尔班克斯签署了《北极科学合作协定》,为北极理事会成员国的科学家们进入各国政府确定的北极地区提供便利。该协定已于 2018 年 5 月 23 日生效。⑤

（七）《北极渔业协议》

如今在北冰洋中部的公海区域,已经出现冰川溶解的情况,因此,夏季会有船只到该区域捕鱼。由于目前缺乏关于在北冰洋区域内捕鱼的协议,故加拿大、冰岛、丹麦、挪威、俄罗斯、美国、中国、日本、韩国、欧盟于 2018 年 10 月 3 日签署了《北极渔业协议》。该协议将在收到第十份也是最后一份批准书后 30 天生效,有效期为 16 年。截至 2021 年尚有一个缔约国未提交批准书,故该协议还未生效。⑥

思考题

一、问答题

1. 试分析领土主权与管辖权、所有权的关系。
2. 试述传统国际法和现代国际法上关于领土取得与变更方式的联系与区别。

---

① 气候变化框架公约官网,https://unfccc.int/resource/docs/convkp/conveng.pdf,2021 年 2 月 25 日访问。
② 森林公约官网,https://www.upov.int/edocs/pubdocs/en/upov_pub_423.pdf,2021 年 2 月 25 日访问。
③ 北极门户,https://arcticportal.org/ap-library/yar-features/421-arctic-search-and-rescue-agreement,2021 年 3 月 1 日访问。
④ 北极报告,https://www.arctic-report.net/wp-content/uploads/2013/10/Cooperation-on-Marine-Oil-Pollution-Preparedness-and-Response-in-the-Arctic.pdf,2021 年 3 月 1 日访问。
⑤ 北极理事会官网,https://oaarchive.arctic-council.org/bitstream/handle/11374/1916/EDOCS-4288-v2-ACMMUS10_FAIRBANKS_2017_Agreement_on_Enhancing_International_Arctic_Scientific_Cooperation.pdf?sequence=2&isAllowed=y,2021 年 3 月 1 日访问。
⑥ 北极理事会官网,https://arctic-council.org/en/news/exploring-the-arctic-ocean-the-agreement-that-protects-an-unknown-ecosystem,2021 年 3 月 1 日访问。

3. 试分析南北极的法律体系和法律地位。

二、案例分析

钓鱼岛列岛系由钓鱼岛、黄尾屿、赤尾屿、南小岛、北小岛和几个小岛礁组成,总面积约 6.3 平方公里。其中,钓鱼岛最大,面积约 4.3 平方公里,平均海拔 362 米。岛上无人长期居住。钓鱼岛位于台湾基隆东北约 102 海里处,距福建、浙江沿岸 174 海里,南隔一条海槽,距日本的八重山群岛约 81 海里。

2002 年日本政府秘密与所谓"拥有钓鱼岛所有权"的日本国民签订"租约",开始对该岛实施"国家管理"。"租期"从 2002 年 4 月至 2003 年 3 月底,正好与日本的财政年度相符。日本政府今后每年将以 2 256 万日元继续"租借"钓鱼岛及其附近的南小岛、北小岛。从地理位置上看,钓鱼岛最靠近中方,占据此处便可把靠近日方的黄尾屿、赤尾屿纳入日本囊中。日本《读卖新闻》于 2003 年 1 月 1 日披露此事。翌日,中国外交部发言人评称,钓鱼岛自古以来就是中国的固有领土,日本采取的任何单方面行动都是无效的。同年 6 月 23 日,中国民间"保钓船"前往钓鱼岛,遭日方舰艇拦截。同年 8 月 25 日,"日本青年社"9 名成员却得到日本海上保安厅的许可,登上钓鱼岛,更换岛上灯塔蓄电池。这是在日本政府对钓鱼岛实施所谓"国家管理"后发生的严重事件,中国外交部就此向日方提出严正交涉。同年 10 月 1 日,中国内地、香港、台湾的人士为表示对日方的不满,再度前往钓鱼岛海域示威。

问题:请从国际法角度分析钓鱼岛的归属。

第八章 海洋法

案例：南海仲裁案[①]

2013年1月22日，菲律宾援引《联合国海洋法公约》第二百八十七条和附件七的规定，单方面将中菲在南海有关领土和海洋划界的争议包装为若干单独的《联合国海洋法公约》解释或适用问题提起仲裁（简称"南海仲裁案"）。2013年2月19日，中国政府明确拒绝菲律宾的仲裁请求。应菲律宾单方面请求建立的仲裁庭不顾对中菲有关争议明显没有管辖权的事实，不顾中国强烈反对，执意推进仲裁，于2015年10月29日就管辖权和可受理性问题作出裁决，并于2016年7月12日就实体问题以及剩余管辖权和可受理性问题作出裁决。中国自始坚持不接受、不参与菲律宾所提仲裁，始终反对推进仲裁程序。[②] 2016年7月13日，中国政府发表《中国坚持通过谈判解决中国与菲律宾在南海的有关争议》的白皮书，郑重声明：裁决是无效的，没有拘束力，中国不接受、不承认；中国将坚定维护中国在南海的领土主权和海洋权益。[③]

第一节 概 述

一、海洋法的概念

海洋是地球上最大的单一生态系统，覆盖超过70%的地球总面积，约占地球总水量的97%。[④] 海洋提供资源、调节气候、影响气象、运输物资，对人类的生产生活有着至关重要的战略作用。随着社会经济发展和科学技术进步，人类开发利用海洋的活动

[①] Chinese Society of International Law, The South China Sea Arbitration Awards: A Critical Study, *Chinese Journal of International Law*, pp. 207–748.

[②] 南海仲裁案的背景、历程与中国政府立场，参见中国国际法学会：《南海仲裁案裁决之批判》，中国国际出版集团、外文出版社2018年版，第5—25页。

[③] 国务院新闻办公室：《中国坚持通过谈判解决中国与菲律宾在南海的有关争议》，2016年7月13日，http://www.gov.cn/zhengce/2016-07/13/content_5090812.htm。

[④] 国家海洋信息中心：《陆地、大洋和大海》，中国海洋信息网，http://www.nmdis.org.cn/c/2007-05-25/55846.shtml。

不断扩展和深入,从传统的捕鱼和航运活动,到进行海洋水产养殖、开辟新航线、海洋科学考察,再到建造人工岛屿、铺设海底电缆和管道、进行海底钻探等。从捕捞海洋生物资源到开发海底矿产资源,海洋资源的合理使用问题也日益受到国际社会的广泛关注。为了尽可能公平合理地利用海洋资源,在发达国家和发展中国家之间,沿海国家、地理不利国家、内陆国家之间,在国际社会整体间达到利益平衡,世界各国在长期的国际实践中,根据各海洋水域的不同地理位置和性质用途,将海洋划分为具有不同法律地位的区域,并为不同海域创设了不同法律制度和权利义务。

海洋是一个巨大的物理空间,包括海洋的表面、水体、海底和底土等。海洋的上空也与海洋有密切的联系。① 海洋法是指规定各种海域的法律地位的规范总和,包括开发和利用海洋资源的各种国内和国际法律渊源。国际海洋法是在实践中产生的调整各国间海洋关系、规范各种海洋活动的原则、规则和制度,并逐渐发展成为国际法的一个独立分支。

二、海洋法的历史发展

海洋法的发展是一个漫长的历史过程,它的萌芽和起源可以追溯到古罗马时期;现代意义上的国际海洋法,逐渐发展于大航海时代之后,并成熟于第二次世界大战之后的国际法编纂。②

在古罗马时代,海洋和空气一样被认为是"大家共有之物"(res omnium communes),不属于任何人所有。那时虽未形成严格意义上的海洋法规则,但在某些国内法(如罗马法)以及个别条约中都曾有关于航海规则的规定。③ 例如,公元前508—前348年罗马与迦太基签订的几个条约就规定:罗马的船舶不得在迦太基湾和地中海南部航行,而迦太基的船舶不得在拉齐海湾行驶。④ 可见,古罗马帝国曾在一定程度上主张沿海国家的海洋控制权,古希腊和意大利城邦国家也曾有类似主张。⑤ 当时,地中海区域海上贸易活动频繁,公元前440年形成了罗德海法习惯规则,并于公元8世纪被编撰形成《罗德海法》,适用于整个地中海沿岸的国家和地区。⑥

到中世纪时期,君主对领陆和海洋加强了控制,商业和航海业的发展促使一些欧

---

① 曾令良:《国际法》,人民法院出版社、中国社会科学出版社2003年版,第183页。
② 黄惠康:《论国际法的编纂与逐渐发展——纪念联合国国际法委员会成立七十周年》,《武大国际法评论》2018年第2期。
③ 王献枢、刘海山:《国际法》,中国政法大学出版社2002年版,第125页。
④ 苏联科学院国家和法研究所海洋法研究室:《现代国际海洋法》,吴云琪、刘楠来、王可菊译,天津人民出版社1981年版,第17—18页。
⑤ 王虎华:《国际公法学》,北京大学出版社、上海人民出版社2005年版,第205页。
⑥ 司玉琢、李天生:《论海法》,《法学研究》2017年第6期。

洲国家开始对海洋提出权利诉求。在 15 世纪末发现新大陆的西班牙和发现新印度航道的葡萄牙则迅速宣布对大西洋、印度洋和太平洋的瓜分。① 当时欧洲经济的发展已经不可避免地使商品、资本和劳动力向跨国移动的方向发展，不允许作为重要通商通道的海洋置于特定国家的控制之下。海洋的垄断和分割阻碍了资本主义的发展，新兴的海洋国家纷纷提出对海洋的权利主张。1609 年，荷兰法学家格劳秀斯（Hugo Grotius, 1583—1645）出版《海洋自由论》一书，而英国法学家塞尔顿于 1618 年出版《闭海论》一书，在欧洲掀起了一场"开放海洋"与"封闭海洋"的论战。② 关于控制邻近海域和维护海洋自由的斗争持续了近两百年，直到 19 世纪才最终形成了领海与公海并立的海洋法体系。这一时期，部分欧洲国家在案例汇编和资料记录中，编集了大量有关航海、贸易、领事职能等方面的惯例，如《阿马斐表》《奥尼朗法》《海事法集》等。19 世纪后半叶以来有关海洋法问题的国际条约也日益增多，如废除私掠船只的 1856 年《巴黎海战宣言》、关于过境自由和国际可航水道制度的 1921 年《巴塞罗那公约》等。③

20 世纪以来，随着人类对海洋开发利用能力的发展，相继出现了一些新的海洋活动，各国政府也越来越重视海洋法的编纂。1930 年，在国际联盟主持下，国际法编纂会议在海牙召开，这是政府间国际组织对海洋法进行编纂的最初尝试，成果之一就是确定了领海的法律地位，但对领海宽度以及毗连区和历史性海湾等问题，与会各国争议很大，无法达成一致。④ 会议只拟定了《领海法律地位（草案）》，作为会议最后议定书的附件通知给各国政府。尽管会议没有取得任何具体成果，但值得注意的是，这是首次由一个国际会议对海洋法的许多基本问题进行了讨论，从而为 1958 年第一次海洋法会议和 1960 年第二次海洋法会议奠定了基础。⑤

第二次世界大战后，联合国国际法委员会（International Law Commission of the United Nations）⑥从成立伊始就将海洋法作为编纂的重点之一。为此，联合国先后主持召开了三次政府间海洋法会议，订立了一批意义重大的海洋法条约，标志着现代海

---

① 松井芳郎等：《国际法》，辛崇阳译，中国政法大学出版社 2004 年版，第 112 页。
② 王宏斌：《中西近岸海域管理制度异同论》，《中国社会科学报》2021 年 2 月 1 日。
③ 李斌：《现代国际法学》，科学出版社 2004 年版，第 333 页。
④ 曹建明、周洪钧、王虎华：《国际公法学》，法律出版社 1998 年版，第 301—302 页。
⑤ 陈德恭、高之国：《国际海洋法的新发展》，《海洋开发》1985 年第 1 期。
⑥ 联合国大会于 1947 年成立国际法委员会，旨在促进国际法的逐步发展及编纂。委员会由大会所选出的 34 名委员组成，任期 5 年，每年开会。总体而言，这些委员应代表世界各大法系，并应以个人资格担任专家。委员们从事与国家间关系规则有关的各种事务。委员会主要参与国际法的起草工作。有些专题是委员会决定的，而有些是由大会提交的。每当委员会完成了一个专题，大会往往召集一个全权代表国际会议，经协商一致通过草案，缔结公约，接着向各国公开签署。目前，国际法委员会从事包括跨界损害在内的、国际法不加禁止的行为所引起的损害性后果的国际责任的审议。另外一些专题包括：国家的单方面行动、外交保护、对条约的保留、国际组织的责任、国家间共有自然资源以及国际法的分裂，主要关注在国际法多元化和繁荣发展的情况下碰到的新问题。

洋法制度的确立与形成。①

第一次海洋法会议于 1958 年 2 月 24 日至 27 日在日内瓦召开,共有 86 个国家参加。会议通过了《领海与毗连区公约》《公海公约》《大陆架公约》和《捕鱼与养护公海生物资源公约》,通称为"日内瓦海洋法四公约"。其中,《领海与毗连区公约》和《公海公约》大多是对海洋法习惯规则的编纂,而《大陆架公约》和《捕鱼和养护公海生物资源公约》则创立了许多新的规则。会议还订立了《关于强制解决争端的任意议定书》,并主张"对于 1958 年 4 月 29 日所订任何海洋法公约中之任何条款因解释或适用上之争端而发生涉及各当事国之一切问题,除公约规定或经当事各方于相当期间内商定其他解决方法外,愿接受国际法院之强制管辖"。这是在海洋法领域中首次规定了强制争端管辖机制。然而,这次会议未能解决所有谈论的问题,例如,会议未能就领海宽度达成一致意见。此外,由于这四项公约彼此独立,而且各自的缔约国也并不相同,因而未能形成统一的国际海洋法体系。当时民族解放运动也尚未兴起,许多亚非拉国家尚未独立,参加会议的大多是发达国家或较发达国家,因而这四项公约主要反映的是发达国家而非发展中国家的主张,并未成为国际社会普遍接受的通行规则。

第二次海洋法会议于 1960 年 3 月 17 日至 4 月 27 日在日内瓦举行,共有 88 个国家参加,一些联合国专门机构和国际组织的代表作为观察员出席了会议,其目的就是为了解决领海宽度和捕鱼区界限的问题。但因各国有重大分歧,所以这次会议没有取得任何成果。到了 20 世纪 70 年代初,随着国际政治形势的变化,独立的亚非拉国家逐渐增多,发展中国家在国际政治舞台上的声音愈益响亮。在它们的共同努力下,1970 年举行的第二十五届联合国大会通过了《关于各国管辖范围以外海床洋底及其下层土壤原则宣言》,明确规定:国际海底及其资源是人类共同继承的财产。这就为《联合国海洋法公约》的产生奠定了重要基础。大会还通过决议,决定召开第三次联合国海洋法会议,以制定一项新的全面性海洋法公约。②

第三次海洋法会议于 1973 年 12 月 3 日在纽约开幕,至 1982 年 12 月 10 日《联合国海洋法公约》(United Nations Convention on the Law of the Sea)在牙买加蒙特哥湾正式签字,历时 9 年,共进行了 11 期 16 次会议,先后有 167 个国家参加了会议,50 多个非国家实体和国际组织的代表也作为观察员出席了会议。经过多年的修改、订正,1980 年 4 月通过了一份统一的《非正式综合协商案文》(即新公约的雏形)。后来就在此基础上逐步形成正式的公约草案。1981 年 8 月举行的第十期会议通过修改后

---

① 罗欢欣:《国家在国际造法进程中的角色与功能——以国际海洋法的形成与运作为例》,《法学研究》2018 第 4 期。
② 王士芳:《围绕〈海洋法公约〉的斗争》,《人民日报》1982 年 12 月 12 日。

的《非正式综合协商案文》,为《联合国海洋法公约》草案的正式诞生铺平了道路。1982年12月6日至10日的最后会议上,包括中国在内的117个国家和2个实体(库克群岛和联合国纳米比亚委员会)签署了公约。

《联合国海洋法公约》包含正文17个部分320条和9个附件,共计446条,包括领海和毗连区、用于国际航行的海峡、群岛国、专属经济区、大陆架、公海、岛屿制度、内陆国出入海洋的权利和过境自由、国际海底、海洋环境的保护和安全、海洋科学研究、海洋技术的发展和转让、争端的解决等各项法律制度。其中国际海底的勘探和开发制度问题是各期会议上引起争论的焦点。它实质上反映了两种对立的立场:以"77国集团"为首的广大第三世界国家以及较小的发达国家坚持"国际海底及其资源是人类共同继承的财产"这一原则,强调国家不分大小,都有权分享国际海底资源;以美国为首的少数发达国家硬要按照所谓"海洋自由"的原则,不受约束地自行开发深海海底资源,力图将它攫为己有。

《联合国海洋法公约》第三百〇八条规定,公约应自第六十份批准书或加入书交存之日后12个月生效。① 但是由于美、英、德等西方主要发达国家不满公约第十一部分关于国际海底区域的相关规定而拒绝签署或批准该公约,因而削弱了公约的普遍代表性和适用性。为了使该公约在被广泛接受的前提下尽早生效,在联合国秘书处的推动下,发展中国家与发达国家历时5年,经过多个回合的艰苦谈判,于1994年7月28日在第四十八届联合国大会上通过了《关于执行海洋法公约第十一部分的协定》。协定规定其和《联合国海洋法公约》第十一部分应作为单一的法律文件进行解释和适用,如有不同规定,以协定为准。同时,在协定通过后,任何国家参加公约即表示同意接受协定的拘束。因此,尽管没有适用公约规定的修订程序,但协定实质上已对《联合国海洋法公约》第十一部分作了修改。② 在此期间,批准、加入《联合国海洋法公约》的国家于1993年11月16日达到了公约生效必需的法定数目。《联合国海洋法公约》于1994年11月16日正式生效。《关于执行海洋法公约第十一部分的协定》也于同日起开始临时适用,并于1996年7月28日正式生效。《执行〈联合国海洋法公约〉有关养护和管理跨界鱼类种群和高度洄游鱼类种群的规定的协定》(简称《联合国鱼类种群协定》)于2001年12月11日生效。

中国作为第三世界的一员,历来支持广大第三世界国家反对海洋霸权主义的斗争,主张制订维护各国正当权利的新海洋法公约。中国是联合国第三次海洋法会议的参加国,并积极参与公约的制定工作。中国代表团对公约并不完全满意,认为公约中

---

① 《联合国海洋法公约》,海洋出版社1996年版,第151页。
② 马呈元:《国际法》,中国人民大学出版社2003年版,第122页。

还有不少条款的规定是不完善的,甚至是有严重缺陷的;公约有关领海无害通过的条款中对军舰通过领海的制度未作明确的规定;关于大陆架的定义以及相向和相邻国家间专属经济区和大陆架的划界原则,公约有关条款的规定也是有缺陷的。考虑到新海洋法公约总的来说有了不少进步,中国在《联合国海洋法公约》通过之时就签署了该公约,并于 1996 年 5 月 15 日予以批准,6 月 7 日向联合国秘书长交存了批准书,7 月 7 日正式成为公约的缔约国。

美国至今不是《联合国海洋法公约》缔约国。美国的主要反对理由是第十一章关于成立国际海底管理局的规定可能违反自由经济与开发原则。虽然美国宣称会遵守第十一章之外的其他条文,但美国当时没有签署公约。鉴于联合国秘书处在冷战结束后推动修改了第十一章,让美国对海底管理局的资金运用等事务有否决权,美国总统克林顿曾于 1994 年同意加入公约并提请美国参议院批准,但遭到参议院拒绝。布什总统和奥巴马总统时期,美国国内支持批准公约的呼声日渐高涨,但由于政界与学界仍有甚多反对声浪,因而该公约迄今尚未被美国批准。[①]

《联合国海洋法公约》历时之久、签字国之多、内容之广、篇幅之长,在国际法及国际关系史上可谓史无前例。[②] 该公约不仅吸收和发展了以往所有的海洋法编纂的成果,还确立了许多新的重要的海洋法规则和制度。它是现代海洋法形成的标志和里程碑,也是第一部系统全面的综合性国际海洋法典。该公约基本上兼顾了发展中国家和发达国家的要求,平衡了沿海国和内陆国的利益,因此,它是一个较合理的、能为多数国家接受的公约,是第三世界国家团结合作、长期斗争的结果。[③] 截止到 2021 年 1 月 23 日,已有 168 个国家批准了《联合国海洋法公约》,150 个国家批准了《关于执行〈联合国海洋法公约〉第十一部分的协定》,[④]使公约的普遍性得到加强。

三、中国有关海洋的立法和实践

中国东部和南部大陆海岸线约 18 000 千米,内海和边海的水域面积 470 多万平方千米。[⑤] 我国周边海域,无论东海还是南海,都被多个国家环绕,形成了半封闭海形态,属于海洋地理不利国家。[⑥] 中国对海洋的开发利用也有着悠久的历史。在秦汉、

---

① 白蕾、石莉、万芳芳、张扬:《美国加入〈联合国海洋法公约〉的立场演变与影响分析》,《海洋开发与管理》2015 年第 1 期。
② 曾令良:《国际法》,人民法院出版社、中国社会科学出版社 2003 年版,第 185 页。
③ 慕亚平:《当代国际法论》,法律出版社 1998 年版,第 279 页。
④ United Nations Treaty Collections, Chapter XXI "Law of the Sea", https://treaties.un.org/pages/ViewDetailsIII.aspx?src=TREATY&mtdsg_no=XXI-6&chapter=21&Temp=mtdsg3&clang=_en.
⑤ 中华人民共和国中央人民政府网站,http://www.gov.cn/guoqing/index.htm。
⑥ 国家海洋局海洋发展战略研究所课题组:《中国海洋发展报告(2015)》,海洋出版社 2015 年版,第 23 页。

隋唐时期,中国海洋渔业、海水制盐业和航海业都有极大的发展。① 宋朝时期,大力发展海运贸易,当时的航海科技取得了很大进步,能够建造以马尾松为材质的坚固的大海船,指南针导航也得到了普及,人们熟练地掌握了海洋季风规律,能够保证航行安全。但是明清时期则长期奉行"闭关锁国"的政策,"海禁"作为其中一个重要的组成部分,严重阻碍了中国海洋事业的发展。新中国成立后,中国在海洋渔业、海盐和盐化工业以及海洋运输业、造船业、油气业和旅游业等各方面都取得了长足的发展。② 此外,中国政府把大洋矿产资源勘探开发列为国家长远发展项目,给予专项投资,成立中国大洋矿产资源研究开发协会(China Ocean Mineral Resources R&D Association,简称中国大洋协会)。目前,中国已经开发的海洋矿产资源包括石油、天然气、滨海砂矿等,并对大洋矿产资源、天然气水合物等进行了调查、勘探。③

中国为了促进海洋事业的发展,先后颁布了大量有关海洋的法律和规章。④ 法律主要包括:《中华人民共和国关于领海的声明》(1958年),《中华人民共和国领海及毗连区法》(1992年),《中华人民共和国专属经济区和大陆架法》(1998年),《中华人民共和国海域使用管理法》(2001年),《中华人民共和国海岛保护法》(2009年),《中华人民共和国渔业法》(1986年、2000年、2004年、2009年、2013年),《中华人民共和国深海海底区域资源勘探开发法》(2016年),《中华人民共和国海上交通安全法》(1983年、2016年),《中华人民共和国海洋环境保护法》(1982年、1999年、2013年、2016年),《中华人民共和国港口法》(2003年、2015年、2017年)。行政法规和规章参见表8—1。

表8—1　　　　　　　　　有关海洋的行政法规和规章

实施日期	文　号	标　题
行政法规		
2019年3月2日	国务院令第709号	国际海运条例
2019年3月2日	国务院令第709号	船舶和海上设施检验条例
2019年3月2日	国务院令第709号	渔港水域交通安全管理条例
2018年3月19日	国务院令第698号	防治海洋工程建设项目污染损害海洋环境管理条例
2018年3月19日	国务院令第698号	防治海岸工程建设项目污染损害海洋环境管理条例
2018年3月19日	国务院令第698号	防治船舶污染海洋环境管理条例

---

① 陈德恭:《现代国际海洋法》,中国社会科学出版社1988年版,第15页。
② 高健军:《中国与国际海洋法》,海洋出版社2004年版,第1—3页。
③ 中国海洋经济网,http://www.mercc.cn/index.php?option=com_content&task=view&id=245&Itemid=38。
④ 金永明:《现代海洋法体系与中国的实践》,《国际法研究》2018年第6期。

续表

实施日期	文　号	标　题
2017年3月1日	国务院令第676号	海洋倾废管理条例
2016年2月6日	国务院令第666号	关于外商参与打捞中国沿海水域沉船沉物管理办法
2013年7月18日	国务院令第638号	对外合作开采海洋石油资源条例
2012年6月1日	国务院令第615号	海洋观测预报管理条例
2011年1月8日	国务院令第588号	航标条例
2009年1月1日	国务院令第545号	航道管理条例
1996年10月1日	国务院令第199号	涉外海洋科学研究管理规定
1990年3月3日	交通部令1990年第14号	海上交通事故调查处理条例
1989年3月1日	国务院令第27号	铺设海底电缆管道管理规定
1983年12月29日	国发〔1983〕202号	海洋石油勘探开发环境保护管理条例
规　章		
2019年7月24日	自然资源部令第5号	海洋观测站点管理办法
2017年12月29日	国土资源部令第78号	海洋倾废管理条例实施办法
2017年6月7日	国土资源部令第74号	海洋观测资料管理办法
2016年1月8日	国土资源部令第64号	海洋石油勘探开发环境保护管理条例实施办法
2004年3月1日	国土资源部令第24号	海底电缆管道保护规定
2003年3月1日	国土资源部令第15号	海洋行政处罚实施办法

中国政府还于1996年制定了《中国海洋21世纪议程》,于1998年5月发布了《中国海洋事业的发展》白皮书,于2003年5月发布了《全国海洋经济发展规划纲要》,进一步推进了海洋事业的快速发展。中国共产党的十八大、十九大报告都提出了建设海洋强国的重大战略任务。[1] 2019年4月23日,国家主席、中央军委主席习近平在青岛集体会见应邀出席中国人民解放军海军成立70周年多国海军活动的外方代表团团长时,从海洋的本质及其地位和作用、构建21世纪海上丝绸之路的目标、中国参与海洋治理的作用和海军的贡献,以及国家间处理海洋争议的原则等视角,指出了合力构建海洋命运共同体的重要性。[2]

随着中国社会经济的发展,海洋强国战略的推进,中国的海洋权益已经拓展到了方方面面,包括远洋渔业、国际海底采矿、国际航行等。[3] 根据联合国粮农组织的数

---

[1] 姚莹:《中国共产党的海洋战略对国际海洋法发展的贡献》,《吉林大学社会科学学报》2021年第1期。
[2] 金永明:《论海洋命运共同体理论体系》,《中国海洋大学学报(社会科学版)》2021年第1期。
[3] 杨华:《海洋法权论》,《中国社会科学》2017年第9期。

据,中国是最大的海洋捕捞国,年海洋捕捞量占全球总捕捞量的近 20%。[1] 中国是"区域"资源勘探活动的先行者。[2] 1990 年,国务院批准以中国大洋矿产资源研究开发协会(中国大洋协会)的名义申请"区域"矿区,截至 2019 年,中国已在太平洋和印度洋共申请到 5 块具有优先专属勘探开发权的矿区。[3] 中国于 1973 年恢复在国际海事组织中的成员国地位,在国际海事组织 1989 年第 16 届大会上,中国当选为 A 类理事国并连任至今。[4]

第二节 《联合国海洋法公约》的主要内容

一、内水

(一)基线

《联合国海洋法公约》规定了基线制度,以基线作为测算领海和其他一些海域的起算线。基线不仅是计量领海宽度的起算线,在《联合国海洋法公约》中,也是测算毗连区、专属经济区和大陆架的起算线。基线还表示国家陆地领土边界或内水的边界。基线上的基点,对于确定与海岸相邻或相向国家的海洋划界非常重要,特别是以中间线为基础划定的海洋界限。

根据《联合国海洋法公约》的规定,基线有两种,即正常基线和直线基线。正常基线是指退潮时海水退到离岸最远处所形成的那条线,即沿海国官方承认的大比例尺海图所标明的沿岸低潮线。[5] 直线基线是指在沿岸向外凸出的地方和沿海岛屿的外缘上选定若干基点,然后用直线将相邻的基点连接起来所形成的一条折线。在海岸线极为曲折的地方,或者如果紧接海岸有一系列岛屿,测算领海宽度的基线的划定可采用直线基线法。[6]《联合国海洋法公约》第 14 条规定,沿海国为了适应不同情况,可交替

---

[1] FAO, Fisheries and Aquaculture Department, FAO Global Capture Production Database Updated to 2015-Summary Information, Rome, Italy, 2017.

[2] 先驱投资者(pioneer investor)是指《联合国海洋法公约》正式生效前,已经对大洋底多金属结核等资源的勘查活动进行了至少 3 000 万美元投资的国家或其控制下的法人和自然人。至 1994 年 11 月 16 日《联合国海洋法公约》生效时,只有印度洋开发部、日本深海资源开发有限公司、法国海洋勘探研究所与法国结核块研究协会、俄罗斯海洋地质作业南方生产协会、中国大洋协会、韩国贸易工业和能源部以及波兰国际海洋金属联合组织(代表东欧集团)共七国的机构或组织正式提出申请国际海底多金属结核资源矿区登记,并都先后获得国际海底管理局审核通过。

[3] 国家海洋局战略研究所:《中国海洋发展报告》,海洋出版社 2017 年版,第 119 页。

[4] 国际海事组织:Structure of IMO,http://www.imo.org/en/About/Pages/Structure.aspx。

[5] 《联合国海洋法公约》第五条。

[6] 《联合国海洋法公约》第七条。

使用正常基线法和直线基线法来确定其领海基线。①

在沿海国没有特别基线(如历史协议线)的情况下,其起始基线就是《联合国海洋法公约》第五条规定的"正常"基线,即低潮线。低潮线取决于垂直基准面的选定,但《联合国海洋法公约》没有规定低潮线的垂直基准面,多数国家选择了平均大潮低潮线和最低天文潮线,以及其他多种地理低潮线。低潮线选择得越低,正常基线就会向海洋方面推得越远。正常基线并不一定确定不变,随着时间推移可能会发生较大的变化。海平面上升、海岸侵蚀、海岛沉积等各种因素,都可能影响到相应海洋管辖区域的划定。②

如果一个国家地形特殊及地理环境受限制,则国际法允许改用直线基线来测定海洋划界。直线基线在历史上曾有过争议。在英挪渔业案③中,英国向国际法院起诉,要求国际法院认定挪威采用直线基线法划定领海的方法违反国际法。挪威主张其沿岸地形复杂,需要采用低潮线以外的基线划定方法;而英国主张只有在海湾才可以适用直线基线。1951年12月8日,国际法院作出判决,认为挪威的直线基线制度并不与国际法抵触。法院也同时认为,形成领海水域的海水带应与海岸的一般走向相一致。④ 后来1958年《领海及毗连区公约》第四条和《联合国海洋法公约》第七条都肯定了直线基线制度,允许沿海国在海岸线极不规则的特别复杂地理情势下适用直线基线。《联合国海洋法公约》第七条虽然对直线基线的适用进行了严格限制,但对其中一些关键性的术语并没有清晰的定义,致使适用标准被一些沿海国随意解释,导致越来越多的国家提出过度的直线基线主张,如沿海国选取远离海岸的基点、两个基点之间的距离过长等。

(二)内水

海洋内水或"内海",是指沿海国领海基线向内陆一面的水域⑤,包括历史性海湾、内海湾、内海峡、海港以及领海基线与海岸之间形成的内海区。海洋内水与国家的内陆水域具有相同的法律地位,沿海国享有完全的、排他的主权,主要表现在:第一,除遇难外,一切外国船舶非经沿海国许可不得进入。第二,外国非军用船舶获准进入一国海洋内水,须遵照沿海国的法规,驶入指定的港口。遇难的船舶可以进入他国海洋内

---

① 《联合国海洋法公约》第十四条。
② 冯寿波:《海平面上升与国际海洋法:挑战及应对》,《边界与海洋研究》2020年第1期。
③ 陈致中:《国际法案例》,法律出版社1998年版,第191—198页。该案基本案情为:英国长期以来有很多渔船在挪威海岸外的海域捕鱼,双方屡起争端。而挪威于1935年颁布了一项国王诏令,采用直线基线法划定其领海基线,并依此基线划定了基线向海一面4海里的海域为挪威的专属渔区。此后英挪为此进行多次谈判,但没有结果。1948—1949年,英国很多渔船被挪威政府扣捕。英国于1949年9月28日就挪威划定领海基线的方法问题向国际法院提起诉讼。
④ Fisheries Case, Judgment of December 18th, 1951, I. C. J. Reports 1951, p. 116.
⑤ 《联合国海洋法公约》第八条。

水,但必须遵守该沿海国的规章制度。第三,外国军用船舶需经过外交途径办理手续,才得以进入他国海洋内水。军舰在他国海洋内水享有豁免权,沿海国不得为执行搜查、逮捕或其他强制措施而进入军舰内部,但是军舰应遵守沿海国有关航行与卫生的法令。第四,沿海国对于进入其海洋内水的外国船舶享有属地管辖权,但按照国际惯例,沿海国通常在本国利益或国际社会重大利益受损时,才行使上述管辖权,对于纯属船舶内部的事务则一般由船旗国管辖。

沿海国对内水享有完全的、排他的主权,并不意味着对他国船舶的绝对限制。大多海上港口都位于海湾河口,属于内水港口,只有允许他国船舶入港装卸货物才能保障国际贸易活动。根据《联合国海洋法公约》第八条第二款的规定,采用正常基线时在基线之外,而采取直线基线时在基线之内,从而成为海洋内水的水域,应当允许外国船舶无害通过。①

二、海湾

海湾是指海水伸入陆地而形成的具有一定面积的明显水曲。海湾不一定都属于一国的海洋内水。沿岸属于两个或两个以上国家的海湾,如中国和越南之间的北部湾、英国与西班牙之间的阿尔及西拉湾、索马里和也门之间的亚丁湾、法国和西班牙之间的比斯开湾等,由于沿海国海域主张重叠,因而容易引发海洋划界争端。对类似凹型海湾的法律地位和划界问题尚未形成统一的国际法规则,通常由有关国家协议解决。② 国际性司法机构近年来受理了多起凹型海湾划界争端,包括通过仲裁解决的几内亚与几内亚比绍海域划界案、几内亚比绍与塞内加尔海域划界案③,国际法院受理的喀麦隆诉尼日利亚海陆划界案(赤道几内亚介入),国际海洋法法庭受理的孟加拉国诉缅甸孟加拉湾海域划界案、孟加拉国诉印度孟加拉湾划界仲裁案④。

三、海峡

海峡是处于陆地之间两端连接海洋的天然狭长水道⑤,一般可分为内海峡、领峡、非领峡和用于国际航行的海峡。内海峡是指位于一国领海基线以内的海峡。内海峡是沿海国海洋内水的一部分,沿海国享有完全的排他的主权,外国船舶未经允许不得

---

① 《联合国海洋法公约》第八条。
② 例如,法国和西班牙于 1974 年划分了两国在比斯开湾的大陆架边界,中国和越南于 2000 年划分了两国在北部湾的领海、专属经济区和大陆架边界。
③ 几内亚比绍随后向国际法院申请认定裁决无效。Arbitral Award of 31 July 1989, Judgment, I. C. J. Reports 1991, p. 53.
④ 邢望望:《冲突与互补:海域划界争端解决方式之谈判与裁判》,《边界与海洋研究》2018 年第 4 期。
⑤ Bing Bing Jia, *The regime of straits in international law*, Oxford University Press, 1998, p. 4.

进入。领峡是指位于沿海国领海基线以外,海峡宽度不超过两岸领海宽度之和的海峡。① 其法律地位与领海相同,适用领海的法律制度。外国船舶在领峡内拥有无害通过权。如果海峡两岸同属于一个国家,则该海峡是该沿海国的领峡,适用该国的领海制度。如果两岸分属于不同的国家,则该海峡的划分、使用和其他方面的管理办法应当由有关国家协商确定。非领峡是指海峡宽度超过两岸领海宽度之和的海峡,这种海峡,无论两岸属于同一国家还是分属不同国家,除沿海国的领海部分外,对其他水域依其地位不同确定适用的法律制度。如果是用于国际航行的海峡或已由特殊的国际条约规定其国际地位的海峡,则具有特殊的法律地位。用于国际航行的海峡是指连接公海两个部分,通过国际习惯被确立为国际上的海洋通道,不限于当地国家通行的海峡。

四、领海

(一)领海的概念和范围

领海是邻接沿海国的领土海岸或内水。沿海国的主权不仅及于领海水域,也及于领海的上空、海床和底土。② "领海"这一名称是 1930 年国际联盟在海牙召开国际法编纂会议时正式采用的,以前曾有"领水""沿岸水"等多种称法,至今也仍有国家沿用"领水"(territorial waters)这一称法。严格来说,领水是指一国主权管辖下的全部水域,包括内水和领海,因而不能确切表明该水域的特征。③

1. 领海的宽度

关于领海宽度曾经有过许多不同主张。格劳秀斯认为,国家管辖的海域范围取决于它的有效控制能力。17 世纪,法学家洛森尼乌斯提出,国家管辖的海域宽度应为两日航程的距离。1702 年,荷兰法学家宾刻舒克在其《海洋领有论》一书中主张以大炮射程来划定国家控制的海域。1782 年,西西里的外交官加里安尼根据当时约为 3 海里的大炮射程提出 3 海里的领海宽度限制。对于领海宽度,还有主张根据海岸上所能看到的地平线来决定领海宽度的视野论和由国家根据自己的安全来决定领海宽度的海上要塞围墙论等。大炮射程论在 18 世纪以来得到了英美等国家的赞成。也有许多国家采取了不同的领海宽度标准,如斯堪的纳维亚国家主张 4 海里,西班牙和葡萄牙

---

① 有学者认为,领峡应是两岸同属一国且两岸之间距离不超过领海宽度两倍的海峡(王献枢、刘海山:《国际法》,中国政法大学出版社 2002 年版,第 130 页;李斌:《现代国际法学》,科学出版社 2004 年版,第 337 页)。也有学者在领峡的概念中并不强调两岸同属一国(佟连发:《国际法学》,北京大学出版社 2003 年版,第 170 页;王虎华:《国际公法学》,北京大学出版社、上海人民出版社 2005 年版,第 212 页)。笔者持后一种观点,认为:无论两岸是否属于同一国,该海峡均属两岸沿海国的领海范围,都应适用领海制度;如果两岸分属不同国家,则该海峡的不同水域也分别属于不同国家的领峡,但其划分、使用和管理应由有关国家协商确定。
② 《联合国海洋法公约》第二条。
③ 魏敏:《海洋法》,法律出版社 1987 年版,第 56 页。

主张 6 海里,而俄国则在 1912 年宣布其领海宽度为 12 海里。① 还有的国家甚至要求 100 海里、130 海里、200 海里的领海宽度。② 为了解决领海宽度问题,1930 年国际法编纂会议、1958 年和 1960 年联合国两次海洋法会议都曾作出过巨大努力,但均未成功。第三次联合国海洋法会议经过反复协商,终于在《联合国海洋法公约》第三条规定:每一国家有权确定其领海的宽度,但从公约确定的基线量起不超过 12 海里的界限。公约并未强行规定统一的领海宽度,但它关于领海宽度不超过 12 海里的规定在某种程度上已经起到了这样的效果。目前大多数国家,包括英、美③等国,都已改为采取 12 海里的领海宽度。

2. 相邻或相向两国之间领海的划界问题

当相向沿海国之间的海域宽度小于两国领海宽度之和时,或相邻沿海国的海岸共处于同一条海岸上但领海水域发生重叠的情况时,就产生了相向或相邻沿海国之间的领海界线的确定问题。此时,有关国家应当通过国际法和《联合国海洋法公约》下的国际争端的和平解决方式来解决。领海的分界线通常为邻国领海基线间的中间线或等距离线,任何一国均无权将其领海伸延至中间线以外。④ 历史性权利或特殊情况的存在则可以突破中间线原则。

(二)领海主权与无害通过权

领海是沿海国领土的组成部分,受沿海国国家主权的管辖和支配。对于领海是否处于沿海国的主权之下曾有过争议,但当代社会普遍接受的原则是:沿海国对领海的权利同该国对其领土其他部分行使的主权权利在本质上没有不同。⑤ 1919 年《巴黎航空公约》、1944 年《芝加哥国际民用航空公约》、1958 年《领海与毗连区公约》和 1982 年《联合国海洋法公约》等国际公约也都确认了沿海国的领海主权。

1. 沿海国的领海主权

根据国际法,沿海国的领海主权主要包括以下内容:沿海国主权及于领海的上空、海床和底土,外国飞机未经许可不得飞越他国领海的上空;沿海国在其领海内享有属地最高权,因而对领海内的一切人和事务行使专属管辖权;沿海国对其领海内一切资源的开发和利用享有专属权利,其他国家和个人未经许可不得进行开发和利用;沿海国享有领海内的专属航运权;沿海国有权制定和颁布有关领海的法律和规章,并采取

---

① 鹿守本:《海洋法律制度》,光明日报出版社 1990 年版,第 105 页。
② 马呈元:《国际法》,中国人民大学出版社 2003 年版,第 126 页。
③ 美国至今不是《联合国海洋法公约》的缔约国。
④ 《联合国海洋法公约》第十五条。
⑤ [英]詹宁斯、瓦茨修订:《奥本海国际法》第 1 卷第 2 分册,王铁崖等译,中国大百科全书出版社 1998 年版,第 23 页。

相应的执行措施。但是,沿海国的领海主权须受无害通过制度的限制。

《联合国海洋法公约》第二十七条规定,沿海国不应在通过领海的外国船舶上行使刑事管辖权,以逮捕与该船舶通过期间船上所犯任何罪行有关的任何人或进行与该罪行有关的任何调查,除非以下情形:罪行的后果及于沿海国;罪行扰乱了当地安宁或领海的良好秩序;船长或船旗国外交代表或领事官员请求地方当局予以协助;这些措施是取缔违法贩运麻醉药品或精神调理物质所必要的。公约第二十八条规定,沿海国不得为对通过领海的外国船舶上某人行使民事管辖权的目的而停止其航行或改变其航向;沿海国不得为任何民事诉讼的目的而对外国船舶从事执行或加以逮捕,但涉及该船舶本身在通过沿海国水域的航行中为该航行的目的而承担的义务或负担的责任,则不在此限;如果该船舶在领海内停泊或从该国内水驶出而进入领海,在沿海国得为民事诉讼的目的而对该船舶进行执行或加以逮捕。

上述规则仅适用于外国非军用船舶,军用船舶和其他用于非商业目的的政府船舶根据国家主权豁免的原则享有管辖豁免。但是根据《联合国海洋法公约》,如果任何军舰不遵守沿海国关于通过领海的法律和规章,而且不顾沿海国向其提出遵守法律和规章的任何要求,沿海国可以要求该军舰立即离开领海。[①] 对于沿海国因此而遭受的任何损失或损害,船旗国应负国际责任。[②] 也就是说,军舰通过领海时违反沿海国法规并造成损害的,须由船旗国负国际责任,可见军舰在领海的豁免权也不是绝对的。

2. 领海的无害通过制度

《联合国海洋法公约》确认了外国船舶的无害通过权,即外国船舶在不损害沿海国和平、安全和良好秩序的条件下,迅速地和连续不停地通过一国领海而无须事先通知或取得沿海国许可的制度。沿海国除按照公约规定外,不应妨碍外国船舶无害通过领海。在适用公约或依公约制定法律或规章时,沿海国不应对外国船舶强加要求,使其实际后果等于否定或损害无害通过的权利,或对任何国家的船舶有形式上或事实上的歧视。这是对沿海国领海主权的一种限制。

无害通过包括"无害"和"通过"两个方面的内容。"无害"是指外国船舶在通过领海时,不损害沿海国的和平、安全和良好秩序。凡在他国领海内有下列行为的,都被认为是有害的:进行武力威胁或使用武力,进行军事操练和演习,搜集情报,进行反对沿海国的宣传活动,在船上起落和接载飞机,发射或降落军事装置,违反沿海国海关、财政、移民、卫生法规,造成严重污染,未经许可从事捕鱼、科研或测量活动,干扰沿海国通讯设施,从事与通过没有直接关系的任何其他活动等。[③] 无害通过所要求的"通

---

① 《联合国海洋法公约》第三十条。
② 《联合国海洋法公约》第三十一条。
③ 《联合国海洋法公约》第十九条。

过",是指外国船舶无论是仅仅通过领海,还是为了驶入或驶出内水而通过领海,都必须迅速地连续不停地航行,除遇有不可抗力、意外事故或有救助理由外,一般不得停泊或下锚。①

《联合国海洋法公约》规定,沿海国可以在其领海内采取必要的步骤以防止非无害的通过。沿海国可以依公约和其他国际法规则,就航行安全即交通管理、保护助航设施、保护电缆管道、保护并防控环境污染、科研测量、防止违反相关法规等事项制定关于无害通过的法律和规章;还可以出于航行安全和环境保护的考虑,要求无害通过的外国船舶使用其为管制目的而指定的海道或实行分道通航;在为国家安全包括演习目的而有必要的情况下,沿海国可以在无歧视的条件下,在其领海的特定区域内暂时停止外国船舶的无害通过。

五、毗连区

根据《联合国海洋法公约》,毗连区是指在领海以外与领海相毗连的一个海域,是从沿海国领海基线量起不超过24海里的范围,沿海国为防止或惩治在其领土或领海内违反其海关、财政、移民或卫生法律和规章的行为而在此范围内行使必要的管制权的海域。

毗连区制度产生于18世纪30年代。最早设立类似毗连区制度的是1736年英国的《游弋法》,为了对付那些在海岸外一定距离内游弋以伺机卸下违禁品的船只,该法规定英国在离岸5海里区域内执行有关税收和检查的权利。到19世纪,许多国家都在毗连领海的海域设置了类似的区域。毗连区这一概念最早是由法国学者日德尔于1894年提出来的,并作为一种制度为1958年《领海与毗连区公约》所确认。《联合国海洋法公约》对毗连区制度进行了修改和保留。

毗连区是位于领海之外的水域,其法律地位在1958年《领海与毗连区公约》中根据"领海之外即公海"的原则,被确定为"毗连领海的公海区域"。但是,1982年《联合国海洋法公约》把公海的范围规定在沿海国的内水、领海、专属经济区和群岛国的群岛水域之外,因而将毗连区明确规定为毗连沿海国领海的特定海域。与领海不同的是,毗连区是为了保护国家某些公共利益而设置的特殊区域,沿海国在此区域内对特定的违反其海关、财政、移民或卫生法律和规章的行为行使必要的管制权,这与国家在其领海内行使主权是有区别的。而且,沿海国对毗连区的管辖并不包括毗连区的上空。②

---

① 《联合国海洋法公约》第十八条。
② 王铁崖:《国际法》,法律出版社1995年版,第271页。

六、群岛国

《联合国海洋法公约》第一次为群岛国制定了一项法律制度。公约第四十七条第一款规定:群岛国可划定连接群岛最外缘各岛和各干礁的最外缘各点的直线群岛基线。随后该条列出了5个关键条件:主张国的主要岛屿应在群岛基线内,基线内的水域面积和陆地面积比应在1∶1和9∶1之间,任一单条基线的长度不应超出125海里,基线总数中有3%的基线长度不得超过100海里。印度尼西亚是推进群岛国概念的主要先驱者之一。公约第四十七条的规定在很大程度上受到1960年印度尼西亚"原创性"提出的群岛基线概念的启发。印度尼西亚已经建立了一整套的群岛基线。群岛国的主权及群岛基线所包围的水域,即群岛水域及其上空、海床和底土,不论其深度或距离海岸的远近如何。群岛国的领海、毗连区、专属经济区和大陆架的宽度从群岛基线量起。关于群岛水域的通过权,公约规定:在公海或专属经济区的一部分和公海或专属经济区的另一部分之间,为继续不停、迅速和无障碍地过境目的,所有船舶和飞机行使"群岛海道通过权",即相当于海峡的"过境通行权"。①

七、专属经济区

专属经济区是指沿海国为勘探、养护、开发和管理海床、底土及其上覆水域在领海之外并邻接领海的海域设置的,范围从领海的外部界线到从领海基线量起不超过200海里宽度的界线的专属管辖区。专属经济区的范围与领海相邻接,而不是互相重叠。专属经济区部分区域与沿海国宣布的毗连区相重叠,但二者的设立目的和法律地位、法律制度都不相同。专属经济区是自成一类的海域,是沿海国对其区域内自然资源和特定方面享有管辖权的海域,目的是为了保护沿海国对该区域内自然资源的专属权。

专属经济区是《联合国海洋法公约》创设的一个新的海域。专属经济区制度产生于20世纪40年代以后拉丁美洲的一些国家为保护沿海自然资源而争取200海里海洋权的斗争。1946年,智利发表"总统声明",率先提出对邻近海岸200海里以内海域的主权要求。此后许多拉丁美洲和非洲国家都提出过类似要求。1972年8月,肯尼亚向联合国海底委员会提交了一份《关于专属经济区的概念的条文草案》,首次提出"专属经济区"的概念。虽然遭到了美、英等少数发达国家的反对,但在大多数国家的支持下,联合国第三次国际法会议将其作为一项新的制度列入了《联合国海洋法公约》。

---

① 陈德恭、高之国:《国际海洋法的新发展》,《海洋开发》1985年第1期。

(一)专属经济区法律制度

1. 沿海国在专属经济区内的权利和义务

沿海国在专属经济区内享有以勘探、开发、养护和管理海床和底土及其上覆水域的自然资源(不论为生物资源或非生物资源)为目的的主权权利。上述活动是沿海国的专属权利,其他国家未经沿海国同意不得进行。沿海国对专属经济区内的人工岛屿、设施和结构的建造及使用、海洋科学研究、海洋环境的保护和保全方面拥有管辖权。沿海国有权制定有关专属经济区的法律和规章。但沿海国在专属经济区内行使上述权利时,应同时履行公约规定的义务,如养护专属经济区的海洋生物资源和保护海域环境等义务,还应适当地顾及其他国家在专属经济区内的权利和义务。

2. 其他国家在专属经济区内的权利和义务

所有国家,不论是沿海国或内陆国,在专属经济区内均享有船舶航行、飞机飞越、铺设海底电缆和管道的自由。经沿海国同意,在专属经济区内进行科学研究的权利。内陆国或地理条件不利的国家,有权在公平的基础上,参与开发同一区域的沿海国专属经济区内的生物资源的剩余部分。各国在专属经济区内行使权利和义务时,应适当地顾及沿海国的权利和义务,并应遵守沿海国按照公约的规定和其他国际法规则所制定的与公约第五部分(专属经济区)不相抵触的法律和规章。

(二)相邻或相向沿海国之间专属经济区的划界

据统计,在实行200海里专属经济区制度后,将有135个国家或地区面临着至少与一个邻国的专属经济区发生重叠的情况。[①] 因此,相邻或相向沿海国之间专属经济区界限的划定,是联合国第三次海洋法会议争论的焦点之一。一些国家主张等距离中间线原则,因为最确切最公平;另一些国家则主张公平原则,认为各国海域情况复杂,中间线不一定是最公平合理的划界方法。经过反复协商,形成了《联合国海洋法公约》第七十四条的规定:"1. 海岸相向或相邻国家间专属经济区的界限,应当在国际法院规约第三十八条所指国际法的基础上以协议划定,以便得到公平解决。2. 有关国家如于合理期间内未能达成任何协议,应诉诸第十五部分(争端的解决)所规定的程序。3. 在达成第1款规定的协议以前,有关各国应基于谅解和合作精神,尽一切努力作出实际性的临时安排,并在此过渡期间,不危害或阻碍最后协议的达成。这种安排应不妨碍最后界限的划定。4. 如果有关国家间存在现行有效的协定,关于划定专属经济区界限的问题,应按照该协定的规定加以决定。"公约的规定并未给专属经济区的划界

---

① 曾令良:《国际法》,人民法院出版社、中国社会科学出版社2003年版,第195页。

问题提供具体的指引,涉及海洋划界的争端正逐渐增多。[1]

八、大陆架

"大陆架"一词本为地理学上的概念,是指大陆边的一部分。大陆边是指大陆地壳与海洋地壳的过渡带,自沿海国大陆领土至海底分别由三部分组成,上面坡度较缓的称为大陆架,中间坡度较陡的称为大陆坡,下面坡度又变得平缓且与深海洋底相连接的称为大陆基。大陆架被借用到法学后,已超出地理学上的范围。大陆架拥有丰富的生物和非生物资源,尤其是石油和天然气,在那里还可装置雷达和声波定位仪等防御设施,并作为潜水艇的庇护所。[2] 西方国家早在 19 世纪末就注意到了大陆架上的权利,葡萄牙、俄国、英国等国家先后提出了在此区域内的一些权利主张[3],但那时尚未明确提出大陆架的概念。大陆架作为一个法律名词是由美国提出的。1945 年 9 月 28 日,美国总统杜鲁门发布《关于美国对大陆架底土和海床的自然资源的政策的第 2667 号总统公告》,宣布对毗连美国大陆架上自然资源的权利主张。这个做法为其他许多国家所效仿,最终导致了 1958 年《大陆架公约》的签订。

1958 年《大陆架公约》规定,大陆架是指:①邻接海岸但在领海范围之外,深度达 200 米或超过此限度而上覆水域的深度允许开发其自然资源的海底区域的海床和底土;②邻近岛屿海岸的类似的海底区域的海床和底土。可见,确定大陆架的宽度有两个标准,一是"200 米等深线",二是"允许开发的深度"。在当时,这两个标准大体一致,但随着科学技术的发展,技术上允许开发的深度越来越大,已经超过 1 000 米,甚至达到 5 000 米。两个标准的距离相差太大,这无疑更有利于技术发达国家而非广大的发展中国家。在第三次海洋法会议上,200 米深度标准因不能满足沿海国的要求而被摒弃,技术上允许开发的深度则因弹性过大而广受批评。经过协商,《联合国海洋法公约》对大陆架的定义进行了修改,重新确定了大陆架的宽度:大陆架是指沿海国领海以外依其领土的全部自然延伸,扩展到大陆边外缘的海底区域的海床和底土,如果从领海基线量起到大陆边外缘的距离不到 200 海里,则扩展到 200 海里;如果超过 200 海里,则最多不应超过 350 海里或 2 500 米等深线以外 100 海里。[4] 国家大陆架的外部界线就是国际海底区域的边界。

---

[1] 如 1984 年加拿大和美国关于缅因湾区域海洋边界划定案,1991 年几内亚比绍诉塞内加尔关于 1989 年 7 月 31 日仲裁裁决案,1992 年萨尔瓦多和洪都拉斯陆地、岛屿和海洋边界争端案,1993 年丹麦诉挪威关于格陵兰与扬马延间区域的海洋划界案,2001 年卡塔尔诉巴林领土争端和海洋划界案,2002 年喀麦隆和尼日利亚陆地和海洋边界案等。
[2] 赵理海:《海洋法的新发展》,北京大学出版社 1984 年版,第 3 页。
[3] 王虎华:《国际公法学》,北京大学出版社、上海人民出版社 2005 年版,第 220 页。
[4] 《联合国海洋法公约》第七十六条。佟连发:《国际法学》,北京大学出版社 2003 年版,第 185 页。

(一)大陆架的法律地位和法律制度

1. 沿海国的权利和义务

沿海国拥有为勘探和开发自然资源的目的而对大陆架行使专属管辖的主权权利,有在大陆架上建造、使用、管理人工岛屿和设施并在人工岛屿和设施周围设立安全带的权利,有对其大陆架上的海洋科学研究的管辖权等。[①] 沿海国在行使上述权利时,必须承担相应的义务:沿海国为勘探、开发大陆架自然资源的目的而建造的人工岛屿、设施和结构,必须安装永久性警告信号且不得干扰国际航行;已被废弃的或不再使用的任何设施或结构应予撤除,尚未撤除的应妥为公布;沿海国对 200 海里以外的大陆架上的非生物资源开发应缴纳费用和实物,但如果某一发展中国家是其大陆架上所生产的某种矿物资源的纯输入者,则对该种矿物资源免缴这种费用或实物。沿海国对大陆架的主权权利是固有的权利,不取决于沿海国对其大陆架有效或象征的占领或任何明文公告。沿海国对大陆架的权利仅限于海床和底土,不得影响其上覆水域或上空的法律地位。

2. 其他国家的权利和义务

其他国家未经沿海国同意不得在沿海国大陆架上从事勘探、开发和科研活动。其他国家的船舶和飞机有在大陆架上覆水域和水域上空航行和飞越的自由和权利;还有在大陆架上铺设海底电缆和管道的权利,但此种铺设须经沿海国同意,并不能对已铺设电缆和管道构成损害或构成修理的妨害。

(二)相邻或相向沿海国之间大陆架的划界

1958 年《大陆架公约》第六条规定了"协议-等距离-特殊情况"规则,即大陆架划界问题应由有关各国协议解决;若无协议,除因特殊情况应另定界线外,应以等距离线即中间线来予以确定。但是这种条约规则仅约束其缔约国,且在实践中受到了很多主张公平原则的国家的反对。国际法院和国际仲裁法庭的一系列裁决中也根据沿海国海岸和大陆架的具体特征,将公平原则确定为大陆架划界中的主要原则。[②]

《联合国海洋法公约》对于大陆架划界问题也只作了原则性的规定,表述与对专属经济区的划界问题基本相同。《联合国海洋法公约》第八十三条对海岸相向或相邻国家间大陆架界限的划定进行了规定:"1. 海岸相向国或相邻国家间大陆架的界限,应在国际法院规约第三十八条所指国际法的基础上以协议划定,以便得到公平解决。2. 有关国家如在合理期间内未能达成任何协议,应诉诸第十五部分所规定的争端解决方式。3. 在达成第一款规定的协议以前,有关各国应基于谅解和合作的精神,尽一

---

① 《联合国海洋法公约》第七十七条。
② 如国际法院 1969 年北海大陆架案、1982 年突尼斯和利比亚大陆架案、1985 年利比亚和马耳他大陆架案,国际仲裁法庭 1977 年英法大陆架案等。

切努力作出实际性的临时安排,并在此过渡期间内,不危害或阻碍最后协议的达成。这种安排不妨害最后界限的划定。4. 如果有关国家间存在现行有效的协定,关于划定大陆架界限的问题,应按照该协定的规定加以决定。"

九、公海

根据《联合国海洋法公约》第八十六条,公海是指"不包括国家的专属经济区、领海或内水或群岛国的群岛水域内的全部海域"。公海的概念产生于16世纪,到19世纪获得普遍承认。[1] 传统国际法认为,公海是指不包括在一国领海或内水内的全部海域。1958年《公海公约》采纳了传统的公海概念。随着沿海国专属经济区、群岛水域等制度的建立,公海的范围缩小了。现代海洋法上的公海仅指沿海国海洋内水、领海及专属经济区或群岛水域外的水域,不包括海床和底土。公海是全人类的共同财富,不属于任何国家所有,任何国家不得有效地声称将公海的任何部分置于其主权之下。公海对所有国家开放,不论是沿海国还是内陆国。在公海上,任何国家都享有公海自由的各项权利。[2]

(一)公海自由

早在1609年,格劳秀斯就已经在其《海洋自由论》中提出公海自由的主张。他认为,任何国家都不能对海洋提出主权要求,因为海洋是取之不尽、用之不竭的,是不可占有的,应向所有国家及其人民开放,供他们自由使用。随后,英、美等海上强国为了其军事和商业利益,十分强调公海自由。20世纪中叶以后,广大发展中国家一方面努力争取较宽的沿海国管辖的区域以维护本国的安全和近海资源,另一方面也积极支持有利于国际交流的公海自由制度。公海自由早已成为一项公认的现代国际海洋法原则。1958年《公海公约》第一次以国际公约的形式将公海自由确定为四项内容,即航行自由、捕鱼自由、铺设海底电缆和管道自由与公海上空飞行自由。1982年《联合国海洋法公约》根据海洋开发和利用的实践,补充了两项自由,即建造人工岛屿和设施的自由与科学研究的自由。

公海并非绝对处于自由的无法律状态。根据国际法,公海自由要受到以下限制:第一,公海应只用于和平目的;第二,任何国家行使公海自由权时,应适当顾及其他国家的利益;第三,公海自由还受到其他国际法规则的限制。对于特定自由的限制还包括:

1. 航行自由

---

[1] 马呈元:《国际法》,中国人民大学出版社2003年版,第146页。
[2] 《联合国海洋法公约》第八十七条。

在公海上,船舶必须悬挂国旗才可以在公海上自由行驶。船舶在公海上一般只服从国际法和其本国法。因此,确定船舶的国籍非常重要,通常情况下是依据船舶的国籍证书和其悬挂的国旗。船舶在公海上航行,若不悬挂国旗,或是悬挂两国以上的国旗,或随时改变国旗,均被视为无国籍的船舶,不受任何法律的保护。[①]

2. 飞越自由

航空器飞越公海上空时仍需遵守国际法的相关规则,如民用航空器在公海上空飞行时,要遵守1944年《芝加哥国际民用航空公约》所规定的航空规则。

3. 铺设海底电缆和管道自由

所有国家均有权在大陆架以外的公海海底铺设电缆和管道。这种铺设不影响国际海底的法律地位,也不构成对海底的占有和支配,但应顾及已铺设的电缆和管道,不使其受到损坏或影响其修理;如果使他国电缆或管道遭受损失,则要负赔偿的责任。

4. 捕鱼自由

任何国家或其国民都有权在公海上自由捕鱼,但这种自由要受到国际法的限制。各国有养护生物和渔业资源的义务,因而在公海上的捕鱼量和可捕捞鱼种均要受到一定的限制。

5. 建造人工岛屿和其他设施的自由

在公海上建造的人工岛屿和其他设施必须是国际法所允许建造的,即其建造的目的是专为和平目的,其建造的位置应当合理,其建造应当符合主管国际组织制定的为一般国家所接受的国际标准。

6. 科学研究的自由

所有国家不论地理位置如何,在《联合国海洋法公约》所规定的其他国家的权利和义务的限制下,均有权进行海洋科学研究。在进行研究时,应尊重其他国家根据公约所享有的权利,应专为和平目的而进行,应以适当的科学方法和工具进行,应遵守一切有关规章,且不应对海洋的其他正当用途有不当干扰,不应构成对海洋环境任何部分或其资源的任何权利主张的法律依据。[②]

(二)公海上的船舶管辖

1. 船旗国管辖

船舶获得一国国籍是各国国内法规范的事项。各国准予船舶通过登记而取得其国籍的条件宽严不一,差异很大。有的国家为了收取费用、增加税收,对船舶实行开放登记,船舶在实行开放登记的国家注册,取得该国船籍,并悬挂该国国旗,这种国旗被

---

① 《联合国海洋法公约》第九十一条。
② 《联合国海洋法公约》第八十七条。

称为"方便旗"。如今全球悬挂巴拿马国旗的船舶无论数量还是吨位都是世界第一,即巴拿马是世界最大的船旗国。全球提供"方便旗"的国家和地区还有利比里亚和塞浦路斯等。早期时,"方便旗"国家无法对悬挂"方便旗"的船舶行使真正的管辖权,对这些船所出的问题,向"方便旗"国家提出追诉往往是没有结果的。鉴于经济、法律和政策等多方面的原因,"方便旗"仍是很多船东的优先选择。对此,《联合国海洋法公约》规定:国家和船舶之间必须有真正的联系,并要求每个国家应对悬挂该国旗帜的船舶有效地行使行政、技术及社会事项上的管辖和控制。① 随着对"真正的联系"的强调,"方便旗"国家如今在加强船舶管辖和实际控制方面,已经有了很大进步。近年来,港口国检查组织(东京备忘录组织和巴黎备忘录组织)发布的船旗国履约评估名单里,巴拿马等"方便旗"国家一直位于"白名单"中,反而是多哥、阿尔巴尼亚、科摩罗等国被列入"黑名单"的高风险名录中。② 需要注意的是,外国军舰和政府船舶在公海上享有完全的豁免权,不受任何其他国家的管辖。

2. 公海禁止活动

为了维持公海上的良好秩序,各国有权对公海上的一些违反国际法的活动进行干涉,包括制止贩运奴隶、制止海盗行为、禁止非法贩运毒品、禁止非法广播等。

1958年《公海公约》第十三条和《联合国海洋法公约》第九十九条都规定,各国要采取有效措施来防止并惩罚在公海上贩运奴隶,防止有人非法利用悬挂本国国旗的船舶贩运奴隶。如果一个国家拿捕贩运奴隶的船舶,无论是哪一国的船舶,船上的奴隶一律无条件地获得自由。

《联合国海洋法公约》第一百〇一条规定,海盗是指私人船舶或私人飞机上的船员、机组人员或乘客,为了私人的目的,在公海上或任何国家管辖范围之外的地方,对另一船舶或飞机上的人或财物所从事的非法的暴力、扣留或掠夺行为。第一百〇二条规定,如果军舰、政府船舶或政府飞机由于船员或机组人员发生叛变进行上述行为,也是海盗行为。海盗行为是一种国际法罪行,每个国家根据国际法都有权在公海上对海盗行为进行惩治,但是只有军舰、军用飞机或其他有清楚标志可以识别的为政府服务并经授权的船舶或飞机才可以实施。

《联合国海洋法公约》规定:所有国家应进行合作,以制止船舶违反国际公约在海上从事非法贩运麻醉药品或精神调理物质。

非法广播是指在公海上从事非经许可的广播,即没有按照国际公约统一分配的无线电波段而进行的广播。由于这种广播影响了正常的无线电波段的使用从而危及船

---

① 《联合国海洋法公约》第九十四条。
② 2019 Performance Lsts Paris Mou,https://www.parismou.org/2019-performance-lists-paris-mou.

舶航行安全,因此必须加以禁止,但遇难呼号的播送除外。有管辖权的国家可以逮捕和扣押从事未经许可而进行广播的任何人或船舶,并扣押广播器材。

3. 登临权和紧追权

为了使各国更好地进行上述执法行为,维护公海上的良好秩序,国际法授权各国可对在公海从事某些不法行为或违反本国法规逃至公海的外国民用船舶采取一定的措施,包括"登临权"和"紧追权"。①

登临权又称临检权,是指各国的军舰、军用飞机或经正式授权并有清楚标志可以识别的为政府服务的船舶或飞机在公海上遇到有合理依据被认为具有下列嫌疑的外国民用船舶有登临和检查的权利:从事海盗行为;从事贩卖奴隶的行为;从事非法广播;无国籍;拒绝展示国旗;虽然悬挂外国国旗,但实际上与军舰或军用飞机属同一国籍。军舰可派一艘由一名军官指挥的小艇到该嫌疑船舶。如果检验船舶文件后仍有嫌疑,则军舰可进一步在该船上进行检查,但检查须尽量审慎进行。如经检查后,发现外国民用船舶违法行为属实,可予以扣留;如果未发现上述违法行为,则应对船舶所遭受的损失或损害予以赔偿。

紧追权是指沿海国对违反了其法律和规章的外国民用船舶进行追逐,一直追到公海,在公海上进行拿捕的权利。此项追逐须在外国船舶或其小艇之一在追逐国的内水、群岛水域、领域或毗连区内时开始,而且只有追逐未曾中断,才可在领海或毗连区外继续进行。当外国船舶在领海或毗连区内接获停驶命令时,发出命令的船舶并无必要也在领海或毗连区内。紧追权的行使必须遵守以下规则:第一,紧追必须由军舰、军用飞机或经正式授权并有清楚标志可以识别的为政府服务的船舶或飞机进行;第二,紧追必须从内水、领海或毗连区开始,如果外国船舶违反了沿海国关于专属经济区或大陆架的法规,也可以从专属经济区或大陆架上覆水域开始;第三,追逐只有在外国船舶视听所及的范围内发出视觉或听觉的停驶信号后才可开始;第四,紧追必须是连续不停的,一旦中断,紧追权就告结束;第五,紧追权在被追外国船舶进入其本国领海或第三国领海时终止,紧追行为必须停止;第六,紧追必须有充分理由,在无正当理由行使紧追权的情况下,应对外国船舶因此遭受的损失或损害予以赔偿。②

(三)公海生物资源的养护和管理

在《联合国海洋法公约》第七部分第二节,公约特别就公海生物资源的养护和管理进行了规范,通过规定总体法律制度以对公海捕鱼自由进行限制。随后1995年《联合国鱼类种群协定》阐明了有关养护和管理跨界鱼类种群和高度洄游鱼类种群的规定,

---

① 王虎华:《国际公法学》,北京大学出版社、上海人民出版社2005年版,第224页。
② 《联合国海洋法公约》第一百一十一条。

包括在执法、有约束力的争端解决办法和各国核准可使用悬挂本国国旗的船只在公海捕鱼的权利和义务方面进行分区域和区域合作的规定。①

十、国际海底区域

国际海底区域是指国家管辖范围以外的海床、洋底及其底土。按照现代海洋法的海域划分情况,国际海底区域也就是各国大陆架以外的海床、洋底和底土。1967年,马耳他代表向联合国第22届大会提出审议"关于国家管辖范围以外海床洋底及其底土的和平利用及其资源用于人类福利的宣言和条约问题"的议案,建议联合国宣布上述海床洋底是人类共同继承财产。根据这项议案,联合国大会成立了海底委员会。1970年12月,第25届联合国大会通过《关于国际海底区域的原则宣言》,宣布该区域及其资源为"全人类共同继承财产"。

《联合国海洋法公约》以其第十一部分"区域"详尽规定了国际海底区域的法律地位及其资源的开发制度。国际海底区域及其资源是人类共同继承财产,任何国家不应对该区域的任何部分或其资源主张主权或行使主权权利;任何国家或自然人或法人,也不应将该区域或其资源的任何部分据为己有;任何这种主权和主权权利的主张或行使,或这种据为己有的行为,均应不予承认。国际海底区域应对所有国家开放,不加歧视地专为和平目的利用;区域内的活动应为全人类的利益而进行,在无歧视的基础上公平分配从该区域内活动取得的经济利益,并适当考虑发展中国家和尚未完全取得独立或其他自治地位的人民的利益和需要。国际海底区域内的一切自然资源由国际海底管理局代表全人类来行使,它不得成为让渡的对象;但从该区域回收的矿物可以按照公约和国际海底管理局的规定予以让渡。国际海底区域的法律地位不影响区域上覆水域的法律地位,或这种水域上空的法律地位。

(一)国际海底区域的平行开发制

《联合国海洋法公约》采取了"平行开发制"作为过渡时期开发国际海底矿物资源的制度,即规定:国际海底区域内资源的开发活动,应在国际海底管理局的控制之下,一方面由国际海底管理局通过其企业部直接进行,另一方面由缔约国的国家实体或在缔约国担保下具有缔约国国籍或由这类国家或其国民有效控制的自然人和法人,与国际海底管理局以协作方式进行。其具体程序是:首先由企业部、申请开发的缔约国或合格的自然人或法人向国际海底管理局申请核准其在国际海底勘探和开发的工作计划;计划核准后,即可进行勘探;在某一区域勘探后,申请者应向海底管理局提供两块具同等估算商业价值的矿区的有关资料;管理局在45天内应指定一个矿区作为保留

---

① 第56届联合国大会决议总第二段(A/RES/56/13)。

区,留给企业部自己开发,或同发展中国家联合开发,而另一块矿区为合同区,由申请者与管理局签订合同后自己开发,并在生产政策、技术转让、交纳费用等方面受一定的限制。

(二)国际海底管理局

国际海底管理局是国际海底区域的管理机构,是缔约国按照《联合国海洋法公约》的规定,组织和控制国际海底区域内活动、管理国际海底区域资源的组织。《联合国海洋法公约》的所有缔约国都是管理局的当然成员。[①] 国际海底管理局已经制定有约束力之规章包括 2000 年《"区域"内多金属结核探矿和勘探规章》及 2013 年修正案[②]、2010 年《"区域"内多金属硫化物探矿和勘探规章》[③]、2012 年《"区域"内富钴铁锰结壳探矿和勘探规章》[④]等。国际海底区域环境保护是国际海底管理局的重要责任,[⑤]国际海底采矿对深海生物多样性和生态系统都有可能会造成严重损害。[⑥] 在"区域"内所采取的任何行动都必须合理地考虑到相关的其他活动,如公海航行与捕鱼等。

(三)《联合国海洋法公约》第十一部分的执行协定

1994 年 7 月 28 日第 48 届联合国大会通过《关于执行〈联合国海洋法公约〉第十一部分的协定》。执行协定共有 10 条规定和 1 个附件。执行协定规定,如该执行协定与《联合国海洋法公约》第十一部分规定有不一致的情况,应以执行协定为准。执行协定还将《联合国海洋法公约》没有解决的 9 个问题作为附件载于协定之后,并规定附件是协定的组成部分,与协定一样具有法律拘束力。这 9 个问题是:缔约国的费用和体制安排、企业部、决策程序、审查会议、技术转让、生产政策、经济援助、合同的财政条款、财务委员会。

附件通过对 9 个问题的规定,从实质上改变了《联合国海洋法公约》第十一部分的相关规定。[⑦] 从形式上看,《关于执行〈联合国海洋法公约〉第十一部分的协定》是《联合国海洋法公约》的具体执行规定,并未提及任何"修改"或"修正",而实质上,它是对《联合国海洋法公约》第十一部分的重大修改,是国际社会各种力量妥协的产物。

关于执行协定的适用问题,包括两方面:在协定通过后,任何国家参加《联合国海洋法公约》即表示同意接受执行协定的拘束;而在执行协定通过前就加入了《联合国海

[①] 国际海底管理局大会决议附件 ISBA/6/A/18。
[②] 国际海底管理局大会决议附件 ISBA/19/A/9。
[③] 国际海底管理局大会决议附件 ISBA/16/A/12/Rev.1。
[④] 国际海底管理局大会决议附件 ISBA/18/A/11。
[⑤] 《联合国海洋法公约》第一百四十五条。
[⑥] Michael Lodge, International Seabed Authority, *International Journal of Marine and Coastal Law*, 2009, 24(1).
[⑦] 周忠海等:《国际法学述评》,法律出版社 2007 年版,第 374—376 页。

洋法公约》的国家,如果不接受执行协定,则可以不受该协定约束。① 《联合国海洋法公约》于1994年11月16日正式生效,《关于执行〈联合国海洋法公约〉第十一部分的协定》也于同日起开始临时适用,并于1996年7月28日正式生效。

第三节　中国的国际海洋法实践

从第三次联合国海洋法外交会议以来,中国一直积极参与国际海洋法律制度的构建,还积极参与国际海洋法律实践。随着中国社会经济的发展,加速海洋强国战略的推进,中国的海洋权益已经拓展到了海洋水体的方方面面,除了中国海洋权益维护,远洋渔业、国际海底采矿、公海资源开发、公海航行、极地科考等,处处都有中国的身影。②

一、领海基线和内水

中国在1958年《中华人民共和国关于领海的声明》和1992年《中华人民共和国领海及毗连区法》中都规定采用直线基线法划定中国的领海基线。③ 1996年5月15日中国政府根据《中华人民共和国领海及毗连区法》,宣布了中国大陆领海的部分基线和西沙群岛的领海基线。2012年2月25日中国政府宣布了钓鱼岛及其附属岛屿领海基线。以上基线都采用了直线基线。新中国成立前也曾采取3海里的领海宽度标准,后来在1958年《关于领海的声明》和1992年《中华人民共和国领海与毗连区法》中,均采用了12海里的领海宽度标准。

中国的琼州海峡位于中国雷州半岛和海南岛之间,东接南海,西临北部湾,峡宽10.8海里,峡长54海里,为中国的内海峡。1958年中国政府《关于领海的声明》对此加以明确宣布。1964年6月8日,中国颁布的《外国籍非军用船舶通过琼州海峡的管理规则》规定:琼州海峡为中国的内海,一切外国籍军用船舶不得通过,一切外国非军用船舶如需通过,必须按照本规则的规定申请批准,经批准后,才允许通过海峡,通过海峡时,必须遵守中国的有关规则。

中国的渤海湾湾口宽约57海里,被一些小岛屿分成9段,其中最宽的一段是22.5海里。因此,按照《联合国海洋法公约》用直线基线划定领海基线的方式,渤海湾

---

① [德]沃尔夫刚·格拉夫·魏智通:《国际法》,吴越、毛晓飞译,法律出版社2001年版,第546页。
② 杨华:《海洋法权论》,《中国社会科学》2017年第9期。
③ 《中华人民共和国领海及毗连区法》第三条。

湾口被中国领海所封闭，属于中国内水。① 中国政府在1958年《关于领海的声明》中也明确表明渤海湾是中国直线基线以内的海洋内水。② 从另一个角度讲，在历史上，渤海湾也一直为中国有效管理和控制并为各国所承认，因此，渤海湾也是中国的历史性海湾。③

二、军舰的无害通过权

关于军舰在领海的无害通过权问题，各国争议很大。1958年《领海及毗连区公约》虽然规定了所有船舶均享有在领海的无害通过权，但其缔约国数量较少，且许多缔约国对此作出了保留。在第三次联合国海洋法会议上，与会国家对此问题展开了激烈的争论：部分国家认为，从沿海国的安全和秩序出发，鉴于军舰本身的威胁性，允许其通过本身就会损害沿海国的和平、安全或良好秩序，军舰通过领海不可能是"无害"的；另一些国家则主张，无害通过制度的目的是为了便于国际航行，其重点在于"通过"，而在判断船舶的通过是否有害时，应当根据该船舶在通过时是否从事了损害沿海国安全和秩序的行为，而非船舶的性质；军用船舶也可以无害通过沿海国领海，而非军用船舶特别是核动力船舶和载运核物质或其他有毒物质的船舶同样有可能在通过时损害沿海国的和平、秩序与安全。④《联合国海洋法公约》最后仍在第十七条规定无害通过权适用于所有船舶。同时又在第二十条规定了沿海国的"保护权"，包括在领海内采取措施防止非无害的通过，以及在领海的特定区域暂停外国船舶的无害通过；还规定了潜水艇通过领海时必须在海面航行并悬挂旗帜等。实践中，许多国家也仍然坚持"船舶"的概念只是指外国商用船舶，不包括军舰。有的国家国内法规定，外国军舰通过本国领海必须事先通知或得到事先的许可；有的国家允许外国军舰在未经通知和许可的情况下通过，但对船只的数量、规模、航行的时间加以一定的限制。

中国政府在1958年《关于领海的声明》中指出，一切外国军用船舶未经中国许可，不得进入中国的领海。1992年《领海及毗连区法》中也延续了这一规定。1996年批准《联合国海洋法公约》时，中国专门发布声明指出：《联合国海洋法公约》有关领海内无害通过的规定，不妨碍沿海国按其法律规章要求外国军舰通过领海必须事先取得该国许可或通知该国的权利。一直以来，中国的领土安全和海洋权利不断遭受美国"航行

---

① 佟连发：《国际法学》，北京大学出版社2003年版，第172页；王虎华：《国际公法学》，北京大学出版社、上海人民出版社2005年版，第211页。
② 曹建明、周洪钧、王虎华：《国际公法学》，法律出版社1998年版，第310页。
③ 魏敏：《海洋法》，法律出版社1987年版，第46页。
④ 邢望望：《危险货物海上跨界运输的沿海国管辖权》，《中国海商法研究》2017年第2期。

自由"(freedom of navigation)计划的挑战。① 该计划是美国政府的一项外交及军事行动计划,旨在防止沿海国家的"过度海洋主张"挑战美国的海洋霸主地位,以保证美国军事力量在全世界机动畅通。② 自20世纪90年代以来,特别是自21世纪以来,中国成为美国航行自由行动的重要目标。③ 美国侦察舰船长期在中国专属经济区内大范围、高频度活动。20世纪90年代以来,中美在中国沿海发生了一系列海上摩擦,都和美国航行自由行动密切相关,包括2001年中美南海撞机事件和2009年"无瑕"号间谍船对峙事件。自2015年10月"拉森"号事件以来,美国频繁派遣军舰擅闯我国南海岛礁邻近海域,开展其所谓的"航行自由行动",挑战中国南海的海洋权利和主张,严重侵犯我国在南海的领土主权。④ 对于美国和其他国家类似的抵近侦察行为,中国政府积极斗争,并表示"希望美方尊重其他国家的主权和安全,多做真正有利于维护世界海洋秩序和地区和平稳定的事"⑤。

三、用于国际航行的海峡

领海宽度规定为12海里以后,处于海峡沿岸国领海范围内(即宽度不超过24海里)的海峡有116个之多,其中惯常用于国际航行的有30多个。一些海峡沿岸国坚持,处于沿海国领海范围内的海峡,即使惯常用于国际航行,也仍然是沿海国领海不可分割的一部分,应如同在领海内航行一样,实行无害通过制度。而超级大国则主张惯常用于国际航行的海峡,即使处于沿海国家领海范围内,也应允许一切外国船舶享有如同公海一样的航行和飞越自由。《联合国海洋法公约》对上述两种对立的主张取折中办法,将用于国际航行的海峡分成两类:一类是在公海或专属经济区的一部分和公海或专属经济区的另一部分之间用于国际航行的海峡,这类海峡实行"过境通行"(transit passage)制度。按照这一制度,所有船舶和飞机均享有过境通行的权利,但要履行一定的义务,海峡沿岸国可以制定过境通行的法律和规章。另一类是不包括在前一类或在公海或专属经济区的一部分和外国领海之间的海峡,这类海峡实行无害通过制度。

---

① 高健军:《航行自由的含义和适用范围——〈联合国海洋法公约〉项下法庭实践的考察》,《法商研究》2021年第1期。
② 余敏友、冯洁菡:《美国"航行自由计划"的国际法批判》,《边界与海洋研究》2020年第4期。
③ 邢广梅、汪晋楠:《美国南海"航行自由行动"与军舰无害通过问题研究》,《亚太安全与海洋研究》2020年第1期。
④ 包毅楠:《美国军舰擅闯我国南海岛礁邻近海域的国际法实证分析》,《太平洋学报》2019年第6期。
⑤ 《外交部就美军称去年对13个国家和地区采取"航行自由计划"等答问》,人民网,http://usa.people.com.cn/n1/2016/0427/c241376-28309337.html。

四、专属经济区与大陆架划界

中国海岸线虽然有 18 000 千米长,但周边海域,无论东海还是南海,都被多个国家环绕,形成了半封闭海形态,[1]属于《联合国海洋法公约》第七十条所规定的"地理不利国"。[2] 中国周边专属经济区与大陆架划界问题尚未得到解决,除了与越南的北部湾划界,中国尚存在东海划界争端、南海争端等问题。2015 年 12 月 22 日,中韩两国宣布正式启动海域划界谈判,但在划界的具体原则适用问题上尚未达成一致:韩方坚持在划界时以两国海岸线的"中间线"为界,而中方坚持按照"公平原则"公平合理划分界线。中日东海的界限划分则争议更大,中国主张划定完全不同的中日东海海上界限:一条是专属经济区分界,应在中国 200 海里专属经济区线以西;二是大陆架分界,应在冲绳海槽西缘,两条线最远相距近 100 海里。[3] 考虑到中日关系大局,中国在中日东海划界问题上保持克制,主张在争议区"搁置争议,共同开发"。[4]

对于 200 海里以外的大陆架界限,缔约国必须向公约建立的一个机构——联合国大陆架界限委员会提出划界案。2012 年 12 月 14 日,中国政府依据《联合国海洋法公约》第七十六条将中日东海大陆架划界问题提交至联合国大陆架界限委员会,并主张东海大陆架是中国大陆向海的自然延伸。[5] 联合国大陆架委员会于 1997 年举行首届会议,它负责监督超过 200 海里的大陆架外部界线的划定并向沿海国提出建议。根据这些建议,沿海国决定其扩展大陆架的最终具有约束力的外部界线。2017 年 6 月 14 日,第 27 次《联合国海洋法公约》缔约国会议举行,会议的一个重点便是选举大陆架界限委员会接下来 5 年的 20 名新成员,自然资源部第二海洋研究所唐勇研究员接替吕文正教授当选新一任中国籍大陆架界限委员会委员。[6]

五、历史性权利

历史性海湾是指海湾沿岸属于一个国家,其湾口宽度虽然超过领海宽度的 2 倍,

---

[1] 国家海洋局海洋发展战略研究所课题组:《中国海洋发展报告》,海洋出版社 2015 年版,第 23 页。
[2] 邢望望:《海洋地理不利国问题之中国视角再审视》,《太平洋学报》2016 年第 1 期。
[3] 傅崐成:《中国周边大陆架的划界方法与问题》,《中国海洋大学学报(社会科学版)》2004 年第 3 期;管建强:《论中日东海划界、领土争端解决的法律方法》,《学术界》2010 年第 5 期;张新军:《中日东海争端中自然延伸原则的重要地位——基于权利和划界规则之间关系的视角》,《政法论坛》2006 年第 4 期。
[4] 余民才:《中日东海油气争端的国际法分析——兼论解决争端的可能方案》,《法商研究》2005 年第 1 期。黄瑶:《论人类命运共同体构建中的和平搁置争端》,《中国社会科学》2019 年第 2 期。张新军:《中国周边海域争端处理的程序和实体问题 "搁置争议、共同开发"再考》,《中外法学》2011 年第 6 期。
[5] 中华人民共和国东海部分海域二百海里以外大陆架外部界限划界案(CLCS. 63. 2012. LOS)。
[6] 自然资源部第二海洋研究所研究员、海洋地球物理学家吕文正教授,自 1997 年至 2017 年连续担任联合国大陆架界限委员会委员。

但由沿海国长期有效控制,在历史上一向被其他国家承认是该沿海国内水的海湾。例如加拿大的哈德逊湾(湾口宽度 50 海里)、俄罗斯的大彼得湾(湾口宽度 110 海里)。历史性海湾的法律地位与内海湾相同。1958 年《领海及毗连区公约》和 1982 年《联合国海洋法公约》都肯定了历史性海湾的法律地位,但并未对其含义作出明确规定。① 1962 年,联合国国际法委员会在一份名为《关于历史性水域、包括历史性海湾的法律制度》的文件中认为历史性海湾应包含三个要素:第一,主张此历史性权利的国家对该水域行使权利;第二,该权利应在一段时间内连续行使并已成为惯例;第三,该权利的行使为各国所确认。②

2016 年 7 月 13 日国务院新闻办公室发布的《中国坚持通过谈判解决中国与菲律宾在南海的有关争议》白皮书中阐明:中国人民在南海的活动已有 2 000 多年历史。中国最早发现、命名和开发利用南海诸岛及相关海域,最早并持续、和平、有效地对南海诸岛及相关海域行使主权和管辖。中国对南海诸岛的主权和在南海的相关权益,是在漫长的历史过程中确立的,具有充分的历史和法理依据。③ 中国开发、管控南海的历史以及中国的实践表明:中国对南海诸岛享有领土主权,在南海断续线内海域享有历史性权利,主要包括对琼州海峡等历史性水域的历史性所有权、传统捕鱼权和历史性航行权。南海断续线代表了中国对南海诸岛的领土主权和在南海的历史性权利。历史性权利是国际法上的基本理论问题之一,产生于确定领海基线的国家实践之中。历史性权利的内涵主要包括历史性所有权、传统捕鱼权和历史性航行权。④

六、岛屿制度

《联合国海洋法公约》第一百二十一条系统地规定了岛屿制度:岛屿是四面环水并在高潮时高于水面的自然形成的陆地区域;除第三款另有规定外,岛屿的领海、毗连区、专属经济区和大陆架应按照本公约适用于其他陆地领土的规定加以确定;不能维持人类居住或其本身的经济生活的岩礁,不应有专属经济区或大陆架。⑤ 岛屿的属性与海洋权益与我国息息相关,尤其关于南海太平岛能否拥有专属经济区成为了南海仲

---

① 《联合国海洋法公约》第二百九十八条。
② 端木正:《国际法》,北京大学出版社 1997 年版,第 192 页。
③ 国务院新闻办公室:《中国坚持通过谈判解决中国与菲律宾在南海的有关争议》白皮书,2016 年 7 月 13 日。
④ 贾宇:《中国在南海的历史性权利》,《中国法学》2015 年第 3 期。
⑤ 张卫彬:《〈联合国海洋法公约〉中"岩礁"的演进解释与南沙群岛问题》,《法律科学(西北政法大学学报)》2017 年第 5 期。

裁案的焦点问题。①

七、国家管辖范围以外海域

根据中国渔业协会的报告,中国远洋渔船总数已经达到 2 571 艘,总产量约 200 万吨,作业海域扩展到 40 多个国家和地区的专属经济区以及太平洋、印度洋、大西洋公海和南极海域;与此同时,南极磷虾渔业取得重要进展。② 中国并没有加入 1995 年《联合国鱼类种群协定》,虽然中国积极参与国际规则制定,加入南太平洋、北太平洋等区域性公海渔业资源养护和管理公约,但是中国远洋渔业管理存在漏洞,渔业纠纷频发,远洋渔业履约机制和能力较弱,海洋保护区机制的不断推进给中国带来了新的挑战。中国要强调巩固国际渔业权利,坚持履行国际义务,以"零容忍"原则坚决打击"非法、不报告与不管制"(IUU)捕捞活动,促进远洋渔业规范有序发展。③

自从联合国就有关国家管辖范围以外区域海洋生物多样性的养护和可持续利用问题(BBNJ)展开讨论以来,中国积极参与并建言献策。④ 2004 年联合国大会第 59/24 号决议重点关注了海洋环境、海洋资源、海洋多样性和对脆弱海洋生态系统的保护等有关问题,决定设立不限成员名额非正式特设工作组,研究与国家管辖范围以外区域的海洋生物多样性的养护和可持续利用有关的问题。2013 年联合国大会第 68/70 号决议希望在联合国大会第六十九届会议结束之前抓紧处理国家管辖范围以外区域海洋生物多样性的养护和可持续利用问题,⑤包括根据《联合国海洋法公约》的规定拟订一份国际文书的问题作出决定,并为此,决定不限成员名额非正式特设工作组再举行三次会议。⑥ 2015 年联合国大会第 A/RES/69/292 号决议决定根据《联合国海洋法公约》的规定就国家管辖范围以外区域海洋生物多样性的养护和可持续利用问题拟订一份具有法律约束力的国际文书。⑦ 该决议还决定在举行政府间会议之前,设立一个筹备委员会,为谈判处理 2011 年商定的一揽子事项所含的专题进行准备,即国家管辖范围以外区域海洋生物多样性的养护和可持续利用,特别是作为一个整体的全部海洋遗传资源的养护和可持续利用,包括惠益分享问题,以及包括海洋保护区在内的划

---

① 罗欢欣:《论南海仲裁案实体裁决中对陆地权源的非法处理——以仲裁庭对岛礁地位的认定为考察对象》,《国际法研究》2016 年第 5 期。姚莹:《岛礁法律地位的解释问题研究——以"南海仲裁案"的实体裁决为中心》,《法商研究》2017 年第 3 期。高圣惕:《论南海仲裁裁决对〈联合国海洋法公约〉第 121(3)条的错误解释》,《太平洋学报》2018 年第 12 期。
② 中国渔业协会:我国渔业发展概述,http://www.china-cfa.org/news_1452.asp。
③ 中国渔业协会:我国渔业发展概述,http://www.china-cfa.org/news_1452.asp。
④ 施余兵:《BBNJ 国际协定下的争端解决机制问题探析》,《太平洋学报》2020 年第 6 期。
⑤ 联合国大会第 68/70 号决议 197 段。
⑥ 联合国大会第 68/70 号决议 199 段。
⑦ 联合国大会第 A/RES/69/292 号决议第 1(a)段。

区管理工具、环境影响评估和能力建设及海洋技术转让等措施。① 2017 年联合国大会 A/RES/72/249 号决议决定在联合国主持下召开四次政府间会议对国际文书的案文内容进行讨论和审议。② 在以上会议上,中国代表单独或与"77 国集团"或与其他国家联合发表了诸多观点。③

八、国际海底区域

多年来,在《联合国海洋法公约》框架及国际海底管理局的倡导下,中国先后组织开展了 40 余个大洋调查航次,相继申请获得了多金属结核、多金属硫化物、富钴结壳等资源勘探合同区,提出获批了 56 个具有中华文化特征的海底地理实体命名提案,构建了由"蛟龙"号载人潜水器、"海龙"号无人缆控潜水器、"潜龙"系列无人无缆潜水器等组成的具有中国特色的深海高技术装备体系,建成了国家深海基地、中国大洋样品馆、大洋资料中心等一批公共服务平台,为中国深海大洋事业可持续发展打下了扎实的基础。2016 年 2 月 26 日,《中华人民共和国深海海底区域资源勘探开发法》经第十二届全国人大常委会第十九次会议审议通过,并于同年 5 月 1 日正式实施。

九、争端解决

和平解决国际争端既是联合国的宗旨,也是国际法基本原则,具体到海洋争端的和平解决中,则是谈判、调解、和解、裁判等和平方式常常被争端当事国所采用。④ 通过谈判方式解决海域划界争端,是指当相邻或相向两国就争议形成争端而无法达成一致之时,争端当事国通过对话协商,相互作出让步,从而解决争端的过程。毫无疑问,谈判仍然是解决海域划界争端的首选方式。根据学者统计,在已经划定的 180 多条海洋边界中,大约 160 条是通过谈判或以谈判为主解决的。⑤ 由第三方机构(国际法院或仲裁庭等)参与进行的争端司法解决程序(即裁判方式)来解决海洋争端,在近些年已经有了长足的发展。第三方参与海洋争端解决的其他方式(即调解与和解方式)甚至比裁判方式更具有吸引力,比如由梵蒂冈教宗调解的阿根廷和智利之间的比格尔海

---

① 联合国大会第 A/RES/69/292 号决议第 2 段。
② 四次会议分别在 2018 年、2019 年和 2020 年上半年召开。
③ 邢望望:《界定公海保护区国际法概念》,中国社会科学出版社 2020 年版,第 284 页。
④ 邢望望:《冲突与互补:海域划界争端解决方式之谈判与裁判》,《边界与海洋研究》2018 第 4 期。
⑤ 雷筱璐:《论当代国际法上和平解决国际海域划界争端的方法》,《暨南学报〈哲学社会科学版〉》2013 年第 4 期。

峡案①,由欧盟引导和解的斯洛文尼亚和克罗地亚之间的海陆边界争端案②。通过调解与和解方式解决海洋争端往往被视为一种介于谈判方式和裁判方式之间的中间方式,海洋争端的解决还是需要依赖于争端当事国的意志,而如国际组织之类的第三方更多的是发挥居间调停作用。在实践中,多种争端解决方式往往不是完全独立,具体到个案的解决,多种方式可能会交替采用。比如阿根廷与智利比格尔海峡案,双方先谈判,谈判无果意欲找英国女皇仲裁,后又共同组成仲裁庭仲裁,仲裁后阿根廷拒绝承认裁决,最后由梵蒂冈教宗调解③;相似的还有东帝汶在与澳大利亚就帝汶海相关海域划界达成临时安排之协议后,又单方面将有关争议提交仲裁④。

《联合国海洋法公约》第十五部分讨论"争端的解决"。其第二百八十七条规定了4种解决争端的方式:国际海洋法法庭(公约附件六)、国际法院、常设仲裁法院(公约附件七)、特别仲裁法庭(公约附件八)。上述选择不影响缔约国解决有关国际海底争端而接受国际海洋法法庭海底争端分庭管辖权的义务。⑤《联合国海洋法公约》规定了适用强制性程序解决争端的例外,这些争端有:关于划定海洋边界的争端;关于军事活动,包括从事非商业性服务的政府船只和飞机的军事活动的争端;由联合国安理会执行《联合国宪章》所赋予的职务的争端。

对于国家间海洋争端解决方式,中国政府在不同场合表示了基本态度:无论选择哪种机制和方式,都不能违背主权国家的意志,应以国家同意为基础;中华人民共和国将与海岸相向或相邻的国家,通过协商,在国际法基础上,按照公平原则划定各自海洋管辖权界限。在领土和海洋划界问题上,中国不接受任何强加于中国的争端解决方案,不接受任何诉诸第三方的争端解决方式。2006 年 8 月 25 日,中国根据《联合国海洋法公约》第二百九十八条的规定向联合国秘书长提交声明,称"关于《公约》第二百九十八条第 1 款(a)、(b)、(c)项所述的任何争端,中华人民共和国政府不接受《公约》第十五部分第二节规定的任何程序",明确将涉及海洋划界、历史性海湾或所有权、军事和执法活动,以及联合国安全理事会执行《联合国宪章》所赋予的职务等争端排除在公约强制争端解决程序之外。

---

① Reports of International Arbitral Awards by UN, Dispute between Argentina and Chile Concerning the Beagle Channel, p. 55.

② Arbitration Agreement between the Government of the Republic of Slovenia and the Government of the Republic of Croatia of 4 November 2009, preamble. 该案最新进展是在欧盟引导调解下进行了仲裁,但是克罗地亚可能最终不会接受仲裁裁决的结果而寻求最终谈判解决。

③ Reports of International Arbitral Awards by UN, Dispute between Argentina and Chile Concerning the Beagle Channel, p. 55.

④ 参见由国际常设仲裁法院登记管理的案件:Arbitration under the Timor Sea Treaty (Timor-Leste v. Australia)。

⑤ 高健军:《〈联合国海洋法公约〉争端解决机制研究》,中国政法大学出版社 2014 年版,第 327 页。

思考题

一、问答题

1. 专属经济区和大陆架的关系是怎样的?
2. 关于低潮的高低、岛屿的法律制度是怎样的?
3. 海洋划界争端该如何和平解决?

二、案例分析

索马里自1991年以来长期处于战乱状态,过渡政府没有能力遏制其领海内的海盗行为。现在,欧盟、美国、英国、俄罗斯、印度、伊朗、韩国、中国等都派军舰赴亚丁湾和索马里海域打击海盗或提供护航。2018年,电影《红海行动》上映后广受好评。电影里,在蛟龙突击队追击海盗时,临沂舰舰长下令"绝对不能进入他国领海"。

问题:国际法上关于"领海"是如何规定的呢?外国军舰是否能无害通过他国领海?

第九章 空间法

案例：苏联击落韩国客机事件[①]

1983年9月1日，韩国航空公司波音747KAL007号民航客机在自纽约飞往平壤途中，偏离了航道，进入了苏联禁飞区，于苏联萨哈林附近被苏联飞机拦截并被两枚导弹击中后坠入日本海，机上269人（其中乘客240人）全部丧生。

此事发生后引起了强烈的国际反应，国际民航组织在韩国和加拿大的请求下，于1983年9月15日、16日在蒙特利尔召开特别会议，通过决议，组织了一个由5名专家组成的调查小组，经过调查，得出以下结论：驾驶员的证件是符合相关规定的；驾驶员的精神和心理没受过打击；飞机证件和起飞时适航条件合格；没有迹象表明飞机缺乏航行系统和气候雷达的装备；飞机按时起飞和预计按时到达平壤；没有证据证明驾驶员知道该飞机已经偏离航线，尽管它已经偏离了5小时26分钟；没有证据表明驾驶员知道两次受到拦截；在18时27分，飞机被苏联两枚空对空导弹击落。调查小组的调查报告附有苏联的"初步调查报告"。苏联在此初步调查报告中指出：该飞机侵犯苏联边境；苏联是在飞机终止飞行后才知道它是韩国飞机；苏联证实该飞机在起飞前曾与美国侦察机RC135和地球轨道卫星Ferret接头，使该机的起飞时间比原定的时间延误了40分钟；该机偏离航线500公里；驾驶员未利用机上雷达，否则他早该知道飞机进入的地方；苏联发出过拦截警告。因此，苏联认为该机是故意闯入其领空的。

国际民航组织于1984年3月6日通过决议，指责苏联违反国际法并谴责其使用武力。理事会认为，虽然根据《国际民用航空公约》，缔约国对其领空享有完全的和排他的主权，他国航空器闯入其限制空域的行为是违反国际法的行为，但是，对于这种行为的反应，国际法并不是没有限制。国际法上的"相称性原则"和国际民航组织颁布的特别规则已被接受为习惯规则。国家有权对威胁其安全和侵入其领空的军用飞机加以拦截或击落，但对没有造成实际威胁的民用航空机予以击落，无论如何都不符合"相称性原则"，而属非法的反应。

[①] 梁淑英：《国际法案例教程》，知识产权出版社2005年版，第156—160页。

1984年5月10日,国际民航组织大会对《国际民用航空公约》进行了相应内容的修正,要求缔约国避免对飞行中的民用航空器使用武器,如果拦截,必须不危及航空器内人员的生命和航空器的安全;缔约国有权要求未经许可进入其领土的或与《国际民用航空公约》宗旨不符的民用航空器在指定的机场降落。

第一节　国际航空法

一、概述

(一)国际航空法的概念

国际航空法是国际法的一个重要分支,是指调整人类航空活动、主要是民用航空活动的国际法律原则和规范的总和。国际航空法不包括关于无线电传播和外层空间活动的法律规范,它们已分别形成了新的法律分支,即电信法和外层空间法。[①]

有学者认为,国际航空法只适用于民用航空器的活动[②],是民用航空活动的各项法律原则和规则的总体[③],其依据是1944年《芝加哥国际民用航空公约》第三条第一款的明确规定,即"本公约仅适用于民用航空器,不适用国家航空器"[④]。但他们也认为,根据相关国际法,在和平时期和正常情况下,民用航空器和国家航空器在同一空域活动时,均应遵守统一的空中交通规则和统一的空中交通管制措施。[⑤] 1919年第一个有关国际航空的多边公约《巴黎航空公约》中对于军用航空器在他国的飞越和降落就有严格的限制规定,虽然后来该公约为《芝加哥国际民用航空公约》所取代,但其作为国际航空法正式形成标志的地位不容忽视;1944年《芝加哥国际民用航空公约》本身是针对国际民用航空所制定的公约,但也规定了"民用航空器"和"军用航空器"的区分标准,即使该公约在国际航空法中具有非常重要的地位,也不应以其调整范围作为渊源广泛的国际航空法的调整范围;此外,在国际法所确立的空中飞行制度方面(如不同海域上空的飞行制度),也包括非民用航空器的管理等。因此,国际航空法是主要调整但不限于民用航空活动的国际法律原则和规范的总和。

(二)国际航空法的发展

作为国际法的一个比较新的分支,国际航空法是随着航空技术的发展和进步而产

[①] 邵津:《国际法》,北京大学出版社、高等教育出版社2000年版,第148页。
[②] 王献枢、刘海山:《国际法》,中国政法大学出版社2002年版,第155页。
[③] 王虎华:《国际公法学》,北京大学出版社、上海人民出版社2005年版,第240页。
[④] 中国民用航空总局政策法规司:《国际民用航空条约汇编》,中国民航出版社2005年版,第1页。
[⑤] 邵津:《国际法》,北京大学出版社、高等教育出版社2000年版,第149页;王献枢、刘海山:《国际法》,中国政法大学出版社2002年版,第155页。

生和发展起来的。1819年,法国塞纳省制定了第一个有关空中航行安全的法令,规定气球载人必须备有降落伞。1889年,法国政府邀请欧洲19个国家在巴黎召开讨论航空法的国际会议,这应该是历史上第一次有关航空法的国际会议,虽然由于各国对航空法的一些基本问题分歧较大,未能产生任何成果,但开启了通过国际会议形式解决国际航空问题的先河。1899年第一次海牙会议宣布禁止从气球投掷投射物。1903年,美国的莱特兄弟发明了第一个重于空气的机动飞行器械,成为现代飞机的雏形。1906年,布莱里奥驾驶第一架飞机飞越了英吉利海峡。1908年,佛罗里达的基西市政委员会制定了第一部航空运输规章,规定该市管制的空域高度为20英里。1909年,法国总理发布第一部航空海关规章,对飞进法国的外国气球征税。1910年,由美国议员舍帕尔提议通过了第一部航空邮件运输法令。1913年,法国与德国签订了双边航空协定。1910—1914年,法、英、德、意等14个国家颁布航空政令。1918年,在巴黎和布鲁塞尔之间首次开辟了国际定期航空邮运航班;1919年,首次在伦敦和巴黎之间开办了国际航空旅客运输服务。[①] 1919年10月3日,《空中航行管理公约》在巴黎签订,也称《巴黎公约》。这是第一个关于航空的国际条约,尽管其未获普遍批准,但却标志着国际航空法的正式形成。[②] 此后,随着国际航空业的不断发展,新的国际航空公约不断出台,逐渐形成了系统的国际航空法律体系。

根据调整对象的不同,有关国际航空的公约大致分为四类:

1. 有关国际航空基本规则的公约

1919年的《巴黎公约》首次确立了领空主权原则,为国际航空法奠定了基石,批准加入的国家为38个,且大多为欧洲和拉丁美洲国家,因而不具有普遍适用性,但其在国际航空法发展史上的开拓性重要地位显而易见。后来,西班牙由于不满《巴黎公约》的某些规定,于1926年同20个拉丁美洲国家另行签订了《伊比利亚-美洲航空公约》,其基本规则与《巴黎公约》雷同。[③] 1928年,美国与若干未参加《巴黎公约》的国家在哈瓦那签订了《泛美商业航空国际公约》,基本规则与《巴黎公约》的差别也不大。1944年,包括中国在内的52个国家在芝加哥召开了国际民用航空会议,会议产生了三个重要的协定,即《国际民用航空公约》《国际航班过境协定》和《国际航空运输协定》,也称《芝加哥公约》,为国际航空运输多边管理框架的形成奠定了基础。该公约生效后,在成员国间代替了《巴黎公约》《伊比利亚-美洲航空公约》和《泛美商业航空国际公约》,

---

① 邵津:《国际法》,北京大学出版社、高等教育出版社2000年版,第149页。
② 王铁崖:《国际法》,法律出版社1995年版,第294页。
③ 赵维田:《国际航空法》,社会科学文献出版社2000年版,第13页。

其缔约国截至 2021 年 2 月 22 日有 193 个[①]，是国际民用航空最重要的基本文件。

2. 有关国际航空民事责任的公约

1929 年第二次航空私法国际会议通过了《统一国际航空运输某些规则的公约》，也称《华沙公约》。公约就航空运输的业务范围、运输票证和承运人责任方面较完备地规定了国际统一规则。后来经多次修改，形成了包括 1955 年《海牙议定书》、1961 年《瓜达拉哈拉公约》、1966 年《蒙特利尔协议》、1971 年《危地马拉议定书》和 1975 年《蒙特利尔附加议定书》第一号至第四号在内共 9 个文件组成的所谓"华沙体系"。[②] 随着航空技术和航空事业的发展，1999 年 5 月，在蒙特利尔召开的国际民用航空组织缔约国大会上通过了新的《统一国际航空运输某些规则的公约》，该公约于 2003 年 11 月 4 日生效，表明了国际航空法发展的新趋势。

3. 有关国际航空安全的公约

有关航空安全的立法从 20 世纪 60 年代取得了突破性的进展，逐渐形成了条约体系，包括 1963 年《关于在航空器上犯罪和其他某些行为的公约》（简称为 1963 年《东京公约》）、1970 年《关于制止非法劫持航空器的公约》（简称为 1970 年《海牙公约》）、1971 年《关于制止危害民用航空安全非法行为的公约》（简称为 1971 年《蒙特利尔公约》），以及 1988 年《制止用于国际民用航空的机场上的非法暴力行为以补充〈制止危害民用航空安全的非法行为的公约〉的议定书》（简称为 1988 年《蒙特利尔议定书》）为主体的国际航空刑法的条约体系。

4. 其他国际航空公约

除上述三类国际公约外，国际航空公约还包括 1948 年在日内瓦签订的《关于国际承认航空器权利的公约》、1952 年在罗马签订的《关于外国航空器对地（水）面第三人造成损害的公约》和 1991 年在蒙特利尔签订的《关于注标塑性炸药以便探测的公约》等。

(三)国际航空法的渊源

条约是国际航空法最重要的渊源，究其原因是因为航空法是在第一次世界大战后，尤其是第二次世界大战后迅速发展起来的，当时国际社会呈现了国际法成文化的大趋势，各国在实践中通常只有在缔结相关国际条约时才会同意给予外国航空器在其领土上空飞行的权利，上述两个因素使得国际航空制度得以形成和发展。

需要指出的是，国内法、国际司法判例、国际法的一般原则和习惯国际法、国际组

---

① 国际民航组织网站，https://www.icao.int/MemberStates/Member%20States.Multilingual.pdf，2021 年 2 月 22 日访问。

② 其中，1971 年《危地马拉议定书》和 1975 年《蒙特利尔附加议定书》第三号议定书尚未生效。

织和国际会议的重要文件等也都是国际航空法不可忽视的重要渊源。

二、国际民用航空基本制度

(一)空气空间的法律地位

空气空间是指地球表面上空大气层以内,不包括外层空间的空间。从国家领土主权的角度,可将其分为国家领土以上的空气空间和其他空气空间两部分:前者是一国领土的组成部分,即领空,国家对其领空享有完全的和排他的主权;后者是指不属于任何国家领土的上空,其法律地位取决于有关专属经济区、公海和南北极的法律地位,各国在这部分空间享有飞行的自由,也有学者称之为"国际空域"或"公空"①。

空气空间的法律地位在国际法上曾有过不同的主张,概括起来如下:空气空间完全自由论、空气空间有条件自由论、空气空间海洋比拟论、空气空间国家主权论和空气空间有限制的国家主权论。

第一次世界大战后,各国的实践彻底否定了空气空间自由的主张,空气空间主权原则正式确立。第一次世界大战结束后,1919 年的《巴黎公约》第一条规定,"各缔约国承认每一国家对其领土上空享有完全的和排他的主权",正式确认了空中主权原则。1944 年的《芝加哥公约》再次确认了国家对其领空的主权原则。

领空主权是国家领土主权的重要内容之一,领空主权原则主要包括以下内容:

(1)各国领空不得侵犯。各国对于任何侵犯本国领空或违反本国法律规章的外国航空器,可令其降落。

(2)各国有权制定领空法律制度。各国有权就包括外国航空器在内的所有航空器对其领土上空的利用作出规定;任何从事国际航班飞行的飞机必须接受地面国机场的海关和其他检验。例如,中国于 1995 年颁布了《中华人民共和国民用航空法》,该法于 2009 年、2015 年、2016 年、2017 年和 2018 年进行了修正。

(3)各国有权保留"国内载运权"。各国有权拒绝外国的航空器为了收益和出租的目的在该国境内开展运输该国的旅客、邮件和货物的航空业务。

(4)各国有权在其领空中设立禁区,也可以指定固定航线,这种权利仅受国际法的限制。

近年来,出现了防空识别区(air defense identification zone)的情形。防空识别区是指一国基于防空需要而单方面划定的空域,目的在于为军方及早发现、识别和实施空军拦截行动提供条件。设立防空识别区的成因在于,第二次世界大战后,空中作战力量迅速发展,特别是以高空高速为基本特征的二代战斗机的发展,使各国传统的防

---

① 白桂梅:《国际法》,北京大学出版社 2006 年版,第 406 页。

空体系面临较大威胁。在通常情况下,防空识别区以该国的预警机和预警雷达所能覆盖的最远端作为界限,比领空和专属经济区的范围要大得多,不属于国际法中的主权范畴。一国对他国飞行器的定位、监视和管制,是在该飞行器进入该国防空识别区之后。通常情况下,飞行器进入一国的防空识别区,需要向该国报告飞行计划等。该国也可采取某种方式,如起飞战斗机,监视飞行器。2013 年,中国政府根据《中华人民共和国国防法》《中华人民共和国民用航空法》和《中华人民共和国飞行基本规则》,宣布划设东海防空识别区。

(二)国际航空公约

1.《巴黎公约》

1919 年的《巴黎公约》是世界上第一个有关国际航空的多边公约,它较为全面地确立了国际民用航空的基本法律制度:除明确规定了国家的空中主权外,还第一次规定了有关航空器国籍的法律制度,即航空器的国籍是航空器的注册国;将航空器分为民用航空器和国家航空器,后者包括军用航空器和公务航空器;规定缔约国可以保留"国内载运权";还设立了一个国际航空的常设管理机构,即国际空中航行委员会。《巴黎公约》的签订标志着国际航空法的正式形成。

2.《芝加哥公约》

1944 年的《芝加哥公约》是目前最重要的关于国际航空的普遍性国际公约。该公约于 1947 年生效后,取代了 1919 年《巴黎公约》,并成为现代国际航空法的基础。该公约目前已经有 190 多个成员,中国于 1974 年 2 月 15 日加入了该公约。

《芝加哥公约》由序言和 96 条构成,包括空中航行、国际民用航空组织、国际航空运输、最后条款四个部分,其主要内容有:

(1)确认了空中主权原则。该公约第一条规定:"缔约各国承认每一国家对其领土上空具有完全的和排他的主权。"

(2)区分了"民用航空器"和"国家航空器"。该公约对两者的区分以用途为标准,前者是指从事商业性活动的航空器;后者是指用于执行国家权力的航空器,如用于军事、海关和警察部门的航空器。《芝加哥公约》第三条规定该公约"仅适用于民用航空器,不适用于国家航空器",但在同一条中又规定,"一缔约国的国家航空器,未经特别协定或其他方式的许可并遵照其规定,不得在另一缔约国领土上空飞行或在此领土上降落"。但是,该公约对于违反规定侵入他国领空的国家航空器如何处理并未作出规定。

(3)对外国民用航空器在缔约国领空飞行作出了规定。该公约将在缔约国领土上空飞行分为航班飞行和非航班飞行,也称"定期航班飞行"和"不定期航班飞行"。[1] 该公约第五条第一款规定:"缔约各国同意其他缔约国一切不从事定期国际航班飞行的航空器,在遵守本公约规定的条件下,不需事先获准,有权飞入或飞经其领土而不降停,或作非运输性降停,但飞经国有权令其降落……"也就是说,这种缔约国非航班飞行航空器享有的飞越权利要受到公约规定的限制,如为了安全或其他原因,飞经国有权命令其降落,或令其遵照指定的航线或在获准后方可飞行。公约第六条规定:"国际航班飞行,非经一缔约国特准或给予其他许可并遵守此项特准或许可的条件,不得在该国领土上空飞行或飞入该国领空。"可见,公约对于非航班飞行的限制比对航班飞行的限制为宽,但"《芝加哥公约》并非允许各国可不需要事先批准就能进行国际间不定期飞行"[2]。在实践中,缔约国也难以不经飞经国的允许而进行非航班飞行。

(4)规定各国有权保留"国内载运权"。

(5)规定各国有权设立"空中禁区"。公约第九条第一款规定,各缔约国出于军事需要或公共安全的理由,可以设立空中禁区,但禁区设立的范围和位置应当合理,不得使空中飞行受到不必要的阻碍;并且对任何其他国家的限制应当平等,不能有任何歧视;缔约国对于禁区及其变化情况有义务及时通知其他缔约国及国际民用航空组织。第二款规定,在非常情况下,缔约国有权暂禁飞行,即禁止或限制航空器在其全部或部分领空飞行。

(6)规定以登记作为航空器国籍的依据。与1919年《巴黎公约》相同,公约规定航空器具有登记国的国籍;规定如一航空器在两个国家登记具有双重国籍,则视为无国籍。从事国际飞行的航空器应具有适当的国籍标志和登记标志。

(7)规定了各国对国际航空运输应当承担的义务。公约规定各国应当采取便利航空运输的措施;遵守无差别对待原则;促进国际统一标准和措施的采用;防止疾病传播;禁止滥用民用航空资源等。

(8)设立了国际民用航空组织。公约规定该组织的宗旨和目的是"发展国际航行的原则和技术,并促进国际航空运输的规划和发展",总部设在加拿大蒙特利尔。1944年的芝加哥会议上,各国鉴于《芝加哥公约》生效尚需时日,为组织公约生效前过渡时期的工作,通过了先成立"临时国际民航组织"的决议,临时国际民航组织于1945年6月6日宣告成立。1946年,临时国际民航组织与联合国签订了成为联合国专门机构的协定,该协定经联合国大会与国际民航大会批准后,于1947年5月13日生效,国际

---

[1] 王虎华:《国际公法学》,北京大学出版社、上海人民出版社2005年版,第246—247页;赵维田:《国际航空法》,社会科学文献出版社2000年版,第141—142页。

[2] 王勇亮:《芝加哥公约述评》,《政治与法律》1993年第2期。转引自周忠海主编:《国际法》,中国政法大学出版社2004年版,第500页。

民航组织也于当日正式成立,临时国际民航组织结束。同时,按照《芝加哥公约》的规定,依 1919 年《巴黎公约》成立的"空中航行国际委员会"于 1947 年 12 月 31 日宣布结束,并将其资产和资料全部移交给国际民航组织。[①] 国际民航组织的主要机构有大会、理事会和秘书处,并根据公约规定在理事会下设有各种专门委员会。

为了进一步明确过境权和降落权的问题,在 1944 年的芝加哥会议上,还签订了两项适用于国际定期航班的特别协议,即《国际航空运输协议》和《国际航空过境协议》。前者也称为"五大自由协定",即规定每一缔约国应当给予其他缔约国五项权利:一是不降停而飞越一国领土的权利;二是非运输业务性(比如加油、修理)降停的权利;三是卸下来自航空器所属国领土的旅客、货物和邮件的权利;四是装载前往航空器所属国领土的旅客、货物和邮件的权利;五是装卸前往或者来自任何其他缔约国领土的旅客、货物和邮件的权利。后者也称为"两大自由协定",即规定了上述五项中的两项:不降停而飞越一国领土的权利和非运输业务性降停的权利。但是,这两个协定并未得到普遍的赞同。

三、国际民用航空的责任制度

(一)华沙体系

随着民用航空事业的高速发展,因航空事故致使乘客伤亡、货物受损的情况也越来越多。为解决国际民航领域的赔偿问题,1929 年在波兰华沙举行第二届国际航空私法会议,通过了《统一国际航空运输某些规则的公约》,也称《华沙公约》。该公约规定了有关国际民用航空承运人责任的成立、责任求偿程序和损害赔偿的限额范围等基本内容。此后,《华沙公约》历经修改,形成了包括 9 个文件的"华沙体系"。

1. 1929 年《华沙公约》

该公约于 1933 年 2 月 13 日起生效,共有 5 章 41 条,其内容主要有:定义、适用范围、运输凭证(客票、行李票、空运单)、承运人的责任、关于联合运输的规定、一般和最后条款。截至 2021 年 2 月 24 日,共有 152 个国家(或国际组织)参加了该公约,中国于 1958 年加入了该公约。[②]

(1)定义和适用范围。该公约第一条第一款规定:"本公约适用于所有以航空器运送旅客、行李或货物而收取报酬的国际运输。本公约同样适用于航空运输企业以航空器办理的免费运输。"其所定义的"国际运输"是指始发地和目的地分别在两个缔约国境内,或者虽在同一缔约国境内但在另一缔约国或非缔约国境内有经停地点的运输。

---

① 赵维田:《国际航空法》,社会科学文献出版社 2000 年版,第 82—83 页。
② 国际民航组织网站,http://www.icao.int/secretariat/legal/List%20of%20Parties/WC-HP_EN.pdf,2021 年 2 月 24 日访问。

该公约第二条第二款规定了两种适用例外:"本公约不适用于按照国际邮政公约的规定而办理的运输。"公约第三十四条规定了一种适用例外:"本公约不适用于航空运输机构为了开设正式航线进行试航的国际航空运输,也不适用于超出正常航空运输业务以外的特殊情况下进行的运输。"由此可见,例外情形共有 3 种。

(2)运输凭证。公约第三条至第十一条规定的是旅客飞机票、行李票与航空货运单的内容、形式及其在航空运输中的法律地位,这为《华沙公约》的实施奠定了基础。

(3)承运人的责任制度。公约第十七条至第二十五条规定了航空承运人的责任规则。

第一,归责原则,公约为适应航空运输业高度危险以及承运人和顾客信息不对称的特点而适用推定过错责任制。公约第十七条至第十九条规定:对于旅客因死亡、受伤或身体上的任何其他损害而产生的损失,若造成这种损失的事故是发生在航空器上或上下航空器过程中,则承运人应负责任;对于任何已登记的行李或货物因毁灭、遗失或损坏而产生的损失,如果造成这种损失的事故是发生在航空运输期间,则承运人应负责任;承运人对旅客、行李或货物在航空运输过程中因延误而造成的损失应负责任。

公约第二十条和第二十一条规定了承运人的免责:承运人如果证明自己和他的代理人为避免损失的发生,已采取一切必要措施,或不可能采取该种措施,则不负责任;在运输货物和行李时,如果承运人证明损失的发生是由于驾驶上、航空器的操作上或领航上的过失,而在其他一切方面承运人和他的代理人已采取一切必要措施以避免损失,则不负责任;如果承运人证明损失的发生是由于受害人的过失所引起或助成,则法院可免除或减轻承运人的责任。

第二,责任限额,公约为平衡各方利益,规定了承运人的责任限额。公约第二十二条规定:"运送旅客时,承运人对每一旅客的责任以 125 000 法郎为限,如果根据受理法院地法律,可以分期付款方式赔偿损失时,付款的总值不得超过该限额,但是旅客可根据其同承运人的特别协议,规定一个较高的责任限额;在运输已登记的行李和货物时,承运人对行李或货物的责任以每千克 250 法郎为限,除非托运人在交运时,曾特别声明行李或货物运到后的价值并缴付必要的附加费,在这种情况下,承运人所负责任不超过声明的金额,除非承运人证明托运人声明的金额高于行李或货物运到后的实际价值;关于旅客自己保管的物件,承运人对每个旅客所负的责任,以 5 000 法郎为限。"公约第二十三条还规定:"企图免除承运人的责任,或定出一个低于本公约所规定责任限额的任何条款,都不发生效力,但合同仍受本公约规定的约束,并不因此而失效。"

第三,免责和限制责任的例外。公约第二十五条规定:"如果损失的发生是由于承运人的有意的不良行为,或由于承运人的过失,而根据受理法院的法律,这种过失被认为等于有意的不良行为,承运人就无权引用本公约关于免除或限制承运人责任的规定；同样，如果上述情况造成的损失是承运人的代理人之一在执行他的职务范围内所造成的，承运人也无权引用这种规定。"

(4) 管辖法院和诉讼时效。管辖法院和诉讼时效是程序方面的重要内容，《华沙公约》第二十八条规定："有关赔偿的诉讼，应该按原告的意愿，在一个缔约国的领土内，向承运人住所地或其总管理处所在地或签订契约的机构所在地法院提出，或向目的地法院提出；诉讼程序应根据受理法院的法律规定办理。也就是说，在公约管辖范围之内的航空运输索赔有四个法院有管辖权，权利人有权选择其中任何一个起诉，诉讼程序方面的事项应适用法院地法。"

关于诉讼时限，公约第二十九条规定："诉讼应该在航空器到达目的地之日起，或应该自到达之日起，或从运输停止之日起两年内提出，否则就丧失追诉权；诉讼期限的计算方法根据受理法院的法律决定。"

2. 1955 年《海牙议定书》

1955 年国际民航组织的海牙外交会议对《华沙公约》进行了第一次修订，与会方通过了《修改 1929 年 10 月 12 日在华沙签订的统一国际航空运输某些规则的议定书》，通常简称为 1955 年《海牙议定书》。尽管航空大国美国因不满责任限额的标准而未批准该议定书，但该议定书还是迅速为国际社会所接受，并于 1964 年 5 月 1 日生效。中国于 1975 年 8 月按公约规定向波兰政府递交了批准书，同年 11 月 18 日《海牙议定书》对中国生效，截至 2021 年 2 月 24 日，共有 137 个国家（或国际组织）参加了该公约。[①]

关于《海牙议定书》与《华沙公约》的关系，《海牙议定书》第十九条规定：在本议定书各当事国之间，《华沙公约》与《海牙议定书》应视为并解释为一项单一的法律文件，并定名为"1955 年在海牙修订的华沙公约"。也就是说，1929 年《华沙公约》和 1955 年《海牙议定书》作为整体的"华沙-海牙规则"适用于《海牙议定书》的缔约国。当然，对于只参加《华沙公约》而未参加《海牙议定书》的国家，则只适用《华沙公约》，而不适用《海牙议定书》。

《海牙议定书》对《华沙公约》的修改主要体现在以下方面：

(1) 提高了对旅客的人身赔偿责任限额，即由 125 000 法郎提高到 250 000 法郎。但对登记行李、货物及旅客自己保管的物品的责任限额未作修订。

(2) 完善了对"有意的不良行为"的界定。《海牙议定书》将《华沙公约》第二十五条修改为："如经证明造成损失系出于承运人、受雇人或代理人故意造成损害的行为，或

[①] 国际民航组织网站，www.icao.int/secretariat/legal/List%20of%20Parties/WC-HP_EN.pdf，2021 年 2 月 24 日访问。

明知可能造成损害而不顾后果的行为引起的,则不适用第二十二条规定的责任限额;如系受雇人或代理人有上述行为或不作为,还必须证明他是在执行其受雇职务范围内行事。"修改后的条款将故意和明知可能造成损害而不顾后果的行为和不作为都加以涵盖。

(3)简化了对运输凭证的形式与内容的要求。载运登记的行李,应出具行李票,行李票上应载有:起运和目的地的注明;如起运和目的地点均在同一缔约国领土内,而在另一个国家领土内有一个或数个约定的经停地点时,注明至少一个此种经停地点;声明如运输的最终目的地点或经停地点不在起运点所在国家内时,华沙公约可以适用于该运输,且该公约规定并在一般情况下限制承运人对行李遗失或损坏所负的责任。在无相反的证明时,行李票应作为行李登记及载运合同条件的证据。行李票的缺陷、不合规定或遗失,并不影响载运合同的存在或效力,载运合同仍受本公约的约束。

(4)增加了承运人的代理人和受雇人的责任。如经证明造成损失系出于承运人、受雇人或代理人故意造成或明知可能造成损失而漠不关心的行为或不行为,则不适用本议定书规定的责任限额;如系受雇人或代理人有上述行为或不行为,还必须证明他是在执行其受雇职务范围内行事。

(5)缩小了承运人的免责范围。《海牙议定书》删除了《华沙公约》第二十条第二款,即关于在运输货物和行李时如果承运人证明损失的发生是由于驾驶上、航空器的操作上或领航上的过失而免除责任的规定;但在第二十三条增加了第二款:"凡属涉及因所运货物的固有缺陷、质量或瑕疵所引起的损失或损坏的情况,本条第一款不予适用。"该条第一款规定:"任何想要免除承运人责任,或者约定出一个任何低于本公约规定限额的条款,均属无效。"

(6)补充规定了托运行李、货物理赔的重量计算方法。

从总体上看,《海牙议定书》虽然在航空运输凭证的规则和航空承运人的损害赔偿责任规则方面作出了重要的变更,但对《华沙公约》并没有作实质性的修改。

3. 1961年《瓜达拉哈拉公约》

在1929年《华沙公约》制定之时,航空运输业尚处于产生、发展的初级阶段,经营方式相对单一。但在第二次世界大战之后,航空运输业的经营方式开始走向多样化,承运人分化为实际承运人和缔约承运人,即原来性质单一的航空承运人分化为实际承担全部或部分运输任务的承运人与同托运人、旅客真正签订合同的承运人的问题。《瓜达拉哈拉公约》,即《统一非缔约承运人所办理的国际航空运输某些规则以补充华沙公约的公约》,对《华沙公约》所规定的"承运人"的概念进行了补充,以解决现实问题。

在该公约中,"缔约承运人"是指以本人名义与旅客或者托运人,或者与旅客或者托运人的代理人订立受《华沙公约》调整的运输合同的人。"实际承运人"是指缔约承运人以外的,根据缔约承运人的授权,承担全部或部分运输的人。根据该公约,缔约承运人对全部运输合同负责,实际承运人只对其参与的部分运输负责。《瓜达拉哈拉公约》所涉及的内容在很大程度上是民法中的代理法律问题。公约实际上将实际承运人作为缔约承运人的代理人,两者的关系构成民法上的代理,至于缔约承运人与实际承运人的受雇人、代理人之间则构成复代理关系。

该公约于1964年5月1日生效,截至2021年2月24日,共有86个国家(或国际组织)参加了该公约,中国未加入该公约。[①]

4.1966年《蒙特利尔协议》

1966年《蒙特利尔协议》是以美国民用航空委员会为一方、由飞出飞入美国航线的航空公司为另一方的民间性质的协议。《蒙特利尔协议》并不是该文件的正式名称,而是学者们通常的称法,其正式名称是美国民用航空委员会以E2368号令发布的"18900号协议"。严格来说,该协议并不是真正意义上的国际条约,但其内容对华沙体系的影响很大,在特定地区范围内实质上起到了局部修改《华沙公约》的作用。

该协议的内容主要包括赔偿限额和归责原则两方面。

在赔偿限额方面,《华沙公约》第二十二条第一款规定:"运送旅客时,承运人对每一旅客的责任以12.5万法郎为限……但是旅客可以根据他同承运人的特别协议,规定一个较高的责任限额。"可见这是一个任意性条款,承运人自愿选择一个更高的责任限额,本身并不违背《华沙公约》的规定。1966年《蒙特利尔协议》将进出经停美国的国际客运航班对旅客伤亡的赔偿责任限额提高到75 000美元(含法律费用)或58 000美元(不含法律费用)。该协议为了表明其是严格遵照《华沙公约》而无真正意义上的"修正",特别强调必须在向旅客出具的客票中按一定规格印刷说明文字,表明其所适用的赔偿限额规定,以达到《华沙公约》中所要求的旅客和承运人之间特别协议的要求。

在归责原则方面,该协议规定:"对于因旅客死亡、受伤或其他身体损害提出的任何赔偿要求,承运人不得援引该公约或上述议定书(海牙议定书)修正的该公约第二十条第一款规定的任何辩护理由。"而《华沙公约》第二十一条第一款为:"承运人如果证明自己和他的代理人为了避免损失的发生,已经采取一切必要的措施,或不可能采取这种措施时,就不负责任。"原公约规定的承运人责任为过错推定责任,这意味着:其一,主观过错是承运人损害赔偿责任的构成要件;其二,对于无过错,承运人承担举证

[①] 国际民航组织网站,https://www.icao.int/secretariat/legal/List of Parties/Guadalajara_EN.pdf,2021年2月24日访问。

责任。而该协议将之彻底转变为客观责任原则(无过错责任),这对《华沙公约》所制定的承运人损害赔偿责任构成要件,以及举证责任分配都是极大的改变。由于《蒙特利尔协议》仅是一种民间协议,因而这种重大变更的效力也引起了很大争议。

5. 1971年《危地马拉议定书》

《危地马拉议定书》于1971年3月8日由以美国为首的21个国家在危地马拉订立,其正式名称是《修改经1955年9月28日在海牙签订的议定书修正的1929年10月12日在华沙签订的统一国际航空运输某些规则的公约的议定书》。《危地马拉议定书》原本是签订1966年《蒙特利尔协议》时预期要谈判并签订的正式条约,是在《蒙特利尔协议》签订后,国际民航组织法律委员会经过5年的研究对美国作出重大妥协的产物。因此,该议定书的内容较为符合美国的利益,但因难以得到世界上其他国家的支持,至今尚未生效。

因为某些原因,该议定书仅修订了《华沙公约》与《海牙议定书》的旅客和行李运输规则,并未触及《华沙公约》有关货物的运输规则。概括地说,该议定书的内容主要涉及以下方面:

(1)将承运人的推定过失责任制改变为无过错责任制。

(2)大幅提高了旅客运输的责任限额,将其从《海牙议定书》规定的250 000法郎提高到1 500 000法郎。

(3)降低了对运输凭证形式和内容的要求。该议定书规定,凡能记载出发地、目的地、经停地内容的任何其他方法都可用于替代出具传统的运输凭证。

(4)增加了一个可诉法院。美国为保护其公民能在美国法院起诉,其代表一再坚持增加"旅客住所或常住地"法院为可起诉法院。最终订立的《危地马拉议定书》在原《华沙公约》四个可起诉的法院地外,又增加了一个可起诉的法院,即旅客住所或常住地法院,但规定必须以承运人在该法院管辖区内设有营业机构为前提。

《危地马拉议定书》对其之前的华沙体系文件作了实质性的改变,特别是加重了航空承运人对旅客和行李的责任,具有一定的超前性。虽未生效,但它是一个转折性的文件,对华沙体系以后文件的制定具有重要影响。1999年《蒙特利尔公约》的产生,充分说明《危地马拉议定书》在旧华沙体系向新华沙体系的过渡中起了非常重要的作用。[1] 其多数内容为后来的《蒙特利尔公约》所采纳,构成其旅客和行李方面责任制度的主要组成部分。

6. 1975年的4个蒙特利尔议定书

---

[1] 史晓丽:《华沙体系及其最新发展评析》,赵威主编《国际经济法论文专集》,中国政法大学出版社2000年版,第9页。

1975 年在蒙特利尔召开航空法外交会议,目的是要继续 1971 年危地马拉城会议未完成的工作,对国际航空货物运输责任制度进行修订。但鉴于国际货币危机形势和各国法院在折算上所面临的困境,会议临时决定除了对货运规则的修改外,再制定 3 个附加议定书,把《华沙公约》《海牙议定书》及《危地马拉议定书》中责任限额计算单位的法郎一律改为特别提款权。

　　(1)第一、二、三号蒙特利尔议定书。

　　《蒙特利尔第一号附加议定书》全称为《修改 1929 年 10 月 12 日在华沙签订的统一国际航空运输某些规则的公约的第一号附加议定书》,主要对《华沙公约》进行了修改。其允许使用国际货币基金组织(IMF)规定的特别提款权(SDR)来计算原《华沙公约》所定责任限额以内的赔偿,并将旅客的责任赔偿限额改为 8 300 个特别提款权,对旅客自己照管的物品的赔偿责任限额改为 332 个特别提款权,对行李和货物的责任赔偿限额改为每千克 17 个特别提款权。该议定书于 1996 年 2 月 15 日生效,截至 2021 年 2 月 24 日,共有 51 个国家(或国际组织)参加了该公约,但中国并未批准。[①]

　　《蒙特利尔第二号附加议定书》全称为《修改经 1955 年 9 月 28 日在海牙签订的议定书所修改的 1929 年 10 月 12 日在华沙签订的统一国际航空运输某些规则的公约的第二号附加议定书》,主要对《海牙议定书》进行了修改。其用特别提款权来表示限额,取代《海牙议定书》的限额,并将旅客的责任赔偿限额改为 16 600 个特别提款权,对旅客自己照管的物品的赔偿责任限额改为 332 个特别提款权,对行李和货物的责任赔偿限额改为每千克 17 个特别提款权。该议定书于 1996 年 2 月 15 日生效,截至 2021 年 2 月 24 日,共有 52 个国家(或国际组织)参加了该公约,中国未批准。[②]

　　《蒙特利尔第三号附加议定书》全称为《修改经 1955 年 9 月 28 日在海牙议定书和 1971 年 3 月 8 日危地马拉城议定书所修改的 1929 年 10 月 12 日在华沙签订的统一国际航空运输某些规则的公约的第三号附加议定书》,主要对《危地马拉议定书》进行了修改,将旅客的责任赔偿限额改为 10 万个特别提款权,对旅客的延误的责任限额为每名旅客为 4 150 个特别提款权,对行李的毁灭、遗失、损坏或延误的赔偿责任限额为每名旅客 1 000 个特别提款权,对货物的责任赔偿限额改为每千克 17 个特别提款权。该议定书现仅有 21 个国家批准,尚未生效。[③]

　　(2)《蒙特利尔第四号附加议定书》。

[①] 国际民航组织网站,https://www.icao.int/secretariat/legal/List of Parties/AP1_EN.pdf,2021 年 2 月 24 日访问。

[②] 国际民航组织网站,https://www.icao.int/secretariat/legal/List of Parties/AP2_EN.pdf,2021 年 2 月 24 日访问。

[③] 国际民航组织网站,https://www.icao.int/secretariat/legal/List of Parties/AP3_EN.pdf,2021 年 2 月 22 日访问。

《蒙特利尔第四号附加议定书》全称为《修改经 1955 年 9 月 28 日在海牙签订的议定书所修改的 1929 年 10 月 12 日在华沙签订的统一国际航空运输某些规则的公约的蒙特利尔第四号议定书》，主要针对国际航空货物运输对《华沙公约》和《海牙议定书》的货物运输相关条款进行了修改。第一次变更了关于货物运输的责任规则，而且也采用特别提款权作为计算单位。

该议定书于 1998 年 6 月 14 日生效，截至 2021 年 2 月 25 日，共有 61 个国家（或国际组织）参加了该公约。① 同年，美国政府向议定书保存国波兰递交了批准书，议定书于 1999 年 3 月 4 日对美国生效。中国的民航法在制定时借鉴了该议定书的部分内容，但至今仍未批准该议定书。

该议定书借鉴《危地马拉议定书》，对《华沙公约》和《海牙议定书》作出重大修改：

第一，以无过错责任制替代推定过失责任制。

第二，简化了运输凭证形式与内容的要求。

第三，采用了特别提款权作为计算单位，规定了不可变更的固定限额，将责任限额的标准定为 17 特别提款权。

第四，进一步明确排除了权利人以侵权行为或其他任何原因为由不适用责任限额的情况。该议定书第八条规定："在货物运输中，任何责任诉讼，不论其根据如何，是根据本公约，根据合同，还是由于侵权行为或任何其他原因，只能按照本公约规定的条件和限额提起，但不妨碍确定谁有权提起诉讼以及他们各自的权利。此责任限额是最高额，不论产生责任的情势如何，均不得超过这一限额。"该规定实际上排除了权利人，尤其是英美法系国家的权利人以侵权或其他任何原因为由绕开公约的责任制度和责任限额的可能性。

（二）1999 年《蒙特利尔公约》

1999 年，国际民航组织在加拿大的蒙特利尔召开外交会议，其缔约方中的 61 个国家和 4 个国际组织参加了会议。与会各方同意基于《华沙公约》制定一项新的公约以适应迅速发展的国际航空运输需求，于 5 月 28 日通过了《统一国际航空运输某些规则的公约》(Convention for the Unification of Certain Rules for International Carriage by Air)，也称为 1999 年《蒙特利尔公约》。该公约旨在替代《华沙公约》及华沙体系。该公约于 2003 年 11 月 4 日正式生效。到 2021 年 2 月 22 日为止，《蒙特利尔公约》的批准国已经达到了 137 个②，中国于 2005 年 6 月批准加入，该公约同年 7 月 31

---

① 国际民航组织网站，https://www.icao.int/secretariat/legal/List of Parties/MP4_EN.pdf，2021 年 2 月 25 日访问。

② 国际民航组织网站，https://www.icao.int/secretariat/legal/List%20of%20Parties/Mtl99_EN.pdf，2021 年 2 月 22 日访问。

日对中国生效。

公约共计 7 章 57 条,为尽可能使《华沙公约》开创的国际航空运输规则保持一定的连贯性和继承性,使新公约易为世界多数国家所接受,新公约在形式上基本采用了《华沙公约》的结构,在内容上也充分吸收了旧华沙体系的法律文件中的合理内容:旅客运输规则的制定保存了海牙议定书的部分内容,但主要是吸收了《危地马拉议定书》和《蒙特利尔第三号附加议定书》的内容;在货物运输的规则方面,对《蒙特利尔第四号附加议定书》稍作文字修改,几乎全文纳入;在非缔约承运人之间进行的航空运输方面,对《瓜达拉哈拉公约》的内容基本全盘接受。

1.《蒙特利尔公约》的主要变化内容

(1) 旅客人身损害赔偿的"双梯责任制"。根据该公约第二十一条,第一梯度的责任为对于每名旅客不超过 100 000 特别提款权的损害赔偿,除因旅客自己的原因所引起的伤亡外,承运人不得免除或者限制其责任,即承运人应当承担无过错责任。第二梯度的责任为对于每名旅客超过 100 000 特别提款权的损害赔偿部分,承运人承担过错推定责任,即当承运人能证明存在以下情况时,承运人不承担责任:损失不是由于承运人或者其受雇人、代理人的过失或者其他不当作为、不作为造成的;或损失完全是由第三人的过失或者其他不当作为、不作为造成的;或损失是因旅客自己的原因所造成的。

(2) 旅客行李和货物损害赔偿的无过错责任制。只有当承运人证明损失是由索赔人或者索赔人从其取得权利的人的过失或者其他不当作为、不作为造成或者促成时,才能根据造成或者促成此种损失的过失或者其他不当作为、不作为的程度,相应全部或者部分免除承运人对索赔人的责任。

(3) 第五管辖权。《华沙公约》第二十八条规定了四种有管辖权的法院,即承运人的住所地、承运人的主要营业地、运输合同订立的承运人营业机构所在地和目的地的法院。《蒙特利尔公约》借鉴了《危地马拉议定书》中"第五管辖权"的相关内容,在第三十三条第二款规定:"对于因旅客死亡或者伤害而产生的损失,诉讼可以向本条第一款所述的法院(四大可诉法院)之一提起,或者在这样一个当事国领土内提起,即在发生事故时旅客的主要且永久居所在该国领土内,并且承运人使用自己的航空器或者根据商务协议使用另一承运人的航空器经营到达该国领土或者从该国领土始发的旅客航空运输业务,并且在该国领土内该承运人通过其本人或者与其有商务协议的另一承运人租赁或者所有的处所从事其旅客航空运输经营。"

(4) 简化运输凭证。《华沙公约》和《海牙议定书》都将是否遵守凭证规则作为是否有权援引责任限制的前提条件,《蒙特利尔公约》则进一步简化了运输凭证的记载事项和交付规则,并且允许使用任何保存凭证所需记载内容的"其他方法"均可用来代替出具运输凭证,从而为电子票证的使用和发展提供了法律依据,符合交易需求,使航运更加方便快捷。

(5)先行给付制度。公约第二十八条规定:"因航空器事故造成旅客死亡或者伤害的,承运人应当在其国内法有如此要求的情况下,向有权索赔的自然人不迟延地先行付款,以应其迫切经济需要。此种先行付款不构成对责任的承认,并可从承运人随后作为损害赔偿金支付的任何数额中抵销。"

(6)充分保险要求。公约第五十条规定:"当事国应当要求其承运人就其在本公约中的责任进行充分保险。当事国可以要求经营航空运输至该国内的承运人提供其已就本公约中的责任进行充分保险的证据。"

(7)否定惩罚性和其他非补偿性损害赔偿。公约第二十九条规定:"在旅客、行李和货物运输中,有关损害赔偿的诉讼,不论其根据如何,是根据本公约、根据合同、根据侵权,还是根据其他任何理由,只能依照本公约规定的条件和责任限额提起,但是不妨碍确定谁有权提起诉讼以及他们各自的权利。在任何此类诉讼中,均不得判给惩罚性、惩戒性或者任何其他非补偿性的损害赔偿。"

(8)增加仲裁条款。公约第三十四条规定,货物运输合同的当事人可以约定以仲裁的方式解决因有关承运人的责任所发生的任何争议,但仲裁协议须采书面形式;约定的仲裁地必须在公约规定的有管辖权的法院的管辖区域以内。

2.《蒙特利尔公约》与华沙体系其他法律文件的关系

《蒙特利尔公约》制定的目的在于重新统一国际航空运输的规则。为此,公约第五十五条对公约与华沙公约其他法律文件的关系作出了专门规定,在下列情况下,《蒙特利尔公约》应优先于国际航空运输所适用的任何规则:

(1)在《蒙特利尔公约》当事国之间履行的国际航空运输,而这些当事国同为1929年《华沙公约》、1955年《海牙议定书》、1961年《瓜达拉哈拉公约》、1971年《危地马拉议定书》及1975年4个蒙特利尔议定书的缔约国。

(2)在《蒙特利尔公约》的一个当事国领土内履行的国际航空运输,而该当事国是上述第(1)项所述及的公约中一个或者几个法律文件的当事国。

四、国际民用航空安全制度

国际民用航空事业的发展,便利了各国经济文化交流,但也由此产生了新的安全问题。从20世纪60年代开始,空中劫持事件不断发生,严重危及国际民用航空安全,国际社会缔结了一系列的国际公约,以保障国际民用航空安全,主要包括:①1963年在东京签订的《关于在航空器内的犯罪和其他行为的公约》,简称《东京公约》。该公约于 1969 年 12 月 14 日生效,截至 2021 年 2 月 22 日有 187 个参加国。[①] 中国于 1978 年 11 月 14 日批准加入该公约。②1970 年在海牙签订的《关于制止非法劫持航空器的公约》,简称《海牙公约》。该公约于 1971 年 11 月 14 日生效,截至 2021 年 2 月 22 日有 185 个参加国。[②] 中国于 1980 年 9 月 10 日批准该条约。③1971 年在蒙特利尔签订的《关于制止危害民用航空安全的非法行为的公约》,简称《蒙特利尔公约》。该公约于 1973 年 1 月 26 日生效,截至 2021 年 2 月 22 日有 188 个参加国。[③] 中国同样于 1980 年 9 月 10 日批准该条约。④1988 年在蒙特利尔签订的《制止在用于国际民用航空的机场发生的非法暴力行为以补充 1971 年 9 月 23 日订于蒙特利尔的制止危害民用航空安全的非法行为的公约的议定书》,简称《蒙特利尔公约补充议定书》。该议定书于 1989 年 8 月 6 日生效,截至 2021 年 2 月 22 日有 176 个参加国。[④] 中国于 1999 年 3 月 5 日批准该议定书。此外,1991 年《关于注标塑性炸药以便探测的公约》也是与国际航空安全相关的公约,1998 年 6 月 21 日生效,截至 2021 年 2 月 24 日有 155 个参加国。[⑤] 1999 年《制止向恐怖主义提供资助的国际公约》也进一步补充了控制危害国际航空罪行的国际刑法规则,截至 2021 年 2 月 24 日有 189 个参加国。[⑥]

其中最为重要的是前三个公约,主要对危害国际民航安全行为的界定、管辖以及起诉和引渡作出了相关规定。

(一)危害国际民航安全行为的界定

对危害国际民航安全行为的确定根据是《东京公约》《海牙公约》《蒙特利尔公约》及其补充议定书。

1. 1963 年《东京公约》

该公约适用于航空器上发生的两种行为:一是违反刑法的罪行;二是危害或可能危害航空器或其所载人员或财产的安全、或危害航空器上的良好秩序和纪律的行为,无论是否构成犯罪。需要注意的是,根据公约第一条第二款,除了关于"机长的权力"的规定外,公约适用于在缔约一国登记的航空器内的犯罪或犯有上述行为的人,无论

---

① 国际民航组织网站,https://www.icao.int/secretariat/legal/List%20of%20Parties/Tokyo_EN.pdf#search=tokyo%20convention,2021 年 2 月 22 日访问。
② 国际民航组织网站,https://www.icao.int/secretariat/legal/List%20of%20Parties/Hague_EN.pdf,2021 年 2 月 22 日访问。
③ 国际民航组织网站,https://www.icao.int/secretariat/legal/List%20of%20Parties/Mtl71_EN.pdfn,2021 年 2 月 22 日访问。
④ 国际民航组织网站,https://www.icao.int/secretariat/legal/List%20of%20Parties/Mtl99_EN.pdf,2021 年 2 月 22 日访问。
⑤ 国际民航组织网站,https://www.icao.int/secretariat/legal/List%20of%20Parties/MEX_EN.pdf,2021 年 2 月 24 日访问。
⑥ 联合国条约汇编网站,https://treaties.un.org/Pages/ViewDetails.aspx?src=TREATY&mtdsg_no=XVIII-11&chapter=18&clang=en,2021 年 2 月 24 日访问。

该航空器是在飞行中、在公海上或在不属于任何国家领土的其他区域。但公约不适用于军事、警察和海关航空器。

2. 1970年《海牙公约》

该公约是专门针对空中劫持行为而制定的,对空中劫持罪行作了界定。公约第一条规定:"凡在飞行中的航空器内的任何人用暴力或用暴力威胁,或用任何其他恐吓方式,非法劫持或控制该航空器,或企图从事任何这种行为,或是从事或企图从事任何这种行为的人的同犯,即是犯有罪行。"关于这个定义,需要注意以下几点:

(1)飞行界定范围的扩大。航空器从装载完毕、机舱外部各门均已关闭时起,直至打开任一机舱门以便卸载时为止,应被认为是在飞行中。航空器强迫降落时,在主管当局接管对该航空器及其所载人员和财产的责任前,应被认为仍在飞行中。

(2)适用例外。该公约不适用于供军事、警察和海关航空器。

(3)适用范围。该公约仅适用于发生罪行的航空器的起飞地点或实际降落地点是在该航空器登记国领土以外,不论该航空器是从事国际飞行或国内飞行。

3. 1971年《蒙特利尔公约》

该公约将空中劫持以外的其他空中犯罪行为也包括在公约所惩治的危害民用航空安全行为中。公约第一条第一款规定:"任何人如果非法地和故意地从事下述行为,即是犯有罪行:(1)对飞行中的航空器内的人从事暴力行为,如该行为将会危及该航空器的安全;(2)破坏使用中的航空器或对该航空器造成损坏,使其不能飞行或将会危及其飞行安全;(3)用任何方法在使用中的航空器内放置或使别人放置一种将会破坏该航空器或对其造成损坏使其不能飞行或对其造成损坏而将会危及其飞行安全的装置或物质;(4)破坏或损坏航行设备或妨碍其工作,如任何此种行为将会危及飞行中航空器的安全;(5)传送他明知是虚假的情报,从而危及飞行中的航空器的安全。"第二款规定:"任何人如果从事下述行为,也是犯有罪行:(1)企图犯本条第一款所指的任何罪行;(2)是犯有或企图犯任何此种罪行的人的同犯。"

4. 1988年《蒙特利尔公约补充议定书》

该议定书则将危害机场安全的行为也纳入危害民用航空安全犯罪行为之中,该议定书第二条规定:"任何人使用一种装置、物质或武器,非法地和故意地实施下列行为,即为犯罪:(1)在用于国际民用航空的机场内对人实施暴力行为,造成或足以造成重伤或死亡的;(2)破坏或严重损坏用于国际民用航空的机场的设备或停在机场上未在使用中的航空器,或者中断机场服务危及或足以危及该机场的安全。"

(二)对危害国际民航安全行为的管辖权

1. 1963年《东京公约》

该公约第三条规定:"航空器登记国有权对在该航空器内的犯罪和所犯行为行使

管辖权。缔约国应采取必要的措施,对在该国登记的航空器内的犯罪和行为,规定其作为登记国的管辖权。本公约不排斥根据本国法行使任何刑事管辖权。"这既规定了航空器登记国的权利,也规定了登记国的义务,[①]同时还规定了各国可以依据其本国法行使刑事管辖权。第四条规定:"非登记国的缔约国除下列情况外,不得对飞行中的航空器进行干预以对航空器内的犯罪行使其刑事管辖权。(1)该犯罪行为在该国领土上发生后果;(2)犯人或受害人为该国国民或在该国有永久居所;(3)该犯罪行为危及该国的安全;(4)该犯罪行为违反该国现行的有关航空器飞行或驾驶的规定或规则;(5)该国必须行使管辖权,以确保该国根据某项多边国际协定,遵守其所承担的义务。"可见,非登记国在上述情况下也拥有刑事管辖权。

2. 1970年《海牙公约》

该公约第四条第一款规定:"在下列情况下,各缔约国应采取必要措施,对罪行和对被指称的犯罪嫌疑人对旅客或机组所犯的同该罪行有关的任何其他暴力行为实施管辖权:罪行是在该国登记的航空器内发生的;在其内发生罪行的航空器在该国降落时被指称的犯罪嫌疑人仍在该航空器内;罪行是在租来时不带机组的航空器内发生的,而承租人的主要营业地,或如承租人没有这种营业地,则其永久居所是在该国。"第二款规定:"当被指称的犯罪嫌疑人在缔约国领土内,而该国未按第八条的规定将此人引渡给本条第一款所指的任一国家时,该缔约国应同样采取必要措施,对这种罪行实施管辖权。"此规定是"或引渡或起诉"原则的体现。第三款规定:"本公约不排斥根据本国法行使任何刑事管辖权。"该公约先依据最密切联系原则规定了空中劫持行为主要由航空器登记国、航空器降落地国、承租人主要营业地或永久居所国管辖;犯罪嫌疑人所在地国如果不将犯罪嫌疑人引渡给上述三种国家,也有义务对其行使管辖权,由此构成辅助管辖权。同时规定各国可依据其国内法行使刑事管辖权。

3. 1971年《蒙特利尔公约》

该公约关于管辖的规定与《海牙公约》有所不同,其第五条第一款规定:"在下列情况下,各缔约国应采取必要措施,对罪行实施管辖权:罪行是在该国领土内发生的;罪行是针对在该国登记的航空器,或在该航空器内发生的;在其内发生犯罪行为的航空器在该国降落时被指称的犯罪嫌疑人仍在航空器内;罪行是针对租来时不带机组的航空器,或是在该航空器内发生的,而承租人的主要营业地,或如承租人没有这种营业地,则其永久居所是在该国。"即在航空器登记国、航空器降落地国、承租人主要营业地和永久居所国外,增加了罪行发生地国、被罪行针对发生的航空器的登记国、被罪行针对发生的航空器的承租人主要营业地和永久居所地国的管辖权,其原因是《蒙特利尔

---

① 赵维田:《论三个反劫机公约》,群众出版社1985年版,第88页。

公约》界定的危害国际民用航空安全行为范围进行了一定的扩大,因而在管辖权方面所作的调整。

《蒙特利尔公约》也规定了辅助管辖,即犯罪嫌疑人所在地国如果不将犯罪嫌疑人引渡给上述有管辖权的国家,也有义务对其行使管辖权。该公约同样也不排斥根据各国国内法行使的任何刑事管辖权。

(三)对危害国际民用航空安全行为人的引渡与起诉

《东京公约》没有就引渡问题作出具体规定,只在第十六条第一款规定:"在某一缔约国登记的航空器内的犯罪,为引渡的目的,应被认为不仅是发生在所发生的地点,而且也是发生在航空器登记国领土上。"第二款规定:"在不影响前款规定的情况下,本公约的任何规定不得解释为同意给予引渡的义务。"

《海牙公约》和《蒙特利尔公约》都在第七条用完全相同的措辞规定了"或引渡或起诉"的义务:"在其境内发现被指称的犯罪嫌疑人的缔约国,如不将此人引渡,则不论罪行是否在其境内发生,应无例外地将此案件提交其主管当局以便起诉。该当局应按照本国法律以对待任何严重性质的普通罪行案件的同样方式作出决定。""或引渡或起诉"义务在其他惩治国际罪行或反对国际恐怖主义行为的国际公约中也有规定,这是一项国际刑法上普遍认可的原则。该原则的适用前提是该项罪行非政治犯罪,《海牙公约》和《蒙特利尔公约》将空中劫持犯罪以及其他危害国际民用航空安全的行为列为可引渡的罪行,意味着缔约国不能将这种犯罪嫌疑人作为政治犯来对待。但是,是否起诉的决定权掌握在有关国家手中,并且是按照"本国法律"作出决定。这种措辞是两种分歧意见折中的结果。在海牙外交会议上,各国对于空中劫持犯罪是否属于政治犯罪争议很大。包括美、英等国在内的一些国家主张应该严格遵守"或引渡或起诉"原则,坚持空中劫持罪的非政治化。而其他许多国家反对这种观点,认为可能会发生例外的情况。[①]《海牙公约》为了平衡各方利益,在引入"或引渡或起诉"义务的同时,给予了缔约国关于起诉问题的决定权。《蒙特利尔公约》亦沿用了这一措辞。

在引渡问题上,《海牙公约》和《蒙特利尔公约》都没有为缔约国创设强制引渡义务。两项公约都在第八条以相同措辞规定:"前述罪行应看作是包括在缔约各国间现有引渡条约中的一种可引渡的罪行,缔约各国承允将此种罪行作为一种可引渡的罪行列入它们之间将要缔结的每一项引渡条约中。如一缔约国规定只有在订有引渡条约的条件下才可以引渡,而当该缔约国接到未与其订有引渡条约的另一缔约国的引渡要求时,可以自行决定认为本公约是对该罪行进行引渡的法律根据,引渡应遵照被要求国法律规定的其他条件。缔约各国如没有规定只有在订有引渡条约时才可引渡,则在

---

① 赵维田:《国际航空法》,社会科学文献出版社2000年版,第458—462页。

遵照被要求国法律规定的条件下,承认上述罪行是它们之间可引渡的罪行……"也就是说,在没有引渡条约的情况下,被请求国可以自行决定是否以公约为法律依据引渡犯罪嫌疑人。当然,如果缔约国拒绝引渡,那么其应承担"或引渡或起诉"的义务。

第二节 外层空间法

一、概述

外层空间法是管理在探索和利用外层空间及天体的过程中出现的法律问题的法律规范的总和。[①] 1957年10月4日,苏联发射了第一颗人造卫星,开始了人类探索和利用外层空间的活动。之后随着各国航天航空事业的发展,外层空间立法活动亦逐渐增多。联合国大会于1958年12月13日通过第1348号决议指出,为了有利于各国共同合作,为和平目的研究外空,在联合国体制内设立"和平利用外层空间特设委员会"。1959年12月12日,联合国大会通过第1472号决议,将特设委员会转为常设委员会,改称"和平利用外层空间委员会"(简称"外空委员会")。[②] 外空委员会现包括中国在内有92个成员国,[③]其宗旨是制定和平利用外空的原则和规章,促进各国在和平利用外空领域的合作,研究与探索和利用外空有关的科技问题和可能产生的法律问题。

(一)外层空间的法律地位

1957年苏联发射了第一颗人造地球卫星之后,产生了卫星运行的空域是否属于地面国主权管辖范围的问题。有的国家也曾以《罗马法》中"谁有土地,谁就有土地的上空"这一格言为依据,主张国家主权及于其领土的无限上空。[④] 1961年,联合国大会通过第1721号决议,提出外层空间包括天体供一切国家按照国际法自由探索和利用,任何国家不得据为己有的原则。该项原则在后来的外空条约中也都有所体现,成为一项公认的国际法原则。

(二)外层空间和空气空间的界分

外层空间概念产生后,就连带产生了空气空间和外层空间两个概念的界分问题,主要理论有两种:

1. 空间论

[①] 王铁崖:《国际法》,法律出版社1995年版,第331页。
[②] 联合国文献中心网址,http://www.un.org/chinese/documents/resga.htm,2021年2月22日访问。
[③] 联合国外空委员会网址,http://www.unoosa.org/oosa/en/members/index.html,2021年2月22日访问。
[④] 贺其治:《外层空间法》,法律出版社1992年版,第42页。

空间论采物理学的视角,是以空间的一定高度为标准区分空气空间与外层空间。在空间论中又有不同的具体主张:如以航空器向上飞行的最高限度为界;以物理上不同的空气层构成为界(即将整个空中空间划分为对流层、平流程、中间层、热成层和外大气层,然后将此五个大气层分别划入外层空间和空气空间的范畴);以地心吸力的终止处为界;以离心力开始取代空气成为飞行动力的地方即离地面83公里为界(该界线由德国物理学家冯·卡曼发现并由此命名为"卡曼管辖线");以人造卫星离地面的最低高度为界;以赤道国家上空的地球静止轨道即离地面35 817公里为界等。[1] 这些划界标准,有的因为科学技术的发展不断发生变化,有的则因为本身的区分标准不明确,因此,按照纯物理方法来划分外层空间和空气空间是不稳定、缺乏现实性的。

2. 功能论

功能论主张以飞行器的功能来确定其所适用的法律。具体而言,就是主张地面上空是一个整体,目前尚不具备提出划分外层空间和空气空间具体标准的条件,因此,根据航空器功能的不同——是从事外空活动的"航天器"还是从事航空活动的"航空器"——来确定它们所适用的法律制度。"航天器"在其活动的全部过程中,无论其位于何处,都应适用外空法规则,而不受相应地面国主权的管辖;"航空器"在其活动的全部过程中,则应适用航空法规则。

由于外层空间和空气空间的界限就是一国主权的最高界限,因此两者的界分问题很重要。如果把该界限定得太低,将不能满足国家主权和安全等方面的需要;如果定得太高,又会妨碍各国探索和和平利用外层空间。所以必须寻求一种适当的标准。这在极大程度上是一个与各国主权和安全利益密切相关的政治和法律问题。[2] 也正因为这个原因,各国分歧很大,难以更恰当地进行利益平衡,空气空间和外层空间的界分问题至今未解决。

(三)关于外层空间的主要国际公约和国际法文件

(1)1963年12月23日联合国大会通过的《各国探索和利用外层空间活动的法律原则宣言》(简称《外空原则宣言》)。

(2)1966年12月9日联合国大会通过、1967年10月10日生效的《关于各国探索和利用包括月球和其他天体在内的外层空间活动原则的条约》(简称《外空条约》,截至2021年2月22日共有110个国家批准了该条约[3],中国于1983年加入该条约[4])。

---

[1] 王虎华:《国际公法学》,北京大学出版社2005年版,第269页。
[2] 王铁崖:《国际法》,法律出版社1995年版,第329页。
[3] 联合国外空委员会网址,http://www.unoosa.org/documents/pdf/spacelaw/treatystatus/TreatiesStatus-2020E.pdf,2021年2月22日访问,以下各条约缔约国数目也来源于此。
[4] 联合国外空委员会网址,http://www.unoosa.org/oosa/en/ourwork/spacelaw/index.html,2021年2月22日访问,以下各条约我国参加时间也来源于此。

(3) 1967 年 12 月 19 日联合国大会通过、1968 年 12 月 3 日生效的《营救宇航员、送回宇航员和归还发射到外层空间的实体的协定》[简称《营救协定》,截至 2021 年 2 月 22 日共有 98 个国家(或国际组织)批准了该协定,中国于 1988 年加入该协定]。

(4) 1971 年 11 月 29 日联合国大会通过、1973 年 10 月 9 日生效的《空间物体造成损害的国际责任公约》[简称《国际责任公约》,截至 2021 年 2 月 22 日共有 98 个国家(或国际组织)批准了该公约,中国于 1988 年加入该公约]。

(5) 1974 年 11 月 12 日联合国大会通过、1976 年 9 月 15 日生效的《关于登记射入外层空间物体的公约》[简称《登记公约》,截至 2021 年 2 月 22 日共有 69 个国家(或国际组织)批准了该公约,中国于 1988 年加入该公约]。

(6) 1979 年 12 月 5 日联合国大会通过、1984 年 7 月 11 日生效的《关于各国在月球和其他天体上活动的协定》[简称《月球协定》,截至 2021 年 2 月 22 日共有 18 个国家(或国际组织)批准了该协定,中国未加入该协定]。

(7) 1982 年 12 月 10 日联合国大会通过的《各国利用地球人造卫星进行国际直接电视广播所应遵守的原则》。

(8) 1986 年 12 月 3 日联合国大会通过的《关于从外层空间遥感地球的原则》。

(9) 1992 年 12 月 14 日联合国大会通过的《关于在外层空间使用核动力源的原则》。

(10) 1996 年 12 月 13 日联合国大会通过的《关于开展探索和利用外层空间的国际合作,促进所有国家的福利和利益,并特别要考虑到发展中国家的需要的宣言》(简称《国际空间合作宣言》)。

二、外层空间法的主要原则

1963 年联合国大会通过的《外空原则宣言》宣布了各国在外空活动中应遵守的九项法律原则,严格来说,该宣言不具有法律拘束力,但是它所提出的外空活动原则得到了世界各国的普遍认同。1966 年签订的《外空条约》发展和补充了这些原则。

总的来说,外空活动应遵循以下基本原则:

(一)共同利益原则

《外空条约》第一条第一款规定:"探索和利用外层空间,包括月球与其他天体在内,应本着为所有国家谋福利与利益的精神,不论其经济或科学发展的程度如何,这种探索和利用应是全人类的事情。"这里的共同利益是指世界各国的协调了的共同利益。

(二)依法自由探索和利用原则

《外空条约》第一条第二款规定:"外层空间,包括月球与其他天体在内,应由各国在平等基础上并按国际法自由探索和利用,不得有任何歧视,天体的所有地区均得自由进入。"《外空条约》第三条规定:"本条约各缔约国探索和利用外层空间,包括月球与其他天体在内的应按照国际法,包括《联合国宪章》,并为了维护国际和平与安全及增进国际合作与谅解而进行。"每个国家既有在外层空间进行探索和利用的权利,又有对其他国家的自由探索和利用活动不设置任何障碍的义务,这里体现的是法律上权利义务的对等性。

(三)不得将外空据为己有原则

《外空条约》第二条规定:"外层空间,包括月球与其他天体在内,不得由国家通过提出主权主张,通过使用或占领,或以任何其他方法,据为己有。"这一原则体现的是外层空间是全人类的共同继承财产的理念。

(四)和平利用和限制军事化原则

《外空条约》第四条规定:"本条约各缔约国承诺不在环绕地球的轨道上放置任何载有核武器或任何其他种类大规模毁灭性武器的物体,不在天体上装置这种武器,也不以任何其他方式在外层空间设置这种武器。本条约所有缔约国应专为和平目的使用月球和其他天体。禁止在天体上建立军事基地、军事设施和工事,试验任何类型的武器和进行军事演习。不禁止为了科学研究或任何其他和平目的而使用军事人员。为和平探索月球与其他天体所必需的任何装置或设备,也不在禁止之列。"可以看出,该规定是针对月球和其他天体的全面非军事化,但仅规定了禁止在外层空间放置任何载有核武器或任何其他种类大规模毁灭性武器的物体,而对弹道导弹、火箭或军用卫星等均未提及。

(五)国际合作原则

《外空条约》第一条第三款规定各国对外层空间有科学调查的自由,并应在这类调查方面便利且鼓励国际合作;第十条规定:"为了按照本条约的宗旨促进在探索和利用外层空间,包括月球与其他天体在内的国际合作,本条约各缔约国应在平等基础上,考虑本条约其他缔约国就提供机会对其发射的外层空间物体的飞行进行观察所提出的任何要求";第十一条规定:"为了促进在和平探索和利用外层空间方面的国际合作,在外层空间,包括月球与其他天体在内进行活动的本条约各缔约国同意,在最大可能和实际可行的范围内,将这类活动的性质、进行情况、地点和结果通知联合国秘书长,并通告公众和国际科学界。联合国秘书长在接到上述情报后,应准备立即作有效传播。"在条约的其他条款中也体现了这一原则。[①] 人类在利用外层空间方面也体现着命运共同体的理念。

---

① 如《外空条约》第三条要求各国从事外空活动应"为了维护国际和平与安全及增进国际合作与谅解而进行",第九条要求各缔约国探索和利用外层空间应"以合作和互助的原则为指导"。

(六)承担国际责任原则

《外空条约》第六条和第七条规定各缔约国应对其外空活动承担国际责任,不论这种活动是由政府机构或是由非政府团体进行的,在使另一缔约国或其自然人或法人遭受损害时,该缔约国应负国际责任。这是行为人风险自担的体现。

(七)援救宇航员原则

《外空条约》第五条规定:"本条约各缔约国应把航天员视为人类在外层空间的使者,航天员如遇意外事故、危难或在另一缔约国领土上或公海上紧急降落时,应给予他们一切可能的协助。航天员降落后,应将他们安全和迅速地送回航天器的登记国。在外层空间及天体上进行活动时,任一缔约国的航天员应给予其他缔约国的航天员一切可能的协助。本条约各缔约国如发现在包括月球与其他天体在内的外层空间有对航天员的生命或健康可能构成危险的任何现象,应立即通知本条约其他缔约国或联合国秘书长。"这体现着对宇航员的特殊的人道主义关怀。

(八)登记国的管辖权和所有权原则

《外空条约》第八条规定:"凡本条约缔约国为射入外层空间物体的登记国者,对于该物体及其所载人员,当其在外层空间或在某一天体上时,应保有管辖权和控制权。向外层空间发射的物体,包括在某一天体上着陆或建筑的物体及其组成部分的所有权,不因其在外层空间或在某一天体上或因其返回地球而受影响。这类物体或组成部分如果在其所登记的缔约国境外发现,应交还该缔约国,如经请求,该缔约国应在交还前提供认证资料。"

(九)保护环境原则

《外空条约》第九条还确立了保护环境原则,要求缔约国在从事外空活动时,"应避免使它们受到有害污染以及将地球外物质带入而使地球环境发生不利变化,并应在必要时为此目的采取适当措施"。这体现着生态文明和绿色原则。

三、外层空间法的主要制度

(一)营救制度

营救制度是由《外空条约》第五条、第八条和《营救协定》确立的制度,其主要内容包括[①]:

(1)各国对于营救宇航员和归还空间物体有以下主要义务:将有关情况通知发射当局和联合国秘书长;营救和寻找宇航员;立即安全送还宇航员,或在发射当局请求下

---

① 联合国大会文献中心网址,http://www.un.org/chinese/documents/resga.htm,2021年2月22日访问,《外空条约》内容见联合国大会决议第2222号决议附件,《营救协定》内容见联合国大会决议第2345号决议附件(以下各决议内容均来源于该网址)。

送还发射物体或其构成部分。

(2)"发射当局"是指负发射责任的国家或政府间组织。该国际组织必须宣布接受《营救协定》所规定的权利和义务,且该组织的多数会员国为《营救协定》及《外空条约》的缔约国。

目前的营救制度仅涉及对宇航员及空间物体在地面的发现、通知、救援及送回方面问题,未对外空援救予以具体规定,随着各国科学技术和航天事业的发展,外空救援也成为可能,因而有必要对协定进行修改。① 作为特殊工作群体,宇航员的安全、权利保障已成为整个国际社会共同重视的问题。

(二)赔偿责任制度

责任制度是由《外空条约》第六条、第七条和《责任公约》确立的制度,其主要内容包括:②

1. 责任主体

发射国为责任主体。发射国指发射或促使发射外空物体的国家,以及外空物体自其领土或设施发射的国家。两个或两个以上国家共同发射外空物体时,对所造成的任何损害应负连带及个别责任。当一个空间物体对另一空间物体造成损害,并因此对第三国造成损害,则由该两个空间物体的发射国对第三国连带予以赔偿;该两个发射国之间则应按照过失程度分摊。

2. 赔偿范围

所造成的损失是指自然人的生命丧失、身体受伤或健康之其他损害,国家、自然人、法人、国际组织的财产损失和损害。

3. 归责原则

(1)绝对责任原则。发射国对其外空物体对地球表面和飞行中的航空器所造成的损害,应负绝对赔偿责任,即不论发射国是否有过失,只要对他国造成了损失,发射国就应承担赔偿责任。外空活动具有高度危险性,通常情况下受害人对加害者的过错难以举证,因此有必要适用绝对责任原则。并且,一国发射的空间物体对另一国发射的空间物体或其所载人员或财产造成损害,并由此对第三国的地球表面或飞行中的航空器造成的损害,该两个发射国对第三国也应承担绝对责任。

(2)过失责任原则。当一国发射的空间物体在地球表面之外其他地方对另一国发射的空间物体或其所载人员或财产造成损害时,仅在这种损害是由于前一国家的过失的情况下发生,由该发射国予以赔偿。

---

① 王铁崖:《国际法》,法律出版社1995年版,第338页。
② 《责任公约》内容见联合国大会决议第2777号决议附件。

4. 求偿程序

遭受损害的国家、自然人、法人可向发射国提出损害赔偿的要求。如果原籍国未提出赔偿要求，则另一国得就任何自然人或法人在其领域内所受的损害向发射国提出赔偿要求。如果原籍国或在其领域内遭受损害的国家均未提出赔偿要求，或均未通知有意提出赔偿要求，则另一国得就其永久居民所受的损害向发射国提出赔偿要求。

赔偿损害的要求应通过外交途径提出。通常情况下，赔偿损害的要求应当在损害发生之日起，或认明应负责任者之日起1年内提出。从求偿国向发射国提交求偿文件之日起，期满1年未能通过谈判协商解决，只要有关任何一方要求，可成立由3人组成的求偿委员会。但求偿委员会的裁决只在各当事方同意的情况下具有确定力和拘束力，否则，只具有建议的性质。

5. 赔偿金额

公约只规定了赔偿额应当根据国际法和公正合理的原则来确定，以便对损害所作的赔偿，能使提出赔偿要求的自然人、法人、国家或国际组织恢复到损害未发生前的原有状态；对于赔偿限额则未作规定。

6. 适用例外

该公约不适用于发射国的空间物体对下列人员造成损害的情形：①发射国的国民；②自发射至降落时参加发射操作或受邀在预定发射或收回地区紧接地带的外国国民。

（三）登记制度

登记制度是由《外空条约》第十一条和《登记公约》确立的制度，其主要内容包括：①

（1）发射到外空的物体必须在一个发射国登记。发射国是指发射或促使发射空间物体的国家，或从其领土或设施发射空间物体的国家。如果一个空间物体有两个以上的发射国，应由其共同决定由其中哪一个国家登记该空间物体。

（2）登记国设置和保持一份登记册；联合国建立一个总登记册，由联合国秘书长保存，并应充分公开，提供查阅便利。

（3）登记国有义务及时向联合国秘书长提供其登记的每一空间物体的下列情报：①发射国的国名；②空间物体的实际标志或其登记号码；③发射的日期和地区或地点；④基本轨道参数；⑤空间物体的一般功能。

（四）月球开发制度

月球开发制度是由《外空条约》和《月球协定》确立的制度，其主要内容包括：②

---

① 《登记公约》内容见联合国大会决议第3235号决议附件。
② 《月球协定》内容见联合国大会决议第34/68号决议附件。

(1)月球及其资源为全人类的共同财产,任何国家不得对月球提出主权要求或据为己有。月球及天体的探索应为全人类谋福利。

(2)月球供各国专为和平目的而使用。禁止在月球上使用武力或以武力相威胁,或从事任何其他敌对威胁行为;禁止在月球上建立军事基地和设施、设置核武器、进行任何类型武器试验或军事演习。

(3)各国享有依照国际法进行科学研究的自由,有权在月球上采集并移走矿物和其他物质的标本,并保有处置权。

(4)对月球的探测和利用活动应尽可能告知联合国秘书长、科学界及社会公众。

(5)各国对其在月球上的人员、运载器、站所保有管辖权和控制权。

(6)月球及天体不应遭受破坏。

(7)各国应对月球上的活动负国际责任。

(8)各国承诺在月球自然资源的开发即将可行时,建立相应的开发指导制度。

(9)月球协定也适用于其他天体(已有生效特别法律规则的天体除外)。

四、外层空间活动的其他法律问题

(一)国际卫星直接电视广播

这里所说的国际卫星直接电视广播,是指通过卫星将地面电视台的电视节目直接传送给世界不同国家的普通家庭电视机,而不需经过任何地面接收站。[①] 各国对于国际卫星直播问题主要存在以下争议:一是自由传播与国家主权的关系。西方一些国家坚持各国可以自由地通过国际卫星直播传播信息,这种自由不受限制。而许多第三世界国家则主张国际卫星直播必须在尊重国家主权的原则基础上进行。由此,就产生了国际卫星直播是否需要事先取得接受信息国同意的争议。坚持传播自由的国家认为无需事先取得接受信息国的同意,而坚持以国家主权原则为基础的国家则要求国际卫星信息传播必须事先征得接受信息国的同意。二是国家对于该国管辖范围内的私人机构从事的国际卫星直播活动是否应当承担国际责任的问题。一些西方国家主张,依据其国内法,国家不对私人机构的电视广播活动承担国际责任。而第三世界国家则普遍认为,国家应当对此承担国际责任。

1982年《各国利用人造地球卫星进行国际直接电视广播所应遵守的原则》对以下10项内容作了规定:[②]

(1)宗旨。利用卫星进行国际直接电视广播不得侵犯各国主权,包括违反不干涉

---

① 贺其治:《卫星国际直接电视广播的法律问题》,见王铁崖、陈体强《中国国际法年刊》(1983年),中国对外翻译出版公司1984年版,第118页。

② 其具体内容见联合国大会决议第37/92号决议附件。

原则,并不得侵犯人人有寻求、接受和传递信息与思想的权利。

(2)适用范围。利用卫星进行国际直接电视广播的活动必须遵守国际法。

(3)权利和利益。国家及其授权的个人或实体从事卫星直播活动的权利一律平等。

(4)国际合作。利用卫星进行国际直接电视广播的活动应当以国际合作为基础,并应当为促进这种合作制定适当规范。

(5)争端解决。任何因这种活动所引起的争端,应当根据联合国宪章的规定,通过争端当事方同意的、公认的和平解决争端程序来解决。

(6)国家责任。各国应对其本身及其管辖范围内从事的国际卫星直播活动承担国际责任。

(7)协商的义务和权利。各国间可就国际卫星直播活动进行协商;在同一服务范围内经另一广播国或收视国要求,应迅速与其协商。

(8)版权和其他有关权利。各国应当保护版权和邻接权利。

(9)履行对联合国的通知义务。卫星直播国应将其活动的性质告知联合国秘书长。

(10)国家间的协商和协议。卫星直播国应将其从事卫星直播的意图通知收视国,并在收视国要求下迅速与之进行协商。

(二)卫星遥感地球问题

卫星遥感地球是指通过卫星,"利用被感测物体所发射、反射和折射的电磁波的性质从空间感测地球表面",以实现"改善自然资源管理、土地利用和环境保护的目的"。[①] 1960年4月,美国发射了第一颗观测地球大气的卫星,从而拉开了从外空探测地球的序幕。1972年7月,美国"陆地卫星一号"发射成功,标志着卫星遥感地球进入新阶段。[②] 此后,包括中国在内的许多国家也相继发射了遥感卫星。卫星遥感技术广泛运用于资源探测及普查、环境监测、气象预报、自然灾害预测、海洋勘探、地质测绘等众多领域,但也由此产生了一些国际法律问题。

一个问题即是否需要取得被遥感国的同意。多数第三世界国家主张进行卫星遥感活动必须得到被遥感国的预先同意。它们以联合国大会通过的一系列关于各国对其自然资源永久主权的文件为依据,认为任何未经事先同意所从事的外空遥感其自然资源的活动都是对其主权的侵犯。而其他一些国家则认为各国有权自由探索和利用

[①] 联合国文献中心:《关于从外层空间遥感地球的原则》,https://www.un.org/zh/documents/treaty/files/A-RES-41-65.shtml,2021年2月22日访问。

[②] 贺其治:《卫星遥感地球的法律问题》,见王铁崖、陈体强《中国国际法年刊》(1984),中国对外翻译出版公司1985年版,第49页。

外层空间,这也是《外空条约》确立的国际法原则,无须被遥感国的事先同意。

另一个问题是通过遥感所获得的资料能否公开发表或自由转让给第三国。多数第三世界国家认为,未经被遥感国同意不得将遥感所获得的资料散发给其他国家,被遥感国有权取得有关其自然资源的遥感数据,并有权参加对该领土的遥感活动。而反对意见则认为,卫星遥感地球包括传播其遥感数据自由是已被国际法所认可的制度,从技术和经济的角度来说,严格控制遥感资料的传播也是不可能实现的。①

1986年《关于从外层空间遥感地球的原则》②对遥感国和被遥感国的权利、义务与合作作了规定,包括:第一,遥感活动应为所有国家谋福利,应当遵守国际法;第二,遥感活动应在平等的基础上自由进行,但应当尊重所有国家和人民对其财富和自然资源享有的完全和永久主权,并应适当顾及其他国家依照国际法享有的权利和利益,遥感活动不得损及被遥感国的合法权益;第三,遥感活动应当注重国际合作与技术援助;第四,被遥感国有权在不受歧视的基础上依照合理费用条件取得遥感活动所获得的原始数据以及分析资料,在此方面,应特别考虑到发展中国家的需要和利益;第五,参加遥感活动的国家有义务促进地球自然环境的保护和使人类免受自然灾害的侵袭;第六,操作遥感卫星的国家应对其活动承担国际责任。

(三)外空使用核动力源

航天器在进入外空轨道飞行时,需要大量的能源。而核燃料具有发电量大、工作寿命长、性能可靠、体积小等优点,从而成为了航天器主要的动力源。但由于核燃料同时具有高度危险性,也曾给许多国家带来严重的危害后果。例如,1964年4月,美国的核动力卫星 SNAP-GA 离开航线重返地球时在印度洋上空烧毁,其燃料铀-238 在高空中放射了17 000 千居里;1968年5月,美国另一颗核动力卫星 SNAP-19 发射失败,坠落在美国加利福尼亚州外的海面;1970年4月,美国的 SNAP-27 失事坠入南太平洋深海;1978年1月,苏联核动力卫星宇宙-954 号失控,在重返大气层时烧毁,其放射性残片坠落在加拿大境内,苏联为此赔偿加拿大300万美元。③

为此,联合国大会于1992年通过了《关于在外层空间使用核动力源的原则》④,对发射国在外层空间使用核动力源应遵守的原则、责任与合作作出规定。

(1)外空使用核动力源活动应遵照国际法进行,尤其应遵照联合国宪章和《外空条约》进行。

---

① 贺其治:《卫星遥感地球的法律问题》,见王铁崖、陈体强《中国国际法年刊》(1984),中国对外翻译出版公司1985年版,第57页。
② 其具体内容见联合国大会决议第41/65号决议附件。
③ 贺其治:《外空使用核动力源的法律问题》,见王铁崖、李浩培《中国国际法年刊》(1986),中国对外翻译出版公司1987年版,第185—186页。
④ 其具体内容见联合国大会决议第47/68号决议附件。

(2) 外空使用核动力源应限于用非核动力源无法合理执行的航天任务，以尽量减少空间的放射性物质和所涉危险。

(3) 载有核动力源的空间物体的设计和使用应确保危害在可预见的操作情况下或事故情况下均低于国际辐射防护委员会界定的防护标准，并应确保发射性物质不会显著地污染外层空间。安全保障系统应当根据深入防范的总概念进行设计、建造与操作。

(4) 发射国应在发射前进行全面和彻底的安全评价，在每一次发射前公布安全评价的结果，在可行的范围内说明打算发射的大约时间，并应通知联合国秘书长。发射国在空间物体发生故障而产生放射性物质重返地球的危险时，应通过联合国秘书长及时将包括系统参数和放射危险性的相关资料在内的信息通知有关国家。

(5) 拥有相应技术能力的国家应当本着国际合作的精神，及时提供相关情报，并在可能的情况下，根据受影响国家的要求提供必要的协助。

(6) 发射国在载有核动力源的空间物体及其组件重返地球大气层后，应根据受影响国家的要求，迅速提供必要的协助，以消除实际的和可能的影响，包括协助查明核动力源撞击地球表面的地点，侦测重返的物质和进行回收或清理活动等。

(7) 各国应为本国在外空中涉及使用核动力源的活动承担国际责任。

(8) 各当事国应和平解决由外空使用核动力源所引起的争端。

除此之外，目前外空法领域中关于空间碎片、非军事化、外空旅游、空间材料制造、外空资源开发、商业发射和外空移民等问题也引起了国际社会的广泛关注，在此不作详述。

思考题

一、问答题

1. 试比较《巴黎公约》和《芝加哥公约》关于航空器、航空器的国籍、国际航空飞行的分类的规定有哪些相同、哪些不同。
2. 空中刑事管辖权的法律规定如何？
3. 外层空间法面临的挑战有哪些？

二、案例分析

2001年4月1日上午，美国一架军用侦察机抵达中国海南岛东南海域上空活动，中方两架军用飞机对其进行跟踪监视。9时07分，当中方飞机在海南岛东南104千米处正常飞行时，美机突然向中方飞机转向，其机头和左翼与中方一架飞机相碰，致使中方飞机坠毁和飞行员王伟罹难。美机未经中方允许，进入中国领空，并于9时33分降落在海南陵水机场。4月1日，中国外交部发言人朱邦造就美国军用侦察机在南海空中撞毁中国军用飞机事件发表谈话。4月18日至19日,中美两国在北京就美军侦察机撞毁中方军用飞机事件及其他相关问题举行谈判。

问题:

1. 美国侦察机和中国军用飞机的行为是否符合国际法原则?
2. 中方飞机坠毁和飞行员王伟罹难,责任在哪一方?
3. 美机未经中方允许,进入中国领空,并降落在海南陵水机场。这是否构成违反海洋法的行为?
4. 美军侦察机撞毁中方军用飞机事件,美国政府应该承担怎样的责任?

第十章　国际环境法

案例：日本福岛核电站事故及其国际法争议

2011年3月11日，日本突发大地震，地震所引发的海啸导致福岛核电站严重受损，发生了严重的核物质泄漏事故。在冷却事故核反应堆、稀释核污染等处理过程中，产生了大量含有高浓度氚的放射性污水。起初，日本东京电力公司将这些超过辐射标准数百倍的核污水存放于众多储水罐中，但随着大量污水的积蓄，在2011年4月4日至10日，日本在未事先通知中国、俄罗斯、韩国和朝鲜等邻国的情况下，先后将共计1.39万吨核电站放射性污水排入大海中。韩国驻日本大使馆在4日当晚即与日本外务省沟通，核实核污水排放问题，并质疑日方擅自向海中排放核污水的做法违背国际法。4月8日，中国外交部发言人洪磊在新闻发布会上接受采访时也表示，中国希望日方能严格依照相关国际规范来妥善处理核污水，采取切实措施保护海洋环境。对此，日本方面回应称，由于核污染处理的过程情况紧急，因而没有与邻国商议核污水的排放事宜。但是，根据4月8日日本《东京新闻》的报道，日本高层在4月1日就已经与美国能源部高层官员接洽，会谈期间，美方表示"应该把核污染废水排入海中，尽快冷却福岛第一核电站的反应堆。放射性物质会在大海中被稀释，并不会产生严重的不良后果。美国政府也不会对日本的这一做法有异议"。

此次核泄漏严重，再加之核污染本身的理化性质特殊，决定了处理福岛核污染的进程将非常艰难。如果要将环境恢复到理想水平，可能需要持续几十年甚至上百年。近几年，处理核废墟后的核废水正在以每年5万~8万吨的速度不断增加，日本政府预计所有储水罐将于2022年全部装满。2019年10月，日本环境部长原田义昭在记者招待会上表示，虽然储水罐中核废水的放射性仍旧远远超过排放标准，但将这些存不下的放射性污水排入太平洋"应该是唯一的选择"。而据日本政府估计，将核废水排入太平洋的工程项目大约需要两年的时间，因此，应提早筹备将核废水排入大海的工程。随后在2020年10月下旬，日本召开内阁会议正式决定将存储在1 044个储水罐中的123吨放射性严重超标的污水在经过稀释处理后排放到大海中，初步计划在2022年下旬实施排放行动。

第一节　国际环境法基础理论

一、环境问题及其国际化

(一)环境与环境问题

"环境"一词是指环绕某一中心事物的外在条件或因素,按照形成的原因,可分为自然环境与社会环境。在环境法学领域中,对"环境"的概念则有所限定,主要是指在人类可影响的范围之内的自然环境,具有法律客体的一般属性,反映出基于人类主观意志的规制需求。人与环境之间的关系并不是截然对立的,包括人类在内的任何生命在本质上都是环境发展到一定阶段的产物,所有生命的维持、繁衍与演化都有赖于相应环境的支持,而生命反过来也在影响着生态环境的面貌,因此,可以说生命与环境处于一种动态的平衡当中。同时,适宜生命生活的环境也是宝贵的,虽然在浩瀚的宇宙当中有着无数的星系,但除了地球之外,人类目前还没有发现像地球一样适宜生命生存的星球,一旦地球上的生态系统崩溃,人类将别无其他去处。

在国际法中,有的国际条约对"环境"的概念采用了列举式的规定,如1977年签署的《禁止为军事或任何其他敌对目的使用环境致变技术公约》第二条就对环境的构成要素进行了列举式规定:"环境"是指地球,包括地球的生物圈、岩石圈、水圈、大气圈和外层空间。[①] 除了针对环境整体的界定之外,有的国际规范针对特定环境区域和环境类型进行了界定,如在1991年6月于西班牙马德里签订的《关于环境保护的南极条约议定书》中,就明确其保护对象为"南极环境及依附于它的和与其相关的生态系统",包括南极气候、陆地环境、冰环境等,再如《中华人民共和国水污染防治法》第二条对该法所保护的水环境进行了界定:"本法适用于中华人民共和国领域内的江河、湖泊、运河、渠道、水库等地表水体以及地下水体的污染防治。"相较于上述规范对"环境"的直接定义,有的环境法律规范则只是通过描述环境之功能的方式,来间接地阐述"环境"的含义,如在1972年6月于瑞典斯德哥尔摩通过的《联合国人类环境宣言》第一条规定:"环境给予人以维持生存的东西,并给他提供了在智力、道德、社会和精神等方面获得发展的机会。"我国的环境法对"环境"选择了"概括＋列举"的方式予以规定,根据《中华人民共和国环境保护法》第二条的规定:"本法所称环境,是指影响人类生存和发展的各种天然的和经过人工改造的自然因素的总体,包括大气、水、海洋、土地、矿藏、森林、草原、野生生物、自然遗迹、人文遗迹、自然保护区、风景名胜区、城市和乡村等。"

[①] 王曦:《国际环境法》,法律出版社2005年版,第6页。

综合来看,目前对于"环境"的概念尚未有一个统一、固定的定义,这一方面是因为作为科学术语上的"环境"概念同时涉及社会科学、自然科学两大领域中的多个分支学科,它的理论内涵丰富;另一方面是因为在不同的用语条件下,人们出于方便表述、使概念更具适用性等因素的考量,会根据情况对"环境"的内涵进行调整与变通解释,因而需要对它予以灵活的理解。①

环境兼具有稳定性与动态性,地球环境会因为地质运动等自然原因而发生演化,也会因为不当、过度的人类活动而发生理化性质的改变,据此,可依据环境问题产生的原因,将其分为第一类环境问题、第二类环境问题。前者又被称为"原生环境问题",主要是在自然因素的影响之下,地球上的生态环境所发生的自发变化,这种变化主要取决于自然界的生态规律,人类主观意志对它的影响很小;同时,这种自然演化往往能够大幅度、剧烈地改变地球的地理状况,对众多生态群落产生巨大的影响,不过这一般都要经历极其漫长的时期。第二类环境问题又被称为"次生环境问题",主要是根源于人类不当的生产、生活方式带来的负面影响。人类作为地球上最具智慧的生物,拥有着强大的科学技术,这些技术极大地提高了人类改造自然的能动性。而在人类利用先进科技造福自身社会的同时,也引发了各种复杂的生态危机。随着人类在工业文明的道路上越走越远,第二类环境问题日益凸显,它主要有以下特点:一是系统性。环境是由无数种环境要素所形成的复合体,包括水、大气、林木、土壤等,其组成要素类型多样。同时,各种环境要素之间存在着复杂的关联性,上到远离地表的大气层,下至数千米深的水域,都处于相互联系的生态作用链中。在污染事故发生的初期,污染物可能仅仅在某一环境要素内出现,但在物质流、能量流的作用下,污染物会向其他环境要素扩散,最终遍布整个生态系统。二是难防范性。虽然人类依靠自己的智慧创造了璀璨的文明,但从现实情况来看,相对于人类对自然的改造,人类对于环境风险的认识能力则要薄弱许多。② 一方面,在复合因素的作用下,环境问题的复杂度远远超出人类当前的认识能力,环境风险呈现出高度的不确定性,人们对未来可能的环境风险难以作出准确的预判。另一方面,对于许多既有的环境问题,即使它们的产生机理已经大致为人类知晓,但由于人类的技术水平有限,因而在当前阶段依然难以给出可行的解决方案,比如散落在地球上的微型塑料颗粒,人类尚没有可以规模化实施的回收方案。

(二)环境问题的国际化

绝大多数国家与邻国之间都有着相对确定的疆界,各国独立、排他地在它们的领域范围之内行使国家主权、从事发展活动。然而,国家疆界是人类依照主观意志而划

---

① 何志鹏:《国际法哲学导论》,社会科学文献出版社 2013 年版,第 41—48 页。
② 李爱年、韩广等:《人类社会的可持续发展与国际环境法》,法律出版社 2005 年版,第 42 页。

定的,只能对不同疆域间的人类活动造成影响,却无法破除生态环境的整体性以及内在要素之间的关联性,环境问题总是能轻易地突破国家之间的界线,产生跨界影响。

在现实中,不仅自然因素是导致污染跨界的原因,国家之间的发展不平衡也加剧了弱势地区的生态环境的恶化。发达国家由于在资金、技术和人才等方面具有显著优势,因而在国际竞争中可以为本国制定更为严格的环保法律规范,将研发、消费端保留在本国,而将环境成本较大的矿产资源开发、消费品生产等环节向落后地区迁移;而对于欠发达地区而言,为了谋求更好的发展机遇和提升经济发展速度,只能暂且选择放宽环保标准,以牺牲生态环境为代价,向发达国家建立起来的全球生产、贸易秩序妥协,以吸纳发达国家的资本投入来发展本国经济。同时,国家的领土主权范围并不能涵盖地球上的所有区域,如公海、南极大陆、外层空间等区域都在国家主权的范围之外,但这些国际公共区域却有着诸多资源可供人类利用,同时也在吸纳、降解着来自人类社会的污染物。这些区域的环境安危涉及全人类的长远利益,如果不对各国的过度利用行为加以限制,则会发生"公地悲剧",甚至引发大规模的生态浩劫。因此,所有国家都是依存于共同的地球生态系统中,而生态系统中的各种要素之间是相互关联的,此地产生的环境变动在经过复杂的作用链条之后,会对彼地的环境状况带来一定的环境影响。环境问题本身的性质决定了环境问题终究是超越国界的问题。

二、国际环境法的形成和发展

如上所述,地球是一个复杂的生态系统,生态秩序的和谐、稳定关乎着全世界的切身利益。面对日益复杂的环境问题,采取转嫁污染、过度消耗自然资源的经济发展模式越来越不具有可持续性,每个国家都无法做到"独善其身"。同时,国际上各国的环境政策差异也对跨国环保工作的开展造成了诸多的不便,致使许多全球性的环境问题没有得到及时的遏制。因此,国际化的环保合作势在必行,而作为调整人类行为之准据的国际环保法律规范也就有了存在的必要。[①] 在国际环保法律实践中,随着国际合作经验的积累,法律关系趋于复杂,法律规范日渐完善,从宏观上看,可以将这个过程划分为以下几个阶段:

(一)第一阶段:国际环境法的萌芽(19世纪中期至1972年)

步入近代后,在数次工业革命的推动之下,人类改造、利用自然的能力和程度不断提高,固有的陆地空间已经无法满足人类发展的需要,因此,在"海洋自由论""海洋领有论"等理论支持下,人们的活动范围从陆地逐渐向海洋扩展,基于国家主权的海域管辖制度、公海航行自由制度体系得以确立。而由于人们对海洋资源的过度利用,原本

---

① 刘继勇:《国际环境法属性论略》,《湖南社会科学》2015年第6期。

被视为"取之不尽、用之不竭"的海洋资源很快就出现了衰减、失衡的态势。在 19 世纪中期,部分沿海国家出于提高渔业经济效益的考量,就一些国际公共海洋资源的利用方面达成了一些零散的协定,如英国与法国在 1867 年签订了《英法渔业条约》,英国、比利时、丹麦、法国、德国和荷兰于 1882 年缔结了《北海渔业公约》[①],美国、英国、日本和俄罗斯在 1911 年签订了《1911 年北太平洋保护海豹公约》。

19 世纪末 20 世纪初,国际环境法律规范开始从渔业领域向其他环保领域扩展。其一,是对特定动物的跨国联合保护。如在鸟类保护方面,1886 年,奥匈帝国维也纳市召开了第 26 届德国农学家和林学家大会,会上决议缔结一部旨在保护农业益鸟的国际条约,历经多年的谈判,终于在 1902 年达成了由 12 个欧洲国家签署的《保护对农业有益鸟类的公约》;1916 年,美国与加拿大联手签署了《美加候鸟保护公约》,对候鸟的跨境迁徙活动予以保护。其二,是对特定污染物、生态区域的国际合作管理。如在 19 世纪的欧洲,由于工业化的快速推进,诸多水域面临严重的污染问题,为此,欧洲多国于 1900 年签订了《莱茵河沿岸国关于腐蚀性和有毒物质运输管理的公约》,建立了专门针对莱茵河的跨国保护体系;再如,美国与加拿大于 1909 年签订《关于边界水域和美加边界有关问题的华盛顿条约》,对两国界河地区的污染防控和治理进行了规定。

地球环境问题与人类对化石资源的利用密切相关。从 19 世纪初期至 20 世纪上半叶,以英国为代表的早期工业化国家大量开采和使用煤炭资源,矿区生态破坏、煤烟废气污染等问题凸显,该时期发生的跨越一个多世纪的"伦敦霾"事件就是恶果之一,在 1952 年的一次恶性毒霾中,在短短四天之内就有过万人因霾而死。而且,大工业时代的跨界环境问题也日益频繁,比如建于 1896 年加拿大英属哥伦比亚省特雷尔铅锌冶炼厂,在 20 世纪 20 年代中期成为北美洲最大的金属冶炼企业,由于该企业在金属冶炼过程中排放的二氧化硫烟雾严重影响到美国华盛顿州的空气质量,因而引发了 1935—1941 年的特雷尔冶炼厂仲裁案,成为国际法历史上首个跨国国家环境责任案例,确立了国家作为环境责任主体的国际法原则。[②] 到了 20 世纪中后期,煤炭在世界能源结构中的地位开始下降,石油渐渐上升至过半的比重,与煤炭带来的污染有所不同,石油除了在燃烧过程中会释放重金属等污染物之外,它的开发、运输过程会对海洋环境造成巨大的损害,于是,国际环境法开始在控制石油污染的方向上推进,并缔结了《1954 年国际防止海上油污染公约》《1969 年国际干预公海油污事故公约》等着力于海洋油源污染的国际规约。

---

① 白洋:《前〈联合国海洋法公约〉时期国际海洋资源保护法律之评析》,见国务院学位委员会办公室、教育部学位管理与研究生教育司《2008 全国博士生学术论坛(国际法)论文集——国际经济法、国际环境法分册》。
② 牟文富:《"特雷尔冶炼厂仲裁案"原则的影响及其在海洋环保制度下的适用问题》,《四川警察学院学报》2012 年第 6 期。

在这一阶段,1945 年联合国成立是国际环保法发展的一个重要里程碑,标志着国际环保合作开始趋于体系化、全球化。虽然在 1945 年的《联合国宪章》中并未明确使用诸如"环境保护"的概念,但在宪章第一条的"宗旨"中暗含了环保在国际事务中的地位:"促成国际合作,以解决国际间属于经济、社会、文化及人类福利性质之国际问题。……"就此,国际环保问题便在"人类福利性质之国际问题"一语中有了立论依据,在这之后,联合国通过多种形式支持国际环保合作的推进,如联合国下属的联合国粮农组织(FAQ)和联合国教科文组织(UNESCO)在土壤保护、环保科学研究与宣传等事务上作出了重要贡献,后者还催生了首个国际环保组织——世界自然保护联盟(IUCN)。另外,在联合国努力下,国际环保合作会议、条约的缔结有了更稳固的平台支撑,如 1954 年联合国保护海洋资源会议、1955—1961 年关于核能利用的决议,都是在联合国的组织下开展的。

这一时期的国际环境法进展主要由较早进入工业化并遭受环境问题困扰的国家推动,相关环保规范的制定明显滞后于国际环境问题的产生,具有事后立法的色彩。此外,国际环保合作所涉及的领域比较零散,未形成完善的规制体系。在规范的内容方面,集中在动物资源利用、工业污染规制两大领域,重在维护国家之间的经济利益,而对于环境生态价值的认识与环境问题的预防则重视不足。

(二)第二阶段:国际环境法的高速发展期(1972—1992 年)

1972 年 6 月在瑞典斯德哥尔摩召开的联合国人类环境会议开启了国际环境法的新篇章,会议达成了《人类环境宣言》和《人类环境行动计划》两个重要文件。《人类环境宣言》包括两大部分,第一部分主要阐述了人类对环境、环境问题以及保护目标等方面的认识,第二部分归纳了推动人类环境保护事业的 26 项基本原则,例如人类环境基本权利和责任、国家的环境管理职能、环境科学研究和信息交流等。《人类环境行动计划》则包括相对更为具体的 109 项行动举措,涉及人类居住计划和管理、自然资源的管理、查明和管控国际性的污染物质、从社会和文化方面进行环境问题的教育和收集情报等方面的内容。虽然这两个文件属于不具有强制约束力的框架性协定,但代表着国际对人类环境问题的重视已达到了新的高度,为国际环境法的发展奠定了理念基础,为未来国际环保合作的推进明确了宏观原则和方向。另外,人类环境会议上还通过了关于国际环保机构和资金安排的决议,决定成立联合国环境规划署(UNEP),这是联合国内部的第一个专门从事国际环境问题研究与生态治理的部门,它是多个重要国际环保规范性文件的登记保存组织。

在人类环境会议之后的 20 年里,国际环保法进入了高速发展期,呈现出很多新的趋势。首先,国际环保规约在这一时期大量涌现,新增的国际环保规范数量就达到百余件;同时,国际环保规范所涉及的环保领域也有了更大范围的拓展,诸如氟利昂等由人工合成的新型化工药剂对环境的致害作用引起了各国的普遍重视,并开始广泛地被纳入国际合作管控的范围。此外,国际环保条约经过与各国国内法一段时间的磨合,通过制度借鉴、转化和直接适用等实践途径,在协调统一性上有了一定的改观,配套的跨界资金援助、法律监管机制也开始逐步确立,国际环保体系的轮廓已然显现。

在有了国际环保法律规范的支撑之后,国际环境法实践取得了许多突破性的成果,诸如国际法院、欧洲联盟法院、关税与贸易总协定争端解决专家小组及国际仲裁组织等国际机构处理了许多国际环境纠纷,在环境损害的确定、环境归责与责任覆行等方面确立了一些开创性的裁判原则和判例,成为当代国际环境法的重要渊源。此外,非政府间国际环保组织开始活跃在国际环保事务中,极大地调动了社会基层民众的环保积极性,为公共环保政策的推行提供了很大的帮助,并且他们的环保实践活动也为正式国际环保工作的开展积累了大量的经验,提高了国际环保合作的工作效率。

(三)第三阶段:国际环境法的调整期(1992—2002年)

基于世界环境与发展委员会在1987年制定的《我们共同的未来》报告中的提议,联合国于1992年在巴西里约热内卢市召开了联合国环境与发展大会(UNCED)(又被称为"地球高峰会议"),这次会议的主题是"在加强各国和国际努力以促进所有各国的持久的无害环境的发展的前提下,拟订各种战略和措施,终止和扭转环境恶化的影响",共有116位国家政府首脑、来自172个国家的逾8 000名代表、近万名记者和超过3 000个非政府组织参与了这次会议,是在1972年联合国人类环境大会后举办规模最大、级别最高的一次国际环保会议。这次会议回顾了近二十年以来的国际环保历程,通过了《里约环境与发展宣言》《21世纪议程》和《关于所有类型森林的管理、保护和永续开发的无法律约束力的全球协商一致意见权威性原则声明》(简称《关于森林问题的原则声明》)三个框架性法律文件,并制定了两部自由签署的国际环保条约——《联合国气候变化框架公约》和《生物多样性公约》,还提出了可持续发展的理念,强化了各国在有毒害物质管控、水资源保护、生物多样性保护、化石资源利用等多个领域的国际环保合作。

与之前制定的《人类环境宣言》相比,《里约环境与发展宣言》确立了处理环境与发展问题的27条原则,其变动之处主要体现在如下方面:其一,在人类社会的发展模式问题上,大会承认了环境问题的本质根源于人类社会的经济发展模式问题,单纯地注重经济发展不仅不会带来经济效益的稳步提升,它所引发的生态破坏反倒会成为人类社会发展的阻碍,甚至会威胁到人类社会长久存续。因此,大会倡导各国积极探寻可持续的社会发展模式,逐渐从高耗能、高排放和高污染的经济发展模式中转型。其二,在国际环保事务的开展和责任承担方式上,大会主张建立"全球伙伴关系",通过国际合作共同应对全球环境问题,并根据各国的发展历史而提出了"共同但有区别"的责任分配原则,这一原则首先承认了在世界环保事务中各国都有其责任,应积极参与相关的国际环保合作,同时,也考虑到历史进程等原因,要求发达国家对全球公共生态问题负有更多的责任。

《21世纪议程》主要对《人类环境行动计划》进行了一些改进和细化。该文件一共有4篇。第一篇涉及推行可持续发展战略,主张将环境因素纳入社会发展议程中,强调提高发展中国家在国际环保事务中的参与度,不能让环保与经济发展相脱离;第二篇涉及加强生态资源的保护和管理,明确了对大气层、森林、海洋、生物多样性等资源要素的管理举措,要求各方积极建立对重要生态资源专项保护机制;第三篇主要是倡导建立和完善推动国际环保合作的国际组织,促进妇女、儿童、非政府组织和工商界等基层社会主体对于公共环保事务的参与,促进环保主体的多元化建设;第四篇则明确了实现目标的具体措施,其内容涉及环保财政资源的跨界支持机制、环保人才的培养和国家合作模式建设等方面。这些内容被详尽地分列在40章中,各章均遵照"活动规范-目标-活动-实施方案"的框架展开,针对国际环保工作提出了多达2500余项行动建议,建构了实现可持续发展的目标的计划蓝图。

《关于森林问题的原则声明》主要内容为15项关于森林资源开发、利用和保护的基本原则。该声明指出各国在对其国内的森林资源享有主权的同时,也应当注重林业资源利用的可持续性、保育林木系统的生态价值与精神文明价值;同时,要求各国在本国的主权范围内行使开发林业资源的权利,避免影响到邻国的国家利益。另外,该文件还着力于推动由发达国家向发展中国家提供必要的财政支持,以促进它们"以可持续的方式管理、保存和开发森林资源"。

除了国际环保条约的发展之外,实施相关规约的国际组织机构体系也得到更完善的建设。为了保障在联合国环境与发展会议产生的决议和规约能够得到有力的落实,联合国大会于1992年12月批准成立了联合国可持续发展委员会(CSD),其主要职责包括监测《21世纪议程》框架下各项规约的执行进度、评价环境与发展问题相关的研究报告、监督缔约国的环保行动承诺(包括国际环保资金和技术的支持),调动非政府组织及个人参与国际环保行动的积极性,动员社会基层力量来促进更深层次的国际环保合作。①

综合来看,在这一阶段,面对仍旧未见好转的生态恶化形势,人们对国际环境问题有了更加透彻的认识,可持续发展的理念得以在国际范围内得到推广和贯彻,国际环境法也能够更具实质性地触及环境问题的经济根源。此外,国际社会认识到摆脱贫困、落后与环境保护之间的关联性:欠发达的社会状态不仅不是改善生态环境的有利

---

① 参见《21世纪议程》第38.11条的内容。

因素,反而是一种环保阻碍,那些低效、粗放的生产方式往往会带来更大的生态破坏,因此,环保工作的开展与经济发展并不是完全对立的关系。同时,国际环保领域内的框架性公约日趋多元化,覆盖面进一步拓宽,并且在诸多方面得到了改进和细化;国际环保公约的缔约国、国际环保组织逐渐增多,环境保护的国际化趋势显著加强。

(四)第四阶段:面向 21 世纪的环境法(2002 年至今)

在里约环境会议之后,虽然国际环保成文规范的层面上已有很大的进步,但由于国际环保事务涉及面广、内容庞杂并且难以协调,在实践过程中,相关协定并未达到理想的实施效果,究其原因,一方面,发展中国家面对与发达国家日渐拉大的经济发展水平,急于采取牺牲环境的短期策略来发展经济;另一方面,发达国家因技术保密、本国经济利益等原因,在环保技术、资金上对发展中国家的支持非常有限。由于这些冲突的存在,国际环保合作逐渐陷入了低迷的状态。为打破国际环保合作的僵局,各国又开始呼吁召开新的国际环保会议,来重新激发国际环保工作的活力。在这样的背景之下,经过 2000 年 12 月联合国大会 55/199 号决议,可持续发展世界首脑会议(又被称为"第二届地球首脑会议")于 2002 年在南非约翰内斯堡举办,来自 192 个国家的 17 000 余名代表参与了这次会议。[①] 此次会议对之前《21 世纪议程》的实施状况予以系统考察和评估,确定了当前应当优先处理的国际环保问题,并明确了相关应对计划。会议最终通过了《约翰内斯堡可持续发展宣言》和《可持续发展问题世界首脑会议执行计划》(即《约翰内斯堡实施计划》)这两部重要的国际文件。前者概述了自 1992 年环境与发展大会后的国际环保发展历程,指出在该过程中暴露出来的国际环保合作障碍,同时再度呼吁各国履行会议承诺,携手应对国际环保挑战。后者针对在《21 世纪议程》实施过程中所遇到的问题,主要在实现全球可持续发展的具体目标、时间线方面作出了规定,内容包括改变不可持续的消费形态和生产方式、保护和管理经济和社会发展的自然资源基础、在全球化中实现可持续发展等十部分内容。不过,在这一会议过程中,仍然有诸多分歧,比如,由于经济利益的影响,既有国际市场秩序与环保框架间的冲突还没有完善的调和方法,而在缺少发达国家帮助的情况下,发展中国家在可持续发展道路上仍然面临着诸多不确定因素和阻力。

在可持续发展世界首脑会议之后,也出现了一些新的因素影响着国际环境法的发展。在发展机遇上,人工智能、大数据、云计算等一系列先进技术的产生与应用为国际环保合作创造了新的条件,信息化、智能化与自动化成为现代社会治理的重要特征。借助先进的仪器设备,人们得以更加全面、科学地把握环境信息,更加严谨地作出环境决策。而在环境问题带来的挑战方面,人类经济全球化过程加剧了人类活动对生态环

---

① 王曦:《国际环境法》,法律出版社 2005 年版,第 43—45 页。

境的负面影响,跨境污染的态势还没有得到完全扭转;同时,由于各国社会状况差异很大,在经济发展水平依然是衡量国家实力的硬性指标的情况下,开始全方位的国际环保合作依然面临着诸多的障碍。尽管有了更完善的国际法约束,但各国在经济发展、环境保护及其合作上的博弈与冲突仍持续不断,诸如全球气候变暖、废弃物污染等全球性环境问题在短期内几乎没有迎来转机的可能。而国际环境法作为一种高度依靠各国自主实施的"软法",其中包含着大量政治性意愿的内容,再加之缺乏明细的落实制度的监管与强制执行机制,这些国际规范最终的实施情况不容乐观。综合来看,尽管国际环保合作取得了很大的进展,但要看到全球生态恶化形势下的转机,则还要付出极大的努力与牺牲才有可能实现。

三、国际环境法的法律渊源

国际环境法属于国际法的一个法律分支,因此,国际环境法的渊源承袭了国际法的渊源,具体而言,又可以分为主要渊源和辅助性渊源两类,前者包括国际环保条约与习惯,后者则主要是指环境法基本原则、环境司法与仲裁案例、重要的学说和国际环保组织的决议等规范性文件。

(一)国际条约

国际条约是国际环境法体系中较为正式的渊源,它体系庞杂,涉及领域广,但一般而言,条约多从以下方面着手制定:缔约目的、基本原则、缔约主体和相关组织机构、各参与方的权利与义务、具体的实施规划、监督与责任机制和纠纷解决机制等。随着国际环保合作的发展与成熟,越来越多的国际环保规范以成文条约的形式体现,它在指导国际环保事务、建立各国合作互信方面的作用日益凸显。在对条约含义的理解方面,有些国际规范直接对何为条约作出了规定。比如,根据 1969 年《维也纳条约法公约》第二条规定:"称'条约'者,谓国家间所缔结而以国际法为准的国际书面协定,不论其载于一项单独文书或两项以上相互有关之文书内,亦不论其特定名称为何。"[1]再如,《国家和国际组织间或国际组织相互间条约法的维也纳公约》第二条规定:"条约是指不论其名称如何,不论是否以一项以上或多项相关文书构成,必须对国际法主体产生法律拘束力,缔结受国际法调整的国际书面协议。"[2]具体来看,国际条约的构成要素包括:其一,在缔结主体方面,至少要求有两个有缔约能力的国际法主体参与缔结;其二,参与主体有自愿受到条约内容约束的意思表示;其三,各方缔约主体就缔约事项形成一致的意思表示,并且相互认可;其四,条约具有一定法律约束力,不得由参与者

---

[1] 王铁崖、田茹萱:《国际环境法资料选编》,法律出版社 1982 年版,第 700 页。
[2] 王铁崖:《国际法》,法律出版社 1995 年版,第 403 页。

擅自变更。另外，由于国际条约相对其他国际法渊源而言更为正式，因而与可通过默示的国际习惯不同，须采用书面的形式。①

由于国际条约涉及多个国际法主体，各方利益的协调过程比较复杂，相关权利义务规则难以在一次会议或一部条约中给出完善的规定，因此，国际条约的制定过程通常比国内法要长，并且大多采用由粗到细的立法方式：先是根据各参与方的大致意愿来制定粗略的活动框架或原则性规定，之后再根据实施过程中所遇到的问题来总结经验，进一步制定补充协议或议定书，比如，1973年《国际防止船舶污染公约》、1985年《保护臭氧层公约》、1992年《联合国气候变化框架公约》等，都是采用这种先制定法律框架后逐步细化的立法模式。

（二）国际习惯

不同类型的法律规范之间存在效力上的差异，在有国际条约明文规定的情况下，国际条约一般要优先于其他类型规范的适用；而在国际条约中找不到相应规范的情况下，国际事务的处理就要考虑诉诸国际习惯（international custom）。与国际条约不同，国际习惯主要以默认行为的形式体现，而非成文的法律规范体系。在国际法发展的初级阶段，各国际主体的活动缺乏正式的条约文本可供参照，而是大量地适用国际习惯。国际习惯的形成包括两个步骤，其一是国际法主体在国际事务中对某一行为模式的反复实践，其二是在一定时期的实践过程中，当事方主体对这一行为模式产生了认可与信赖。国际环境法作为国际法的一个较为晚近的法律分支，在诸多领域内还存在立法的空白，因此，国际习惯成为一个重要的补充性法律渊源。而随着国际习惯的发展与成熟，有的还会慢慢转化为成文的国际条约。需要说明的是，国际习惯的形成未必经历了很长的重复过程，在较短的时间内，也可能形成为多个当事国承认的国际习惯；另外，国际习惯也不要求具有普遍适用性，它可能仅仅存在于少数特定的国际法主体的法律关系之间。

（三）辅助性渊源

除了像前述的诸如国际条约、国际习惯等渊源之外，国际环境法的渊源还包括一般法律原则、环境司法判例、环境法学说和国际组织的环保决议等辅助性渊源，它们处于相对次要的位置上。不过，在一些新兴、前沿的国际环境法领域中，它们有着较大的作用空间。

一般法律原则的含义具有模糊性，而且由于各国文化、经济水平的差异，对于同一种原则的理解也会有诸多分歧，因此，法律原则的适用多是在找不到具体的环境法律规范可供依据，或适用具体法律规范后会得出极不公正结论的情况下。这在另一个侧

---

① 周忠海等：《国际法学述评》，法律出版社2001年版，第45—47页。

面也反映出法律原则有着补缺和纠正具体规范的作用。[1] 环境司法判例直接来源于特定的裁判机构,在有些国际规约中直接界定了它的法律性质,例如在《国际法院规约》就有相关的规定:"司法判例及各国权威最高之公法学家学说,作为确定法律原则之补助资料者。"据此,司法判例的法律效力不如更为正式的国际条约,但由于司法裁判与环境法实践紧密关联,环境纠纷的个案往往反映出很多环境法纠纷的共性问题,因此,客观地来看,国际司法机关的法律论证、裁判精神与要旨对其后环境法实践的影响也不容忽视。环境法学说指的是环境法学领域内有影响力的环境法观点和著述。它在国际法院司法裁判中的地位已如上所述,它对于法律条文的解释、法律事实的分析有着很大的帮助,在国际司法实务中,法官经常援引有力学说来论证或反驳某些观点。有影响力的学说与正式环境法渊源形成存在着密切的关联——国际立法参与者往往有着基于不同国际法学说的知识背景,由他们制定的各项国际法制度必然会以不同学说作为理论内核。

对于国际组织的环境保护决议是否属于国际法渊源的问题,《国际法院规约》中并没有明确的规定,但权威国际组织的决议一般都是在多个国家支持下出台,即便未以正式条约的形式体现,也会具有实质意义上的影响力,有的还附带有明确的法律责任规定。根据约束力的强弱,国际组织的环保决议可以分为刚性规范和柔性规范两种。前者一般基于既往达成的条约而产生,具有较强的法律约束力,如果违反这类决议,可能会承担损害赔偿、环境修复等法律责任;而后者多是国际组织制定的倡导性意见、行动原则、发展目标,它的内容偏抽象,侧重指导未来的环境法实践、促进未来有实质法律约束力的规约达成,它的法律约束力很弱,如果相关主体违反了这些规范,一般也只能在国际声誉上受到一些负面的影响。

四、国际环境法的法律主体

国际环境法作为国际法的一个分支,它的法律主体构成要件须符合国际法的要求,但由于它所涉及的规制领域更为具体,因而会有更多的局限。一般而言,国际环境法主体的构成要件有三个部分:其一,它具有独立参与国际环保事务的法律资格;其二,它能引起国际环境法律关系产生、变更和消灭;其三,它能独立享有国际环境法权利,同时能够独立履行相应的环境法义务、承担国际环境法律责任。国际环境法的主体主要可分为国家、具有环保职能的国际组织以及非国家参与者三种类型。

国家作为国际环境法的主体,相较于另外两类主体来说,主体组分更为完整,更加具有典型性。其一,从法律关系的内容来看,国家居于国际环境法律关系的核心,是国

---

[1] 曹炜:《国际环境法造法机制研究》,《中国人民大学学报》2016年第5期。

际环境权利、义务的主要享有者和承担者,也是国际环境法律规范和决议的主要实施主体。其二,从权力的角度来看,国家享有完整的国家主权,对于国家内部而言,它是最高权力的体现;从国家之间的关系来看,不论各国的国土面积大小、人口多少,它们都享有平等的国际法律主体地位,共同构建了国际环境法律关系网。其三,从国际环境法的内容来看,大部分规范的制定、实施主体都是主权国家,相对于其他主体而言,国家具有更多的可调度资源、更大的国际影响力。

在20世纪60年代末至70年代初期,区域性、国际性的环保组织就已开始介入环保实务。在斯德哥尔摩联合国人类环境会议之后,伴随着环保主义运动与经济全球化的浪潮,国际环保组织的活动领域和影响日渐增大。[①] 国际环保组织的概念目前尚未有统一的说法,它大多是基于跨国主体之间缔结的协定而产生,还有着为自身定制的行动章程,并依章程在特定的领域内展开活动。它的构成主体类型多样,可以是国家、区域性组织和个人。由于国际组织的国际法律主体资格来源于其他主体,因此,它的权利能力与行为能力不如国家完整。目前具有环保职能的国际组织大概可分为全球性国际组织与区域性国际组织两种类型,前者如联合国、世界卫生组织、世界气象组织、国际原子能机构等,后者如欧洲理事会、经济合作与发展组织等。

20世纪后期,随着国际环保合作向着更深层次推进,环保组织的作用日益显现,其一,国际环保组织能够辅助国家履行环保责任,为国家提供能展开更充分交流的合作平台,收集、传达环境信息,协助政府机构实施环境政策、监督环保条约的执行。其二,国际环保组织也可以自主展开环保研究项目、发布环保调研报告、在正式立法的空白领域中制定开拓性的规范,甚至参与国际环保条约的制定。[②] 国际环保组织的积极作用也在国际法的规定中得以体现,如《里约环境与发展宣言》明确肯定了非政府环保组织的"伙伴作用",并倡导它们在更广领域内发挥作用。

五、国际环境法的基本原则

各个法律领域都有着特定的法律原则,并将其作为支持庞杂法律规范的纲要,国际环境法也不例外;甚至可以说,相对于其他法律领域而言,国际环境法对于法律原则有着更强依赖。究其原因,一方面,在国际环境法体系中,各种规范主要是由多个法律地位平等的主权国家共同协商制定,具有很强的自主性,而且涉及的环保事务层级较高,法律关系复杂,所以各缔约国对于规约的签署会非常审慎和保守,为了给自己的行

---

① 王铁崖:《国际法》,法律出版社1995年版,第445—446页。
② 例如,于1948年10月在法国成立的国际自然保护同盟(IUCN)主办了《环境政策与法》杂志,制定了《世界自然资源保护大纲》,与联合国环境规划署、世界自然保护基金会合作筹建了国际野生生物保护学会,还曾参与过《世界自然宪章》和《生物多样性公约》的起草。

动留有更多的余地,由此产生的条约规范的规制内容也会比较模糊,原则性、框架性的色彩明显。① 另一方面,就国际环境法的适用而言,由于操作性规则较少,再加上目前尚未有一个能完全凌驾于国家主权的第三方规范解释、监督和强制机构,因而在相关具体法律事务的处理过程中需要大量依赖法律原则的指导来将抽象的框架性规范转化为具体的适用性规范。

国际环境法的基本原则兼具国际法与环境法的属性,具体如下文所述。

(一)国家环境主权原则

国家是国际环境法的核心主体,具有高度的独立性和自主性,各个国家对于主权范围内的种种环境问题享有终局性的处理权。展开来讲,其一,国家有权决定制定何种环境政策来开发、利用本国的自然资源,同时,在未经过其他国家允许的情况下,本国主权的行使不应超过领域范围而对其他国家的环境与资源利益造成威胁与损害。其二,各国应平等地参与国际环保事务,公平、公正地享有环境权利与义务,不能以国家霸权来侵犯弱国的生态环境利益;对于本国超越范围而造成的生态环境损害,应承担相应的责任。②

(二)可持续发展原则

可持续发展原则是指各国在进行经济建设的同时,也要协调物质进步与环境保护之间的关系,使经济发展与维持良好的生态环境协同并进,将经济效益、生态效益有机统一起来。环境法不仅要关照当代人的利益,也要考量后代人的环境权益,为后人留下继续发展的机会。③ 这一原则在我国环保法体系中也有着明确的体现,例如《中华人民共和国环境保护法》第四条规定:"国家制定的环境保护规划必须纳入国民经济和社会发展计划,国家采取有利于环境保护的经济、技术政策和措施,使环境保护工作同经济建设和社会发展相协调。"

(三)风险预防原则

该原则指的是为了实现环保目标,各环境法主体应根据自己的能力优先制定和实施事前预防的制度方案,而非注重短期的经济利益而造成长期的生态损害。在 20 世纪四五十年代,国际社会上的诸多环保决议、环境司法判例就已经体现了预防环境风险的原则;到了 1972 年,这一原则被《斯德哥尔摩人类环境宣言》正式确立,根据该宣言第七条的规定,各国实施所有可行的举措,来防止海洋环境受到对人类健康有危害的、损害生物资源和破坏海洋生物适宜生存环境的或妨害对海洋的其他合法利用的物质的污染。

---

① 古祖雪:《国际造法:基本原则及其对国际法的意义》,《中国社会科学》2012 年第 2 期。
② 易诗娇、杜群:《试论国际环境法的基本原则》,《今日南国》(中旬刊)2010 年第 12 期。
③ 裴广川:《环境伦理学》,高等教育出版社 2002 年版,第 56—57 页。

根据这一原则,当人类活动存在着足够大的环境风险,会产生极其恶劣的、不可逆的生态影响时,应及时采取环保举措来降低生态风险,调整当前的技术方案,不能单单以风险、损害证据不足为理由,纵容环境风险的加剧。在现代社会,人类科学技术的发展在大幅改善生活水平的同时,对生态环境的负面影响也在加剧;而生态环境是一个极其复杂的开放系统,人们对自然的认识和掌握能力还非常有限,因而在对自然的改造、利用活动中潜藏着很多暂时不为人所认知或控制的环境风险,并最终转化为实质性的环境损害。与事前预防相比,事后治理污染要付出数倍的成本,甚至很多环境损害是无法依靠人类当前的技术来弥补的,因此,做好对环境风险的预防工作是更为经济和稳妥的选择。

(四)国际环保合作原则

在步入 21 世纪后,随着人类工业化、城市化进程的推进,环境质量的恶化也日益呈现出全球化、复合化的趋势,诸如煤炭、石油等自然资源也在局部地区面临着枯竭的危机。然而,在激烈的国际竞争背景下,各国对于发展经济的偏好依然远远地超过保护生态环境,牺牲环境来换取短期经济效益的做法仍旧在国际上普遍存在。虽然各国在经济发展水平、政治制度以及社会文化等方面存在着很大的差异,但在面对跨区域的生态问题时,每个国家都无法独善其身,广泛且有深度的国际合作势在必行。这就要求各国在实施有跨区域影响的经济活动、实施环保政策的过程中,应当积极地在各个方面展开协作、互助,不仅要着眼于本国国内环境状况的改善,还要将长期的全球生态环境利益纳入自己的决策、行动考量范围之内,兼顾多方面因素来安排影响环境的活动。

(五)共同但有区别的环境责任原则

这一国际环境法原则的正式确立是在 1992 年的联合国环境与发展大会上,大会通过了《里约宣言》,其中第七项规定:"各国应本着全球伙伴精神,为保存、保护和恢复地球生态系统的健康和完整进行合作。鉴于导致全球环境退化的各种不同因素,各国负有同等的但是又有差别的责任。"国家之间的疆界是人为设定的,但生态环境问题却具有全球性,它的影响范围不以人的意志为转移。因此,在环境事务上,每个国家在国际环保事务中都应当发挥自己的作用,共同参与到国际事务中来。[1] 但是,由于历史的原因,发达国家更早地进入工业化阶段,它们对地球资源的利用程度、污染物的排放量都远远地多于相对落后的发展中国家;同时,更高的发展程度也让发达国家能拥有更先进的环保技术来减少资源的损耗、污染物的排放,更妥善地回收利用废弃资源。[2]

---

[1] 李赞:《建设人类命运共同体的国际法原理与路径》,《国际法研究》2016 年第 6 期。
[2] 吕忠梅:《环境法新视野》,中国政法大学出版社 2000 年版,第 167—170 页。

因此，基于发达国家与发展中国家在国际生态问题上的原因差异，再加之国家实力上的差距，在国际环保合作的开展中应将二者的义务与责任区别对待，发达国家应当在国际环保事务中承担更多的负担，并在资金、技术等方面对发展中国家予以更多的扶持和帮助。

第二节　国际环境法律制度概述

一、国际环境法的制度体系

基于国际环境法的基本原则与实践经验，形成了诸多国际环保法律制度，按照不同的标准，可将这些制度划分为不同类型。如以涉及的主体范围为标准，可将其划分为国际环保组织内部的行动规范、区域性环保法律和全球性环保法律，前者如世界环保组织（IUCN）的活动章程，中者如《多瑙河水域内捕鱼公约》《亚马逊河区域合作条约》，后者如《人类环境行动计划》《可持续发展问题世界首脑会议执行计划》；根据环境法针对的环境领域不同，可将其分为土地保护规范、水环境保护规范、废弃物管控规范等，如《防止因倾弃废物及其他物质而引起海洋污染的公约》《保护莱茵河免受化学污染公约》；依据规范的可操作性不同，可分为纲领性法律规范和实际操作性规范，前者如《人类环境宣言》《里约宣言》和《21世纪议程》，多被称为"软法"，后者如《长程跨界大气污染公约》《保护臭氧层维也纳公约》和《濒危野生动植物物种国际贸易公约》。这些国际环保法律文件集结在一起，就形成了国际环境法的制度体系。下文主要介绍纲领性国际环保制度和针对特定环境要素的国际环保制度。

二、纲领性国际环保制度

纲领性国际环保制度主要规定国际环保行动中的核心思想、主要原则、开展行动的基本方向等，多是以宣言、纲要、行动计划等形式体现，又被称为"软法"。相比其他规范类型而言，它的特点主要体现在如下三个方面：其一，在对缔约主体的要求上，它对资格条件的要求比较低，有很多纲领性的环保制度直接出自国际性的非政府环保组织，相关规范的草拟、签订行为可能并不涉及国家主权行为，相应地，缔约主体比较广泛，个人有时也可作为独立缔约主体。其二，在内容上，纲领性规范较为宽泛、抽象，在不同的纲领性国际环保规范之间，往往也会有相似内容的多次申明，如保障基本人权、坚持国家主权和可持续发展等主题，它们代表着大多数人的利益，体现出各方主体在某些问题上的基本共识。其三，从法律效力上看，这类规范虽然不具有强制约束力，但可以反映出缔约主体在国际环保事务中的行动意向。由于国际立法活动的特殊性，各个国家在签订更为具体的、具有更高约束力的国际环保条约之前,常常会先借助纲领性文件来达成基本的行动共识,并将它们作为缔结更具体规范的先行基础,而后逐步推进立法进程。

三、针对特定环境要素的国际环保制度

环境要素是构成人类所生活的生态环境的组成成分,如水体、土壤、大气等。环境要素的损害是环境问题的直接体现。在国际环保制度中,有许多规范直接针对这些要素的保护。

(一)水资源保护

水是生命之源。从总量来看,地球上的水资源总量庞大,地球上71%的面积都被水所覆盖,但具体到淡水资源来说却非常稀缺,仅占地球水资源的2.5%左右,且其中绝大部分因位于高原地区、两极地区而难以被人类直接利用,若再除却这些难利用的部分,地球上能被人类直接使用的水仅占全部淡水资源总量的1%。一方面是水资源的稀缺,另一方面却是随着人类物质生活的改善而日益增多的淡水资源耗费。据联合国估计,到2025年,世界上将有近50%的人面临缺水问题。为应对水资源危机,在国际合作中,各方逐步确立起了一系列以淡水资源保护为核心的规则体系。

1966年,国际法协会通过了《国际流域内沿海地区利用规则》(又称《赫尔辛基规则》)。这一文件主要涉及跨国流域利用中的权利义务关系、责任负担等内容,对既往的相关国际习惯、规则进行了整理和汇编。这一文件的出台标志着国际淡水资源保护规范开始从分散走向体系化。[①] 此后也有一系列围绕水资源保护的国际会议,如1977年在阿根廷召开了首个以水资源保护为主题的国际会议,以及一系列围绕水资源保护的国际环保活动,如1981—1990年的"国际饮用水供给和环境卫生任务十周年"项目,对缺水地区的水资源基础设施建设作出了重要的贡献。

随着各国水资源利用实践的开展,在原有规范汇编的基础上,保护水环境的相关规范也开始呈现出法典化的趋势。1997年,联合国大会通过了《国际水道非航行使用法公约》,这是全球首部专门关于国际水环境保护与利用的法典。公约主要涉及国际水道的利用、公约的程序性事项、淡水资源利用与管理的国际规范和就国际水道事宜缔约的协定。在步入新千年后,第二届世界水论坛在荷兰海牙举办,论坛以"世界水展望"为要旨,确立了"从展望到行为"的会议主题,在总结既有水资源保护成果的基础之上,也为迎接新世纪背景下的水资源挑战指明了发展的方向。

人类文明的演进经历了从陆地向海洋的发展历程,而人类活动向海洋的延伸也使

[①] 林灿铃:《国际环境法》,人民出版社2011年版,第299—300页。

得沿海陆地与海洋承受了过载的生态压力。不同于静态的大陆,海洋环境更加呈现出动态性,洋流会将最初聚焦于局部地区的污染物扩散至全球,这就更需要世界上的各个国家联手保护海洋环境。海洋国际环境保护的起步与人类对石油的利用密切相关,在 20 世纪 20 年代,因船源油污、陆源油污和海洋油气开发带来的海洋污染在国际上引发了广泛的争议。1926 年,以美国、英国为代表的 14 个国家在美国华盛顿召开以海洋保护为主题的国际会议,研讨减少石油海洋污染的技术方案。这一会议虽然未达成实质性的协定,但形成了一个草案,规定严禁直接向海洋环境中排放废弃石油,并对小吨位船舶的防油污措施予以明确,同时,倡议各参与国在对重要的近海生态区域设立禁止油污排放的保护区。1935 年,国际联盟又在华盛顿公约草案的基础上,尝试制定了防止海洋石油污染的公约草案。但由于在国际海洋保护初期,各国利益冲突难以调和,并且在行动策略上存在着很大的分歧,最终这两个草案都未能达成最终的公约。之后不久,第二次世界大战爆发,国际海洋保护合作停滞甚至倒退,国际海洋保护法的制订也被国际社会搁置。第二次世界大战后,世界经济开始恢复,以海洋运输业、海洋资源开发为代表的海洋资源利用活动勃兴,海洋污染问题恶化,并引发国际社会的关注。面对日益严峻的海洋生态形势,1954 年召开的 42 国外交会议终于达成了首个针对海洋污染防控的国际公约——《国际海洋石油污染公约》。虽然这一公约的管制对象限于油源污染,但它拉开了制定海洋保护国际规约的序幕。1958 年,由 80 多个国家共同参与的首届联合国海洋法会议在瑞士日内瓦举行,会议通过了《领海及毗连区公约》《公海公约》《大陆架公约》和《公海渔业和生物资源保护公约》,其中都有对海洋保护的规定。[①] 1959 年,政府间海事协商组织在英国伦敦成立,它主要致力于协调国际船舶的管理,保障国际船舶的安全、环保航行,同时调整国际船舶间的海事纠纷。

在 1972 年环境大会后,关于海洋保护议题的国际立法开始增多,既有《人类环境行动计划》等综合性的国际环境法规范,也有《1973 年国际防止船舶造成污染公约》等针对具体活动领域的专项性规定。1982 年,《联合国国际海洋公约》出台,标志着国际海洋法保护体系的框架初步形成。此后,关于海域军事行动、海洋生物多样性保护、海洋资源利用等方面的国际规约陆续补充至这一框架之下,海洋污染得到局部控制。

1992 年,联合国在巴西的里约热内卢市召开环境与发展大会,会议通过了《21 世纪议程》,其中的诸多条款补充了之前在《联合国海洋法公约》尚未规定的内容,例如,统筹考量对海洋水环境与沿岸环境的保护,规定了防止海洋污染的预防措施、海洋水环境评价制度,还将专属经济区的海洋保护、海域沿岸环境保护和海洋生物资源的可

[①] 从整体上来看,这些条约主要旨在划定各国在海洋中的主权范围,倾向于保障个别海洋大国海洋权益。换言之,对海洋环境的保护是直接附属于各国的主权利益的,这种对海洋区域的人为分割反映出这些公约在国际海洋保护上仍有很大的局限。

持续利用三者相互结合,实施系统性的立法保护策略。① 在此次大会之后,国际海洋保护步入了新的阶段,针对区域海洋保护、特定海洋污染物质防控的国际规范的签署进入了一个密集期,如《油污损害民事责任公约》《保护和利用跨界水道和湖泊公约》《北大西洋海洋环境保护公约》《设立油污损害赔偿国际基金公约》《保护地中海防止陆源污染议定书》和《保护地中海防止危险物质跨境移动造成污染议定书》等。

在这一阶段,海洋环境保护的国际立法繁荣发展,有关保护海洋环境的条约与协定数量增多,而且调整范围越来越广,国际环保法律理论和实践都取得了很大的进步。然而,相较于海洋环境的保护,人们还是更加偏重利用海洋来获取经济利益,对于都市化与陆地上工业生活污染活动的国际立法仍然十分软弱无力;同时,这一时期的国际海洋环境立法虽然繁多,但涉及的领域较为分散,彼此之间的关联比较弱,这使国际海洋法规范在整体上呈现出碎片化的样态。

与陆地相比,海洋更具有国际公共属性,它的国家专属性要相对弱一些,因此,国际环境法对海洋污染规制比对陆源性污染规制的进展要快很多;并且,由于海洋保护日益成为各国的共识,国际海洋保护法的责任条款逐渐增多,在强制性上有所提升。但与此同时,在人类新技术的作用之下,海洋保护新的挑战也在不断产生,比如以化肥为代表的农用产品中的含氮物质引起了海洋的富营养化,再如酸性化学物质的排放导致海水酸化,海洋生物大量灭绝,诸如微塑料等晚近污染物质的危害逐渐显现,等等,海洋生态系统的失衡态势依然未看到扭转的拐点,面对这些难题,国际海洋保护的局势仍不容乐观。

(二)土壤的保护

农业是人类生存的根基,而土壤又是农业的基础。地球上的土壤仅占地球面积的1/3。土地作为一种不可再生资源,受到人类活动的影响,出现了土壤污染、荒漠化等一系列问题。为扭转土壤破坏的问题,国际上展开了许多围绕土壤保护的合作。1973年,联合国环境规划署在非洲内罗毕举办了应对土地荒漠化问题的专项会议,制定了《阻止荒漠化行动计划》,这是世界上首个规定了强制性法律责任的国际土壤保护规范。② 这一文件主要明确了三方面内容:遏制土地荒漠化形势;着手制定预防土地荒漠化的行动方案;治理已荒漠化的土地,恢复其土地肥力。在联合国粮农组织的建议下,1981年,旨在为土壤品质改良和保护提供全面制度依据的《世界土壤宪章》颁布,对土壤合理利用、土壤生产力的维持和国际土壤保护合作等方面进行了规定。20世纪末,土地荒漠化问题日趋严重,1992年联合国环境与发展大会后的首个国际环保条

---

① 林灿铃:《国际环境法》,人民出版社2011年版,第397页。
② 林灿铃:《国际环境法》,人民出版社2011年版,第316—317页。

约对此问题予以回应——1994年于法国巴黎签署了《防治荒漠化公约》[①]。这一公约包括序言、六部分主体内容和四个附件文本。相较于以往的土壤保护规范，它的特点在于，在认可国家保护土壤的努力与成效的同时，呼吁和保障非国家的国际环保组织与公民个人参与到预防、治理土壤荒漠化的行动中来，尝试建立多元互动的新式土壤保护伙伴关系。

2014年联合国政府间土壤技术小组在全球土壤伙伴关系全体大会第二届会议上提交了修订《世界土壤宪章》的文本。在经过大会的一系列修改后，宪章修订草案顺利通过农业委员会第二十四届会议及农业理事会的审核。2015年为国际土壤年，新版《世界土壤宪章》颁布，该文件为国际土壤保护与可持续利用奠定了重要的基础。

（三）大气污染防治

大气是构成地球生态环境的重要组分。在人类工业文明的发展过程中，因大量燃烧煤炭、金属冶炼等活动，向大气中排放了大量的有毒有害物质，而大气中的污染物对人类的身体健康有着很大的影响。据统计，室内外的空气污染是世界上将近5%的疾病（如呼吸道感染、肺结核、肺癌）的直接诱因。大气污染会直接损害生物体的健康，同时也会导致其他环境要素的损害，如降水的形成过程中，会将大气中人类所排放的二氧化硫、氮氧化合物等酸性物质吸纳，雨、雪的pH值因此而低于5.6，形成硫酸雨、硝酸雨。降水的酸化继而导致土壤的酸化，引发一系列危害，如使土壤中的矿物质等作物营养成分流失，诱发植物病虫害，使农作物大幅度减产、营养成分下降等。目前人类面临的大气问题主要体现在大气质量保护、臭氧层空洞和气候变暖这三个方面，国际法大气保护规范也可分为与之对应的三个分支。

国际上对大气质量保护的合作起始于20世纪60年代末。1968年，欧洲理事会部长委员会公布了《治理大气污染的原则宣言》，提出了一系列促进国际大气保护合作的基本原则。1979年，欧洲经济委员会于日内瓦通过了《长程跨界大气污染公约》，全部欧洲国家、美国和加拿大都参与了此公约。这一公约旨在加强大气保护的区域性合作，以减少主要跨界空气污染物的排放；作为一个框架性的公约，它在刚通过的几年中虽然缺乏配套的实施细则，但意义仍不容忽视。其一，这一公约标志着以往各相关国家在跨界污染问题上的相互指责、推诿情况开始得到扭转，各方能够共同坐在一张谈判桌前着眼于具体问题的解决；其二，该公约的缔结反映出参与国在酸雨成因、危害与治理上的一系列基本共识，同时促进了参与国之间在大气治理技术上的交流，吸引了很多环保领域内的学者将目光投向跨界大气污染问题，从科学的角度阐释、讨论应对

[①] 其全称为《联合国关于在发生严重干旱和/或沙漠化的国家特别是在非洲防治沙漠化的公约》。中国于1995年5月9日正式加入了该公约。

大气污染之策,这为后来的大气污染防治政策的制定提供了基础依据。1982年出台的《联合国海洋法公约》也对来自航行船舶的废气排放作出了规定,要求缔约国"采取必要的措施,以防止、减少和控制这种污染"。

　　臭氧层保护是近现代工业化以来才为人类所认识到的环境问题。最初是在20世纪70年代,英国研究者注意到在南极地区上空的大气中臭氧含量明显减少。虽然当时的人们对臭氧含量降低的负面影响还了解有限,但考虑到生态问题的潜伏性,应必要审慎地评估其未来风险。随后,1977年在联合国环境规划署理事会的组织下,32个国家于美国华盛顿哥伦比亚特区举办了"评价整个臭氧层"的国际会议,对臭氧层问题的形成机制、影响与治理对策展开商讨。大会审议通过了《关于臭氧层行动的世界计划》,其主要内容包括对臭氧层与太阳辐射之间的关系进行评估,研究人类健康与臭氧层空洞间的关系,并计划在联合国环境规划署中设立致力于专门应对臭氧层问题的协调委员会。[①] 到了20世纪80年代,臭氧层空洞的趋势仍未得到扭转,美国的"云雨7号"卫星从外太空找到了南极地区臭氧层萎缩的新证据——南极地区上空出现了约同美国国土面积大小的椭圆状臭氧层空洞区,应对臭氧层空洞的国际合作刻不容缓。历经四年多的筹备,终于在1985年由28个国家在奥地利首都维也纳签署了《保护臭氧层维也纳公约》,并于1988年生效。联合国为了遏制工业生产过程中排放氟氯碳化物侵蚀臭氧层,于1987年号召所属26个会员国在加拿大蒙特利尔签订了《蒙特利尔破坏臭氧层物质管制议定书》,公约明确规定了五种应受到严格管制的氟氯碳化物,并形成了"各国有共同努力保护臭氧层的义务"的共识。议定书对缔结国家实行共同但有差别责任的原则,要求发达国家将氟氯碳化物的年产量限制在1986年的水平,并要求发达国家到1988年时将氟氯碳化物的产量降低至原来的一半水平。[②] 与此同时,议定书也为发展中国家留出10年的缓和期,以对既有的相应管控物质的生产、消费结构作出调整,并且要求发达国家对发展中国家在财政、资金上予以支持,如设立信托基金、转让环保技术等。虽然一系列保护臭氧层的国际规范陆续产生,但是,人类保护臭氧层的步伐仍未赶上臭氧层恶化的进程。1988年,美国国家航空航天局公布了《全球臭氧趋势报告》,表明臭氧层空洞已开始从极地地区向低纬度地区蔓延;1989年,在对北极的科考工作中,科研者发现北极上空的臭氧层空洞也出现明显的扩张。这些不良的征兆表明,在治理臭氧层空洞问题上的国际合作进展依然是相对滞后的。在后来几十年中,本着逐步缩减直到淘汰含氟氯碳化物的原则,该文件也结合臭氧层问题的形势予以跟进式的修订、补充,数番修改后,其主体内容已与原来的内容有了很大的差

　　[①] 到了1980年,经科研者的研究与委员会对臭氧层空洞问题的系统性研判后得出结论,认为"臭氧耗损已严重威胁着人类和地球的生态系统"。
　　[②] 曾文革:《应对全球气候变化能力建设法制保障研究》,重庆大学出版社2012年版,第82—89页。

异,尤其在项目资金、环保技术援助上的国际合作态势已有很大的改观。

中国也参与了应对臭氧层问题的国际合作,签署了《保护臭氧层维也纳公约》和《关于消耗臭氧层物质的蒙特利尔议定书》。为履行这些国际规范,2010年6月1日中国第一个专门管控消耗臭氧层物质及其相关活动的行政法规《消耗臭氧层物质管理条例》[①]正式实施,同时,这也是中国第一部由国际环境保护公约转化而来的国内立法。

(四)应对气候变化

随着人类生产力的发展,人类对自然的影响力逐渐增大,在对能源、矿产资源的过度利用过程中会向大气排放大量的温室气体,诱发大气环境的温室效应,引发全球性的气候变化。在20世纪70年代,就已有科学家发现全球气候变暖的现象,但当时人类工业化进程正在如火如荼地开展,来自学界的遏制全球气候变暖的呼声所产生的影响力非常有限。1979年召开的斯德哥尔摩联合国人类环境会议将全球气候变暖的问题推向公众视野,但政府决策者对此项会议的结论仍然未能予以充分的重视。20世纪80年代,在跨国环保组织的宣传推广下,应对气候变化开始被纳入多国政府议程之中,围绕节能减排目标的一系列环保提案开始被官方政策采纳。与此同时,关于气候变化问题的科学研究机构也开始发挥作用。如在1988年,联合国环境规划署和世界气象组织联合成立了政府间气候变化委员会(IPCC),负责调研全球气候变化现状,评估人类活动与气候变化之间的相互影响,并着手制定缓解气候问题的方针政策。在经过IPCC的数次气候变化评估报告后,制订系统性的应对气候变化的国际规范的时机已经成熟,经过1991—1992年的四次谈判,最终欧洲共同体以及154个国家在联合国环境与发展大会上签署了《联合国气候变化框架公约》。这一公约明确指出人类活动是全球气候变暖的主要原因,并在第二条规定了缩减温室气体排放的基本目标:"将大气中温室气体的浓度稳定在防止气候系统受到危险的人为干扰的水平上。"公约达成了各国均对气候变化负有责任的共识,但也依据公平原则,承认由于历史条件、经济发展水平不同,因而各国在减排义务上存在差异。在该框架公约下,陆续有更为具体的国际规范产生,最具代表性的是1997年《京都议定书》的审议通过。[②] 该公约规定了四类减少温室气体排放的方式:对于发达国家,除了自主进行节能减排之外,还可采用碳排放权交易的形式完成减排指标;一国国内森林所固定的碳量可用于折抵该国的碳排放总量,最终按照净碳排放量来计算减排指标的完成情况;倡导多边协作来共同建立清洁、绿色的发展机制,促进发展水平不同的国家之间加强减排合作;针对国土面积

---

① 该法规后于2018年修订。
② 该文件后于1998年3月至1999年3月在位于美国纽约的联合国总部启动签署。

较小且分布集中的国家,实行集团化的减排指标方案,即将欧盟中的部分国家归并成一个共同的减排单位,在该单位内部,可由其成员自主协商决定具体达成减排目标的行动方案,只要在总体上满足减排要求即可。

根据该公约第二十五条第一款的要求:"本议定书应在不少于 55 个《公约》缔约方、包括其合计的二氧化碳排放量至少占附件一所列缔约方 1990 年二氧化碳排放总量的 55% 的附件一所列缔约方已经交存其批准、接受、核准或加入的文书之日后第九十天起生效。"《京都议定书》于 2005 年满足条件正式生效。随后,为落实该文件,一系列国际环保会议也随之召开,2007 年《联合国气候变化框架公约》第十三次代表会议在巴厘岛举行,会议着眼于制定在 2012 年之后的应对全球气候变化的国际合作方案,最终形成《巴厘岛路线图》这一决议。

2015 年 12 月 12 日,巴黎气候变化大会通过《巴黎协定》,这是《联合国气候变化框架公约》之下第二份具有实际法律效力的气候变化条约,共包括 29 条内容,涉及制定气候变化控制目标、减缓气候变化进程、减小气候变化损害、资金支持、技术支持、履约能力建设、环境信息公开等内容。该协定对全球应对气候变化作出系统性的制度规划,并确立了控制气候变化的长期目标:与前工业时代的全球平均气温相比,将未来全球平均气温的上升幅度控制在 2℃ 以内,并努力实现将温度上升幅度控制在 1.5℃ 以内。按照协定的要求,须在《联合国气候变化框架公约》的参与方数量达到 55 个成员,且其温室气体的排放量占到全球温室气体排量的 55% 之后,《巴黎协定》才会生效。2016 年 11 月 4 日,欧洲议会上以绝对多数票通过了批准《巴黎协定》的决议,至此,《巴黎协定》达到了正式生效的实质要件。同年,马拉喀什气候大会召开,会议通过的《马拉喀什气候行动与可持续发展高级别宣言》为《巴黎协定》在未来的落实打下了一定的基础,宣言强调了国际多边合作推进全球低碳战略的基本共识,明确了实现绿色发展、绿色转型的未来方向。此外,在大会期间,举办了围绕《巴黎协定》的首次缔约方会议,确立了各方在 2018 年底之前制定《巴黎协定》的具体实施规范的行动计划。[1]

另外,随着人们对温室效应认识的深入,对温室气体的界定也逐渐扩张,许多原本被忽略的物质也被纳入应对气候变化的国际规范体系中。如 2016 年 10 月《蒙特利尔议定书》第 28 次缔约方会议在卢旺达基加利举行,会议达成了控制氢氟碳化物(HFCs)[2]的《基加利修正案》,要求缔约的发达国家从 2019 年开始削减 HFCs 的使用,对发展中国家则给予 5 年或 10 年的宽限期;各参与方计划在 2040 年前,将原有 HFCs 的排放量

---

[1] 周凤翱、侯洁林、高瑞笛:《〈巴黎协定〉:一个"硬法"环境下的"软法"规制》,《法制与社会》2016 年第 25 期。

[2] HFCs 是人工合成的化工用药剂,主要用于制作制冷液、发泡材料,从 20 世纪 90 年代开始,曾被视为臭氧消耗物质的替代产品而在工业生产中被大量使用。

降低至原来排放水平的 15%～20%。

不过,在后续各方应对全球气候变化的过程中,依然面临着部分国家的不合作、行动消极的现实问题,如 2017 年美国总统特朗普在白宫宣布将要退出《巴黎协定》,在重重困难中,应对气候变化的国际合作计划艰难推进。2018 年卡托维兹气候变化会议成功召开,会议制定了基于"国家自主贡献"的减排方案,对气候变化与应对的信息分享机制的建设予以明确,还对发达国家向发展中国家提供减排技术和资金的支持计划作出了更为细致的制度安排。在后《巴黎协定》时期,国际多边合作取得了巨大的进展。[①]

(五)保护生物多样性

人类通过数千年的发展,打造了具有高度文明的社会系统,但任何人工系统的存续都有赖于自然生态系统的有序运行。生态系统一方面为人类提供了各种物质资料和能源,另一方面也吸纳了来自人类社会中的废弃物。生物多样性是保障生态系统正常运行的基础,它包括物种、遗传和生态系统的多样性。由于人类活动的影响,生物多样性面临着迅速衰退的危机。

人类对其他物种的立法保护有着较长历史,但从保护生物多样性出发的法律保护则是在 20 世纪 70 年代才兴起。1972 年,联合国人类环境会议在《人类环境宣言》中规定了野生动植物在环保工作中的地位:"人类负有特殊的责任来保护和审慎管理由于各种因素而在当前受到严重危害的野生生物后嗣及其产地。所以,在规划经济发展的同时,必须注意保护包括野生动物在内的自然环境。"1982 年 10 月签署的《世界自然宪章》再一次承认并强调了人类保护其他生物的义务,同时特别指出:"独特地区、所有各种生态系统的典型地带、罕见或有灭绝危险物种的生境,应受到特别保护。"[②] 1987 年召开的世界环境与发展委员会也强调了人类在发展经济的过程中,应将对生态系统的破坏限定在最低限度,"物种和生态系统是发展的源泉"。在 1992 年的里约热内卢地球首脑会议上,与会者签署了具有里程碑意义的《生物多样性公约》。公约规定了大多数国家保护生态系统的义务,树立了保护生物多样性、使生物多样性资源可持续利用和公正合理地利用生物遗传资源的三大目标,该公约是世界上第一个针对生物多样性保护的综合性国际环保法律框架。

《生物多样性公约》作为一个保护生物多样性的初步行动框架,在履行方式上给各成员国留下了很大的自主选择权,例如,成员国可根据当地的生物资源情况来设定物种保护名录和保护区域,结合自身的经济发展水平来决定具体的保护方案。但无论成

---

① 杜群、张琪静:《〈巴黎协定〉后我国温室气体控制规制模式的转变及法律对策》,《中国地质大学学报(社会科学版)》2021 年第 1 期。
② 江伟钰:《国际法》,中国人民公安大学出版社 2002 年版,第 356 页。

员国采取何种行动方式，各国都应当制定出保持本国生物多样性的基本行动计划。此外，作为一个开拓性的国际立法，公约尝试在生物基因编辑等新兴技术的利用上进行规制，不过由于在这类前沿问题上人们还缺乏处理经验，因而在诸多方面还有待进一步细化规定。为了促进各国日后在该框架下达成更为详细的补充协定，公约对后续国际立法的合作事宜进行了倡议性指引，如公约第十九条规定，各成员国应着手考虑制定经过生物技术处理的生物活体的安全转让、利用规范，在使人类获益于生物技术的同时，防止诸如基因污染、外来物种入侵等生态风险。

此后，更多的议定书补充入该公约的框架之中。如 2000 年 1 月，《〈生物多样性公约〉卡塔赫纳生物安全议定书》作为新世纪第一个关于生物安全的协定，对改性活体生物的跨境转移予以限制；2010 年 10 月在第十次缔约国会议上签署的《名古屋议定书》，是发展中国家与发达国家就生物技术的利用达成的基本共识。该会议还制定了旨在实现生态系统保护的"爱知目标"、致力于扶持发展中国家保护生态系统的资源调度战略。针对特定区域生物多样性保护的国际合作在近年来成为国际环境法的一个热点，如 2017 年举办的首届联合国海洋大会呼吁各国建立海洋行动共同体（COA），2019 年在加拿大蒙特利尔召开了研究 2020 年后全球生物多样性框架基于区域的保护措施的专家研讨会。

中国的国土面积辽阔，地理环境复杂多样，保护生物多样性是国家环保议题中的重要组成部分，中国是世界上唯一以一年为单位来发布生物物种名录的国家，并且相关数据会与《全球生物物种名录》同步共享。《中国生物物种名录 2020 版》收录物种及种下单元多达 122 280 个，另外，还新增了 15 971 个物种。为拓宽中国与国际上的生物多样性保护渠道，2004 年，中国科学院联合科技部、农业部、国家海洋局等共计 9 个机构共同成立了国际生物多样性计划中国国家委员会（CNC-DIVERSITAS），为生物多样性的科研工作、国际交流合作提供了有力的支持。

第三节　国际环境法的实施

国际法的实施是指为实现保护和改善环境的国际共同目标，各种类型的国际环境法主体在国际法的指引下，行使环保权利、履行环保义务并承担环保责任的活动。从宏观上来看，国际环境法的实施包括两个层次：在国际层次上，各国际法主体合作完成国际环保条约、协定的制定，并通过相关的国际组织来实施少部分集体行动项目；在更具体的国内层次上，需要将国际法在一国国内法的层次上适用，这要求国际条约的缔结方尊重彼此的国家主权，国际组织不得因国际协定的存在而直接干预一国国内的事务；而与此对应，从缔结国际条约的国家自身的角度来讲，应当遵守其签署的国际规约，不能擅自变更规约的内容，破坏国际法秩序。

一、国际环境法的国内实施

一国所加入的国际条约在国内的生效方式有两种：一种是在国际法不与国内法的现行规则冲突的情况下，将相应的国际规范直接适用于国内；另一种是将国际规范转化为国内法之后再适用，这种情况的出现主要是因为国际法中的做法与一国国内当前的现实状况还存在着一定的冲突，需要在国内法作出配套的调整、改善后，才能将国际法引入国内法律系统中。在国内法与国际法之间的效力关系上，《中华人民共和国环境保护法》第四十六条规定："中华人民共和国缔结或者参加的与环境保护有关的国际条约，同中华人民共和国法律有不同规定的，适用国际条约的规定，但中华人民共和国声明保留的条款除外。"从中国的规定来看，经国家认可、承认后的国际规范相对于国内法而言有着优先效力。

缔结的国际条约相对于一国的国内法而言，在内容上会比较宏观，因此，为了更好地在国内推行这些国际规范，需要在国内制定配套的、具有可操作性的国内法。经由国际法转化而来的国内法的制定过程与一般国内法的制定过程基本相同，既包括国家专门立法机关的活动，也有国家行政机关在授权范围内的立法。例如，1989年3月，联合国于瑞士巴塞尔举办了关于控制危险废物越境转移全球公约全权代表会议，在会议上缔结了《控制危险废物越境转移及其处置巴塞尔公约》，该公约包括29条正文及6个附属文件，于1992年正式生效。中国作为缔约国之一，为落实公约内容，在1995年10月由全国人大审议通过了《固体废物污染环境防治法》，并于2020年修订，该法第二十三条规定："禁止中国境外的固体废物进境倾倒、堆放、处置。"第二十四条规定："国家逐步实现固体废物零进口。"1996年，国家环保局联合对外贸易经济合作部、海关总署、国家工商局和国家商检局共同出台了《废物进口环境保护管理暂行规定》，该文件建立了管理废物进口的职责框架，其中，第五条明确规定了环保行政主管部门的职责："国家环境保护局对全国废物进口实施监督管理。地方各级人民政府环境保护行政主管部门依照本规定对本辖区内进口废物实施监督管理，并有权对从事进口废物经营活动的单位进行现场检查。"第七条规定了其他机关的管理职责："对外经济贸易主管部门、海关、进出口商品检验部门和工商行政管理部门在各自的职责范围内，对进口废物及其经营活动实施监督管理。"[1]此外，该法还对废弃物处置企业的主体范围、

---

[1] 环境保护部国际合作司：《控制危险废物越境转移及其处置》，化学工业出版社2012年版，第192—203页。

废物处理方式、处置模式改革时限和相关法律责任等内容作出了更具有可操作性的规定。由此可以看出,从国际条约的签订到相应国内法的转化与实施,是一个逐层推进的过程。

而伴随着国际条约的修改,缔约国还有义务对相关的国内规范予以更新。例如,2019年5月在日内瓦召开的《控制危险废物越境转移及其处置巴塞尔公约》缔约方会议第十四次会议上颁布了《〈巴塞尔公约〉缔约方会议第十四次会议第14/12号决定对〈巴塞尔公约〉附件二、附件八和附件九的修正》。[①] 2020年10月17日,第十三届全国人民代表大会常务委员会第二十二次会议决定批准该修正决议,将其纳入国内的实施过程。

二、国际环境法的国际实施

国际环境法的国际实施一方面包括国际法义务的正常履行,另一方面则涉及国际法的责任承担问题,具体来看,它一般发生在国际法主体违反了国际条约规定的义务,或某方国际法主体依据国际法向其他主体追责的情况下。与国际环境法的国内实施主体不同,国际层次上的实施主体依赖于有管辖权的国际司法机关、国际仲裁机构等国际组织。此外,国际环境法责任要求国家行为对该国家之外的范围产生不利的环境影响,即损害后果的跨界性。例如,国际法委员会1976年《关于国家责任的条文草案》第一条规定,任何国家应当对本国不当的国际行为承担国际法责任。《里约环境与发展宣言》原则二规定,根据《联合国宪章》和国际法原则,各国有责任保护在它们管辖或控制之内的活动,不致损害其他国家的或在国家管辖范围以外地区的环境,否则即应承担相应的法律后果。

从实施侵害与被侵害的主体的角度来看,国际环境责任的承担有两种情况。一种情况是不同国际法主体之间的侵害,各方主体都是特定的,此时,根据"原因者负担原则",被侵害方可要求加害方承担停止侵害、给予赔偿、制定预防未来侵害的防护措施、赔礼道歉等责任。如在1956年,法国为提升国内拉努湖水力发电的效益,启动了拦截卡洛河河水的计划,这一举动会减小拉努湖湖水向下游国家的外流量。而作为卡洛河水流量减少的补偿,法国将对亚里埃奇河进行改造以增加一条支流,将支流引入卡洛河来作为水流量的补偿。这一系列工程未经位于下游的西班牙政府同意即开始实施,随后西班牙对此表示抗议,认为这些改造项目违反了两国在1866年达成的卡洛河利用协议,对西班牙的国家利益造成了损害。经过协商,两国未就此事达成一致意见,后于1957年,双方签订国际仲裁协议,将此事交予国际仲裁机构。仲裁庭在认同法国对

---

① 松井芳郎等:《国际法》,辛崇阳译,中国政法大学出版社2004年版,第197—198页。

水电开发项目享有国内主权的前提下,指出法国对本国自然资源的利用不能以影响别国国家利益为代价,西班牙位于卡洛河的下游,在双方已有条约规定的前提下,法国应充分考量、尊重西班牙方面的意见。

另一种情况在目前国际法中的研究和法律实践经验还比较少,这主要是涉及国际法体系中居于任何国家主权范围之外的空间,有些国际条约只是笼统地认定这些空间中的资源为全人类所共同享有,但至于在开发相关区域时产生的环境损害责任该如何承担,则存在立法上的空白。例如,国际海洋法将公海定性为"全人类共同继承的财产"。当这些区域因国家行为而受到损害时,该如何追究行为国责任呢?大部分国际条约对这种情形采取了避而不谈的态度,如 1991 年《跨界环境影响评价公约》第一条就对"跨界环境影响"的概念作了限定,仅仅局限于特定国家在其管辖范围内的活动对其他特定的国家管辖范围内所造成的环境损害,而不涉及非国家主权范围内的国际公共区域。[①] 不过,诸如应对全球气候变化等少数具有重大全球影响性的国际规范在此方面有一些前沿性的制度设计,放宽了追责主体的限制,例如 2002 年 1 月在《京都议定书》第七次缔约方大会上通过了《关于京都议定书的发生程序和机制的决议》,根据该决议,只要违约方为本公约的缔约方,那么其他缔约方有权对该国就《京都议定书》的履行情况进行监督,若被监督方存在违约情形,那么即可对其采取减少分配碳排放额度等制裁措施。[②]

三、国际跨界环境法律责任

环境损害时常跨越主权国家的国界,环境责任主体与受害方可能发生在不同的国家,这就产生了跨界环境损害的国际法问题。就国际跨界环境法律责任的概念而言,在国际法委员会第 56 届会议上审议通过的《国际法不加禁止的行为所产生的损害性后果之国际责任(未能预防危险活动引起跨界损害)》原则 2(e)款对此已有界定:"在起源国以外的一国领土内或其管辖或控制下的其他地方造成的损害,不论有关各国是否有共同的边界。"此后,国际法委员会《关于危险活动造成的跨界损害案件中损失分配的原则草案》又对跨界环境损害的含义予以明确:"'跨界损害'是指在起源国以外的另一国领土上或在该国管辖或控制下的其他地方所造成的人身、财产或环境损害。'损害'是指对人员、财产或环境所造成的重大损害,包括人员死亡或人身伤害;财产的损失或损害,包括构成文化遗产部分的财产;环境受损而引起的损失或损害;恢复财产

[①] 王曦:《国际环境法》,法律出版社 2005 年版,第 117—118 页。
[②] 陈林、万攀兵:《〈京都议定书〉及其清洁发展机制的减排效应——基于中国参与全球环境治理微观项目数据的分析》,《经济研究》2019 年第 3 期。

或环境,包括自然资源的合理措施的费用;合理反应措施的费用。"[1]可见,在国际环境法中对"环境损害"的定义应当作广义理解,而不宜简单地视之为生态环境本身所受到的物理或化学性质上的破坏。

基于跨境环境损害法律事实,就产生了国际跨界环境法律责任,即某国因本国行为而导致其他国家遭受环境损害,应以本国的名义向受害国进行赔偿的环境法律责任。相较于纯粹国内的环境损害而言,跨国环境损害由于涉及多方跨国主体,其纠纷的处理过程更为复杂,相关领域的国际立法滞后于处理非跨境责任的国内环境责任立法要求,并且跨界环境责任规约的内容主要局限于影响范围大、污染后果严重的国际环境事件,其所适用的领域比较狭窄。比如,根据 1972 年《空间实体造成损失的国际责任公约》的规定,若发射国所发射的空间实体对其他国家的地面或在空中飞行的飞机造成了损害,那么,发射国应当对受害国为该损失承担不考虑主观过错的绝对责任;再如,1982 年《联合国海洋法公约》规定:"在不妨害国际法规则和附件三第二十二条的情形下,缔约国或国际组织应对由于其没有履行本部分规定的义务而造成的损害负有赔偿责任;共同进行活动的缔约国或国际组织应承担连带赔偿责任。"

从国际环境责任主体的角度来看,国际跨界环境法律责任主要有两种责任形态,一种是基于国家行为的国家环境损害赔偿责任,[2]另一种是基于非国家行为的国际民事赔偿责任。从损害救济的实现方式来看,其与国内环境侵权法的责任类型基本一致,主要包括停止侵害行为、恢复原状、赔偿损失、道歉以及预防未来损害等。但在受害方寻求救济的方式上,则与传统侵权法有着较大的差异:由于侵害方与受害方都为主权国家,他们的国际法地位是平等的,而目前国际法体系中尚没有一个能足以凌驾于国家主权的第三方机构,因此,受害方须通过国际公法规范寻求救济,如外交谈判、和解、斡旋、国际仲裁、国际司法等方式。

在现实中实际发生的跨国环境损害虽然并不罕见,但由于这类案件的案件事实比较复杂,国际环境法也缺少相关的规制条款,因此,最终诉诸国际司法或仲裁的案件非常少。比较有代表性的是 20 世纪三四十年代的美国与加拿大之间的特雷尔冶炼厂仲裁案。加拿大英属哥伦比亚省的特雷尔铅锌冶炼厂紧临美国华盛顿州,该冶炼厂自 1896 年开工后,排放出大量含硫气体,致使美国华盛顿州及附近区域饱受毒气困苦,不仅有大量的居民因此而患上呼吸系统疾病,还导致周边的农作物、林木大面积枯萎,建筑物也受到酸性残留物的侵蚀。到 20 世纪 30 年代,特雷尔冶炼厂每日要向空气中排出超过上千吨的含硫污染物,同时向厂房周边的河流倾倒大量的化工废液。最初,

---

[1] 林灿铃:《国际环境法》,人民出版社 2011 年版,第 244—245 页。
[2] 郭红岩:《跨界损害损失分担基本理论问题研究》,中国政法大学出版社 2013 年版,第 208 页。

美国华盛顿州的居民以个人名义对特雷尔冶炼厂提出索赔请求,但一直未得到合理的处理结果。后来在1925年,美国组织本国受害者成立维权团体,进行集体申诉,要求加拿大以国家名义进行赔偿,加拿大方面拒绝了这一请求。随后,在美国维权团体的要求下,美国政府于1927年直接介入处理该纠纷,以美国国家名义向加拿大政府提出了维权请求;两国就此事协商多年,仍未有结果,最终于1935年将纠纷诉诸仲裁庭。仲裁庭于1938年作出裁决,认为由于特雷尔冶炼厂造成跨国损害,加拿大作为污染源的所属国家,可以成为独立的责任主体,应当为位于美国的受害者的财产、生命损失承担相应的责任,并裁定加拿大政府向美国受害者支付7.8万美元的赔偿金,同时要求冶炼厂整顿排污设备,停止损害行为。在第一次裁决后,美国方面不满于对赔偿金额的认定,认为赔偿数额过少,于是请求仲裁庭再作裁决。之后,仲裁庭于1941年对本案作出了第二次裁决,虽然没有支持美国方面要求增加赔偿数额的请求,但提出了一项对国际环境法意义深远的裁决原则:"按照国际法和美国法律的基本原则,若在某一地区从事某一活动所产生的烟雾会对其他国家的领土或者领土上的财产及生命造成损害,而且这些损害产生了有充分证据证明的严重后果,那么,任何管辖这片地区的国家都没有权利继续按照既有的方式去直接利用或允许他人继续利用它的领土。"①这是世界上第一个要求一个国家对另外的国家承担环境损害赔偿责任的司法案例,对于国家跨界环境责任的确立具有重要意义。

在国际环境法领域内,相对于在理论和实务界发展程度比较低的国家赔偿责任而言,国际民事赔偿责任的内容丰富度和发展水平要高很多,在国际环境纠纷产生后,国际民事责任是主要的责任实现形态。由于污染须达到一定程度才能产生足够恶劣的国际影响,因此,国际环境民事责任的承担主体局限在核污染、海洋油气开采污染、废弃物及危险物质污染等方面。

在责任追究的主体方面,一般以污染源的实际控制者或运营者为主要责任方。比如在核污染中,核设施的经营者为主要责任主体;海上船舶所造成的损害由船舶所有人作为赔偿责任人,而船舶所有人的认定以船舶的权属登记为准。另外,在存在第三方加害者的情况下,责任会在一定程度上转移到第三方主体,并相应地减免设施所有人的责任。例如,根据《国际油污损害民事责任公约》的规定,污染设施的所有人如果能证明损害后果的产生完全是出于第三人故意的作为或不作为,那么设施的所有人可以因此而完全免责,全部责任由第三方加害者承担。另外,如果加害者能证明在损害产生的过程中,受害方对损害的造成同样有过错或提供了原因力②,那么,可相应地减

---

① 王曦编:《国际环境法》,法律出版社2005年版,第143页。
② 例如,受害方因为自身的过错而未及时采取措施来防止污染物质的扩散,这可以算是国际法中的"与有过失"。

免加害方的责任负担。

在追究责任的严格程度上，一般不以主观过错为要件，损害方无须在侵害者的主观意图方面进行举证。但环境损害有时非出于人为原因，而是受到自然因素的影响，如海啸、地震，在这种情形下，责任者可因为不可阻抗的自然因素的作用而请求减免其责任的承担。例如，根据《国际油污损害民事责任公约》的规定，在因为战争活动、敌对活动、国内战争、武装冲突或特殊情况或难以阻抗的自然灾害条件下，船舶的所有人可列举这些事由的证据，以免除其责任的承担。

在赔偿责任的内容界定方面，在不同的环境法领域之间也存在着差异，有的国际条约直接界定了跨界损害的概念，例如在1996年《国际活动有害有毒物质污染损害赔偿责任公约》中，就对"损害"给予了比较宽泛的界定，包括直接的人身或财产损害、对生态环境本身造成的损失（含修复原生态环境所需要的合理支出、对生态环境实施保护所必须的支出）。另外，由于某些环境污染事故的危害具有潜伏性、隐蔽性，在事故发生经过一段时间后，损害结果才会显现，因此，有些国际条约通过对某些高危污染事故设置最低赔偿数额的方式来保障受害方的权益，例如在1963年签订的《核能损害民事责任维也纳公约》中，就将核设施运营者在单次事故中的最低赔偿数额规定为500万美元。而与之对应，有的环境事故可能造成的损害后果在折算为经济损失后会非常巨大，远远超出事故责任人的承受能力，若要求企业对所有损失予以全额赔偿，就可能导致一个正常运营的企业直接破产，同时挫伤其他投资者进入相关行业的积极性，阻碍经济的发展，因此，为了平衡企业的经济效益与环境风险，避免企业因为可能风险的存在就完全舍弃在某一个领域中的发展机会，很多国际条约会对责任承担的最大数额作出限制，或者采取限制受害方追诉时效的方式来限定责任的追究。比如1960年《核能领域第三方责任公约》规定，核设施的运营者在单次事故中的最大赔偿数额为1 500万美元；[①]1962年签署的《核动力船舶驾驭人员和责任公约》将对相关责任人的责任追诉时间限制在10年内；1969年《国际油污损害民事责任公约》及其修正书规定，船舶的最高赔偿总额按照每吨位2 000法郎来计算，但最高赔偿额不得超过2.1亿法郎的上限，对船舶油污损害赔偿的追诉时效以油污损害产生之日起3年内为限，若出现特殊事由，可能后延追诉时间，但最长不能超过6年。

为了保证在事故发生后，受害方能足额地获得相应的赔偿，同时减轻责任者所承受的赔偿负担，环境赔偿基金、损害保险等制度也被引入国际环境法体系中，如强制要求高风险设施的运营者在开展活动前加入相关责任保险、缴付一定数额的责任基金或者提供可以折价变现的担保物。例如，《核能领域第三方责任公约》1963年补充协议

---

① 后来，缔约国又依据补充协议，将单次核污染事故的最大赔偿数额提升至1.2亿美元。

规定了核能设施的运营者或实际产权人应在利用核能时缴付一定数额的公共基金,以用于核事故发生后的赔偿。① 再如,根据《国际油污损害民事责任公约》规定,登记地为该公约缔约国的船舶在运输 2 000 吨以上的散装货油时,船舶的所有人必须事先缴纳保险金或提供其他财产性保证,否则不得从事达到该条件的国际船舶运输活动。1971 年签署的《建立国际赔偿油污损害基金公约》②要求建立一项关于国际油污损害赔偿的基金,如果缔约国中的任何行为人在该国领土内的港口或油储站所承接的海运石油达到 15 万吨以上,那么须被要求强制加入该基金,并缴纳相应数额的预付金;在海运石油的船舶发生油污泄漏事故后,如果受害方依照《国际油污损害民事责任公约》有权获得的赔偿最终只得到了部分满足,那么就该不足额部分,受害人可从该公约所建立的基金中提取一定的补偿金额。

思考题

一、问答题

1. 国际环境法经历了哪几个发展阶段?
2. 国际环境法的基本原则有哪些?
3. 相对于国内法而言,国际环境法在适用上有哪些特殊之处?

二、案例分析

2020 年 7 月 25 日,日本籍货船"若潮"号在途经毛里求斯东南部的海域时意外触礁,船体出现了多处裂缝,不久,"若潮"号被迫在毛里求斯附近海域搁浅。同年 8 月 6 日,船尾的燃油舱部分出现裂缝,大量燃油从裂缝中外泄,使周边的海域受到严重的污染,污染最为严重的马赫堡地区的部分单位被迫停业。当日,毛里求斯宣布本国进入环境危急状态。在该船搁浅时,船上尚载有 3 700 吨燃油;到 8 月 9 日,已有多达千余吨燃油泄漏到海洋中。

毛里求斯是一个面积仅为 2 040 平方千米、人口仅有 130 万的岛国,沿海旅游业是该国的经济支柱产业。但是,由于此次日本船舶燃油泄漏事故,该国的旅游业受到了重创。考虑到仅依靠本国的力量仍难以清理泄漏的石油,毛里求斯向联合国请求援助,同时积极与日本交涉,商议就该事故的后续处理方案。

问题:在此次海洋污染事件中,有哪些国际环保条约可作为解决双方争议的依据?它们如何体现国际环境法的基本原则?

---

① 郭红岩:《跨界损害损失分担基本理论问题研究》,中国政法大学出版社 2013 年版,第 294—299 页。
② 中国是该基金的缔结国之一,但在缔约之初,该公约只适用于中国香港特别行政区。

第十一章 外交与领事关系法

案例：2002年5月8日不明身份者闯入日本驻中国沈阳总领事馆案

2002年5月8日,5名不明身份者欲从日本驻中国沈阳总领事馆正门强行冲进日本领馆。中国值勤武警战士对其采取了阻止措施,但仍有2人闯入日本领馆。中国武警战士在得到该领馆一位副领事的同意后,入馆将2人带出。其后,该领馆一位领事向中方了解情况,同意中国公安人员将上述5人带走,并对武警战士表示感谢。但随后日本国内媒体上出现中方擅自进入日本领馆的极其不负责任的报道,并出现要求追究日本外务相和有关外交与领事人员责任的呼声,从而给两国关系带来负面影响。中国政府在查明事实真相的基础上,根据国际法、国内法以及人道主义精神,对5名不明身份者作了妥善处理。

领馆馆舍不得侵犯,接受国对此负有主动与被动两方面的义务:第一,对领馆馆舍应提供特别保护,这种保护具有预防性质。在每一具体场合中,接受国必须显示采取情势所需要的安全措施并采取一切适当步骤,以防止出现针对领馆馆舍的暴力行为或任何扰乱领馆安宁或损害其尊严的事件。第二,接受国官员在一般情形下不得进入领馆馆舍。目前,在侵犯应受国际保护人员特权与豁免事件特别是对此类人员的恐怖袭击事件不断发生的情况下,接受国更应加强对外国使团的保护力度。在本案中,中国官员采取必要措施保护领馆的安全,善意履行《维也纳领事关系公约》中的义务,是完全符合国际法的。正如2002年5月10日中国外交部发言人所指出的:"根据《维也纳领事关系公约》,中方有义务采取必要措施保护领馆的安全。5人未履行正常手续,身份不明,强行闯馆,有可能危害领馆及其人员的安全。我武警的上述措施纯出于责任感,且符合该公约的有关规定。"中国武警战士在得到日本领事官员同意后,入馆将2人带出,因此,"中方擅自进入日领馆的说法是不成立的。日方应冷静行事,善意理解中方举措,不使事态升级"。"中方一贯重视中日关系,并冷静慎重处理两国间的一些偶发事件。1998年5月,日本多名警察擅自进入中国驻日本使馆主楼,强行带走不明身份人员。中方就是按照上述精神加以对待和处理的。"

需要补充的是,与使馆馆舍不同,领馆馆舍的不可侵犯并不是绝对的,其范围显然要比使馆馆舍少得多。根据《维也纳领事关系公约》的规定,虽然接受国官员非经领馆馆长或其指定代理员或派遣国使馆馆长同意,不得进入领馆馆舍中专供领馆工作之用之部分,但是,惟遇火灾或其他灾害须迅速采取保护行动时,得推定领馆馆长已表示同意。当然,各国对此实践不一,中国的实践则因国家不同而有所不同。例如,关于领馆馆舍不得侵犯,1986 年《中意领事条约》规定:如馆舍"在发生火灾和其他严重危及接受国国民生命安全须立即采取保护措施时,得推定领馆馆长已表示同意",接受国当局可以进入馆舍。而 1986 年《中苏领事条约》则规定:未经同意,不得进入领馆馆舍。如遇火灾或其他自然灾害时,"这种同意应在最适当的期限内作出",而不是推定领馆馆长已经同意。

第一节 外交关系法

一、外交关系和外交关系法

(一)外交与外交关系

"外交"一词起源于古希腊语"diploma",先在法文中被称为"diplomatique",后在英文中被称为"diplomatics"。[①] 关于外交关系的含义众说纷纭,英国学者尼尔森从外交学的角度将其定义为,外交就是用谈判的方式来处理国际关系,是大使和特使用来调整和处理国际关系的方法,是外交官的业务和技术。[②] 我们认为,国际法上的外交是指国家为了实现其对外政策,由外交机关采用的诸如访问、谈判、交涉、缔结条约、参加国际会议和国际组织等方式来处理国际关系的活动,简言之,就是国家"通过其对外代表机关以和平方式保持的对外关系行为"[③]。当代的外交可以从古希腊城邦国家和中国春秋战国时代的外交实践找到渊源;中世纪建立的外交使节制度以及《威斯特伐利亚和约》关于主权国家的规定为现代外交的大发展奠定了基础。在全球化的时代,各国之间的外交活动更加频繁和惹人关注。[④]

外交关系是指国家通过外交活动与其他国际法主体交往而形成的关系。在国际实践中,外交关系主要有以下三种形式:

第一种为正式外交关系。正式外交关系也称为正常外交关系或全面外交关系,以双方互派大使、公使级常驻使节为主要标志。这是国家之间外交关系中最基本、最常

---

① [英]弋尔布思:《萨道之外交实践指南》(第五版),杨立义等译,上海译文出版社 1984 年版,第 8 页。
② 周鲠生:《国际法》下册,商务印书馆 1976 年版,第 505 页。
③ M. 哈代:《现代外交法》,1968 年英文版,第 1 页。
④ 张晓芝主编,何艳梅、周杰普副主编:《国际法学》,西安交通大学出版社 2005 年版,第 229 页。

用的形式。中国已同160多个国家以及一些国际组织建立了正式的外交关系。

第二种为不完全外交关系。不完全外交关系也称为半外交关系，主要表现为双方互派的外交使节停留在代办级别。由于代办是外交使节中最低一级的关系，因而双方互派代办，通常表明两国关系存在问题。如1972年以前因为荷兰在联合国中阻挠恢复中国在该组织的合法地位，中国同荷兰之间就保持这种半外交关系，直到1972年荷兰改变了态度，中荷外交关系才由代办级半外交关系升至大使级正式外交关系。但1980年11月荷兰政府批准向中国台湾出售潜艇，完全背离了1972年中荷两国签订的联合公报原则。因此，中国于1983年5月决定把两国间大使级正式外交关系降格为代办级半外交关系。后来荷兰政府改变了立场，拒绝向中国台湾出售武器，于是经两国磋商又于1984年2月1日将两国外交关系升格为大使级正式外交关系。

第三种为非正式外交关系。非正式外交关系是指双方尚未建立正式外交关系，而是通过会谈、大使级会谈或者驻在第三国的使馆等方式处理彼此的外交关系。中美在1979年正式建交之前就一直保持着这种外交关系。

另外还有国民外交关系，也称民间外交关系，是国家间非官方的而又有一定官方背景的个人或代表团体之间的交往活动，即以国民外交来促进国家外交关系的建立和发展，比如中国著名的"乒乓外交"。国民外交不同于单纯的民间交往，其各种活动都是有组织的，配合国家的外交政策来进行，比单纯的民间交往意义更为重大。

(二) 外交关系法

外交关系法主要是指调整国家之间外交关系的原则、规则和制度的总称，其内容主要包括：建立外交关系及互设使馆；外交代表的派遣和接受程序；外交代表及其人员的职务；外交代表及其人员的特权与豁免；外交代表机关及其人员与接受国或国际组织之间的关系等。

外交关系法是在国家间长期的对外交往中逐步形成和发展起来的，外交关系法的渊源在第二次世界大战前主要是国际习惯，只有个别的专门条约和区域性公约，即1815年《维也纳议定书》、1818年《亚琛议定书》、1928年《哈瓦那外交官公约》。第二次世界大战后，在联合国的努力下，签订了一系列的公约和条约，主要包括1946年《联合国特权及豁免公约》、1947年《联合国专门机构特权和豁免公约》、1961年《维也纳外交关系公约》、1969年《特别使团公约》、1973年《关于防止和惩处侵害应受国际保护人员包括外交代表的罪行的公约》和1975年《维也纳关于国家在其对普遍性国际组织关系上代表权公约》。这些公约构成了现代外交法的主要内容，但公约未涉及的领域仍然适用国际习惯法。

在多个公约中，影响最为重大的是1961年《维也纳外交关系公约》。公约包含序言和条文共53条，对常驻外交使节的等级、派遣和接受、职务、特权和豁免及接受国的义务等都作了全面而具体的规定。公约奠定了外交豁免权的法律基础,从而保证了外交人员在所驻的国家可以在无恐惧、无胁迫、无骚扰的情况下履行外交职责。公约于1964年4月24日正式生效。截至2021年6月29日,随着巴勒斯坦的正式加入,该公约已有193个缔约国。

中国于1975年11月25日正式加入《维也纳外交关系公约》,同时对公约第十四条、第十六条和第三十七条第二、三、四款持有保留,后于1980年9月15日撤销了对第三十七条第二、三、四款的保留;1979年9月11日同时加入《联合国特权及豁免公约》和《联合国专门机构特权和豁免公约》,同时声明对前者第八条"争端的解决"第三十节,后者第九条、第三十二条持有保留;1987年8月5日正式加入《关于防止和惩处侵害应受国际保护人员包括外交代表的罪行的公约》,同时声明对该公约第十三条第一款持有保留。

中国于1986年9月5日颁布《中华人民共和国外交特权与豁免条例》,对外国驻华使团人员及其特权与豁免作了相关规定。2009年10月31日,十一届全国人大常委会第十一次会议讨论并通过了《中华人民共和国驻外外交人员法》,2010年1月1日生效。

二、外交机关

(一)外交机关的概念

国家的外交机关又称为国家的国际交涉机关,是指一国与他国或其他国际法主体保持与发展外交关系、进行外交活动的国家机关的总称。国家的外交机关可以分为国内的外交机关和驻国外的外交机关。

(二)国内的外交机关

国内的外交机关是指国家国内负责对外交往的国家机关。国内的外交机关主要包括国家元首、政府首脑和外交部门,一般由一国的宪法加以规定,并根据宪法和法律规定的权限从事相应的外交活动。

1. 国家元首

国家元首是国家在对外关系上的最高机关和最高代表,在对外关系上,国家元首的一切法律行为,均被视为其所代表的国家的行为。国家元首在对外关系上的职权一般由本国宪法规定,通常包括以下方面:派遣和接受外交使节;批准和废除条约;参加国际会议;宣战和媾和等。同时,国家元首在外国享有礼仪上的特殊尊荣以及全部的外交特权和豁免。

国家元首作为国家的最高代表和最高对外关系机关,既可以是个人,也可以是集体。一国实行何种类型的元首制,完全取决于该国的法律规定。目前,大多数国家采用个人元首制,如君主国的国王或皇帝,共和国的总统或国家主席。采用集体元首制的国家,通常使用法定的机关名称,如瑞士联邦委员会。

中国的国家元首是中华人民共和国主席。根据《中华人民共和国宪法》第八十、八十一条之规定,中国的外交职权由国家元首和全国人民代表大会常务委员会结合行使。"中华人民共和国主席根据全国人民代表大会的决定和全国人民代表大会常务委员会的决定,发布特赦令,宣布进入紧急状态,宣布战争状态,发布动员令。"[1]"中华人民共和国主席代表中华人民共和国,进行国事活动,接受外国使节;根据全国人民代表大会常务委员会的决定,派遣和召回驻外全权代表,批准和废除同外国缔结的条约和重要协定。"[2]

2. 政府及首脑

政府是指国家的最高行政机关。各国政府的名称不一,如日本、英国称为"内阁",苏联称为"部长会议",中国称为"国务院"等,政府首脑也依次分别称为"内阁首相""部长会议主席""国务院总理"等。

政府在对外关系方面的职权由本国的宪法和法律予以规定。通常包括以下几方面:领导外交工作;同外国政府或国际组织的代表进行谈判;签订条约和协定;签发某些谈判或国际会议代表的全权证书;任免一定等级的外交人员等。同时,政府首脑在外交活动中代表政府,享有直接进行外交谈判、参加国际会议、签订条约、发布对国家有约束力的宣言或声明等职责。政府首脑在开展对外访问时,无须出示或提交全权证书,也享有尊荣和完全的外交特权与豁免。

中华人民共和国政府即国务院。根据《中华人民共和国宪法》第八十五条的规定,国务院的职权包括"管理对外事务,同外国缔结条约和协定"。

3. 外交部门

外交部门是执行国家对外政策和处理日常事务的专门机关。各国对外交部的称谓不一致,如美国称"国务院",瑞士称"政治部",日本称"外务省",中国称"外交部"。外交部长是外交部门的首长,负责领导外交部的工作。

外交部的主要职权包括:负责执行国家对外政策与有关决定;处理外交事务;保护本国和本国侨民在外国的合法权益;指导、监督驻外使团的工作与活动;代表国家与外国政府和国际组织联系等。同时,外交部长在外交活动中无须出示或提交全权证书,在外国时享有完全的外交特权和豁免。[3]

中华人民共和国管理外交事务的机关是外交部,其首长为外交部长。

---

[1] 《中华人民共和国宪法》第八十条。
[2] 《中华人民共和国宪法》第八十一条。
[3] 《中华人民共和国外交特权与豁免条例》第二十三条。

(三)驻外外交机关

驻外外交机关,也称外交代表机关或外交使团,是指一国派驻国外的外交机关。驻外外交机关通常可分为常驻的和临时的两大类。

常驻外交代表机关,又称常驻使团,包括一国派驻另一国的使馆、领馆和派驻国际组织的使团。

临时外交代表机关,又称特别使团,是指一国派至他国或国际组织执行临时性外交任务的使团。

三、使馆及外交代表

(一)使馆建立

外交关系的建立往往表现为互设使馆。使馆是指一个国家派驻到另一个国家的外交使团。依照国际法,国家享有派遣和接受使节的权利,使节权是国家主权原则的体现。但是国家既无义务向其他国家派遣使节,也无义务接受外国使节。因此,《维也纳外交关系公约》第2条明确规定:"国与国间外交关系及常设使馆之建立,以协议为之。"至于具体协议采用何种形式,则由有关国家协商决定。过去通常采用条约形式,现在多采用换文、照会、联合公报等形式。应当注意的是,一国可以单方面通过暂时关闭使馆断绝与另一国的外交关系。

各国根据国家主权原则,同何种国家、依据什么条件、采取什么方式建立外交关系和互设使馆,可以自行决定。中国一贯坚持以对方承认中华人民共和国政府是中国唯一合法政府、台湾是中国领土不可分割的一部分为条件,同外国建立外交关系和互设使馆。截至2021年6月,中国已经与全世界180个国家建立了正式外交关系,其中与173个国家相互设立了使馆。

(二)使馆的职务

作为全面代表派遣国的外交机关,使馆的职务极其广泛。《维也纳外交关系公约》第三条将使馆的主要职务规定为以下五个方面:

(1)代表,即"在接受国中代表派遣国"。

(2)保护,即"于国际法许可之限度内,在接受国中保护派遣国及其国民之利益"。

(3)谈判,即"与接受国政府办理交涉"。

(4)调查,即"以一切合法手段调查接受国之状况及发展情形,向派遣国政府具报"。

(5)促进,即"促进派遣国与接受国间之友好关系,及发展两国间之经济、文化与科学关系"。

除了以上五项主要职务,《维也纳外交关系公约》第三条第二款还规定:"本公约任何规定不得解释为禁止使馆执行领事职务。"因此,使馆在不违反国际法的前提下,可以经接受国同意或在接受国法律允许的范围内执行其他职务,如执行领事职务。同时,《维也纳外交关系公约》第四十六条规定:"派遣国经接受国事先同意,得应未在接受国内派有代表之第三国之请求,负责暂时保护该第三国及其国民之利益。"中国政府曾经处理过许多关于驻中国的外国使馆受委托代为保护第三国及其侨民在华利益的问题。①

(三)使馆人员

根据《维也纳外交关系公约》的规定,使馆人员由外交代表、行政技术人员和服务人员组成。外交代表包括使馆馆长和外交职员。

1. 使馆馆长

根据1815年《维也纳议定书》的规定,使馆馆长分为三个等级:大使或教廷大使、公使或教廷公使、代办。②《维也纳外交关系公约》基本上沿用了这种规定。依照该公约第十四条第一款的规定,使馆馆长分为如下三级:向国家元首派遣之大使或教廷大使,及其他同等级位之使馆馆长;向国家元首派遣之使节、公使及教廷公使;向外交部长派遣之代办。以上述三级馆长为首长的驻外代表机关,相应地称为大使馆、公使馆或代办处。虽然馆长的等级有差别,但是,"除关于优先地位及礼仪之事项外,各使馆馆长不应因其所属等级而有任何差别"③。关于国家之间派遣何种等级的使馆馆长,通常由双方协议决定。《维也纳外交关系公约》第十五条也对此作了相关规定:"使馆馆长所属之等级应由关系国商定之。"一般情况下,两国互派的使馆馆长为大使一级,但是,当两国关系存在问题时,可能只互派代办。④

大使又称为特命全权大使,是一国元首派向另一国元首的最高一级外交代表和使馆馆长。大使享有完全的外交特权和豁免,可以随时请求谒见接受国的国家元首,并直接进行谈判,享有最高级别的礼遇。

教廷大使是指由罗马教廷向一些国家派遣的代表教皇的相当于大使一级的使节。在一般国家,教廷大使的位次与大使相同,但是在信奉天主教的国家里,教廷大使居于优先地位。

公使又称为特命全权公使,是一国元首派向另一国元首的第二等级的外交代表和使馆馆长。公使享有完全的外交特权和豁免,可以随时请求谒见接受国的国家元首,

---

① 周鲠生:《国际法》下册,商务印书馆1981年版,第537页。
② 1818年《亚琛认定书》中曾规定在代办增设驻办公使一级,后来逐渐失去意义。
③ 《维也纳外交关系公约》第十四条第二款。
④ 如1972年以前,英国和荷兰与中国台湾保持官方关系,并在联合国内支持阻挠恢复我国合法权利的提案,当时我国和这两个国家都是代办级外交关系。1972年两国转变态度后,经我国与两国协商,后将代办升格为大使。

并直接进行谈判,但在礼仪上享受仅次于大使的待遇。

教廷公使是指由罗马教廷向一些国家派遣的代表教皇的相当于公使一级的使节。

代办是一国外交部长派向另一国外交部长的最低一级的外交代表和使馆馆长。代办也享有完全的外交特权和豁免,可以随时请求会见接受国的外交部长,并直接进行谈判,在礼仪上享受次于大使和公使的待遇。代办与临时代办不同,临时代办是指使馆馆长空缺或不能执行职务时,被委派暂时代理馆长职务的外交人员。代办是一级使馆的馆长,而临时代办可能代理的是大使馆馆长,也可能是公使级或者代办级。

在清政府时期,西方派驻中国的使馆馆长是公使级别的使节。直到1924年,苏联首先和中国建立了大使级外交关系。

2. 外交职员

外交职员是指具有外交官级位之使馆职员,包括参赞、武官、秘书、专员、随员等。外交职员和使馆馆长一样属于外交代表,享有外交特权与豁免。参赞是协助馆长处理外交事务的高级外交人员,按照业务性质的不同可以分为商务参赞、政务参赞、文化参赞、新闻参赞等。武官是一国军事部门向另一国军事部门派遣和保持联系的代表,根据不同的军种可分为陆军武官、海军武官、空军武官。秘书是根据馆长的旨意办理外交事务的外交人员。根据其级别可以分为一等秘书、二等秘书、三等秘书。专员是派遣国业务部门派至使馆办理专门业务的人员,按照业务性质的不同可分为商务专员、文化专员、新闻专员等。随员是办理各种事务的最低一级的外交人员。

3. 行政和技术职员

行政和技术职员是指承办使馆行政及技术事务的使馆职员,包括办公室人员、译员、会计、打字员、无线电技术人员等。

4. 服务职员

服务职员指使馆的后勤服务人员,包括司机、传达员、厨师、维修工、清洁工等。

(四)使馆人员的派遣与接受

国家之间建立外交关系后,就要设立使馆和派遣使馆人员。根据国家主权原则,国家有权自主决定派驻国外的使馆人员,接受国当然也有权拒绝接受某一特定人选,且无须说明理由。任何国家都只有接受使节的权利而没有接受使节的义务,所以其人选应该是接受国能够接受的,任何国家不能强迫其他国家接受其使节。对于使馆馆长的人选,《维也纳外交关系公约》第四条规定:"派遣国对于拟派驻接受国之使馆馆长人选务须查明其确已获得接受国之同意;接受国无须向派遣国说明不予同意之理由。"

除派遣使馆馆长须事先得到接受国的同意外,使馆的海、陆、空军的武官人选也应事先取得接受国的同意。《维也纳外交关系公约》第七条规定:"派遣国得自由委派使馆职员。关于陆、海、空军武官,接受国得要求先行提名,征求该国同意。"至于其他使馆职员,原则上无须取得接受国的同意,而由派遣国自主委派。

该公约第九条同时规定:"接受国得随时不具解释通知派遣国宣告使馆馆长或使馆任何外交职员为不受欢迎人员或使馆任何其他职员为不能接受。遇此情形,派遣国应斟酌情况召回该员或终止其在使馆中之职务。任何人员得于其到达接受国国境前,被宣告为不受欢迎或不能接受。"这说明接受国有权对已经同意接受的或已经上任的使馆馆长或其他使馆职员,随时宣告其为不受欢迎的人或不能接受并无须解释。

使馆人员一般应具有派遣国的国籍。如果派遣国任命一个第三国公民或接受国公民为使馆外交人员,则应得到接受国的同意。并且,接受国拥有随时撤销该项同意的权利。

除此之外,在外交实践中,也有派驻一国的外交代表兼任驻另一国外交代表的情形。《维也纳外交关系公约》第七条对此作了相关规定:"派遣国向有关接受国妥为通知后,得酌派任一使馆馆长或外交职员兼驻一个以上国家,但任何接受国明示反对者,不在此限。"

(五)外交代表职务的开始与终止

关于使馆馆长职务开始的时间,各国规定不一,通常依照接受国的通行惯例。《维也纳外交关系公约》第十三条第一款对此作了相关规定:"使馆馆长依照接受应予划一适用之通行惯例。在呈递国书后或在向接受国外交部或另经商定之其他部门通知到达并将所奉国书正式副本送交后,即视为已在接受国内开始执行职务。"一般而言,大使或者公使携带国书赴任,代办携带介绍书赴任。中国以外交代表正式递交国书的日期为开始执行职务的日期。国书是证明大使或公使身份的正式文件,它是由派遣国国家元首发给接受国国家元首的正式文书,内容主要是对馆长品德、能力和才干的说明,希望予以信任的请求,并表示愿意和接受国发展友好关系等。国书应由派遣国元首签署,外交部长副署;介绍书由派遣国外交部长签署,由代办向接受国外交部递交。

除使馆馆长外,其他外交职员的职务以其到达接受国担任使馆职务作为开始。

根据《维也纳外交关系公约》第四十三条的规定和国际实践,外交代表职务的终止主要有以下几种情形:

(1)外交代表任期届满。

(2)派遣国予以召回。

(3)接受国要求召回。

(4)派遣国和接受国断绝外交关系。

(5)派遣国或接受国发生革命而成立新政府。

四、外交特权与豁免

(一)外交特权与豁免的概念和依据

1. 外交特权与豁免的概念

外交特权与豁免是指按照国际法或有关协议,在国家间互惠的基础上,为使一国外交代表及其人员在接受国能够有效执行职务,而由接受国给予的特别权利和优惠待遇。通常来说,"外交特权包括豁免,而外交豁免则不能包括一切外交特权,虽然豁免确属于外交特权的主要的并且重要的部分"[①]。

外交特权与豁免是在各国互派使节的实践基础上逐步产生和形成的国际习惯规则。《维也纳外交关系公约》系统地编纂了有关外交特权与豁免的国际习惯规则,成为目前关于外交特权与豁免的主要法律依据。但是,公约未明文规定的问题,应继续适用国际习惯法的规则。

2. 外交特权与豁免的根据

关于外交特权与豁免的理论根据,主要有三种学说:

(1)治外法权说。该学说认为,外交代表是代表派遣国的,因此,虽然使馆处在接受国领土上,但是法律上应被视为派遣国领土,不受接受国管辖。这种基于法律拟制的理论,既不以事实为依据,也不符合各国在外交特权与豁免方面的国际实践。因此,这种适用于 17 世纪的学说在 20 世纪彻底被摒弃。[②]

(2)代表性说。该学说认为,外交代表是派遣国的代表,而国家间彼此平等,根据"平等者之间无管辖权"的原则,外交代表自然应享有外交特权与豁免。这一学说有一定的事实根据,但未能说明为何对外交人员的非公务行为也给予豁免等问题。

(3)职务需要说。该学说认为,外交代表之所以享有特权与豁免是为了执行职务的需要,以保证外交代表能在不受接受国的干扰和压力下,自由地代表本国执行其各项职务。与代表性说相比,职务需要说得到了更广泛的接受,但也未能说明为何对外交人员的非公务行为也给予豁免的问题。

《维也纳外交关系公约》兼采代表性说和职务需要说作为外交特权与豁免的理论依据,在序言中明确指出:"确认此等特权与豁免之目的不在于给予个人以利益而在于确保代表国家之使馆能有效执行职务。"由此可见,外交特权与豁免的根据有二:一是有效地执行职务所必需;二是对外交代表所代表的国家的尊重。中国《外交特权与豁免条例》第一条规定:"为确定外国驻中国使馆和使馆人员的外交特权与豁免,便于外

---

① 周鲠生:《国际法》下册,商务印书馆 1981 年版,第 548 页。
② G. E. do Nascimento e Silva, *Diplomacy in International Law*, A. W. Sijthoff, 1972, p. 112。

国驻中国使馆代表其国家有效地执行职务,特制定本条例。"

(二)使馆的特权与豁免

1. 使馆馆舍不得侵犯

使馆馆舍是指"供使馆使用及供使馆馆长寓邸之用之建筑物或建筑物之各部分,以及其所附属之土地,至所有权谁属,则在所不问"①。根据《维也纳外交关系公约》第二十二条的规定,使馆馆舍不得侵犯包括以下三个方面:

(1)接受国官员非经使馆馆长许可,不得进入使馆馆舍。也就是说,没有得到使馆馆长同意,接受国的警察、司法人员、建筑安全监察员、卫生防疫员、消防员等一律不得进入馆舍。馆舍的不可侵犯是绝对的,即使在特别紧急的情况下,如火灾、瘟疫等,接受国也不能借此而进入馆舍。

(2)接受国负有特殊责任,采取一切适当步骤保护使馆馆舍免受侵入或损害,并防止一切扰乱使馆安宁或有损使馆尊严之情事。也就是说,即使遇到两国断绝外交关系,或者使馆暂时或者长期撤离的情况,接受国也应当尊重保护使馆馆舍以及使馆档案。

(3)使馆馆舍及设备,以及馆舍内其他财产与使馆交通工具免受搜查、征用、扣押或强制执行。

2. 使馆档案及文件不得侵犯

《维也纳外交关系公约》第二十四条明确规定:"使馆档案及文件无论何时,亦不论位于何处,均属不得侵犯。""无论何时"是指没有时间上的限制,包括两国发生武装冲突或断绝外交关系时。"无论位于何处"是指不论在使馆内还是使馆外,也不论是否装在外交邮袋内。但该公约没有规定档案和文件的具体含义,在实践中一般参考《维也纳领事关系公约》第一条第一款对"领馆档案"所下的定义:"领馆之一切文书、文件函电、簿籍、胶片、胶带及登记册,以及明密电码,记录卡片及供保护或保管此等文卷之用之任何器具。"

3. 通讯自由

《维也纳外交关系公约》第二十七条对通讯自由的保护作了详细规定,主要包括以下四个方面:

(1)保护自由通讯。接受国应当允许使馆采用一切适当方法进行通讯工作,包括外交信差、外交邮袋及明密码电信在内。但使馆非经接受国同意,不得装置并使用无线电发报机。

(2)保护来往公文。使馆之来往公文不得侵犯。来往公文是指有关使馆及其职务

---

① 《维也纳外交关系公约》第一条。

之一切来往文件。

(3) 保护外交邮袋。外交邮袋不得予以开拆或扣留。构成外交邮袋之包裹应当附有可资识别之外部标记,并以装载外交文件或公务用品为限。

(4) 保护外交信差。外交信差人身不可侵犯,不受任何方式的逮捕或拘禁。外交信差应当证明其公务身份,并应持有表示外交邮件数量的正式文件。外交信差只有在执行任务时才享有为保证其履行公务所享有的人身不受侵犯的特权和豁免权;他的任务一旦完成,其人身不可侵犯权就立即终止。

4. 行动和旅行自由

《维也纳外交关系公约》第二十五条、第二十六条分别规定:"接受国应给予使馆执行职务之充分便利。""除接受国为国家安全设定禁止或限制进入区域另订法律规章外,接受国应确保所有使馆人员在其境内行动及旅行之自由。"

5. 免除捐税、关税

根据《维也纳外交关系公约》第二十三条、第二十八条、第三十六条之规定,使馆所有及租赁的馆舍,免除缴纳全国性和地方性各种捐税,但为使馆提供特定服务所产生的各种费用,如水费、电费、清洁费等不在免除之列。使馆办理公务所收规费和手续费免征一切捐税;使馆的公务用品如办公设备、车辆等免纳关税和其他税收。

6. 使用国旗和国徽

《维也纳外交关系公约》第二十条明确规定:"使馆及其馆长有权在使馆馆舍,及在使馆馆长寓邸与交通工具上使用派遣国之国旗或国徽。"

(三) 外交代表的特权与豁免

外交代表是指使馆馆长或使馆外交职员。[①] 其享有的特权与豁免有:

1. 外交代表人身不得侵犯

《维也纳外交关系公约》第二十九条明确规定:"外交代表人身不得侵犯。外交代表不受任何方式之逮捕或拘禁。接受国对外交代表应特示尊重,并应采取一切适当步骤以防止其人身、自由或尊严受有任何侵犯。"这意味着即使外交代表人员触犯接受国的法律,接受国也不能对其加以逮捕或拘禁,而应当通过外交途径解决。但是外交代表的人身不可侵犯权不是绝对的,如其进行间谍活动、闯入禁区,则接受国可以采取临时性措施加以制止;遇到外交代表行凶、挑衅时,接受国有权进行正当防卫。

接受国有义务采取措施,保证派遣国外交人员人身免受侵犯。针对国际上经常发生严重侵害各国外交代表人身权的事件,1973 年联合国大会通过了《关于防止和惩处侵害应受国际保护人员包括外交代表的罪行的公约》,该公约对包括外交代表在内的

---

① 《维也纳外交关系公约》第一条。

国际上受保护人员的不可侵犯权作了更加明确的规定。该公约第二条明确规定："(1)每一缔约国应将下列罪行定为其国内法上的罪行,即故意:①对应受国际保护人员进行谋杀、绑架或其他侵害其人身或自由的行为;②对应受国际保护人员的公用馆舍、私人寓所或交通工具进行暴力攻击,因而可能危及其人身或自由;③威胁进行任何这类攻击;④进行任何这类攻击未遂;⑤参与任何这类攻击为从犯。(2)每一缔约国应按照这类罪行的严重性处以适当的惩罚。"此外,公约还确定了缔约国对犯罪行为的普遍管辖权、缔约国之间进行合作以及对犯罪的或起诉或引渡原则。

2. 寓所、信件和财产不得侵犯

"外交代表之私人寓所一如使馆馆舍应享有同样之不得侵犯权及保护。"①此处的私人寓所是指与使馆馆舍相分离的外交代表的居住之处。"外交代表之文书及信件同样享有不得侵犯权;其财产除不能享有民事和行政管辖豁免的情况外,同样享有不得侵犯权。"②

3. 管辖豁免

根据《维也纳外交关系公约》第三十一条的规定,外交代表不仅享有对接受国的刑事管辖豁免权,而且享有民事和行政管辖豁免权。

(1)刑事管辖豁免。它是指外交人员即使触犯了接受国的刑法,接受国也不能对其提起公诉或审判,只能通过外交途径予以处理。③ 外交代表的刑事管辖豁免权是绝对的,而无论其是否在执行公务。对于一般违法行为,通常由接受国外交机关向派遣国外交代表机关提请注意或发出警告。如果属于严重违法或者犯罪行为,接受国可以宣布其为"不受欢迎的人",将其驱逐出境或者要求派遣国召回。

(2)民事及行政管辖豁免④。和刑事管辖豁免相比,民事及行政管辖是相对的。《维也纳外交关系公约》规定,除下列案件外,外交代表对接受国的民事及行政管辖同样享有豁免权:①关于接受国境内私有不动产之物权诉讼;②关于外交代表以私人身份并不代表派遣国而为遗嘱执行人、遗产管理人、继承人或受遗赠人之继承事件之诉讼;③关于外交代表于接受国内在公务范围以外所从事之专业或商务活动之诉讼。⑤但是,外交代表如果主动提起诉讼,而引起对方当事人提起与主诉直接相关的反诉,则外交代表不能主张对此反诉的管辖豁免。

(3)作证义务的豁免。作证本来是一项强制义务,但"外交代表无以证人身份作证

---

① 《维也纳外交关系公约》第三十条第一款。
② 《维也纳外交关系公约》第三十条第二款。
③ 接受国可以要求派遣国放弃豁免,将其召回,或在派遣国不愿这样做的情况下驱逐该人。
④ 外交代表的民事管辖豁免的形成晚于刑事管辖豁免。参见王献枢:《国际法》,中国政法大学出版社2002年版,第258页。
⑤ 《维也纳外交关系公约》第三十一条第一款。

之义务"①,即外交代表没有义务在接受国的诉讼程序中出庭作证。但这并不意味着外交代表一定要拒绝与接受国当局合作,外交代表也可以在不影响派遣国的利益下自愿以证人身份出庭作证或提供书面证言。

(4)管辖豁免和执行豁免的放弃。外交人员享有的管辖豁免可由派遣国放弃,这种放弃的决定必须是明示的,一般由使馆馆长通知接受国。外交代表仅仅出庭辩护不构成豁免的放弃。接受国法院只有在得到有关豁免已经放弃的通知时,方可受理涉及外交人员的诉讼。根据《维也纳外交关系公约》第三十二条第四款之规定,放弃诉讼豁免并不意味着同时放弃了执行豁免。

4. 免纳捐税

捐税分为直接税和间接税。直接税是指对纳税人的收入、财产或消费直接征税,间接税是指附加在商品或服务价格内的税收。国际法上公认的一般原则是外交代表可以免纳直接税和个人所得税。

《维也纳外交关系公约》第三十四条明确规定了外交代表免纳一切对人或对物课征之国家、区域或地方性捐税,同时规定了6项例外:一是计入商品或劳务价格内之间接税;二是对于接受国境内私有不动产课征的捐税;三是接受国课征的遗产税、遗产取得税或继承税(公约另有规定的除外);四是对于从接受国内所获得的私人所得或者商务投资课征的所得税和资本税;五是为供给特定服务所收的费用;六是关于不动产之登记费、法院手续费或记录费、抵押税及印花税(公约另有规定的除外)。

5. 免纳关税和行李免受检查

外交代表及其家属的私人用品,在接受国入境时免征关税,其私人行李免受查验,但如有重大理由推定其中装有不在免税之列的物品,或接受国法律禁止进出口或有检疫条例加以管制之物品时,则可以在外交代表或其他授权代理人在场时进行查验。

6. 其他特权与豁免

除了上述特权与豁免外,外交人员还享有其他特权与豁免,《维也纳外交关系公约》第三十三条、第三十五条对此作了相关规定:"外交代表就其对派遣国所为之服务而言,应免适用接受国施行之社会保险办法(公约另有规定的除外)。""接受国对外交代表应免除一切个人劳务及所有各种公共服务,并应免除关于征用、军事募捐及屯宿等之军事义务。"

(四)其他人员的特权与豁免

其他人员是指外交代表以外的人员,主要包括外交代表的家属、行政和技术人员及其家属、服务人员、使馆人员的私人服务人员等。根据《维也纳外交关系公约》第三

---

① 《维也纳外交关系公约》第三十一条第一款。

十七条的规定,不同类别的人员在接受国也享有不同程度的特权与豁免:

1. 外交代表的家属

外交代表之同户家属,如非接受国国民,则应享有与外交代表相同的特权与豁免。此处的家属一般是指外交代表的配偶和未成年子女。

2. 行政和技术职员及其家属

使馆行政和技术职员及与其构成同一户口之家属,如非接受国国民且不在该国永久居留者,也享有与外交代表相同的特权与豁免,但有一定的限制,包括:其执行职务范围以外之行为不享有接受国民事及行政管辖之豁免;关税特权只适用于最初到任时所输入之物品;其行李不免除海关查验。

3. 服务职员和使馆人员私人服务人员

使馆事务职员如非接受国国民且不在该国永久居留的,就其执行公务的行为享有豁免,其受雇所得报酬免纳捐税,并免于适用接受国施行之社会保险办法。使馆人员之私人仆役如非接受国国民且不在该国永久居留者,其受雇所得报酬免纳捐税。

(五)外交特权与豁免的开始与终止

根据《维也纳外交关系公约》的规定,凡享有外交特权与豁免的人员,从其进入接受国国境前完全能够就任时就开始享有外交特权和豁免;但已经在接受国境内者,自委派通知送达接受国外交部或另经商定的其他部门时起开始享有。

关于外交特权与豁免的终止,根据公约的规定,通常于该外交人员之职务终止,在其离境之时或离境之合理期间终了之时停止。即使两国发生武装冲突,亦应继续有效至该时为止。对于以使馆人员资格执行职务的行为,豁免应始终允许。如果使馆人员死亡,其家属应继续享有应享有特权与豁免,至其离境之合理期间终了之时为止。

根据《中华人民共和国驻外外交关系法》第十条之规定,驻外外交人员在执行公务期间享有外交特权与豁免。驻外外交人员不得滥用特权与豁免,不得放弃特权与豁免。

(六)享有外交特权与豁免的人员对接受国的义务

外交代表作为派遣国的代表,为了更有效地执行其职务,在接受国享有一定的特权与豁免。同时,外交代表也应对接受国负有一定的义务。根据《维也纳外交关系公约》第四十一条、第四十二条的规定,外交代表对接受国的义务主要包括以下几个方面:

(1)尊重接受国的法律规章。

(2)不干涉接受国内政,包括尊重接受国的主权独立和政治制度,不得介入接受国的党派斗争,不得参加或者支持旨在反对接受国政府的集会、游行示威活动等。

(3)使馆馆舍不得用于与使馆职务不相符合的其他用途。如不得利用使馆馆舍庇护接受国或第三国的人员;不得利用馆舍作为关押其本国或其他国家人员的场所;不得将馆舍充作进行或者支持颠覆、破坏或者任何危害接受国活动的场所。

(4)使馆与接受国洽商公务,应通过接受国外交部或商定之其他部门按照相关程序办理。

(5)外交代表不应在接受国内为私人利益从事任何专业或商业活动。

五、外交团

外交团有广义和狭义之分。广义的外交团是指驻某一国的外交代表机关的全体外交人员及其家属组成的团体。狭义的外交团是指由驻该国的所有使馆馆长组成的团体。

外交团团长一般由到任最早的最高等级的使馆馆长担任。关于到任日期,各国规定不一,一般是以呈递国书的日期,或向接受国外交部递交国书副本的日期来决定。依照一些天主教国家的传统,外交团的团长应由教廷大使担任,而不论该教廷大使到任时间的先后。《维也纳外交关系公约》第十六条第三款也对此作了相关规定:"本条规定不妨碍接受国所采行关于教廷代表优先地位之任何办法。"这说明接受国有权自行确定教廷大使的优先地位。中国在加入该公约时对该款规定作了保留。

各国外交代表在外交团中的优先位次,按等级职位和开始执行职务的时间确定。在使馆馆长中,大使高于公使,公使高于代办。同级的使馆馆长的优先位次按照其开始执行职务的时间先后确定。其他外交职员的位次按职级排列。职级相同的外交职员,按外交代表机关的等级排列。在同级外交代表机关中,同等职级的外交职员按其开始执行职务的日期和时间先后排列。

外交团不是外交职能机关,也不具有法律地位。外交团的作用主要体现在礼仪方面,例如:在举行典礼或宴会时,团长代表各国使节致词、祝酒;向新任外交代表介绍接受国的风俗习惯;应接受国政府的请求向外交团成员传达一些日常事务方面的要求等。

外交团不得从事任何政治性活动,更不得干涉接受国的内政。

六、特别使团

(一)特别使团的概念

《联合国特别使团公约》第一条第一款明确规定:"'特别使团'是指由一个国家,经另一国同意,为了就特别问题同该另一国进行交涉,或为了执行同该另一国有关的特别任务,而派往该国的、代表其本国的临时使团。"

特别使团不同于《维也纳外交关系公约》中规定的常驻使节,它们之间主要有三点区别:

(1)特别使团是派遣国为了完成某种特定的任务而派往接受国的,如参加国家元首的就职典礼、葬礼等；而常驻使节则是为了执行各种日常外交事务。

(2)特别使团是临时性的,一旦特定的任务完成后,该使团也随之解散；而常驻使节则长期派驻接受国,除非发生意外事件。

(3)特别使团的派遣不以外交关系的存在为前提；而常驻使节则必须以外交关系的存在为前提。

在国际实践中,特别使团的出现远远早于常驻使节,但是其法律制度不如使馆制度完善,因此,长期以来只在礼仪方面发挥着一定的作用。第二次世界大战后,随着国家间交往的日益密切,各种形式的特别使团也随之产生和发展,在国际交往中起到了十分重要的作用。联合国1969年通过的《联合国特别使团公约》对特别使团作了规定,该公约的内容与1961年《维也纳外交关系公约》的规定大致相同,但也有一些特别的规定。

(二)特别使团的派遣、职务和组成

《联合国特别使团公约》第二条、第三条、第七条明确规定:"一国在事先通过外交途径或其他双方同意或共同接受的途径取得另一国同意后,可以向另一国派遣特别使团。""特别使团的职能应由派遣国和接受国双方同意予以解决。""存在外交或领事关系并非派遣或接受特别使团的必要条件。"以上规定表明:第一,特别使团的派遣应通过外交或其他途径事先获得接受国的同意；第二,特别使团的职务由派遣国与接受国协议规定；第三,特别使团的派遣不需要以外交关系的存在为前提条件。同时,根据该公约第四条、第五条的规定:派遣同一特别使团前往两个或两个以上国家,应在征求每一个接受国的同意时说明此事；两个或两个以上国家派遣一个联合特别使团,应在征求该接受国的同意时说明此事。

特别使团应由派遣国的一名或几名代表组成,派遣国可以从其中指定一个团长。特别使团也可以包括外交人员、行政和技术人员以及服务人员在内。

接受国考虑到本国的环境和条件以及特别使团的需要,如认为某一特别使团的规模不合理,则可以拒绝接受该特别使团。接受国也可以不说明理由而拒绝接受任何一人充任特别使团成员。

(三)特别使团的特权与豁免

特别使团及其组成人员的特权与豁免和《维也纳外交关系公约》规定的使馆及其人员的特权与豁免基本一致,但也有差别。根据《联合国特别使团公约》的规定:特别使团中的外交人员享有外交特权与豁免,而其他人员仅享有公务范围内的司法豁免权；特别使团的房舍不可侵犯,"接受国的办事人员不得进入上述房舍,除非获得特别使团团长的允许,或者在适当情况下,获得派遣国驻接受国的常设外交使团团长的允许。在发生火灾或其他严重危及公众安全的灾难的情况下,并且只有在不可能获得特别使团团长或在适当情况下不可能获得常设外交使团团长允许的情况下,才可以认为已经获得这项允许"[①];特别使团成员在执行公务以外使用车辆造成事故损害赔偿的诉讼,不享有民事和行政管辖豁免权;当特别使团的任务结束时,接受国必须尊重和保护特别使团的房舍,只要这些房舍仍归属该使团,并须尊重和保护该使团的财产和档案。

特别使团及其人员对接受国的义务,也与使馆及其人员的义务大致相同。

第二节 领事关系法

一、领事关系和领事关系法

(一)领事关系的概念

领事是指国家主要为了保护本国及其公民在当地的商业和经济上的利益,经另一国同意而派驻在该国特定城市或区域内执行职务的人员。

领事关系是指一国根据与他国之间达成的协议,相互向对方国家的特定城市或区域设立领事馆、派驻领事而形成的关系。

领事关系和外交关系既有联系又有区别。

1. 领事关系与外交关系的联系

(1)领事关系和外交关系都属于国家的对外关系。除另有声明外,两国同意建立外交关系亦即谓同意建立领事关系。

(2)外交代表可以执行领事职务,在特殊情况下,领事也可兼办某些外交职务。

(3)领事官员和外交官员都同属于一国的外交组织系统,受本国外交部门领导。

2. 领事关系和外交关系的区别

(1)领事关系是国家之间局部的关系,一般情况下不涉及国家的重要利益;而外交关系则是国家间全面的关系,涉及国家的重大利益。

(2)领事关系是国家间地方性的关系,领馆只在接受国的特定城市或区域内代表派遣国,其执行职务的范围一般也仅限于该特定城市或区域内;外交关系是国家之间的关系,使馆全面代表派遣国,其执行职务的范围是接受国的全境。

(3)领事特权与豁免的程度低于外交特权与豁免。

(4)两国断绝外交关系并不当然断绝领事关系。

---

① 《联合国特别使团公约》第十五条第一款。

(二)领事制度的历史沿革

领事制度的出现早于常设使节制度,具有悠久的历史。早在古希腊时期,就出现了领事制度的萌芽。领事制度作为一项制度产生于中世纪后期,最初在西班牙、意大利、法国的商业城镇中出现了"仲裁领事"或"商人领事",即商人们从同行中选出,主要是为解决相互间商务纠纷或代表商人与地方当局办理交涉的代表。15 世纪时,意大利曾经在荷兰和伦敦设领事。[1] 到了 16 世纪,西方国家的领事已改由国家委派。[2] 18 世纪中叶以后,随着国际贸易的发展,领事制度也得到了发展,欧洲各国普遍认识到了领事制度的重要性,纷纷签订了许多与领事制度有关的双边条约。同时,随着资本主义国家的对外扩张,领事制度被推行到西亚和东亚一些国家,并通过不平等条约获得"领事裁判权"。中国当时也深受其害,直到 1949 年新中国成立,西方国家在中国的领事裁判权才被彻底取消。

(三)领事关系法

领事关系法是指有关调整国与国之间领事关系的原则、规则和制度的总称。近代的领事制度主要是建立在国家间的双边条约和国际习惯法基础上的。1963 年在联合国的主持下通过的《维也纳领事关系公约》是目前关于领事制度的基本公约,中国于 1979 年 7 月 3 日正式加入该公约,并于 1990 年 10 月 30 日颁布了《中华人民共和国领事特权与豁免条例》。

二、领事机关与领事人员

(一)领事机关的建立

领事机关是指一国依据协议派遣到他国特定地区负责执行护侨、通商、航务等领事职务的机构。"国与国间领事关系之建立,以协议为之。"[3] 另外,领事馆的设立地点、领事馆的类别及其辖区等具体事项也应该由派遣国与接受国协商决定。

根据国际实践,领事机关可以分为使馆内的领事部和专设的领事馆。前者是指派遣国在其派驻接受国的使馆内设立的领事机关,后者是指派遣国在接受国内特定地点设立的领事机关。使馆的领事部在派遣国没有专设领事馆的情况下,其管辖范围包括接受国的全境。如果派遣国在接受国另外设有领事馆,则使馆领事部的管辖范围为领事馆管辖区域以外的区域。

根据《维也纳领事关系公约》第一条第一款的规定,领事馆可以分为总领事馆、领

---

[1] 慕亚平:《当代国际法原理》,中国科学出版社 2003 年版,第 537 页。
[2] [英]詹宁斯、瓦茨修订:《奥本海国际法》第 1 卷第 2 分册,王铁崖译,中国大百科出版社 1998 年版,第 559 页。
[3] 《维也纳外交关系公约》第二条第一款。

事馆、副领事馆和领事代办处四级。在实践中,各国并非都采用四级领馆制度。中国采用的就是总领事馆、领事馆和副领事馆三级领馆制度。

(二)领事的职务

领事的主要职务是保护派遣国国民的利益,促进商业、文化科学的发展,但不包括政治方面的外交事务。

《维也纳领事关系公约》第五条对领事职务作了详细的规定:

(1)保护,即在国际法许可的限度内,在接受国内保护派遣国及其侨民的利益。

(2)促进,即增进派遣国与接受国间之商业、经济、文化及科学关系之发展,并在其他方面促进两国间之友好关系。

(3)调查,即以一切合法手段调查接受国内商业、经济、文化及科学活动之状况及发展情形,向派遣国政府报告,并向关心人士提供资料。

(4)办证,即向派遣国国民发给护照及签证、公证、认证以及侨民的出生、死亡和婚姻登记事项。

(5)帮助,即给予本国侨民以及进入接受国境内的本国飞机、船舶或者其他人员以帮助。

此外,该公约还规定,领事可以经第三国的委托或者接受国同意,代为第三国执行领事职务。

(三)领馆人员

领馆人员分为领馆官员、领事雇员和服务人员。其中。领事官员是指派任此职务承担领事职务的任何人员,包括领馆馆长。领事雇员是指受雇担任领馆行政或技术事务的人员,服务人员是指受雇担任领馆杂务的人员,如司机;但是领馆人员的私人服务员,如保姆,不属于此列。

领馆馆长即领事,是指奉派任此职位之人员。领事可分为专职领事和名誉领事两类:专职领事是国家正式派遣任命的官员,一般由派遣国国民担任,由派遣国政府支付薪金,享有全部领事特权与豁免。名誉领事是从当地人中选任兼办领事事务的人员。名誉领事一般不从派遣国领取薪水,其报酬从办理领事业务所收取的费用中提取,不属于派遣国国家工作人员的编制,不能够享有全部的外交特权与豁免。中国过去不派遣也不接受名誉领事。但是,中国新的实践表明中国政府已经开始接受名誉领事。

根据《维也纳领事关系公约》第九条第一款的规定,领馆馆长分为四级,即总领事、领事、副领事和领事代理人。总领事是最高级别的领馆馆长,负责管理几个领事辖区或一个大而重要的领事辖区;领事是仅次于总领事的领馆馆长,负责管理较小的领事辖区;副领事是总领事或领事的助手,可以代替领事执行领事职务;领事代理人是由总领事或领事任命的在该领事辖区代其执行部分领事职务的人。1990年《中华人民共和国领事特权与豁免条例》根据中国的实际情况，将领事衔名分为总领事、副总领事、领事、副领事和领事随员五个等级。

(四)领事的派遣与接受

根据《维也纳领事关系公约》的规定，领事由派遣国委派，由接受国承认准予执行职务。委派领事的机关及手续由各国国内法规定，有的国家由元首任命，如美国。我国驻外总领事由国务院任命，其他各级领事由外交部任命。

根据公约的规定和国际实践，领事派遣一般分为两个步骤：一是派遣国正式任命，发给"领事任命书"(载明馆长全名、国籍、性别、官衔、简历、开始执行职务的日期、领事类别、所在地和领事区)，送交接受国外交部；二是由接受国发给该领事"领事证书"，即接受国允许其执行领事职务的许可证。

尽管领事的人选并不要求派遣国事先征得接受国同意，但是接受国有权对该领事拒绝签发"领事证书"，而且无须说明理由。接受国也有权宣告某领事及其他领馆人员为不受欢迎的人。在此种情况下，派遣国只能召回该员或者终止其在领馆中的职务。如果派遣国拒绝召回该员或终止其职务，则接受国有权视情况撤销领事证书或不复承认其为领事官员，并无须向派遣国说明理由。

(五)领馆人员职务的终止

根据《维也纳领事关系公约》第二十三条的规定，领馆人员之职务遇有下列情事之一即告终了：

(1)派遣国通知接受国谓该员职务业已终了。

(2)撤销领事证书。

(3)接受国通知派遣国谓接受国不复承认该员为领馆馆员。

此外，两国之间发生战争、领事关系断绝或领馆关闭等情况，也会导致领馆人员职务的终止。

三、领事特权与豁免

(一)领馆的特权与豁免

领事特权与豁免，是指为了领馆及人员能在接受国有效执行领事职务，而由接受国给予的特别权利和优惠待遇的总称。和外交特权与豁免相比，领事特权与豁免的范围要小一些。与《维也纳外交关系公约》一样，《维也纳领事关系公约》也采用了职务需要说和代表说。根据该公约，领事的特权与豁免主要包括：

1. 领馆馆舍在一定限度内不得侵犯

《维也纳领事关系公约》第三十一条明确规定："领馆馆舍于本条所规定之限度内不得侵犯。"领馆的不可侵犯权包括：

(1)接受国官吏非经领馆馆长或其指定人员或派遣国使馆馆长同意,不得进入领馆馆舍中专供领馆工作之用的部分。但在遇到火灾或其他灾害须迅速采取保护行动时,得推定领馆馆长已表示同意。但这种不得侵犯,仅限于领馆中用于公务的部分,不包括领馆人员的私人住处。

(2)接受国负有特殊责任,采取一切适当步骤保护领馆馆舍免受侵入或损害,并防止任何扰乱领馆安宁或有损领馆尊严之情事(公约另有规定除外)。

(3)领馆馆舍、馆舍设备以及领馆之财产与交通工具一般应避免国防或公用目的而实施之任何方式之征用。如接受国确有征用之必要时,应采取一切可能步骤以避免领馆职务之执行受到妨碍,并应向派遣国进行迅速、充分及有效的补偿。

2. 领馆档案及文件不得侵犯

《维也纳领事关系公约》第三十三条明确规定:"领馆档案及文件无论何时,亦不论位于何处,均属不得侵犯。""'领馆档案'是指领馆一切文书、文件、函电、簿籍、胶片、胶带及登记册,以及明密电码、记录卡片及供保护或保管此等文件的任何器具。"

3. 行动自由

《维也纳领事关系公约》第三十四条明确规定:"除接受国为国家安全设定禁止或限制进入区域外,接受国应确保所有领馆人员在其境内行动及旅行之自由。"

4. 通讯自由

《维也纳领事关系公约》第三十五条对此作了明确的规定:

(1)通讯自由,准许领馆为一切公务目的而采用包括外交或领馆信差、外交或领馆邮袋及明密码电信在内的通讯方式。但领馆须经接受国许可,才能装置及使用无线电发报机。

(2)领馆之来往公文不得侵犯。来往公文系指有关领馆及其职务之一切来往文件。

(3)领馆邮袋不得予以开拆或扣留。但如接受国主管当局有重大理由认为邮袋装有不在《维也纳领事关系公约》第三十五条第四项所称公文文件及用品之列的物品时,可请派遣国授权代表一人在该当局前将邮袋开拆。如派遣国当局拒绝此项请求,邮袋应予退回至原发送地点。

(4)领馆信差人身不受侵犯。领馆信差执行职务时享有人身不得侵犯权,不受任何方式之逮捕或拘禁。

5. 与派遣国国民通讯及联络

根据《维也纳领事关系公约》第三十六条的规定,为便于领馆执行其对派遣国国民之职务:

(1)领事官员得自由与派遣国国民通讯及会见。

(2)遇有领馆辖区内有派遣国国民受逮捕或监禁或羁押候审,或受任何其他方式拘禁之情事,经其本人请求时,接受国主管当局应迅即通知派遣国领馆。

(3)领事官员有权探访受监禁、羁押或拘禁之派遣国国民,与之交谈或通讯,并代聘其法律代表。

6. 免纳捐税、关税

《维也纳领事关系公约》第三十二条、第三十九条、第五十条明确规定:领馆馆舍及职业领馆馆长寓邸,其所有人或承租人为派遣国的或代表派遣国的人员的,免纳国家、区域或地方性之一切捐税,但对提供特定服务的收费不在此列。领馆得在接受国境内征收领馆办事规费与手续费的收入款项及其收据,免征一切捐税。领馆公务用品准许入境并免除一切关税,以及除了贮存、运送及类似服务费用以外之一切其他课征。

7. 使用国旗、国徽

根据《维也纳领事关系公约》第三十五条规定:领馆所在之建筑物及其正门上,以及领馆馆长寓邸与在执行公务时乘用的交通工具上,可以悬挂派遣国国旗和国徽。

(二)领事人员的特权与豁免

1. 人身自由受到一定程度的保护

与外交人员相比,领事人员的人身不可侵犯受到一定的限制。《维也纳领事关系公约》第四十一条对此作了明确规定:

(1)领事官员不得予以逮捕候审或羁押候审,但对犯有严重罪行或司法机关已裁判执行的除外。

(2)领事官员不得予以监禁或对其人身自由加以任何其他方式之拘束,但对犯有严重罪行或司法机关已裁判执行的除外。

(3)如对领事官员提起刑事诉讼,该员须到管辖机关出庭。进行诉讼程序时,应顾及该员所任职位予以适当之尊重,并应尽量避免妨碍领事职务之执行。如遇有公约规定的严重罪行之情形,确有羁押领事官员之必要时,对该员提起诉讼,应尽速办理。

2. 享有一定程度的管辖豁免

根据《维也纳领事关系公约》第四十三条的规定,领事官员及领馆雇员对其为执行领事职务而实施之行为不受接受国司法或行政机关之管辖,但不适用下列民事诉讼:

(1)因领事官员或领馆雇员并未明示或默示以派遣国代表身份而订契约所生诉讼。

(2)第三者因车辆船舶或航空器在接受国内所造成之意外事故而要求损害赔偿之诉讼。

此外,如果领事官员或者领事雇员主动提起诉讼,或者提起反诉,亦不享有管辖豁免。

3. 免除一定限度的作证义务

领馆人员的作证义务的免除限于其职务范围。领馆人员就其执行职务所涉事项，无担任作证或提供有关来往公文及文件之义务。领馆人员并有权拒绝以鉴定人身份就派遣国之法律提出证言。

领馆人员对于执行职务以外的事项不得拒绝作证。但即使领事官员拒绝作证，也不得对其施行强制措施或处罚。

4. 免纳捐税、关税和查验

《维也纳领事关系公约》第四十九条、第五十条对此作了明确规定：

领事官员、领事雇员以及与其构成同一户口的家属免纳一切对人或对物课征之国家、区域或地方性捐税。但是间接税、遗产税、服务费不在此列。领馆服务人员就其服务所得之工资，免纳捐税。

领事官员和与其构成同一户口之家属的私人自用品，准许入境并免纳关税。领事官员及与其构成同一户口之家属所携私人行李免受查验。但如有重大理由认为其中装有不在本公约规定范围内之物品或接受国法律规章禁止进出口或须受其检疫法律规章管制之物品，则接受国仍然有权进行查验。此项查验应在有关领事官员或其家属前进行。

领馆雇员就其初到任时运入之物品，享有免纳关税的权利。

5. 其他特权与豁免

领事官员、领事雇员及与其构成同一户口的家属免除接受国法律规章就外侨登记和居留证所规定的一切义务；领馆人员免除接受国关于雇佣外国劳动的法律规章所规定的有关工作证的义务；领馆人员及与其构成同一户口的家属免除社会保险义务、一切个人劳务及所有公共服务，并免除有关征用、军事捐献以及屯宿等军事义务。

领事官员特权与豁免的适用范围为领事官员、领事雇员、服务人员及其前述人员的同户家属。领事雇员和服务人员的职务行为享有与领事官员相同的管辖豁免。

（三）领事特权与豁免的开始与终止

《维也纳领事关系公约》第五十三条对领事特权与豁免的开始与终止作了明确的规定：

1. 领事特权与豁免的开始

（1）各领馆人员自进入接受国国境前往就任之时起享有特权与豁免，已在该国境内者，自其就任领馆职务之时起开始享有。

（2）领馆人员及其家属及私人服务人员自领馆人员享受特权及豁免之日起，或自本人进入接受国国境之时起，或自其成为领馆人员之家属或私人服务人员之日起，享有特权与豁免以在后之日期为准。

2. 领事特权与豁免的终止

(1)领馆人员之职务如已终止,其本人、家属、私人服务人员的特权与豁免应在离开接受国国境时或其离境之合理期间终了时停止,以在先之时间为准,即使有武装冲突也不受影响。

(2)关于领事官员或领馆雇员为执行职务所实施之行为,其管辖之豁免应继续有效,无时间限制。

(3)遇领馆人员死亡,其家属应继续享有应享之特权与豁免至其离开接受国国境时或其离境之合理期间终了时为止,以在先之时间为准。

思考题

一、问答题

1. 外交特权与豁免的主要内容是什么?
2. 外交关系与领事关系的联系和区别是什么?
3. 使馆和领馆各有哪些职务?两者之间存在何种区别?

二、案例分析

1999年5月8日凌晨,以美国为首的北约悍然用5枚导弹袭击中国驻南联盟大使馆,造成使馆馆舍严重毁坏、3名记者死亡、20多名外交人员受伤的严重事件。国际社会对此事件纷纷予以谴责。中国政府提出强烈抗议,要求以美国为首的北约:第一,公开、正式向中国政府、中国人民和受害者家属表示道歉;第二,对袭击事件进行全面、彻底的调查;第三,迅速公布调查的详细结果;第四,严惩肇事者。在中国政府的严正交涉下,美国及其他北约国家领导人先后就袭击事件向中国政府、中国人民和受害者家属表示公开道歉,但美国同时以误炸作为辩解理由。1999年7月30日,中美两国政府就美国轰炸中国驻南联盟大使馆所造成的中方人员伤亡和财产损失的赔偿问题达成协议;12月16日,就中国驻南联盟大使馆的赔偿问题达成协议,美国政府分别向中国赔偿450万美元和2 800万美元。2000年4月8日,美国政府向中国政府通报了美方对美国轰炸中国使馆事件责任的调查结果,声称对美国中央情报局的8名人员进行处罚,其中1名已被解雇。

问题:请从国际法角度进行分析。

第十二章 条约法

案例：瑞士诉法国上萨瓦及节克斯自由区案

在1860年前，上萨瓦是萨丁尼亚（原是独立国家，现是法国的一部分）的一部分，与瑞士接壤，与日内瓦在经济和商业上的联系密切。根据1603年的《圣朱利安和约》在日内瓦周围建立了一个非军事区，日内瓦公民可以在上萨瓦免税自由通过和经商。1815年，欧洲为解决拿破仑战败后的领土问题召开了维也纳会议，瑞士并未参会。同年3月20日，参会国家通过了共同宣言，规定若瑞士同意宣言中的条件，则通过宣言的国家将保证瑞士永久中立。宣言的条件之一是将瑞士和法国边界附近的节克斯和日内瓦组成一个单一的经济区，以保障节克斯为日内瓦供应食物和物品。同时，法国对节克斯输往日内瓦的货物免征关税。

1815年11月，瑞士和其他接受维也纳宣言的国家宣布瑞士永久中立。随后，萨丁尼亚的撒瓦区也作了类似的安排，与节克斯一并成为自由区。

到第一次世界大战期间，自由区的合法性受到质疑。法国想结束自由区制度，建议在1919年的《凡尔赛条约》中加入第四百三十五条，规定这些自由区不再与现在的情况相符，法国和瑞士应该通过协议协商解决这些领土的地位。法国是《凡尔赛条约》的缔约国，但瑞士不是。随后，两国通过协商起草了一份协议，虽然该协议得到瑞士会议（Swiss Diet）的批准，但遭到了国民投票的否决。因此，法国宣称单方面废除自由区，在法国和日内瓦边界征收关税。1924年10月，两国签订了特别协议，将争端提交常设国际法院解决，两国请求法院判决认定《凡尔赛条约》第四百三十五条是否已废除了自由区，或是否含有废除这类自由区的意图。如果双方未能在法院判决前达成协议，双方将请求法院就主要问题作出判决并解决一切执行《凡尔赛条约》第四百三十五条有关的问题。1928年3月，两国将这一特别协定送交法院。

法院于1929年8月发布命令，允许双方达成协议的最后日期为1930年5月1日，随后这一日期被延长至1931年7月31日。但在新期限届满前，两国仍然未达成协议。

1932年6月，法院发布判决：《凡尔赛条约》第四百三十五条没有废除自由区，也没有废除自由区的意图。但由于瑞士不是《凡尔赛条约》的缔约国，所以无论第四百三十五条如何规定，它都不能约束瑞士，除非瑞士接受了该合约。瑞士仅在 1919 年 5 月 5 日的一份联邦委员会的照会中勉强同意了第四百三十五条，但同时又附有条件和保留。这份照会规定："联邦委员会不希望接受上述（第四百三十五条）内容，如果接受将导致对给予邻国领土好处的特殊制度的压制，这种特殊制度被证明是适合那一地区的地理和经济情况的。"

对于 1815 年两个宣言的效力，法院也作出了判决。法院认为两份宣言构成以瑞士为一方、以法国和其他国家为另一方的一份协议，对节克斯区的安排是协议内容的一部分。1815 年 11 月的宣言无需瑞士的同意，且事实上，这份宣言也未寻求瑞士的同意。

法院通过查证与案件有关的事实得出以上结论。法院认为没有必要从节克斯区是否构成条约中对第三方有利的规定这一角度来考虑节克斯区的法律性质。但是如果要从这一角度来考虑，就必须分析：所谓为第三方创设利益的国家是否想为第三国创设实际的权利，而第三国也这样认为。不能仅仅因为有为第三国创设利益的目的，就认为对第三方有利的规定已经成立。

法院驳斥了法国关于自由区情势已发生重大变迁的主张。法院认为，法国所称的已变迁的情势是缔约双方在缔结条约时无法想到的。法院强调了"情势变迁"原则的主观因素。法国所依据的变迁与在自由区成立时各缔约国心中的所有情势无关。由于这种情势基本是由日内瓦及周围地区的地形决定的，因而不能考虑这些情势的变迁。

根据法院的判决，法国有义务将海关边界撤回到这两个自由区与法国的边界上，但它有权在法国和日内瓦的边界上征收财政费；相应地，瑞士应允许自由区输入日内瓦的货物免税或按商定的低税率输入。法院拒绝解决"与执行第四百三十五条有关的一切问题，因为作出一个要靠双方后期批准的判决不符合法院规约和法院地位"。经双方协商，后一个问题部分委托给一个专家仲裁员小组。该小组在 1933 年 12 月的仲裁裁决中为自由区产品输入瑞士作出了一些规定。这些规定在 1934 年 1 月 1 日生效。由法院判决建立的并由仲裁裁决补充的这些法律制度，只有通过双方共同协议才能改变或修正。在后期，双方通过互换外交照会对这些制度进行了部分修改。

在本案中，1815 年的宣言被认为是瑞士与法国在内的其他国家的国际条约。法院虽然未从有利第三方条约的角度来分析此案，但是谈论了构成有利第三方条约的标准。

值得一提的是，本案中法院对国际条约法中的情势变更原则也进行了讨论。情势变更原则作为条约必须信守原则的例外，其构成要件也广受讨论。本案由于审理时期较早,因而国际常设法院对于情势变更还是采取了"主观说"的观点,认为情势变更原则的存在是基于缔约国的意思,当客观情势的发展超越缔约国各方的意思时,才可以允许对条约情势变更。而在1969年《维也纳条约法公约》中,则采取了条约"情况的基本改变"这一标准,认为情势变更只有导致条约主客观基础丧失时,条约才得以变更。

第一节 概 述

一、条约的定义和特征

条约是两个或两个以上国际法主体之间,主要是国家之间依据国际法以确立其相互权利和义务为目的而缔结的国际书面协议,在国际法理论与实践中具有特别重要的意义。1969年《维也纳条约法公约》第二条规定:"称'条约'者,谓国家间所缔结而以国际法为准之国际书面协定,不论其载于一项单项文书或两项以上相互有关之文书内,亦不论其特定名称为何。"1986年《关于国家和国际组织间或国际组织相互间条约法公约》关于条约的定义,除缔结条约的主体与1969年《维也纳条约法公约》的定义有所不同外,其他内容基本相同。两个公约的部分规定也反映了国际习惯法。这两个公约对国际法主体之间缔结条约的法律和规则作了详细的规定,是当前最重要的两个条约法公约。

根据条约的定义,条约具有以下几个基本特征:

(一)条约的主体必须是国际法主体

国家是国际法的基本主体,也是条约最重要的缔结者。《维也纳条约法公约》第六条规定,每个国家都具有缔结条约的能力。除国家外,国际组织和争取独立的民族在一定条件下和一定范围内也是国际法的主体,所以它们也可以成为条约的主体。只有这些国际法主体才能缔结条约,个人和法人都不是国际法主体,不具有缔约能力。它们之间达成的协议,以及它们与国家(或其他国际法主体)之间达成的协议,无论其内容如何,皆不是条约而只是契约。国际法院在1952年关于"英伊石油公司案"的判决中明确承认了这一点。国际法院在判决中说:英伊石油公司与伊朗政府间签订的特许权协议"只是一个政府同一个外国法人间的租让合同"。

(二)条约的签订必须以国际法为准

条约的内容及条约的缔结、适用及解释必须符合公认的国际法原则和规则,违反国际法的条约是无效的。如1969年《维也纳条约法公约》第五十二条规定:以威胁或使用武力对一国施行强迫条约系违反《联合国宪章》所含国际法原则以威胁或使用武力而获缔结者无效;第五十三条规定:条约在缔结时与一般国际法强制规则抵触者无效。1986年《关于国家和国际组织间或国际组织相互间条约法公约》亦有这样的明确规定。因此,受某种国内法律体系支配的协议将不构成条约,即使当事方是国家。同时,一个条约是否有效成立,应以国际法来衡量。

(三)条约规定国际法主体相互间在国际法上的权利和义务

权利义务关系为协议的内容,是条约的一个本质特征。一般来说,无论是双边条约还是多边条约,总是要涉及有关国际法主体的权利义务关系。双边条约,例如同盟互助条约、和平友好条约、边界条约、贸易投资协定等,都要明确规定彼此的权利与义务。而造法性的多边条约所规定的是有关国家在国际社会的统一行为规则,这些规则本身也就创造了国家相应的权利与义务。如果缺乏这个条件,就不能构成条约。有的国际文件,如两国或更多的国家发表的共同宣言或声明,并不意图在当事方之间创设法律上的权利与义务,而仅仅对某一国际问题或彼此相关的事项表示共同的态度或政策,这类文件就不是条约。具有这种性质的协议叫作"君子协定"。1941年8月的《大西洋宪章》是君子协定的最佳例证。值得注意的是,虽然《维也纳条约法公约》第二条对条约的定义排除了国家间缔结的但受国内法调整的协定,但这不意味着这类协定不属于国际协定或是无效的国际协定,这仅意味着该类协定不在《维也纳条约法公约》的范围之内,该类协定不会因其排除在公约框架外而失去效力。[①]

(四)条约主要以书面形式订立

书面协议是规定缔约方之间权利义务关系最常见、最清楚和最可靠的方式。之所以要求条约必须是书面形式,主要因为条约既然规定国家之间的权利义务关系,是约束国家的法律依据,那么如果条约不采取书面形式,则一方或双方因不履行条约而产生争端,往往会由于缺少必要的法律依据而不利于争端的解决。但非书面形式的条约如口头条约如果能被证明,则它显然也是条约。上述两个条约法公约并没有否定非书面形式的口头条约的效力。在国际实践中,常设国际法院在"格陵兰案"(1933年)和国际法院在"核试验案"(1974年)中都肯定口头条约对当事方的法律效力。不过,口头条约在国际上很少见。

二、条约的种类

国际上没有关于条约种类的普遍接受的分类方法。常见的有以下几种:

(一)根据缔约方的数目,条约可分为双边条约和多边条约

双边条约是指仅限于两个缔约方签订的条约,如1980年《中美领事条约》。如果其中一方包括几个国际法主体,这个条约仍然是双边条约,如1947年《对意和约》,缔

[①] 1969年《维也纳条约法公约》第三条。

约一方是意大利,另一方则是包括苏联、美国、英国和中国等在内的20个国家。多边条约是两个以上缔约方订立的条约。这种条约又可分为有限多边条约和一般多边条约。有限多边条约限于有限数目的缔约方,如1992年《欧洲联盟条约》;一般多边条约向一切国家开放,如1961年《维也纳外交关系公约》。

(二)根据条约的性质,条约可分为契约性条约和造法性条约

契约性条约是缔约方订立的、解决当前某一特定具体问题的条约,如经贸、金融协定等;而造法性条约是缔约方订立的、相互间必须遵守的共同行为规则的条约,大多是一般多边条约,如《联合国海洋法公约》。但是,国际上没有超国家的立法机关,因而并无真正的"立法"。而且,契约性条约和造法性条约在实践中往往很难严格区分。

(三)根据缔结条约的程序,条约可分为缔约程序繁复的条约和缔结程序简单的条约

前者是指经过所有缔约程序的条约,即经过了约文的认证和同意受条约的拘束等一系列缔约程序;后者是指只经签署或以换文方式缔结的条约,这种条约又称为简化条约。为便利条约的缔结,简单的缔结程序在现代缔约实践中有逐渐流行的趋势。

(四)根据条约是否对其他国家开放,条约可分为开放性条约和闭锁性条约

凡属在最初缔约国之外,允许第三国自由加入的条约为开放性条约。一般来说,凡条约内容规定的是国际社会所共同关心的事项的,通常向非缔约方开放。闭锁性条约也称排他性条约,一般不允许非缔约方加入,条约的当事方只限于特定国家。

此外,根据条约的内容,条约可以分为政治条约、经济条约、法律条约、科技条约、军事条约等。如中国外交部编辑的《中华人民共和国条约集》就把中国缔结的条约分为政治、经济、法律、文化等14类。这种分类的好处是便于查找条约,但与条约的效力、修改和终止等没有直接的关系。条约还可以依据其政治性质划分为平等条约和不平等条约,依据缔约国的地理范围划分为区域性条约和全球性条约,依据条约的有效期分为无期限条约和有期限条约。

三、条约的名称

在外交和国际法实践中,"条约"一词有广义和狭义两种意见。广义的"条约"是指符合上述定义的、不论以何种名称出现的国际书面协议;狭义的"条约"是指以条约为名称的国际书面协议。在国际法上,关于条约的名称没有一个确定的标准,缔约方可以自由选择所缔结条约的名称。条约名称的不同,只表明其内容、缔约方式、生效程序等方面的差异,并不意味着它们在法律性质和法律效力方面的不同。

根据国际实践,比较常见的条约名称有以下几种:

（一）条约

条约是广义条约中最正式的一种，用以规定缔约方之间最基本或最主要的法律关系或法律地位，一般适用于重要的政治、军事、经济、法律等方面的协议，如和平条约、边界条约、同盟条约、通商航海条约等。这种名称的条约需要经过比较繁琐的缔结程序，约文结构完备，缔结形式庄重，而且有效期也比较长。

（二）公约

公约通常指许多国家为解决某一重大问题而在国际会议上或在国际组织主持下谈判缔结的多边条约，如《联合国海洋法公约》《维也纳外交关系公约》等。这类条约多属造法性条约，一般需要一定数量的国家批准方能生效。

（三）协定

协定多指缔约方为解决某一方面的具体问题而达成的协议，如航空协定、贸易协定、邮电协定、技术合作协定等。

（四）议定书

议定书通常是辅助性的法律文件，解决的问题比协定还要具体一些。议定书有独立的和附属的两种。独立的议定书本身就是一个条约，需要单独批准，如1928年的《和平解决国际争端总议定书》。附属的议定书是一个条约的附属文件，用以补充、说明、解释主条约的规定。例如，1966年12月16日在签订《公民权利和政治权利公约》时，又签订了《公民权利和政治权利公约任择议定书》，后者是前者的附件，但也是一项独立的条约。

（五）宪章、盟约、规约

这类名称通常用于建立国际组织的国际协议，内容多为国际组织的行为规则和组织章程，属于多边条约的性质，如《联合国宪章》《国际联盟盟约》《国际法院规约》等。

（六）换文

换文通常是通过交换外交照会，就解决彼此间不太重要的事项而达成的协议，如1955年6月3日中国和印度尼西亚关于双重国籍问题条约的实施办法的换文。它是现代国际社会最常用的简便缔约形式，一般只需由一方提出，对方接受即告完成，不需要批准便可生效，所以它在条约中所占比例较大。在联合国秘书处登记的条约中，换文占近1/3。

（七）宣言或声明

宣言或声明通常指两个或两个以上的国家就某一重大问题举行会谈或会议，而于其后公开发表的文件。宣言或声明的情况比较复杂，能否构成条约，应该依当事方的意思和文件的内容来判断。如果一份宣言或声明明确规定了当事方具体的权利和义务，该宣言或声明就是条约，如1984年中英《关于香港问题的联合声明》。

除上述名称外,专约、最后文件、谅解备忘录、联合公报、总决议书、附加条款、临时协定等也可以用作条约的名称。

四、条约的结构和文字

国际法上并未对条约的结构作统一规定,但根据国际实践,比较正式的条约通常由五个部分组成:①名称。②序言,主要载明缔约方的名称、缔约的宗旨和目的、全权代表的姓名和权限等。③正文,这是条约的主体部分,具体规定各缔约方的权利和义务。④最后条款,主要规定条约的有效期、生效、第三国的加入、文字、签字时间与地点等。⑤签名,即缔约方全权代表的签名。在以上五个部分之外,有的条约可能还有附件。附件内容通常为技术性规定或补充规定。附件是否构成条约的组成部分,主要根据缔约方的意图而定,通常在条约中有明确规定。

关于条约的文字,国际法上也没有统一的规则。根据国家主权平等原则,每个国家都有权使用本国文字缔结条约。双边条约通常用缔约双方两种文字写成,两种文本具有相同的法律效力。但缔约双方以第三国的文字作为约文正本的文字的特殊情况也是存在的,如《中俄尼布楚条约》的正式文本是拉丁文本。多边条约由于参加国众多,条约的正式文本不可能用所有国家的文字写成,这就产生了确定作准文字的问题。在中世纪的欧洲,绝大多数多边条约用拉丁文写成。到了19世纪,作准文字通常是法文。第一次世界大战以后,几种文字可以同时成为作准文字。例如,《联合国宪章》的作准文字有五种:英文、法文、俄文、中文和西班牙文。1982年《联合国海洋法公约》在以上五种作准文字外,还增加了阿拉伯文。在这种情况下,各种作准文本具有相同的法律效力。

五、条约的历史沿革

条约的历史非常悠久,在近代意义的国际法产生之前,就出现了条约。在古代,条约同战后恢复和平有关。但为了同盟、划定疆界等目的,也缔结条约。这些条约多是双边的,而且有时候刻在石碑上以示庄重。公元前1296年埃及法老拉姆西斯二世和赫梯国王哈图希里三世缔结的一项具有军事同盟性质的条约,被认为是迄今所发现的最古老的条约之一。古代的印度、中国、希腊和罗马也都有缔结条约的记载。那时,缔结条约通常伴有宗教仪式,如宣誓和向神祈祷。

在中世纪,欧洲许多国家尚未独立,加之宗教和封建势力的阻碍,条约制度没有很大发展。

近代意义的条约一般认为始于1648年10月24日订立的《威斯特伐里亚和约》。自此以后,条约有很大发展,从双边的发展为多边的,从政治的发展到包括经济、社会、文化、科技等各个方面，条约数量大幅度增加。特别是第二次世界大战以后，条约有更大的发展。不仅条约建立在国家平等的基础上，而且国际组织也日益成为条约的重要缔约方，各种类型和性质的条约急剧增加。条约成为国际法的重要渊源和一项重要制度。

中国与外国签订的近代意义上的条约始于1689年9月7日中国同俄国签订的《中俄尼布楚条约》。1842年后，中国逐步沦为半殖民地国家，与外国签订的条约多数是不平等的。中华人民共和国成立以后，不仅不平等条约被废除，而且在和平共处五项原则的基础上，签订、参加了内容广泛、数量众多的双边条约和多边条约。

六、条约法及其编纂

条约法是关于条约的缔结、效力和解释等问题的原则、规则和制度的总称，其作用在于调整和规范国际法主体间的条约关系。条约法的编纂始于学者个人和学术团体，如1876年美国学者菲尔德（Field）的《国际法典大纲草案》，1935年美国哈佛大学国际法研究部的《条约法公约草案》，其内容都包括对条约法的编纂，主要依据是国际习惯法和各国国内法的事件。第一次世界大战以后，国际联盟和美洲国家联盟曾尝试对条约法进行编纂。但除了1928年第六次美洲国家会议制定的《哈瓦那条约法公约》外，其他条约法的编纂都没有取得成功。

系统的条约法编纂工作是在联合国成立后开始的。1949年，联合国国际法委员会决定把条约法的编纂作为其最优先的工作。到1966年，国际法委员会完成了条约法公约草案。1969年5月23日，维也纳外交会议通过了《维也纳条约法公约》。该公约不仅把零散的关于条约的习惯规则加以系统整理，同时又创立了一些有关条约的新规则，形成了一部相对完整的并在国际间普遍适用的条约法法典。该公约是当代条约法最基本的文件，被称为"条约之条约"。

1969年《维也纳条约法公约》于1980年1月27日生效。中国于1997年5月9日加入该公约，1997年10月3日该公约对中国生效。截止到2021年3月，已经有116个国家批准或加入了该公约。《维也纳条约法公约》由8编85条和1个附件组成，内容包括条约的缔结和生效、条约的遵守、条约的适用和解释、多边条约的加入和保留、条约对第三国的效力、条约的修改和修正、条约的终止和停止施行以及条约的保管机关、通知、更正和登记等。该公约在早期的条约实践和国际习惯法的基础上适当地发展了条约法，使之系统化、明确化，适应了现代国际社会的需求。

嗣后，国际法委员会还草拟完成了《关于国家和国际组织间或国际组织相互间条约法公约草案》。如其名称所示，该条约专门调整国家与国际组织之间、国际组织相互之间的条约法关系，它的缔结填补了1969年《维也纳条约法公约》的空白，是条约法的新发展。该公约法草案已于1986年3月21日在维也纳外交会议上通过并开放签字。依公约规定,须有35个国家批准方能生效,目前有30个国家批准,因而该公约尚未生效,其内容在实质规定方面与1969年《维也纳条约法公约》基本一致。

第二节　条约的缔结

一、缔约能力和缔约权

缔约能力是指在国际法上可以合法缔结条约的能力;缔约权则是指国家和其他国际法主体内部某个机构或个人缔结条约的权限。在国际法上,只有国家和其他国际法主体才有缔约能力,这是它们作为国际人格者的固有属性决定的。缔约权则是由国家和其他国际法主体的内部法律决定,而各国和其他国际法主体的内部法律可以有不同的规定。

1969年《维也纳条约法公约》第六条规定,"每一国家皆有缔约之能力"。缔约能力是国家主权的重要组成部分,不能任意剥夺。在不违反国际法的条件下,任何国家都有权同其他国际法主体缔结条约。至于一国由哪些机关代表国家行使该项权利,这个缔约权由国内法通常是宪法加以规定。一般来说,国家元首对外代表国家,因此有权缔结条约。但更常见的却是中央政府行使缔约权。地方政府一般无缔约权,除非得到授权。如根据《中华人民共和国香港特别行政区基本法》的规定,香港特别行政区在一定范围内可以订立国际协议。但是,这些有限的缔约权是全国人民代表大会通过《中华人民共和国香港特别行政区基本法》赋予的。有些联邦制国家的成员邦也享有一定的缔约权,但这些权力不得超出联邦宪法的规定。

国际组织的缔约能力已得到国际社会的普遍承认。国际法院在1949年"损害赔偿案"的咨询意见中肯定了国际组织是国际人格者。国际法院在1962年"西南非洲案"中又明确肯定了国际组织具有缔约能力。但国际组织是派生的国际法主体,不像国家那样拥有主权,因此国际组织虽然拥有缔约能力,但其缔约能力与国家的缔约能力相比受到一定限制,主要取决于该组织的约章。1986年《关于国家和国际组织间或国际组织相互间条约法公约》第六条规定,"国际组织缔结条约的能力依该组织有关规则的规定"。根据该公约第二条的解释,"组织的规则"是指组织的组织文件、按照这些文件通过的有关决定和决议以及确立的惯例。从国际组织的缔约实践可以看出,国际组织不仅具有组织文件明文赋予的明示缔约权,而且有默示缔约权,即为实现其宗旨和目的所必需的权力。在实践中,国际组织参加的国际条约往往涉及:①国际组织与有关国家间就该组织总部设在该国以及与此有关的法律问题的协议;②联合国与各专门机构之间的协定;③联合国与有关国家关于托管领土的协定;④国际组织与有关国家间的经济合作协定;⑤国际组织相互进行合作的协定。①

二、条约的缔结程序

国际法对缔约程序尚无统一的规定,缔约者可以自由选择。各国一般都参照1969年《维也纳条约法公约》,有的国家还专门制定了具体的缔约程序的法律,如中国1990年颁布了《中华人民共和国缔结条约程序法》。根据条约实践,缔约程序一般包括谈判、签署、批准和交换或交存批准书。

(一)谈判

谈判是有关各方为了就条约的内容达成一致而进行的交涉,是缔结条约的第一步。谈判一般由有缔约权的国家机关进行。国内宪政体制中的缔约权具体掌握在哪个部门,取决于每个国家的国内规定,且各国规定不同。通常而言,重要的条约可以由国家元首亲自进行谈判,但在大多数情况下都是由政府首脑、外交部长、驻外使节或特派全权代表进行谈判。国家元首、政府首脑和外交部长由于其对外代表国家的特殊地位,在谈判时一般无须出示全权证书。一国驻外使节同驻在国政府谈判也无须出示全权证书。1969年《维也纳条约法公约》第七条第二款作了这样的明文规定。但在实践中,上述人员参加谈判也有提交全权证书的实例。而其他负责进行条约谈判的特派全权代表则提交全权证书。国际组织的代表参加谈判须出示该组织的主管机关颁发的"授权证书"。全权证书是一国主管当局所颁,指派一人或数人代表该国谈判、议定或认证条约约文,表示该国同意受条约的拘束,或完成有关条约之任何其他行为之文件。全权证书必须是书面的,通常由国家元首签署,外交部长副署,并明确规定谈判代表的权限。《中华人民共和国缔结条约程序法》第六条规定:"(一)以中华人民共和国名义或者中华人民共和国政府名义缔结条约、协定,由外交部或者国务院有关部门报请国务院委派代表。代表的全权证书由国务院总理签署,也可以由外交部长签署;(二)以中华人民共和国政府部门名义缔结协定,由部门首长委派代表。代表的授权证书由部门首长签署。部门首长签署以本部门名义缔结的协定,各方约定出具全权证书的,全权证书由国务院总理签署,也可以由外交部长签署。"

谈判开始时,全权代表互换全权证书或由全权证书委员会审查全权证书的真实性及内容,特别是授权范围。有时全权证书也可稍迟发出,但最迟应在条约签字以前出示。未经授权的人员实施的缔结条约的行为,除非当事国事后确认,否则不产生法律效力。

---

① 曾令良:《国际法》,武汉大学出版社2016年版,第342页。

谈判达成协议后，即可起草条约约文。双边条约可以由任何一方提出草案，对方同意、修改或另提，也可以在谈判达成共识后共同起草。多边条约可以由参加会议的各方代表共同起草，也可以由国际组织或专门委员会负责起草。在现代国际实践中，国际公约的草案往往由联合国国际法委员会或其他委员会负责起草。

条约起草完毕，进入条约约文议定阶段，即谈判各方对条约的形式和内容加以确定以便形成正式的条约约文。议定约文视情况可以采取不同的方式。双边条约或者谈判国数量有限的多边条约，需要以拟缔结该条约的国家统一的，即以全体一致的方式议定约文。但是，对于谈判国数量众多的国际条约，采取全体一致的方式议定约文显然存在一定困难。因此，1969年《维也纳条约法公约》第九条规定："国际会议议定条约约文，以出席和投票的国家三分之二多数表决通过，除非这些国家同意多数决定适用另一规则。"可见，对于此类条约可以采取多数表决的方式予以议定。当前国际实践中，国际组织或国际会议往往采取协商一致的方式议定条约约文，只是在经协商无法达成一致时，才适用表决的方式。例如，1997年《全面禁止核试验条约》的约文就是在无法协商一致的情况下，经过多数表决议定的。

条约约文一旦形成，谈判即暂告结束，各方代表向其本国政府请示，国家表示同意后即可签署。

(二)签署

签署是指缔约方的代表根据本国政府的授权在条约约文上签署姓名的行为。签署是缔约程序中重要的一环，在条约法上具有三种不同的意义：第一，认证条约约文，即确认约文是作准的和最后的；第二，表示国家初步同意，但须经批准才承受条约的拘束；第三，确定国家同意承受条约的拘束。根据1969年《维也纳条约法公约》第十二条之规定，在下列三种情况下，一国以签署来表示同意承受条约的拘束：第一，条约规定签署有这种效果；第二，另经确定，谈判国协议签署有这种效果；第三，该国在其谈判代表的全权证书中或者在谈判过程中表示签署有此效果。

条约在正式签署前，可以由谈判代表草签或暂签。草签由缔约谈判代表将其姓名的起首字母签在约文下面，中国的谈判代表则只签姓。草签只表明全权代表对条约约文已认证，其本身不具有法律效力，通常适用于议定约文须经过一段时间才进行条约签署的情形。暂签是一种待确认的签署，在谈判代表的本国确认以前，只有认证条约约文的效力。暂签与正式签署的方式相同，一经该国确认后，即成为正式签署，即发生签署的效力，不需要另行签署。

签署通常在一定的仪式下进行。根据国家主权平等原则，双边条约的签署通常采用轮换制,即签署条约时,签字是左右相对,左方为首位,右方为次位,①双方全权代表在本国保存的文字上的首位签字,另一方在次位签字,依次轮换。多边条约无法采用轮换的方法,各国按照其国名的字母顺序依次签字。

(三)批准

批准是一国的权力机关对本国代表签署的条约表示认可,并确定其同意受条约拘束的行为,一般是条约经过签署后使条约发生拘束力的程序。在国际实践中,许多条约是国家以签署的方式表示同意其拘束的。但是,对于某些重要的条约,除了签署以外,按照各国国内法的规定,还需要由国家机关批准,方能对国家产生拘束力。各国国内法对条约的批准机关有不同规定,或由国家元首批准,或由立法机关批准,或将条约分为重要条约和一般性条约,分别交由国家元首在立法机关通过后批准及由行政机关核准。1990年《中华人民共和国缔结条约程序法》第七条第二款规定,条约和重要协定的批准由全国人民代表大会常务委员会决定。这里的条约和重要协定是指:①友好合作条约、和平条约等政治性条约;②有关领土和划定边界的条约、协定;③有关司法协助、引渡的条约、协定;④同中华人民共和国法律有不同规定的条约、协定;⑤缔约各方议定须经批准的条约、协定;⑥其他须经批准的条约、协定。

1969年《维也纳条约法公约》第十四条规定,在下列几种情况下,一国需以批准的方式表示同意接受条约的拘束:第一,条约规定以批准的方式表示同意;第二,另经确定,谈判国协议需要批准;第三,该国代表已对条约作出须批准的签署;第四,该国对条约作出须经批准的签署的意思可见于其代表的全权证书或在谈判过程中有这样的表示。从缔约实践看,绝大多数条约都规定该条约需要批准。如果没有明确规定,通行的观点是条约须经缔约方批准。有的国家的国内法规定,特定的条约必须经过批准。

批准程序的目的在于使国家主管当局对已经签署的重要条约作进一步审查,以便确定其是否符合本国的利益,并进而作出是否缔结该项条约的决定。批准是国家的主权行为。一般国家对其授权代表签署的条约予以批准。但国家没有必须批准的义务。国际实践中曾有拒绝批准或长期不予批准的实例,如1919年第一次世界大战结束后,美国总统威尔逊亲自签署的《凡尔赛条约》,因美国参议院的否决而没能批准。拒绝批准的法律后果是条约无效或对拒绝批准国无效。

除批准外,一国表示同意承受条约拘束的方式还有接受、核准等。接受、核准是国际条约实践中的一些新的做法,多用于多边条约。1969年《维也纳条约法公约》第十四条第二款规定,接受和核准适用于须经批准的条约。

正式认可行为是指国际组织使用的、批准相应的表示同意接受条约拘束的方式。

---

① 阿拉伯国家的签约习惯与此相反。

(四)交换或交存批准书

条约经批准后,批准机关需作出并交换批准书。交换批准书是缔约双方相互交换各自批准条约的证明文件,使该条约产生法律效力的行为。批准书一般由国家元首或国家权力机关签署,外交部长副署,通常由三部分组成:①序文,声明国家权力机关已经审查了该条约;②主文,载明条约的约文或仅是条约的名称、序言等;③结尾,声明该条约已经批准,正式宣告条约将予以遵守。交换批准书的日期和地点,一般在条约中明文规定。如1984年12月19日中英《关于香港问题的联合声明》第八条规定,批准书应于1985年6月30日前在北京互换。自批准书交换后,条约开始对缔约方发生拘束力。交换批准书通常没有追溯效力。

多边条约因缔约方众多,无法交换批准书。按照国际惯例,缔约各方一般将批准书交存条约保存国或保管条约的国际组织,由它们将条约已被批准的情况通知各缔约国。

三、条约的加入

条约的加入是指在条约签署后,没有在条约上签字的国家表示同意接受条约拘束的一种正式国际法律行为,通常发生在条约的签署最终期限已过,或签署限于某些国家的情况。双边条约不发生加入的问题,因为第三国如果希望接受条约的拘束,三个国家可以另订一个条约,而不必采用加入的方式。加入主要适用于开放性的多边条约,尤其是造法性的国际公约,如《维也纳外交关系公约》《联合国海洋法公约》等。以加入表示同意承受条约的拘束,1969年《维也纳条约法公约》第十五条规定有三种情况:第一,条约有这样的规定;第二,另经确定,谈判国协议确定某些国家得以加入表示此种同意;第三,全体当事国嗣后协议,某些国家得以加入表示此种同意。

多边条约一般都有加入条款。[①] 在现代国际实践中,国家既可以加入已生效的条约,也可以加入尚未生效的条约。一旦加入,加入方即成为条约的缔约方,除条约另有规定外,与原始缔约方享有同样的权利,并承担同样的义务。加入的程序一般是由加入国以书面形式通知条约保存方,并由保存方转告其他缔约国。

《中华人民共和国缔结条约程序法》对加入多边条约的程序作了明确规定。该法第十一条规定:加入属该法第七条第二款所列范围的多边条约、协定,由外交部或者国务院有关部门会同外交部审查后,提出建议,报请国务院审核;由国务院提请全国人大常委会作出加入的决定。加入书由外交部长签署,具体手续由外交部办理。加入不属该法第七条第二款所列范围的多边条约、协定,由外交部或者国务院有关部门会同外交部审查后,提出建议,报请国务院作出加入的决定。加入书由外交部长签署,具体手

---

① 如《领海与毗连区公约》第二十六条和第二十八条。

续由外交部办理。

四、条约的保留

条约的保留是指"一国于签署、批准、接受、核准或加入条约时所作的片面声明,不论措辞或名称为何,其目的在于排除或更改条约中若干规定对该国适用时之法律效果"。这个定义包括三个方面的意义:第一,保留应在表示接受条约拘束时作出;第二,保留可以采用任何措辞或名称;第三,保留是单方面声明,其实质是排除条约中某些条款对提出保留的缔约方的拘束力。

保留需要与其他针对条约所作的不具有保留意图和效果的声明区别开。后者包括政治声明或解释性声明。如在1979年的英法大陆架案中,仲裁庭强调法国对1958年《日内瓦大陆架公约》第六条的保留必须按照其术语的自然含义进行解释。英国主张,法国对第六条的第三个保留实际上是一个解释性声明。而法庭认为,尽管该保留含有解释的成分,但它也含有法国为其接受第六条划界制度而设定的特定条件。这超出了单纯的解释的范畴。为确定一个单方面的声明构成的是一项保留还是解释性声明,应依该声明用语的通常含义并按照有关条约的上下文对其进行善意的解释,同时也要考虑有关国家作出该声明时的意图。

一般来说,双边条约不发生保留问题。因为如果进行"保留",就等于向对方提出新的谈判建议,对方若不同意修改,谈判要继续至达成协议为止;对方若同意修改,被保留的条款将被删除或修改,成为无保留的条约。保留通常适用于多边条约,因其参加国较多,参加时间不一致,缔约国之间关系复杂,各国的政策与利益不尽相同,而条约约文的议定往往需要采取多数表决的方式,这样,在参加时不能接受某些条款的国家在表示同意接受条约拘束时就感到有必要提出保留。为了使更多国家成为条约的缔约国,扩大条约适用的范围,条约法上的保留制度就应运而生了。但是,并非所有的多边条约都允许保留。1982年《联合国海洋法公约》第三百〇九条规定,"除非本公约其他条款明示许可,对本公约不得作出保留或例外"。根据1969年《维也纳条约法公约》第十九条的规定,有下列情形之一者,不得保留:第一,该项保留为条约所禁止;第二,条约仅准许特定的保留,而有关的保留不在其内;第三,该项保留与条约的目的与宗旨不相符。

保留的效果在国际法上曾有较大争议。早期的国际法学说和事件采取"条约完整原则",即一个缔约国的保留必须得到全体缔约国的同意才能成立。这种做法可以保持各缔约国权利义务的一致性,将对条约约文的背离减至最少。然而,1951年,国际法院在关于《防止及惩治灭绝种族罪公约》的保留问题的咨询意见中指出,即使一个公约没有保留条款,也并不表明保留是被禁止的;如果一国提出的保留不为全体缔约国所反对，就可以被认为是该公约的缔约国，只要保留符合该公约的宗旨和目的；如果一国反对保留并认为该项保留不符合条约的宗旨和目的，则该国可以不把保留国当作缔约国，而接受保留的国家则可以把保留国当作缔约国。这种做法可以增加条约的可接受性，扩大条约的适用范围。承认各缔约国在某些问题上存在分歧，是一种促进社会、经济和政治制度迥异的各国之间协调一致的手段。① 这一咨询意见在很大程度上影响了1969年《维也纳条约法公约》的保留制度。根据该公约第二十条、第二十一条、第二十二条和第二十三条的规定，接受或反对保留及其法律效果的规则可以归纳如下：

(一)保留的接受与反对

(1)条约明文准许的保留，不需要其他缔约国事后予以接受，除非条约另有规定。

(2)谈判国数目有限的条约，如果从谈判国的有限数目以及条约的目的和宗旨来看，该条约在全体当事国全部适用时每一当事国承受该条约拘束的必要条件，则保留必须经全体当事国接受。

(3)如果条约为国际组织的组织文件，除条约另有规定外，保留须经该组织主管机关接受。

(4)凡不属于上述情形的，除条约另有规定外，如果保留经另一缔约国接受，就该缔约国而言，保留国是条约的当事国，但须经该条约已对这些国家生效为条件；如果保留经另一缔约国反对，条约在反对国与保留国之间并不因此而不发生效力，除非反对国确切表示了相反的意思；一国表示同意受条约拘束而附有保留的行为，只要至少有另一缔约国已经接受该项保留，就成为有效。

(5)除条约另有规定外，一国在接到保留国的通知后12个月期间届满之日，或至其表示同意承受条约拘束之日为止，未对保留提出反对，该保留即被视为业经该国接受。在这两个日期中，以较晚的日期为准。

(二)保留及反对保留的法律效果

保留只涉及保留国与其他缔约国之间的关系，并不影响其他缔约国相互之间的关系。凡是依照《维也纳条约法公约》有关规定对另一当事国成立的保留，在保留国与该当事国之间的关系上，在保留范围内修改保留所涉及的条约规定；而在其他当事国之间，该项保留则不影响条约的规定。反对保留的国家如果并未反对该条约在该国与保留国之间生效，则在该两国之间仅不适用所保留的规定。在"英法大陆架"案中，仲裁庭就适用了这一规定。仲裁庭认为：法国的保留和英国对这些保留的反对的结合效果是，既不像法国主张的那样使《1958年日内瓦大陆架公约》第六条完全不适用，也不像

---

① [英]马尔科姆·N. 肖(Malcolm N. Shaw)：《国际法》，白桂梅、高建军、朱利江、李永胜、梁晓晖译，北京大学出版社2011年版，第720页。

英国最初主张的那样使该条完全得以适用。它使该条在保留的范围内在两国间不能适用。

(三)保留及反对保留的撤回

除条约另有规定外,保留可以随时撤回,无须经业已接受保留的国家的同意;对保留提出的反对亦可随时撤回;撤回保留及撤回对保留的反对都应通知有关当事国。撤回保留或撤回对保留的反对分别自接受保留国或提出保留国收到撤回通知时起发生效力。

(四)保留的程序

保留、明示接受保留及反对保留,均须以书面形式提出并送达条约缔约国及有权成为条约当事国的其他国家;撤回保留或撤回对保留的反对,也须以书面形式提出;如果保留是在签署待批准的条约时提出的,保留国应在批准条约时确认该项保留,遇有这种情形,该项保留应视为在其确认之日提出。如果明示接受保留或反对保留是在确认保留之前提出的,其本身无须经过确认。

中国在参加多边条约时,也曾对一些多边条约提出过保留。如中国在1980年加入维护民用航空安全的《海牙公约》和《蒙特利尔公约》时分别对各该公约的第十二条第一款和第十四条第一款作了保留。1993年中国对1979年《反对劫持人质国际公约》第十六条第一款作了保留。这几个条款都是关于将争端提交仲裁或国际法院的规定。根据中国的保留,有关上述公约解释或适用的争端,中国不受上述条款所规定的解决方式的约束。

五、条约的保管、登记和公布

关于条约的保管,1969年《维也纳条约法公约》第七十六条规定:"条约的保管机关由谈判国在条约中或以其他方式指定。保管机关可以是一国或数国,也可以是国际组织或国际组织的负责人。通常,双边条约若有两份作准文本,则每一方为其作准文本的保管机关;如果只有一份作准文本,则由其中一方保管。多边条约如果在某国签字,条约正本为该国保管;如果是国际组织主持制订的,该国际组织或其负责人则为保管机关。"保管机关的职务具有国际性,并负有秉公执行其职务的义务。保管机关的职务主要有:保管条约的正本;准备条约的正式副本并分送有关国家;接受条约的签署,接受并保管有关条约的文书、通知及公文;审查条约的签署及有关条约的任何文书是否妥善,如有必要,将此事通知有关国家;向联合国秘书处登记条约等。

条约的登记与公布开始于国际联盟时期,其目的是为了保证条约公开,使外交公开的原则得以实现,并废除国家之间缔结秘密条约的做法。《国际联盟盟约》第十八条规定:"嗣后联盟任何会员国所订条约或国际协议应立即送秘书处登记并由秘书处从速发表。此项条约或国际协议未经登记以前不发生效力。"国际联盟为消除秘密条约而建立条约的国际登记制度具有积极的意义,但《国际联盟盟约》将条约的登记作为条约成立的实质要件之一,规定未经登记的条约不发生法律效力,却是值得商榷的。因为条约的缔结是国家自由同意的结果,虽然国家缔结的条约应该公开,但把条约的登记作为其成立的一项实质要件则缺乏充分的依据。

1945年联合国成立以后,沿袭了国际联盟的条约登记和公布制度,并稍加改变,使其更为合理和可行。《联合国宪章》第一百〇二条规定:"联合国的任何会员国应将缔结的一切条约和国际协定尽速在秘书处登记,并由秘书处公布。未登记的这类条约和国际协定,其缔约国不得在联合国任何机构中援引。"因此,向联合国秘书处登记缔结的条约是会员国的义务。但是,登记不是条约生效的必备条件,未向秘书处登记,并不影响条约的法律效力,而只是不得在联合国任何机构中援引。为完善条约的登记和公布制度,联合国于1946年制定了《条约登记和公布规则》,并在1949年和1950年两次予以修订。按照该规则的规定,向联合国登记的必须是已生效的条约,条约和国际协定未在缔约国间生效之前,不得进行登记。条约登记可由任何一个条约缔约国或联合国依职权进行。任何一个缔约国登记条约后,即可免除其他缔约国的登记义务;条约或国际协定由联合国依职权进行登记以后,免除其他所有缔约国的登记义务。条约经登记后,由秘书长或其代表发给登记证明。凡已在联合国秘书处登记、归档、备案的条约、协定文本,均由秘书处用原有文字在联合国《条约集》上公布,另附有英文和法文译本。截止到1992年,联合国共出版了1 503卷《条约集》,收录了25 919个条约。

《中华人民共和国缔结条约程序法》第十四条规定,以中华人民共和国或者中华人民共和国政府名义缔结的双边条约、协定的签字正本,以及经条约、协定的保存国或者国际组织核正无误的多边条约、协定的副本,由外交部保存;以中华人民共和国政府部门名义缔结的双边协定的签字正本,由本部门保存。第十七条规定,中华人民共和国缔结的条约和协定由外交部按照《联合国宪章》的有关规定向联合国秘书处登记;中华人民共和国缔结的条约和协定需要向其他国际组织登记的,由外交部或者国务院有关部门按照各该国际组织章程规定办理。

第三节 条约的生效和效力

一、条约的生效和有效期

(一)条约的生效

条约的生效是指在法律上成立的条约正式发生法律效力,从而开始对各当事国产生法律拘束力的法律效果。条约的生效在国际法上没有统一的规定,而由各当事国自行决定。1969年《维也纳条约法公约》第二十四条规定:"条约生效的方式和日期,依条约之规定或依谈判国之协议。"通常,条约都载有生效条款。条约的生效与条约开始对某一国家生效不同。后者是指一个条约生效后,一个国家以批准加入接受的方式表示同意承受条约的拘束,按条约规定的条件,对该国发生效力。如有的公约规定,自批准书或加入书交存后第×天起对该国发生效力。条约不能拘束那些仅仅签署了它的国家,除非签署在特定情况下足以证明国家同意受其约束的意思表示。在条约实践中,双边条约和多边条约的生效方式有所不同。

双边条约的生效主要有以下几种方式:第一,自签字之日起生效,无须经过批准和交换批准书的程序,这种方式多用于经济、贸易或技术合作协定。第二,自批准之日起生效,但无须交换批准书。如果缔约双方于同日批准,条约于该批准日生效;如果双方先后批准,则自缔约一方最后通知的日期生效。第三,自交换批准书之日或之后若干天起生效,这种方式通常适用于意义重大的条约、政治性条约或永久性边界条约。

多边条约的生效有以下几种方式:第一,自全体缔约国批准或各缔约国明确表示接受条约拘束之日起生效。这种方式适用于封闭式条约,如《北大西洋公约》即是如此。1959年签订的《南极条约》第十三条第一款规定:"该条约须经各签字国批准始能生效。"第二,自一定数目的国家交存批准书或加入书之日或之后某日起生效。有的多边条约只要求有两国批准或加入即可生效,如《仲裁总议定书》和《国际劳工公约》采取如此规定,即一旦有两个国家送交接受书,该条约立即在此两国间生效。但在大多数情况下,多边条约要求有最低数量国家批准或加入,否则大型多边条约的适用效果会受到损害。例如,1958年《日内瓦公海公约》规定,自第二十二份批准书交存联合国秘书长后30日生效。《联合国海洋法公约》第三百〇八条第一款规定:"本公约应自第60份批准书、加入书交存之后12个月生效。"值得注意的是,即使获得了条约生效所需的批准数量,也只有那些实际批准了该条约的国家才受其约束。第三,自一定数目的国家,其中包括某些特定的国家提交批准书后生效。某些创建国际金融机构的条约即是如此,因为某些国家承担该组织资金的主要部分时,就必须在这些国家肯定地参加以后,条约方能生效。如1945年《国际货币基金协定》第二十条规定:"协定经持有基金分配总额65%的各国政府分别签字,并以各该国政府的名义按协定规定交存文件后即发生效力。"《联合国宪章》除了要求有过半数签字国的批准外,还要求安全理事会五个常任理事国的批准始能生效。《联合国宪章》第一百一十条第三款规定:"一俟美国政府通知,已有中国、法国、苏联、英国、美国以及其他签字国过半数将批准书交存时,本宪章即发生效力。"

(二)条约的有效期

条约的有效期,一般都在条约中明文规定,可分为无期限和有期限两种。

无期限的条约,即除非再订新约,该条约一直继续有效。造法性多边条约、边界条约一般都是无期限的。有期限的条约,其具体期限由各个条约明文规定,有的一年,有的两年、十年,甚至更长。有期限的条约期满后可延长。延长的方式或是通过缔结专门协定,或是按条约的规定予以延长。若届时不予以延长,则条约自动失效。

二、条约的效力

(一) 条约的适用范围

1. 时间范围

一般来讲,条约生效后,都是自生效之日起开始适用。原则上,条约没有追溯力,不溯及当事国在条约生效之日以前发生的任何行为或事实。

2. 空间范围

原则上,条约应适用于缔约国的全部领土。《维也纳条约法公约》第二十九条规定:"除条约表示不同意思,或另经确定外,条约对每一当事国的拘束力及于其全部领土。""全部领土"包括一国的领陆、领水、领空。[①] 但是,如果条约有不同规定或当事国有明示或默示的相反意思,条约可适用于缔约国的部分领土。如有些条约中的"联邦条款"和"殖民地条款"都对条约适用的领土范围加以限制。根据香港、澳门特别行政区基本法,中国缔结的国际协定是否适用于香港和澳门特别行政区,由中央政府根据它们的情况和需要,在征询特区政府的意见后决定。因此,中国缔结或参加的条约并不一定都适用于这两个特别行政区。

(二) 条约的冲突

由于现代条约关系日益纷繁复杂,几个条约就同一事项规定相互矛盾之事时有发生,由此产生了条约的冲突。条约的冲突常见于以下几种情况:第一,两个国家先后订立两个相冲突的条约;第二,一个国家已和另一国缔结了一项条约,后来又与第三国订立了相冲突的条约;第三,一个多边条约的两个当事国之间或一个当事国与第三国缔结了违反该多边条约的条约。条约间产生冲突,就引起了哪个条约优先适用的问题。《联合国宪章》第一百〇三条规定:"联合国会员国在本宪章下之义务与其依任何其他国际协定所负之义务有冲突时,其在本宪章下之义务应居优先。"该规定排除了会员国之间以及会员国与非会员国之间所订条约违反宪章的可能性,对于遵守和实施宪章具有积极的意义。

根据《维也纳条约法公约》第三十条的规定,以不违反《联合国宪章》第一百〇三条

[①] 根据条约的具体规定,条约适用空间范围还可能包括一国有管辖权的海域。如 1992 年《国际油污损害民事责任公约》第二条第 a 款规定,条约适用于缔约国的专属经济区内发生的油污损害。

为限,就同一事项先后所订条约发生冲突时的适用原则是:第一,如果条约中明文规定该条约不得违反先订或后订条约,或不得视为与先订或后订条约不相符合,该先订或后订条约应居优先。第二,如果先订条约的全体当事国同时亦为后订条约的当事国且先订条约依法并未终止或停止施行,则适用后订条约。第三,如果后订条约的当事国不包括先订条约的全体当事国,在同为先后两条约的当事国之间,适用后订条约;而在为两条约的当事国仅为其中一条约的当事国间,适用两国均为当事国的条约。

(三)条约对缔约国的效力

"条约必须遵守"是一项古老的习惯法规则,源于古罗马法"对契约的遵守"的概念,后被移植到国际法中,成为公认的国际法原则。《维也纳条约法公约》第二十六条规定,凡有效的条约对其各当事国有拘束力,必须由各当事国善意履行。换句话说,只要一个条约是合法的、有效的,各当事国都应遵守并善意履行。条约的有效即指依国际法有效或成立的条约,这是遵守条约的前提条件。善意履行就是诚实和正直地履行,也即履行条约不仅要按照条约的文字,而且要符合条约的精神。一当事国不得以援引其国内法规定为理由而不履行条约。

条约必须遵守原则不是绝对的,它受到一些限制。条约与强行法规范冲突,保留和情势变迁等都可以成为不遵守条约的理由。

(四)条约对第三国的效力

第三国即"非条约当事国之国家"。从严格意义上说,条约仅对当事国有约束力,而第三国则不受条约约束,即"约定对第三者既无益也无损"。《维也纳条约法公约》第三十四条规定,条约非经第三国同意,不为该国创设义务或权利。公约第三十五条、第三十六条进一步规定,如果一个条约有意为第三国设定一项义务,应得到第三国书面、明示接受。如果一个条约有意为第三国创设一项权利,也应得到第三国的同意,但在第三国无相反的表示时,应推定其同意。这是赋予第三国权利条约的特殊规定,其构成要件在本章开头的"瑞士诉法国上萨瓦及节克斯自由区案"中有相应的介绍。特定条约可以创设"对一切"(erga omnes)的义务和权利,在此情况下,所有国家都被推定受其拘束或从中受益。这类条约常是有关建立特殊领土制度的多边条约,如关于苏伊士和基尔运河或黑海海峡的条约。

虽然条约原则上不拘束第三国,但这一原则有例外,实践中有些条约未经第三国同意而为其创设义务或权利。如关于水道的航行公约规定国际水道向所有国家开放;规定非军事化、中立化或国际化的条约,确立对所有国家有效的"客观制度",如《南极条约》。特别是《联合国宪章》第二条第六款明确规定了一些非会员国条款。这明显构成了条约不拘束第三国的例外。这种情况是由联合国在维持国际和平与安全上的特殊地位决定的,而使得条约的有关规定事实上构成了国际习惯法的一部分。例如,《联合国宪章》第二条第六款就规定:"本组织在维持国际和平和安全之必要范围内,应保证非联合国会员国遵行上述原则。"

三、条约的执行

不论各国内部结构如何,也不论其各主管机关分工如何,国家应负责以宪法和法律保证条约的履行,否则条约必须遵守就成为一句空话。条约在国内的执行以各国国内法的接受为前提条件。条约在国内法上的接受有两种情况:一种是将条约直接纳入国内法,这是大多数国家的做法,如美国、法国等。中国也倾向于直接纳入的做法。另一种是条约须经转化才成为国内法,如英国、意大利。

依据条约被接受成为国内法后对自然人或法人是否自动产生效力,很多国家把条约分为自动执行的条约和非自动执行的条约两类。自动执行的条约在经国内接受后,无须再以国内立法进行补充规定,即可由国内司法或行政机关予以适用。非自动执行的条约则必须再以国内立法进行补充规定,国内司法或行政机关才能适用。

在国内法上,关于条约与国内法发生冲突时谁优先的问题,实践中大致有四种做法:第一种是国内法优于条约。这做做法极为少见,如阿根廷。第二种是国内法与条约的地位相等。如果冲突,则按照如下两项原则解决:一是和谐解释的原则;二是后法优于前法的原则,如美国和德国。第三种是条约优于国内法,如中国。第四种是条约优于宪法,如荷兰。

第四节 条约的解释

一、概述

条约必须善意履行。为了正确履行条约,必须明了条约约文的正确含义。在执行条约的实践中,当事国往往由于对条约约文的含义理解不同而产生分歧和纠纷,致使条约无法执行。这就产生了条约的解释问题。条约的解释是指对条约的整体、个别条款或词句的意义、内容和适用条件所作的说明。在法理上,条约的解释有学理解释与官方解释、有权解释与非有权解释之分。其目的在于明确条约中含义不清而产生分歧的地方,以利于当事国对条约的履行。条约的解释有两方面的问题:一是谁有权解释;二是按照什么规则进行解释。

二、条约解释的机关

（一）当事国

条约当事国有权解释。条约的当事国是条约的缔结者，只有当事国各方最了解缔结条约的意图以及条约各项条款的真正含义，因此，当事各方有权解释。如果条约是双边的，则缔约双方有权解释；如果条约是多边的，则缔约各方都有权解释。这种解释称为"权威解释"或"有权解释"。这种解释方式是当事各方取得协议的"解释性声明"或"解释性议定书"，或由当事各方在另一条约上作出解释，即所谓"解释条款"。根据国家主权平等原则，缔约各方对条约的解释权是平等的，任何一方而非各方的解释都不构成"权威解释"或"有权解释"，一国机关对条约所作的单方解释对另一方没有约束力。

（二）国际组织

国际组织原则上对本组织的创设条约、公约或宪章有权解释。国际组织由于是根据这些组织约章创立和活动的，又是具体执行这些组织约章的机构，因而最了解这些组织约章的真实含义，从而有权对这些条约、公约或章程进行解释。这种解释也是"权威解释"或"有权解释"。此外，国际组织机关在行使职权时要引用的条约，该机关也有权解释。例如，欧洲法律合作委员会的主要职责之一，就是统一解释欧洲的各种条约。

（三）条约中的争议解决机构

为解决条约在适用和履行中可能出现的争议，越来越多的国际条约内设了争议解决机构（dispute settlement body）。如根据《关于争端解决规则与程序的谅解》，世界贸易组织（WTO）的争议解决机构应包括专家组和上诉机构。而专家组和上诉机构在解决争议时会就条约中的特定条款进行解释说明。

（四）仲裁法庭或国际法院

仲裁法庭和国际法院并不当然具有条约的解释权。只有当国际条约或国际公约中包含条约解释和争端解决条款，规定当事国可以把解释条约时产生的争端诉诸法院或仲裁解决时，仲裁法庭或国际法院才获得解释条约的权力。例如，1973年《关于防止和惩处侵害应受国际保护人员包括外交代表的罪行的公约》第十三条规定：两个以上缔约国间在本公约的解释或适用上所发生的任何争端，如未经以谈判方式解决，则经缔约国一方要求，应交付仲裁。如果自要求仲裁之日起6个月内当事国自愿将争端提交仲裁或国际法院解决，则仲裁法庭和国际法院根据该项协议而取得条约的解释权。根据《国际法院规约》第三十六条的规定，"条约之解释"是当事国自愿接受法院强制管辖的法律争端之一，当接受这种"任意强制管辖"的当事国间对其条约的解释不能达成一致协议并诉诸法院时，法院才有权解释条约。仲裁法庭和国际法院根据自己具有的条约解释权而对条约的解释,也是"权威解释"或"有权解释"。

三、条约解释的规则

关于条约解释的规则,国际法学家提出了不少意见,主张不一,但他们提出的规则不具有法律拘束力,只能作参考之用。条约解释与通常的法律解释的最大区别是,条约解释规则的依据是《维也纳条约法公约》和国际法法理。[①]《维也纳条约法公约》第三十一条至第三十三条规定了条约的解释规则:

(一)条约解释通则

条约应依条约之用语按其上下文并参照条约的目的及宗旨所具有的通常意义,善意地加以解释。也就是说,在对条约作出解释时,应该正确地探求条约中所使用的措辞的意义,寻求措辞的通常含义。通常含义的确定可以依赖司法裁断者的个人知识[②]、其他条约中的含义[③]、字典[④]等方式。对于模棱两可的规定,可探寻缔约各方的意图而确定。同时,还应全面考虑条约的目的与宗旨。条约的目的和宗旨通常规定在条约的序言内,或通过条约约文本身明示或推定出来。只有按照它们的通常意义并考虑条约之目的和宗旨作出的解释,才是全面的、善意的解释。解释时,应对整个条约及其附件作全面研究,并考虑与缔结条约有关的所有文件。这些文件应包括全体当事国因缔结该项条约所订的有关协定,以及一个以上当事国因缔结条约所订并经其他当事国接受为条约有关文件的任何文书。应一并考虑的文件还包括当事国后来所订有关条约之解释或其规定之适用的协定,以及后来在条约适用方面确定各当事国对条约解释之协定的任何惯例等。总之,解释不但要考虑条约的上下文,还要考虑缔结条约的所有有关文件,了解缔结条约的动机、历史背景,以便对条约作出正确的解释。

(二)条约解释的补充规则

如果按照上述方法所作的结论仍意义不同,可使用解释的补充资料,如缔约的谈判记录、条约的历次草案、讨论条约的会议记录等。如果适用一般原则得出的解释仍然意义不明或难解,或显然不合理或荒谬时,就需要借助这些补充资料。对补充资料的适用问题,各国有不同的看法,如法国主张利用补充资料,而英国则不然。国际司法

---

① Chang-fa Lo, *Treaty Interpretation under the Vienna Convention on the Law of Treaties: a New Round of Codification*, Singapore: Springer, 2017, p. 6.

② Arbitration Report, European Communities—Measures Concerning Meat and Meat Products (Hormones)(Article 21.3), para. 25, WTO Doc. WT/DS26/15, WT/DS48/13 (circulated 29 May 1998).

③ Appellate Body Report, United States—Import Prohibition of Certain Shrimp and Shrimp Products, para. 114, WTO Doc. WT/DS58/AB/R (adopted 6 Nov 1998).

④ Panel Report, United States—Import Measures on Certain Products from the European Communities, para. 6.22, WTO Doc. WT/DS165/R (adopted 10 Jan 2001).

对利用补充资料常持保留态度。利用补充资料似乎比以前更受重视,1963 年 12 月 22 日,美法两国航运协定案的仲裁就利用了补充资料,裁决书宣称:协定谈判的历史文件"理所当然地被判例和学理视为解释条约的合法辅助文书"。

(三)多种文字认证的条约的解释

以两种或两种以上文字写成的条约,除规定遇有解释分歧时,应以某种文字的约文为准外,每种文字的约文同一作准。作准文字以外的其他文字作成的条约译本,解释时只供参考。如对作准文本中的用语有分歧时,条约用语推定在各作准约文内意义相同。在两种以上文字同一作准的条约中,解释分歧按上述方法仍不能消除时,应采用顾及条约的目的及宗旨之最能调和各约文的意义。各种文字的约文被推定具有相同意义,但是由于翻译、各国文化和语言等的差异,往往会引起解释上的差异,如果运用一般原则不能消除差别,就应该考虑条约的目的与宗旨,以调和各种文本,求出条约的真正含义。

第五节　条约的修正与修改

一、概述

条约的修正与修改统称为条约的修订,是指条约当事国在缔结条约后,于该条约有效期限内改变其规定的行为。条约缔结以后,往往由于国际局势和其他各种情况的变化需要对其内容进行某些更改,以适应新的情况。条约的修订既可以删除原条约的某些条款,也可以增加某些条款,还可以变更某些条款的内容。修订主要涉及多边条约。至于双边条约,虽然也可以由当事国以协议的方式修订,但一般需要适用双边条约缔结和生效的一系列规则,实际上与缔结一项新的条约并无二致。

早在第一次世界大战后,《国际联盟盟约》第十二条就规定:"大会随时请联盟会员国重新考虑已经不适用之条约以及长此以往将危及世界和平之国际局势。"1945 年以来,许多多边公约都制定有关于修订条约的条款。但是,修订条约往往是一个复杂而困难的问题,涉及当事国利益的博弈。例如,第一次世界大战后所缔结的和约及其他条约出现了战胜国想以繁重的义务来限制战败国、而战败国则力图抗拒强加给它们的义务或主张对它们的义务作限制性解释的现象。当德国所处政治形势足以拒绝履行战败国的义务时,便强烈要求修改 1919 年的和约。德国的要求遭到其他列强的反对,特别是法国的反对。从 1933 年起,德国政府采取单方面行动,宣布解除加给它的军事方面的限制,在莱茵河左岸重新设防。

1969 年《维也纳条约法公约》总结了以往关于条约修订的实践,力求在变动和稳定这两种需要的基础上制订出条约修订的规则,并根据修订的不同方式,将条约的修订区分为修正和修改两种程序。

二、条约的修正

条约的修正是指条约的全体缔约方以协议的形式对条约的规定进行的更改。关于条约的修正,1969年《维也纳条约法公约》第三十九条规定了条约修正的一般原则:"条约得以当事国之协议修正之。"根据该公约第四十条规定,修正多边条约的任何提议必须通知全体当事国,各缔约国均应有权参加对修正条约提议采取行为的决定,以及参加条约修正的谈判和缔结。任何有权成为条约当事国的国家亦应有权成为修正后条约的当事国。未参加修正协定的原条约当事国不受修正协定的拘束。在修正条约的协定生效后成为条约当事国之国家,若无相反表示,则应视为修正后的条约的当事国,并就其对不受修正条约协定拘束的条约当事国的关系而言,应视为未经修正的条约的当事国。

《维也纳条约法公约》第四十条明确指出,上述规则只在对多边条约的修正未作另外规定的情况下予以适用。也就是说,条约修正的问题首先应由各缔约国在条约中规定。在现代的缔约实践中,多边条约一般都含有修正条款,具体规定条约修正的程序、生效的必要条件以及效力。对于修正条约的建议,有的规定可以由任何缔约国提出,也有的规定应由国际组织的机关提出,更多的则要求由一定数量的缔约国提出,如《联合国宪章》规定:"经联合国大会会员国三分之二多数和安全理事会任何九个理事国表决同意,即可确定日期及地点举行全体会议,对宪章进行检讨。"虽然根据《维也纳条约法公约》,没有参加条约修正协定的国家不受该协定的拘束,但是,许多国际公约规定,经多数当事国同意的对公约的任何修正,对公约的全体当事国发生效力。例如,《联合国宪章》第一百〇八条规定:"本宪章之修正案经大会会员国三分之二表决并由联合国会员国之三分之二,包括安全理事会全体常任理事国各依其宪法程序批准后,对于联合国所有会员国发生效力。"凡有权成为条约当事国的国家也有权成为修正案的当事国,但此修正案对于已为最初协定的当事国而未成为修正后协定的当事国的国家无拘束力,除非条约有相反的规定。现在一些多边条约规定,经大多数当事国批准的修正案将对全体当事国生效。例如,《国际原子能机构规约》第十八条规定:"经全体大会通过的规约修正案如经三分之二会员国批准或接受即对该机构的全体会员国生效。"然而,有些多边条约规定,凡在一定期限内不批准修正案的国家,则据此事实立即停止参加条约。有的多边条约则规定,当事国不批准修正案有权退出该条约,但并非由于不批准这一行为而当然立即退出。若一国在修正案生效后成为条约当事国,则该国应视为修正后条约的当事国。对于不受修正案拘束的条约当事国而言,该国应被视为未修正条约的当事国。

关于提出条约修正的时间没有统一规定,在实践中一般是按照条约约文具体规定行事。在国际实践中大致有以下三种情况:第一,条约生效后一定时期才能提出。例如,1958 年关于海洋法的日内瓦四公约规定,要在公约生效 5 年后才能提出修正的请求。第二,缔约国可随时提出修正。第三,条约规定期间届满后定期修改。如《联合国海洋法公约》第三百一十二条规定:自本公约生效之日起 10 年期间届满后,修正请求通知送达所有缔约国后 12 个月内有半数当事国赞成修正要求,联合国秘书长应召开会议修正条约。

三、条约的修改

条约的修改是指条约的部分缔约方之间以协议的形式对条约的规定进行的更改。如果修改的条约的条文经由其他当事国全体接受,那么修改也就成了修正。一个多边条约的部分当事国在它们之间对条约进行修改的情况,实践中并不多见。

关于一个多边条约的几个当事国彼此间修改条约,《维也纳条约法公约》第四十一条规定:"进行条约的修改必须是条约内有这种修改的规定,或者这样的修改不为条约所禁止,而且修改不得影响其他当事国的权利和义务;同时该项修改也不涉及有效实现整个条约的目的和宗旨。如果若干国家彼此间按上述原则对条约进行了修改,应将修改的内容通知其他当事国。"从该条款可见,虽然允许缔结彼此间的修改协定,但对这些协定设有若干限制。一是实质上的限制,即不得影响其他当事国从条约上享有的权利,也不得影响条约的目的和宗旨;二是程序上的限制,即必须将缔结协定的意思和准备修改的某项规定通知其他当事国,且通知最好能使其他当事国确信该彼此间协定不至于超越条约所规定的范围,不至与条约互不相容。

至于双边条约,也可以由当事国达成协议进行修改,这种协议适用关于条约缔结和生效的全部规则。

条约还可以通过另一后来的协定被修改,或被嗣后确立的强行法规则所修改。

第六节 条约的无效、终止和停止施行

一、条约的无效

条约的无效是指条约丧失有效条件而不具有拘束力。条约无效属于违反国际法产生的法律后果。因为条约应以国际法为准,一切与国际法相违背的条约都是无效的,且自始不能产生国际法所承认和保证的那些法律效果。但是,长期以来,国际法学

界对条约无效的原因一直意见不一。直到 1969 年,《维也纳条约法公约》才制定出条约无效的各项规则,这些规则为世界各国普遍承认。这是该公约对国际法发展的一大贡献。

(一)条约无效的理由

1. 违反国内法关于缔约权的规定

各国国内法(主要是宪法)都载有一些限制缔约权的规定。如果一条约为无缔约能力或越权的人所为且无事后追认,则缔约国可以援引违反这些规定作为条约无效的根据。但是这种违反国内法关于缔约的权限,必须是明显的,且涉及具有根本重要性的国内法规则,否则一国不能引用违反国内法的缔约权限为条约无效的理由。① 此外,缔约代表违反缔约权限,如果在代表表示其国家同意承受某一条约拘束前将缔约权的特定限制通知其他谈判国,则该国也可以主张条约无效,否则该国仍将受其代表所作同意的拘束。② 这项规定适用于被授权代表一国的人员,包括《维也纳条约法公约》第七条规定的国家元首、政府首脑、外交部长和持有全权证书的人员。

国际法院在"喀麦隆诉尼日利亚"案中处理过这个问题,尼日利亚在该案中主张两国间 1975 年的《马鲁阿宣言》无效,因为它的宪法规则没有得到遵守。法院指出,尼日利亚国家元首已经签署了该宣言,除非加以妥善公布,否则对他职权的限制就不是"显明的"。因为就履行与缔结条约有关的行为而言,国家元首被认为代表其国家。法院还表明,国家没有一般法律义务去跟踪他国国内发生的、对于国家间的国际关系重要的或可能变得重要的立法和宪法发展。③

2. 错误

如果条约内存在着错误,且此项错误关涉一国缔约时假定为存在并构成其同意的必要根据的事实或情势时,该国可以援引条约的错误撤销其承受条约拘束的同意。但是,如果错误是由该国本身所造成或当时情况有足以使该国知悉错误的可能,则不能援引错误作为撤销其对条约同意的理由。④ 在"隆端寺"案中,泰国主张某张地图中包含一个根本性错误,因此泰国没有义务遵守条约。国际法院认为,根据泰国一侧审查该地图人员的性质和资质,泰国以其自身的行为助成了或能够避免该错误,则泰国不能主张将错误作为一个使其同意无效的因素。⑤ 如果错误只是与条约约文用字有关,则条约的效力不受影响,当事国可对错误予以更正。在实践中,因条约中的错误而造

---

① 《维也纳条约法公约》第四十六条第一款。
② 《维也纳条约法公约》第四十七条。
③ 参见 2020 年 ICJ 报告,第 303、430 页。
④ 《维也纳条约法公约》第四十八条。
⑤ 参加 1960 年 ICJ 报告,第 26 页。

成条约无效的情况是少见的,通常仅存在于边界条约中,如以某一标的物作为划界对象,而事实上这一标的物并不存在。

3. 诈欺

诈欺本身在国际法上并无统一的定义,但是诈欺的结果阻碍了缔约国表达承受条约拘束的真正同意。因此,《维也纳条约法公约》第四十九条确认:当一国被另一谈判国的欺骗行为所诱而缔结条约时,该条约无效。

4. 贿赂

如果一谈判国直接或间接贿赂对方代表,使之同意承受条约之约束,根据《维也纳条约法公约》第五十条,该国可以援引贿赂为理由撤销其承受该条约拘束之同意,主张条约无效。

5. 强迫、威胁或使用武力

真正同意是条约有效的一个条件。通过行为或威胁对一国代表实施强迫而取得该国同意受条约拘束的条约以及违反《联合国宪章》中所包含的国际法原则,以武力威胁或使用对一国实施强迫而缔结的条约无效。因此,无论是对谈判代表采取强迫手段,还是对谈判国采取威胁或使用武力而缔结的条约,都是违反国际法和违反缔约国的自由同意的,都是无效的。中国历史上的不平等条约大抵都是由强迫所缔结的,这些不平等条约从现代国际法观点看来,都是无效的条约。

6. 与强行法抵触

条约与一般国际法强制规律抵触者无效。但如果条约本身具有更改强行法规所需的性质,该项条约就不是无效的。而且,条约与缔结当时存在的强行法规不相抵触者,自然也是有效的,因此,强行法规没有追溯效力。

(二)条约无效的后果

条约无效分为相对无效和绝对无效两种情况。相对无效的条约并非自动失效,而是可以失效,绝对无效的条约则是自动失效。强迫、违反强行法的条约绝对无效。

条约被确定无效后,其规定无法律效力,而且它们自始无效,而不仅只是从援引或确定失效之日起无效。

二、条约的终止与停止施行

条约的终止是指一个有效的条约由于某种法律事实和原因的发生而造成条约失去效力的法律情况,不再对当事方产生法律拘束力。严格地说,条约的终止是指条约的法律效力的终止。条约的停止施行又称暂停施行,是指条约的一个或数个当事国在一定期间内暂停实施条约的全部或一部分,在停止施行期间中止条约的效力。条约的停止施行不是条约效力的终止,只是暂停实施条约,在暂停施行期间解除当事方履行条约的义务。此外并不影响其他当事方之间的法律关系。嗣后必要时,可依一定程序恢复条约的施行,但也可能导致条约效力的终止。①

(一)条约终止和停止施行的原因

根据条约的实践,条约的终止或停止施行大致有如下几种原因:

1. 依照条约规定

多数条约都含有规定条约的终止或退出的条款。有的条约规定了条约的有效期间,经过一定的时期条约自动终止,除非当事国决定延长。有些条约规定条约解除的条件,某一特定情况产生,条约即告终止。

2. 条约当事方共同同意

条约经全体缔约方同意订立,同样可以经全体缔约方以明示或默示的共同意思而终止或停止施行。《维也纳条约法公约》第五十四条第二款规定:"任何时候,经全体当事国按情况同其他缔约组织或同其他缔约国咨商后表示同意,予以终止。"条约不论是双边的或多边的,也无论是否有期限,一旦全体当事国同意废除,条约即告终止。

3. 单方解约和退约

条约都是经过全体缔约国一致同意才缔结的,在条约有效期限内,各缔约国负有忠实履行条约的义务。除条约明文规定允许一方退约或解约外,一般不经其他缔约国的同意,不得单方面终止或退出条约。根据《维也纳条约法公约》第五十六条的规定,只有经确定某一条约的当事国愿意为容许有废止或退出的可能,或由条约的性质可以为含有废止或退出的权利,当事国才可以单方废止或退出该条约。在这种情况下,当事国必须提前12个月通知其废止或退出的意思。

4. 条约履行完毕

有的条约虽然没有规定期限,但是由于这些条约目的在于执行一定的义务或事项,一旦条约所规定的义务或事项全部执行完毕,条约的任务即告完成,条约随即失效。例如,关于国际赔偿或债务的协定,关于两国建交和互派使节的协议以及两国贸易的年度协定。这些协定执行完毕,其效力即告终止。应该指出的是,有的条约执行完毕并不使条约当然失效,因为对于含有造法性条款的条约来说,虽然条约所规定的事项已履行完毕,但其将作为公认的国际法原则被遵守。

5. 条约因被代替而终止

条约的全体当事国就同一事项缔结后订条约,如果以后订条约为准,或先后订两条约的内容不合,使两条约不能同时适用,则先订条约终止。如果一项后订条约中规定先订条约停止了施行或另经确定当事国有此意思,则先订条约停止施行。

---

① 邵津:《国际法》,北京大学出版社2000年版,第347页。

6. 条约嗣后履行不能

条约缔结后，可能因执行条约必不可少的对象永久消失或被毁，致使条约无法履行。双边条约也可能因当事国一方的消亡或条约规定的全部事项已消失而无法执行。例如，岛屿沉没、河流干涸等。但是，如果条约无法执行是违反条约引起的，或违反其他任何国际法义务所引起的，当事国不得援引为终止条约的理由。

7. 条约当事方丧失国际人格

当一国分裂为数国或并入其他国家而丧失其国际人格时，它所缔结的双边条约即行终止，除非有一个新国家继承该国对该条约的权利和义务。

8. 断绝外交或领事关系

断绝外交关系和领事关系使得此种关系为适用条约必不可少的条件的条约终止。其他条约不受断绝外交或领事关系的影响。

9. 战争

战争的发生使交战的缔约国间的政治条约、双边的商务条约终止。其他双边条约停止施行。关于战争法规方面的双边条约或多边条约不得终止。

10. 一方违约

条约当事国一方违约时，他方得终止条约或暂停条约的施行，国际法上称此原则为"对不履行者不必履行"的原则，目的在于保护无过错的条约当事方的利益。

国际法的理论与实践都肯定，如有缔约一方严重违反条约义务，则他方有权终止或暂停施行该条约。《维也纳条约法公约》确认，如果缔约一方废弃条约或行使了与条约目的宗旨不符合的重大违约行为，则双边条约当事国的他方有权援引违约为理由终止该条约，多边公约的其他当事国有权一致协议，在该国与违约国之间或在全体当事国之间终止条约。重大违约包括：第一，废弃条约且这种废弃不符合该公约的规定，即条约当事国一方没有正当理由而片面终止条约；第二，违反条约规定，且这项规定是实现条约的目的和宗旨所必要的。因此，《维也纳条约法公约》通过一方并不严重的违约不能导致另一方的废约的规定来维持国际条约关系的稳定。

11. 情势变迁

情势变迁是指缔结条约时存在一个假设，即以缔约国缔约时所能预见到的情况不变为条约有效的前提，一旦情势发生变化，缔约国便有权终止条约。在实践中，情势变迁原则常被引用。如果事实上情势发生了变化，造成履行条约的不可能，则有关当事国对条约的终止或修改是合乎情理的。但是，由于情势变迁原则没有一个客观的衡量标准，往往是缔约国凭主观意志决定的，因而易于引起对该原则的滥用。例如，对于第一次世界大战后签订的《凡尔赛条约》，德国在 1935 年以情势变迁为借口，单方面不履行条约，宣布实行普遍征兵制。目前国际法院的做法是承认该制度的存在，但严格限制其使用。在"渔业管辖权"案中,国际法院认为:"国际法承认情势变迁,如果该情势使得当事国决定接受一个条约,而其变化导致条约所加义务的范围发生根本变动,那么在某些条件下就可能赋予受影响的当事国一个可以援引为终止或暂停实施条约的理由。"但在适用该理论之前还应确定此种变化"必须增加了尚待履行义务的负担,以至于使得该履行根本不同于最初所承担的义务"。[①] 为了防止滥用情势变迁原则,保持稳定的条约关系,《维也纳条约法公约》第六十二条对情势变迁原则的使用规定了严格的条件限制:第一,缔约时的情势必须发生了不可预见的根本性变化;第二,缔约时的情势构成当事国同意受条约拘束的必要根据;第三,情势变迁的效果将根本改变条约履行的义务范围;第四,确定边界的条约不适用情势变迁原则;第五,如果情势的改变是由于一个缔约国违反条约义务或其他国际义务造成的,这个国家就不能援引情势变迁终止或废除有关条约。

(二)条约终止和停止施行的程序及后果

1. 条约终止和停止施行的程序

条约当事方之一在终止、退出或停止施行条约时,必须将其主张书面通知该条约的其他当事方,通知中应说明拟对条约采取的措施及其理由。如果其他当事方在接到通知满3个月未提出反对,作出通知的当事国就可以实行其所拟采取的措施。如果其他当事国提出反对,则该条约各当事国应通过和平解决争端的方法予以解决。如果在提出反对之日以后12个月内不能依上述方法解决,则任何一方可提请国际法院解决,或双方提交仲裁,或请求联合国秘书长开始强制和解程序。

2. 条约终止和停止施行的后果

有些条约中含有关于条约终止的后果的规定,在条约并无规定且条约当事国也没有约定条约终止或停止施行的后果的情况下,《维也纳条约法公约》第七十条和第七十二条规定了条约终止和停止施行的后果为:解除各当事国继续履行条约的义务;不影响各当事国在该条约的终止前由于实施该条约所产生的任何权利、义务或法律情况。在停止施行期间,各当事国应避免足以阻挠条约恢复施行的行为。

思考题

一、问答题

1. 什么是条约的保留?条约保留的规则有哪些?试评述现行的保留制度。
2. 条约对第三国有什么效力?
3. 条约中止的原因有哪些?

---

① ICJ Reports,1973,p. 3.

二、案例分析

1979年11月4日,在美国驻德黑兰使馆外示威的一部分伊朗人袭击并占领了美国使馆,扣押了至少28名使馆外交人员作为人质。阿尔及利亚介入,为解决两国人质危机进行调解,并于1981年1月19日发表了两项声明———一份"一般声明"和一份"解决求偿声明"。一般声明记录了两国为解决人质危机而作的核心承诺。其中伊朗承诺释放所有人质,以换取美国将伊朗在美国的财产恢复到1979年11月冻结令颁布前的状态;美国则承诺终结在美国法院进行的所有针对伊朗和伊朗国有企业的诉讼,并使这类诉讼的决定和判决无效,禁止任何进一步的诉讼和求偿,通过美伊之间的仲裁来解决所有求偿。解决求偿声明建立了一个伊美求偿法庭作为解决伊美之间求偿的机构。该法庭设在荷兰的海牙。

按照伊美两国最初同意的方式,伊朗应该在担保账户内存入并保持不少于5亿美元用于支付美国的赔款,因为伊美求偿法庭只受理1982年1月19日前提出申请的案件,所以在10年后,这些案件的审理已经完成了绝大部分。1992年5月,因为伊朗对美国作出了一笔大额赔付,担保账户内的资金仅剩余2.5亿美元。此后伊朗没有再向担保账户内注资,理由是剩下的数额已经足够支付剩余案件的赔偿。1993年9月12日,美国和联邦储备银行诉伊朗和伊朗Markazi银行,要求伊朗继续向担保账户注入资金,以使该账户内的资金数额不低于5亿美元。

案件的争议焦点之一是一般声明第七段的解释问题。第七段的内容如下:"由于根据一般声明第六段的内容,所有的款项由中央银行接受:(i)将所收款项的一半交付伊朗;(ii)将另一半存入中央银行的一个特别担保账户内,直至达到10亿美元。此后所收到的款项应按照阿尔及利亚银行的指示移交给伊朗。担保账户的唯一目的是用来担保支付根据解决求偿协议产生的针对伊朗的诉讼而裁定的赔款。无论何时,中央银行据此通知伊朗担保账户内余额不足5亿美元,伊朗应该即刻存入足够的款项以保持账户内始终有5亿美元的余额。该账户应该一直保持这种状态,直到根据求偿协议建立的仲裁法庭庭长向阿尔及利亚中央银行确认,所有与解决求偿协议相关的针对伊朗的求偿都得到赔付。那时,担保账户内剩余的资金将全部退还给伊朗。"

原告认为,被告由于未能保持该担保账户中的余额不少于5万亿美元而违反了一般声明中第七段的义务。原告要求伊美求偿法庭判令被告向担保账户中补充资金至5亿美元并保持这一余额水平直至所有针对伊朗的赔偿请求都得到满足。此外,原告还要求,在被告尚未完成向担保账户补充资金至5亿美元的任何时刻,伊美求偿法庭允许原告将任何有利于伊朗而向美国提出的求偿款项都存入该担保账户,直到该账户内的余额达到5亿美元时为止。被告否认其在此诉讼中负有任何责任。被告声称,在他们看来,因为担保账户中的现有余额足够支付任何将来伊美求偿法庭裁决伊朗支付的赔偿,所以被告没有义务再向担保账户中注资至5亿美元。被告指出,一般声明第七段第三句中"担保账户资金的唯一目的"是"根据解决求偿问题声明支付所有诉伊朗的求偿要求及足以担保实现求偿"。被告主张第七段内容中的担保账户的"唯一目的"的意思是伊朗向担保账户中注资的义务必须按照其本身的目的来解释。因为在担保账户内的现有资金足够实现这个目的,所以被告坚持认为伊朗已履行了第七段所要求的义务。

法庭认为应当根据《维也纳条约法公约》来解释一般声明。根据该公约第三十一条,法庭发现一般声明第七段条文清晰且无歧义。第七段清楚地说明,伊朗的义务是存入足够的款项以保持账户内始终有5万亿美元的余额。法庭认为,第七段所称的"唯一目的"并不仅仅指支付有利于美国的赔偿,还包括保证此类诉讼的赔付得到支付。因此,第七段中的"唯一目的"旨在建立一个特定的机制,保证针对伊朗的诉讼能够得到赔付,这种保证是通过担保账户内至少有 5 亿美元来保证的,使用"担保账户"这样的用语反映并确认了双方设立这种保证的意图。如果伊朗不予以注资,第七段中的"唯一目的"就没有完全实现。法庭认为,根据第三十一条解释一般声明的第七段已经可以得到确切的结论,无须援引《维也纳条约法公约》第三十二条进行补充解释。因此,法院认为伊朗自 1992 年起即未履行其义务,伊朗应继续履行注资义务,直到求偿法庭庭长确认所有针对伊朗的诉讼已经完全解决。

问题:本案中的"一般声明"是什么性质的文件？请你从条约法角度评述该判决。

第十三章 国际组织

案例：杰姆诉国际金融公司案——国际组织在一国的豁免问题[①]

国际金融公司（International Finance Corporation）是总部位于美国首府华盛顿的一个政府间国际组织，拥有包括美国在内的184个成员国。2008年，国际金融公司向印度古吉拉特邦海岸电力有限公司（Coastal Gujarat Power Limited）提供了4.5亿美元的贷款用以资助其在 Gujarat 省建设燃煤发电厂。根据贷款合同，该发电厂应当遵守为保护电厂周围地区免受损害而制定的环境与社会行动计划，否则国际金融公司有权撤回资金支持。

然而项目运行并不顺利。根据国际金融公司的内部审计，电厂未能遵守建设与运营的环境与社会行动计划。审计报告批评国际金融公司未能充分监督该项目。

2015年，一批居住在电厂附近一个小村庄的农民和渔民向美国哥伦比亚特区联邦地区法院起诉国际金融公司，声称电厂的煤尘、烟灰和冷却系统的排水损害或污染了周围的空气、土壤和水源。他们依据上述审计报告，对国际金融公司提出了过失侵权、妨害、非法入侵和违约等诉由，要求国际金融公司支付损害赔偿，并要求法院颁发禁止令。

国际金融公司认为，根据美国的《国际组织豁免法》（International Organization Immunity Act），它对诉讼享有绝对豁免权，因而以法院缺乏管辖权为由要求驳回起诉。原告则认为，国际金融公司只能像外国政府一样享有有限豁免权。

美国哥伦比亚特区联邦地区法院及其巡回上诉法院都判决称：国际金融公司对诉讼享有绝对豁免权。不服该判决的原告上诉到了美国联邦最高法院，受理此案的法官2019年判决指出：政府间国际组织在美国法院享有的豁免与外国国家一样，适用限制豁免原则，在从事商业活动、侵权等情形下不享有豁免；根据美国《国际组织豁免法》的规定，国际组织的豁免权与外国政府的豁免权绑定，既然目前外国政府只享有有限豁

[①] 李赞：《国家利益视角下重新审视国际组织豁免——从美国联邦最高法院杰姆诉国际金融公司案说开去》，《国际法研究》2020年第2期，第51—52页。See also Jam et al. v. International Finance Corporation, 58 U.S. (2019).

免权,国际金融公司也只能享有有限豁免权。

第一节 概 述

一、国际组织的概念、特征与分类

(一)国际组织的概念

国际组织一般是指两个以上的国家或其政府、民间团体或个人基于特定目的,以一定协议形式而建立的常设机构,有广义和狭义之分。狭义的国际组织仅指政府间的国际组织,是数国为达到特定目的,依照条约建立,并有专门机关履行其职能的团体,例如联合国、世界贸易组织、国际民航组织等。广义的国际组织还包括非政府间的国际组织,它们是由若干国家或地区的民间团体或个人组成的团体,例如国际商会、国际红十字委员会、国际奥林匹克委员会等。鉴于狭义的国际组织在国际社会中的突出作用,本章下文中如无特别说明,则仅取国际组织的狭义概念。

(二)国际组织的特征

从国际法角度来看,国际组织具有如下特征:

1. 国际组织的主要参加者是国家

首先,国际组织是主权国家之间的组织形式,虽然有一些国际组织,如某些技术性专门机构,也接纳少数非国家的政治实体或地区组织为准会员甚至正式会员,但组织的基本成员无疑是国家。其次,除极个别外,国际组织属于国家间的组织而不是超国家的组织,它不得违反国家主权原则而干涉本质上属于成员国国内管辖的事项。在实践中,如欧洲联盟这样的国际组织被称为超国家组织,一些西方学者也在论证国际组织的超国家性,但这仅属于国际组织中的特例。

2. 国际组织通常建立在宪章性文件的基础之上

这些宪章性文件属于国际条约[①],其内容一般包含国际组织的目的和宗旨,国际组织的主要机构及其职权范围、议事程序,并对会员资格的取得、丧失、成员国的权利义务以及国际组织职员等事项作出规定,其活动不得超过该条约所规定的范围,该国际条约是国际组织存在、活动的法律基础和根据。

3. 国际组织具有独立性

国际组织拥有独立的法律人格和自主意志,有独立于成员国的权利能力和行为能

[①] 凌兵:《国际组织的争端解决机制——对国际法院管辖权的考察》,《中国法律评论》2020年第4期,第1—2页。

力。成员国基于特定目的而建立国际组织,为实现其目的和宗旨,在一定范围内赋予国际组织若干职权和法律行为能力。国际组织一旦建立,就能够通过它的机关独立开展活动,以独立的国际法律人格参加国际法律关系,享有并承担国际法设定的权利和义务。

4. 国际组织是常设的

拥有为履行组织职能而设立的常设机构处理日常事务,这是国际组织区别于国际会议的一项组织特征。国际会议通常是由两个或两个以上的国家为讨论或解决某些国际问题而举行的临时性会议,它没有固定的会议、会期,也没有常设性机构。国际组织都有自己固定的会议、会期,有常设性机构来处理日常事务,其成员国还要向该组织派遣常驻代表,国际会议结束后,不需要设立常设机构继续工作。

5. 国际组织具有职能局限性

国际组织的这一重要特征表明:国际组织的法律人格只能在执行其法定职能及达成其组织宗旨所必需的范围内才能得到承认。从法学角度来看,国际组织是国家间进行多边合作的一种法律形态。正如国际法院在"为联合国服务而受损害的赔偿案"的咨询意见中认定:"国家享有国际法承认的一切国际权利和义务,但一个国际组织作为国际人格者所享有的权利和义务则取决于其特定的宗旨与职能。"[1]

(三)国际组织的分类

国际组织名目繁多,其目的、宗旨、组织结构和活动程序各不相同,可以依照不同的标准区分为若干类型。主要分类有以下几种:

1. 根据活动的目的,国际组织可分为一般性组织和专门性组织

一般性国际组织是指其宗旨和职能包括政治、军事、经济、社会和文化等方面的机构,其性质多是以某一领域的合作活动为中心,比如,联合国是以促进和平和安全合作的活动为中心的政治性的一般性国际组织。而专门性国际组织则是指其宗旨和活动限于某一特定领域的机构,这种专门性组织多是技术性的或行政性的,如国际海事组织、联合国教科文组织。

2. 根据成员范围及成员的地域特点,国际组织可分为全球性国际组织和区域性国际组织

全球性国际组织向国际社会所有国家开放,其成员国及活动范围不受地区限制,如联合国、世界贸易组织、国际民用航空组织。区域性国际组织由位于同一特定地理范围内的国家组成,成员国和活动范围均以本地区为限,目的是促进该地区国家间合

---

[1] 崔皓:《海洋相关国际组织职能重合问题研究——以国际海底管理局为视角》,《中国海商法研究》2019年第1期,第98页。

作的机构,如欧洲国家联盟、亚太经合组织等。不过,有些显示着区域性名称的组织如亚洲基础设施投资银行等却由于其加入的开放性而不应再视为区域性国际组织。根据《亚洲基础设施投资银行协定》成立的亚洲基础设施投资银行而言,其现有成员就有巴西、南非、加拿大、德国、意大利、俄罗斯、澳大利亚等。[①]

3. 根据成员的资格条件,国际组织可分为开放性国际组织和封闭性国际组织

开放性国际组织对所有国家开放,其成员资格不需要特定的条件。而对于封闭性国际组织,取得其成员资格需要满足特定的条件,这种条件限制多是以地理位置为基础的,如欧洲国家联盟、美洲国家组织等,但并不仅仅以地理位置为限制条件。有些封闭性组织是以国家间相同或相近政治或经济利益为基础设定成员资格条件,如北大西洋公约组织。

二、国际组织的发展沿革

国际组织的产生经历了漫长的历史过程。思想家的倡导与学说,为国际组织的产生做了重要的理论准备。其思想萌芽可远溯到欧洲中世纪,但丁(Dante Alighieri)倡导的"人类统一体""联合统一的世界各国",以及杜布瓦(Pierre Dubois)主张的基督教国家组织到一起,以仲裁解决彼此间的争端。到 17 世纪,威廉·佩恩(Willian Penn)的国际组织理论力求建立"欧洲议会",和平解决国家间的争端;其后的卢梭(J. J. Rousseau)建议把欧洲建成一个永久性的联邦,主张各国都放弃战争权;再后的康德(Immanual Kant)主张成立"和平联盟"等。这些早期的思想和理论,由于时代条件的局限,未能在当时付诸实现,但对此后国际组织的形成与发展,却有着不可忽视的影响。

近代以来,随着各国政治、经济联系日益紧密,为协调国家之间的利益矛盾,国际组织应运而生。但是在 20 世纪以前,国家主权的绝对性、排他性被国际社会广泛认可,国家是国际关系的主要参与者,因此,这一时期政府间的国际组织数量较少,而且往往只是充当各国交流的场所或方式,从属于主权国家,其组织结构、规模和作用都无法与现代国际组织相比,对国家主权也不构成任何影响。

进入 20 世纪,特别是经历了两次世界大战之后,政府间国际组织的发展速度明显加快。这一时期,不仅出现了一般政治性国际组织,许多专门性的国际组织也日臻完善。特别是第一次世界大战、第二次世界大战结束后分别建立起来的具有广泛职权的世界性国际组织——国际联盟和联合国,就是其中的典型代表。第二次世界大战后,

---

① 罗杭、杨黎泽:《国际组织中的投票权与投票权力——以亚洲基础设施投资银行为例》,《世界政治与经济》2018 年第 2 期,第 140—141 页。

各种国际组织纷纷建立,既有如国际货币基金组织、世界银行、世界贸易组织等全球性的国际组织,又有如欧盟、东盟等区域性国际组织。这些国际组织的建立,对协调各国关系、处理国际矛盾起了非常重要的作用。但是当各国加入国际组织,共同赋予国际组织一定范围权限的时候,国家也因此受到国际组织规章、决议以及其采取行动的约束,国家主权的绝对性、排他性必然受到限制。为此,有学者指出,国家主权一直面临两方面的压力:一是极端民族主义思潮导致主权国家的破裂;二是国际组织这一新的"帝国"不断在挖国家主权的"墙脚"。联合国前秘书长加利也指出,那种绝对的、排他的主权已不存在。

然而,国际组织的存在不但对国际社会,而且对主权国家至少有以下两项重要意义:

第一,各主权国家在可承受范围内签订国际协议,创立和赋予国际组织权力对本国主权进行一定限制,以获得集体和单独的效率。例如,根据1944年《国际民用航空公约》而建立的国际民用航空组织制定了统一的飞跃领空规则,使飞机在国家之间飞行更直接、更安全。

第二,各个国家签订条约赋予国际组织权力,可以克服单独行动或集体行动的困境。因为互惠互助已经成为当代国际关系中的一种常态,这需要通过国际组织来协调彼此双方共同作出让步。而一些全球性问题的解决也需要各个国家的合作。例如,通过世界贸易组织,各个国家可以协商并且在彼此之间减少或者取消贸易壁垒。[①]

三、国际组织法

国际组织的出现和迅猛发展,对国际法产生了巨大的影响。首先,国际法的主体不再限于国家,国际组织也成为国际法的主体,具备独立的法律人格;其次,出现了一系列与国际组织相关的法律问题,如国际组织的成员资格的取得与丧失、权利与义务、国际组织的机关设置、职权、决策方式与决议的法律约束力等。在全球性的国际法律秩序中,每一个国际组织都具有自己独特的规范其内外关系的法律体系,拥有各自不同的创始条约、组织机构和组织实践,也称为法律秩序。但是,各个国际组织法律体系的特征并不排除所有国际组织中存在的某些有普遍意义的基本原则、规则和共同的法律问题。这些问题的研究推动了国际法的一个新领域——国际组织法的诞生,与此相适应,研究国际组织的国际组织法学也就随之兴起。

国际组织法虽然久被视为国际法的一个分支,但由于国际组织的多样性、异质性,因而国内外学界对何谓国际组织法的诠释始终众说纷纭,莫衷一是。国际社会不存在

---

① 薛剑:《论国际组织对国家主权的影响》,《湖北行政学院学报》2020年第2期,第27—28页。

一个普适于所有国际组织的统一法典,实践中主要表现为各个国际组织特有的法律秩序。在国际法学的教科书中,国际组织法通常被定义为:规范国际组织创立和运作的原则、规则、章程和制度的总称。有学者在学术论文中认为,应该从规范意义和学科意义两个层面来理解,既包括每一个组织各具特色的具体的法律规范,也包括所有国际组织共同面对的法律问题、法律规则和制度;对国际组织法的不同理解引发出不同的研究方法和理论;国际组织法由国际法性质的规范与内部法性质的规范共同组成,具有多样性分类和有别于国际法其他分支的学科体系;国际组织法的实践既构成国际法不可或缺的一部分,同时也对国际法的发展产生多方面影响。[1]

如同国际法作为一个法律体系有其渊源一样,国家组织法作为国际法的一个分支,也存在其渊源。国际法渊源的理论与实践从整体上适用于国际组织法。同时,作为主要规范国家的特殊国际法主体——国际组织的法律,国际组织法又具有不同于国际法其他分支的特殊的渊源。概括地说,国际组织法的渊源由两部分组成:一部分是国际组织的创始条约即基本文件、组织的造法性决议与实践中形成的规则以及国际司法判决;另一部分则是适用于国际组织的某些条约(即成文法)、国际习惯法以及一般法律原则。这些渊源的两个组成部分相辅相成,缺一不可,共同调整着国际组织内部及对外事务关系。[2]

第二节 国际组织的成员

国际组织绝大部分成员是其正式成员,也有极少数成员为非正式成员。国际组织的成员资格的取得和丧失一般由国际组织的设立文件规定,内容不尽相同。

一、国际组织成员的种类

国际组织成员分为完全成员、部分成员、准成员、混合成员和观察员。完全成员、部分成员是正式成员,准成员、观察员是非正式成员。

(一)完全成员

完全成员是指正式加入某国际组织并在该组织中享有全部权利和承担全部义务的成员。国际组织的成员多属此类成员。此类成员在组织内部地位相同、一律平等,必须善意履行其基本文件所规定的各项义务,如执行组织决议、同组织真诚合作、按时

---

[1] 饶戈平:《走出国际组织法的迷思——试论何谓国际组织法》,《北京大学学报(哲学社会科学版)》2016年第6期,第47页。

[2] 饶戈平:《从国际组织法角度谈联合国》,《公关世界》2020年第19期,第66页。

缴纳会费、向组织及其职员提供必要的特权和豁免等。但这并不意味着国际组织成员的权利和义务必须完全均等。根据成员的实际情况，以及成员在创立或加入该组织时同意受其约束的该组织章程的规定，它们可以承担不同的财政义务，在组织机构中担任或者不担任职务，甚至享有不同的投票权。

（二）部分成员

部分成员是指参加某一国际组织中的一个或数个机关工作的成员。此类成员非为某一国际组织的完全成员，但在其参加的机关中享有全部的权利和义务。例如，瑞士在成为联合国会员国之前，一直是联合国国际法院规约的当事国；阿拉伯国家联盟规定，非联盟会员国的阿拉伯国家可参加该组织的特别委员会。

（三）准成员

准成员是国际组织中只享有部分权利、承担部分义务的成员。一般来说，准成员享有出席国际组织会议、参加讨论的权利，但没有表决权，也不能在主要机关中任职。准成员还可以接受国际组织提供的服务、便利和利益，并承担一定的财政义务，缴纳较低的摊款。一些不符合正式成员条件的国家以及对某国际组织活动不是十分感兴趣、但又愿意在一定程度上参与该国际组织事务的国家，可根据该组织章程成为该组织的准会员。此外，有些国际组织允许主权实体成为其准成员。

（四）混合成员

政府间国际组织中的混合成员大多指国家之外的国际法主体。非常典型的拥有混合成员的国际组织有如世界气象组织（World Meteorological Organization）等。就该组织而言，目前除 183 个国家成员外，还存有 6 个地区成员，它们分别为英属加勒比地区、法属波利尼西亚、中国香港、中国澳门、新喀里多尼亚、库拉索岛和圣马丁岛。国际海事组织（International Maritime Organization）中也有中国香港、中国澳门和丹麦属地法罗群岛 3 个联系会员。混合成员在国际组织中的法律地位有受限制的，也有完全一致的。[①]

（五）观察员

观察员是指能够和愿意致力于某一组织的工作，被邀请或接纳参加该组织的一定活动的成员。在实践中，有些国家与某个国际组织有密切的联系，但不是该组织的正式成员，该组织通常给予其观察员的地位。如摩纳哥、梵蒂冈都是联合国的观察员。已覆盖 98% 的全球总贸易额、拥有 164 个成员的最大多边贸易组织——世界贸易组织（WTO），一直到最近都有申请和接纳观察员的情况发生。如 2020 年 5 月 15 日，土

[①] 姜雪来：《国际组织中的混合成员及其法律地位研究》，《中国石油大学学报（社会科学版）》2012 年第 5 期，第 66—67 页。

库曼斯坦向世界贸易组织正式提交了以观察员身份加入的申请函。同年 7 月 22 日，世界贸易组织在瑞士日内瓦总部举行总理事会例行会议，经该组织总理事会成员讨论和一致同意，土库曼斯坦正式成为该组织第 25 个观察员。[①] 国际组织的观察员一般有权参加该组织的会议、取得该组织的正式文件和所参加会议的文件或散发文件，有时也可以提出正式提议。除非对与该国有直接利害关系的问题，并且得到相关组织的许可，观察员一般没有发言权，也没有表决权。

有些国际组织章程虽然只对正式成员作了规定，但在实践中把准成员、观察员作为非正式成员向正式成员过渡的临时安排，当一国完全具备了参加组织的条件时，就接纳该国为正式成员。例如，南斯拉夫 1950 年是关税及贸易总协定的观察员，1959 年成为准会员，1966 年成为该组织的正式成员。

二、国际组织的成员资格

（一）国际组织成员资格的取得

建立国际组织的文件一般都将关于成员及其资格的事项作为重要条款加以规定。1969 年和 1986 年《维也纳条约法公约》所称的国际组织，都是指政府间国际组织。这种组织的参加者原则上只能是国家。特别是政治性较强的组织，对成员资格的要求更为严格。如联合国宪章明确规定其成员为国家。但是也有例外情况，如《国际联盟盟约》规定，非独立国家的自治领土亦有可能成为其成员。

相对一般政治性组织而言，专门性国际组织虽然所辖领域比较单一狭窄，但所涉地域往往较为广泛，因此，为了扩大活动范围，发挥其最大专业功能，专门性国际组织在吸收成员的条件上一般比政治性组织显得宽松一些，参加组织的程序也较为简单。有些国家在某种情况下可能加入不了联合国或其他政治性国际组织，在接受某些专门性国际组织基本文件的条件下，却有可能成为这些机构的成员。本来，就一般情况而论，只有主权国家才能参加作为政府间国际组织的专门机构，例如国际民航组织、国际货币基金组织、国际劳工组织等对此都作了明确规定。但是，不少专门机构关于成员资格的条件，主要是从行政技术角度着眼的，所以除独立国家外，也允许在有关专业领域内享有一定管理权的非自治领土或地区参加其组织，以便在更广泛和非必要的范围内进行协作，例如世界卫生组织、世界气象组织、国际电信联盟、万国邮政联盟等。

国际组织的成员可以分为创始成员和纳入成员两种。创始成员是创立国际组织的成员，一般通过签署、批准创立国际组织的多边条约、在组织章程生效时取得成员资格。国际组织的章程中一般都规定取得创始成员资格的条件，这些条件主要有：第一，

---

① 杨进：《土库曼斯坦成为世贸组织观察员》，《世界知识》2020 年第 16 期，第 52 页。

应是出席创立国际组织的会议的国家,如联合国、石油输出国组织、欧洲空间机构等章程中都有这种规定;第二,应是某种特定国际组织的成员,如国际金融公司和国际开发协会的创始成员应是国际复兴开发银行的成员。另外,有些国际组织还在其章程或附件中列出可成为创始成员的名单。

纳入成员是国际组织成立后接纳的成员。纳入成员一般须经过申请和接纳程序,由国际组织的决策机关或由决策机关和执行机关共同作出决定而成为国际组织的成员。取得纳入成员资格的条件有:第一,对一切国家开放的国际组织要求纳入成员必须是国家;第二,区域性国际组织要求必须是某一区域的国家;第三,是某特定国际组织的成员;第四,能够和愿意履行该组织规定的义务。

创始成员和纳入成员的法律地位并没有明显的区别,它们的权利基本上也是相同的。但在有些国际组织中,创始成员享有一定特权。例如,石油输出国组织在接纳新成员时,不但要得到 3/4 成员国的同意,还需要得到全体创始成员国的同意。

(二)国际组织成员资格的丧失

国际组织成员资格主要因成员的退出或被开除而丧失,也可因某种特殊原因而自动丧失成员资格。主要发生于下列三种情况:

1. 开除

开除是国际组织使其成员丧失成员资格的一种最激烈的方式。一成员国如严重或屡次违反组织章程,则有可能遭到被除名的后果。例如,国际货币基金组织、欧洲理事会等组织的基本文件都有关于开除的规定,这是一种对成员的制裁手段,也用以应对阻碍组织工作的成员,从而保护组织的正常运转。有些国际组织在组织章程中规定了开除成员的原因和程序,例如,《联合国宪章》第六条规定:"联合国之会员国中,有屡次违反本章程所载之原则者,大会经安理会之建议,得将其由本组织除名。"在组织章程中没有开除成员的规定时,国际组织也可以采取其他办法将成员开除。例如,1962年美洲国家组织通过决议认定古巴政府以自己的行为将自己排除于美洲体系,从而将古巴从美洲国家组织中除名。但促进合作是国际组织的固有职能,实践中除极少数事例外,国际组织罕有采用开除的方式来制裁其成员。

2. 退出

大多数国际组织的章程或建立国际组织的条约都有允许成员自愿退出的规定。如《联合国教科文组织组织法》《万国邮政联盟组织法》《联合国气候变化框架公约》《巴黎协定》等都对退出事项作了规定。在有此规定的情况下,缔约国当然有权按照规定的条件和程序退出。不过《伊核协议》《维也纳外交关系公约关于强制解决争端之任择议定书》等少数国际组织协议中就没有退出条款。据一些学者的考证,这些协议中退出规范空白的原因是:条约的起草者们并不鼓励缔约国的退出,缔约国原则上也不得退出。然而,即便国际组织章程或条约没有退出条款,《维也纳条约法公约》也规定了可以退出的例外,即:从条约各缔约国的原意或者条约的性质推断允许退出或全体当事国于咨商其他各缔约国后表示同意时,缔约国也可以退出。因此,综合《维也纳条约法公约》第五十四条(乙)项和第五十六条可知,这种例外的存在导致不能绝对地断定某种退出不合法。不过,无论国际组织章程或条约是否有规定,退出国在退出生效前已承担的义务在退出后不受影响。[①]

3. 自动丧失

自动丧失是指某特定国际组织成员因某种原因在该组织中不再享有权利和履行义务的情形。这种丧失是成员的国际法主体资格不存在。如从1993年1月1日起,捷克斯洛伐克分裂为两个独立国家,即捷克和斯洛伐克。捷克斯洛伐克在联合国的成员资格终止,分裂的两个国家各自申请成为联合国的会员国。德意志民主共和国并入德意志联邦共和国后,它在国际组织中的成员资格也随之丧失。

三、国际组织成员的权利和义务

国际组织成员的权利和义务是由国际组织章程和其他法律文件确立的,成员之间的权利和义务是一致的。

(一)国际组织成员的权利

国际组织成员的权利一般有代表权、发言权和表决权以及国际组织章程赋予的其他权利。

1. 代表权

在国际组织中,一个国家如果取得该组织的成员资格,那么该国就有权派遣自己的代表出席组织的会议,参加组织的活动,也有权被选为组织中各机关的成员。一个成员只能有一个代表权。当国际组织中发生两个自称某一成员国的代表时,代表权的解决一般通过国际组织的章程。如20世纪70年代,联合国以及世界上其他许多国际组织都相继作出了承认中华人民共和国政府代表权的决议。1971年第26届联合国大会以76票对35票的压倒性多数,通过了"恢复中华人民共和国在联合国组织中的一切权利"并"把蒋介石的代表驱逐出去"的决议。

2. 发言权和表决权

国际组织的成员有权出席会议,发表自己的意见与评论。有权向其他成员散发文件,有权与其他成员一同修改章程,参与决策过程,表达其意见和建议,参与某种政策的制定。国际组织的基本特征是建立在主权平等的基础上。因此,成员无论大小、强

---

① 伍俐斌:《论美国退出国际组织和条约的合法性问题》,《世界经济与政治》2018年第11期,第59—63页。

弱、人口多寡，在法律关系上都处于平等地位，表决权是相同的，采取每个成员一票制，其法律效力完全相同。但在实践中也有例外，如国际货币基金组织和国际复兴开发银行等国际金融机构的表决权采用加权表决制，即成员除有相同的基本表决票外，按照认缴的基金份额或股份，每一定数量就增加一票，向组织认缴的份额或股份越多，增加票数就越多。此外，在某些国际组织中虽然每个国家有相同的投票权，但其效力则不完全相同，有些国家享有否决权。

3. 国际组织赋予的其他权利

有的国际组织章程规定，其成员按照章程规定的条件，享有组织提供的服务和便利。如国际货币基金组织成员享有使用基金的提款权和特别提款权的权利。国际原子能机构的成员可以享有该机构提供的材料、设备和援助的权利。

国际组织成员的权利可能因其违反组织的规定而被停止，例如，《联合国宪章》第5条规定，经安理会采取或执行行动的会员国将丧失其权利和特权，包括代表权和表决权。国际劳工组织和国际卫生组织可通过决议停止严重和持续执行种族歧视或种族隔离政策的成员参加大会的权利。

(二)国际组织成员的义务

国际组织成员的义务一般有合作义务、财政义务等组织章程规定的义务。

1. 合作义务

一国取得某国际组织成员的资格，就有义务派出代表参加该组织的会议。组织的成员因对会议讨论的问题不感兴趣，或因认为组织无权讨论某问题而不出席会议的事情时有发生。偶尔不出席会议无可非议，但长期不出席组织召开的全部会议，就被视为不履行作为组织成员固有的义务。当一个国际组织的决策需要全体一致同意才能作出时，任何成员不论决议的内容为何，一贯阻碍决议的通过，其行为也属于违反与组织合作的义务。此外，国际组织还要求其成员予以合作，给予国际组织及其职员以特权与豁免。

2. 财政义务

大多数国际组织没有自己的收入，其开支需依靠成员缴纳的会费、摊款和份额来维持，有时一些成员也给予自愿的捐助。近年来，不少国际组织出现了因会费欠缴问题而引发的较严重的财政危机。如截至2020年12月，联合国近200个成员中仅有139个缴齐2020年会费，美国一分未缴。根据《联合国宪章》第十九条规定，凡拖欠联合国财政款项的会员国，拖欠数目若等于或超过前两年所应缴纳的数目时，即丧失其在大会的投票权。2020年1月10日，联合国宣布，由于拖欠会费，黎巴嫩、也门、委内瑞拉、中非共和国、冈比亚、莱索托和汤加7国丧失在联合国大会的投票权。当前，联合国的财政危机远未解决，反而愈演愈烈。联合国面临耗尽流动资金储备、拖延支付员工薪资和供货商费用的风险,可能将被迫采取一系列严苛的节支措施,包括限制差旅和招聘新人、节约用电用水等,①从而影响联合国很多传统活动的展开。对于拖欠款项的成员,其他国际组织同样也有各种制裁措施。例如,欧洲理事会大会就曾停止过不履行财政义务的成员国的代表权。有些国际组织则停止向其成员提供服务或援助,如国际原子能机构就有这样的规定。另一些国际组织甚至规定将不履行财政义务的会员开除出组织。

3. 组织章程规定的义务

履行章程规定的义务是组织成员最基本的义务。不言而喻,如果成员不遵守组织的章程,组织便无法存在和运转。有些国际组织要求申请加入组织的国家必须接受组织章程所载的义务,并能够和愿意履行这些义务。各组织除规定成员必须履行的义务外,有的还为不同类别的成员规定不同的义务。

第三节 国际组织的法律地位与豁免

一、国际组织的法律地位

国际组织的法律地位即国际组织的法律人格问题,具体指国际组织是否有与其成员交往的法律人格,国际组织是否具有与非成员国以及其他国际组织交往的国际人格。国际组织的法律地位包括国际组织对内和对外关系两方面的内容。

国际法意义上的国际组织不是超国家实体,而是国家(地区)间的组织,若干国家(地区)为了特定的目的通过签订多边条约的方式自愿建立并为了组织活动的需要间接或默示地赋予其一定的法律地位。因此,国际组织的法律地位不是固有的,而是成员所赋予的。国际组织能否成为国际法的主体,这是涉及它的法律地位的根本问题,国际法学界对此曾有长期的争论,大体分为主观人格说与客观人格说两种观点。前者的基本内容是:国际组织所赖以存在的基础就是体现创立他们的成员国意志的组织条约,这些国际组织的宗旨、职能、权力、义务等方方面面都由该条约所规定,离开了它的组织条约,国际组织是无法在国际社会存在的,因此,国际组织人格的存在与否取决于其组织条约,除非组织条约规定其享有国际人格,否则就不具有法律人格。② 在国际组织条约中,有的明确规定该组织在对内对外关系上的法律人格。如1951年由法国、联邦德国、意大利、比利时、荷兰和卢森堡六国在巴黎签订的《欧洲煤钢共同体条约》第

---

① 姚珺、韩一元:《联合国面临的困难与挑战》,《现代国际关系》2020年第12期,第45页。
② 王雨:《现代国际组织国际法律人格研究》,《人大研究》2007年第9期,第40—42页。

六条规定:"共同体具有法律人格。"然而很多国际组织不直接或明确在其组织条约中规定它是否具有国际法律人格或者是否是国际法主体的问题,连取代前述欧共体的欧盟在其名为《马斯特里赫特条约》的组织条约中都没有明确规定欧盟是否有法律人格。就欧盟这一特别而又强大的区域性国际组织而言,直到2001年达成的《尼斯条约》和2007年达成的《里斯本条约》生效后,其法律人格的条约法规则才明确化。同样,联合国在最初的《联合国宪章》中就无关于它是否有法律人格的明确规定。① 不过,1946年的《联合国特权与豁免公约》改变了这种状态,清晰地规定"联合国具有法律人格"。

主观人格说后来又发展出了"暗含权力说"的观点,即尽管某国际组织的组织条约没有明确规定其是否享有国际法律人格,但若能从该组织的职能等方面推断出它享有法律人格,则它依然具有法律人格。支持以上客观人格说的学者则认为:国际组织的法律人格并非来源于其组织条约,而是来源于既定的国际法秩序;只要一个国际组织满足一定的客观因素,则其便享有法律人格;这些客观因素由一般国际法所确定,诸如该国际组织有永久性的机构、独立的意志能力等。国际法院在1949年"关于为联合国服务而受损害的赔偿案"的咨询意见中倾向于支持客观人格说。不过,从英国法院对阿拉伯货币基金组织诉哈希姆(Arab Monetary Fund v. Hashim)案的判决情况来看,国际组织条约中关于其法律人格的规则通常不能约束第三国。②

综上,国际组织的法律地位可以归纳为以下几点:

首先,国际组织具有其成员所赋予的国际法律人格。与国家相比,国际组织作为派生的国际法主体,即它是由作为其成员的国家创立的,这就意味着,任何一个国际组织,包括联合国组织,不仅不能凌驾于国家之上,而且也不能与创立它的国家等量齐观。国际组织不是国家,也不是超国家,而是国家之间通过协议建立的、享有国家所赋予的国际法律人格的实体。

其次,国际组织是有限的国际法主体。与国家不同,国际组织在国际法上的权利和义务是基于建立该组织的成员之间的协议。因此,国际组织的特定职能以及相关的权利义务,都是以建立该组织的章程为依据的。这就意味着,国际组织在执行其职务并行使其权利时,不能超越其组织章程规定的范围。例如,根据《联合国宪章》,联合国大会不具有立法的职能,因此,联合国大会不能行使立法权。此外,国际组织不是国家,它不具有国家的属性,既没有领土,也不能对其成员国国民进行统治,它所取得的法律人格,不管范围多大,同主权国家所固有的完全法律人格相比,显然是有限的。

最后,国际组织具有为执行其职能所必需的法律行为能力。作为有限的国际法主

---

① 周晓明:《谈〈里斯本条约〉下的欧盟国际法律人格》,《武汉大学学报(哲学社会科学版)》2012年第1期,第11—14页。
② 王雨:《现代国际组织国际法律人格研究》,《人大研究》2007年第9期,第40—42页。

体,国际组织的职能和权利一般都不能超出该组织章程所规定的范围。但是,为了执行国际组织的职能,在特定情况下,国际组织可以具有某些与其职能相关的"暗含权力",即其章程没有明确规定的权力。不过无论如何,所谓暗含权力,必须是执行其职能所必须的,而这些职能都应是该组织章程明确规定的。

二、国际组织的豁免

国际组织的豁免主要是指国际组织及其官员、财产和档案不受其所在国家司法程序的干扰。

历史上国际组织在有限的运作范围内,更多的是帮助或协调其他行动者而非进行直接参与或实施有效控制,其交往对象也主要是国家或其他国际组织。为此,受该种特定历史条件和《联合国特权与豁免公约》等国际条约的影响,各国早期的司法实践均普遍地给予国际组织绝对豁免。然而,随着国际组织数量的增长、职能领域的延伸、作用和影响力的不断扩大,国际组织亦可能对私人主体实施不法行为。同时,在国际人权保护水平不断提升、公民个人权利保护意识觉醒的背景下,国际社会及各国国内法院对于国际组织所享有的绝对豁免提出越来越多的质疑,甚至开始出现了推翻以往绝对豁免惯例的裁决。

例如,在2010年欧斯诺卡尔瓦(OSS Nolsalva)公司诉欧洲航天局案中,美国地方法院判定欧洲航天局放弃了豁免,在上诉中,美国第三巡回法庭更是直接判定:欧洲航天局本不享有绝对豁免。该法院的理由是:美国联邦的《国际组织豁免法》应当涵盖有关外国主权豁免方面法律的发展和变化;国际组织不同于主权国家的豁免是不被接受的;绝对豁免甚至会促使国家通过国际组织行为而逃避其应当承担的责任。[①]

第四节　国际组织的机构与职能

任何国际组织建立后,为使该组织进行正常的工作运转,都要设立各种机构来处理各种事务。这些机构根据本组织的工作分工各具特点,有着不同的职能、级别、名称和成员,形成了国际组织的骨干。由于国际组织的性质不同,活动的领域和方式存在差异,不同组织的内部机构也千差万别。它们都是国际组织运作的"硬件"。正是由于这些机构根据其基本法开展活动,国际组织的目标才得以实现。国际组织的内部机构按照职能需要原则,大致可以有以下五类机关:

---

① 何志鹏、姜晨曦:《国际组织限制豁免的理论探析与实践立场》,《太平洋学报》2019年第7期,第1—3页。

一、议事与决策机构

议事与决策机构通常被称为大会或代表大会、全体会议,少数经济组织则称作管理董事会。有的大会是国际组织的最高权力机关,如世界卫生组织大会就是世界卫生组织的最高权力机关,主要任务是审理总干事的工作报告、规划预算、接纳新会员和其他重要议题。世界气象组织大会是世界气象组织的最高权力机关,由各会员派代表团与会,有权确定为实现该组织宗旨的总政策,通过有关国际气象与水文做法的技术条例等。联合国大会是一个可以就广泛的国际问题进行讨论和提出建议的议事机关,然而,它在很多方面都没有执行权,因而很难说它是联合国的最高权力机关。[1]

二、执行与主管机构

执行与主管机构是国际组织内负有决策和行动职能的主要机关,通常称作理事会或委员会、执行委员会、执行局等,个别一般性政治性组织,如联合国、美洲国家组织,设有分别主管不同领域事务的数个理事会。理事会由部分成员组成,如世界气象组织有近 200 个成员,理事会却仅有 37 个成员[2]。其成员当选后在限定任期内参与理事会的活动,享有平等的投票权。少数组织的理事会设有常任理事国或派任董事国,拥有形式不同的加重投票权。理事会的职能范围与活动方式依各组织基本文件的规定有所不同,有的是主管组织内某一专门领域的事务,负责就此作出决议和决定,如联合国安全理事会、经济和社会理事会、托管理事会等主要机关,有的是最高权力机关休会期间的常设机关,负责履行组织的各项职能,如联合国系统部分专门机构的理事会,有的则以年会的方式在大会之前主持组织的活动,处理各项业务问题并向大会提出报告。理事会有权在职能范围内作出对成员国有拘束力的决议,并积极参与大会的决策过程。在国际组织实践中,理事会的地位和作用有加强的趋势。

三、行政与管理机构

行政与管理机构是组织内为其他机构提供服务、执行主要机构制定的政策和计划方案的常设性机关,多称为秘书处。成员为国际组织建立秘书处是为了支持它们在条约体制内针对特定问题进行多轮谈判,这些谈判主要涉及通过新条约规定以及修订和完善现有规定。[3] 秘书处的最高行政长官一般称为秘书长或总干事,也有称为执行秘

---

[1] 刘高龙:《国际公法学》,社会科学文献出版社 2014 年版,第 289—290 页。
[2] 张影、李景:《世界气象组织》,《中国标准化》2017 年第 7 期,第 133—135 页。
[3] 周逸江:《塑造全球治理议程:国际组织自主性的行动逻辑——以 UNFCCC 秘书处为例》,《外交评论》2021 年第 1 期,第 136 页。

书、总裁或主席的。秘书长是国际组织的最高行政首脑和对外代表,通常由大会选举产生,在一定任期内履行基本文件规定的广泛职能。秘书处工作人员由秘书长依有关规章聘任各国公民组成,通称国际公务员。国际公务员一般由各国政府按分配数额推荐,然后经秘书长正式委任。所有国际公务员以个人身份独立参与组织活动,不得寻求或接受任何本组织以外任何当局的指示。

四、辅助与工作机构

国际组织各主要机构可依基本文件的规定设立各种辅助与工作机构。该类机构可以是常设的,也可以是临时的,可以由全体成员代表组成,也可以由部分成员代表组成,但通常是由技术专家以个人身份参加,负责某一类专门领域或某一专门事项的技术性、行政性事务。这类机构多数是技术性、咨询性委员会,讨论、研究各主要机构职能范围内的技术性问题,提交报告、建议或草案,协助、辅助主要机构工作。

五、司法机构

少数国际组织内设立有专门负责审理法律问题及通过司法手段解决国际争端的司法机构。国际联盟中有常设国际法院,联合国中有国际法院,欧洲联盟中有欧洲法院,美洲国家组织中有美洲人权法院,世界贸易组织(WTO)中有司法性的争议解决机构。就世界贸易组织这一世界最大的多边贸易组织的司法性上诉机构而言,因美国的使绊措施而在2019年12月11日被迫停止运作,中国和欧盟等国只能用临时上诉仲裁的措施予以替代。[①] 也有根据有关公约设立的独立的国际司法机构,如国际海洋法法庭、欧洲人权法院等。各国际司法机构通常都有专门的规约,规定法院的管辖权、适用法律和司法程序等。法院法官的产生有严格的条件和程序,一般都是从各国政府推荐的、应能代表世界各大文化和主要法系的著名国际法学家候选人中选举产生的。法官必须完全独立地行使职能。个别国际组织内还设立有行政法庭,如联合国、国际劳工组织等,专门为国际公务员在与雇主发生劳务或人事纠纷时提供法律救助措施。

第五节 国际组织的议事规则

国际组织各机构在行使职能过程中要遵循一定的程序规则,通常包括会议制度、

[①] 石静霞:《WTO〈多方临时上诉仲裁安排〉:基于仲裁的上诉替代》,《法学研究》2020年第6期,第167页。

决策程序和表决制度等项。程序规则一般由组织基本文件进行原则规定,然后由各机构制订各自具体详细的议事规则。

一、会议制度

国际组织的会议制度主要包括各机构的会期、会址、会议议程(讨论项目及其次序),会议代表(人数与类型),代表证书的审查,会议主席的产生与职能,会议译文和记录,会议的公开性问题,以及辅助机构的设置等项内容。各组织及同一组织内各机构的会议制度不尽相同,具体内容取决于各自议事规则的规定。

二、决策程序

从目前国际组织的实践来看,决策程序可分为一致通过、多数通过、加权表决、协商一致以及反向协商一致等多种类型。一致通过程序尊重成员主权,但常因出现任意否决而导致决策效率低下;多数通过程序可能出现多数国家侵害少数国家利益的现象;加权表决是以实力说话的规则。这些决策程序各有利弊。在采取单一的决策程序时,有可能因其内在缺陷而给决策带来各种难题,所以在选择决策规则时,如果能跳出单一决策规则的思维禁锢,采取混合模式就可以发挥各规则的优势,克服其不足。如世界贸易组织的决策程序就兼有投票表决与协商一致配合、协商一致为常规和先导、投票表决为例外和后盾等多种混合的模式。①

各国际组织的决策程序规则反映了组织的特点,并在其宪章、章程或会议制度等基本文件中规定下来。如根据《国际电信联盟公约》的规定,国际电联大会、全会和会议采用了"多数投票决定"原则,也就是有过半数出席并参加表决的代表团的同意票即可通过。而在接纳新成员国时,则必须获得 2/3 以上国际电信联盟成员国的同意。不过,与世界贸易组织类似的是,由于表决制度采用的是生硬的投票方式,容易在组织内部产生对抗性,因此,在国际电信联盟的实际操作中,特别是在世界无线电通信大会议程的讨论中,参与各方极力避免出现投票现象。②

三、表决制度

成员国对组织决议草案表示赞同、反对或弃权的方式即为表决。各种国际组织的表决制度不尽相同。

(一)一致同意制

即所有成员国都平等享有一个投票权,组织决议须经出席会议并参加投票的全体

---

① 余敏友:《世界贸易组织的决策程序》,《法学杂志》1998 年第 5 期,第 20 页。
② 黄嘉:《国际电联决策程序与 WRC-07 中国参会策略》,《中国无线电》2007 年第 12 期,第 9 页。

成员国同意方可通过。这种制度建立在国家主权平等的原则基础上,但过于强调成员国的个别意志,实际上赋予每个成员国以否决权,限制了组织职能的行使。现在仍有少数组织坚持有条件适用一致同意制。

(二)多数表决制

多数表决制又可分为简单多数制和特定多数制两种形态。简单多数制要求赞成票构成全部表决票的一半以上即可;而特定多数制则要求赞成票构成全部表决数的某一比例如 2/3 或 3/4 等以上才可。[1] 多数表决制是国际组织中适用最广泛的表决方式,它所通过的大多是不具拘束力的建议性决议,但也有例外,许多组织的执行与主管机构以简单多数通过的决议也有拘束效力。

(三)加权表决制

加权表决制涉及三个主要因素:投票方、权重、通过门槛。加权的依据可能是人口多少、经济实力、股权大小或者其他因素。国际货币基金组织和世界银行都采用公司治理的模式,各国大致按其战后初期的经济实力进行股权分配。这对发达国家极为有利,但自然受到发展中国家的反对。以世界银行为例,美国曾长期拥有将近 1/3 的股份,如今也拥有超过 16% 的股份,然而通过决议却需要 85% 的赞成比例,美国凭一己之力便能否决任何提案。相似的制度多见于经济性国际组织,但并不仅限于此,例如欧盟的席位,就是大致按人口比例分配的。[2]

(四)协商一致的决策程序

20 世纪 60 年代以来,国际组织中逐渐发展形成一种协商一致的新决策程序,即成员国之间通过广泛协商、不经投票而对议案达成一致合意。该程序避免了硬性投票表决带来的弊病,维护了国家间主权平等和民主协商的原则,但尚缺乏被普遍承认的确定规则和程序。该程序通过的决议往往附有成员国的保留和自我解释,不利于实施。

(五)大国具有否决权的表决制

大国具有否决权的表决制是指在特定国际组织中居于核心地位的大国对重要决策可一票否决的表决机制。该种表决制允许少数成员的个体意志对抗多数成员的集体意志和特权。在既有国际组织体系中,联合国安全理事会、国际货币基金组织、世界银行和亚洲基础设施投资银行等国际组织都设置了大国否决权。其中在安全理事会拥有否决权的大国为美国、中国、俄罗斯、英国和法国,在国际货币基金组织和世界银行的一些事务中拥有否决权的大国是美国。中国作为创始国,在亚洲基础设施投资银

---

[1] 罗蛟:《简单多数表决制国际组织中国家策略研究》,《现代交际》2013 年第 2 期,第 111 页。
[2] 徐志忠:《国际组织的表决权分配问题》,《才智》2014 年第 7 期,第 333 页。

行中也拥有否决权。[1]

第六节 联合国及其专门机构

联合国是 20 世纪所产生的全球最大最重要的一般性、普遍性的政府间国际组织。自 1945 年成立以来,在维持国际和平与安全、促进国际合作与发展方面发挥着举世瞩目、不可替代的重要作用。与此同时,一批在某一特定业务领域内负有广大国际责任的专门性技术性国际组织,通过相关关系协定而成为联合国的专门机构,从而形成联合国体系,即以联合国为协调中心的国际组织系统。

一、联合国的宗旨和原则

联合国是第二次世界大战的产物,是战时主要盟国共同规划的战后集体安全体制,是 20 世纪国际组织发展的集大成者和高峰。其组织法《联合国宪章》是联合国一切活动的法律依据,集中体现了人类的良知、理想和正义。宪章由 1 个序言、19 章共 111 个条文组成,规定了联合国的宗旨原则、组织机构、职权范围和活动程序。《国际法院规约》是宪章的组成部分。

《联合国宪章》第一条明文规定联合国的宗旨为:"一、维持国际和平及安全;并为此目的:采取有效集体办法,以防止且消除对于和平之威胁,制止侵略行为或其他和平之破坏;并以和平方法且依正义及国际法之原则,调整或解决足以破坏和平之国际争端或情势。二、发展国际间以尊重人民平等权利及自决原则为根据之友好关系,并采取其他适当办法,以增强普遍和平。三、促成国际合作,以解决国际属于经济、社会、文化及人类福利性质之国际问题,且不分种族、性别、语言或宗教,增进并激励对于全体人类之人权及基本自由之尊重。四、构成一协调各国行动之中心,以达成上述共同目的。"[2]

为实现联合国的宗旨,《联合国宪章》第二条为联合国自身及其会员国规定了应遵循的七项原则:第一,所有会员国主权平等;第二,所有会员国都应善意履行宪章义务;第三,各会员国应以和平方法解决其国际争端;第四,各会员国在其国际关系上不得使用武力威胁或武力,或以与联合国宗旨不符之任何其他方法侵害任何会员国或国家之领土完整或政治独立;第五,各会员国对于联合国依宪章规定采取的行动应尽力予以

---

[1] 刘莲莲、王晴:《国际组织中大国否决权的规范价值探析》,《国际政治研究》2018 年第 7 期,第 78—86 页。
[2] 张乃根:《试析联合国宗旨下的国际秩序及其演变》,《东方法学》2012 年第 2 期,第 96 页。

协助,不得协助联合国正在对之采取防止行动或强制行动的任何国家;第六,联合国在维持和平与安全的必要范围内,应确保使非会员国遵行上述原则;第七,联合国不得干涉在本质上属于任何国家国内管辖的事项,但该原则不应妨碍联合国对威胁和平、破坏和平或侵略行为必须采取的强制行动。宪章上述原则除特定条款外,均系国际社会全体所接受的国际法基本原则,具备强行法的效力,不仅对联合国而且对世界各国都产生约束力。

二、联合国的主要机关

联合国设定了六个主要机关:联合国大会、安全理事会、经济及社会理事会、托管理事会、国际法院和秘书处,各主要机关之下还设有各种必要的辅助机关或附属机关。

(一)联合国大会

大会由全体会员国组成,具有广泛职权,可以讨论宪章范围内或有关联合国任何机关的任何问题,唯安理会正在审议者除外。大会的主要职权有:第一,根据《联合国宪章》的明确授权,为处置联合国内部事务而作出决议,包括根据《联合国宪章》第四条、第五条、第六条作出关于接纳会员国、停止会员国权利和将会员国除名的决议,根据《联合国宪章》第十七条作出关于审核联合国预算和分配会员国会费摊派限额的决议,以及根据《联合国宪章》第二十二条作出关于设立辅助机关的决议等;第二,根据《联合国宪章》的明确授权及由此引申得来的固有权力,为对联合国内部各机关进行监督和管理而作出决议,包括根据《联合国宪章》第六十条、第八十七条作出关于监督在其权力之下(under its authority)的经济及社会理事会、托管理事会履行职责的决议,以及在前述《联合国宪章》第二十二条明确授权的基础上作出关于对由其自身设立的辅助机关进行具体管理的决议等;第三,主要根据《联合国宪章》第十条至第十四条的规定,针对联合国会员国作出决议,包括维持国际和平与安全、促进政经与文教卫生等领域的国际合作、促进人权和基本自由的实现,以及促进国际法的编纂与发展等。[1]

大会本质上是一个审议机关和建议机关,在一定意义上具有世界论坛的性质。不过,尽管除因以上前两类有明确授权而能作出有约束力的决议以外,大会并不能对成员国采取强制行动。然而,大会却为国际政治多方提供平台,从大会的各项活动中可以很好地观察各国的政治偏好,进而根据国家间政治偏好异同之类的因素衡量双边政治关系等。[2] 同时,不少大会的决议具有促进确立国际法规范的法律效力。如在外层

---

[1] 蒋圣力:《联合国大会决议法律效力问题重探——以外层空间国际法治实践为例》,《国际法研究》2020年第7期,第55—56页。

[2] 刘敏、朱亚鹏、辜良烈:《双边政治关系与中国企业跨国并购成功率——基于联合国大会投票数据的研究》,《南方经济》2020年第7期,第21页。

空间法领域,由第十六届联合国大会于 1961 年 12 月 20 日通过的决议《外层空间和平利用之国际合作》(A/RES/1721[XVI])和第十八届联合国大会于 1963 年 12 月 13 日通过的《各国探索和利用外层空间活动的法律原则宣言》(A/RES/1962[XVIII]),就在外层空间国际法律体系的构建中发挥了十分重要的推动作用;甚至由于该两项联合国大会决议所宣示的多项据以引导国际社会开展外空活动的基本原则均为首次提出,因而使得诸如美国、苏联和印度等国代表在联合国和平利用外层空间委员会相关会议上表示上述两项决议应当"代表了国际社会普遍接受的法","被接受为国际法的一部分"。[①] 由此可见,大会和安理会一样在联合国系统中处于中心地位。大会设七个主要委员会、两个程序委员会、两个常设委员会以及其他辅助机构。大会每年 9 月至 12 月举行一届常会,必要时可临时召开特别会议。出席大会的每个会员国代表限为 5 人,但投票权仅有一个。程序性问题以简单多数可决票即可通过,重要问题的决议则须出席并参加投票的会员国的 2/3 以上通过方为有效。

(二)安全理事会

联合国的会员国把维持国际和平与安全的主要责任授予安全理事会(简称"安理会")。该机构同时也是唯一有权采取行动的组织,其主要职能包括:第一,在和平解决争端方面:促请争端各当事国用谈判、调查、调停、和解、仲裁、司法解决、利用区域机构或区域协定或当事国自行选择的其他方法解决争端;调查任何争端或情势,以断定其继续存在是否足以危及国际和平与安全。对上述性质的争端与情势,可以在任何阶段建议适当的调整程序或方法;可接受、受理任何会员国、一定条件下的非会员国、大会或秘书长提请安理会注意的、可能危及国际和平与安全的争端或情势。第二,在维持和平、制止侵略方面:应断定任何对和平的威胁、破坏或侵略行为是否存在;促请各当事国遵行安理会认为必要或适当地为防止情势恶化的临时措施;建议或决定采取不涉及使用武力的强制措施,并促使会员国协同执行;如非武力措施不足以解决问题,可采取必要的军事行动,以维持或恢复国际和平与安全。所有会员国都有义务依特别协定向安理会提供维持国际和平与安全所必需的军队、协助和便利。第三,其他方面:负责制定军备管制方案;在特定战略性地区行使托管职能;建议或决定为执行国际法院判决而应采取的措施;同大会平行选举国际法院法官;向大会推荐新会员国和联合国秘书长人选。

安理会采取常年性行使职能的组织形式,由 5 个常任理事国——中国、法国、苏联(现由俄罗斯取代)、英国、美国和 10 个非常任理事国组成。后者由大会选出,任期两

---

① 蒋圣力:《联合国大会决议法律效力问题重探——以外层空间国际法治实践为例》,《国际法研究》2020 年第 7 期,第 60—61 页。

年。每一理事国都有一个投票权。程序性事项的决议获任何 9 个理事国的可决票即可通过;非程序性事项的决议须包括全体常任理事国的 9 国赞同票才能通过,被称为"五大国一致原则"。也就是说,对于实质问题的决议,每一常任理事国都拥有否决权。为防止否决权的滥用,宪章规定关于和平解决争端的决议,争端当事国不得投票。此外,安理会实践中已形成一个惯例,常任理事国的弃权或不参加投票不构成否决,否决权问题是安理会表决制度的核心。

冷战开始后,直接的国际冲突主要发生在大国与小国或小国与小国之间,而不是大国之间。联合国安理会在实践中创新地通过维持和平行动来处理国际冲突。维和行动处于和平方法和强制手段之间,成为联合国解决国际冲突的主要方式。冷战结束后,联合国安理会的维和行动发生了很大的变化,特别是强调维和前的预防冲突和维和后的建设和平。联合国安理会还发布第 1540 号决议等防核扩散文件,积极推动无核区建设。在非传统安全领域,联合国安理会在打击恐怖主义和海盗等问题上开展了大量工作。[1]

(三)经济及社会理事会

联合国经济及社会理事会(简称"经社理事会")是联合国的 6 个主要机构之一,于 1945 年依照《联合国宪章》设立。该机构由联合国大会选出的 54 个会员国组成,其任期为 3 年,是协调联合国系统推进可持续发展的核心机构,为经济和社会发展问题提供政策对话和建议,负责联合国主要会议和首脑会议的后续活动。[2]

经社理事会每年举行两次各为期一个月的常会,以简单多数通过决议。理事国享有平等的一个投票权,任期 3 年,每年改选 1/3,可连选连任。经社理事会下设 5 个区域委员会、若干临时委员会和常设委员会。

(四)托管理事会

联合国托管理事会成立于 1945 年 6 月 26 日,负责对置于国际托管制度下的领土实行管理,行使联合国关于除指定为战略地区之外的托管领土的职能。托管制度的主要目标是促进托管领土居民的进展以及托管领土朝自治或独立方向的逐渐发展。联合国原有托管领土 11 个,分别由英、美、法、比、澳、意、新西兰等国管理。到 1980 年 11 月为止这些托管地区先后获得独立,最后只剩下美国管理下的太平洋岛屿托管地。随着联合国剩下的最后一个托管领土帕劳于 1994 年 10 月 1 日取得独立,托管理事会于 1994 年 11 月 1 日停止运作。[3]

---

[1] 张贵红:《联合国与联合国学》,《国际政治研究》2020 年第 4 期,第 15 页。
[2] 林俊杰:《联合国经社理事会咨商地位及其对中国的意义》,《国际研究参考》2019 年第 8 期,第 9 页。
[3] 刘高龙:《国际公法学》,社会科学文献出版社 2014 年版,第 289—290 页。

(五)国际法院

国际法院是联合国的主要司法机关,于 1946 年 4 月 3 日在荷兰海牙成立,其规约为《联合国宪章》的组成部分。国际法院由 15 名不同国籍的独立法官组成。法官经大会和安理会分别选举产生,任期 9 年,可连选连任。国际法院的管辖权包括"各当事国提出的一切案件,以及《联合国宪章》或现行的条约和公约中特别规定的一切事项"。法院还可应大会或安理会的要求,或应大会授权的专门机构的要求,提出咨询意见。

例如,在 2004 年,国际法院就应联合国大会的请求,对"关于在被占巴勒斯坦领土建立隔离墙的法律后果"问题发表咨询意见称:根据《联合国宪章》第十二条及联合国大会在 20 世纪 50 年代通过的《联合一致共策和平》的第 377A 号决议,联合国大会发表咨询意见的请求不属于"建议"范畴;面对危及和平的情势、破坏和平等行为时,在 5 个常任理事国不能一致决策的情况下,大会应对这种情势或行为进行审议并提出建议。[1]

(六)秘书处

秘书处是为联合国其他机关服务并执行这些机关制定的计划和政策的常设行政机关,由秘书长和联合国所需国际公务员组成,总部设在纽约。其具体职责包括:在争端解决中进行斡旋和调解;管理维持和平的行动;同有关国家政府进行交涉;考察世界经济和社会趋势及问题;研究人权、自然资源等专门问题;组织国际会议;监督联合国各机关决定的执行情况;口译发言和笔译文件;向世界新闻媒体提供服务等。

秘书长是联合国的行政首长,由大会根据安理会的推荐任命,任期 5 年,届满后可连选连任一次。除去其行政职能外,秘书长还担负将可能威胁国际和平与安全的任何争端提请安理会注意的政治职责。秘书长和秘书处职员是独立的国际公务员,对联合国负责,为联合国工作,不得寻求和接受任何国家政府或联合国以外的任何当局的指示。

联合国秘书处的工作人员人数过万,来自 100 多个国家,作为国际公务员,都必须宣誓不得寻求或接受任何政府或联合国以外任何其他当局的指示,他们每日都要共同处理现实世界里的各种热点、难点问题。秘书处是联合国文件的发源地,这里的文件五花八门,从当今世界的热点问题到历史上少人问津的冷门话题等应有尽有、包罗万象,都是同各届大会、安理会以及各委员会开会期间围绕各种议题作的发言和所提出的讨论稿、提案、决议、修正案等相关的会议相联系的。半个世纪以来,联合国秘书处做了大量的工作。但是,随着国际形势的不断发展变化,联合国在机制、结构、运作、管理方面所面临的挑战愈来愈严峻,其自身的不适应性暴露得越来越明显,由此导致秘

---

[1] 吴燕妮:《后冲突时代的国际法治及大国责任》,中国社会科学出版社 2018 年版,第 30 页。

书处的突出问题是机构臃肿、效率低下、人浮于事、浪费严重,有识之士已表示要进行改革。①

三、联合国的专门机构

联合国专门机构是指按照成立条约,其任务超出《联合国宪章》第一条第三项以及第五十五条定义的服务领域但是又与联合国存在联系(《联合国宪章》第五十七条、第六十三条)的国际组织。② 第二次世界大战后迄今为止,如联合国这样的机构有16个,即国际劳工组织(International Labour Organization,ILO)、联合国粮食及农业组织(Food and Agriculture Organization of the United Nations,FAO)、万国邮政联盟(Universal Postal Union,UPU)、联合国教科文组织(United Nations Educational, Scientific and Cultural Organization,UNESCO)、世界卫生组织(World Health Organization,WHO)、国际货币基金组织(International Monetary Fund,IMF)、国际复兴开发银行(世界银行)(International Bank for Reconstruction and Development, IBRD)(World Bank)、国际民用航空组织(International Civil Aviation Organization, ICAO)、国际电信联盟(International Telecommunication Union,ITU)、世界气象组织(World Meteorological Organization,WMO)、国际海事组织(International Maritime Organization,IMO)、国际农业发展基金会(International Fund for Agricultural Development,IFAD)、世界知识产权组织(World Intellectual Property Organization, WIPO)、联合国工业发展组织(United Nations Industrial Development Organization, UNIDO)、国际原子能机构(International Atomic Energy Agency,IAEA)、世界旅游组织(World Tourism Organization,UNWTO)。

上述专门机构都有各自的基本文件,原则上确立了它们独立的法律人格。它们是独立自主的政府间组织,有各自的成员国、结构体系、特定职权、议事规则、经费来源以及各自的总部,其决议、活动无须联合国批准。同时,它们又同联合国订立了关系协定,确认了它们在国际社会中的法律地位,规定了它们同联合国进行联系的特殊形式;联合国承认专门机构的职权范围,专门机构则承认联合国有权提出建议并协调其活动,定期向联合国提交工作报告,双方互派代表列席对方的会议,但无表决权,经对方请求可相互把有关项目列入自己的会议议程。此外,彼此交换情报、文件,协调人事、预算及财政方面的安排等。

经社理事会负责协调联合国同专门机构的关系,设有两个辅助机关。一个是与政

---

① 汤世稼:《我在联合国秘书处工作的日子》,《世纪》2004年9月刊,第47—48页。
② 陈颖健:《联合国专门机构职能扩张的法律问题研究——以世界卫生组织为例》,《外交评论》2008年第2期,第72页。

府间机构协商的委员会,负责同各专门机构谈判,订立关系协定;一个是协调行政委员会,负责实施关系协定并加强各机构之间的工作配合。

专门机构是普遍性国际组织,其成员涵盖整个国际社会,但通常情况下只允许国家加入。少数专门机构,如世界气象组织、世界卫生组织、世界贸易组织等,虽然允许非自治领土或个别地区有条件加入,但对其成员资格和权利予以某些限制。专门机构多采取惯常的三级机关的组织体系,即最高权力机关(大会)、执行机关(理事会或执行局)、常设的管理协调机关(秘书处)。多数专门机构实行一国一票的多数表决制,少数专门机构则采用加权表决制。

思考题

一、问答题

1. 国际组织有哪些暗含的权力?
2. 联合国大会的决议是否有约束性?
3. 国际组织及其工作人员有哪些豁免权?

二、案例分析

英国于 1973 年加入了欧盟这样一个特殊国际组织的前身即欧洲共同体。1975 年,英国的工党领袖哈罗德·威尔逊兑现了其在 1974 年竞选中的承诺,就英国是否保留欧共体成员国身份的问题首次举行了英国全国性全民公投活动,那次的公投以超过 67% 的比例使英国留在了欧洲共同体。欧洲共同体后发展更名为简称为"欧盟"的欧洲联盟,英国自然地变成了欧盟的成员。2016 年,保守党首相卡梅伦推动了英国历史上第三次全国性公投,在同年 6 月 23 日举行的全民公投中,英国民众以 51.9% 的比率选择脱离欧盟。2020 年 12 月 24 日,经过英国三任首相之手,在长达四年半的努力后,在脱欧过渡期结束前 7 天之际,英国与欧盟终于敲定了一份贸易协议,实现了双方都期望的"协议"脱欧。英国脱欧过渡期将于 2021 年 12 月 31 日结束。

问题:请从国际组织法的角度对上述英国脱欧过程作出分析和评判。

第十四章 国际争端的和平解决

案例：加勒比海主权权利和海洋空间受侵犯的指控（哥伦比亚反诉尼加拉瓜）[①]

2017 年 11 月 15 日，国际法院就哥伦比亚在加勒比海主权权利和海洋空间受侵犯的指控（尼加拉瓜诉哥伦比亚）案中提交的反诉的可受理性发布命令。法院在其命令中认定哥伦比亚提出的第三项和第四项反诉可以受理，并设定了提交进一步诉状的时限。

法院首先回顾，尼加拉瓜于 2013 年 11 月 26 日根据《波哥大公约》第三十一条对哥伦比亚提起诉讼，事由是"法院 2012 年 11 月 19 日[关于领土和海洋争端（尼加拉瓜诉哥伦比亚）案]判决书中宣告的尼加拉瓜主权权利和海区受到侵犯以及哥伦比亚威胁使用武力以实施这些侵犯行为"引起的争端。哥伦比亚曾于 2014 年 12 月 19 日提出了对法院管辖权的初步反对意见。法院在 2016 年 3 月 17 日的判决书中认定，根据《波哥大公约》第三十一条，法院有管辖权，可以裁断尼加拉瓜与哥伦比亚之间关于哥伦比亚侵犯尼加拉瓜有关海区权利的指控的争端。据尼加拉瓜称，法院在其 2012 年 11 月 19 日的上述判决书中已宣告这些海区属于尼加拉瓜。哥伦比亚在 2016 年 11 月 17 日的辩诉状中提出了四项反诉。

法院注意到，哥伦比亚的第一项和第二项反诉都涉及据诉称尼加拉瓜违反其保护和保全海洋环境的义务。第一项反诉基于的理由是据指控尼加拉瓜违反其保护和保全西南加勒比海海洋环境的尽责义务。第二项反诉涉及尼加拉瓜违反其在保护圣安德列斯群岛居民特别是赖萨尔人享受一个健康、完好和可持续的环境所提供的惠益的权利方面据称应有的尽责义务。

关于哥伦比亚第一项和第二项反诉及尼加拉瓜的主诉所各自依据的基础事实，法院注意到，哥伦比亚依据的是据指控尼加拉瓜未能保护和保全西南加勒比海的海洋环境。特别是，哥伦比亚辩称尼加拉瓜的私人船只从事掠夺性渔捞，一直在破坏西南加勒比海的海洋环境，从而阻碍了圣安德列斯群岛居民包括莱萨尔人社区享有一个健

[①] 《国际法院判决书、咨询意见和命令摘要 2013—2017》（中文版），第 276—283 页。

康、完好和可持续的环境和生态能带来的惠益。与此形成对照的是,尼加拉瓜的主诉是基于据指控哥伦比亚海军干扰和侵犯尼加拉瓜在其专属经济区内的专属主权权利和管辖权。尼加拉瓜表示,哥伦比亚阻止尼加拉瓜渔船及其海军和海岸警卫队船只在尼加拉瓜专属经济区内航行、捕鱼和行使管辖权。因此,法院认定,哥伦比亚第一项和第二项反诉与尼加拉瓜主诉所依据的所称事实在性质上不同,并且这些事实并不涉及同一事实组合。此外,法院认为,哥伦比亚第一项和第二项反诉与尼加拉瓜主诉之间没有直接的法律相关性。法院因此得出结论认为,哥伦比亚第一项和第二项反诉与尼加拉瓜主诉之间在事实上以及在法律上都没有直接相关性。

在第三项反诉中,哥伦比亚请法院宣告尼加拉瓜已经侵犯了圣安德列斯群岛当地居民包括土著莱萨尔人出入和利用其传统渔场进行手工捕鱼的习惯权利。哥伦比亚特别提及尼加拉瓜海军据称对圣安德列斯群岛手工渔民进行恐吓和骚扰的行为,例如,扣押手工渔民的产品、渔具、食物和其他财产。法院指出,双方当事国同意,哥伦比亚第三项反诉和尼加拉瓜主诉所依据的事实涉及同一时间段(即2012年判决书作出之后)和同一地理区域(即尼加拉瓜的专属经济区)。法院进一步指出,哥伦比亚第三项反诉和尼加拉瓜主诉的基础事实具有相同性质,因为二者指称一方当事国海军部队对另一方当事国国民采取的行为是相类似的。因此,国际法院得出结论认为,哥伦比亚第三项反诉与尼加拉瓜主诉之间存在《国际法院规则》第八十条要求的直接相关性。

法院认为,哥伦比亚第四项反诉和尼加拉瓜主诉所依据的事实,即通过国内法律文书来确定两国各自海区的界限或范围,涉及同一个时期。法院指出,最重要的是,双方当事国都控诉对方颁布国内法规定,对同一地理区域(即加勒比海西南部位于尼加拉瓜海岸以东、哥伦比亚圣安德列斯群岛周边)内两国各自的海洋空间进行划界。法院得出结论认为,哥伦比亚第四项反诉与尼加拉瓜主诉之间存在《国际法院规则》第八十条要求的直接相关性。

第一节 概 述

一、国际争端的概念和特点

国际争端(international disputes)在国际法学界是一个有争议的国际法概念。传统国际法认为,国际争端就是指国际法主体之间,主要是国家之间由于在法律上或事实上意见不一致或政治利益的冲突所产生的争执。[1]但事实上,现在的国际争端不仅

---

[1] 梁西:《国际法》,武汉大学出版社1993年版,第385页。

包括国家之间的争端,也包括国家与国际组织、国际组织与国际组织之间的争端。严格地说,一国与他国自然人或法人发生的争端不属于国际争端的范畴,但这种争端有时会引起国际争端。因此,在现代国际实践中,国际争端是指两个或两个以上公认的国际法主体间由于法律权利或政治利益的冲突所产生的争执和对立。[①]

国际争端与国内争端相比,具有以下特点:

(1)争端的当事方不同。国际争端的主体主要是主权国家,另外还包括其他的国际法主体,而国内争端主要发生在个人之间,或个人与集体或国家之间。当然,在发生外交保护的场合,国内争端也可以发展成国际争端。

(2)争端的解决方法不同。国际争端的解决必须采用国际法上的特殊方法,因为在国际关系中不存在一个超国家的权力机构和裁判者,即凌驾于国家之上的立法机关和司法机关来制定法律,并据此审理国际争端。而国家对于处理国内私人争端却具有最高的权力,其立法机关有权制定具有普遍拘束力的法律规范,司法机关有权审理当事人之间的争议,并由国家强制机关来执行判决。

(3)争端的后果不同。以国家为主体的争端往往涉及整个主权国家的重大利益,有的争端甚至直接关系到国际和平与安全,如果不能合理、有效地解决这些国际争端,就可能导致严重的后果。如领土纠纷的解决就影响到整个民族或人民的生存空间及资源分配,有的甚至影响某一地区乃至世界范围的利害关系。而国内私人争端一般仅涉及个人利益,即使处理不当,其消极影响有限,不可能产生类似国际争端那么严重的后果。

(4)争端的基本起因不同。国内争端多与个人的法律权利或个人的利益相关,而国际争端的起因比其他任何种类的争端都要复杂,既有政治因素,也有法律因素,还可能有事实因素,因而国际争端比任何争端都复杂和难以解决,而且国际争端的解决受国际关系力量对比的制约,其解决方法和程序也是随着历史的发展变化而发展变化的。

二、国际争端的种类

根据发生原因的不同,国际争端可以分成如下几类:

(一)法律争端

法律争端中,争端当事国的要求和论据以国际法所承认的理由为根据,它是当事国对具体权利义务的争执,又被称为"关于权利的争端"。《国际法院规约》第三十六条第二款规定,法律争端包括:①条约的解释;②国际法上的任何问题;③一经确定,将属

[①] 曾令先:《国际法学》,中国人民大学出版社、社会科学出版社2003年版,第344页。

于违反国际义务的任何事实的存在;④违反国际义务应予赔偿的性质及其范围。法律争端可以通过仲裁或司法程序解决。《联合国宪章》第三十六条第三款规定,"凡具有法律性质之争端,在原则上,理应由当事国依国际法院规约之规定提交国际法院",因而又被称为"可裁判的争端"。

(二)政治争端

政治争端因当事国的政治利益的冲突而产生,它不涉及或不直接涉及法律问题的争端。这类争端的范围比较广泛,一般涉及国家的主权和独立等重大政治问题,不能通过法律方法或有关国家不愿意通过法律方法来解决,属于"不可裁判的争端",只能采用政治外交的解决方法。

(三)事实争端

事实争端是指当事国对某项事实是否存在以及如何看待该项事实的问题发生的争执。这类争端往往适用调查、和解等特殊的解决方法。此种类型的争端需要的是对事实本身的澄清而并非对其是非曲直作出某种判定。

(四)混合型争端

国际争端的复杂性导致实际产生的争端往往并非以单纯的法律争端或政治争端的面目出现,更多的争端可能既涉及国家间的法律权利又涉及国家间的政治利益,即"混合型争端"。此种类型争端,既可以采用政治的方法或法律的方法,还可以采取政治方法和法律方法并用的方式加以解决。

对国际争端进行分类的主要目的,就是为了对不同的国际争端采用不同的方法去解决,对国际争端进行分类在理论上是可行的,但在实践中,国际争端产生的原因、争端的内容和性质十分复杂,单纯的法律争端、政治争端或是单纯的事实争端并不多见,大多是政治冲突以法律争端的形式出现,法律争端又包含有政治因素。正是由于国际争端的起因和性质难以确定,因而解决方法亦非一成不变,同类型争端在不同国家之间可能会有不同的解决方法,但一般而言,每一项具体的争端总会表现出一种主要性质,我们可以依据这一主要性质来确定争端的解决方法。

第二节 国际争端的政治解决方法

和平解决国际争端的政治方法称外交方法,是指有关国家通过外交途径解决其争端。政治解决方法的特点是:第一,适用于各种不同类型的争端。只要争端当事国同意,无论是政治争端还是法律争端,无论是混合型争端还是事实型争端,都可以通过政治方法予以解决。第二,争端当事国的主权得到了充分的尊重。政治解决方法都是在争端当事国享有充分自由的情况下提出和采用的,争端当事国始终享有充分的自由裁量权。第三,不影响争端当事国此时或今后用其他争端解决方法。争端当事国可以在一种政治方法解决争端不成功的情况下,随时采用另一种政治方法或政治方法以外的解决方法。和平解决国际争端的政治方法有谈判与协商、斡旋与调停以及调查与和解。

一、谈判与协商

谈判是争端当事国直接地进行交涉以求达成协议,解决他们之间争端的一种方式。谈判是解决国际争端的基本方式。由于国际争端一般都涉及当事国的重大利益,因而有关当事国愿意通过他们自身的直接磋商,阐明各自的立场和观点,从而在求同存异、互谅互让的基础上,以达到争端的合理解决。谈判的形式是多种多样的,可以是公开的,也可以是秘密的;可以是书面的,也可以是口头的。谈判这种方式的基本优点是:双方可以开诚布公地交换意见,可以避免第三方的介入,有利于争端的友好解决,但是在双方实力悬殊时,谈判常常使弱方当事国处于不利的地位。

协商是与谈判相类似并密切相关联的一种方式。它在以前被作为谈判的一个部分和步骤,当代则常被作为一种独立的方法使用。谈判一般仅限于当事国参与,而协商有时可以邀请中立国参与。协商和谈判往往难以明确区分开来,例如在协商的基础上展开谈判,在谈判的过程中不断地进行协商。协商更强调与会各方在一种更为友好、和平的气氛中用商量的方式解决问题,所以协商比谈判更有灵活性,更能体现和解精神。协商作为解决国际争端的一种方法,是在 20 世纪 50 年代以后才逐渐受到重视的,因此,在《联合国宪章》中所列举的各项和平解决国际争端的方法中并未提及协商。直到 70 年代末,许多重要的国际条约才对协商这种国际争端解决方法作出规定。

谈判与协商同其他解决国际争端的方法相比,其优越性在于:在直接会谈和友好协商的过程中,有关国家可以当面澄清事实真相,阐明各自的观点,沟通更全面,可以消除不必要的隔阂和误会,增进相互之间的了解和信任,从而达到解决争端的目的。可是,从性质上来看,除非有条约的明确规定,否则谈判都是一种任意的行为,当事国可以拒绝用谈判或协商的方法,即使当事国参加了谈判或协商,也无达成协议的法律义务。

二、斡旋与调停

斡旋是指一个第三方(国家、国际组织或个人)进行的各种有助于促成争端当事国直接谈判的善意行动,但该第三方并不参加谈判,不介入具体争端的解决。与斡旋不同,调停则是第三方以调停者的资格提供建议作为谈判的基础而直接参与争端当事国的谈判,并且主持谈判,力求调和争端双方的矛盾,使它们达成协议。斡旋和调停可以是因当事国的请求而进行,也可以是由第三方主动提供。第三方自行提供斡旋和调停不能被视为一种不友好行为,但争端当事国没有接受斡旋与调停的义务。第三方提出的任何建议或解决争端的办法都没有法律拘束力。在斡旋中,第三方本身并不直接参加谈判,而调停的第三方不仅要以中间人的身份为当事国提供开始或重新谈判的便利,而且要直接参加谈判,促成争端的解决。单纯的斡旋在现代国际关系中并不多见,《联合国宪章》亦未规定斡旋方式而只规定了调停方式。

斡旋和调停无论是在国际条约中还是在国际争端的解决实践中,一般都不被严格加以区分。例如,1899 年和 1907 年《海牙和平解决国际争端公约》在提及斡旋和调停时,笼统地将两者并列为一种方法。两者联系紧密,体现在:在行为的性质上,两者均表现为和平解决国际争端的积极手段,与武装解决国际争端形成鲜明的反差,其代价最小,效果最好;在行为的主体上,两者均不是争端的当事国,而是由第三方进行,例如在国际社会具有一定影响、被当事国双方所信任和接受的有关国家政府或国际组织或个人;在行为的效力上,无论是调停的建议还是斡旋的劝告,均不具有法律约束力,一旦斡旋和调停对于解决某一争端或成功或失败,斡旋或调停的使命即告终结,充当调停或斡旋的第三方均不承担任何法律责任(例如,1962 年 12 月,亚非六国科伦坡会议对中国和印度之间发生的边界争端进行斡旋,由于印度方忽视斡旋程序的特点,不顾斡旋者建议的非法律拘束力的性质,后又向中国政府提出无理要求,使科伦坡六国的斡旋活动以失败告终);最后,在国际责任或义务上,国际法均没有规定各国政府有义务承担调停或斡旋。[①] 第三方在进行斡旋、调停时,不应将自己的意见强加于当事国;当事国有完全的自由而无须承担任何义务。斡旋与调停成功,则进入谈判协商;斡旋与调停失败,则第三方退出。因此,斡旋与调停只是和平解决国际争端的一个步骤、一个辅助方法。中国在外交斡旋和调停方面有较多的实践。例如,晚清时美国总统格兰特调停中日琉球争端[②];甲午中日战争爆发前夕,美国以维护朝鲜的和平局面为名,却对朝鲜和清政府避免战争爆发的调停请求不予理睬,对日本蓄意挑起战争的态势虽给予劝告,实际上则采取默许的态度,并拒绝了英国倡导的"联合调停"[③];1937 年德国驻华大使陶德曼对中日战争进行调停[④];中国政府对朝鲜核问题进行外交斡旋和调停,

---

[①] 范炳良:《试论外交斡旋》,《经济与社会发展》2006 年第 4 卷第 7 期,第 153 页。
[②] 王瑛:《格兰特调停中日琉球争端:李鸿章居间调处法的典型运用》,《云梦学刊》2011 年第 31 卷第 6 期,第 89 页。
[③] 叶春芳:《甲午战争爆发前美国对中朝英请求调停的态度》,《沧桑》2010 年第 4 期,第 113 页。
[④] 杨智友:《陶德曼秘密调停始末》,《档案春秋》2015 年第 9 期,第 14 页。

倡导主持"朝核问题六方会谈"①；中国政府对缅甸罗兴亚人危机进行外交调停等②。

三、调查与和解

调查是指在因基本事实不清，双方无法达成共识的争端中，当事国通过第三方调查争议事实以求最终解决争端的方法。其程序是：首先，由当事方就调查的问题达成协议，确定要调查的内容及调查委员会的组成、权限和成立期限等。一般调查委员会由3人或5人组成。其次，调查委员会就事实进行调查，在此期间，调查委员会可以询问证人、鉴定人以查明事实。最后，由调查委员会向当事国提交说明事实真相的报告，该报告没有法律拘束力，是否承认该调查报告完全由当事国自主决定。

调查制度由1899年《海牙和平解决国际争端公约》确立。公约规定，凡遇有国际争端不涉及国家荣誉或根本利益而只起因于对事实的意见分歧者，如争端当事国不能以外交手段解决，在情况许可范围内，设立国际调查委员会，进行公正认真的调查，辨清事实，以促进争端的解决。在实践中，调查方法最早被使用在英俄北海渔船事件中，当时俄国波罗的海舰队开赴远东作战，途经北海时，将英国渔船误认作日本军舰予以炮击。事后，英俄双方就事实真相发生争执，于是双方设立国际调查委员会对事件进行调查。经查明，事故完全由俄国舰队司令官判断失误造成，于是俄向英国赔偿65 000英镑，争端圆满解决。第一次世界大战后，调查方法进一步得到众多国际组织和国际公约的认可，在实践中也得以反复适用和发展。例如，1931年九一八事变后，当时的国际联盟成立由英国人李顿（Victor Bulwer Lytton）任团长的调查团（又称为"李顿调查团"）专门对九一八事变后的所谓"满洲问题"和中日矛盾作调查。③

和解又称为调解，是指当事国协议将争端交由一个由若干成员组成的委员会，委员会对争端事实作出调查和评价，阐明事实并提出解决争端的建议，以促使争端解决的方式。和解委员会可以是常设的，也可以特设；一般由3人或5人组成，争端当事国双方各指定3名和解员中的1名或5名和解员中的2名，其他1名和解员由争端当事国双方协商指定，且应为第三国国民。争端当事国协商指定的这名和解员一般被同时指定为委员会主席。委员会的任务是用调查的方法澄清事实并提出适合解决争端的条件，其程序除当事国另有约定外，由委员会自己决定；委员会做出的报告和建议没有法律拘束力，当事国亦无义务接受。

---

① 漆海霞：《国际调停历史与策略的量化分析——兼析朝核问题六方会谈》，《世界经济与政治》2010年第6期，第98页。
② 范存祺、王海峰：《人类命运共同体视域下的中国人道主义调停——以罗兴亚人危机为例》，《南海学刊》2020年第6卷第3期，第112页。
③ 黄金宽：《"李顿调查团"研究的回顾与深化》，《民国研究》第32辑，社会科学文献出版社2017年版。

和解与调查不同。调查的目的仅仅是查明真相,而争端则由当事国自行解决;和解不仅要查明真相,更重要的是通过和解委员会的建议,促成当事国就争端的解决达成一致。和解与调停亦有区别。和解主要是通过和解委员会的调查和建议谋求争端的和平解决;调停则依靠调停方的努力,促成当事国的谈判,来最终解决争端。

上述谈判协商、斡旋调停、和解调查等国际争端的解决方法,又被称为"实力取向"的国际争端解决方法。① "实力取向"方法的主要优点在于:灵活且适用于所有类型的国际争端;争端当事方的主权得到尊重,当事方自始至终控制解决过程,并拥有接受或拒绝一项解决方案的自由,可以同时或先后采用其他和平解决争端的方法。但该类方法的弱点也比较明显:依赖于当事各方的善意与同意,最终达成的结果往往与当事国的实力有直接的关联而非争端的是非曲直本身,能够达成的最终结果缺乏可预见性。②

第三节　解决国际争端的法律方法

和平解决国际争端的法律方法是指用仲裁和司法方法解决国家之间的争端。法律方法的特点是:第一,适用于法律争端和混合型争端;第二,解决争端和裁判争端依据的是法律规则,而不是一般的道德规范、社会习俗、世俗的是非标准等;第三,有相对比较完善的组织机构和相对比较固定的程序规则;第四,仲裁裁决和司法判决对争端当事国有拘束力,争端当事国有义务诚实执行裁决或判决;第五,它是解决争端的最后方法,争端当事国一般不再诉诸其他任何争端解决方法。

一、国际仲裁

(一)国际仲裁的概念

国际仲裁又称为公断,是指当事国根据协议,将争端交付由他们自行选任的仲裁人处理,并约定服从其裁决的争端解决方法。仲裁以当事国间的协议为基础,当事国基于自愿把争端交付仲裁时,就约定了服从仲裁裁决,从而使仲裁裁决具有法律拘束力。仲裁由仲裁庭按照仲裁程序,依据法律原则审理争端,是一种与谈判、调停或和解等争端的政治解决方法不同的法律解决方法。国际仲裁因"自愿管辖"而具有法律拘束力,但没有法律仲裁的性质,裁决的执行完全要依靠当事国出于道义的责任和自觉

---

① 邵沙平、余敏友:《国际法问题专论》,武汉大学出版社 2002 年版,第 330—331 页。
② 戴兴泓:《国际争端解决机制现状与展望》,《社会科学家》2012 年第 6 期,第 80 页。

承担义务来实现,因而它与国内仲裁、国际商事仲裁也有区别。仲裁与司法解决不同:仲裁属于"自愿管辖"性质,即由当事国自愿把争端交给自己选任的仲裁员,而司法解决中的法院的组成是固定的;仲裁员在争端当事国协议规定的范围内根据争端当事国选择的法律作出裁决,而法院则适用固定的法律作出判决。仲裁与国际争端的政治解决方法相比,其主要区别是:仲裁一般适用法律,其裁决对当事国有约束力;而政治解决方法一般不适用法律,解决结果也没有拘束力。

(二)国际仲裁制度的历史

国际仲裁是一种古老的争端解决方法,古希腊、古罗马乃至中世纪的欧洲,都有采用仲裁制度解决争端的先例。近代国际仲裁制度,开始于 1794 年英国和美国签订的《友好通商航海条约》,其中规定设立三个混合委员会,按照公平、正义和国际法各项原则,分别负责解决边界争端、英国债权人对美国的清偿要求以及研究美国公民因英法海战受到损失而提出的控告。19 世纪后期,以仲裁方法解决国际争端的案件不断增加,仲裁已经成为解决国家间争端的一种重要方法。其中,"阿拉巴玛号"仲裁案是其中较有影响的案件。"阿拉巴玛号"是美国南北战争期间英国为南部邦联制造的一艘军舰。该船建造之初,美国即提请英国注意其战时中立义务,但英国政府仍将该船交给了美国南部邦联。在 1862—1864 年,该船先后击沉 70 多艘美国联邦政府的船只。战争结束后,美国以英国政府违反战时中立义务为由向英国索赔,英国则以该船驶离英国时并无武器而拒绝赔偿。1871 年,双方达成协议,将本案交付仲裁。1872 年,仲裁庭裁决英国政府疏于防范而违反中立义务,应向美国支付损失赔偿。"阿拉巴玛号"仲裁案件扩大了用仲裁方法解决国际争端的影响,促进了国际仲裁制度的发展。

1899 年和 1907 年海牙会议制定的《和平解决国际争端公约》第四部分明确规定了国际仲裁法庭的组成、管辖权、裁决权及仲裁程序等具体条款;还设立"常设仲裁法院",为利用仲裁方法解决国际争端提供了便利条件。此后的《日内瓦和平解决国际争端总议定书》《国际联盟盟约》《联合国宪章》都规定了国际仲裁制度的内容。很多国际条约,如《美洲国家组织宪章》《欧洲和平解决国际争端公约》《联合国海洋法公约》等也规定了仲裁作为和平解决国际争端的方法之一。

目前,中国在国际商事领域利用国际仲裁的情况较多;在涉及与其他国家的重大问题时,一般仍通过外交、政治的解决方法处理,而不是通过仲裁方式解决。

(三)常设仲裁法院

常设仲裁法院是 1899 年《和平解决国际争端公约》的缔约国根据该公约第二十条至第二十九条(即 1907 年《和平解决国际争端公约》规则第四十条至第五十条)的规定,于 1900 年在荷兰海牙建立的。常设仲裁法院的任务是"……便利将不能用外交方法解决的国际争议立即提交仲裁……该法院随时受理案件,除当事国另有规定外,按照《公约》所载之程序规则办事;除非当事国协议成立特别法庭,常设仲裁法院有权受理一切案件"[①]。

常设仲裁法院由常设行政理事会、国际事务局和仲裁法院组成。常设行政理事会由《和平解决国际争端公约》各缔约国驻荷兰的外交代表和荷兰外交大臣组成,荷兰外交大臣任理事会主席。理事会的任务是指导和监督国际事务局的工作,决定常设仲裁法院的一切行政问题,制定理事会议事规则和其他必要的规章,并就法院的日常工作、行政工作、经费情况等向缔约国提出年度报告等。

国际事务局是常设仲裁法院的书记处和有关法院开庭事项的文件转达机关,负责档案管理和处理法院的一切行政事务。

海牙《和平解决国际争端公约》各缔约国遴选任命若干公认深通国际法和道德名望极著的仲裁员。每一缔约国最多可以选择任命4人担任仲裁员职务;仲裁员应当"在国际法问题上有知名的能力、最高道德声誉并愿意接受仲裁员职责";两个或两个以上国家可以共同任命一人或数人,每名仲裁员任期6年,可连选连任;来自缔约方的仲裁员名单成员组成了一个"国家小组",该小组有权为国际法院选举提名候选人(《国际法院规约》第四条第一款)。仲裁员名单成员(同国际法院的法官一道)是少量有权提名诺贝尔和平奖候选人的小组。法院的仲裁员名单由国际事务局通告各缔约国。遇有缔约国将特定的争端提交常设仲裁法院解决时,争端当事国可以(但没有义务)在法院的仲裁员名单中各选定两名仲裁员,再由被选定的仲裁员共同选定第五名仲裁员组成仲裁庭,审理和裁决争端。常设仲裁法院还设有各种专门的仲裁员和专家小组,以处理环境和外层空间争端的专门程序规则。

常设仲裁法院从1902年开始受理案件,到1932年共作出了20项仲裁裁决,其中包括宗教基金案、对委内瑞拉优先求偿案、日本房屋案、卡萨布兰卡案、北大西洋捕鱼权案和萨瓦卡案等许多著名案件。根据当事人同意公布的相关案件信息,截至目前,常设仲裁法院在下述案件中担任书记官处:7个国家间程序,107个投资者与国家仲裁,69个一方涉及国家或其他公共实体的基于合同或其他协议的案件。[②]

(四)国际仲裁制度的主要内容

关于国际仲裁制度的国际文件,主要有1899年《和平解决国际争端公约》、1949年《和平解决国际争端总议定书》和联合国国际法委员会于1958年拟定的《仲裁程序示范规则(草案)》。依据上述国际文件,现行国际仲裁制度的主要内容有:

[①] 1949年修订的《和平解决国际争端总议定书》(Revised General Act for the Pacific Settlement of International Disputes)第二十八条。

[②] 参见"海牙常设仲裁法院"官网(中文版)"案件"菜单项下关于该院受理案件情况的统计,https://pca-cpa.org/cn/cases/,2021年7月6日访问。

1. 仲裁的法律依据

仲裁是自愿管辖，是由争端当事国选任的仲裁者解决争端的方法。因此，将争端交付仲裁的双方当事国，必须先有一项仲裁协定，表明双方交付仲裁的合意，并因此承担诚实服从和执行仲裁裁决的义务。仲裁条约或协定可以是两个国家之间订立的，也可以是两个以上国家之间订立的；可以是在争端发生以后为解决特定争端而临时订立的，也可以是为了今后可能发生的争端事先订立的；可以是一般性的或永久性的仲裁条约或协定，也可以是附属于其他条约或公约的解释或协定。其基本内容都包括提交仲裁的争端范围、仲裁庭的组成、仲裁庭的程序规则和工作方法（包括仲裁庭所使用的语言、仲裁所在地、费用、财务安排）、适用的法律、裁决的效力、争端当事国权利和义务。

2. 适用仲裁的争端范围

适合于提交仲裁解决的国际争端一般是：法律性质的争端，包括关于条约或国际公约的解释或适用的争端；争端当事国认为可以提交仲裁解决的其他争端。在国际实践中，一般来说，与国家重大利益、独立、荣誉或第三国利益有关的争端被认为不宜提交仲裁解决。

3. 仲裁庭的组成

根据1958年《仲裁程序示范规则（草案）》的规定，当争端当事国一方请求将争端提交仲裁后，双方应通过仲裁协定组成仲裁庭。如法庭在争端提请仲裁之日起3个月内未组成，国际法院院长应在一方请求之下指派仲裁员。仲裁员的人数必须是奇数且以5人为宜。仲裁员得具有公认的国际法资历。法庭一旦组成，在做出裁决之前应保持不变。若仲裁程序尚未启动，当事国可更换其所派的人选。

4. 仲裁适用的法律

在国际实践中，当事国可事先就仲裁所适用的法律达成协议；如果没有协议，仲裁法庭可以适用国际法院所适用的法律；如果经当事国同意，仲裁法庭也可以本着"公允及善良"原则进行裁判。

5. 仲裁程序

程序规则有时是仲裁条约或协定的一部分，若条约或协定没有规定，或规定得不充分、不具体，仲裁庭有权确定或完善。

6. 简易仲裁程序

1907年《和平解决国际争端公约》第八十六条至第九十条规定了这种程序。公约规定，简易法庭由争端当事国各选派一名仲裁员，由他们选定一名总仲裁员组成。简易程序只适用书面方式。但是每一方当事国有权要求传唤证人和鉴定人，法庭则有权要求当事国双方的代理人以及法庭认为有必要出庭的鉴定人和证人提供口头解释。

7. 仲裁裁决的效力

国际仲裁的裁决是终局裁决。依《海牙公约》的规定,仲裁裁决由仲裁法庭多数仲裁员合议作出,仲裁员不得弃权,如果仲裁员对裁决有不同意见,可以在裁决中附上。仲裁裁决是对争端的肯定性解决,一经作出,即对各当事国具有拘束力,各当事国应善意地立即予以执行。但是,仲裁协定中往往订有保留要求复议的权利,只要构成复议要求的决定性事实是作出裁决时法庭或请求复议国不知,或是由于其疏忽而不知的,法庭可以决定是否接受复议要求。无论如何,仲裁裁决虽然不具备强制执行的效力,但它是具有法律拘束力的。这种拘束力来自当事国将案件提交仲裁法庭的事实,以及在仲裁协定中的约定。但是,依照1958年的《仲裁程序示范规则(草案)》第三十五条的规定,下列几种情况导致裁决无效:第一,法庭超越权限;第二,法庭成员受贿;第三,裁决违反程序规则,或对裁决的理由未充分解释;第四,仲裁协定无效。如果出现上述情况之一,当事国应通过协议将争端交付新的仲裁法庭解决。如果在仲裁裁决的效力提出异议后3个月内未能就设立新的法庭达成协议,则国际法院有权在任何一方当事国的申请下宣布裁决全部或部分无效,并将争端提交双方新设立的法庭;如无这方面的协议,则应由国际法院院长经与各当事国磋商后决定新的法庭。

三、国际司法解决

国际司法解决(judicial settlement)是指争端当事国把争端提交给一个事先成立的、由独立法官组成的国际法院或国际法庭,根据国际法对争端当事国作出具有法律约束力的判决。

(一)国际常设法院

国际常设法院是人类历史上第一个严格意义上的、以司法方法解决国际争端的机构。由于常设仲裁法院还不是通常意义上的真正的法院,不能完全满足国际社会以法律方法解决国际争端的需要,因而第一次世界大战以后建立的国际联盟就决定创立一个真正的国际法院。根据《国际联盟盟约》第十四条规定:"行政院应筹拟建立国际常设法院之计划并叫联盟各会员国采用,凡各方提出属于国际性质之争议,该法院有权审议并判决之。"1920年2月国际联盟理事会任命法学家组织委员会,起草《国际常设法院组织草案》,同年7月该委员会完成了起草工作。经行政院和大会审议修正,《国际常设法院规约》于同年12月通过。1921年,行政院和大会根据《国际常设法院规约》的规定,分别投票选举出11名法官和4名候补法官(1929年后,法官增为15名,并取消了候补法官)。1922年2月,国际常设法院在荷兰海牙正式成立。

国际常设法院成立之后,从1922年至1942年,共受理诉讼案件65起,其中作出判决的有32起,提出了28项咨询意见。后来由于第二次世界大战爆发,国际常设法院被迫停止工作。1945年,在筹建联合国组织的旧金山会议上,国际常设法院的命运问题引起了激烈的讨论,最终会议决定结束国际常设法院的使命,建立一个新的国际法院来代替它。于是,国际常设法院于1945年10月举行了最后一次形式上的开庭。1946年1月1日,国际常设法院的全体法官提出辞职,同年4月,国际联盟最后一次大会解散了国际常设法院。

(二)国际法院

联合国国际法院是联合国六大机关之一,也是联合国的主要司法机关,于1946年4月3日在荷兰海牙正式成立,《国际法院规约》是其组织、管辖权以及诉讼程序的依据,该规约是《联合国宪章》的构成部分。

1. 国际法院的组成

国际法院由15名独立法官组成,按照《国际法院规约》的要求,国际法院法官的全体应能代表世界各大文化和各主要法系,因此法官席位按地区分配,目前的席位分配是:亚洲3人、非洲6人、美洲3人、欧洲6人,其中任何两人不得具有同一国家国籍。法官经选举产生,每3年改选其中的5名法官,任期9年,可连选连任。首先,由各国根据常设仲裁法院中的各国团体名单选出候选人,在常设仲裁法院没有本国代表的国家,可由本国法学家专门团体提名。每一团体所提候选人不得超过4名,其中本国公民不超过2名。其次,由联合国大会和安理会从中分别独立选举,安理会理事国既参加联合国大会的法官选举,也参加安理会的法官选举。安理会常任理事国在法院中应有1名法官。1971年恢复中国联合国合法席位后,于1984年推选了中国国际法学家倪征𣋉为国际法院法官候选人,同年倪征𣋉当选为国际法院法官。1993年,中国的史久镛当选为国际法院法官。2010年,中国的薛捍勤当选国际法院法官,2020年成功连任国际法院法官,目前任国际法院副院长。

国际法院的法官是专职的,在执行职务时可享受外交特权与豁免。他们不得行使任何行政或政治职务以及执行任何其他职业性质的任务,也不得充任任何案件的代理人、律师或辅助人,但可以列名于常设仲裁法院仲裁员名单或充任仲裁员。国际法院设院长、副院长各1人,由法官选举产生,任期3年,可连选连任。法院院长主持法院工作中的一切会议并监督法院的行政事务。此外,国际法院还设立书记处,处理一切日常行政事务工作以及执行法院临时委托的其他事务。

国际法院的法官不适用回避制度,即使是本国为当事方,除非是法官以前曾参与过的案件。在审理时,若当事双方或一方在国际法院没有本国国籍的法官,还可以选派一名法官参与案件的审理,称为"专案法官"。专案法官在审理案件时,与其他法官完全平等。

2. 国际法院的管辖权

国际法院的管辖权有诉讼管辖权和咨询管辖权。①

(1)诉讼管辖权。只有国家才可以向国际法院提交案件,任何国际组织、个人(自然人和法人)和团体、地方政府及非主权的政治实体,均不能成为法院的诉讼当事方。可以在法院进行诉讼的当事国包括:①联合国会员国,即国际法院规约的当然当事国;②非联合国会员国,但依《联合国宪章》第九十三条之规定而成为规约当事国者;③既非联合国会员国亦非规约当事国,但依《国际法院规约》第三十五条第二款之规定而成为诉讼当事国。

法院受理的案件包括两大类:一是当事国提交的一切案件。由于这类案件是当事国同意而自愿提交的,故法院对此类案件的管辖亦称为自愿管辖。二是宪章或现行条约及协定中所规定的一切事件。凡遇有任何条约及协定规定,因其解释或适用而发生争端,应提交法院解决者,法院均有权受理。法院对此类案件的管辖通称为协定管辖(截至 2020 年,有 300 多项双边或多边条约或公约规定国际法院在解决国家间各种争端方面具有属事管辖权。这些条约和公约中有代表性的也列于法院网站"管辖权"条目下)。② 依《国际法院规约》第三十六条第二款的规定,规约各当事国得随时声明,对于接受同样义务的任何其他国家,承认法院对关于下列性质的一切法律争端的管辖为当然而具有强制性,不须另制定特别协定。这些争端是:①条约的解释;②国际法的任何问题;③任何事实的存在,如经确定即构成违反国际义务的;④因违反国际义务而应予赔偿的性质及其范围。由于当事国可以任意选择是否发表这样的声明,以及在何时和何种条件下发表这样的声明,也就是说这类管辖是当事国自愿承担的,所以它是"任意的"。但是,一旦当事国发表了这样的声明,在该声明的范围内,就使法院具有了强制管辖权,所以它又是"强制的",故称为"任意强制管辖",《国际法院规约》的该条款亦被称为"任择条款"。目前,有 74 个国家声明接受这种管辖,但其中多附有保留。③ 从现有情况看,声明接受法院强制管辖权的国家不但普遍附加保留,而且保留的内容和范围也十分广泛,种类繁多,大致可以分为三种类型:属事管辖权的保留、属时管辖权的保留、属人管辖权的保留。属事管辖权的保留,即对争端事项的保留,指的是法院只能对当事方同意的那些事项行使管辖权,对声明中保留的事项没有管辖权。如澳大利亚和新西兰诉法国核试验一案中,法国就坚持认为其在南太平洋进行的核试验属于其国防问题的保留范围,国际法院不应该行使管辖权。属时管辖权的保留,是指对于接

---

① 关于国际法院管辖权的讨论,另可参见江国青、杨慧芳:《联合国改革背景下的国际法院管辖权问题》,《外交评论》2012 年第 2 期,第 128 页。
② https://www.icj-cij.org/en/jurisdiction,2021 年 3 月 4 日访问。
③ 详情参见国际法院网站("管辖权"条目下)74 国交存联合国秘书长的声明文本,https://www.icj-cij.org/en/jurisdiction,2021 年 3 月 4 日访问。

受法院管辖权的时间和期限的规定。国家在接受法院管辖权的声明中一般会提出一个特定的时间,如 5 年或者 10 年期限,时间届满再视情况予以更行或展期。有些国家的声明则采取一种通知终止或变更的做法,即向联合国秘书长发出终止或变更接受法院管辖的通知,且该通知自作出之日立即生效。这种随时通知终止或变更的做法既可能阻止法院对某个特定案件的审理,也可能使得整个法院强制管辖的声明失去意义。属人管辖权的保留一般是指国家所作出的接受法院管辖的声明对某类特定的国家不予适用。例如,英国接受管辖的声明中就排除了其与英联邦成员国之间的争端,其他一些英联邦国家也有类似保留。国际法院强制诉讼管辖权及其保留方面较为典型的案例有"在尼加拉瓜境内针对该国的军事行动以及准军事行动案——1984 年尼加拉瓜诉美国案""1973 年澳大利亚和新西兰诉法国核试验案""1999 年南斯拉夫联盟诉北约 10 国案"等。①

中国没有声明接受该任择条款。该条款中"对于接受同样义务之任何其他国家"的措辞,指的是国际法上通常所说的"对等"原则。这在国际法院所受理的"挪威公债案"中得到了具体的解释和适用。国际法院受理案件时,若发生法院对某一案件是否有管辖权的问题,依《国际法院规约》第三十六条第六款,由法院裁决之。

(2)咨询管辖权。只有联合国大会、安全理事会以及由联合国大会授权的联合国其他机关或专门机构才能请求国际法院提供咨询意见,各会员国无权请求亦无权反对法院发表咨询意见,仅有对于咨询问题能供给情报的国家有权在咨询案中出庭。

《国际法院规约》第六十五条规定:"法院于任何法律问题如经任何团体由联合国宪章授权而请求或依照联合国宪章而请求时,得发表咨询意见。"《联合国宪章》第九十六条规定:①大会或安全理事会对于任何法律问题,得请求国际法院发表咨询意见;②联合国其他机关(指经济及社会理事会、托管理事会、大会临时委员会)及各种专门机关(指国际劳工组织、联合国粮食及农业组织、联合国教育科学及文化组织、国际民用航空组织、世界卫生组织、世界银行集团、国际货币基金组织、国际电信联盟、世界气象组织、国际海事组织、世界知识产权组织、国际农业发展基金、联合国工业发展组织、国际原子能机构及世界旅游组织),对于其工作范围内的任何法律问题,得随时以大会的授权,请求国际法院发表咨询意见。这便是国际法院的咨询管辖权。② 法院在行使咨询管辖权时,得参照规约有关诉讼管辖权的规定进行,但这两种管辖权在当事方、案件范围、效力和作用等诸方面均有明显差别。咨询管辖的目的,主要是法院作为联合国之司法机关对于法律问题提供权威性的参考意见,以便帮助联合国机构更好地遵照

---

① 毛俊响、王厉:《国际法典型案例评析》,中南大学出版社 2016 年版,第 189—193 页。
② 关于国际法院咨询管辖权,可进一步参见刘芳雄:《全球化时代的挑战与国际法院的咨询管辖权——纪念国际法院成立 60 周年》,《云南大学学报》2006 年第 2 期。

宪章进行活动。咨询意见没有法律拘束力。国际法院咨询管辖权方面的典型案例有"2004年以色列在被占领的巴勒斯坦领土上构筑隔离墙的法律后果案"[①]。

此外,一国在向法院提交争端时,可根据《国际法院规则》第三十八条第五款,提议以请求书所针对国家有待予以或表示同意作为法院管辖权的依据。如后一国家予以同意,法院的管辖权即可确立,这种情况称为应诉管辖。国际法院应诉管辖权方面较典型的案例有"2006年吉布提诉法国'刑事事项互助的若干问题'案"[②]。

3. 适用法律

根据《国际法院规约》第三十八条的规定,国际法院对于当事国提交的各种争端,应依国际法裁判,裁判时应适用:

(1)不论普通或特别国际协约,确立诉讼当事国明白承认之规条者。

(2)国际习惯,作为通例之证明而经接受为法律者。

(3)一般法律原则为文明各国所承认者。

(4)在第五十九条规定之下,司法判例及各国权威最高之公法学家学说,作为确定法律原则之辅助资料者。

此外,在当事国的同意之下,法院还可以适用"公允及善良"原则判案。在这一点上,国际法院完全继承了国际常设法院的传统。

《国际法院规约》第三十八条就国际法院适用的法律作出的上述列举,表明各类规范的主辅地位。

4. 诉讼程序

根据《国际法院规约》第三、四章和《国际法院规则》第三、四部分的规定,国际法院的诉讼程序有以下步骤:

(1)起诉。诉讼以两种方式提起:一是由当事国一方将请求书送达法院书记官处,由书记官将请求书副本移送被告当事国,请求书应写明请求国、被告国和争端事由以及法院有管辖权的法律理由,说明诉讼请求的确切性质、诉讼请求所依据的事实和理由的简明陈述。二是全部或部分当事国将所定的特别协议通知法院书记官,书记官将通知书副本送达其他当事国,协定通知书应写明争端的明确事由及争端当事国。国际法院书记官应将向法院提交的任何请求书或特别协定通知书的副本转送联合国秘书长、联合国各会员国和有权出席国际法院的其他国家。各当事国由代理人代表其进行诉讼,可以委派律师或辅助人员予以协助。各当事国的代理人、律师及辅助人应享受

---

① 该案详情和评析参见毛俊响、王厉:《国际法典型案例评析》,中南大学出版社2016年版,第208—211页。

② 该案详情和评析参见毛俊响、王厉:《国际法典型案例评析》,中南大学出版社2016年版,第201—205页。

关于独立行使职务所必要的特权或豁免。

（2）开庭程序。国际法院的开庭程序分为书面程序和口头程序两部分。书面程序是指将诉状、答辩状和可作证明的各种文件、公文送达法院及各当事国。原告国提出的诉状应包括有关事实和法律的陈述以及诉讼主张。被告国的答辩状应包括对诉状中所述事实的承认或否认、必要的补充事实、对诉状中关于法律陈述的意见、答辩的法律陈述和诉讼主张。口头程序是指法院询问鉴定人、代理人、律师及辅助人。法院的询问应在院长或副院长主持下公开进行，除非法院另有决定或当事国有相反主张。必要时，法院可以安排证人和鉴定人出庭作证，各当事国的代理人、律师、辅助人和法院的法官还可以向他们提问。

（3）附带程序。附带程序是正常程序进行中的特殊问题，并非每案必经程序。初步反对意见、临时保全措施、反诉等均为附带程序。初步反对意见是指被告国对法院管辖权的反对或对原告国是否有权提起或参与诉讼的反对等，目的是阻止程序进行。临时保全措施一般由原告国在诉讼进行过程中，向法院申请采取措施，包括对财产的冻结或扣押，禁止某些行为等，以使判决顺利执行。此外，增加第三国参加诉讼、中止诉讼等也是附带程序。

5. 国际法院判决的效力和执行

法院判决属于终局判决，不得上诉。但如果判决在某方面有缺陷，法院可依复核程序加以纠正。这些缺陷包括：对判决的意义和范围发生争执，经当事国请求，应由法院解释，或发现具有决定性的事实，该事实在判决宣告前为法院及申请复核的当事国所不知，当事国可申请法院复核。申请复核最迟应于新事实发现后6个月内进行。此项申请由法院裁决。

国际法院的判决虽有法律拘束力，但法院本身无强制执行判决的权力。如果争端当事国一方不履行法院判决，则安全理事会可根据《联合国宪章》第九十四条的规定，依另一方的申请作出建议或决定，采取适当的办法以执行判决。

具体实践中，对国际法院作出的裁决，有的国家完全不予以遵守，典型案例有2004年"罗马尼亚诉乌克兰黑海划界案"、2012年"哥伦比亚与尼加拉瓜岛屿主权归属案""科孚海峡案""美国驻德黑兰外交领事人员案"等，有的国家则只部分遵守法院判决，对其余判决则完全不予遵守，这方面典型案例有"1994年喀麦隆和尼日利亚陆地和海域划界争端案"。①

6. 国际法院判决的解释和修订

---

① 上述案例及其评析详情参见毛俊响、王厉：《国际法典型案例评析》，中南大学出版社2016年版，第221—235页。另见许楚旭：《国际法院诉讼案件的执行问题探析》，《北方法学》2009年第5期，第143页。

国际法院判决的解释和修订,是指国际法院对争端当事国对于法院作出的判决申请解释或者修订的请求,通过一定的司法程序作出一份相应的判决,处理申请国此项请求。多数学者的观点和国际法院的司法实践都证明对国际法院判决的解释权和修订权都是国际法院的固有权力,与国际法院的一裁终局原则并不矛盾。实践中由于案件事实和涉及法律的复杂性,因而常常导致国际法院的裁决存在错误和模糊不清之处,从而有必要赋予国际法院对其裁决进行解释和修订的权力。《国际法院规约》第六十条①和第六十一条②以及《国际法院规则》第九十九条③赋予了法院对其作出的裁决拥有解释和修订的权力。国际法院对判决的解释和修订方面较典型的案例有"关于尼日利亚1998年6月11日申请对喀麦隆和尼日利亚陆地和海域划界争端案初步反对意见进行解释的请求案"。④

根据国际法院最新颁布的其提交给联合国大会的2020年度年报显示,从2019年8月1日到2020年7月31日,国际法院仍在审理待判决的案件有15个。近十几年来,国际法院受理案件的数量也在日益增长。⑤

1971年中华人民共和国恢复在联合国的合法席位后,于1972年9月5日宣布"不承认过去中国政府1946年10月26日关于接受国际法院强制管辖权的声明"。目前,中国所签署、批准或加入的有关经济、贸易、科技、航空、交通、运输、文化等专业性和技术性的公约中,如有提交国际法院解决国际争端的条款规定,一般可以不作保留。但迄今为止,中国尚未向国际法院提交任何争端或案件。

上述国际司法和国际仲裁解决争端的方法,又被称为"规则取向"的方法。⑥ 这种方法的优点在于有助于当事国获得与接受的长期利益与义务一致的、规则导向的并且

---

① 《国际法院规约》第六十条规定:"法院之判决系属确定,不得上诉。判词之意义或范围发生争端时,经任何当事国之请求后,法院应予解释。"

② 《国际法院规约》第六十一条规定:"一、声请法院复核判决,应根据发现具有决定性之事实,而此项事实在判决宣告时为法院及声请复核之当事国所不知者,但以非因过失而不知者为限。二、复核程序之开始应由法院下以裁决,载明新事实之存在,承认此项新事实具有使本案应予复核性质,并宣告复核之声请因此可予接受。三、法院于接受复核诉讼前得令先行履行判决之内容。四、声请复核至迟应于新事实发现后六个月内为之。五、声请复核自判决日起逾10年后不得为之。"

③ 《国际法院规则》第九十九条规定:"1.复核判决的请求应以请求书提出,其中包括表明规约第六十一条所规定的条件已经具备的必要的详细说明。可资佐证的任何文件应附于请求书。2.当事国另一方应有权在法院或院长在法院不开庭时确定的期限内,对请求是否接受提出书面意见。这些意见应送交提出请求的当事国。3.法院在对请求是否接受做出判决以前,得再次对当事国提供对请求的接受提出意见的机会。4.法院如果认为该项请求可接受,得在查明当事国意见后为其认为审理该项请求的实质问题所必要的下一步程序确定期限。5.法院如果裁定复核诉讼的接受必须先以履行判决为条件,应当发布相应的命令。"

④ 该案详情及评析可见毛俊响、王厉:《国际法典型案例评析》,中南大学出版社2016年版,第214—217页。

⑤ 国际法院2020年报,https://www.icj-cij.org/public/files/annual-reports/2019-2020-ch.pdf。

⑥ 邵沙平、余敏友:《国际法问题专论》,武汉大学出版社2002年版,第330—331页。

有约束力的决定,能够避免外交谈判或政治解决方法的固有弱点,具有较强的稳定性和较长远的预见性。但与此同时,这种方法也存在一些不足,如缺乏灵活性,耗费时间过长,费用成本过高,容易将整个争端解决过程暴露于公众媒体从而缺乏保密性,容易伤害有关当事国尊严甚至有关国家间关系等。①

第四节 联合国与国际争端的和平解决

国际争端的解决事关世界和平与安全的维护,因而它不仅仅是争端当事国双方的事。以前,争端当事国以外的国家既无法律上的权利亦无法律上的机制来推动争端的和平解决。第三国要想对争端的解决表示关注和发挥作用,一般都要取得争端当事国的谅解,否则甚至被视为不友好行为。在近代国际社会,以某种集体安排推动国际争端解决的,当数拿破仑战争以后"梅特涅体系"下的"欧洲协调"机制。当时定期召开的外交会议,给予欧洲国家以集体方式干预国际争端解决以很大空间,但这种安排主要是政治性的而非法律性的。

第二次世界大战以后的《联合国宪章》为以集体行动解决国际争端做出了贡献。在《联合国宪章》第一条中,"以和平方式且依正义及国际法原则,调整或解决足以破坏和平的国际争端或情势"被列为联合国的宗旨之一。和平解决国际争端不仅是联合国的一项基本原则和根本任务,同时也是会员国的一项共同义务。《联合国宪章》第二条第三项规定:"各会员国应以和平方法解决其国际争端,避免危及国际和平、安全及正义。"

《联合国宪章》不仅从宗旨和原则高度对和平解决国际争端进行了规定,在其他部分也进行了周密的制度设计,特别是第六章"关于和平解决国际争端的规章"。除了运用国际法院专门以司法方法和平解决国际争端外,联合国大会和安全理事会在解决国际争端方面拥有广泛的职能。

一、安全理事会

根据《联合国宪章》第二十四条,安全理事会对维持国际和平及安全负有主要责任,同时按照第六章的规定,安全理事会也有责任处理其继续存在足以危及国际和平与安全的争端。其具体职责是:

1. 调查

《联合国宪章》第三十四条规定,安全理事会对任何争端或可能引起国际摩擦或惹

---

① 戴兴泓:《国际争端解决机制现状与展望》,《社会科学家》2012 年第 6 期,第 82 页。

起争端的任何情况可以自行调查，以断定该争端或情形的继续存在是否足以危及国际和平与安全的维持。因此，安全理事会可以在为解决争端建议适当程序或调整方法时行使调查权力，还可以在断定需要采取《联合国宪章》第七章所规定的执行行动的情势的存在时行使调查的权力。为了行使调查的权力和职责，安全理事会可以设立常设或临时的调查委员会。争端当事国根据《联合国宪章》的有关规定，有义务对安全理事会所设立的调查机构给予一切必要的支持。根据安全理事会最新颁布的信息，2019年度安全理事会共派出了5个调查团（分别是派往西非地区负责调查科特迪瓦和几内亚比绍局势的调查团、马里和布基纳法索调查团、非洲之角包括埃塞俄比亚和南苏丹调查团、伊拉克科威特调查团，这些调查团的使命包括了解当地局势、表达安全理事会对当地和平与政治进程、危机后恢复以及联合国在当地维和行动的支持）。[①]

2. 建议适当的争端解决程序或调整方法

根据《联合国宪章》第三十六条，安全理事会对足以危及国际和平与安全的争端或情势，可以在任何阶段，提出适当的争端解决程序或调整方法的建议。安全理事会的建议可以是一般性的，也可以是针对争端的具体条件。安全理事会的这种建议具有政治上和道义上的拘束力，而没有法律上的拘束力。2019年度，安全理事会向叙利亚冲突各方、南也门冲突相关方、利比亚冲突各方、叙利亚与以色列冲突双方、黎巴嫩与以色列冲突双方提出了和平解决争端的建议。[②]

3. 执行行动

当争端发展到威胁或破坏国际和平与安全或构成侵略行为时，《联合国宪章》第七章赋予安全理事会以具体的执行行动的权力来实施其决议。这类权力包括两大类行为和办法。

一类是武力以外的办法，如局部或全部停止经济关系、铁路、海运、航空、邮电、无线电及其他交通工具，直至断绝外交关系。2019年度，安全理事会继续维持对中非共和国、民主刚果共和国、马里、索马里、南苏丹、塔利班以及与其有关的个人和实体、也门的既有非武力制裁措施，并新增加对可能用于在索马里境内制作临时性爆炸物装置所需原材料的禁运措施，修改了针对中非共和国的武器禁运措施等。[③]

另一类是武力行动，如会员国联合进行的海陆空军示威、封锁及其他军事行动。由于安全理事会是联合国唯一的执行机构，因而安全理事会在这方面的权力是大会和其他任何机构所不能具有的。但值得注意的是，安全理事会的执行行动针对的只是侵

---

① https://www.un.org/securitycouncil/sites/www.un.org.securitycouncil/files/22nd_supp_part_vii_advance_version.pdf#page=63。
② 同上。
③ 同上。

略行为,而不是一般法律意义上的争端。

根据安全理事会网站披露的相关信息,自1990年以来,安全理事会根据《联合国宪章》第七章使用武力的情况越来越多。它曾数次授权海军封锁以实施制裁(对伊拉克、前南斯拉夫、海地和塞拉利昂)。它曾授权(如在南斯拉夫、索马里、刚果民主共和国、科索沃和东帝汶)联合国维持和平行动以及各区域安排[如西非经共体科特迪瓦特派团(西非驻科团)、欧洲联盟部队驻刚果民主共和国部队(欧盟驻刚部队)和非洲联盟索马里特派团(非索特派团)]使用有限武力。此外,它曾授权(如驻索马里、海地、卢旺达、扎伊尔东部、阿尔巴尼亚、波斯尼亚和黑塞哥维那、东帝汶、刚果民主共和国的布尼亚、利比里亚和伊拉克)多国部队使用"一切必要手段"或"一切必要措施"。①

自联合国开展维和行动以来,已经完成的联合国维和行动计有非洲地区24项、美洲地区10项、亚太地区9项、欧洲地区8项、中东地区7项。目前仍在进行中的联合国维和行动计有13项,分别为西撒哈拉全民投票特派团、中非共和国多层面综合稳定团、马里多层面综合稳定特派团、刚果民主共和国稳定特派团、达尔富尔混合行动、脱离接触观察员部队、驻塞浦路斯维持和平部队、驻黎巴嫩临时部队、阿卜耶伊临时安全部队、科索沃临时行政当局特派团、南苏丹共和国特派团、印度和巴基斯坦军事观察组、停战监督组织。②

联合国维和行动也并非尽善尽美,目前仍存在着利益困境(在现有的以主权国家为主要标志的国际体系中,一国的国家利益不可能与联合国所维护的"集体利益"完全一致,各成员国不可避免地总是以本国利益为根本尺度来考量对维和行动的参与)、权力困境(维和行动要发挥切实作用,需要联合国具有对其他行为体的权威、影响和控制能力,这实际上是一种权力,但联合国不是国际政府,而是国际社会的一个协调机构,是一个派生的权力主体,它需要依据主权国家让渡的权力来发挥作用)、法律困境(联合国维和行动不仅长期缺乏较为完备的一整套法律机制,还面临国际法基本原则的适用、对其行动法理依据的解释以及国际法和国内法协调等多重问题),需要在理论层面和实践层面进一步加以完善。③

二、联合国大会

和平解决国际争端虽主要是安全理事会的责任,但大会在这方面的权限也是广泛的。在处理国际争端方面,安全理事会居于优先地位,大会虽不能作出有拘束力的决议,但它所能讨论和涉及的问题却极为广泛,不像安全理事会那样受争端严重性的限

---

① 安全理事会网站主页(中文版),https://www.un.org/securitycouncil/zh/content/faq#14。
② 联合国维和行动网站主页(中文版),https://peacekeeping.un.org/zh/mission/undof。
③ 刘丹:《联合国维和行动的困境及前景》,时事出版社2015年版,第49—68页。

制。大会不是有行动权的机关,它在解决争端方面主要可以采取以下行动:首先,大会可讨论安全理事会、会员国或非会员国向大会提出的"关于维持国际和平与安全的任何问题",就这些问题向安全理事会或会员国提出建议。在认为"情势足以危及国际和平与安全"时,得提请安全理事会注意。其次,大会可像安全理事会一样设立常设或临时机构对任何情势进行调查。最后,大会可就讨论或调查的结果作成决议,决议亦可提出解决争端的方法和条件,但这类决议只有道义力量,不具有法律拘束力。

三、秘书长

联合国秘书长人选一般是在平衡多方利益后确定的,这就决定了秘书长在各方面都有良好的外交活动空间,再加上秘书长职位重要且有国际性,因此,在解决国际争端的过程中是极佳的中间人。具体来讲,秘书长可以利用其工作地位密切关注各种情势,提请联合国有关机构和各会员国重视。秘书长也可利用其中间人地位,在争端当事国之间或争端当事国与联合国之间展开谈判、调停、斡旋、和解等工作。在争端解决后,秘书长可以监督争端解决方案的执行情况。

第五节 其他国际组织与国际争端的解决

通过联合国程序解决争端,是现代国际关系中国际组织解决争端的一种成熟形式,但并非唯一形式。在联合国之外,许多区域性国际组织对于争端解决正在日益发挥着不可忽视的作用,从而丰富和发展了国际组织解决争端的理论和实践。所谓区域组织,是指一定区域范围内的,因共同利益或政策而结合起来的国家集团。区域组织作为一种解决争端的机制,在《联合国宪章》第三十三条及第八章中有明确规定。其特点是:以地理接近为基础,以条约为建立的法律根据,设有共同的机关,以合作和互助为目的。

一、利用区域性国际组织解决争端的法律依据

(一)《联合国宪章》的有关规定

《联合国宪章》有关区域组织解决争端的规定如下:

(1)争端当事国于争端之继续存在足以危及国际和平与安全之维护时,应尽先以谈判、调查、调停、和解、公断、司法解决、区域机关或区域办法之利用,或各该国自行选择之其他和平方法,求得解决。

(2)只要符合联合国之宗旨及原则,区域方法或区域机关可以用来应付有关国际

和平及安全之维护而宜于区域行动的问题。

(3)鼓励各国在将地区争端提交安全理事会之前利用区域办法或通过区域机关将其解决。

(4)安全理事会对于职权内之强制执行行动可以在适当情形下利用区域办法或区域机关解决地区争端。

(5)除非是针对重新实施侵略政策的前轴心国,否则,若无安全理事会授权不得依区域办法或区域机关采取任何强制执行行动。

(6)依区域办法或区域机关已经采取或正在采取的维持国际和平及安全之行动,随时应向安全理事会充分报告。此外,还包括与第五十一条密切相关的区域组织集体自卫权,但此权利的行使并不能影响安全理事会依宪章随时采取其所认为必要行动之权责。

《联合国宪章》的有关区域组织解决争端的规定构成了现代国际法上区域组织解决争端赖以依循的原则和规则的重要部分。

(二)区域组织章程

许多区域组织如阿拉伯国家联盟、美洲国家组织、非洲统一组织等在其章程中都规定了和平解决争端的方法和程序。各区域组织的章程、条约构成了该组织的法律基础,但就普遍性国际组织与区域性国际组织的关系而言,区域组织显然处于辅助和补充地位;而且在发生区域组织与联合国组织管辖权冲突时,联合国的优越地位是首要的。《联合国宪章》第五十二条第一款明确规定了区域组织的行动应符合联合国宪章的宗旨和原则;第一百〇三条规定:"联合国会员国在本宪章下之义务与其依任何其他国际协定所负之义务有冲突时,其在本宪章之下之义务应居优先。"

二、区域性国际组织解决争端的实践与问题

(一)各区域组织解决国际争端的作用参差不齐

从理论上讲,区域组织在和平解决争端方面发挥着重要作用,但大多数区域组织由于发展不够完善,且缺乏参与解决重大争端的资源和意愿,因而其显示出的作用亦参差不齐。其中,美洲国家组织、非洲统一组织、阿拉伯国家联盟的作用较为突出。美洲国家组织和平解决争端的程序是建立在《美洲国家组织宪章》《美洲国家互助条约》和《美洲和平解决争端条约》等国际法律文件基础上的。自1948年成立以来,美洲国家组织在维护美洲地区和平、促使美洲国家间争端和平解决方面担负了重要责任。例如,1985年哥斯达黎加与尼加拉瓜两国边界发生冲突时,哥斯达黎加诉诸美洲国家组织常设理事会,理事会于同年6月7日通过决议,决定由哥伦比亚、墨西哥、巴拿马和委内瑞拉四国组成实况调查委员会,该委员会在完成调查后提出报告,建议尼加拉瓜、

哥伦比亚两国在孔塔多拉集团的范围内进行谈判,最终和平解决两国之间的边界冲突。又如1960年"洪都拉斯与尼加拉瓜边界争端案"的解决等。在非洲统一组织中,其宪章第十九条规定了和平解决争端的原则,并按1964年首脑会议议定书建立了调停和解与仲裁委员会,如果当事国拒绝服从该委员会的管辖,委员会可将此争端转至部长理事会审议。根据议定书的规定,当事国可以选择调停、和解和仲裁中任一种方式解决争端。例如1963年10月,阿尔及利亚与摩洛哥在有争议的撒哈拉地区发生武装冲突后,非洲统一组织部长理事会召开特别会议,成立特设委员会负责调查与边界争端有关的问题并提出建议,及至1972年6月终获和平解决。

(二)冷战后区域组织运用武力解决争端则更为常见

区域组织运用武力解决争端的典型事例包括北约平息南斯拉夫、西非国家经济共同体军事干预利比里亚内战。在波黑内战期间,安全理事会授权北约,对塞族控制区采取武力打击,及至《代顿协议》签订后,安全理事会通过1031号决议,授权北约组建一支为期1年的多国部队进驻波黑,并可采取"一切必要措施"执行和平决议。在利比里亚内战中,由于和平手段失败,因而西非国家经济共同体调解委员会向该国派遣西非维和部队,该部队的使命是实现并监督停火,恢复和平与公共秩序,帮助成立利比里亚政府和在12个月内举行由各党派参加的大选。再如海湾战争中,海湾国家理事会曾决定派兵执行解救科威特的使命等。

从过去的实践来看,区域组织解决争端存在着许多不容忽视的问题:第一,未理顺区域组织与联合国的关系。国际社会通常认为,在维护国际和平与安全方面,《联合国宪章》确立了纵深防御体系,包括把区域组织作为第一道防线(第三十三条、第五十二条),但同时又规定,第五十二条并不影响第三十四条、第三十五条。另外,许多争端当事方多绕开区域组织直接诉诸联合国,使联合国大材小用,疲于奔命。例如,印度和巴基斯坦同属英联邦国家,却将克什米尔争端直接诉诸联合国;希腊、土耳其和英国同为北约成员国,却将塞浦路斯争端诉诸联合国;伊朗和伊拉克同属伊斯兰会议组织,但自两伊战争开始后,联合国在此后8年中就一直受其困扰。这些问题的存在,既可能导致成员国无所适从,又可能纵容争端方从利己角度出发选择争端解决程序。第二,未避免区域组织中大国因素所带来的负面影响。如美国长期以来干扰美洲国家组织和东加勒比海组织有效公正地解决争端。在美洲问题上,美国总是力争把争端留在区域组织内部,以美国的意愿为出发点,执行"家法"。在授权型武力行动中,大国因素的参与虽利于问题的解决,却往往使联合国的中立性大打折扣。波黑内战中美国及北约的行动充分证实了这一点。第三,区域组织在授权运用武力中未能严格遵循《联合国宪章》及相关的国际法。具体表现为:①联合国安全理事会及区域组织介入一国内战冲突,超越了《联合国宪章》的适用范围。《联合国宪章》有关解决争端的条款适用范围仅限于国际性的冲突,对此宪章第二条和第七章作了明确规定。但冷战结束以来,联合国却过多地卷入内战冲突,甚至成为某些大国借此干涉别国内政的工具。②国际法中许多条约和惯例都禁止在战斗中伤害平民,但在波黑冲突中,不论军事或民事设施都成了北约部队袭击的目标,造成大量无辜平民伤亡。③一味地强制实现和平并不符合《联合国宪章》的宗旨和原则。

第六节　中国国际争端解决实践[①]

作为爱好和平的国家,新中国历来主张在尊重国家主权和独立的基础上和平解决国际争端,并为此作出了不懈努力,有着丰富的实践经验。

一、通过谈判协商解决国际争端

(一)朝鲜战争停战谈判

朝鲜战争一开始,美国狂妄地认为其占领朝鲜指日可待。但随着中国人民志愿军进入朝鲜和朝鲜人民军并肩作战,很快就使美国军队遭受挫折。经过1951年春夏之交的几次大规模战役,美军和南朝鲜军队损失惨重。战争进行了一年,美国耗费了100亿美元,1951年美国军费开支增加到600亿美元,这意味着每个美国人平均需要负担300多美元。美国在朝鲜集中了全部陆军的1/3、空军的1/5、海军的1/2,总兵力从战争开始时的42万人增加到70万人,尽管这样,仍感到与中国军队作战兵力不足。并且此时其仆从国如英、法等国均明确表示将不再向朝鲜战场增兵。在这种情况下,美国杜鲁门政府打算结束这场战争,从朝鲜脱身,便通过苏联驻联合国大使马立克,向中国政府提出进行朝鲜停战谈判的建议。1951年6月29日,美国国家安全委员会向"联合国军"总司令李奇微发出指示,要求其向中朝联军发出停战谈判的信息。1951年7月1日,金日成和彭德怀联名向李奇微发出复电,同意举行停战谈判。7月10日,朝中方面代表与美方代表开始停战谈判。美方及其盟友态度傲慢顽固,导致朝鲜停战谈判历时长达两年多时间,期间经历数次谈判破裂重开战端,谈谈打打,边打边谈,谈判双方最终于1953年7月27日签订《朝鲜停战协定》并交换战俘。朝鲜战争停战的实现,表明国际争端是可以通过和平协商谈判的方式加以解决的。[②]

[①] 本节写作体例参照杨勉主编《国际法规则与中国适用》一书(北京时事出版社2015年版,第434—446页)"中国与国际争端解决法"一节。

[②] 陈昊:《抗美援朝战争中的停战谈判》(上、下),《党史文苑》2010年第4期、第5期。

(二)1954 年日内瓦会议

1954 年 4 月至 7 月召开的日内瓦会议,是为解决朝鲜问题和印度支那问题召开的外交会议,苏联、美国、中国、英国、法国以及与朝鲜问题和印度支那问题相关的国家参加了会议,这也是新中国第一次以世界五大国之一的身份参加的讨论和解决重大国际政治问题的多边国际会议。会议期间,周恩来率领中国代表团,以非凡的政治勇气和高超的外交智慧,为推动会议的顺利进行做出了重要贡献,向全世界展示了新中国维护世界和平、以外交手段推动热点问题和平解决的诚意、决心和能力。[1]

会议首先讨论朝鲜问题。朝鲜外务相南日率先提出了关于恢复朝鲜统一和组织全朝鲜自由选举的方案。周恩来表示完全支持南日的方案。而南朝鲜代表却先提出由联合国监督,按照大韩民国宪法在全朝鲜举行选举的方案;后又提出在选举前一个月,中国军队全部撤出朝鲜,但联合国军队要在选举和完成统一后再撤退的方案。显然,南朝鲜的方案实质上是要把大韩民国的法统强加给全体朝鲜人民,由南朝鲜吞并北朝鲜。美国代表立即对南朝鲜代表提出的方案表示了支持。由于与会各方对政治解决朝鲜问题存在原则分歧,特别是美国从中操纵和阻挠,致使会议一直无法就这一问题达成协议。[2] 在 6 月 15 日的最后会议上,以美国为首的西方阵营发表了"十六国共同宣言",不但最终将会议引向了破裂,而且企图将责任强加给中、朝、苏三国。这时,周恩来作了最后发言。他说,会议的发展证明了是美国政府不容许日内瓦会议成功,但是,"当我们对和平统一朝鲜问题一时尚不能取得协议的时候,我们就有义务采取措施来巩固朝鲜的和平,以便为和平统一朝鲜创造条件"。周恩来建议,"关于恢复适当谈判的时间和地点问题,将由有关国家另行商定"。但最终,日内瓦会议关于朝鲜问题的讨论由于美国的蓄意破坏和阻挠,历经 15 次全体会议仍未能就从朝鲜撤出一切外国军队以及和平解决朝鲜问题达成任何协议,并且连最低限度的承诺巩固朝鲜和平现状、继续推动和平解决朝鲜问题谈判的协议也没能达成。1958 年 10 月 26 日,中国人民志愿军全部撤离朝鲜,而美国至今尚未从韩国撤军。

从 1954 年 5 月 8 日开始,日内瓦会议进入对印度支那问题的讨论。会议以越南民主共和国、中国、苏联为一方,法国、越南共和国(即南越)、英国、美国为一方,主要围绕划分越南人民军与法国及南越军队集结区的分界线、在老挝和柬埔寨停战、印度支那停战的监督与保证、政治解决印度支那问题这四方面议题进行了激烈的谈判和斗争。当会议在老挝和柬埔寨停战问题上陷入僵局时,中国代表团抓住法国政府更迭、新政府主张和平解决印度支那问题的契机,及时提出了照顾各方利益的基础方案,得

---

[1] 任晶晶:《新中国参加日内瓦会议纪实》,《党史文汇》2011 年第 6 期,第 36—41 页。
[2] 于向东:《和平协商与平等对话——从日内瓦会议到亚欧会议的历史昭示》,《郑州大学学报(哲学社会科学版)》2005 年第 1 期,第 156—157 页。

到各国代表的一致同意;在有关各方对划分越南交战双方军队集结区问题产生严重分歧时,周总理先与法国新政府总理孟戴斯-弗朗斯会晤,交换意见,做工作,又分别同越南胡志明主席和苏联领导人进行会谈,分析形势,协调越、中、苏三国的立场,共同努力,打破僵持局面,解决了集结区问题造成的障碍,使会议得以顺利进行,并最终对上述四方面问题达成一致。与会各国亦在《日内瓦会议最后宣言》中重申"在对柬埔寨、老挝和越南三国的关系上,保证尊重上述各国的主权、独立、统一和领土完整,并对其内政不予干涉"[①]。日内瓦会议对新中国外交具有划时代的意义,使中国有机会突破国际封锁,首次走上国际舞台,还展示了中国热爱和平和负责任大国的形象;日内瓦会议同样表明,即使在冷战时期,任何错综复杂的国际争端都可以通过和平方式解决。日内瓦会议已过去半个多世纪,但它将永远载入世界和平发展的历史史册。[②]

(三)世界外交史上最长的一次谈判——15年中美大使级会谈[③]

1954年日内瓦会议中美两国虽然都派代表参加,但当时中美关系紧张,双方在会议期间几乎没有来往。此时仍有朝鲜战争美军战俘被关押在中国,还有美国平民因曾在中国境内犯罪也被关押在中国,以人权卫士自居的美国政府受到国内公众舆论很大压力。与此同时,中国也有一批留学生和科学家被扣押在美国境内。但当时美国不愿直接与新中国接触,以避免给人以承认中华人民共和国的印象,于是委托当时已与中国有代办级外交关系的英国来办理此事。但中国政府表示,现在中美双方都有代表团在日内瓦开会,有关中美双方的问题应由两国代表团直接接触,不需要通过第三方,并表示愿意就被关押人员问题与美国直接谈判,美国也表示愿意接触,由此开启了中美直接接触的大门,并拉开了中美大使级会谈的序幕。1955年8月1日,中美大使级会谈第一次会议在瑞士日内瓦国联大厦举行。中方首席谈判代表为中国驻波兰大使王炳南,美方首席谈判代表是美国驻捷克斯洛伐克大使约翰逊。第一次会谈双方达成了议程的协议:一是遣返双方侨民问题,二是双方有争议的其他实际问题。次日会谈中,双方提出了遣返侨民的名单。王炳南大使就钱学森回国问题向约翰逊提出了交涉。美方狡辩说没有证据表明旅居美国的中国人想回国,这一狡辩当即遭到中方的驳斥。中美大使级会谈就遣返侨民问题反反复复进行了多次。美方代表固执坚守对华政策的一条根本原则,即不承认中华人民共和国是一个完全独立的主权国家,因此,凡是涉及有关中国主权的问题,约翰逊就和中方代表"兜圈子"。在1955年9月10日的会谈

[①] 朱开宪:《风云际会莱蒙湖——纪念日内瓦会议召开50周年》,《北京档案》2004年第11期,第42—43页。

[②] 廉正保:《日内瓦会议风云录》,《同舟共进》2020年第2期,第68—71页。

[③] 张兵:《长达十五年的中美大使级会谈》,《百年潮》2009年第9期,第47—52页;刘彦顺:《中美大使级会谈:中国外交独具特色的华章》,《湘潮》2010年第8期,第30—35页;宗道一:《五六十年代连接中美关系的一条"羊肠小道"——中美大使级会谈》,《党史文汇》1994年第9期,第52—53页。

中,中美双方终于达成了协议:中华人民共和国(美利坚合众国)承认在中华人民共和国的美国人愿意返回美利坚合众国者(在美利坚合众国的中国人愿意返回中华人民共和国者),享有返回的权利,并宣布已经采取且将继续采取适当措施,使他们能够尽速行使其返回的权利。这是在中美互不承认的情况下煞费苦心搞出来的一份联合公报,既要体现互不承认,又要体现双方的某种共同意见,还要体现双方的联系。

中美大使在第二阶段的会谈中,直接涉及台湾问题。为促使会谈取得进展,1956年8月,中国政府单方面宣布取消不允许美国记者进入中国采访的禁令,向美国15家重要新闻机构记者发出访华邀请。美国记者纷纷向美国政府提出访华申请,但遭到奉行不允许任何美国公民访华禁令的美国政府拒绝。在随后的谈判中,中方又相继提出对禁运的协议草案、文化交流和人民往来的协议草案、司法协议草案等,均遭到美方拒绝。至1957年12月12日,中美会谈已经进行了73次,美方首席代表约翰逊表示其将撤出会谈,调任美国驻泰国大使,并将由助手马丁参赞接替其工作。王炳南大使当即表示,中美进行的是大使级会谈,而马丁先生只是一名参赞,不能代表大使。就这样,第七十三次会谈举行后,中美大使级会谈中断了。

1958年夏天,台湾海峡风云突变,美国调兵遣将,增强在该地区活动的第七舰队,并公然对中国进行战争挑衅。台湾蒋介石集团也趁机兴风作浪叫嚣反攻大陆。为打击美蒋集团反动气焰,中国人民解放军于1958年8月23日开始炮击金门、马祖等地。王炳南大使奉召回国汇报前一阶段会谈情况,陈毅指示王炳南大使今后会谈应以"一揽子解决问题"为原则,即台湾问题不解决,其他问题免谈。这一指示清楚表明中方在台湾问题上的坚定立场。1958年9月6日,周恩来总理发表《关于台湾海峡地区局势的声明》,重申中国人民解放台湾的决心,倡议恢复此前被美国单方面中断的会谈,美方表示同意。双方于当年9月15日恢复会谈,会议地点也从日内瓦转移到了波兰首都华沙。1964年,王炳南奉调回国,中美大使级会谈由中国新任驻波兰大使王国权同美国大使在华沙继续进行。1970年1月20日,中美大使级会谈在中国驻波兰大使馆举行。这次会谈,中方代表是临时代办雷阳,美方代表为斯托塞尔。斯托塞尔首先发言,表示:随着会谈的进展,如果看来是有益的话,而且你方愿意的话,我国政府准备考虑派一名代表前往北京,同你方官员进行讨论,或在华盛顿接待你方政府的一名代表,就我今天的发言中提到的任何题目或我们可能同意的其他问题,进行更为彻底的探索。斯托塞尔这段话是试探性的,措辞严谨,传达了美方为改善两国关系提出的新设想。这次会谈三周后,即1970年2月10日,雷阳与斯托塞尔在美国大使馆举行了第一百三十六次大使级会谈。中方代表在发言中首先对美国大使在上次会谈中正式声明美国政府希望改善中美关系等讲话表示欢迎,重申中国一贯主张通过谈判解决中美之间的争端。中方针对美方在上次会谈中提出派代表到北京或在华盛顿与中方代表进行直接讨论的建议,在发言中进一步作了重要表态:如果美国政府愿意派部长级的代表或美国总统特使到北京进一步探索中美关系中的根本原则问题,中国政府愿意接待。这样,在中美两国最高层领导人的指挥部署下,中美大使级会谈的最后两次会议即第一百三十五、一百三十六次会谈为后来基辛格访华奠定了基础。在中美两国没有正式建立外交关系、互不了解的情况下,中美大使级会谈是相互直接接触、相互了解和表明各自的立场观点的唯一渠道,中美大使级会谈进行了 15 年,总共谈了 136 次,创下了世界现代外交史上的纪录,也是国际关系史上的一个创举。

二、通过谈判协商解决历史遗留问题

(一)通过中英关于香港问题的谈判成功收回香港主权[①]

19 世纪后半叶,英帝国用武力迫使清政府签订《南京条约》《北京专约》和《展拓香港界址专条》三个不平等条约,逼迫清政府将香港岛和九龙半岛尖端割让给英国,并把九龙界限北至深圳河的大片土地以及附近 200 多个岛屿租借给英国为期 99 年,这是中华民族的耻辱。

中国共产党早在西柏坡时期,即已经确定对历史遗留下来的香港领土争端问题,采取暂时搁置的策略。新中国成立后,中央人民政府即向全世界宣布中国政府不承认英帝国主义强加给中国人民的三个不平等条约,要在适当的时候通过谈判解决香港问题的明确立场。不久朝鲜战争爆发,以美国为首的西方国家开始对新中国实施长期封锁。为打破封锁,获取必要物资、外汇,周恩来总理正式提出对香港要实行"长期打算,充分利用"的八字方针。

中国于 1971 年恢复在联合国的合法席位后,1972 年 3 月即向联合国非殖民化特别委员会提出,香港和澳门问题完全属于中国主权范围内问题,不应将两地列入《反殖民宣言》使用的殖民地名单之内(一般情况下,被列入该名单的地区,最终都要实现独立)。当年 11 月 8 日,联合国大会以 99 票对 5 票批准了将香港、澳门两地从殖民地名单删除的决议,确认了中国对香港、澳门的主权,这为后来解决香港、澳门问题奠定了坚实的国际法基础。

1982 年 9 月 22 日,英国首相撒切尔夫人访华,拉开了中英香港问题谈判的序幕。9 月 24 日,邓小平接见撒切尔夫人。撒切尔夫人坚持前述三个条约继续有效的立场,并断言一旦中国取代英国管治香港,香港将崩溃,并将进一步危及中国的现代化建设。

[①] 刘贵军:《邓小平与中英香港问题谈判中的几场较量》,《湘潮》(上半月)2014 年第 7 期,第 9—14 页;徐剑梅、韩轩:《当"铁娘子"遇到"钢小平"……撒切尔夫人前外交顾问回忆中英香港问题谈判》,《青年探索》2004 年第 5 期,第 45—46 页;周南、宗道一:《中英香港问题谈判亲历记(一)》,《百年潮》2006 年第 5 期,第 21—28 页;周南、宗道一:《中英香港问题谈判亲历记(二)》,《百年潮》2006 年第 6 期,第 22—28 页。

针对撒切尔夫人的这一论调,邓小平针锋相对地表示:第一,主权问题不是一个可以讨论的问题,中国在这个问题上没有回旋的余地。1997年,中国将收回香港,不仅是新界,而且包括香港岛、九龙。第二,香港继续保持繁荣,根本上取决于中国收回香港后,在中国管辖之下,实行适合于香港的政策。第三,如果说宣布收回香港就会"带来灾难性的影响",那我们要勇敢地面对这个灾难,作出决策。如果香港发生严重的波动,中国政府将"被迫不得不对收回香港的时间和方式另作考虑"。换言之,就是说收回香港不一定用和平的方式了,时间也不一定等到1997年了。邓小平铿锵有力的表态,迫使英方不得不在中方建议的基础上同中方就香港问题展开谈判。

中英两国政府就香港问题的谈判分为两个阶段:第一阶段从撒切尔夫人访华到1983年6月,主要就香港主权的原则问题和一些程序性问题进行磋商;第二阶段从1983年7月到1984年9月,双方就具体问题展开22轮谈判,整个过程充满激烈交锋和较量。1984年12月19日,中英双方正式签署《中英关于香港问题的联合声明》,并向世界宣告:中国政府将于1997年7月1日对香港恢复行使主权,英国将在同日将香港交还给中国。

中英关于香港问题的谈判在中国外交史上有着特殊的地位和意义,它成功达致香港顺利回归祖国怀抱,使祖国统一大业向前迈进一大步,并为国际上和平解决国际争端和历史遗留问题创立了典范,是中国政府为维护世界和平做出的重大贡献。[1]

(二)通过中葡关于澳门问题的谈判解决澳门主权回归[2]

澳门自古以来就是中国的领土。1557年,葡萄牙人未经中国许可,以借地晾晒湿水贡物为借口,开始在澳门非法居留。1840年鸦片战争后,葡萄牙趁清政府战败之机,相继占领澳门南面的凼仔岛和路环岛。1887年,当时的葡萄牙政府迫使清政府先后签订了《中葡会议草约》和《中葡北京条约》,规定"葡国永驻管理澳门以及属澳之地与葡国治理它处无异"。此后,葡萄牙一直占领澳门并把澳门划为葡萄牙领土,作为葡萄牙的一个"海外省"。1974年,葡萄牙宣布实施非殖民地政策,承认澳门是中国领土而不是葡萄牙殖民地。1976年,葡萄牙新宪法规定:澳门是在葡萄牙管辖下的特殊地区。中国历代政府在澳门的主权问题上从未作过让步,也从未在法律上将中国对澳门

---

[1] 徐曰彪:《〈世纪谈判〉(一)——中英关于香港问题的会谈和〈联合声明〉的签署》,《乡音》1997年第3期;《〈世纪谈判〉(二)——中英关于香港问题的会谈和〈联合声明〉的签署》,《乡音》1997年第4期;《〈世纪谈判〉(三)——中英关于香港问题的会谈和〈联合声明〉的签署》,《乡音》1997年第5期;《〈世纪谈判〉(四)——中英关于香港问题的会谈和〈联合声明〉的签署》,《乡音》1997年第6期。

[2] 赵理海:《和平解决历史遗留问题的光辉典范——祝〈中葡关于澳门问题联合声明〉的签署》,《法学杂志》1987年第3期,第4—6页;罗燕明:《澳门回归记——中葡关于澳门问题的外交博弈》,《党史文汇》2010年第11期,第10—16页;陈果吉:《中葡关于澳门问题谈判的前前后后》,《党的文献》1999年第6期,第31—37页;芮立平:《中葡关于澳门问题的交涉》,《台声》1999年第12期,第7—9页;刘家成:《245天的光辉历程,永载史册——中葡关于澳门问题的四轮谈判始末》,《国际展望》1999年第24期,第11—12页。

的主权让与他国。中华人民共和国成立后,中国政府曾多次阐明澳门是中国的领土,澳门问题属于历史遗留下来的问题,并一贯主张在适当时机通过谈判和平解决,在未解决之前暂时维持现状。1979年,中葡建交,并就澳门主权归属问题达成谅解,葡萄牙承认"澳门是中国领土,将交还中国",双方确认在适当时候通过谈判和平解决澳门问题。此后两国领导人经过多次磋商,确定两国政府将于1986年6月最后一周于北京就澳门问题举行会谈。1986年7月至1987年2月,中葡两国就澳门问题举行了四轮外交会谈,第一轮到第三轮为第一阶段,第四轮为第二阶段,先后经历8个月又14天,共245天,由于中方立场坚定,葡萄牙不得不让步作出妥协,最终于1987年4月13日两国政府在北京正式签署《中葡关于澳门问题的联合声明》,宣布中国政府将于1999年12月20日对澳门恢复行使主权,并作出了保持澳门繁荣稳定的具体安排。澳门问题的解决,是继香港问题解决后,又一个具有历史意义的重大事件,是通过和平谈判解决国家间重大问题的又一成功范例,它充分显示了"一个国家,两种制度"原则的强大生命力。

三、通过调停斡旋协助解决国际争端

(一)中国斡旋调停苏丹达尔富尔问题和南北苏丹问题

达尔富尔位于苏丹西部偏远地区,面积约50万平方公里,约占苏丹领土的1/5,当地有80多个部族,人口约600万。达尔富尔部落是当地最大的部族,"达尔富尔"因此得名,意为"富尔人的家园"。当地自然条件恶劣,社会经济长期落后,人口增长过快加剧了人口资源矛盾以及部族间矛盾;气候干燥,沙漠侵蚀,导致土地和水资源日益匮乏,当地阿拉伯人和黑人争夺各类资源的矛盾越来越尖锐。2003年2月,当地黑人组成"苏丹解放运动""正义与平等运动"等反政府武装,要求实行自治。阿拉伯人则组成"金戈威德"(阿拉伯语意思为"骑马拿枪的人")等武装组织。当地各武装团体随意攻击平民,掠夺财产,造成大量人员伤亡,引发人道危机。除前述反政府活动外,当地还夹杂着大量部族相互间冲突,情况错综复杂。

达尔富尔问题引起国际社会的普遍关注和担忧。联合国安全理事会多次通过决议,要求苏丹政府解除民兵武装,对达尔富尔地区实施武器禁运,并对相关人员实施制裁。2006年11月,联合国通过了秘书长安南提出的解决达尔富尔问题的"三步走"方案。

中国从一开始就十分关注达尔富尔问题,支持以政治方式解决问题,并为此做了大量工作。时任国家主席胡锦涛专门致信给苏丹总统巴希尔,并在与巴希尔会面时敦促苏丹在安南方案上显示灵活性。中方通过中苏互访、派遣着重解决达尔富尔问题的非洲事务特别代表、致函、通电话,以及在联合国等场合开展斡旋、协调等做各方工作,

缩小分歧，推动对话。中国还向达尔富尔派遣了275人的维和工兵分队，向苏丹政府提供了8 000万元人民币的人道物资援助，并向非盟维和行动捐款180万美元。①

2011年7月9日，南苏丹脱离苏丹宣布独立建国，为世界版图增添一个新国家。②此后南北苏丹因争夺石油资源和领土曾爆发边界冲突，中国作为南北苏丹两国的友好国家，对两国积极斡旋调停，在多方努力下，使南北苏丹之间的战火较快得到平息。南苏丹石油资源丰富，其所产石油60%左右输往中国。2013年南苏丹内战爆发后，中国政府专门任命钟建华大使作为中国政府非洲事务特别代表，往返于中国、南北苏丹以及相关各方之间，积极推动南北苏丹和解以及解决南苏丹国内的冲突。2014年1月6日，正在埃塞俄比亚访问的中国外长王毅分别会见了南苏丹冲突双方谈判代表。王毅听取了双方对当前情况的介绍并分别做工作。王毅表示，作为南苏丹的朋友，中国愿为南苏丹冲突双方实现和谈发挥建设性作用，希望双方能从南苏丹人民的整体和长远利益出发，立即停火止暴，维护法治和秩序，尽快启动和谈，寻找合情合理的解决办法。2014年9月25日，根据联合国安全理事会关于调整联合国南苏丹特派团兵力和授权问题的第2155号决议，应联合国邀请并经国务院、中央军委批准，中国军队决定派遣一个700人的维和步兵营赴南苏丹执行维和任务。这固然是中国首次对外派遣战斗部队，但其性质仍是联合国旗号下的维和部队，仍然戴着联合国的蓝盔和蓝色徽章，所依据的则是联合国安全理事会第2155号决议，是"师出有名"，派遣战斗部队则是出于局势和任务的实际需要。此外，中国早在2003年就首次向刚果（金）派遣了维和部队，至今中国蓝盔部队仍在多个非洲国家参与联合国维和使命，目的仍在于履行联合国成员国使命。

（二）通过六方会谈斡旋解决朝鲜核问题

20世纪50年代末，朝鲜开始核技术研究工作，虽然朝韩之间签订了《朝鲜半岛无核化共同宣言》，国际原子能机构对朝鲜进行了六次检查，但是并没有打消美国的怀疑和制裁。1993年，朝鲜以国家安全为由，宣布退出《不扩散核武器条约》，引发朝鲜半岛局势紧张，其后朝美通过谈判先后签署了《日内瓦核框架协议》以及《美朝框架协议》。然而，美国方面对框架协议既没有认真兑现，也没有放松对朝鲜的制裁。朝美在履行《日内瓦核框架协议》问题上的争论日趋激烈。2002年，美国布什总统将朝鲜列为"邪恶轴心国"之一，彻底激怒了朝鲜，于是2003年朝鲜宣布再次退出《不扩散核武器条约》，重启核设施，并威胁进行核试验，由此两国之间的争端日益紧张和升级。③

---

① 翟隽：《中国积极推动解决达尔富尔问题》，《求是》2007年第11期，第61—63页。
② 杨勉：《南苏丹独立的背景与前景》，《学术探索》2011年第5期，第30—35页。
③ 江天尧：《中国调停外交的实践与分析——基于朝核问题的视角》，《长春理工大学学报（社会科学版）》2011年第24卷第6期，第8—10页。

朝鲜半岛核问题是东北亚安全局势中最具复杂性和最具不确定性的因素，也是当前亚太乃至国际社会高度聚焦的安全热点。中国作为朝鲜的邻国，积极参与了朝鲜核问题的斡旋。中国一方面主张朝鲜半岛无核化的原则，一方面表明主张通过谈判对话和平解决问题的态度。2003年4月，中国先是邀请朝鲜、美国在北京举行三方会谈，之后又扩大邀请范围，加入俄、日、韩有关方，形成"六方会谈"机制，2003年8月在北京举行第一轮六方会谈，此后六方会谈机制一直作为解决朝核危机的主导方式。2007年中方还正式任命朝鲜半岛问题特使，专门负责朝鲜核问题。中国积极斡旋朝鲜核问题，推动和谈，为早日解决朝鲜核问题发挥了重要作用。①

（三）积极协调力促和平解决巴以问题

巴以问题是中东的核心问题，它是全球持续时间最漫长、解决过程最坎坷的国际问题，涉及地缘、资源、民族、宗教、大国关系等诸多方面的因素。② 在巴以问题上，中国不同于美国，并非巴以和谈的主导性力量，但也形成了自己独特的"对巴道义至上、对以合作先行"的立场与风格，具体表现为：一是道义至上，不偏不倚，坚持是非曲直与国际准则，并行不悖地与双方发展平等、互利的友好关系；二是主动参与斡旋，但一般不寻求主导议程设置，所以也很少主动提出解决方案。③ 中国既承认巴勒斯坦的建国权，也尊重以色列的生存权，主张在联合国框架下推进中东和平进程。中国的公正立场赢得了巴以双方的欢迎和信任。中国先后任命多位中东问题特使，与中东问题有关各国拥有广泛良好关系，有利于开展调停工作。

四、中国与国际仲裁和国际司法

（一）中国坚决拒绝菲律宾将南海争端提交国际仲裁的做法

国际法确立了和平解决国际争端的方法，既有政治方法，也有法律方法。《联合国宪章》第六章以专章形式规定了"争端之和平解决"，其中第三十三条规定了争端解决的具体方法，包括"谈判、调查、调停、和解、公断、司法解决及区域机关或区域办法"等。《联合国宪章》第八章还专门规定了"和平解决国际争端的区域方法"。同时，选择何种和平方法应遵循国际法治原则。联合国大会通过的《国际法原则宣言》明确指出，各国"应在国家主权平等的基础上，依照自由选择方法的原则解决国际争端"。因此，国际争端解决方法的选择和适用应严格按照国家主权平等原则，充分尊重当事国的意愿，不得强加于任何国家。中国认为，是否采用仲裁或司法机构解决国际争端，也应以国际法治原则为依归，以国家平等自愿为前提。任何违背国家意愿或国际条约规定，强

---

① 傅莹：《朝核问题的历史演进与前景展望》，《理论参考》2017年第6期，第4—17页。
② 侯宇翔：《中国在巴以问题上的角色调整》，《阿拉伯世界研究》2014年第1期，第38—49页。
③ 孙德刚：《中国在中东开展斡旋外交的动因分析》，《国际展望》2012年第6期，第14—31页。

行将争端提交仲裁或司法机构解决的行为,都是违背国际法治原则的,是中国不能接受的。①

2006年8月25日,中国依据《联合国海洋法公约》第二百九十八条规定,向联合国秘书长提交书面声明,对于《联合国海洋法公约》第二百九十八条第一款(a)、(b)和(c)项所述的任何争端(即涉及海洋划界、领土争端、军事活动等争端),中国政府不接受《联合国海洋法公约》第十五部分第二节规定的任何国际司法或仲裁管辖。

2013年1月22日,菲律宾共和国外交部照会中华人民共和国驻菲律宾大使馆称,菲律宾依据1982年《联合国海洋法公约》第二百八十七条和附件七的规定,就中菲有关南海"海洋管辖权"的争端递交仲裁通知,提起强制仲裁。2013年2月19日,中国政府退回菲律宾政府的照会及所附仲裁通知。中国政府多次郑重声明,中国不接受、不参与菲律宾提起的仲裁。② 对于应菲律宾共和国单方面请求建立的南海仲裁案仲裁庭于2016年7月12日作出的有利于菲律宾的裁决,中国政府当即发表严正声明,表示该裁决是无效的,没有拘束力,中国不接受、不承认。③

针对有关国家企图将与中国的岛屿争端和海洋划界争端提交国际仲裁或国际司法的主张和做法,中国的立场是一贯和明确的,解决岛屿争端和海洋划界争端,中国主张在尊重历史事实和国际法的基础上,由有关直接当事国通过外交协商谈判方式解决。

(二)中国与国际法院

国际法院的前身是1922年由国际联盟建立的常设国际法院。第二次世界大战爆发后,常设国际法院于1939年停止运作、1946年正式解散。同年,联合国国际法院取代了常设国际法院并作为联合国六大主要机构之一。1971年,中国恢复了在联合国的合法席位,但到1978年实行改革开放以前,中国与国际法院关系并不密切。改革开放后,中国虽然开始重视国际法院的作用,但总体上对国际法院的诉讼管辖权仍保持拒绝接受的态度。这种情况后来逐渐发生转变。1989年,中国政府宣布,今后对于有关条约涉及由国际法院解决争端的条款,中国将采取不一概保留的态度。除涉及中国重大国家利益的国际争端仍坚持通过谈判协商解决外,对于中国签署、批准或加入的国际公约,有关经济、贸易、科技、航空、环境、交通运输、文化等专业性和技术性的公约

---

① 2013年10月11日中国常驻联合国副代表王民大使在第68届联大六委关于"国内与国际法治"议题的发言。
② 2014年12月7日中国政府关于菲律宾共和国所提南海仲裁案管辖权问题的立场文件。
③ 2016年7月12日中华人民共和国外交部关于应菲律宾共和国请求建立的南海仲裁案仲裁庭所作裁决的声明。

规定争端由国际法院解决的,一般可以不作保留。① 1993 年 1 月 5 日和 7 日,中国先后批准了《生物多样性公约》和《联合国气候变化框架公约》,1997 年 4 月 25 日批准了《禁止化学武器公约》,这些公约均规定有关争端可提交国际法院解决,且不容许作任何保留。这表明中国已经开始在协议管辖方面有条件地审慎接受国际法院的管辖,但是仍然没有接受国际法院的任意强制管辖权和自愿管辖权。迄今为止,中国尚未向国际法院提交任何争端。

自 1946 年国际法院成立以来,在其任职的中国籍的历任法官有:曾任教授、法院院长和外交部次长的徐谟(任期为 1946 年 2 月 6 日至 1956 年 6 月 28 日),曾任外交部部长、代理国务总理、驻美大使等要职的顾维钧(任期为 1957 年 1 月 11 日至 1968 年 2 月 5 日,曾于 1964—1967 年任国际法院副院长)、资深国际法专家、中国外交部法律顾问倪征(任期为 1985—1994 年)、中国外交部法律顾问、曾任联合国国际法委员会委员的国际法学家史久镛(1994 年当选,2003 年 2 月连任,任期 9 年;2003—2006 年当选为国际法院院长)。② 2010 年 6 月,薛捍勤当选为国际法院首位中国籍女法官,自 2018 年 2 月起担任国际法院副院长,2020 年 11 月 11 日和 12 日,她又于安全理事会和联合国大会举行的国际法院法官换届选举中获得连任。

(三)中国与常设仲裁法院

冷战前的常设仲裁法院处于与国际法院类似的境地(西方籍法官占据多数,受案范围有限,受理案件数量少)。冷战后常设仲裁法院发生显著变化,它可以给国际法主体和国内法主体提供广泛服务,不仅包括仲裁,还包括和解、调查、斡旋和调停,其仲裁规则也更加灵活和人性化。③ 中国对常设仲裁法院的态度也处于不断变化和调整中。冷战结束后,中国签署、批准或加入国际公约时,开始对仲裁解决争端条款不再一概保留。从 1993 年 11 月开始,中国正式恢复在常设仲裁法院的活动,并且向其正式派出中国籍仲裁员(1993 年 11 月 22 日,时任中国外长钱其琛致函常设仲裁法院秘书长,指派李浩培、邵天任、王铁崖、端木正为仲裁员;2009 年 5 月 4 日,时任中国外长杨洁篪致函常设仲裁法院秘书长,指派邵天任、许光建、薛捍勤、刘楠来为仲裁员)。④ 20 世纪 80 年代后,中国在与外国签订的非政治性条约协定中,开始同意加入仲裁条款,不再保留。实践中,开始有一些经贸、海运方面的争端通过提交国际仲裁得以解决。⑤

---

① 王勇:《论中国对条约中争端解决条款的保留及其完善对策》,《福建江夏学院学报》2015 年第 5 卷第 2 期,第 45—50 页。
② 赵海峰:《中国与国际司法机构关系的演进》,《法学评论》2008 年第 6 期,第 3—12 页。
③ 裴欣:《从 1899 年到今天:常设仲裁法院的百年》,《北京仲裁》2008 年第 4 期,第 132—138 页。
④ 中国驻荷兰王国大使馆主页"国际司法机构-常设仲裁法院 PCA"介绍页面,http://nl.china-embassy.org/chn/gjf/t238056.htm,2021 年 2 月 2 日访问。
⑤ 王铁崖:《国际法》,法律出版社 1995 年版,第 612 页。

五、中国参与联合国维和行动

自1990年以来，中国参与联合国维和行动已走过30年历程。30年来，中国累计派出维和官兵4万余人次，成为联合国维和行动的主要出兵国和出资国。1990年4月19日，中国宣布首次向联合国停战监督组织派遣军事观察员，分别赴大马士革任务区和埃及西奈半岛任务区，承担驻守观察哨所、实施巡逻、监督停火协议执行情况等任务。这是我国第一次参与联合国维和行动，在联合国主持的对该项任务的各项考评中，中国观察员成绩全部优秀，无任何事故、违规或差错记录，实现了中国军人参与维和行动的"开门红"。2003年4月7日，主要由原中国人民解放军第202医院组建的中国首支维和医疗分队从沈阳飞赴刚果（金）金杜任务区。医疗队43人中，包括13名女队员，这也是我国首次派遣女军人参加联合国维和行动。如今，中国维和医院的牌匾在刚果（金）、黎巴嫩、南苏丹、马里等多国的维和营地熠熠生辉。在远离祖国、战乱冲突不断、生存条件恶劣的环境下，中国维和部队中的医务工作者忠实履行使命，为维护世界和平、展现中国军队良好形象作出了突出贡献。2017年，中国向联合国维和行动派遣首支直升机分队，在联合国和非盟驻达尔富尔联合特派团的统一部署下，在苏丹达尔富尔任务区担负空中巡逻、维和部队运输、人员搜救运送、空运后勤补给等任务。① 自2010年以来，中国在联合国维和领域的地位和作用发生了重大变化。中国2013—2015年所承担的维和经费分摊比率从2010—2012年的3.9%上升到6.6%，2016—2018年更是上升为10.2%。这使中国一跃成为第二大维和经费贡献国，而且这一摊款比率仍将上升。与此同时，中国维和人员的派遣数量也保持在第二梯队的前列，在124个派遣国中列第十一位，在安全理事会常任理事国中位列第一。② 自1990年中国首次参加联合国维和行动至今，中国累计已经先后参加联合国维和行动24项，累计派遣维和军事人员2万余人次。中国维和行动为维护世界和平作出了重要贡献，彰显了中国负责任大国的态度和担当。

思考题

一、问答题

1. 国际争端的种类和成因是什么？
2. 国际法院裁判与国际仲裁解决方法有何差异？

---

① 《为了和平我们出发——中国参与联合国维和行动30年（上、下）》，《人民日报》2020年7月6日。
② 派遣人数排名参见 https://peacekeeping.un.org/en/troop-and-police-contributors，2021年2月2日访问；维和经费分摊比参见 https://peacekeeping.un.org/en/how-we-are-funded，2021年2月2日访问。

3. 联合国主要机关在和平解决国际争端中有怎样的地位和作用？

二、案例分析

（一）挪威于 1885—1909 年在法国发行公债，这些债券上载有一个黄金条款：公债本息到期时可以兑取黄金或与黄金等值的其他货币。1914 年，挪威停止用黄金支付，只用挪威货币偿还债券。1923 年 12 月 15 日，挪威制定的一项法律还规定：当债务人合法地同意用黄金价支付以挪威克朗表示的金钱债务，债权人拒绝接受依债券的票面金价支付挪威钞票时，银行被免除将挪威钞票依其票面金价进行兑换的义务有多长时间，债务人就可以要求延期多长时间付款。

1925—1955 年，法国政府一直试图与挪威解决此问题。法国认为不能依单方面的决定来对抗外国的债权人，并要求挪威承认法国这些公债持有人主张的权利。

挪威政府不准备同意法国政府提出的各种解决争端的建议，坚持债券持有人主张的权利是在挪威国内法院管辖的范围内，并且只涉及挪威法的解释和适用。法国的公债持有人不肯将争端交给挪威法院管辖，对该案提出了初步反对意见。挪威主张法院的职责是根据国际法解决提交给它的争端，法院只能受理单方请求审理的属于《国际法院规约》第三十六条第二款中所述的四类法律争端和有关国际法的争端。挪威认为这些公债契约受国内法调整而不受国际法调整。此外，挪威指出，法国在接受法院强制管辖的声明中作出一项保留："本声明不适用于法国政府认为本质上属于国内管辖范围的事项的争端。"挪威认为，根据《国际法院规约》第三十六条第三款和挪威接受法院强制管辖声明中所含的相互原则，挪威有权援引法国对它的承诺所加的限制。挪威确信该争端是在国内管辖的范围内，因而请求法院以其无管辖权为由拒绝法国的请求。对于该初步反对意见，双方同意法院将其与实质问题一起审理。

法院注意到对本案的管辖取决于双方以相互为条件作出的声明。由于涉及两个单方面的声明，因而只有在这两个声明一致给予法院管辖权的范围内，法院才有管辖权。关于海牙第二公约，法院认为该公约并非要求当事国采取强制仲裁，而是为干涉国加予一项义务，在进行仲裁之前不应诉诸武力。法院认为没有理由因双方都是海牙第二公约的缔约国就剥夺挪威援引法国声明中保留的权利。法院不认为它应该审查法国的保留是否符合它承担的法律义务以及是否符合《国际法院规约》第三十六条第六款。当事国双方都未对该保留的有效性提出疑问。显然，法国完全坚持它的声明，包括该保留，挪威则援引了这项保留。因此，在法院面前有一项条款，争端当事国认为该条款表达了他们关于法院权力的共同意愿。法院赋予该保留以它应有的和当事国双方承认的效力。

法院判称，挪威有权根据相互的条件援引法国声明中所含有关国内管辖的保留；这一保留排除了法院对法国政府以请求书方式提交给法院的争端的管辖。考虑到法院无须审查挪威提出的其他反对意见或争端双方提出的其他主张，法院于 1957 年 7 月 6 日以 12 票对 3 票作出裁定，法院对法国提交的该争端无管辖权。

分析及参考结论：根据《国际法院规约》第三十六条第二款的规定，争端当事国可随时发表声明，对于接受同样义务的国家，不必另订特别协定，就四类法律性争端接受国际法院的强制管辖。一般情况下，在同样声明接受法院强制管辖的国家之间发生争端，只要一方将争端提交国际法院，国际法院就可以受理，另一方也有义务应诉。但是有些国家在声明接受国际法院强制管辖时附有保留，常见的保留是把本国确定为本质上属于本国国内管辖的事项排除在法院管辖之外。这一保留起到削弱法院强制管辖的作用，当然法院有权判定这种保留是否有效。在本案中，由于当事国双方均未对该保留的效力提出异议,因而法院无须考虑这个问题。接受法院强制管辖必须以相互和自愿为条件。在本案中,虽然法国作了上述事项的保留,挪威却根据相互原则成功地援引了法国的保留,看来这种保留并不像作出保留的国家所期望的那样总对本国有利。本案是在这方面最早的和唯一的案件,为各国在接受法院强制管辖时是否作出保留和作什么样的保留提供了借鉴。

问题:请从国际法角度对该案予以分析。

(二)2013 年 9 月 18 日,绿色和平组织租用一艘悬挂荷兰王国旗帜的轮船("北极日出"号),在俄罗斯近海专属经济区内的伯朝拉海域,准备抗议在该海域作业的俄罗斯"Prirazlomnaya"号海上石油平台。9 月 19 日,作为对绿色和平组织抗议活动的回应,俄罗斯有关机关工作人员登临了"北极日出"号,扣留了船上人员,并将"北极日出"号拖往俄罗斯重要北极海港城市摩尔曼斯克予以扣押,船上人员不仅遭到逮捕羁押,还受到刑事犯罪指控。2013 年 11 月末,船上人员交纳保释金后被释放,当年 12 月 18 日,俄罗斯下院杜马通过决议赦免这些人的刑事责任,"北极日出"号上的非俄罗斯籍船员被允许离开俄国。2014 年 6 月 6 日,俄罗斯当局解除了对"北极日出"号的强制扣押命令,取而代之的是,2014 年 8 月 1 日,该船离开摩尔曼斯克,于同年 8 月 9 日抵达荷兰海港阿姆斯特丹。

荷兰王国指称,俄罗斯的上述行为违背了其所参加的《联合国海洋法公约》《公民权利和政治权利公约》以及习惯国际法的规定,要求仲裁庭判定俄罗斯的行为违反上述法律,俄罗斯应向荷兰王国正式道歉并赔偿相应的经济损失。

俄罗斯联邦提出抗辩,认为其在参加《联合国海洋法公约》时,对该公约的争端解决方式条款作出了保留,即对"涉及主权权益或管辖权有关的执法活动引发的争议,俄罗斯联邦拒绝接受公约规定的争端解决方法条款的约束",并认为按照《联合国海洋法公约》规定,俄罗斯作为沿岸国,有权对"北极日出"号在俄罗斯专属经济区内的有关活动行使管辖权,包括刑事管辖权。因此,俄罗斯联邦拒绝参加荷兰王国提起的这项仲裁程序,并认为仲裁庭对此没有管辖权。俄罗斯联邦提出,俄罗斯加入《联合国海洋法公约》时,曾经按照《联合国海洋法公约》第二百九十八条规定,声明对下列争端,将不适用《联合国海洋法公约》第十五部分"争端的解决"第二节"导致有拘束力裁判的强制程序"规定的强制程序予以解决:关于划定海洋边界的第十五条、第七十四条和第八十三条在解释或适用上的争端,或涉及历史性海湾或所有权的争端;关于军事活动,包括从事非商业服务的政府船只和飞机的军事活动的争端;关于行使主权权利或管辖权的法律执行活动的争端;正由联合国安全理事会执行《联合国宪章》所赋予的职务的争端。俄罗斯联邦谨记《联合国海洋法公约》第三百〇九条和第三百一十条规定,反对一国签署、批准、加入《联合国海洋法公约》时,违背《联合国海洋法公约》第三百一十条作出的任何声明和说明(无论该声明或说明已经作出还是将要作出)。俄罗斯联邦认为,无论该声明和说明的名称或措辞采取什么形式,将不改变或排除《联合国海洋法公约》条款对声明和说明作出国的适用效力,在考量该国与俄罗斯联邦在《联合国海洋法公约》上的关系时,该国作出的此种声明和说明俄罗斯联邦也将不予考虑。

荷兰王国则认为,俄罗斯联邦的上述保留,或者过于宽泛而将被《联合国海洋法公约》所禁止,或者不符合《联合国海洋法公约》第二百九十八条第一款(b)项规定①。如果严格按照《联合国海洋法公约》第二百九十八条第一款(b)项规定,只有同时满足"行使主权权利或管辖权的法律执行活

---

① 《联合国海洋法公约》第二百九十八条第一款(b)项规定:关于军事活动,包括从事非商业服务的政府船只和飞机的军事活动的争端,以及根据第二百九十七条第二款和第三款不属法院或法庭管辖的关于行使主权权利或管辖权的法律执行活动的争端,这种类型的争端才可以豁免适用《公约》第十五部分第二节规定"强制程序"。

动"和"符合《联合国海洋法公约》第二百九十七条第二款①和第三款规定②引发的争端才可以豁免适用《联合国海洋法公约》第十五部分第二节规定的"强制程序"。

仲裁庭认为,俄罗斯联邦在加入《联合国海洋法公约》时所作的政府声明中,没有准确完整地引用《联合国海洋法公约》第二百九十八条第一款(b)项(俄罗斯联邦政府声明中,只写了"关于行使主权权利或管辖权的法律执行活动的争端",而《联合国海洋法公约》第二百九十八条第一款(b)项完整表述除了"关于行使主权权利或管辖权的法律执行活动的争端",在之前还有修饰语"根据第二百九十七条第二款和第三款不属法院或法庭管辖的关于行使主权权利或管辖权的法律执行活动的争端")。

仲裁庭认为,根据《联合国海洋法公约》第二百九十八条第一款(b)项完整表述和《联合国海洋法公约》第二百九十七条第二款和第三款,只有下述争端才属于"根据第二百九十七条第二款和第三款不属法院或法庭管辖的关于行使主权权利或管辖权的法律执行活动的争端":一是因沿海国对其专属经济区内或大陆架上所展开海洋科学研究相关的活动行使权利或斟酌决定权而引发的争端(从《联合国海洋法公约》第二百九十七条第二款(a)(i)项和第二百四十六条推导得出);二是因沿海国下达命令暂停或禁止一项海洋科学研究项目而引发的争端(从《联合国海洋法公约》第二百九十七条第二款(a)(ii)项和第二百五十三条推导得出);三是与沿海国专属经济区内生物资源权利及行使该项权利有关的争端(从《联合国海洋法公约》第二百九十七条第三款(a)项推导得出)。

仲裁庭认为,俄罗斯联邦在伯朝拉海域对"北极日出"号采取的行动,不符合上述三种类型争端中的任何一种,因此,俄罗斯联邦在加入《联合国海洋法公约》时作出的政府保留声明,并不能有效排除仲裁庭对该案的管辖权。

问题:请从国际法角度对仲裁庭确认自身对该案享有管辖权予以分析。

---

① 《联合国海洋法公约》第二百九十七条第二款规定:(a)本公约关于海洋科学研究的规定在解释或适用上的争端,应按照《联合国海洋法公约》第十五部分第二节(规定的强制程序予以)解决,但对于下列情形所引起的任何争端,沿海国并无义务同意将其提交这种解决程序:(i)沿海国按照第二百四十六条行使权利或斟酌决定权;或(ii)沿海国按照第二百五十三条决定命令暂停或停止一项研究计划;(b)因进行研究国家指控沿海国对某一特定计划行使第二百四十六条和第二百五十三条所规定权利的方式不符合本公约而起的争端,经任何一方请求,应按照附件V第二节提交调解程序,但调解委员会对沿海国行使斟酌决定权指定第二百四十六条第六款所指特定区域,或按照第二百四十六条第五款行使斟酌的决定权拒不同意,不应提出疑问。

② 《联合国海洋法公约》第二百九十七条第三款规定:(a)对本公约关于渔业的规定在解释或适用上的争端,应按照《联合国海洋法公约》第十五部分第二节(规定的强制程序予以)解决,但沿海国并无义务同意将任何有关其对专属经济区内生物资源的主权权利或此项权利的行使的争端,包括关于其对决定可捕量、其捕捞能力、分配剩余量给其他国家、其关于养护和管理这种资源的法律和规章中所制定的条款和条件的斟酌决定权的争端,提交这种解决程序。(b)据指控有下列情事时,如已诉诸第一节而仍未得到解决,经争端任何一方请求,应将争端提交附件V第二节所规定的调解程序:(i)一个沿海国明显地没有履行其义务,通过适当的养护和管理措施,以确保专属经济区内生物资源的维持不致受到严重危害;(ii)一个沿海国,经另一国请求,对该另一国有意捕捞的种群,专断地拒绝决定可捕量及沿海国捕捞生物资源的能力;或(iii)一个沿海国专断地拒绝根据第六十二条、第六十九条和第七十条以及该沿海国所订订的符合本公约的条款和条件,将其已宣布存在的剩余量的全部或一部分分配给任何国家。(c)在任何情形下,调解委员会不得以其斟酌决定权代替沿海国的斟酌决定权。(d)调解委员会的报告应送交有关的国际组织。(e)各缔约国在依据第六十九条和第七十条谈判协定时,除另有协议外,应列入一个条款,规定各缔约国为了尽量减少对协议解释或适用发生争议的可能性所采取的措施,并规定如果仍然发生争议,各缔约国应采取何种步骤。

第十五章 武装冲突法

案例：伊拉克战争

美国"9·11"恐怖袭击事件发生后，美国总统布什宣布向恐怖主义宣战，并将伊拉克等多个国家列入"邪恶轴心国"(Axis of Evil)。2003年，伊拉克战争爆发，美英联军从3月20日（伊拉克时间）起向伊拉克发动代号为"斩首行动"和"震慑行动"的大规模空袭和地面攻势。布什在战争打响后向全国发表电视讲话，以伊拉克拥有大规模杀伤性武器为由，宣布对伊采取先发制人战略，单方面对伊拉克实施军事打击。伊拉克战争是海湾战争的延续，又称为第二次海湾战争。美英联军先后向巴格达、巴士拉、纳杰夫、摩苏尔、基尔库克、乌姆盖斯尔等十余座城市和港口投掷了各类精确制导炸弹2 000多枚，其中战斧巡航导弹500枚。美英联军凭借空中优势和机械化部队，兵分几路发起强大攻势，先后攻陷伊南部巴士拉等重要城市和战略要地。4月8日，美军从北部和南部两个方向推进到巴格达，并夺取了巴格达东南的拉希德军用机场。美军4月15日宣布，伊拉克战争的主要军事行动已结束，联军"已控制了伊拉克全境"。到2010年8月美国战斗部队撤出伊拉克为止，历时7年多，美方最终没有找到所谓的大规模杀伤性武器，反而以萨达姆政权早已销毁文件和人证为由，结束了战争。2011年12月18日，美军全部撤出伊拉克。

第一节 概　述

武装冲突法是在战争和武装冲突中，以条约和惯例形式调整各交战国或武装冲突各方之间、交战国与中立国之间关系以及交战行为的原则、规则和制度的总称。

格劳秀斯的著作《战争与和平法》包括两部分内容，即传统国际法的两大内容：和平法与战争法。战争法之所以是国际法的重要部分，是因为战争与武装冲突远还不能完全避免。国际法主要基于人道主义的考量，形成了旨在对战争与武装冲突加以限制和规范的原则和规则。这些原则和规则构成了武装冲突法。需要指出的是，信息化战争已成为主导的战争形式,作战手段也发生了日新月异的变化。传统的武装冲突法面对新的战争往往难以规制,甚至出现空白,这是需要国际社会认真应对的课题。

一、武装冲突的概念

国际法上的武装冲突,是指国与国之间、政府与反政府武装团体之间或反政府武装团体相互之间达到一定规模的武装敌对行为。它既包括国际性武装冲突,也包括非国际性武装冲突,既包括有战争状态的武装冲突,也包括没有战争状态的武装冲突。《国际刑事法院规约》第八条第二款第四项规定,规约关于适用于非国际性武装冲突的规定,"不适用于内部动乱和紧张局势,如暴动、孤立和零星的暴力行为或其他性质相同的行为"。该规定说明达到一定规模是构成武装冲突的要件之一。

首先,武装冲突含义广泛。国际法上的战争主要是指两个或两个以上的敌对国家,以武力解决国际争端或推行国家政策造成的武装冲突和法律状态。[①] 传统战争法上的战争,除了大规模的长时间的武装冲突的事实以外,还需要交战各方的交战意向表示。所谓交战意向(animo belligerendi),是指交战各方对于已经发生或者即将发生的武装冲突,具有意识或者认知,认为这是战争的一种表示。交战意向可通过宣战声明或者最后通牒来明示。传统国际法还要求战争必须经过宣战,如1907年《关于战争开始的公约》第一条明确规定:"缔约各国承认,除非有预先的和明确无误的警告,彼此间不应开始敌对行为。警告的形式应是说明理由的宣战声明或是有条件宣战的最后通牒。"但自第二次世界大战结束以来,不宣而战的、没有战争状态的武装冲突大量发生,而完全符合传统国际法的战争定义并出现战争的各种法律后果的"战争"极其少见。为适应这种变化,1949年日内瓦四公约共同的第二条明确规定:"本公约适用于两个或两个以上缔约国间所发生之一切经过宣战的战争或任何其他武装冲突,即使其中一方不承认有战争状态。"1954年《武装冲突情况下保护文化财产公约》、1961年《维也纳外交关系公约》以及联合国安全理事会有关设立"起诉应对1991年以来前南斯拉夫境内所犯的严重违反国际人道主义法行为负责的人的国际法庭"和"卢旺达国际法庭"的决议等,都使用了"武装冲突"的概念。

其次,武装冲突主体扩大。传统国际法认为,只有国家间的战争才是国际法上的战争。《关于战争开始的公约》第三条规定:本公约第一条在两个或几个"缔约国"之间发生战争的情况下发生效力。从该规定来看,战争的主体仅指国家。现代国际法扩展了武装冲突的主体范围,使传统国际法上的战争概念发生了变化。根据国际社会关于1977年在日内瓦签订的两个附加议定书的规定[1977年6月8日在日内瓦签订的两

---

① 王铁崖:《国际法》,法律出版社1981年版,第499页。

个附加议定书是指《1949年8月12日日内瓦四公约关于保护国际性武装冲突受难者的附加议定书》(第一议定书)和《1949年8月12日日内瓦四公约关于保护非国际性武装冲突受难者的附加议定书》(第二议定书)],属于战争法范畴的国际人道法既适用于国际性武装冲突,也适用于非国际性武装冲突。所谓非国际性武装冲突,主要是指发生在一国内部的武装冲突。既然非国际性武装冲突也同样适用国际人道法,那么,这就表明战争与武装冲突的主体不限于国家,还应当包括民族解放组织和非国际性武装冲突中的交战各方,如内战中的叛乱团体。

最后,武装冲突是构成战争的前提条件。并非一切武装冲突都是国际法意义上的战争。如果武装冲突只是一般性的"敌对行动",如偶然发生的、地方性的、短暂的边界冲突等,冲突各方还不认为是和平状态的结束,此类冲突的目的只是为了制服对方接受自己要求的条件,并且敌对行动是在小规模的、短时间内进行的,这只能归为一般性的武装行为,并不构成国际法上的战争。

二、武装冲突法的界定

如前所述,武装冲突法(law of armed conflicts)是规范交战国或冲突各方之间、交战国与中立国之间的关系,以及交战行为的原则规则的总称。

武装冲突法是由传统国际法中的战争法发展演变而来的。1625年,国际法鼻祖格劳秀斯在《战争与和平法》中全面阐述了传统的和中世纪的战争思想及战争规则,形成了以战争法为主要内容的国际法学说体系。1800年前后,出现了两次"武装中立",形成了一些重要的战争法规则,奠定了近代战争法的基础。近代战争法的发展在19世纪末20世纪初达到了历史性的高潮,其主要标志是1899年和1907年的两次海牙和平会议,这两次会议除了制定关于和平解决国际争端的公约外,还制定了一系列战争法公约。第二次世界大战以后,战争法又有了新发展,主要标志是《联合国宪章》和日内瓦四公约及其两个附加议定书的缔结,以及战后著名的纽伦堡军事法庭和远东军事法庭的审判。

随着军事技术的不断发展和战争与武装冲突的变化,战争法的内容也不断发展变化。由于战争被排除在和平解决国际争端的合法方法之外,,武装冲突大多是不宣而战,又由于民族解放运动的发展和国际人道法的传播及影响等,战争法的概念逐渐被武装冲突法的概念所取代。

三、武装冲突法的内容

武装冲突法的内容主要包括两部分:一是关于战争和武装冲突的开始和结束,以及战争和武装冲突期间交战国或冲突各方之间、交战国与中立国之间的法律关系的原则、规则和规章制度。这部分内容主要是传统战争法中的宣战、缔结和约、中立等。第二次世界大战以后,几乎所有重大的国际武装冲突都不是在战争的名义下进行的。由于没有宣战,也就没有缔结和约;由于没有战争状态的存在,也就没有中立。因此,传统战争法的内容在第二次世界大战后基本上没有发展。二是关于作战手段和作战方法,以及在战争和武装冲突中保护平民与其他战争和武装冲突受难者,改善伤、病员待遇的原则、规则和制度。这部分内容既适用于传统意义上的战争,也适用于非战争的国际武装冲突,同时还适用于发生在一个国家内部的武装冲突("非国际性武装冲突")。这一部分内容在第二次世界大战以后有了较大的发展。

从历史视角考察,武装冲突法可分为两个体系:一是海牙法体系,主要是两次海牙和平会议所形成的关于作战手段和方法以及中立的一系列条约,包括1856年《巴黎海战宣言》、1868年《圣彼得堡宣言》、1925年《日内瓦议定书》等关于作战手段和方法的条约和习惯;二是日内瓦法体系,主要是在日内瓦签署的关于保护平民和战争受难者的条约。这两个体系既有差异,又有联系。《海牙公约》中的许多规定,例如战俘待遇、军事占领等已经分别纳入了1929年和1949年的《日内瓦公约》。而1977年的《日内瓦公约附加议定书》则通过其关于限制作战方法和手段的规定,使日内瓦法体系不但包括改善伤、病员境遇,保护战俘、平民和其他战争受难者的原则和规则,同时也包括作战方法和手段方面的原则和规则。上述两个体系结合起来就构成了现代国际法的"国际人道主义法"。国际法院在其1977年就"使用或威胁使用核武器的合法性问题"所提供的咨询意见中指出:"传统国际法上所称呼的'战争法则和惯例'部分地以1868年《圣彼得堡宣言》和1874年布鲁塞尔会议为基础,是人们在海牙进行编纂(包括1899年和1907年海牙公约)的结果。"海牙法体系规定交战各方行为的权利与义务,并限制其在国际武装冲突中杀伤敌方人员所使用的手段和方法,还有的日内瓦法体系旨在保护作战中的伤、病员和不参加敌对行为的人员,即战争受难者。这两个法律体系紧密联系,并逐渐发展成为国际人道主义法的法律体系。

第二节 武装冲突法的渊源

一、武装冲突法的形式

武装冲突法的内容随着社会的发展、军事技术的改进而变化和发展。人类的历史是不断回眸的历史。成文武装冲突法肇始于1856年的巴黎会议,这次会议缔结了关于海战的巴黎宣言。1864年的《日内瓦公约》是最早承认战时人道主义法则的国际条约。1869年的圣彼得堡会议,1899年和1907年的两次海牙会议,1929年、1949年和

1977 年的三次日内瓦会议,又进一步完善和发展了战争行为规则和战时人道主义法,使武装冲突法体系日益完备。

武装冲突法不仅存在于现行有效的诸多条约之中,还有各国公认的大量的习惯国际法。其有三种情形:一是有关战争或武装冲突条约的大部分规定,只是宣示现行的国际习惯法和编纂已经存在的惯例;二是有的原则或规则还未上升为条约,或者有的虽然已上升为条约,但还未被批准或未生效,只要这些原则和规则已是公认的习惯国际法,就不影响这些原则规则对所有国家的效力;三是武装冲突法条约并未将所有的习惯法原则和规则包罗进去,条约未规定的事项仍然应按照习惯规则加以处理。

二、武装冲突法渊源的范围

武装冲突法集中体现在以下四大类国际条约中:

(一)有关作战规则的条约

1856 年《关于海战的巴黎宣言》,截止到 2021 年,共有 55 个国家批准或加入了该宣言。[1]

1899 年《陆战法惯例公约》,截止到 2021 年,共有 48 个国家批准或加入了该公约(中国于 1907 年 6 月 12 日批准该公约)。[2]

1907 年《关于战争开始的公约》,截止到 2021 年,共有 36 个国家批准或加入了该公约,另有 17 个国家签署了该公约(中国于 1910 年 1 月 15 日批准该公约)。[3]

1907 年《陆战法规和惯例公约》,截止到 2021 年,共有 34 个国家批准或加入了该公约(中国于 1917 年 5 月 10 日批准该公约)。[4]

1907 年《陆战和海战时中立国及中立人民的权利与义务公约》,截止到 2021 年,共有 30 个国家批准或加入了该公约(中国于 1910 年 1 月 15 日批准该公约)。[5]

1907 年《战时敌国商船地位公约》,截止到 2021 年,共有 30 个国家批准或加入了该公约(中国于 1917 年 5 月 10 日批准该公约)。[6]

---

[1] 红十字国际委员会官网,https://ihl-databases.icrc.org/applic/ihl/ihl.nsf/States.xsp? xp_viewStates=XPages_NORMStatesParties&xp_treatySelected=105,2021 年 3 月 3 日访问。
[2] 红十字国际委员会官网,https://www.icrc.org/zh/document/hague-convention-ii-laws-and-customs-of-war-onk-land-1899,2021 年 3 月 3 日访问。
[3] 红十字国际委员会官网,https://ihl-databases.icrc.org/applic/ihl/ihl.nsf/States.xsp? xp_viewStates=XPages_NORMStatesParties&xp_treatySelected=190,2021 年 3 月 3 日访问。
[4] 红十字国际委员会官网,https://www.icrc.org/zh/doc/resources/documents/misc/hagueconvention4-18101907.htm,2021 年 3 月 3 日访问。
[5] 红十字国际委员会官网,https://ihl-databases.icrc.org/applic/ihl/ihl.nsf/INTRO/240,2021 年 3 月 3 日访问。
[6] 红十字国际委员会官网,https://www.icrc.org/zh/doc/resources/documents/misc/hagueconvention6-18101907.htm,2021 年 3 月 3 日访问。

1907年《商船改充战舰公约》,截止到2021年,共有31个国家批准或加入了该公约(中国于1917年5月10日批准该公约)。①

1907年《敷设自动水雷公约》,截止到2021年,共有29个国家批准或加入了该公约(中国于1917年5月10日批准该公约)。②

1907年《战时海军轰击公约》,截止到2021年,共有34个国家批准或加入了该公约(中国于1910年1月15日批准该公约)。③

1907年《海战时限制捕获权公约》,截止到2021年,共有31个国家批准或加入了该公约(中国于1917年5月10日批准该公约)。④

1907年《设立国际捕获物法庭公约》,截止到2021年,共有33个国家批准或加入了该公约。⑤

1909年《伦敦海战宣言》,截止到2021年,共有10个国家签署了该宣言,目前该宣言尚未正式生效。⑥

1930年《关于海军作战的伦敦公约》,该公约的有效期为1930年4月22日至1936年12月31日,在此期间共有11个国家批准或加入了该公约。⑦

1930年《关于潜艇作战规则的伦敦议定书》,截止到2021年,共有40个国家批准或加入了该议定书。⑧

1930年《关于把潜艇作战规则推行于水面舰只和飞机的尼翁协定》,截止到2021年,共有9个国家签署了该协定。⑨

(二)有关限制作战方法和作战武器的公约

1868年《禁止在战争中使用某些爆炸性或装有易燃物质的投射物的圣彼得堡宣

---

① 红十字国际委员会官网,https://www.icrc.org/zh/doc/resources/documents/misc/hagueconvention7-18101907.htm,2021年3月3日访问。
② 红十字国际委员会官网,https://www.icrc.org/zh/doc/resources/documents/misc/hagueconvention8-18101907.htm,2021年3月3日访问。
③ 红十字国际委员会官网,https://www.icrc.org/zh/doc/resources/documents/misc/hagueconvention9-18101907.htm,2021年3月3日访问。
④ 红十字国际委员会官网,https://www.icrc.org/zh/doc/resources/documents/misc/hagueconvention11-18101907.htm,2021年3月3日访问。
⑤ 红十字国际委员会官网,https://www.icrc.org/zh/doc/resources/documents/misc/hagueconvention12-18101907.htm,2021年3月3日访问。
⑥ 红十字国际委员会官网,https://ihl-databases.icrc.org/applic/ihl/ihl.nsf/Treaty.xsp?documentId=E08DDA302F7397ADC12563CD002D68C5&action=OpenDocument,2021年3月3日访问。
⑦ 红十字国际委员会官网,https://ihl-databases.icrc.org/applic/ihl/ihl.nsf/States.xsp?xp_viewStates=XPages_NORMStatesParties&xp_treatySelected=310,2021年3月3日访问。
⑧ 红十字国际委员会官网,https://ihl-databases.icrc.org/applic/ihl/ihl.nsf/Treaty.xsp?documentId=9FC4BDBAF19A0C60C12563CD002D6A5F&action=openDocument,2021年3月3日访问。
⑨ 红十字国际委员会官网,https://ihl-databases.icrc.org/applic/ihl/ihl.nsf/Treaty.xsp?action=openDocument&documentId=8CFA247BE2EE0CA2C12563CD002D6A76,2021年3月3日访问。

言》，截止到 2021 年，共有 19 个国家批准或加入了该宣言。①

1899 年《禁止从气球上投放爆炸物海牙宣言》，截止到 2021 年，共有 24 个国家批准或加入了该宣言（中国于 1904 年 11 月 21 日批准该宣言）。②

1899 年《禁止使用以散布窒息性或有毒气体为唯一目的之投射物的海牙宣言》，截止到 2021 年，共有 33 个国家批准或加入了该宣言（中国于 1904 年 11 月 21 日批准该宣言）。③

1899 年《禁止使用膨胀（达姆）弹的海牙宣言》，截止到 2021 年，共有 33 个国家批准或加入了该宣言（中国于 1904 年 11 月 21 日批准该宣言）。④

1922 年《关于在战争中使用潜水艇及有毒气体的华盛顿条约》，截止到 2021 年，共有 10 个国家批准或加入了该条约。⑤

1925 年《关于禁止用毒气或类似毒品及细菌的方法作战的日内瓦议定书》，截止到 2021 年，共有 145 个国家批准或加入了该议定书（中国于 1952 年 7 月 13 日批准该议定书）。⑥

1971 年《禁止在海床、洋底及其底土安置核武器和其他大规模毁灭性武器的公约》，截止到 2021 年，共有 94 个国家批准或加入了该公约（中国于 1991 年 2 月 28 日批准该公约）。⑦

1972 年《禁止细菌（生物）及毒素武器的发展、生产及储存以及销毁这类武器的公约》，截止到 2021 年，共有 183 个国家批准或加入了该公约（中国于 2005 年 6 月 8 日批准该公约）。⑧

1976 年《禁止为军事或任何其他敌对目的使用改变环境的技术的日内瓦公约》，截止到 2021 年，共有 78 个国家批准或加入了该公约（中国于 1984 年 11 月 15 日批准

---

① 红十字国际委员会官网，https://ihl-databases.icrc.org/applic/ihl/ihl.nsf/INTRO/130? Open Document & redirect=0, 2021 年 3 月 3 日访问。
② 红十字国际委员会官网，https://ihl-databases.icrc.org/applic/ihl/ihl.nsf/Treaty.xsp? documentId=7EFA56971B2B2BCCC12563CD002D66E1&action=openDocument, 2021 年 3 月 3 日访问。
③ 红十字国际委员会官网，https://ihl-databases.icrc.org/applic/ihl/ihl.nsf/Treaty.xsp? action=openDocument&documentId=B0625F804A9B2A64C12563CD002D66FF, 2021 年 3 月 3 日访问。
④ 红十字国际委员会官网，https://ihl-databases.icrc.org/ihl/INTRO/170? OpenDocument, 2021 年 3 月 3 日访问。
⑤ 红十字国际委员会官网，https://www.icrc.org/zh/doc/resources/documents/misc/treaty-submarine-gases-06021922.htm, 2021 年 3 月 3 日访问。
⑥ 红十字国际委员会官网，https://ihl-databases.icrc.org/applic/ihl/ihl.nsf/INTRO/280, 2021 年 3 月 3 日访问。
⑦ 联合国官网，http://disarmament.un.org/treaties/t/sea_bed, 2021 年 3 月 3 日访问。
⑧ 联合国官网，http://disarmament.un.org/treaties/t/bwc, 2021 年 3 月 3 日访问。

该公约)。①

1980年《禁止和限制使用某些可被认为具有过分伤害力或滥杀滥伤作用的常规武器公约》,截止到2021年,共有125个国家批准或加入了该公约(中国于1982年4月7日批准该公约)②。

(三)有关战时人道主义保护的条约

1864年《改善战地陆军伤病员待遇的日内瓦公约》,截止到2021年,共有60个国家批准或加入了该公约(中国于1935年11月19日批准该公约)。③

1899年《日内瓦公约原则推行于海战公约》,截止到2021年,共有32个国家批准或加入了该公约(中国于1909年11月27日批准该公约)。④

1906年《改善伤病员待遇的日内瓦公约》,该公约是对1864年《改善战地陆军伤病员待遇的日内瓦公约》的修订和补充,后发展为1949年的日内瓦四公约。

1907年《日内瓦公约原则推行于海战公约》,截止到2021年,共有32个国家批准或加入了该公约(中国于1909年11月27日批准该公约)。⑤

1929年《关于改善战时伤病员待遇的日内瓦公约》,截止到2021年,共有59个国家批准或加入了该公约(中国于1935年11月19日批准该公约)。⑥

1929年《关于战俘待遇的日内瓦公约》,该公约于1949年被同名公约修订和补充。

1949年《改善战地武装部队伤病员待遇的日内瓦公约》,截止到2021年,共有196个国家批准或加入了该公约(中国于1956年12月28日批准该公约)。⑦

1949年《改善海上武装部队伤病员及遇船难者待遇的日内瓦公约》,截止到2021年,共有196个国家批准或加入了该公约(中国于1956年12月28日批准该公约)。⑧

---

① 联合国官网,https://treaties.un.org/pages/ViewDetails.aspx?src=TREATY&mtdsg_no=XXVI-1&chapter=26&clang=_en,2021年3月3日访问。
② 联合国官网,https://treaties.un.org/pages/ViewDetails.aspx?src=TREATY&mtdsg_no=XXVI-2&chapter=26&clang=_en,2021年3月3日访问。
③ 红十字国际委员会官网,https://www.icrc.org/zh/doc/resources/documents/misc/convention-wounded-sick-27071929.htm,2021年3月3日访问。
④ 红十字国际委员会官网,https://www.icrc.org/zh/doc/resources/documents/misc/hagueconvention10-18101907.htm,2021年3月3日访问。
⑤ 红十字国际委员会官网,https://www.icrc.org/zh/doc/resources/documents/misc/hagueconvention10-18101907.htm,2021年3月3日访问。
⑥ 红十字国际委员会官网,https://www.icrc.org/zh/doc/resources/documents/misc/convention-wounded-sick-27071929.htm,2021年3月3日访问。
⑦ 红十字国际委员会官网,https://ihl-databases.icrc.org/applic/ihl/ihl.nsf/Treaty.xsp?documentId=4825657B0C7E6BF0C12563CD0 02D6B0B&action=openDocument,2021年3月3日访问。
⑧ 红十字国际委员会官网,https://ihl-databases.icrc.org/applic/ihl/ihl.nsf/Treaty.xsp?documentId=2F5AA9B07AB61934C12563CD 002D6B25&action=openDocument,2021年3月3日访问。

1949 年《关于战俘待遇的日内瓦公约》,截止到 2021 年,共有 196 个国家批准或加入了该公约(中国于 1956 年 12 月 28 日批准该公约)。①

1949 年《关于战时保护平民的日内瓦公约》,截止到 2021 年,共有 196 个国家批准或加入了该公约(中国于 1956 年 12 月 28 日批准该公约)。②

1977 年《日内瓦四公约关于保护国际性武装冲突受难者的附加议定书》(第一附加议定书),截止到 2021 年,共有 174 个国家批准或加入了该公约(中国于 1983 年 9 月 14 日批准该议定书)。③

1977 年《日内瓦四公约关于保护非国际性武装冲突受难者的附加议定书》(第二附加议定书),截止到 2021 年,共有 169 个国家批准或加入了该公约(中国于 2000 年 5 月 31 日批准该议定书)④。

(四)关于惩处战争犯罪的公约

1945 年《关于控诉和惩处欧洲轴心国主要战犯的伦敦协定》,截止到 2021 年,共有 20 个国家批准或加入了该协定。⑤

1945 年《欧洲国际军事法庭宪章》,截止到 2021 年,共有 20 个国家批准或加入了该公约。⑥

1946 年《远东国际军事法庭宪章》。

1968 年《战争罪及危害人类罪不适用法定时效公约》截止到 2021 年,共有 56 个国家批准或加入了该公约。⑦

1973 年《关于侦查、逮捕、引渡和惩治战争犯罪和危害人类犯罪的国际合作原则》。

---

① 红十字国际委员会官网,https://ihl-databases.icrc.org/applic/ihl/ihl.nsf/Treaty.xsp?documentId=77CB9983BE01D004C12563CD 002D6B3E&action=openDocument,2021 年 3 月 3 日访问。
② 红十字国际委员会官网,https://ihl-databases.icrc.org/applic/ihl/ihl.nsf/Treaty.xsp?documentId=AE2D398352C5B028C12563CD 002D6B5C&action=openDocument,2021 年 3 月 3 日访问。
③ 红十字国际委员会官网,https://ihl-databases.icrc.org/applic/ihl/ihl.nsf/States.xsp?xp_viewStates=XPages_NORMStatesParties&xp_treatySelected=470,2021 年 3 月 3 日访问。
④ 红十字国际委员会官网,https://ihl-databases.icrc.org/applic/ihl/ihl.nsf/States.xsp?xp_viewStates=XPages_NORMStatesParties&xp_treatySelected=475,2021 年 3 月 3 日访问。
⑤ 红十字国际委员会官网,https://ihl-databases.icrc.org/applic/ihl/ihl.nsf/States.xsp?xp_viewStates=XPages_NORMStatesParties&xp_treatySelected=350,2021 年 3 月 3 日访问。
⑥ 红十字国际委员会官网,https://ihl-databases.icrc.org/applic/ihl/ihl.nsf/States.xsp?xp_viewStates=XPages_NORMStatesParties&xp_treatySelected=350,2021 年 3 月 3 日访问。
⑦ 联合国官网,https://treaties.un.org/Pages/ViewDetails.aspx?src=TREATY&mtdsg_no=IV-6&chapter=4&lang=en,2021 年 3 月 3 日访问。

第三节 战争的开始、结束与中立

一、战争的开始及其法律效果

传统国际法认为,战争应以双方或一方的宣战开始,宣战是战争的必要程序。传统国际法中宣战的作用在于使交战国进入战争状态,使对方特别是使其他国家知悉战争的开始,对于减少因战致损和动员民众支持都有一定意义。一些国家的宪法仍有关于宣战的规定。

实践中有两种情况:一是战争状态的出现意味着战争的正式开始,但不意味着有关国家之间一定有使用武力的行为。二是国家往往会因为军事利益的需要而发动突然袭击,第二次世界大战以来的所有重大的国际性战争或武装冲突几乎都是不宣而战。因此,宣战不能被认为是一项现行有效的习惯国际法准则,更不能作为判断某一战争是否合法的标准。若发动侵略战争,即使事先进行宣战,也是违反国际法的。

战争开始的法律效果主要是:

(一)对外交关系和领事关系的影响

战争开始,交战各方为敌国关系,交战国之间的外交关系和领事关系自动断绝。交战国关闭其在敌国的使领馆,外交代表和领事官员以及使领馆的其他有关人员有安全返回派遣国的权利。派遣国对其领馆的馆舍、档案文件等权益可以委托接受国认可的第三国代为管理。

(二)对经贸关系的影响

战争开始后,交战国之间的政治、经济、军事等诸方面都处于敌对状态,即通商与经贸关系也是断绝的,不仅如此,交战各国私人之间的贸易和商务往来也是被严格禁止的。

(三)对条约关系的影响

1. 双边条约

凡以维持共同政治行动或友好关系为前提的政治性条约,如同盟条约或和平友好条约立即废止;一般政治性和经济性条约,如引渡条约、商务条约等,除条约另有规定外,应停止实施;边界条约等永久性条约,则不因战争状态的出现而影响其效力。

2. 受战争影响的交战国与非交战国为当事国的多边条约

(1)并未规定只在和平时期才适用的多边条约,它们不因战争开始而终止,但其中与交战行为相冲突的条款,可停止执行,待战争结束后恢复执行。

(2)明文规定战时停止效力的条约,如 1944 年《芝加哥国际民用航空公约》规定该公约于战时停止效力。

(3)有关战争行为规则的条约,其效力不受战争的影响,并因战争的开始而发挥作用。

(四)对交战国国民和财产的影响

这一影响主要反映在1907年《关于战争开始时敌国商船地位公约》和《关于海战中限制行使捕获权公约》中。战争发生后,交战国一般认定对方的财产和国民带有敌对性。敌国国民或被扣押或被允许离境。敌国的财产被分为国家财产和私有财产,军事性质的财产和非军事性质的财产。敌国国家财产如果是不动产,除使领馆外,则可以没收,也可以使用,但不得变卖;属于军事性质的财产,可以破坏;如果是动产,则可以没收。原则上私有财产不得侵犯,但可以限制,如禁止转移、冻结和征用等。敌国商船是攻击和拿捕的对象,中立国商船如果破坏封锁或违反中立义务,也可以拿捕。

二、战争的结束及其法律效果

从国际实践中看,战争的结束通常停止敌对行动和结束战争状态两种情形。停止敌对行动不当然表明战争状态的结束。停止敌对行动只是一种临时的为实现最终和平而作出的过渡性安排。而战争状态的结束是指所有问题的最终解决和恢复和平关系。

(一)停止敌对行动

敌对行动通常因一方投降或达成停战协议而结束,也可单纯停止而不采取任何正式方式。

1. 投降

投降是交战一方承认战败而向对方要求停止战斗的行为。投降可能是全面的,也可能是局部的。如战败一方已全面崩溃,则可能接受无条件投降(unconditional surrender),即战败国只能按照战胜国规定的条件而自己不得附加任何其他条件的投降。第二次世界大战期间,反法西斯国家为了彻底粉碎德、日法西斯侵略势力,向它们宣布了无条件投降的命令。1945年5月8日,德国统帅部的代表在柏林签署了无条件投降书;同年9月2日,日本也签署了无条件投降书。如战败一方仍有一定力量,则可能接受有条件投降(conditional surrender)。

2. 停战

停战(armistice)是根据交战方之间签订的协议而停止军事行动的行为。停战可以是全面的,也可以是局部的。全面停战(total armistice)是交战方之间在各处的战斗都停止;局部停战(partial armistice)仅是在特定地区停止战斗。局部停战一般是为了派遣军使、打扫战场、交换俘虏、谈判投降等。还有几个类似的概念,其一是休战

(truce),即有期限的局部停战;其二是停火(cease-fire),与局部停战相类似,只是地区更为有限,时间更为短暂。关于停战的形式和内容,法律上没有严格规定。一般来说,局部停战协定由双方派驻有关地区的司令官签订,而全面停战协定则需由双方军队的统帅或政府签订,如 1953 年朝鲜停战协定。

停战可以有期限,也可以不设定期限。如果不设定期限,交战国可随时再行开战,但应按停战协定向对方发出警告。如果交战一方有严重破坏停战协定的行为,则另一方有权废除停战协定,情况紧急时可立即恢复战斗行动。

(二)战争状态的结束

战争状态的结束是指交战各方之间一切战争行动的终止与和平状态的恢复。战争状态一经宣布结束,一切作战行动将属于违法行为,对方国家的国民及其财产不再具有敌对性,双方不得再进行攻击、征用或没收等行为,交战各方之间恢复战前的和平状态。

战争状态的结束方式通常有以下三种:

1. 缔结和平条约

这是结束战争状态的最通常和最正式的一种方式。和平条约(peace treaty)的缔结意味着战争状态的结束。和平条约一般由交战各方在和平会议或者外交会议上签订,其内容是对交战国之间的与战争相关的一切政治、经济、领土和其他问题的解决作出全面的、最终的规定。例如,第一次世界大战后交战双方缔结了《凡尔赛条约》,结束了交战国之间的战争状态。又如 1947 年 2 月 10 日,中、法、英、美、苏五国在巴黎举行的外交会议上与意大利、匈牙利、罗马尼亚、保加利亚和芬兰五国分别签订了和约,结束了与这五个国家之间的战争状态。

2. 联合声明

交战各方以发表联合声明的方式结束战争状态。如苏联于 1956 年 10 月 19 日与日本发表联合声明,宣布结束它们之间的战争状态;又如 1972 年 9 月 29 日,中日两国发表联合声明,宣布结束两国间的不正常状态。

3. 单方面宣布结束战争

由战胜国单方面宣布结束战争状态。如 1955 年 4 月 7 日,中华人民共和国主席发布了《关于结束中华人民共和国同德国之间的战争状态的命令》。

国家之间的战争状态结束后,其关系即恢复为和平关系。战争状态的结束一般会产生以下法律后果:第一,恢复外交关系和领事关系,重新派遣派驻对方的外交代表和领事官员。第二,恢复条约关系。政治性条约可以重订;因战争而停止施行的条约恢复执行;双方还可签订新的条约。第三,恢复全面交往。随着战争状态的结束,双方可全面恢复交往,发展友好关系。

三、战时中立

(一)战时中立的概念和中立法的发展

根据传统国际法的一般原则,不愿意参加战争的国家有权宣布战时中立(neutrality in time of war)。战时中立是指在战争进行期间,非交战国不参加交战国之间的敌对武装行动,不支持、不援助交战任何一方的不偏不倚、同等对待的法律地位。

战时中立在 16 世纪前后偶有发生。格劳秀斯在《战争与和平法》中对中立问题的探讨,使国际社会开始认识到,中立国有维持不偏不倚态度的义务,交战国有尊重中立国权利的义务。19 世纪,中立制度有了较大发展,出现了一系列规定。如 1856 年《巴黎海战宣言》包含了有关中立国权利和义务的条款。1871 年英、美在华盛顿签订的有关"阿拉巴马号案"中的仲裁协议规定了中立国的三项原则,即"华盛顿三原则":第一,以相当注意阻止其在其所辖境内装备、武装或配备任何有合理根据可以相信是意图对与该中立国和平相处的国家进行巡弋或进行战争的船舶,并且也以相当注意阻止对于在其所辖境内全部或一部分进行特别改装以适于战争之用的任何船舶为上述巡弋或进行战争的意图而驶离其辖境。第二,不得允许或容忍任一交战国使用其港口或领水为海军作战基地,或利用这些港口或领水以重装或补充军事供应品或军械/或招募人员。第三,在其港口与领水内对所有在其所辖境内的人加以相当注意,阻止发生任何违反上述义务与责任的行为。"阿拉巴马号案"的仲裁裁决助力了中立法的发展。到 19 世纪末,战时中立的制度已确立。1899 年海牙第二公约及第三公约都包含中立的重要规定。1907 年海牙会议编纂了有关中立法的两项公约,即《陆战中中立国及中立国人民之权利与义务公约》(海牙第五公约)和《海战中中立国之权利和义务公约》(海牙第十三公约)。1909 在伦敦签订的《海战法规宣言》(《伦敦宣言》)草案,对违反中立的行为作出进一步规定。

战时中立不同于永久中立。永久中立包含了战时中立的权利义务,但还有其他权利义务;战时中立也不在政治上奉行中立政策或不结盟政策。

(二)中立国和交战国的权利义务关系

一个国家选择中立地位的方式有三种:一是通过发表中立宣言或声明;二是采取事实中立;三是以条约形式确立中立地位。这里的条约至少有两种:一是国家之间平时缔结的条约,其中规定在缔约一方与第三国发生战争时,缔约另一方应严守中立;另一种是国际条约规定一个国家为永久中立国。

根据战时中立法的有关规定,中立国与交战国之间的权利和义务关系是相互的,可以归纳为两方面:

1. 中立国的义务

(1)不作为的义务(duties of abstention)。中立国对交战国不得给予援助:不得向交战国提供军队,供给武器、弹药、军舰、军用飞机及其他军用器材,不得给予交战国补助金、贷款或承购其公债,不得用军舰和公船为交战国进行军事运输,不得给予交战国情报的方便等。即使这种援助是平等地给予交战双方,也是被禁止的。

(2)防止的义务(duties of prevention)。中立国应采取措施,防止交战国为进行战争而利用其领土或其管辖范围。例如,对于交战国在中立国的领陆、领海或领空内进行战斗,或捕获船只,建立作战基地或通讯设备,运输军队或军需品等,中立国都应以一切可能的手段加以防止和阻止。

(3)容忍的义务(duties of acquiescence)。中立国对于交战国因进行战争而依据武装冲突法所采取的行动使本国国民蒙受不利时,应在一定范围予以容忍。例如,交战国对其船舶的临检和搜索,对悬挂其船旗而载有战时禁制品或破坏封锁或其他违反中立义务的船舶的拿捕、审判、处罚及征用等,中立国应予以容忍。

2. 交战国的义务

(1)不作为的义务。交战国不得违反国际法的规定在中立国领土或其管辖区域内从事战争行为,或将中立国领土或其管辖区域作为作战基地,或在中立国领陆或领水区域内改装商船为军舰、建立通讯设施或捕获法庭等。

(2)防止的义务。交战国有义务采取一切措施,防止虐待其占领区内或境内的中立国使节或国民,防止其军队和国民从事任何侵犯中立国及其国民的合法权益的行为等。

(3)容忍的义务。交战国应容忍中立国与其敌国保持正常的外交和商务关系以及其他不违背中立法的一般规则的行为。

(三)战时封锁和战时禁制品

1. 战时封锁

战时封锁(blockade in the time of war)是指一国在战争中为了切断敌国的海上对外联系、削弱敌国的经济和作战能力,用军事力量阻挡一切国家包括中立国的船舶和飞机进出敌国的港口和海岸。

战时封锁制度始于 16 世纪。1909 年《伦敦宣言》规定:第一,封锁不得扩张至敌国所占的港口和海岸以外,不得封锁中立国的港口、海岸。第二,封锁必须具有实效;是否有实效,以事实为根据。第三,对于各国船只应公平适用,不能只针对某一或某些国家。第四,封锁舰队的司令官对于中立国的军舰,得准许其进入被封锁的港口,或入而复出,也可以准许遇难的中立国船只驶入被封锁的地方,并入而复出,但被准许的军舰或船只不得卸下或装卸任何货物。第五,封锁必须宣告,并通知中立国和被封锁地的行政当局。宣告的内容应包括封锁开始的日期、所封锁海岸的地理界限和准许中立国船只离开的期限等。第六,违反封锁的船只以及所载货物可予以没收,但能证明当货物装载时装载人不知封锁情况者除外。《伦敦宣言》虽未生效,但其对海战规则的编纂不仅反映在一些国家的海军作战手册中,而且在第一次世界大战初期曾被遵守。

2. 战时禁制品

战时禁制品(war contraband)是指"那些一旦由中立国发往或运送给一交战国就必然违背其所承担的中立义务,并因此遭致拿捕和没收的货物"①。战时禁制品分为绝对禁制品(absolute contraband)和相对禁制品(relative contraband)。前者指那些被视为具有专门军事用途且由于它们被运往敌国领土或占领区而应予没收的物品;后者是指那些军民两用的且将提供给敌国军队或政府部门所用时应予没收的物品。1909年《伦敦宣言》规定:不论直接运往敌国还是间接运往敌国,敌性目的地是战时禁制品的要素;凡运往敌国领土或占领区的绝对禁制品一律没收;相对禁制品,如果是供敌国军队及其政府使用的,也应没收;载运禁制品的船只,如果所载的禁制品按价值、重量、容量或运费计算,超过船上货物一半的,船只也应被没收。

1909年《伦敦宣言》开列了战时禁制品的详细正面清单,以及不得作为战时禁制品的负面清单。交战国在战争开始时,通常以法令形式公布战时禁制品清单。在第二次世界大战中,英国把各种食品、粮食、煤、棉花、纸张、货币等一律列入禁制品清单。

判断商船属于中立国还是敌国所有,所载货物是否禁制品,则需登船检查。国际惯例承认交战国的军舰、飞机进行临检和搜查的权利。拒绝临检和搜查将导致拿捕和没收。

四、传统中立的局限性

现代国际法实践证明,传统的战时中立法存在局限性,其具体表现是:

(一)完全脱离的困难

其原因在于军事技术和武器的发展,使战时中立国难以完全脱离作战区域。又由于现代战争往往是全面战争,特别是信息战,需要对敌国的经济和信息网络予以打击,因此,交战国战时禁制品的范围和封锁区域不断扩大,从而使战时中立国处于十分被动的地位,传统的战时中立法受到很大的局限和挑战。

(二)先条约义务的约束

若国家间先行签订互助条约,条约规定缔约国若受到外来侵犯,其他缔约国有义务提供援助。当现实发生一缔约国被他国侵犯,经常出现处于中立地位的其他缔约国仅提供援助而并不直接参加战争的情形。例如,1940年6月至1941年2月,美国宣

---

① [法]夏尔·卢梭:《武装冲突法》,张凝等译,中国对外翻译出版公司1987年版,第357页。

布处于非交战状态,但是,美国于 1940 年 9 月向英国转让了 50 艘超龄驱逐舰;1941 年 1 月又修订了著名的《加强美国防卫法》(又称《租赁法案》),该法规定美国总统可向交战国任何一方提供防卫物资,包括武器。

(三)战时中立的难以复制

由于现代国际法摒弃战争,不宣而战的武装冲突日益增多。当武装冲突构不成战争时,处于武装冲突以外的国家就无法确立传统的战时中立地位,因此也就无法享受和承担战时中立国的权利和义务。

(四)集体安全制度的掣肘

《联合国宪章》规定的集体安全制度使战时中立难以实现。根据《联合国宪章》第二条第五项规定,各会员国对于联合国依照宪章规定而采取的行动,应尽力予以协助,联合国对于任何国家正在采取防止或执行行动时,各会员国对该国不得给予协助。因此,联合国安全理事会作出的任何决定对各会员国均有法律拘束力,各会员国有义务参加强制行动,而不得保持中立。《联合国宪章》第一百〇三条规定,联合国会员国在本宪章下之义务与其依任何其他国际协定所负之义务有冲突时,其在本宪章下之义务应居优先。可见,会员国在安全理事会决定采取强制行动时,不仅不能因为与其他国家的协议而保持中立,而且还应当参加强制行动。《联合国宪章》第二条第六项规定,本组织在维持国际和平及安全之必要范围内,应保证非联合国会员国遵守上述原则。可见,当安全理事会作出有关强制措施时,即使是非联合国会员国也不能保持中立。

第四节 作战手段和方法

为实现战争的目的,战争中必须施用各种武力,最大限度地削弱对方的作战能力。但交战国是否可以毫无限制地施以任何武力手段和方法,显而易见是与人道主义相悖的。战争法的一项基本原则是交战各方的作战手段和方法须受到一定的限制,从而尽可能地减少战争带来的灾难。1868 年的《关于禁止在战争中使用某些爆炸性子弹的圣彼得堡宣言》(以下简称《圣彼得堡宣言》)就提出:战争之行为应服从人道原则,故需限制技术使用之范围。1899 年和 1907 年《陆战法规和惯例公约》附件《陆战法规和惯例章程》均规定:"关于用以伤害敌人的手段,各交战国的权利不是没有限制的。"1977 年的日内瓦第一附加议定书第三十五条也明确规定:"在任何武装冲突中,冲突各方选择作战方法和手段的权利,不是无限的。"

限制作战方法和手段的规则,是国际人道法的重要组成部分。

一、陆战手段和方法的限制和禁止

(一) 禁止或者限制使用极度残酷的武器

极度残酷的武器一般是指超越了使战斗员丧失战斗力的程度,给战斗员造成极度痛苦后死亡的武器。1868 年《圣彼得堡宣言》宣布,缔约国在发生战争时,放弃使用任何轻于 400 克的爆炸性弹丸或是装有爆炸性或易燃物质的弹丸。这种爆炸性弹丸将加剧失去战斗力的人员的痛苦或使其死亡不可避免。1899 年海牙第三宣言禁止使用在人体内易于膨胀或变形的投射物,如外壳坚硬而未全部包住弹芯或外壳上刻有裂纹的子弹。1980 年 10 月 10 日,联合国主持召开的外交会议通过了《禁止或限制使用某些可被认为具有过分伤害力或滥杀滥伤作用的常规武器公约》及其三个议定书,明确规定:禁止使用任何其主要作用在于以碎片伤人而该碎片在人体内无法用 X 射线检测的武器;禁止或限制使用地雷(水雷)、饵雷和其他装置以及禁止或限制使用燃烧武器。

(二) 禁止使用有毒、化学和生物武器

1899 年《禁止使用专用于散布窒息性或有毒性气体的投射物的宣言》宣告,禁止使用专用于散布窒息性或有毒气体的投射物。1899 年和 1907 年海牙第二公约和第四公约的附件《陆战法规和惯例章程》各在第二十三条规定,特别禁止使用毒物或有毒武器。1925 年《禁止在战争中使用窒息性、毒性或其他气体和细菌作战方法的议定书》不仅重申了上述规定,而且还规定了禁止使用细菌作战方法。1972 年《禁止细菌(生物)及毒素武器的发展、生产及储存以及销毁此类武器的公约》不仅规定禁止使用细菌和毒素武器,而且还规定永远禁止在任何情况下发展、生产、储存、取得和保留这类武器。

禁止化学武器是世界各国十分关注的问题。联合国经过 24 年的谈判,终于在 1992 年 9 月召开的裁军谈判会议上通过了《禁止研制、生产、储存和使用化学武器以及销毁此种武器公约》(简称《禁止化学武器公约》)。1993 年 1 月在法国巴黎的大会上,有 140 多个国家签署了该公约。公约不仅在世界范围内禁止使用化学武器,而且还禁止研制、生产、储存和转让化学武器以及销毁这类化学武器及其生产设施。1997 年 5 月,在荷兰海牙召开的缔约国大会第一届会议上,还成立了负责监督实施《禁止化学武器公约》的世界禁止化学武器组织。

(三) 禁止使用核武器

1961 年,联合国大会通过了《禁止使用核及热核武器宣言》,指出任何国家使用核及热核武器,一概作为破坏《联合国宪章》、违反人道法则及触犯摧残人类及其文化论罪。1967 年签署的《拉丁美洲禁止核武器条约》序言宣称,由于核武器无法估量的破坏力,如果文明和人类本身的生存要得到保证,就必须信守缔约国义务:禁止和防止用任何方法试验、使用、制造、生产或取得任何核武器;禁止和防止接受、储存、安装、部署和以任何形式拥有任何核武器;禁止和防止从事、鼓励或授权,或以任何方式参加任何核武器的试验、使用、制造、生产、拥有或控制。1963 年,美国、英国和苏联签署了《禁止在大气层、外层空间和水下进行核试验条约》。1968 年,联合国大会通过了《不扩散核武器条约》。1970 年,联合国大会通过了《禁止在海床、洋底及其底土安置核武器和其他大规模毁灭性武器公约》。1985 年,南太平洋论坛第 16 次年会通过并签署了《南太平洋无核区条约》。1996 年,联合国大会通过了《全面禁止核试验条约》,这是一项旨在促进全面防止核武器扩散、促进核裁军进程,从而增进国际和平与安全的条约。1996 年 7 月,中国政府发表声明禁止核试验。

中国已于 1992 年 3 月加入《不扩散核武器条约》。1996 年 9 月 24 日,中国作为首批国家签署了《全面禁止核试验条约》。

(四)禁止不分皂白的作战手段和方法

为保护平民安全和民用物体免遭破坏,战争法禁止不分皂白的作战手段和方法。

1907 年海牙第四公约附件第二十五条规定,禁止以任何手段攻击或袭击不设防的城镇、村庄、住所和建筑物。第二十七条规定,在包围和袭击中,应采取一切必要的措施,尽可能保全专用于宗教、艺术、科学和慈善事业的建筑物、历史纪念物、医院和病者、伤者的集中场所。

1949 年日内瓦第四公约规定,不得攻击医院和安全地带。任何冲突的一方,得直接或通过一中立国或人道主义组织,向其敌方建议在作战区域内设立中立化地带,以保护伤病员、非战斗员和平民免受战争的影响。

1977 年日内瓦公约第一附加议定书更明确规定,禁止不分皂白的攻击,并列举了不分皂白的攻击行为:不以特定军事目标为对象的攻击;使用不能以特定军事目标为对象的作战方法和手段;使用其效果不能按照本议定书的要求加以限制的作战方法或手段。该议定书还规定,以下情况也视为不分皂白的攻击:使用任何将平民或民用物体集中的城镇、乡村或其他地区内许多分散而独立的军事目标视为单一的军事目标的方法或手段进行袭击的攻击;可能附带使平民的生命受损失、平民受伤害、平民物体受损害或三种情形均有而且与预期的具体和直接军事目标相比损害过分的攻击。

(五)禁止背信弃义的作战手段和方法

1899 年海牙第二公约附件和 1907 年海牙第四公约附件各在其第二十三条规定,特别禁止以背信弃义的方式杀、伤属于敌国或敌军的人员。但也规定,采用战争诈术和使用必要的取得有关敌人和地形的情报的手段应视为许可。

1977 年日内瓦四公约第一附加议定书第三十七条规定了对"背信弃义行为"的禁

止。该议定书规定,禁止诉诸背信弃义行为以杀死、伤害或俘获敌人。以背弃敌人的信任为目的而诱取敌人的信任,使敌人相信其有权享受或有义务给予适用于武装冲突的国际法规则所规定的保护的行为,应构成背信弃义行为。该议定书列举了背信弃义行为:假装有在休战旗下谈判或投降的意图;假装因伤或因病而无能力;假装具有平民、非战斗员的身份;使用联合国或中立国家或其他非冲突各方的记号、标志或制服而假装享有被保护的地位。该议定书还规定不禁止战术诈术。这里的战术诈术是指旨在迷惑敌人或诱使敌人做出轻率行为,但不违犯任何适用于武装冲突的国际法规则,且由于并不诱取敌人在该法所规定的保护方面的信任而不构成背信弃义的行为。诈术往往是使用伪装、假目标、假行动和假情报等。

(六)禁止改变环境的作战手段和方法

改变环境的作战手段和方法,主要是指在战斗中使用改变环境的技术,人为地破坏自然环境,使自然环境发生广泛、持久的严重后果的作战手段和方法。

国际社会对环境问题的关注体现在相关国际公约中。1977年《禁止为军事或任何其他敌对目的使用改变环境的技术的公约》首次规定禁止使用改变环境的作战手段和方法。公约第一条规定,各缔约国承诺不为军事或任何其他敌对目的使用具有广泛、持久或严重后果的改变环境的技术作为摧毁、破坏或伤害任何其他缔约国的手段;第二条规定,"改变环境的技术"一词是指通过蓄意操纵自然过程改变地球(包括其生物群、岩石圈、地水层和大气层)或外层空间的动态、组成或结构的技术。1977年日内瓦四公约第一附加议定书第三十五条第三款规定,禁止使用旨在或可能对自然环境引起广泛、长期而严重损害的作战方法或手段。

二、海战手段和方法的限制和禁止

(一)海战战场和战斗员

陆战战场仅限于交战国的领陆,而海战则不限于交战国的领水范围,还可在公海上交战。以公海为战场的海战,交战国不得妨碍正常的国际航运,不得侵犯中立国的合法权益。

在海战中,海军部队的战斗员与非战斗员的确定取决于参加战斗的船舶地位。1949年《改善海上武装部队伤者病者及遇船难者境遇的日内瓦公约》第四条规定,遇有冲突各方之陆海军作战时,本公约之规定仅适用于在舰上之部队。登陆之部队,应立即受1949年《改善战地武装部队伤者病者境遇之日内瓦公约》的规定之拘束。在实践中,海战的战斗员包括各种类型舰艇的战斗员和编入海岸或要塞防卫部队的战斗员。这些战斗员都具有与陆战武装部队相同的权利和义务。

需要指出的是,现代战争已是全方位的战争,可能比较难以界分出完全意义上的陆战、海战或空战,多栖作战已成常态。

(二)海军的主要作战工具

海军的主要作战工具包括:军舰、潜水艇、商船改造的军舰、水雷和鱼雷。

1. 军舰

军舰是海战的主要工具,也是被攻击的主要目标。军舰属于一国海军,具有辨别军舰国籍的外部标志。军舰作为海上的武装力量,具有海战交战者资格,可采取作战行动,受战争法规的拘束。舰上人员被敌方俘获后,享受战俘待遇。

2. 潜水艇

潜水艇的法律地位与军舰几乎相同。1922 年签订的《关于在战争中使用潜水艇和有毒气体的公约》虽未生效,但仍包含有一些适当的规则。如潜水艇在拿捕商船前应先命令它接受临检,以确定其性质;对于拒绝临检或拿捕后不遵守指定的路线行驶的商船可以进行攻击;在确有必要的情况下可破坏商船,但应先将商船上的船员及旅客妥善安置于安全之地。

1930 年签订的《伦敦条约》重申了 1922 年公约的规定,还强调了对于拒绝停驶或反抗临检以外的商船、潜艇不得予以击沉或破坏,不得在将船上人员和船舶文件安置于安全地方之前将该船击沉或使其不能航行。1936 年签订的《1930 年 4 月 22 日伦敦条约第四部分关于潜艇作战规则的议定书》和 1937 年签订的《关于把潜艇作战规则推行于水面船只和飞机的尼翁协定》都确定并重申了上述规定。

3. 商船改装的军舰

商船改装的军舰具有与军舰相同的地位,不同于武装商船。武装商船如果主动攻击敌国军舰或商船,将失去国际法的保护。

1907 年《关于商船改装为军舰的公约》规定了商船改装为军舰的条件:第一,任何改装为军舰的商船,除非被置于船旗国的直接管辖、控制和负责之下,不能取得军舰的权利和义务;第二,改装为军舰的商船必须具备本国军舰特有的外部标志;第三,舰长应为国家服役并由主管机关正式任命,其姓名须列入战斗舰队军官名册;第四,船员应受军队纪律的约束;第五,任何改装为军舰的商船必须在作战中遵守战争法规和惯例;第六,将商船改装为军舰的交战国应尽速宣布此项改装,并载入军舰名单中。

4. 水雷和鱼雷

使用水雷和鱼雷严重地威胁到国际航运和中立国的利益。1907 年签订的《关于敷设自动触发水雷的公约》规定:第一,禁止敷设无锚的自动触发水雷,但其构造使它们于敷设者对其失去控制后至多 1 小时后即为无害的水雷除外。第二,禁止敷设在脱锚后不立即成为无害的有锚自动触发水雷。第三,禁止使用在未击中目标后仍不成为无害的鱼雷。第四,禁止以截断商业航运为唯一目的而在敌国海岸和港口敷设自动触发水雷。第五,在使用有锚的自动触发水雷时,应对和平航运的安全采取一切可能的预防措施。交战国保证竭尽一切努力务使此种水雷在一定时间内成为无害。第六,中立国如在其海岸外敷设自动触发水雷,必须遵守强加给交战国的同样规则并采取同样的预防措施。

(三)海军轰击

1907年签订的《关于战时海军轰击公约》对海军轰击作了限制和禁止性规定。

1. 禁止海军轰击不设防的港口、城镇、村庄、居民区或建筑物

具体规定是:

(1)禁止海军轰击不设防的港口、城镇、村庄、居民区和建筑物。一个地方不能仅仅由于其港口外敷设了自动触发水雷而遭到轰击。

(2)可轰击设在不设防地点的军事设施,但在轰击前应通知有关地方当局限期毁坏上述目标,在发出警告的合理期限后,可予以炮轰摧毁。但在轰击时应采取一切必要措施,尽可能减少对该城市的损害。

(3)如地方当局经正式警告后,拒绝为停泊在该地的海军征集其急需的粮食和供应,则经正式通知后,海军可对不设防的港口、城镇、村庄、居住区或建筑物进行炮轰。

(4)禁止由于未支付现金捐献而对不设防的港口、城镇、村庄、居住区或建筑物进行轰击。

2. 其他规定

(1)海军轰击时,指挥官须采取一切必要措施,尽可能保全宗教建筑、文艺、科学和慈善事业的建筑物、历史纪念碑、医院和伤病员集合场所,上述建筑物不得同时充作军事用途。当地居民应将上述纪念碑、建筑物或集合场所,用明显的记号标出。

(2)如军事情势许可,指挥官在进行轰击之前应尽力向当局发出警告。

(3)禁止对突击攻克的城市或地方进行抢劫。

三、空战手段和方法的限制和禁止

目前,国际社会尚无关于空战规则的专门条约。1922年12月至1923年2月,法学家委员会在海牙起草了《空战规则草案》,但各国政府以无法预测将来航空器是否用于军事目的为由,不愿受其约束而未批准该文件。《空战规则草案》吸收了陆战和海战的有关规则和惯例,以人道主义为基点,且考虑交战国的军事需要和相关的空战规则,对空战具有一定的规范意义。此外,尚有一些国际条约和宣言可适用于空战。

(一)《空战规则草案》

《空战规则草案》共8章62条,对空战手段和方法作了详细规定。

(1)只有军事航空器才有权行使交战权;其他航空器不得从事任何形式的敌对行动。

(2)禁止使用虚假的外部标志;机上人员跳伞逃生时,在其降落过程中不得对其攻击。

(3)禁止使平民发生恐怖、破坏或损坏非军事性质的私人财产或伤害非战斗员的目的而进行的空中轰炸;禁止迫使遵从实物征用或缴付现金捐款的目的而进行的空中轰炸;禁止轰炸不在陆战部队行动附近的城镇、乡村、住宅或建筑物。

(4)司令官须采取一切必要措施以尽量避免轰炸并未用于军事目的的从事宗教、艺术、科学或慈善事业的建筑物、历史纪念物、医院船、医院及收容伤病者的其他场所,等等。

(5)交战国航空器必须尊重中立国的权利,并不得在中立国管辖区内从事任何该国有义务加以防止的行为,中立国为履行其权利和义务而使用武力或其他可能采取的方法,不得视为敌对行为;中立国有权禁止交战国军用航空器进入中立国管辖区;如果该航空器已经进入,中立国可以强迫其降落;中立国有权采取一切方法拘留因任何原因而降落在其管辖区内的交战国的军用航空器,以及其机组人员和乘客等。

(二)关于空战的其他国际条约和宣言

(1)1899年《禁止从气球上或用其他新的类似方法投掷投射物和爆炸物宣言》宣告,禁止从气球上或用其他新的类似方法投掷投射物和爆炸物。1907年《禁止从气球上投掷投射物和爆炸物宣言》重申了上述原则。

(2)1937年《尼翁协定的补充协定》规定将海战的一些规则适用于航空器。

(3)1977年签订的日内瓦四公约第一附加议定书第四十九条规定了攻击的定义和适用范围,其第三条规定,本段的规定,适用于可能影响平民居民、平民个人或民用物体的任何陆战、空战或海战。这些规定还适用于从海上或空中对陆地目标的任何攻击,但不影响适用于海上或空中武装冲突的国际法规则。

(4)1944年《国际民用航空公约》第十九章"战争"及其他章的有关条款对空中军事活动和战争行为具有规范作用;1949年日内瓦四公约对空战作出了相应的规定;1954年《关于发生武装冲突时保护文化财产的公约》、1972年《禁止生物武器公约》、1980年《禁止或限制使用特定常规武器公约》、1993年《禁止化学武器公约》等国际条约基本上也都适用于空战,具有重要规范作用。

第五节 国际人道法

一、国际人道法的概念和特征

国际人道法(international humanitarian law),是指在战争或武装冲突中形成和发展起来的,基于国际人道主义原则,专门规定给予战争受难者,包括但不限于武装部队的伤病员、战俘和平民以必要保护的国际法规范。① 国际人道法应包括所有确保尊重个人的国际法规则,因此,在这个意义上,人权法也应属于国际人道法的范畴。

一般认为国际人道法具有以下特点:

(一)时间效力的特殊性

国际人道法是适用于战争与武装冲突的国际法规范。1949 年日内瓦四公约共同条款第二条规定,公约适用于两个或两个以上缔约国之间所发生的一切经过宣战的战争或任何其他武装冲突,即使其中一国不承认有战争状态。凡是在一缔约国的领土部分或全部被占领的场合,即使此项占领未遇武装抵抗,也适用本公约。日内瓦四公约共同条款第三条规定,在一缔约国的领土内发生非国际性武装冲突的场合,冲突的各方也同样应当遵守公约的最低限度要求。

(二)所涉行为人的扩张性

国际人道法不仅约束国家及其政治机关,而且也约束个人,包括军队成员、国家元首、部长与官员们。② 如果军队成员或平民的行为违反了国际人道法,那么行为人就要为该行为承担刑事责任。因违反国际人道法而承担刑事责任对所有级别的军队成员都适用。需要指出的是,除非条约或习惯国际法规则另有规定,不得以军事需要为理由来为违反国际人道法辩护。此外,国际人道法也适用于联合国维和行动和联合国的其他军事行动。③

(三)保护对象的特定性

国际人道法的核心是保护战争受难者,包括但不限于武装部队的伤病员、战俘和平民。根据日内瓦条约体系的规定,国际人道法的保护对象从保护的人员看,还包括遇船难者、医务人员、宗教人员、新闻记者,以及妇女和儿童;从保护的物体看,还包括平民物体、文物和礼拜场所、含有危险力量的工程和装置,以及各国的文化财产;还包括自然环境。④

(四)调整对象的广泛性

在国际法实践中,国际人道法适用于非国际性武装冲突的情形有两种:其一是民族解放运动。现代国际法根据第二次世界大战后的《联合国宪章》和民族自决的国际法基本原则,承认民族自决和民族解放运动的合法性。殖民地的国家和人民通过武装斗争的手段进行民族解放运动,因其武装斗争的范围通常局限于一国的境内,故属于

---

① 王虎华:《国际人道法定义》,《政法论坛》2005 年第 2 期。
② I. A. Shearer, *Starke's International Law*, Butterworths, 1994, p. 500.
③ Dieter Fleck, *The Handbook of Humanitarian Law In Armed Conflicts*, Oxford University Press, 1999, p. 45.
④ 王虎华:《国际人道法定义》,《政法论坛》2005 年第 2 期。

非国际性武装冲突,具体是指各国人民在行使民族自决权中,对殖民统治和外国占领以及对种族主义政权作战的武装冲突。① 其二是内战。由于内战纯属一国国内管辖的事项,所以传统国际法认为,内战只有在交战一方被本国政府或其他国家承认为交战团体或叛乱团体时,才取得国际法上的地位而适用国际法。但是,1977 年日内瓦四公约第二附加议定书第一条第一款规定,在缔约一方领土上的武装部队,如果对一部分领土行使了控制权,从而使其能够进行持久而协调的军事行动,其武装部队与其他有组织的武装集团之间的一切武装冲突也适用公约规定的国际人道法规则。这就说明,内战只要发展到一定规模,持续较长的时间,也属于战争的范围。②

(五)条约效力的扩展性

根据 1949 年日内瓦四公约共同条款第二条的规定,冲突一方虽非缔约国,但其他曾签订本公约的国家在其相互关系上仍然应当受公约的拘束。如果上述非缔约国接受并援用本公约的规定时,则各缔约国与该非缔约国的关系也应当受本公约的约束。1977 年日内瓦四公约第一附加议定书第九十六条又重申了这项规定。这就改变了以往国际公约中所谓"普遍参加条款"(General Participation Clause)的约束。

应该指出的是,日内瓦附加议定书是对国际人道法的大规模和综合性编纂,为这一法律体系的后续发展奠定了基础,是国际人道法发展的里程碑。其主要贡献在于:一是扩大了国际性武装冲突的范围,除了囊括日内瓦四公约所指的"两个或两个以上缔约国间所发生之一切经过宣战的战争或任何其他武装冲突",还扩展至"民族解放战争";二是扩大了战斗员的范围,除了正规武装部队人员外,还包括那些在组织、装备和衣着上无法达到正规武装部队要求,但公开携带武器的"游击队员";三是对日内瓦四公约共同条款第三条进行了补充和细化,尽管在非国际性武装冲突的界定下稍嫌保守,但仍然丰富了可适用于非国际性武装冲突的国际人道法规则,特别是对非国际性武装冲突与单纯的内部动乱或紧张局势进行了区分,对其适用范围与不干涉原则进行了准确定位。

二、国际人道法的主要内容

(一)平民的保护

1949 年《关于战时保护平民的日内瓦公约》对战时平民保护作出详细规定:处在交战国一方领土上的敌国平民,应准予安全离境;未被遣返的平民的基本权利应得到保障,妇女应受到特别保护;不得把他们安置在某一地点或地区,以阻止对该地点或地

---

① 1977 年 6 月 8 日日内瓦四公约第一附加议定书第一条第四款的规定。
② 王虎华:《国际人道法定义》,《政法论坛》2005 年第 2 期。

区的军事攻击；不得在身体上或精神上施加压力，强迫他们提供情报；禁止体刑和酷刑，特别是非为治疗的医学或科学实验；禁止集体惩罚和扣押人质；应给予他们维持生活的机会，但不得强迫他们从事与军事行动有直接关系的工作；只有在居留国的安全有绝对需要时，才可以把有关平民拘禁或安置于指定居所；占领地平民的利益，不得在任何情况下或依任何方式加以剥夺；禁止把占领地的平民个别或集体移送或驱逐；属于私人的财产，属于国家或集体所有的动产和不动产都不得加以破坏；对占领地在占领前现行法律规定不处死刑的行为和18岁以下的人，不得判处死刑。

1977年日内瓦附加议定书更加明确地重申保护平民的规定，如关于平民生存所必不可少的物体、平民的强迫迁移等。该议定书还扩大了适用范围，即包括在一国领土内发生的，该国武装部队与在负责统率下对该国一部分领土行使控制权的反叛武装部队之间的非国际性武装冲突也适用该议定书之规定。

（二）伤者和病者的待遇

1949年《改善战地武装部队伤病员待遇的日内瓦公约》规定：敌我伤病员在一切情况下应无区别地予以人道的待遇和照顾；交战国的伤病员如落入敌手，受日内瓦战俘公约的保护，亦即受双重保护；每次战争后，冲突各方应立即采取一切可能的措施搜寻伤员，予以适当照顾；在环境许可时，应商定停战或停火办法，以便搬运、交换或运送战场上遗落的伤员；冲突各方应尽速登记其掌控的伤者、病者、死者，并交换名单，发还其本人物品，埋葬或火化死者；伤者及病者或医疗设备的运输队，应与流动医疗队受同样的尊重及保护；不得袭击医务飞机，医务飞机在各交战国间约定的高度、时间及航线飞行时应受各交战国的尊重；军事当局得号召居民以慈善精神，自愿在其指导下，收集与照顾伤者、病者；任何人不得因看护伤者、病者而被侵扰或定罪；白底红十字的旗样，留作武装部队医务部门的标志与特殊记号，但已采用白底红新月或白底红狮与日者亦为本公约所承认。

（三）战俘的待遇

根据1949年《关于战俘待遇的日内瓦公约》和1977年《日内瓦四公约关于保护国际性武装冲突受难者的附加议定书》的规定，主要涉及保护战俘、战俘待遇和战俘收容遣返的原则和规则。主要内容是：战俘居留国应对战俘负责，给予他们人道主义待遇和保护，禁止加以虐待和侮辱；战俘的自用物品，除武器、马匹、军事装备及军事文件外，应仍归战俘本人所有；战俘可以加以拘禁，但除适用刑事和纪律制裁外，不得监禁；战俘的住宿、饮食及卫生医疗照顾等应得到保障；令战俘劳动，应考虑其年龄、性别、等级及体力，不得令战俘从事危险和屈辱的劳动；战俘应遵守居留国的现行法律、规则和命令，居留国对违反法令的战俘，可采取司法或纪律上的措施；战争停止后，战俘应立即被释放并遣返，不得迟延。公约还特别规定，在任何情况下，战俘不得放弃公约所赋予的权利的一部分或全部；在一个人是否具有战俘地位产生疑问的情况下，未经主管法庭作出决定之前，应享受公约的保护。公约还要求各缔约国制定必要的法律，对犯有或指使他人犯有严重破坏条约行为的人员，处以有效的刑事制裁。

第六节 战争犯罪及其法律责任

一、战争犯罪的概念

战争犯罪(war crime)是发动侵略战争的国家违反战争法的规定，侵害人类和平与安全的严重国际罪行，它是该类犯罪的总称，包括反和平罪、战争罪和反人道罪。战争犯罪的主体往往是以国家及国家机构或某团体和组织的名义实施犯罪。

第一次世界大战以后签订的《凡尔赛条约》首次规定要把前德国皇帝威廉二世及德国军队中严重破坏战争法规的人员交付国际法庭或军事法庭审判，但最终并未真正付诸实施。1928年《巴黎非战公约》首次谴责用战争解决国际纠纷，禁止将战争作为推行国家政策的工具，不仅丰富了战争法的内容，也扩大了战争犯罪的范围。1945年8月8日，英国、美国、法国、苏联四国政府在伦敦签订了《关于控诉和惩处欧洲轴心国主要战犯的协定》，规定对发动侵略战争的德国战争罪犯进行审判。该协定的附件《欧洲国际军事法庭宪章》规定了具体的战争犯罪及其构成。1946年12月1日，联合国大会作出决议，一致确认了《欧洲国际军事法庭宪章》所包括的国际法原则。1946年1月19日，盟军最高统帅总部特别通告宣布成立远东国际军事法庭，决定对日本的战争犯进行审判，并制定《远东国际军事法庭宪章》，规定了具体的战争犯罪及其构成。以上两个国际军事法庭宪章规定了三种涉嫌侵略战争的犯罪行为构成要件。欧洲国际军事法庭和远东国际军事法庭的实践首次真正意义上审判了战争犯罪并追究了其法律责任，具有划时代意义。

(一)反和平罪

反和平罪是指计划、准备、发动或实施侵略战争，或违反国际条约、协定或保证的战争，或参与为实现上述任何战争与为实现上述任何战争之一种共同计划或同谋。反和平罪是武装冲突法规制的重要对象。

(二)战争罪

战争罪是指违反战争法规和惯例的作战行为，此种犯罪应包括但并不限于对在所占领土或占领地的平民的谋杀、虐待，为奴役或其他目的的放逐，对战俘或海上人员的谋杀和虐待，杀害人质，劫掠公私财产，任意破坏或蹂躏城市、集镇或乡村等。战争罪是武装冲突法规制的重要对象。

(三)反人道罪

反人道罪是指在战争发生前或战争进行中,对任何平民的谋杀、灭绝、奴役、放逐,及其他非人道行为;或在实施任何其他战争罪行时,根据政治、种族或宗教上的理由进行的迫害行为,不论其是否违反犯罪地国的国内法。反人道罪是武装冲突法规制的重要对象。

二、追究战争犯罪法律责任的原则

第二次世界大战以后,根据《欧洲国际军事法庭宪章》《远东国际军事法庭宪章》《前南斯拉夫国际刑事法庭规约》《卢旺达问题国际刑事法庭规约》《国际刑事法院规约》等国际法律文件的规定和有关国际法庭的司法实践,确立了一系列追究战争犯罪刑事责任的法律原则,这些原则的适用保证了有关战争法公约得到遵守,也有利于保障战争犯罪嫌疑人的正当权利。追究战争犯罪法律责任的原则主要包括:

(一)个人承担国际刑事责任

1919年1月,第一次世界大战的5个战胜国,即美国、英国、法国、意大利和日本的外交部长在凡尔赛召开会议,准备起草对德和约(《凡尔赛条约》)。该会议任命了若干个委员会。其中,第二委员会的职责是处理战争发动者的责任和刑罚问题。该委员会建议对战争负有责任的任何个人,无论其官居何位,包括国家元首,都应该追究刑事责任。

个人承担国际刑事责任原则,在战争法实践中得到了充分体现。欧洲国际军事法庭和远东国际军事法庭的建立和审判实践,重申并证实了个人承担国际刑事责任的国际法原则。而当代国际法的审判实践和国际立法,则再一次重申了个人承担国际刑事责任的国际法原则。《前南斯拉夫问题国际刑事法庭规约》第七条第一款和《卢旺达问题国际刑事法庭规约》第六条第一款都明确规定,凡计划、教唆、命令、犯有或协助或煽动他人计划、准备或进行规约所涉犯罪的个人,应该为其犯罪行为承担个人责任。[1]

(二)上级命令不免除责任

上级命令不免除责任是指个人在执行上级命令的情况下犯有战争罪行时,不得因遵照上级命令行事的理由而免除刑事责任。因为战争罪行的发生会自动产生战争法上的个人刑事责任,故国际刑法不承认所谓"上级命令"的抗辩理由,但在特定情况下,"执行上级命令"可以作为考虑减轻处罚的因素。[2]《欧洲国际军事法庭宪章》第八条明确规定:"被告是遵照其政府或长官之命令而行动之事实,不能使其免除责任;但为

---

[1] 王虎华:《国家刑事责任的国际法批判》,《学术季刊》2002年第4期。
[2] M. C. Bassiouni, *Crimes against Humanity in International Criminal Law*, Martinus Nijhoff Publishers, 1999, p. 449.

法庭认为合于正义之要求时,将于刑罚之减轻上加以考虑。"

(三)上级责任原则

上级责任原则是指如果指挥官或者其他上级官员命令其部下或下级实施违反战争法的犯罪,或者知道或应该知道其部下或下级正在或将要实施战争犯罪,而没有行使其职权,采取必要措施预防或制止犯罪的发生,或者在犯罪行为发生后,没有给予责任人应有的处罚,则指挥官或者其上级官员应承担刑事责任。1977 年《日内瓦四公约第一议定书》第八十六条规定,部下破坏各公约或本议定书的事实,不能使其上级免除按照情形所应负的刑事责任或纪律责任,如果上级知悉或者有情报使其能对当时的情况作出结论:其部下正在从事或者将要从事这种破坏活动,而且该上级没有在其职权范围内采取一切可能的防止或制止措施。上级责任原则的确立是基于这样的事实,即国家不同机构和部门的上级都负有一定的义务和责任,因此,他们应该采取一切必要的措施,防止其下级犯有国际法上的罪行。[①]

(四)战争犯罪非政治化原则

战争犯罪非政治化是指战争犯罪行为人逃往外国,所在国不得认为其所犯罪行具有政治因素并将其作为政治犯予以庇护,而应该将其引渡给任何对此种犯罪有管辖权的国家,或者将其交付本国司法机关进行审判和处罚。在 1967 年 12 月 4 日联合国发表的《领土庇护宣言》第一条规定,对有重大理由可认为犯有危害和平罪、战争罪或危害人类罪的人,各国不应给予庇护。各国不应采取任何有碍其在侦查、逮捕、引渡和惩治战争犯罪和危害人类犯罪方面所承担的国际义务的立法或其他措施。

(五)合法性原则

合法性原则的具体内容包括"法无规定不为罪""法无规定不处罚"和"法不溯及既往"等。合法性原则有利于保障战争犯罪嫌疑人的正当权利,是追究战争犯罪行为人刑事责任时须遵守的一项重要原则。2002 年 7 月 1 日生效的《国际刑事法院规约》第二十二条规定:"只有当某人的有关行为在发生时构成本院管辖权内的犯罪,该人才根据本规约负刑事责任……"第二十三条"法无明文不处罚"规定:"被本法院定罪的人,只可以依照本规约受处罚。"同时,根据《国际刑事法院规约》第二十五条"对人不溯及既往"的规定,任何人不对规约生效以前发生的行为负规约规定的刑事责任。

(六)不适用法定时效原则

1970 年 11 月 11 日正式通过的联合国《战争罪及危害人类罪不适用法定时效公约》规定,战争罪和危害人类罪,不论其犯罪日期,不适用法定时效;各缔约国承诺采取

[①] Farhad Malekian, International Criminal Responsibility, in M. C. Bassiouni, *International Criminal Law*, Vol. 1, 1999, p. 171.

一切必要的国内立法或其他措施,以便依照国际法引渡犯有上述罪行的个人。同时,各缔约国承诺按照本国宪法程序,采取必要的立法或其他措施,以确保法定时效不适用于战争罪和危害人类罪的追诉权和行刑权;如果现行立法中有此类时效规定,应立即废止。

三、国际军事法庭

(一)欧洲国际军事法庭

欧洲国际军事法庭又称纽伦堡审判,是指1945年到1949年第二次世界大战结束之后在德国纽伦堡举行的国际战争犯罪审判。

1942年1月1日,美、英、苏、中等26国在华盛顿发表宣言,又称《二十六国宣言》,宣言表示赞成《大西洋宪章》,并决心共同挫败德、意、日法西斯侵略,决不和敌国单独议和。1943年,联合国家"战争调查委员会"成立,同年,美、苏、英三国外长在莫斯科发表了宣言。1945年8月8日,苏、美、英、法四国为执行莫斯科宣言,在伦敦签订了《关于控诉和惩处欧洲轴心国主要战犯的协定》,规定设立国际军事法庭,并附有《欧洲国际军事法庭宪章》。该宪章规定法庭的权限和一般准则、法庭的权利和审判程序、判决和刑罚方法等内容,并决定每一签字国为侦查主要战争罪犯之罪状及起诉,应各指派检察官一人,组成检察起诉委员会,负责检察事宜;还规定法庭应由4名法官及各指派1名助理组成,4个签字国(苏、美、英、法)各应任命1名法官和1名助理。

欧洲国际军事法庭于1945年10月18日在纽伦堡开庭,10月29日公布了《国际军事法庭程序规则》,纽伦堡国际军事法庭的审讯,基本采取的是英美法系的诉讼程序。《欧洲国际军事法庭宪章》第二十四条规定:"审判程序将照下列顺次进行:起诉书应于本法庭宣读;本法庭应讯问每一被告,究愿承认'有罪'或'无罪';检察官应作起诉开始之陈述;本法庭应讯问检察官和被告,彼等有何种证据可提出于本法庭,该项证据是否采纳应由本法庭决定之;检察官方面之证人应先被讯问,其次讯问被告方面之证人。此后如经本法庭之许可,检察官或被告双方得提出互相反驳之证据或证人;本法庭得于任何时间,对于任何证人与任何被告,加以任何讯问;检察官与被告均得诘问并反诘任何证人及任何作出证言之被告;被告向法庭陈述意见;检察官向法庭陈述意见;每一被告得向本法庭作一次最后陈述;本法庭宣告判决。"

纽伦堡审判中的被告共计22名,均为纳粹德国的军政首领。1946年9月30日至10月1日,法庭进行了宣判。法庭共审判了战争罪犯戈林、里宾特洛甫、凯特尔等24人。其中,除1人自杀、1人丧失责任能力外,戈林等12人被判绞刑,赫斯等3人被判处无期徒刑,德尼茨等4人被判10~20年有期徒刑,沙赫特等3人被判无罪。1946年10月1日下午,纽伦堡欧洲国际军事法庭闭庭。先后有6名被告上诉要求减刑。

其中,戈林上诉要求是将绞刑改为枪决。所有上诉均被驳回,一律维持原判。

(二)远东国际军事法庭

远东国际军事法庭又称东京审判,是指1946年到1948年在日本东京举行的国际战争犯罪审判,是继纽伦堡审判纳粹德国等战犯之后对日本战犯进行的又一次国际性审判活动。

1945年7月26日,中国、美国和英国发布了《促使日本投降的波茨坦公告》。随后,苏联也作了附署。《波茨坦公告》规定了日本投降时必须接受的各项条件,并决定对日本战争犯罪处以严厉的法律制裁。1946年1月19日,盟军最高统帅总部发布了《成立远东国际军事法庭特别通告》及其附件《远东国际军事法庭宪章》,4月26日又颁布了《远东国际军事法庭程序规则》,并在日本东京设立了远东国际军事法庭,其任务是对日本法西斯战争犯罪进行审判。上述特别通告和宪章是在盟国的授权下拟定的。远东国际军事法庭由中国、苏联、美国、英国、法国、荷兰、印度、加拿大、新西兰、菲律宾和澳大利亚共11个国家的法官组成,他们分别是:中国法官梅汝璈、苏联法官柴扬诺夫、美国法官希金斯、英国法官帕特里克、法国法官贝尔纳、荷兰法官勒林、印度法官帕尔、加拿大法官麦克杜格尔、新西兰法官诺斯克罗夫特、菲律宾法官哈那尼利亚和澳大利亚法官兼庭长韦伯。远东国际军事法庭主要采用英美法程序。根据《远东国际军事法庭宪章》第五条的规定,法庭有权审判及惩罚以个人身份或团体成员身份犯有的各种罪行,犯罪个人应单独承担责任。

1946年4月29日,远东国际军事法庭正式受理了对东条英机等28名战犯的起诉,审判从1946年5月3日开始至1948年11月12日结束。最终结果是,在受审的28人中,除2人在审判期间死亡、1人丧失行为能力外,其余25人中,有7人被判处绞刑,16人被判处无期徒刑,2人被分别判处20年和7年有期徒刑。

欧洲国际军事法庭和远东国际军事法庭不仅援用了传统国际法,还根据当时国际社会和国际法的发展和需要,创建并适用了新的国际法,是在遵循传统国际法基础上对国际法的贡献,两个战争法庭所确立的对侵略战争的审判原则是对现代国际法,特别是对战争法和武装冲突法的重要贡献。这些国际法原则的核心要旨是:从事构成违反国际法的犯罪行为的个人应承担法律上的个人责任并受到惩罚;不得以不违反所在国的国内法为由免除国际法上的责任;被告的国内地位不能成为免除国际法上责任的理由;执行政府或上级命令不得成为免除国际法上责任的理由;违反国际法的罪行包括危害和平罪、战争罪和违反人道罪;被告应受到公平审判;参与共谋者也应承担国际法上的责任。

东京审判与纽伦堡审判一样,都是彰显正义、惩罚邪恶的重要审判,是文明的审判。战争不仅要追究国家责任,也要追究个人责任。

四、前南斯拉夫问题国际刑事法庭和卢旺达问题国际刑事法庭

(一)前南斯拉夫问题国际刑事法庭

1. 成立概况

前南斯拉夫境内发生武装冲突后,联合国安全理事会于 1992 年 10 月通过第 780 号决议,委托联合国秘书长设立一个专家委员会,就前南斯拉夫境内发生的严重违反日内瓦公约和国际人道法的行为进行调查。1993 年 2 月,联合国秘书长加利向安全理事会主席提交了专家委员会的临时报告,报告称:前南斯拉夫境内确实发生了严重违反国际人道法的行为,包括蓄意杀人、种族清洗、大规模屠杀、强奸、破坏文化和宗教财产以及任意逮捕;建议由安全理事会或其他合格机构成立一个国际法庭,对有关责任人进行国际审判。接着,安全理事会于 2 月 22 日通过第 808 号决议。该决议称,需设立一个国际法庭,以制止严重违反国际人道法的行为,并对负有罪行的人绳之以法,以恢复与维持和平。安全理事会随之通过了附有《前南斯拉夫问题国际刑事法庭规约》的第 827 号决议,5 月成立了前南斯拉夫问题国际刑事法庭。

2. 法律依据

前南斯拉夫问题国际刑事法庭成立的法律根据是《联合国宪章》第七章及第二十九条。《联合国宪章》第七章规定了对于和平之威胁、和平之破坏及侵略行为之应付办法。根据该章规定,安全理事会有权断定,任何和平之威胁、和平之破坏或侵略行为是否存在,也有权作成建议或选择,以维持或恢复国际和平及安全。《联合国宪章》第七章第二十九条规定,安全理事会得设立其认为行使职务所必需的辅助机关。安全理事会根据不断收到的有关前南斯拉夫境内普遍发生违反国际人道主义法的报道,断定这一局势已经构成了对国际和平与安全的威胁,并深信在前南斯拉夫设立一个国际刑事法庭将有助于和平的恢复与维持。安全理事会依据《联合国宪章》第七章第二十九条的规定,设立一个司法性质的附属机关,作为根据宪章而采取的一项强制性执行措施。

3. 基本情况

前南斯拉夫问题国际刑事法庭共审结 17 个案件,涉及 35 名被告。59 人在押,其中包括南斯拉夫联盟共和国总统米洛舍维奇(已于 2006 年 3 月 11 日去世)。

(二)卢旺达问题国际刑事法庭

1. 成立概况

1962 年 7 月 1 日卢旺达宣告独立后,图西族和胡图族多次发生民族冲突。1994 年 4 月卢旺达爆发内战,在这场内战中共有 50 多万人死亡,200 多万人逃亡国外。1994 年 11 月 8 日,联合国安全理事会通过决议,决定成立一个国际刑事法庭,该法庭即卢旺达问题国际刑事法庭。

2. 管辖范围

根据法庭规约的规定,该法庭起诉和审判两类犯罪嫌疑人,一类是1994年在卢旺达境内实施灭绝种族及其他严重违反国际人道主义法行为的人(包括非卢旺达国民),另一类是在同一时期在卢旺达的邻国境内实施此类罪行的卢旺达人。刑庭管辖的罪行包括:灭绝种族罪、危害人类罪、严重违反1949年日内瓦四公约共同条款第三条的行为、严重违反日内瓦公约第二附加议定书的行为。自1995年11月卢旺达问题国际刑事法庭提出第一项起诉以来,刑庭已对22名被告作出判决,其中9名被判处终身监禁。

思考题

一、问答题

1. 追究战争犯罪法律责任的原则是什么?
2. 对陆战、海战和空战作战手段和方法的一般限制是什么?
3. 纽伦堡审判、东京审判有何重大意义?

二、案例分析

731部队是第二次世界大战中一支臭名昭著的部队。其名义上是日本关东军驻满洲第731防疫给水部队,最高指挥官为陆军中将石井四郎。731部队的职能是组织联合细菌武器性能实验和使用细菌武器作战,指导各细菌部队进行相关实验和作战,培训细菌实验和作战人员。

731部队建立了世界历史上规模最大的细菌武器研究、实验及制造基地,使用活体中国人、朝鲜人和联军战俘等进行生物武器和化学武器的效果实验,在活体上研究鼠疫、炭疽病、霍乱、伤寒和肺结核等。1940—1942年,731部队先后在中国宁波、常德和浙赣铁路沿线发动细菌战。其采用了种种非人手段,如手榴弹实验、冻伤实验、活体解剖、火焰喷射器实验、鼠疫实验、人与马血交换、病菌对胎儿的影响实验、人畜杂交、无麻醉拔牙和人体四肢交换等。

问题:

1. 生化武器有哪些危险性与危害性?
2. 请分析日本731部队使用细菌武器和生化武器给中国和亚洲民众等带来的惨痛伤害后果。
3. 作战手段和方法的限制与禁止的法理依据与人文依据是什么?